35 ENSAIOS DE SILVIANO SANTIAGO

35 ensaios de Silviano Santiago

Seleção e introdução
Italo Moriconi

2ª reimpressão

Copyright © 2019 by Silviano Santiago
Copyright da seleção e introdução © 2019 by Italo Moriconi

Grafia atualizada segundo o Acordo Ortográfico da Língua Portuguesa de 1990, que entrou em vigor no Brasil em 2009.

Capa
Jeff Fisher

Preparação
Márcia Copola

Índice onomástico
Luciano Marchiori

Revisão
Carmen T. S. Costa
Márcia Moura

Dados Internacionais de Catalogação na Publicação (CIP)
(Câmara Brasileira do Livro, SP, Brasil)

Santiago, Silviano
35 ensaios de Silviano Santiago / Silviano Santiago ; seleção e introdução Italo Moriconi — 1ª ed. — São Paulo : Companhia das Letras, 2019.

ISBN 978-85-359-3244-7

1. Ensaios brasileiros 2. Literatura brasileira I. Moriconi, Italo. II. Título.

19-26672   CDD-869.4

Índice para catálogo sistemático:
1. Ensaios : Literatura brasileira 869.4

Iolanda Rodrigues Biode – Bibliotecária – CRB-8/10014

Todos os direitos desta edição reservados à
EDITORA SCHWARCZ S.A.
Rua Bandeira Paulista, 702, cj. 32
04532-002 — São Paulo — SP
Telefone: (11) 3707-3500
www.companhiadasletras.com.br
www.blogdacompanhia.com.br
facebook.com/companhiadasletras
instagram.com/companhiadasletras
twitter.com/cialetras

Sumário

7   *Introdução:* Crítica, escrita, vida — Italo Moriconi

GEOPOLÍTICAS DA CULTURA

23   O entrelugar do discurso latino-americano
38   Apesar de dependente, universal
49   "Atração do mundo": Políticas de globalização e de identidade na moderna cultura brasileira
78   O cosmopolitismo do pobre
95   A viagem de Lévi-Strauss aos trópicos
131 Para uma poética da encenação
146 *Cosmological embroidery* (Bordado cosmológico)

LITERATURA BRASILEIRA & OUTRAS: CRÍTICA E HISTÓRIA

155 Destinos de uma carta
168 Alegoria e palavra em *Iracema*
182 Camões e Drummond: A máquina do mundo
195 Retórica da verossimilhança: *Dom Casmurro*
212 Eça, autor de *Madame Bovary*

228 Uma ferroada no peito do pé: Dupla leitura de *Triste fim de Policarpo Quaresma*
244 A ameaça do lobisomem: Homenagem a Borges
261 Bestiário
289 A bolha e a folha: Estrutura e inventário
302 Elizabeth Bishop: O poema descritivo
312 *Orlando, uma biografia*: Entre a flexibilidade e o rigor
329 Rastejando por baixo das mimosas como uma pantera e saltando no ar
339 Grafias de vida: A morte

CRÍTICA DO PRESENTE
359 Os abutres
375 O assassinato de Mallarmé
386 Repressão e censura no campo das artes na década de 70
395 A cor da pele
400 Singular e anônimo
409 O narrador pós-moderno
423 A democratização no Brasil (1979-81): Cultura versus arte
439 É proibido proibir
444 Hélio Oiticica em Manhattan

O LIVRO SOBRE MODERNISMO
455 A permanência do discurso da tradição no modernismo
486 Sobre plataformas e testamentos
503 Oswald de Andrade, ou Elogio da tolerância racial
513 Ora (direis) puxar conversa!
527 Suas cartas, nossas cartas
559 Aleijadinho, Bretas e os poetas modernistas (1927-30)

577 *Notas*
610 *Créditos das imagens*
611 *Índice dos textos e publicações originais*
615 *Índice onomástico*
637 *Sobre o autor e o organizador*

Introdução
Crítica, escrita, vida

Italo Moriconi

Este volume reúne parte significativa da ensaística de Silviano Santiago, apresentando uma seleção de sua obra canônica no gênero. Seria impossível neste espaço incluir todos os formatos assumidos pela produção crítica de Silviano. Esta se espraia por uma miríade de artigos jornalísticos e entrevistas, publicados ao longo de mais de seis décadas de uma carreira intelectual diversificada e múltipla, e estende-se ainda aos livros que são um só ensaio. Todos ocupam lugar próprio como referência no panorama de nossa moderna crítica.

Do corpus principal da obra ensaística foram escolhidos os textos aqui reunidos. Vários deles estavam em livros já fora de circulação, embora procurados e lidos por sucessivas gerações, não só de estudantes e professores de literatura mas também de estudiosos ligados a outras áreas. A presente antologia inclui ainda ensaios recentes que se achavam esparsos em revistas e catálogos. A matéria foi dividida em quatro seções temáticas: "Geopolíticas da cultura", "Literatura brasileira & outras: crítica e história"; "Crítica do presente"; "O livro sobre modernismo".

Tendo exercido o papel de um autêntico "fundador de escola" na área de letras, Silviano Santiago vê agora o interesse por sua obra crescer nos campos da história, das ciências sociais, da educação, assim como em relações internacionais e formação de diplomatas. Tomada no seu conjunto, essa obra integra-se à tradição e aos cânones da "brasiliana" — a biblioteca dos grandes textos de interpretação do Brasil, bibliografia básica de leituras formativas sobre assuntos brasileiros. A obra ensaística de Silviano dialoga com uma família de que fazem parte nomes como Joaquim Nabuco, Gilberto Freyre, Sérgio Buarque de Holanda, Antonio Candido, Caio Prado Jr., Celso Furtado, Raymundo Faoro, entre tantos outros.

A partir dos anos 60-70, na geração de Silviano, a forma do grande ensaio totalizador sobre assunto brasileiro é substituída pelos estudos segmentados em torno de questões mais específicas, indicadores de uma cultura acadêmica crescentemente "científica", separada por disciplinas e institucionalizada. Nesse contexto, abre-se espaço para a crítica literária, que se junta aos estudos de sociologia, antropologia, ciência política. Em que pese a fragmentação dos objetos e disciplinas, permanece subjacente o problema da formação nacional. O gesto globalizador de um Gilberto Freyre, um Sérgio Buarque de Holanda, mesmo do Antonio Candido de *Formação da literatura brasileira*, é substituído pelo que num primeiro momento se nomeou interdisciplinaridade, hoje melhor expresso por multidisciplinaridade.

Se no paradigma anterior da biblioteca brasiliana o elemento literário vinha do talento estilístico que o intérprete imprimia a suas generalizações (claro que já rigorosamente informadas por pesquisa empírica ou documental), no novo modelo a literatura comparece a partir de suas próprias questões, que adquirem alcance amplo ao vincular-se às discussões culturais, sociológicas, históricas e ideológicas. Conquistando assim direito de cidadania nos debates intelectuais, a crítica literária tende a se tornar cada vez mais crítica da cultura.

Sempre na vanguarda, a intervenção de Silviano singulariza-se por abordar a literatura e a cultura brasileiras em perspectiva comparatista, num permanente confronto com a situação e a produção hispano-americanas, configurando um campo latino-americanista, posto diante da preeminência cultural europeia.

Iniciando a carreira como professor brasileiro de literatura francesa na universidade americana, Silviano não poderia ter outro ponto de vista senão o de metacrítico, um crítico da crítica. E isso se dá, por um lado, pelo fato de ser impossível aprofundar a compreensão da história literária brasileira sem levar em conta sua situação na história da literatura ocidental. O próprio Antonio Candido assim concebera o lugar de nossa literatura, como ramo derivado ou subsidiário da literatura universal, abrindo na teoria da literatura a possibilidade do tema da dependência cultural. A simples mediação do universal obriga à metacrítica, já que os critérios de avaliação são necessariamente refratados pelos valores estabelecidos do cânone ocidental clássico, eurocentrado. Nos vemos pelos olhos deles.

Por outro lado, a interpretação de Brasil trabalhada por Silviano em sua crítica literária de viés comparatista pressupõe a releitura dos clássicos da biblioteca brasiliana, junto com a reapropriação do modernismo de Oswald de Andrade na linha do concretismo, do tropicalismo e da poesia marginal. Um dos ensaios em livro de Silviano, *As raízes e o labirinto da América Latina* (2006), é a leitura comparada das interpretações que da história de seus países fazem Sérgio Buarque de Holanda e Octavio Paz. Ou seja, nesse livro o intérprete se faz intérprete de interpretações, o que implica forçar deslocamentos teóricos e metodológicos.

Na metacrítica de Silviano, o deslocamento é um gesto crítico preventivo, é uma preliminar da empreitada metodológica. É o exercício da vontade de operar a substituição brusca de um ponto de vista ou paradigma. É a dimensão contra-hegemônica que todo ato crítico deve ter, uma ideia mestra em seu ensaísmo.

Tais deslocamentos nem sempre foram bem-aceitos ou compreendidos por certo *mainstream* acadêmico, na medida em que dialogavam teoricamente com a desconstrução de Derrida e com os aportes de Barthes, no campo da crítica literária, e com Foucault, no da crítica do conhecimento. Desde o início, a intervenção de Silviano, canibalizando a desconstrução derridiana, buscava deslocar-se da querela *estruturalismo versus marxismo* que marcou o debate intelectual de sua geração. Esse caminho foi ganhando atualidade e autoridade intelectual enquanto se desenvolvia teórica e institucionalmente o campo dos estudos latino-americanos em escala continental e internacional, em paralelo com os debates sobre pós-modernidade, globalização, pós-colonialismo e por fim com o recorte dos estudos culturais.

Tal recorte redefiniu o sentido e o valor da herança estética da crítica literária, situando-a num novo e plural campo de conhecimento, voltado para problemas e objetos definidos multidisciplinarmente, atravessados pelas guerras de poder não só na esfera da práxis discursiva e narrativas sociais mas também no nível da organização e distribuição dos saberes. As conexões entre saber e poder tornaram-se decisivas como condição de produção e circulação do conhecimento em humanidades, assim como a consciência situacional do estudioso e intérprete. Um saber situado e empenhado é portanto o que define o modo de produção intelectual na contemporaneidade. As marcas dessa condição se fazem presentes tanto na escrita ensaística quanto na escrita criativa de Silviano Santiago. Na prosa de ficção, a dimensão situada é dada pela incidência do discurso autobiográfico em boa parte de seus contos e romances. No ensaísmo, o empenho é visível pela relação estreita entre avaliação da cena cultural e conjuntura histórica.

Cada etapa na evolução do *labor* ensaístico de Silviano é um posicionar-se frente aos grandes debates e dilemas que marcaram as humanidades nas últimas décadas. Como professor, Silviano envolveu-se em todos eles e estimulou, muito pelo exemplo, que assim também o fizesse o sem-número de jovens pesquisadores que o procuravam para orientação, e ainda o procuram. A senha é: praticar um saber fundamentado e metodologicamente rigoroso, mas antenado com os aqui-e-agoras da guerra dos discursos.

A presente antologia pretende evidenciar o essencial das etapas pelas quais passou a trajetória crítica de Silviano, adotando basicamente (embora não em caráter exclusivo) o princípio da ordenação cronológica na sequência dos ensaios escolhidos em cada seção. Grosso modo, é mesmo por décadas que as etapas do percurso intelectual de Silviano podem ser descritas e avaliadas no seu passo a passo. Há o Silviano dos anos 70, o Silviano dos anos 80, o dos anos 90, e ele prossegue século XXI adentro vivenciando as mutações trazidas por sua incansável curiosidade.

Mas essas mutações não alteraram alguns núcleos fixos, tanto conceituais como de procedimentos, que balizam a abordagem das novas questões e objetos que atraem sua atenção. O modo como o discurso do saber (da interpretação) se organiza no ensaísmo de Silviano é homólogo à condição tentacular, rizomática, da organização do saber na contemporaneidade. O saber teórico se dissemina hoje na forma hiperlinkada de léxicos, vocabulários, glossários. Os núcleos fixos ou balizas de Silviano são como vigas mestras que disciplinam e domesticam a voracidade temática do autor. São como estacas que demarcam territórios discursivos. São ideias mestras, fios de Ariadne. São também *faróis* apontando trilhas de sentido abertas à suplementação do leitor. A metáfora do farol é usada por Silviano Santiago para indicar que a relação entre o texto literário e a realidade social e histórica é de *iluminação* e não de reflexo.

Essas ideias mestras que percorrem a ensaística de Silviano são na verdade suas obsessões intelectuais. A maior delas é a relação geopolítica entre as culturas e os discursos. Nos ensaios "O entrelugar do discurso latino-americano" e "Apesar de dependente, universal", que abrem o presente volume, Silviano lança mão da sugestão modernista, na vertente antropofágica. Munido do farol que é o olhar do indígena, entre selvagem e colonizado, busca provocar um deslocamento ou choque especulativo nas visões clássicas da dependência cultural no âmbito literário, a do Machado de Assis de "Instinto de nacionalidade" e a já referida de Antonio Candido na *Formação*. Faz isso em sintonia com a teoria da dependência nas ciências sociais que Theotônio dos Santos, Fernando Henrique Cardoso sociólogo, Gunder Frank, entre outros, lançavam nos anos 60-70.

Em diferentes versões autorais, a teoria da dependência tematizava, de um lado, a relação entre o subdesenvolvimento da América Latina e do Terceiro Mundo em geral e, de outro, o desenvolvimento do capitalismo central (Europa, EUA e Japão). O contexto de época desses vocabulários são as lutas pela descolonização da África e o discurso anti-imperialista da esquerda mundial. No debate das letras, o tema da dependência converte-se na problematização da relação entre as literaturas do mundo subdesenvolvido (ou periférico) e o cânone ocidental eurocentrado. A crítica de Silviano erige como princípio a valorização e análise da descontinuidade e da diferença em relação ao cânone.

O viés etnológico apropriado da antropofagia oswaldiana, expandido por leituras francesas (Montaigne, Lévi-Strauss, Pierre Clastres), faz ainda incidir sobre aquele princípio a crítica à noção de pureza original. Tudo já nasceu junto e misturado no território Brasil. O cânone europeu não deve ser visto em analogia à ideia de uma origem pura. Parafraseando o poeta Carlos Drummond de Andrade, são as "impurezas do branco" que interessam ao intelectual da periferia. No campo propriamente científico da disciplina literária, tal gesto provocador e provocado (no sentido de que produz artefatos para pensar) tem por meta uma crítica liberada da tradição filológica — por ser esta voltada para a reconstituição da continuidade entre objeto literário e cânone europeu, objeto literário e língua padronizada da metrópole. São assim rechaçados os estudos das fontes como origem e da influência como linha de transmissão do já dado. Na ensaística de Silviano Santiago, a *leitura* é ato de apropriação seletiva e empenhada de partes da tradição. A partir daí se desenha toda uma pedagogia, que permanece nas principais pós-graduações universitárias do país.

Com os anos 90, impõe-se aos termos do debate um radical deslocamento, puxado pelos tapetes mágicos da globalização, do fim do comunismo e da situação pós-colonial. Se antes o deslocamento era estratégia intelectual, agora é o real histórico que se movimenta e leva o pensamento político-cultural (na verdade *geo*político-cultural) de Silviano a se encaminhar para os temas do cosmopolitismo, das margens, das fronteiras e dos limites sociais e discursivos.

O periférico como conceito forte nas humanidades deixa de estar vinculado exclusivamente ao problema da nação e passa a dizer respeito a grupos sociais minoritários, em escala micro (local) e macro (global). A democracia é reconhecimento e afirmação de minorias. As relações entre centro e periferia passam a ser vistas de maneira cambiante e horizontalizada, nas relações assimétricas e conflitivas entre o global, o local e o transversal. Se nos anos 70-80 o discurso contra-hegemônico exige o questionamento da relação vertical ou centrípeta entre centro e periferia, desde o final do século passado ele se articula horizontalmente entre periferias. A verdade do centro se desvela na margem, como Silviano desenvolve em *Genealogia da ferocidade* (2017), seu mais recente ensaio de livro inteiro.

No intervalo de tempo que leva dos dois primeiros ensaios da seção "Geopolíticas da cultura" aos dois seguintes, Silviano como que põe entre parênteses o tipo de interpretação histórica revista pela etnologia que fundamenta seu projeto de deslocamento desconstrutivo, e se aproxima de uma sociologia da política cotidiana. Aí se ancora o sentido da expressão "cosmopolitismo do pobre". Aqui a viga é ainda a geopolítica como terreno de reflexão crítica e prática criativa. Cabe lembrar que, tanto no ensaísmo de Silviano quanto no portentoso relato biográfico em prosa ficcional *Viagem ao México* (1995), a geopolítica é marcada pelo trauma dos deslocamentos transoceânicos, cujo modelo é a colonização do continente americano. No lugar da utopia, o trauma.

O reencontro com a história vai ocorrer no encontro com a obra de Adriana Varejão, tal como ela a pratica e ele a lê, no ensaio intitulado "Para uma poética da encenação". Agora, como antes, a história do trauma da colonização se dá fraturada pelo olhar etnológico e estético e pela apresentação por justaposição alegórica. Vemos que, no novo milênio, o ensaísta Silviano estende seu foco e as vigas de seu modo de ler às artes visuais, das artes plásticas ao cinema, assim como a autores clássicos estrangeiros. Biograficamente, ao entregar-se ao prazer da leitura do visual, Silviano reata sua persona de crítico com seus primórdios de jovem crítico de cinema na Belo Horizonte dos anos 50.

***

Algumas das balizas conceituais e metodológicas que atravessam e estruturam toda a obra ensaística de Silviano se encontram *in nuce* no ensaio "O entrelugar do discurso latino-americano", que pode ser considerado o ato inaugural da presença de Silviano na cena intelectual brasileira. Sua certidão de batismo. Escrito em 1971 em francês, foi publicado pela primeira vez em português no livro *Uma literatura nos trópicos* (1978).

Não é que Silviano tivesse começado a publicar apenas em 1971, ou que a originalidade (hoje sabemos precursora) de suas percepções ainda não tivesse se manifestado. Ao contrário, como professor nos Estados Unidos durante a década de 60, depois de doutorar-se na França com uma tese sobre André Gide, ele já vinha publicando em periódicos acadêmicos estudos marcadamente originais sobre clássicos da literatura brasileira que ombreavam-se à melhor fortuna crítica então existente e a impactavam. Vejam-se neste volume "Alegoria e palavra em *Iracema*" e "Camões e Drummond: A máquina do mundo". Também o texto sobre a carta de Caminha ("Destinos de uma carta"), que, apesar de publicado no ano 2000, remonta aos estudos extensos que dedicou à literatura colonial brasileira em seus primeiros tempos como professor e pesquisador. O ancestral desse texto de 2000 (intitulado "A palavra de Deus") fora lançado na histórica revista *Barroco* no mesmo ano em que saía a primeira versão em francês de "O entrelugar do discurso latino-americano".

Por obra do destino e/ou da vontade, não foi como intelectual expatriado que Silviano construiu sua biografia, em que pesem o cosmopolitismo multilíngue de sua fase inicial como professor latino na América do Norte, as múltiplas viagens que fez e cursos dados como convidado no exterior ao longo de toda a sua vida. Em 1974, Silviano deixa a carreira nos EUA e volta para o Brasil em definitivo. É momento de crescente agitação cultural, na sequência imediata dos tempos de contracultura, com a qual ele tivera contato em Nova York pelo convívio com Hélio Oiticica. São ainda os anos de chumbo, mas já na efervescência da ambígua "distensão" democrática da "abertura" patrocinada pelo presidente-general Geisel.

Momento em que cresce e reaparece uma oposição cultural, articulada à crescente mobilização da sociedade civil, da ciência, da universidade e da imprensa chamada alternativa. Pipocam no cenário a poesia marginal e o boom literário na prosa, este ecoando o boom literário hispano-americano que vinha ocorrendo desde os anos 60 em escala global. Nos anos que antecedem e nos que se seguem à publicação de *Uma literatura nos trópicos*, Silviano é protagonista atento à cena mais jovem, atuando nas duas trincheiras principais: o âmbito acadêmico, como professor da PUC-Rio, e o âmbito extra-acadêmico da imprensa, tanto a grande quanto a alternativa. É um período em que os congressos e conclaves de professores, assim como as reuniões da Sociedade Brasileira para o Progresso da Ciência (SBPC), são importantes eventos de resistência contra a ditadura.

Passados quarenta anos da publicação de *Uma literatura nos trópicos*, seu conceito-imagem de referência, o entrelugar, mantém atualidade. Com efeito, Silviano Santiago é um daqueles raros e afortunados pensadores que cunharam uma palavra incorporada ao uso corrente no discurso político. Junto com "lugar de fala", o termo tem funcionado, entre os jovens interessados por ativismo social, como uma espécie de senha, garantindo comunicabilidade imediata às reivindicações de identidade e desidentidade em meio às guerras culturais contemporâneas. O termo garante voz a quem ocupa um lugar de fala não identificado a binarismos ou formas hierarquizantes de discurso/prática.

Entre o rigor acadêmico e o uso como ferramenta de intervenção, entre o saber disciplinar, metodologicamente controlado, e o universo extra-acadêmico das práticas culturais e artísticas, a dupla face da noção de entrelugar era expressa pela própria estrutura da obra. Havia uma primeira parte em que a noção era apresentada no ensaio de abertura, seguida de ensaios sobre obras clássicas da literatura brasileira e portuguesa em que se empregava a metodologia de leitura ligada a entrelugar, desenvolvida em análises específicas, com destaque para os ensaios sobre *Dom Casmurro* e sobre Eça de Queirós.

E havia a segunda parte de *Uma literatura nos trópicos*, composta de artigos de crítica escritos no calor da hora: a contracultura enquanto cultura jovem e emergência de algo novo no panorama dos 70, a figura de Caetano Veloso como poeta da performance e arauto de uma irrupção positiva do entretenimento no cenário da criação, a poesia marginal, a presença de Chico Buarque, o segundo e excelente livro de Sérgio Sant'Anna (*Notas de Manfredo Rangel, repórter*), um dos mais promissores e representativos contistas do boom. Para a geração de alunos de Silviano Santiago na PUC-Rio dos anos 70, entre os quais me encontro, o mais fascinante na sua persona de professor, que se desdobrava na de ensaísta e viria a desdobrar-se com muita força na de ficcionista, era, talvez, justamente o fato de termos ali uma disciplina crítica muito colada ao que estava acontecendo no mundo, fora da bolha e da torre de marfim, era o movimento literário cruzando os muros da universidade.

A seção "Crítica do presente" pretende recuperar esse clima de época. Da segunda parte de *Uma literatura nos trópicos*, foram selecionados dois ensaios que nos devolvem o ambiente literário dos anos 70. Em "Os abutres" é a literatura contracultural de Gramiro de Matos e Waly Salomão sendo levada a sério como objeto de análise. Já "O assassinato de Mallarmé", de 1975, faz uma pioneira apreciação acadêmica dos pressupostos estéticos e programáticos da poesia marginal, às vésperas de sua consagração no circuito literário com a publicação, em 1976, da coletânea *26 poetas hoje*, de Heloisa Buarque de Hollanda. Com a antologia de Heloisa, o ensaio de Silviano e também uma histórica entrevista dos poetas que eram chamados "de mimeógrafo" na revista *José*, toda uma geração emergente via seu empenho de vida acolhido pela república dos professores de então.

Na mesma linha podem ser lidos dois outros ensaios incluídos na seção, sobre o poeta negro mineiro Adão Ventura ("A cor da pele") e sobre a poeta afinal icônica daquele momento, Ana Cristina Cesar ("Singular e anônimo"). Foram incluídas ainda duas significativas apreciações panorâmicas da transição histórica que marcou o fim da ditadura, a primeira delas apresentada ao imenso e engajado público da reunião da SBPC de 1977 ("Repressão e censura"), e a outra abordando o significado da redemocratização dos anos 80, capturada em seu início. Cabe realçar que, nessa faceta de crítica do presente, o ensaísmo de Silviano se conecta à sua produção em colunas de jornal e nas muitas entrevistas que deu. São textos mais curtos ou marginais, mas compõem com o mesmo nível de qualidade o caleidoscópio ciclópico de seu contínuo "pensar o escrito", devidamente formado (e nisso Silviano foi autodidata) na pedagogia do estruturalismo e da desconstrução. Quem conhece a pessoa Silviano sabe do empenho e paixão que ele imprime a seus textos jornalísticos, assim como a suas entrevistas.

O ensaísmo canônico de Silviano Santiago existe em contiguidade com essa vertente "menor" de sua crítica e também com a já referida vertente dos ensaios que são livros inteiros. E como não mencionar a contiguidade — e aqui temos uma contiguidade *suplementar* — entre a obra ensaística e a ficcional? Como se sabe, o elemento ensaístico é componente fundamental da obra ficcional de Silviano, incluindo a poesia. Isso se dá na exploração das formas pós-modernas da superposição, do pastiche, do cruzamento e hibridismo de gêneros, de que Silviano foi precursor e praticante. Cada título em sua obra ficcional é uma experimentação nesse gênero além dos gêneros, nesse transgênero, seara aventureira da travessia de fronteiras entre ideia e imaginação. No romance *Stella Manhattan*, de 1985, transgênero é tema, é personagem, é trama geopoliticamente recortada.

Na ficção suplementar de Silviano Santiago, tão importantes quanto o elemento ensaístico são as componentes autobiográfica e biográfica. *Viagem ao México* é baseado na biografia de Antonin Artaud, bem antes dele o belo e seminal *Em liberdade* fora calcado em diário fictício de Graciliano Ramos. Ou será suplementar o ensaio, em relação à ficção? Recentemente, tivemos o impressionante *Machado*, misto de biografia-romance-história-crítica literária e artística. Este se segue a *Mil rosas roubadas* (2014), autoficção. O elemento autobiográfico atravessa as narrativas no mínimo na forma da notação situacional: indicação precisa da presença do escritor em carne e osso, no computador. É o impulso de presentificação e imediaticidade, tão forte na percepção da historicidade em seu ensaísmo. Não sabemos ainda aonde pode levar a experimentação escritural de Silviano Santiago, mas a partir de *Machado* vemos que seu ato de escrita se realiza como gesto de síntese da multiplicidade de dados e formas. Entre a prestidigitação e a bruxaria, não fosse *Machado* o Bruxo do Cosme Velho.

Difícil fazer justiça ao Silviano crítico e estudioso especificamente de literatura brasileira numa antologia cuja meta é apresentar o perfil diversificado de toda uma trajetória de pensamento. O recorte terá que ser drástico, quase que um aperitivo, embora substancial como refeição completa. Da prolífica produção na área, a seleção aqui pautou-se pelo critério do que parecia mais significativo no quadro do projeto da antologia. Não necessariamente "o melhor", até porque tudo que Silviano escreveu sobre literatura brasileira é "do melhor". Em tudo que Silviano escreve sobre literatura, há o grão da ideia original, a agudeza da provocação pertinente.

O leitor e a leitora, porém, haverão de notar que o recorte aqui adotado privilegiou a bibliografia sobre modernismo, dedicando-lhe uma seção inteira. Por que foi dado a esta o título de "O livro sobre modernismo" se Silviano nunca escreveu um livro inteiro sobre o assunto? E, no entanto, é lícito afirmar que ele, em sua geração de professores e pesquisadores de literatura, avulta entre os mais importantes estudiosos do modernismo brasileiro. Primus inter pares. Reunido, o conjunto de seus escritos sobre o tema certamente produziria uma grande obra única. Sem ter jamais existido, o "livro" escrito por Silviano é incontornável como referência magna de nossa história literária. É bibliografia básica.

Como se sabe, assentam-se sobre o modernismo valores fundacionais do Estado brasileiro, assim como a partir dele consolida-se a língua literária brasileira padrão no século xx. Depois de sua progressiva apropriação pelas instituições do Estado entre os anos 30-40 e em paralelo com a sua revivificação pelas vanguardas dos anos 50-60, o modernismo tornou-se objeto de monumental erudição na universidade brasileira. São dignas de nota em São Paulo a ação docente de Antonio Candido e a criação do Instituto de Estudos Brasileiros da USP. Elas dão régua e compasso para situar a ação do próprio Silviano Santiago. Esta exerceu impacto análogo, tendo por raio de ação basicamente as universidades do Rio de Janeiro e Minas Gerais. Tanto Candido, desde os anos 60, quanto Silviano, nos anos 70-80, formaram legiões de pesquisadores que aguçaram a visão crítica das obras e desenvolveram pesquisas arquivísticas da maior pertinência, relevância e excelência. A diversidade de perspectivas institucionais formativas apenas enriquece a vida intelectual brasileira.

O olhar de Silviano sobre o modernismo é função de um gesto de radical historicização, em contraste com gestos de continuidade ou retomada. Aprofundar a compreensão do conceito significa para Silviano reconhecer o esgotamento de seu paradigma. É por esse motivo que, junto com a erudição sobre modernismo, vem o interesse programático pela pós-modernidade e pelo pós-moderno. (Silviano sempre optou pelo termo "pós-moderno", à la Lyotard, em detrimento do "pós-modernismo" de Fredric Jameson — vide, nesta antologia, o ensaio "O narrador pós-moderno", exemplar como um de seus "artefatos para pensar".)

Armado do olhar metacrítico, Silviano empreende um deslocamento interpretativo e um redirecionamento da pesquisa, alternativa à leitura concretista do modernismo como vanguarda e capaz de produzir brechas e introduzir novas questões em relação às bem consolidadas leituras uspianas. Com o tempo, as pesquisas e reflexões de Silviano cada vez mais se entrelaçam ao interesse pela *vida literária*. O modernismo como capítulo de vida literária. E o trabalho passa a ter duas faces, a da leitura textual minuciosa e a da pesquisa histórica e documental, usando diários, cartas, autobiografias, memórias, biografias e, last but not least, uma ou outra pérola desencavada da quinquilharia das miscelâneas e crônicas esquecidas de época, inclusive testemunhos orais.

A longa história de dedicação de Silviano ao modernismo literário começa nos primórdios de sua carreira e tem um farol: repetidas leituras e releituras da obra de Carlos Drummond de Andrade, o poeta cuja vida/obra (ou "grafia de vida", para usar uma expressão de Silviano) é a síntese e provavelmente a realização mais alta do programa literário modernista em todas as suas fases. Ao encerrar a fase antropofágica do entrelugar, com a publicação de *Uma literatura nos trópicos* em 1978, já nos cursos na PUC-Rio na segunda metade dos anos 70, Silviano lança a linha de pesquisa sobre o papel do memorialismo nas obras dos maiores autores modernistas. Através do estudo do memorialismo poderá ter acesso a dados sobre a vida literária da época, capazes de promover revisões críticas. Desse projeto, se desenvolve em link paralelo e associado a reflexão teórica sobre a relação entre autobiografia e literatura.

Tudo isso trará importantes rendimentos teóricos e ficcionais nos anos que se seguem, a começar pelo romance *Em liberdade*, de 1981. De 1976 é o estudo sobre *Carlos Drummond de Andrade*, da Editora Vozes. Nesse pequeno grande livro-ensaio, a rememoração da infância, elemento fundamental na topografia do memorialismo modernista, trazido à tona na época pelos Boitempos do poeta, era analisada por Silviano por meio da sofisticada metodologia proposta nos ensaios literários de *Uma literatura nos trópicos*. Uma leitura de puxar fios textuais, desrecalcando forças insuspeitadas.

No projeto de *Em liberdade*, girando em torno de Graciliano Ramos, outro autor-fetiche para Silviano, os fios são retomados e retramados. Do memorialismo estudado em diversos autores ao diário ficcional de Graciliano, o que temos são exercícios e experimentações em torno das escritas de si. Escritas de si marcadas pelo crivo da presentificação. No *Em liberdade*, o memorialismo modernista é confrontado com o memorialismo dos antigos guerrilheiros da luta contra a ditadura, que voltavam ao Brasil depois da anistia, no momento em que o livro é redigido. Em 1985, Silviano publica o decisivo ensaio "A permanência do discurso da tradição no modernismo", na origem uma palestra seguida de debates. Trata-se de uma guinada na interpretação então dominante sobre o modernismo, deslocando a questão do modernismo como vanguarda para a relação entre o modernismo e a história.

Mas, ao longo dos anos 80, o mais marcante na pesquisa e docência sobre modernismo é o mergulho na correspondência publicada de seus principais autores, particularmente Mário de Andrade. Um incontornável aprendizado sobre como dar vida à inércia muda dos arquivos e acervos literários e transformá-la em história. Com base nesse trabalho, Silviano desenvolve uma reflexão sobre escrita biográfica que será posta em prática notadamente nos romances já mencionados aqui — *Viagem ao México* e *Machado*. Toda essa nova erudição sobre modernismo, desenvolvida por ele e estimulada em outros para que se debrucem no riquíssimo material das cartas, redunda num dos mais impressionantes monumentos da crítica literária contemporânea: a publicação em 2002 da correspondência completa entre Drummond e Mário de Andrade (*Carlos & Mário*), por ele organizada e anotada. As notas ao volume constituem, em si, um magnífico romance da vida literária na época modernista.

O que resta hoje como fundamento exclusivo, filosófico ou existencial, para a arte da escrita, ou da escrita como arte, a não ser a biografia, a autobiografia, o memorialismo? Toda biografia contém em si elementos da autobiografia do autor. No entanto, uma teoria geral das biografias é impossível. Toda literatura é grafia de vida. Nesse sentido, biografia e romance são dois aspectos de um mesmo impulso. Cada biografia, seja ela factual ou ficcional, erige no próprio texto sua teoria. Na verdade, sua própria alquimia. A teoria não no estado de doutrina, mas no estado de síntese pontual. O universo dos estímulos e informações no ponto de agulha do texto e suas dramatizações. Abordando autores como a Virginia Woolf de *Orlando* ou o Machado de Assis personagem em seus últimos dias, os trabalhos mais recentes de Silviano Santiago, no ensaio e na ficção, indagam sobre o lugar da vida na escrita literária. Na verdade, afirmam a literatura como força de vida. Eis aí a potência que se pode extrair dos escritos aqui reunidos.

Rio de Janeiro, novembro de 2018

GEOPOLÍTICAS DA CULTURA

O entrelugar do discurso latino-americano

Para Eugenio e Sally

O jabuti que só possuía uma casca branca e mole deixou-se morder pela onça que o atacava.
Morder tão fundo que a onça ficou pregada no jabuti e acabou por morrer.
Do crânio da onça o jabuti fez seu escudo.

Antonio Callado, *Quarup*

Antes de mais nada, tarefas negativas. É preciso se libertar de todo um jogo de noções que estão ligadas ao postulado de continuidade. [...] Como a noção de influência, que dá um suporte — antes mágico que substancial — aos fatos de transmissão e de comunicação.

Michel Foucault, *A arqueologia do saber*

Montaigne abre o capítulo XXXI dos *Ensaios*, capítulo em que nos fala dos canibais do Novo Mundo, com uma referência precisa à história grega. Essa mesma referência servirá também para nos inscrever no contexto das discussões sobre o lugar que ocupa hoje o discurso literário latino-americano no confronto com o europeu. Escreve Montaigne:

Quando o rei Pirro entrou na Itália, logo depois de ter examinado a formação do exército que os romanos lhe mandavam ao encontro, disse: "Não sei que bárbaros são estes (pois os gregos assim denominavam todas as nações estrangeiras), mas a disposição deste exército que vejo não é, de modo algum, bárbara".

A citação histórica em Montaigne, metafórica sem dúvida na medida em que anuncia a organização interna do capítulo sobre os antropófagos da América do Sul, ou mais precisamente do Brasil — a metáfora em Montaigne guarda em essência a marca do conflito eterno entre o civilizado e o bárbaro, entre o colonialista e o colonizado, entre Grécia e Roma, entre Roma e suas províncias, entre a Europa e o Novo Mundo etc. Por outro lado, as palavras do rei Pirro, ditadas por certa sabedoria pragmática, não chegam a esconder a surpresa e o deslumbramento diante de uma descoberta extraordinária: os bárbaros não se comportam como tais — conclui ele.

Na hora do combate, instante decisivo e revelador, no momento em que as duas forças contrárias e inimigas devem se perfilar uma diante da outra, arrancadas brutalmente de sua condição de desequilíbrio econômico, corporificadas sob a forma de presente e guerra, o rei Pirro descobre que os gregos subestimavam a arte militar dos estrangeiros, dos bárbaros, dos romanos. O desequilíbrio instaurado pelos soldados gregos, anterior ao conflito armado e entre os superiores causa de orgulho e presunção, é antes de mais nada propiciado pela defasagem econômica que governa as relações entre as duas nações. No momento exato em que se abandona o domínio restrito do colonialismo econômico, compreendemos que muitas vezes é necessário inverter os valores que definem os grupos em oposição e, talvez, questionar o próprio conceito de superioridade.

Segundo a citação extraída dos *Ensaios*, ali onde se esperava uma *disposição do exército* delineada conforme os preconceitos sobre os romanos espalhados entre os gregos encontra-se uma armada bem organizada e que nada fica a dever às dos povos civilizados. Libertamo-nos de um arrancão do campo da quantidade e do colonialismo, visto que a admiração do rei Pirro revela um compromisso inabalável com o julgamento de qualidade que ela inaugura. Apesar das diferenças econômicas e sociais, os dois exércitos se apresentam em equilíbrio no campo de batalha. Mesmo que não se apresentassem em equilíbrio, nunca é demais lembrar as circunstâncias inusitadas que cercam a morte do monarca grego a que se refere Montaigne. O acidente inesperado e fatal guarda, por sua atualidade, um aviso seguro para as poderosas nações militares de hoje: Pirro, rei de Éfeso, "foi assassinado na tomada de Argos por uma velha senhora que lhe atirou uma telha na cabeça do alto de um telhado" — como nos informa deliciosamente o *Petit Larousse*.

Vamos falar do espaço em que se articula hoje a admiração do rei Pirro e de um provável processo de inversão de valores.

I.

Mas antes é preciso estabelecer certo número de distinções, de modo que se possa ao mesmo tempo limitar e precisar o nosso tópico. Analisemos, primeiro, por razões de ordem didática, as relações entre duas civilizações que são completamente estranhas uma à outra e cujos primeiros encontros se situam no nível da ignorância mútua. Desde o século XIX, os etnólogos,[1] no desejo de desmistificar o discurso beneplácito dos historiadores, concordam em assinalar que a vitória do branco no Novo Mundo se deve menos a razões de caráter cultural do que ao uso arbitrário da violência e à imposição brutal de uma ideologia, como atestaria a recorrência das palavras "escravo" e "animal" nos escritos dos portugueses e espanhóis. Essas expressões, aplicadas aos não ocidentais, configuram muito mais um ponto de vista dominador do que propriamente uma tradução do desejo de conhecer.

Nesse sentido, Claude Lévi-Strauss nos fala de uma enquete de ordem psicossociológica empreendida pelos monges da Ordem de São Jerônimo. À pergunta sobre serem os índios capazes "de viver por eles próprios, como camponeses de Castela", a resposta negativa se impunha de imediato:

> Na verdade, talvez seus netinhos possam; além do mais, os indígenas estão de tal modo entregues ao vício que ainda se pode duvidar da sua capacidade; como prova, evitam os espanhóis, recusam-se a trabalhar sem remuneração, mas levam a perversidade até o ponto de presentearem com os próprios bens; não admitem repudiar os companheiros que tiveram as orelhas decepadas pelos espanhóis. [...] Seria melhor para os índios que se transformassem em homens escravos do que continuassem a ser animais livres...[2]

Em visível contraste, os índios de Porto Rico, seguindo ainda as informações prestadas por Lévi-Strauss nos *Tristes trópicos*, se dedicam à captura de brancos com o intuito de os matar por imersão. Em seguida, durante semanas ficam de guarda em torno dos afogados para saber se eles se submetem ou não às leis de putrefação. Lévi-Strauss conclui não sem certa ironia:

> [...] os brancos invocavam as ciências sociais, ao passo que os índios mostravam mais confiança nas ciências naturais; enquanto os brancos proclamavam que os índios eram animais, estes limitavam-se a supor que os primeiros fossem deuses. Ignorância por ignorância, a última atitude era, certamente, mais digna de homens. [p. 83]

A violência é sempre cometida pelos índios por razões de ordem religiosa. Diante dos brancos, que se dizem portadores da palavra de Deus, cada um profeta a sua própria custa, a reação do indígena é a de saber até que ponto as palavras dos europeus traduziam a verdade transparente. Pergunto-me agora se as experiências dos índios de Porto Rico não se justificariam pelo zelo religioso dos missionários. Estes, em sucessivos sermões, pregavam a imortalidade do verdadeiro Deus, da ressurreição de Cristo — os índios, em seguida, tornavam-se sequiosos de contemplar o milagre bíblico, de provar o mistério religioso em todo o seu esplendor de enigma. A prova do poder de Deus deveria se produzir menos pela *assimilação* passiva da palavra cristã do que pela *visão* de um acontecimento verdadeiramente milagroso.

Nesse sentido, encontramos informações preciosas e extraordinárias na carta escrita ao rei de Portugal por Pero Vaz de Caminha. Segundo o testemunho do escrivão-mor, os índios brasileiros estariam *naturalmente* inclinados à conversão religiosa,[3] visto que, de longe, *imitavam* os gestos dos cristãos durante o santo sacrifício da missa. A imitação — imitação totalmente epidérmica, reflexo do objeto na superfície do espelho, ritual privado de palavras —, eis o argumento mais convincente que o navegador pôde enviar a seu rei em favor da inocência dos indígenas. Diante dessas figuras vermelhas que macaqueiam os brancos, caberia perguntar se não procuravam chegar ao êxtase espiritual pela duplicação dos gestos. Não acreditariam também que poderiam encontrar o deus dos cristãos no final dos "exercícios espirituais", assim como os índios de Porto Rico teriam se ajoelhado diante do espanhol afogado que tivesse escapado à putrefação?

Entre os povos indígenas da América Latina a palavra europeia, pronunciada e depressa apagada, perdia-se em sua imaterialidade de voz, e nunca se petrificava em signo escrito, nunca conseguia instituir em *escritura* o nome da divindade cristã. Os índios só queriam aceitar como moeda de comunicação a *representação* dos acontecimentos narrados oralmente, enquanto os conquistadores e missionários insistiam nos benefícios de uma conversão milagrosa, feita pela assimilação passiva da doutrina transmitida oralmente. Instituir o nome de Deus equivale a impor o código linguístico no qual seu nome circula em evidente transparência.

Colocar junto não só a representação religiosa como a língua europeia: tal foi o trabalho a que se dedicaram os jesuítas e os conquistadores a partir da segunda metade do século XVI no Brasil. As representações teatrais, feitas no interior das tabas indígenas, comportam a mise en scène de um episódio do *Flos Sanctorum* e um diálogo escrito metade em português e a outra metade em tupi-guarani, ou, de maneira mais precisa, o texto em português e sua tradução em tupi-guarani. Aliás, são numerosas as testemunhas que insistem em assinalar o *realismo* dessas representações teatrais. Um padre jesuíta, Cardim, nos diz que, diante do quadro vivo do martírio de são Sebastião, patrono da cidade do Rio de Janeiro, os espectadores não podiam esconder a emoção e as lágrimas. A doutrina religiosa e a língua europeia contaminam o pensamento selvagem, apresentam no palco o corpo humano perfurado por flechas, corpo em tudo semelhante a outros corpos que, pela causa religiosa, encontravam morte paralela. Pouco a pouco, as representações teatrais propõem uma substituição definitiva e inexorável: de agora em diante, na terra descoberta, o código linguístico e o código religioso se encontram intimamente ligados, graças à intransigência, à astúcia e à força dos brancos. Pela mesma moeda, os índios perdem sua língua e seu sistema do sagrado e recebem em troca o substituto europeu.

Evitar o bilinguismo significa evitar o pluralismo religioso e significa também impor o poder colonialista. Na álgebra do conquistador, a unidade é a única medida que conta. Um só Deus, um só Rei, uma só Língua: o verdadeiro Deus, o verdadeiro Rei, a verdadeira Língua. Como dizia recentemente Jacques Derrida: "O signo e o nome da divindade têm o mesmo tempo e o mesmo lugar de nascimento".[4] Uma pequena correção se impõe na última parte da frase, o suplemento de um prefixo que visa a atualizar a afirmativa: "[...] o mesmo tempo e o mesmo lugar de renascimento".

Esse renascimento colonialista — produto reprimido de outra Renascença, a que se realizava concomitantemente na Europa —, à medida que avança, apropria o espaço sociocultural do Novo Mundo e o inscreve, pela conversão, no contexto da civilização ocidental, atribuindo-lhe ainda o estatuto familiar e social do primogênito. A América transforma-se em *cópia*, simulacro que se quer mais e mais semelhante ao original, quando sua originalidade não se encontraria na cópia do modelo original mas em sua *origem*, apagada completamente pelos conquistadores. Pelo extermínio constante dos traços originais, pelo esquecimento da origem, o fenômeno de duplicação se estabelece como a única regra válida de civilização. É assim que vemos nascer por todos os lados essas cidades de nome europeu cuja única originalidade é o fato de trazerem antes do nome de origem o adjetivo "novo" ou "nova": New England, Nueva España, Nova Friburgo, Nouvelle-France etc. À medida que o tempo passa, esse adjetivo pode guardar — e muitas vezes guarda — um significado diferente daquele que lhe empresta o dicionário: o *novo* significa bizarramente fora de moda, como nesta bela frase de Lévi-Strauss: *"Les tropiques sont moins exotiques que démodés"* (p. 96).

O neocolonialismo, a nova máscara que aterroriza os países do Terceiro Mundo em pleno século XX, é o estabelecimento gradual num outro país de valores rejeitados pela metrópole, é a exportação de objetos fora de moda na sociedade neocolonialista, transformada hoje no centro da sociedade de consumo. Hoje, quando a palavra de ordem é dada pelos tecnocratas, o desequilíbrio é científico, pré-fabricado; a inferioridade é controlada pelas mãos que manipulam a generosidade e o poder, o poder e o preconceito. Consultemos de novo Montaigne:

> Eles são selvagens, assim como chamamos selvagens os frutos que a natureza, por si só e pelo seu progresso habitual, produziu; quando, na verdade, são os que alteramos por meio de nosso artifício e desviamos da ordem natural que realmente deveríamos chamar selvagens. Nos primeiros são vivas e vigorosas as verdadeiras, mais úteis e naturais virtudes e propriedades, as quais abastardamos nestes outros na medida em que apenas os acomodamos ao deleite do nosso gosto corrompido.

O renascimento colonialista engendra por sua vez uma nova sociedade, a dos *mestiços*, cuja principal característica é o fato de que a noção de *unidade* sofre reviravolta, é contaminada em favor de uma mistura sutil e complexa entre o elemento europeu e o elemento autóctone — uma espécie de infiltração progressiva efetuada pelo pensamento selvagem, ou seja, abertura do único caminho possível que poderia levar à descolonização. Caminho percorrido ao inverso do percorrido pelos colonos. Estes, no desejo de exterminar a raça indígena, recolhiam nos hospitais as roupas infeccionadas das vítimas de varíola para dependurá-las com outros presentes nos atalhos frequentados pelas tribos. No novo e infatigável movimento de oposição — de mancha racial, de sabotagem dos valores culturais e sociais impostos pelos conquistadores —, uma transformação maior se opera na superfície, mas que afeta definitivamente a correção dos dois sistemas principais que contribuíram para a propagação da cultura ocidental entre nós: o código linguístico e o código religioso. Esses códigos perdem seu estatuto de pureza e pouco a pouco se deixam enriquecer por novas aquisições, por miúdas metamorfoses, por estranhas corrupções, que transformam a integridade do Livro Santo e do Dicionário e da Gramática europeus. O elemento híbrido reina.

A maior contribuição da América Latina para a cultura ocidental vem da destruição sistemática dos conceitos de *unidade* e de *pureza*:[5] esses dois conceitos perdem o contorno exato de seu significado, perdem seu peso esmagador, seu sinal de superioridade cultural, à medida que o trabalho de contaminação dos latino-americanos se afirma, se mostra mais e mais eficaz. A América Latina institui seu lugar no mapa da civilização ocidental graças ao movimento de desvio da norma, ativo e destruidor, que transfigura os elementos feitos e imutáveis que os europeus exportavam para o Novo Mundo. Em virtude do fato de que a América Latina não pode mais fechar suas portas à invasão estrangeira, tampouco pode reencontrar sua condição de "paraíso", de isolamento e de inocência, constata-se com cinismo que, sem essa contribuição, seu produto seria mera cópia — silêncio —, uma cópia muitas vezes fora de moda, por causa desse retrocesso imperceptível no tempo, de que fala Lévi-Strauss. Sua geografia deve ser uma geografia de assimilação e de agressividade, de aprendizagem e de reação, de falsa obediência. A passividade reduziria seu papel efetivo ao desaparecimento por analogia. Guardando seu lugar na segunda fila, é no entanto preciso que assinale sua diferença, marque sua presença, uma presença muitas vezes de vanguarda. O silêncio seria a resposta desejada pelo imperialismo cultural, ou ainda o eco sonoro que apenas serve para apertar mais os laços do poder conquistador.

Falar, escrever, significa: falar contra, escrever contra.

2.

Se os etnólogos são os verdadeiros responsáveis pela desmistificação do discurso da História, se contribuem de maneira decisiva para a recuperação cultural dos povos colonizados, dissipando o véu do imperialismo cultural — qual seria pois o papel do intelectual hoje em face das relações entre duas nações que participam de uma mesma cultura, a ocidental, mas na situação em que uma mantém o poder econômico sobre a outra? Se os etnólogos ressuscitaram por seus escritos a riqueza e a beleza do objeto artístico da cultura desmantelada pelo colonizador — como o crítico deve apresentar hoje o complexo sistema de obras explicado até o presente por um método tradicional e reacionário cuja única originalidade é o estudo das fontes e das influências? Qual seria a atitude do artista de um país em evidente inferioridade econômica com relação à cultura ocidental, à cultura da metrópole, e finalmente à cultura de seu próprio país? Poder-se-ia surpreender a originalidade de uma obra de arte se se instituem como única medida as dívidas contraídas pelo artista junto ao modelo que teve necessidade de importar da metrópole? Ou seria mais interessante assinalar os elementos da obra que marcam sua diferença?

Essas perguntas não poderão ter uma resposta fácil ou agradável, pelo fato mesmo de que é preciso de uma vez por todas declarar a falência de um método que se enraizou profundamente no sistema universitário: as pesquisas que conduzem ao estudo das fontes ou das influências. Porque certos professores universitários falam em nome da objetividade, do conhecimento enciclopédico e da verdade científica, seu discurso crítico ocupa um lugar capital entre outros discursos universitários. Mas é preciso que agora o coloquemos em seu verdadeiro lugar. Tal tipo de discurso crítico apenas assinala a indigência de uma arte já pobre por causa das condições econômicas em que pode sobreviver, apenas sublinha a falta de imaginação de artistas que são obrigados, por falta de uma tradição autóctone, a se apropriar de modelos colocados em circulação pela metrópole. Tal discurso crítico ridiculariza a busca dom-quixotesca dos artistas latino-americanos, quando acentuam por ricochete a beleza, o poder e a glória das obras criadas no meio da sociedade colonialista ou neocolonialista. Tal discurso reduz a criação dos artistas latino-americanos à condição de obra parasita, uma obra que se nutre de outra sem nunca lhe acrescentar algo de próprio; uma obra cuja vida é limitada e precária, aprisionada que se encontra pelo brilho e pelo prestígio da fonte, do chefe de escola.

A *fonte* torna-se a estrela intangível e pura que, sem se deixar contaminar, contamina, brilha para os artistas dos países da América Latina, quando estes dependem de sua luz para o seu trabalho de expressão. Ela ilumina os movimentos das mãos, mas ao mesmo tempo torna os artistas súditos de seu magnetismo superior. O discurso crítico que fala das influências estabelece a estrela como único valor que conta. Encontrar a escada e contrair a dívida que pode minimizar a distância insuportável entre ele, mortal, e a imortal estrela: tal seria o papel do artista latino-americano, sua função na sociedade ocidental. É-lhe preciso, além do mais, dominar esse movimento ascendente de que fala o crítico e que poderia inscrever seu projeto no horizonte da cultura ocidental. O lugar do projeto parasita fica ainda e sempre sujeito ao campo magnético aberto pela estrela principal e cujo movimento de expansão esmigalha a originalidade do outro projeto e lhe empresta a priori um significado paralelo e inferior. O campo magnético organiza o espaço da literatura graças a essa força única de atração que o crítico escolhe e impõe aos artistas — este grupo de corpúsculos anônimos que se nutre da generosidade do chefe de escola e da memória enciclopédica do crítico.

Seja dito entre parênteses que o discurso crítico que acabamos de delinear em suas generalidades, não apresenta em essência diferença alguma do discurso neocolonialista: os dois falam de economias deficitárias. Aproveitemos o parêntese e acrescentemos uma observação. Seria necessário algum dia escrever um estudo psicanalítico sobre o prazer que pode transparecer no rosto de certos professores universitários quando descobrem uma influência, como se a *verdade* de um texto só pudesse ser assinalada pela dívida e pela imitação. Curiosa verdade, essa que prega o amor da genealogia. Curiosa profissão, essa cujo olhar se volta para o passado, em detrimento do presente, cujo crédito se recolhe pela descoberta de uma dívida contraída, de uma ideia roubada, de uma imagem ou palavra pedidas de empréstimo. A voz profética e canibal de Paul Valéry nos chama: "Nada mais original, nada mais intrínseco a si que se alimentar dos outros. É preciso, porém, digeri-los. O leão é feito de carneiro assimilado".

Fechemos o parêntese.

Declarar a falência de tal método implica a necessidade de substituí-lo por outro em que os elementos esquecidos, negligenciados e abandonados pela crítica policial serão isolados, postos em relevo, em benefício de um novo discurso crítico, o qual por sua vez esquecerá e negligenciará a caça às fontes e às influências e estabelecerá como único valor crítico a diferença. O escritor latino-americano — visto que é necessário finalmente limitar nosso assunto de discussão — lança sobre a literatura o mesmo olhar malévolo e audacioso que encontramos em Roland Barthes em sua recente leitura-escritura de *Sarrasine*, esse conto de Balzac incinerado por outras gerações. Em *S/Z*, Barthes nos propõe como ponto de partida a divisão dos textos literários em textos *legíveis* e textos *escrevíveis*, levando em consideração o fato de que a *avaliação* que se faz de um texto hoje esteja intimamente ligada a uma "prática e esta prática é a da escritura". O texto legível é o que pode ser lido, mas não escrito, não reescrito, é o texto clássico por excelência, o que convida o leitor a permanecer no interior de seu fechamento. Os outros textos, os escrevíveis, apresentam ao contrário um modelo produtor (e não representacional) que excita o leitor a abandonar sua posição tranquila de consumidor e a se aventurar como produtor de textos: "remeter cada texto, não a sua individualidade, mas a seu jogo" — nos diz Barthes. Portanto a leitura, em lugar de tranquilizar o leitor, de garantir seu lugar de cliente pagante na sociedade burguesa, o desperta, transforma-o, radicaliza-o e serve finalmente para acelerar o processo de expressão da própria experiência. Em outros termos, ela o convida à práxis. Citemos de novo Barthes: "que textos eu aceitaria escrever (reescrever), desejar, afirmar como uma força neste mundo que é o meu?".

Essa interrogação, reflexo de uma assimilação inquieta e insubordinada, antropófaga, é semelhante à que fazem há muito tempo os escritores de uma cultura dominada por outra: suas leituras se explicam pela busca de um texto escrevível, texto que pode incitá-los ao trabalho, servir-lhes de modelo na organização de sua própria escritura. Tais escritores utilizam sistematicamente a digressão, essa forma mal integrada do discurso do saber, como assinala Barthes. A segunda obra é pois estabelecida a partir de um compromisso feroz com o *déjà-dit*, o já dito, para empregar uma expressão recentemente cunhada por Michel Foucault na análise de *Bouvard et Pécuchet*, de Gustave Flaubert. Precisemos: com o já escrito.

O segundo texto se organiza a partir de uma meditação silenciosa e traiçoeira sobre o primeiro texto, e o leitor, transformado em autor, tenta surpreender o modelo original em suas limitações, suas fraquezas, em suas lacunas, desarticula-o e o rearticula de acordo com suas intenções, segundo sua própria direção ideológica, sua visão do tema apresentado de início pelo original. O escritor trabalha *sobre* outro texto e quase nunca exagera o papel que a realidade que o cerca pode representar em sua obra. Nesse sentido, as críticas que muitas vezes são dirigidas à alienação do escritor latino-americano, por exemplo, são inúteis e mesmo ridículas. Se ele só fala de sua própria experiência de vida, seu texto passa despercebido entre seus contemporâneos. É preciso que aprenda primeiro a falar a língua da metrópole para melhor combatê-la em seguida. Nosso trabalho crítico se definirá antes de tudo pela análise do uso que o escritor fez de um texto ou de uma técnica literária que pertence ao domínio público, do partido que ele tira, e nossa análise se completará pela descrição da técnica que o mesmo escritor cria em seu movimento de agressão contra o modelo original, fazendo ceder as fundações que o propunham como objeto único e de reprodução impossível. O imaginário, no espaço do neocolonialismo, não pode ser mais o da ignorância ou da ingenuidade, nutrido por uma manipulação simplista dos dados oferecidos pela experiência imediata do autor, mas se afirmaria mais e mais como uma escritura *sobre* outra escritura. A segunda obra, já que ela em geral comporta uma crítica da obra anterior, impõe-se com a violência desmistificadora das planchas anatômicas que deixam a nu a arquitetura do corpo humano. A propaganda torna-se eficaz porque o texto fala a linguagem de nosso tempo.

O escritor latino-americano brinca com os signos de outro escritor, de outra obra. As palavras do outro têm a particularidade de se apresentarem como objetos que fascinam seus olhos, seus dedos, e a escritura do segundo texto é em parte a história de uma experiência sensual com o signo estrangeiro. Sartre descreveu admiravelmente essa sensação, a aventura da leitura, quando nos fala de suas experiências de menino na biblioteca familiar:

> As densas lembranças e a doce insensatez das crianças camponesas em vão as procuraria em mim. Nunca esburaquei a terra nem procurei ninhos, não colecionei plantas nem joguei pedras nos passarinhos. No entanto, os livros foram meus passarinhos e meus ninhos, meus animais de estimação, meu estábulo e meu campo...

Como o signo se apresenta muitas vezes numa língua estrangeira, o trabalho do escritor, em lugar de ser comparado ao de uma tradução literal, propõe-se antes como uma espécie de tradução global, de pastiche, de paródia, de digressão. O signo estrangeiro se reflete no espelho do dicionário e na imaginação criadora do escritor latino-americano e se dissemina sobre a página branca com a graça e o dengue do movimento da mão que traça linhas e curvas. Durante o processo de tradução, o imaginário do escritor está sempre no palco, como neste belo exemplo pedido de empréstimo a Julio Cortázar.

O personagem principal de *62 Modelo para armar*, de nacionalidade argentina, vê desenhada no espelho do restaurante parisiense em que entrou para jantar esta frase mágica: *"Je voudrais un château saignant"*. Mas, em lugar de reproduzir a frase na língua original, ele a traduz imediatamente para o espanhol: *"Quisiera un castillo sangriento"*. Escrito no espelho e apropriado pelo campo visual do personagem latino-americano, "château" sai do contexto gastronômico e se inscreve no contexto feudal, colonialista, a casa onde mora o senhor, "el castillo". E o adjetivo, "saignant", que significava apenas a preferência ou o gosto do cliente pelo bife malpassado, na pena do escritor argentino, "sangriento", torna-se a marca evidente de um ataque, de uma rebelião, o desejo de ver o "château", o "castillo" sacrificado, de derrubá-lo, a fogo e sangue. A *tradução* do significante avança um novo significado — e, além disso, o signo linguístico nuclear ("château") abriga o nome daquele que melhor compreendeu o Novo Mundo no século XIX: René de Chateaubriand. Não é por coincidência que o personagem de Cortázar, antes de entrar no restaurante, tinha comprado o livro de outro viajante infatigável, Michel Butor, livro em que este fala do autor de *René* e de *Atala*. E a frase do freguês, pronunciada em toda a sua inocência gastronômica, *"je voudrais un château saignant"*, é percebida na superfície do espelho, do dicionário, por uma imaginação posta em trabalho pela leitura de Butor, pela situação do sul-americano em Paris, *"quisiera un castillo sangriento"*.

É difícil precisar se é a frase ouvida ao acaso que atrai a atenção do sul-americano, ou se ele a vê porque acaba de levantar os olhos do livro de Butor. Em todo caso, uma coisa é certa: as leituras do escritor latino-americano não são nunca inocentes. Não poderiam nunca sê-lo.

Do livro ao espelho, do espelho ao pedido do freguês glutão, de *château* à sua tradução, de Chateaubriand ao escritor sul-americano, do original à agressão — nessas transformações,[6] realizadas, na ausência final de movimento, no desejo tornado coágulo, escritura —, ali se abre o espaço crítico por onde é preciso começar hoje a ler os textos românticos do Novo Mundo. Nesse espaço, se o significante é o mesmo, o significado circula outra mensagem, uma mensagem invertida. Isolemos, por comodidade, a palavra "índio". Em Chateaubriand e muitos outros românticos europeus, esse significante torna-se a origem de todo um tema literário que nos fala da evasão, da viagem, desejo de fugir dos contornos estreitos da pátria europeia. Rimbaud, por exemplo, abre seu longo poema "Bateau ivre" por uma alusão aos "peles-vermelhas barulhentos", que anuncia em seu frescor infantil o grito de rebelião que se escutará no final do poema: *"Je regrette l'Europe aux anciens parapets"*. Aquele mesmo significante, porém, quando aparece no texto romântico americano, torna-se símbolo político, símbolo do nacionalismo que finalmente eleva sua voz livre (aparentemente livre, como infelizmente é muitas vezes o caso), depois das lutas da independência. E, se entre os europeus aquele significante exprime um desejo de expansão, entre os americanos sua tradução marca a vontade de estabelecer os limites da nova pátria, uma forma de contração.

Paremos por um instante e analisemos de perto um conto de Jorge Luis Borges, cujo título é já revelador das nossas intenções: "Pierre Menard, autor del *Quijote*". Pierre Menard, romancista e poeta simbolista, mas também leitor infatigável, devorador de livros, será a metáfora ideal para bem precisar a situação e o papel do escritor latino-americano, vivendo entre a assimilação do modelo original, isto é, entre o amor e o respeito pelo já escrito, e a necessidade de produzir um novo texto que afronte o primeiro e muitas vezes o negue. Os projetos literários de Pierre Menard foram de início classificados com zelo por Mme. Bachelier: são os escritos publicados durante sua vida e lidos com prazer por seus admiradores. Mas Mme. Bachelier deixa de incluir na bibliografia de Menard, nos diz o narrador do conto, o mais absurdo e o mais ambicioso de seus projetos, reescrever o *Dom Quixote*: "Não queria compor outro *Quixote* — o que é fácil —, mas o *Quixote*". A omissão perpetrada por Mme. Bachelier vem do fato de que não consegue *ver* a obra *invisível* de Pierre Menard — nos declara o narrador do conto —, aquela que é "subterrânea, a interminavelmente heroica, a sem igual". Os poucos capítulos que Menard escreve são invisíveis porque o modelo e a cópia são idênticos; não há diferença alguma de vocabulário, de sintaxe, de estrutura entre as duas versões, a de Cervantes e a outra, a cópia de Menard. A obra invisível é o paradoxo do segundo texto que desaparece completamente, dando lugar à sua significação mais exterior, a situação cultural, social e política em que se situa o segundo autor.

O segundo texto pode no entanto ser *visível*, e é assim que o narrador do conto pôde incluir o poema "Le Cimetière marin", de Paul Valéry, na bibliografia de Menard, porque na transcrição do poema os decassílabos de Valéry se transformam em alexandrinos. A agressão contra o modelo, a transgressão ao modelo proposto pelo poema de Valéry, situa-se nessas duas sílabas acrescentadas ao decassílabo, pequeno suplemento sonoro e diferencial que reorganiza o espaço visual e silencioso da estrofe e do poema de Valéry, modificando também o ritmo interno de cada verso. A originalidade, pois, da obra *visível* de Pierre Menard reside no pequeno suplemento de violência que instala na página branca sua presença e assinala a ruptura entre o modelo e sua cópia, e finalmente situa o poeta em face da literatura, da obra que lhe serve de inspiração. *"Le lion est fait de mouton assimilé."*

Segundo Pierre Menard, se Cervantes para construir seu texto não tinha "rejeitado a colaboração do acaso", o escritor argentino tinha "contraído o misterioso dever de reconstituir literalmente sua obra espontânea". Há em Menard, como entre os escritores latino-americanos, a recusa do "espontâneo" e a aceitação da escritura como um dever lúcido e consciente, e talvez já seja tempo de sugerir como imagem reveladora do trabalho subterrâneo e interminavelmente heroico o título mesmo da primeira parte da coletânea de contos de Borges: "O jardim das veredas que se bifurcam". A literatura, o jardim; o trabalho do escritor — a escolha consciente diante de cada bifurcação e não uma aceitação tranquila do acaso da invenção. O conhecimento é concebido como uma forma de produção. A assimilação do livro pela leitura implica já a organização de uma práxis da escritura.

O projeto de Pierre Menard recusa portanto a liberdade total na criação, poder que é tradicionalmente delegado ao artista, elemento que estabelece a identidade e a diferença na cultura neocolonialista ocidental. A liberdade, em Menard, é controlada pelo modelo original, assim como a liberdade dos cidadãos dos países colonizados é vigiada de perto pelas forças da metrópole. A presença de Menard — diferença, escritura, originalidade — instala-se na transgressão ao modelo, no movimento imperceptível e sutil de conversão, de perversão, de reviravolta.

A originalidade do projeto de Pierre Menard, sua parte visível e escrita, é consequência do fato de ele recusar aceitar a concepção tradicional da invenção artística, porque ele próprio nega a liberdade total do artista. Semelhante a Robert Desnos, ele proclama como lugar de trabalho as "formas-prisões" *(formes-prisons)*. O artista latino-americano aceita a prisão como forma de comportamento, a transgressão como forma de expressão. Daí, sem dúvida, o absurdo, o tormento, a beleza e o vigor de seu projeto visível. O invisível torna-se *silêncio* em seu texto, a presença do modelo, enquanto o visível é a mensagem, é ausência no modelo. Citemos uma última vez Pierre Menard: "Meu jogo solitário é regido por duas leis diametralmente opostas. A primeira me permite ensaiar variantes de tipo formal ou psicológico; a segunda me obriga a sacrificá-las ao texto 'original'...".

O escritor latino-americano é o devorador de livros de que os contos de Borges nos falam com insistência. Lê o tempo todo e publica de vez em quando. O conhecimento não chega nunca a enferrujar os delicados e secretos mecanismos da criação; pelo contrário, estimula seu projeto criador, pois é o princípio organizador da produção do texto. Nesse sentido, a técnica de leitura e de produção dos escritores latino-americanos parece com a de Marx, de que nos falou recentemente Louis Althusser. Nossa leitura é tão *culpada* quanto a de Althusser, porque estamos lendo os escritores latino-americanos "observando as regras de uma leitura cuja impressionante lição nos é dada na própria leitura que fazem" dos escritores europeus. Citemos de novo Althusser: "Quando lemos Marx, de imediato estamos diante de um *leitor*, que diante de nós e em voz alta lê: [...] lê Quesnay, lê Smith, lê Ricardo etc. [...] para se apoiar sobre o que disseram de exato e para criticar o que de falso disseram...".

A literatura latino-americana de hoje nos propõe um texto e, ao mesmo tempo, abre o campo teórico onde é preciso se inspirar durante a elaboração do discurso crítico de que ela será o objeto. O campo teórico contradiz os princípios de certa crítica universitária que só se interessa pela parte *invisível* do texto, pelas dívidas contraídas pelo escritor, ao mesmo tempo que ele rejeita o discurso de uma crítica pseudomarxista que prega uma prática primária do texto, observando que sua eficácia seria consequência de uma leitura fácil. Esses teóricos esquecem que a eficácia de uma crítica não pode ser medida pela preguiça que ela inspira; pelo contrário, ela deve descondicionar o leitor, tornar impossível sua vida no interior da sociedade burguesa e de consumo. A leitura fácil dá razão às forças neocolonialistas que insistem no fato de que o país se encontra na situação de colônia pela preguiça de seus habitantes. O escritor latino-americano nos ensina que é preciso liberar a imagem de uma América Latina sorridente e feliz, o Carnaval e a *fiesta*, colônia de férias para turismo cultural.

Entre o sacrifício e o jogo, entre a prisão e a transgressão, entre a submissão ao código e a agressão, entre a obediência e a rebelião, entre a assimilação e a expressão — ali, nesse lugar aparentemente vazio, seu templo e seu lugar de clandestinidade, ali se realiza o ritual antropófago da literatura latino-americana.

[Março de 1971]

Apesar de dependente, universal[1]

Para a Heloísa

> *Não somos europeus nem americanos do norte, mas destituídos de cultura original, nada nos é estrangeiro, pois tudo o é. A penosa construção de nós mesmos se desenvolve na dialética entre o não ser e o ser outro.*
>
> Paulo Emílio Sales Gomes (1973)

> *Porque a verdade, não sei se dura ou caroável, é esta: se minha geração tem por dever (ainda não sei se por vocação) uma reinterpretação eminentemente universalista dos problemas brasileiros, isso só poderá ser feito com base na interpretação nacionalizadora e regionalizadora do modernismo...*
>
> José Guilherme Merquior (1980)

I.

Não é sempre que se modifica a concepção geográfica que o homem tem do mundo. Mas, em lugar de esse ampliar do horizonte visual operar um desequilíbrio positivo e fecundo nos alicerces do homem e da sociedade que descobrem, serve ele antes para que o desbravador reproduza — em outro lugar

— os conflitos e impasses político-sociais e econômicos da sua sociedade, sob a forma básica de ocupação. Exemplo concreto: o Novo Mundo serviu de palco para onde deslocar o beco sem saída das guerras santas que se desenrolavam na Europa. O conquistador vitorioso acaba por introjetar na "desconhecida" América o dilema maior dos reis e súditos europeus, todos às voltas com a quebra da unidade da Igreja e com as constantes guerras entre facções religiosas distintas (católicos, luteranos, calvinistas etc.). É dessa forma que o "desconhecido" se torna "conhecido", estabelecendo o padrão cultural da colonização.

A catequese de um José de Anchieta, além de preparar o indígena para a "conversão" e a "salvação" da sua alma, serve para colocá-lo — sem que saiba a razão, pois simplesmente a desconhece — entre portugueses e franceses, entre a Reforma e a Contrarreforma. Ela prepara e incita o índio a brigar por uma questão (a unidade da Igreja e a constituição do Estado forte europeu) que não é sua nem dos seus. Exige-se dele que introjete uma situação sociopolítica e econômica que não é dele. Sintomático desse estado de coisas é o fervor pelo padroeiro do Espírito Santo, são Maurício, que o texto de Anchieta quer inspirar nos catecúmenos. Fiel a um imperador pagão, Maurício, então soldado, é convocado para combater os cristãos à frente da sua legião tebana. No meio da batalha, vira a casaca e, já disposto a não matar os cristãos, acaba por desobedecer ao poder supremo do imperador, sendo por ele sacrificado. O soldado Maurício é rebelde com relação aos pagãos seus irmãos; o convertido Maurício é mártir dentro do processo da catequese católica; são Maurício é padroeiro do Espírito Santo nessa nova fase da difusão da fé. Como rebelde, mártir e padroeiro é, antes de mais nada, o modelo a ser imitado.

Servem a vida e o martírio desse santo como contraponto simbólico para o espírito de rebeldia contra os corsários franceses e ingleses (julgados "hereges") que os cristãos portugueses querem transportar para a mente indígena. A mente indígena memoriza os versos da poesia didática de Anchieta e são estes dados como "seus":

O pecado nos dá guerra
em todo tempo e lugar.
E, pois quisestes [S. Maurício] morar
nesta nossa pobre terra,
ajudai-a sem cessar,

porque cessando o pecar
cessarão muitos reveses
com que os hereges franceses
nos poderão apertar
e luteranos ingleses.

A luta pelo poder e partilha dessa "nossa pobre terra" é compreendida pela divisão e luta religiosas. Só que, aqui, a terra é palco e a luta é encenação, enquanto lá na Europa o problema é a realidade concreta do *cuius regio, eius religio* ("cada país tem a sua própria religião").

Já por essa época o indígena não é dado mais pelo português como tábula rasa, mas é dado pelo católico português como ocupado pelo herege francês ou inglês. A conversão, em fins do século XVI, opera duas ações de despejo contra o indígena: convertendo-o, desaloja-o da sua cultura; fazendo com que se revolte contra os "hereges", desaloja-o de qualquer ocupação que não seja a católica. Em ambos os casos, fá-lo entrar nos conflitos maiores do mundo ocidental sem que tenha tomado parte nos acontecimentos, mero ator, mero recitador que é. Duplamente despojado: a história europeia é a estória do indígena. Resta-lhe memorizar e viver com entusiasmo uma "ficção" europeia (portuguesa, em particular) que transcorre num grande palco que é a sua própria terra. E já no século XX nem mais a terra é sua. Terceira, última e definitiva ação de despejo operada pelos colonizadores.

É importante notar como a colonização, no mundo moderno, só podia ser uma atividade docente, onde a memória era o dom mais requisitado. A tal ponto que historiadores contemporâneos nossos julgam acreditar que a origem de uma "inteligência brasileira" se dê quando colégios são criados no século XVI. Ou seja: quando a história alheia é imposta como matéria de memorização, de ensino, imposta como a única verdade. Desnecessário é salientar o compromisso violento da categoria de "inteligência", nesse contexto, com o mais ardoroso etnocentrismo. Etnocentrismo esse que traduz a concepção do mundo pré-cabralino presente nos primeiros colonizadores, pois davam eles à civilização indígena o estatuto de tábula rasa. Triste "inteligência brasileira" que, ao querer alçar o voo da reflexão histórica, ainda se confunde com preconceitos quinhentistas!

Dentro dessa perspectiva etnocêntrica, a experiência da colonização é basicamente uma operação narcísica, em que o *outro* é assimilado à imagem refletida do conquistador, confundido com ela, perdendo portanto a condição única da sua alteridade. Ou melhor: perde a sua verdadeira alteridade (a de ser outro, diferente) e ganha uma alteridade fictícia (a de ser imagem refletida do europeu). O indígena é o *outro* europeu: ao mesmo tempo imagem especular deste e a própria alteridade indígena recalcada. Quanto mais diferente o índio, menos civilizado; quanto menos civilizado, mais nega o narciso europeu; quanto mais nega o narciso europeu, mais exigente e premente a força para torná-lo imagem semelhante; quanto mais semelhante ao europeu, menor a força da sua própria alteridade. Eis como se desenrola a ocupação. Eis como se cria a "inteligência" no Brasil.

Se o móvel da descoberta é o desconhecido, e para isso se requer dos homens o espírito de aventura, a coragem e a audácia, já a experiência da colonização requer o espírito *profiteur*, a espada e a falsa cordialidade. A falsa cordialidade diz: seremos amigos, desde que você me obedeça; a espada continua: se não me obedecer, o ferro e o fogo; e o espírito ganancioso arremata: vale a empresa, enquanto der lucro.

O Velho do Restelo, nos *Lusíadas*, de Camões — ou os leitores que criticam hoje o programa espacial da Nasa em cartas às revistas *Time* e *Newsweek* —, retira a sua força da ambiguidade moral da situação da descoberta e da colonização. À beira do cais, o Velho não embarca. Não age, fala. Reflete. Reflexão moral. Acha inútil a busca do desconhecido, porque o desconhecido está na própria sociedade, só não vê quem não quer; civilizar o outro é tarefa supérflua enquanto existam "outros" (isto é, grupos marginalizados) que são oprimidos pela classe dominante etc. Para que sair, se os problemas de casa não foram ainda resolvidos, e são tantos!

2.

Vemos, portanto, que as descobertas marítimas da época moderna e a posterior ocupação das terras descobertas pelos europeus serviram não só para alargar as fronteiras visuais e econômicas da Europa, como também para tornar a história europeia em história universal, história esta que, num primeiro momento, nada mais é do que estória, ficção, para os ocupados. As diferenças econômicas, sociais, políticas, culturais etc. são, primeiro, abolidas a ferro e fogo, transformando o multifacetado mundo medieval (a parte propriamente europeia, "conhecida", e as várias outras, "desconhecidas") num todo narcisicamente composto segundo os valores dos colonizadores, e são aquelas diferenças, em segundo lugar, abolidas pelo discurso vitorioso e exclusivo da História universal.

Tal processo de uniformização das diferentes civilizações existentes no mundo, tal processo de ocidentalização do recém-descoberto, passou a dirigir os desígnios das organizações sociopolíticas e econômicas do Novo Mundo, instituindo a classe dominante como detentora do discurso cultural, discurso europeizante (inclusive nas constantes e sucessivas assimilações "cordiais" da diferença indígena ou negra). A cultura oficial assimila o outro, não há dúvida; mas, ao assimilá-lo, recalca, *hierarquicamente*, os valores autóctones ou negros que com ela entram em embate. No Brasil, o problema do índio e do negro, antes de ser a questão do silêncio, é a da hierarquização de valores.

Relevante papel, dentro desse contexto, passou a ter a antropologia, ciência criada pela consciência ferida europeia. Dentro da cultura dos conquistadores, criou-se um lugar especial e sacrossanto de onde se pode avaliar a violência cometida por ocasião da colonização, lugar onde se tenta preservar — sob a forma de discurso científico, não tenhamos ilusões — o que ainda é possível ser preservado. Essa adição às disciplinas propriamente europeias não é tão sem importância como parecia dizer o diminuto lugar inicialmente reservado à antropologia. Acaba ela por operar um "descentramento" importante no pensamento ocidental, pois deixa a cultura europeia de ser a detentora da verdade, de manter-se como a cultura de referência, estabelecedora por excelência das hierarquias.

O intelectual brasileiro, no século XX, vive o drama de ter de recorrer a um discurso *histórico*, que o explica mas que o destruiu, e a um discurso *antropológico*, que não mais o explica mas que fala do seu ser enquanto destruição. Como diz em bela síntese Paulo Emílio Sales Gomes: "A penosa construção de nós mesmos se desenvolve na dialética rarefeita entre o não ser e o ser outro". Somos explicados e destruídos; somos constituídos, mas já não somos explicados.

Como "explicar" a "nossa constituição", como refletir sobre a nossa inteligência? Nenhum discurso disciplinar o poderá fazer sozinho. Pela história universal, somos explicados *e* destruídos, porque vivemos uma ficção desde que fizeram da história europeia a nossa estória. Pela antropologia, somos constituídos *e* não somos explicados, já que o que é superstição para a história constitui a realidade concreta do nosso passado.

Ou bem nos explicamos, ou bem nos constituímos — eis o *falso* dilema para o intelectual brasileiro, que gera, na sua simplificação, todas as formas de discurso autoritário entre nós, tanto o populista quanto o integralista. É preciso buscar a "explicação" da "nossa constituição" (vale dizer, da nossa inteligência) através de um entrelugar, como o caracterizamos em ensaio escrito em 1971 e hoje em *Uma literatura nos trópicos*, ou através de uma "dialética rarefeita", como quer Paulo Emílio. Nem cartilha populista nem folclore curupira — eis as polarizações que devem ser evitadas a bem de um socialismo democrático. Nem o paternalismo nem o imobilismo.

Na configuração ambivalente do seu ser cultural reside o drama ético do intelectual brasileiro face a todas as minorias da América Latina. A sua compreensão dessas minorias, pelo materialismo histórico, tem de passar pela integração total e definitiva delas ao processo de ocidentalização do mundo; a compreensão delas pelo pensamento antropológico tem de questionar essa integração histórica, para que elas não continuem a viver uma "ficção" imposta como determinante do seu passado e do seu desaparecimento futuro. Difícil é o pacto entre o homem latino-americano e a História ocidental, a não ser que se caia em certas determinações de cunho desenvolvimentista, onde se afigura como capital a práxis ideológica do progresso. (Ainda que essa categoria não esteja explicada pelo pensamento de esquerda no Brasil, ela nele também está presente.)

A práxis do progresso enquanto força ideológica, já a conhecemos. Ela dá subemprego às minorias (veja o período áureo juscelinista ou os anos recentes do "Milagre"); não dá conscientização sociopolítica; não dá cultura, deixa que novelas da tevê dramatizem para o grosso da população a mobilidade social fácil nestas terras tão preconceituosas e tão autoritárias. O progresso incorpora as minorias a um avanço histórico, que é simulacro, continua ficção, e que, por isso, não pode atingir o modo de ser social de quem busca a sua "explicação". Ele incorpora as minorias a um avanço da classe dirigente, por isso é que as diferenças sociais (apesar da mensagem constante das novelas das sete e das oito) se acentuam nos momentos mais agudos do desenvolvimentismo. A maior verdade do "Milagre" são os boias-frias; a maior mentira do "Milagre" não é o bolo, é a faca. A faca na mão de quem corta. Quem parte e reparte fica com a melhor parte.

3.

O desvio para chegar ao cerne do nosso objetivo está sendo longo; desejamos que não seja impertinente. Está servindo ele para justificar o questionamento das categorias fortes que servem de alicerce para a literatura comparada.

É somente dentro dessa perspectiva histórico-antropológica, dessa perspectiva econômica, social e política (cultural, no sentido mais amplo), que se pode compreender a necessidade de um confronto do intelectual latino-americano com certas disciplinas do saber oriundas do pensamento europeu. Guardam estas — quando entra em jogo a questão da produção do *outro*, isto é, do indígena e do negro — uma violenta taxa de etnocentrismo, que invalida, a priori, o rigor no raciocínio, a exigência na análise e a maestria na interpretação.

Comecemos pela caracterização sumária do objeto de estudo da literatura comparada. Basicamente, o objeto tem de ser duplo, constituído que é por obras literárias geradas em contextos nacionais diferentes que são, no entanto, analisadas contrastivamente com o fim de ampliar tanto o horizonte limitado do conhecimento artístico quanto a visão crítica das literaturas nacionais.

É óbvio que um período como o Renascimento é bastante rico para esse tipo de estudo, pois nações europeias se constituem culturalmente, aprofundando-se no solo comum judaico-greco-romano, no processo mesmo de estabelecimento das diferenças regionais. Pelo solo comum do passado, guarda-se a amplitude das semelhanças entre Portugal, Espanha, França, Itália etc., e se destroem as fronteiras nacionais que são constituídas naquele presente. Além do mais, a dupla exigência da *imitação* (a dos clássicos greco-latinos e a dos contemporâneos do autor) como forma de emulação, de aprimoramento, leva o criador a inspirar-se no outro para que melhor saia o seu produto. Esse feixe de situações aparentemente divergentes — pois daí sai uma cultura única europeia — torna o período ideal para os estudos de literatura comparada. Ainda mais que os "Estados" emergem a partir de sintomáticas diferenças, todas produto do mesmo contexto econômico, social e político e das suas contradições.

A situação da literatura latino-americana, ou da brasileira em particular, com relação à literatura europeia ontem e à literatura americana do norte hoje, já não apresenta um terreno tão tranquilo. Que a *perspectiva* correta para estudar as literaturas nacionais latino-americanas é a da literatura comparada não há dúvida. Antonio Candido desde as primeiras páginas alerta o leitor da *Formação da literatura brasileira*:

> Há literaturas de que um homem não precisa sair para receber cultura e enriquecer a sensibilidade; outras, que só podem ocupar uma parte da sua vida de leitor, sob pena de lhe restringirem irremediavelmente o horizonte. [...] Os que se nutrem

apenas delas são reconhecíveis à primeira vista, mesmo quando eruditos e inteligentes, pelo gosto provinciano e falta de senso de proporções. [...] Comparada às grandes, a nossa literatura é pobre e fraca. Mas é ela, não outra, que nos exprime.

4.

A perspectiva é correta: acreditar que possamos ter um pensamento autóctone autossuficiente, desprovido de qualquer contato "alienígena", é devaneio verde-amarelo; a avaliação é justa: colocar o pensamento brasileiro comparativamente, isto é, dentro das contingências econômico-sociais e político-culturais que o constituíram, é evitar qualquer traço do dispensável ufanismo. Resta saber se os intelectuais brasileiros não têm insistido em defeitos de método, apesar da correção e da justeza do pensamento. É preciso, pois, cuidado com o método, com a tática de abordagem dos objetos, em suma: com a *estratégia* de leitura dos textos afins.

Caso nos restrinjamos a uma apreciação da nossa literatura, por exemplo, com a europeia, tomando como base os princípios etnocêntricos — fonte e influência — da literatura comparada, apenas insistiremos no seu lado dependente, nos aspectos repetitivos e redundantes. O levantamento desses aspectos duplicadores (útil, sem dúvida, mas etnocêntrico) visa a sublinhar o percurso todo-poderoso da produção dominante nas áreas periféricas por ela definidas e configuradas; constituem-se no final do percurso dois produtos paralelos e semelhantes, mas apresentando entre eles duas decalagens capitais, responsáveis que serão pelo processo de hierarquização e rebaixamento do produto da cultura dominada.

Duas decalagens capitais: uma temporal (o atraso de uma cultura com relação à outra) e uma qualitativa (a falta de originalidade nos produtos da cultura dominada). O produto da cultura dominada é já e sempre tardio, pois vem a reboque, atrelado à máquina do colonialismo ontem e do neocolonialismo capitalista hoje. Tardio, não tenhamos dúvida, porque é também produto de uma maneira de ser "memorizada". É interessante notar como a tendência básica do pensamento colonizado é o enciclopedismo, ou seja, o saber introjetado, aprendido, assimilado de várias e generosas fontes, e depois aparente numa produção cultural cujo valor básico é a síntese. (É preciso pensar como, nas culturas dominadas, é tão fluida a diferença — diferença capital nas culturas dominantes —

entre historiador e pensador original.) A síntese histórica não é produto original, é antes de mais nada generosa, abrangente, equidistante e tão liberal quanto o próprio pensamento que a originou. Portanto, não é estranho que o ideal de uma "inteligência" colonizada e docente seja o arrolar infindável dos fatos culturais, sem nenhuma preocupação a não ser a lógica da sua sucessão exaustiva.

O pensamento que se quer dependente não surge só como uma reflexão sobre dados empíricos de uma nação, é e sempre foi também uma ficção sob (e não sobre) a cultura ocupante. É sempre já uma apropriação elogiosa do produto da cultura dominante, produto este que hierarquiza, restringe e acaba sendo responsável pela visão etnocêntrica do criador ou historiador. Mas, para o equívoco bem-intencionado do enciclopedismo eurocêntrico (de resto necessário, caso a tarefa seja a do livro-enciclopédia de "a" a "z", mas destituído de interesse quando é "glória" individual), já temos alguns antídotos fabricados desde o modernismo. Tomemos três deles.

Primeiro: a noção mal-intencionada da antropofagia cultural, brilhantemente inventada por Oswald de Andrade, num desejo de incorporar, criativamente, a sua produção dentro de um movimento universal. Segundo: a noção de "traição da memória", eruditamente formulada por Mário de Andrade através das suas pesquisas em música com vistas a uma produção nacional-popular. Gilda de Mello e Souza, em *O tupi e o alaúde*, recolocou-a em circulação para uma bem-sucedida interpretação de *Macunaíma*. Terceiro: a noção bem-pensante e possivelmente ideológica de "corte radical" em geral implicado (às vezes não explicitado) pelos sucessivos movimentos de vanguarda, e recentemente defendido e daquela forma cognominado pelo grupo concreto paulista (a noção é uma apropriação do "paideuma" poundiano, revista pelo "parêntese" isebiano).

Em todos os três casos não se faz de conta que a dependência não existe, pelo contrário, frisa-se a sua inevitabilidade; não se escamoteia a dívida para com as culturas dominantes, pelo contrário, enfatiza-se a sua força coerciva; não se se contenta com a visão gloriosa do autóctone e do negro, mas se busca a inserção diferencial deles na totalização universal. Ao mesmo tempo, não se deixa perder no limbo das elucubrações etnocêntricas a possível originalidade do produto criado. A hierarquização pelos critérios de "atraso" e de "originalidade" cai subitamente por terra, pois se subvertem esses valores. Subversão esta que não é um jogo gratuito de cunho nacionalista estreito, tipo integralismo dos anos 30, mas compreensão de que, apesar de se produzir uma obra culturalmente dependente, pode-se dar o salto por cima das imitações e das sínteses enciclopédicas etnocêntricas e contribuir com algo original.

O salto por cima não pode ser dado através de um pensamento racional ou de uma lógica complementar (as partes, complementos, perfazendo um todo). Em ambos os casos, cai-se nas célebres artimanhas do pensamento ocupante: a racionalidade analítica ou dialética como forma inevitável da integração ao todo do indígena e do negro; a complementaridade como processo de uniformização e totalização da diferença.

Faz-se necessário que o primeiro questionamento das categorias de fonte e influência, categorias de fundo lógico e complementar usadas para a compreensão dos produtos dominante e dominado, se dê por uma força e um movimento *paradoxais*, que por sua vez darão início a um processo tático e desconstrutor da literatura comparada, quando as obras em contraste escapam a um solo histórico e cultural homogêneo.

Procuramos exemplificar esse questionamento paradoxal em artigo (adiante nesta coletânea) que, desde o título borgiano, sintomaticamente exorbita a área do bom senso histórico e acadêmico: "Eça, autor de *Madame Bovary*". Não se trata de mero jogo isento de aprofundamento erudito, como pode parecer a algum historiador prenhe de *scholarship*; não se trata de quebra gratuita da causalidade cronológica, como pode desejar um intelectual relojoeiro e polícia das datas; não se trata de uma busca de originalidade pela originalidade, com o fim básico de encantar mentes que se realizam na estética conceptista.

Contestação da erudição, quebra da cronologia e busca de originalidade que se entrelaçam constituindo um *suplemento* crítico paradoxal — não tenhamos dúvidas quanto a isso — mas tático e desconstrutor. Ênfase é dada, não à repetição (o que em Eça existe de Flaubert), repetição que passa a ser, estrategicamente, o lado invisível da obra dependente; ênfase é dada à diferença que o texto dependente consegue inaugurar, apesar da sua sujeição à cultura francesa dominante em Portugal. A diferença que *O primo Basílio* consegue instituir frente a *Madame Bovary* é o seu lado visível. O lado invisível é, em si, um todo organizado e coerente (o que se repete no segundo texto do primeiro), e o visível nada mais é do que o suplemento de leitura e de criação que caracteriza a produção significativa numa cultura periférica.

Em contrapartida, fazendo o texto da cultura dominada retroagir sobre o texto da cultura dominante (inversão não tão gratuita da cronologia), consegue-

-se realmente que os textos da metrópole tenham também, de maneira concreta e pela primeira vez, uma avaliação real da sua universalidade. A universalidade só existe, para dizer a verdade, nesse processo de expansão em que respostas não etnocêntricas são dadas aos valores da metrópole. Caso contrário, cairemos sempre nas apreciações tautológicas e colonizantes. Paradoxalmente, o texto descolonizado (frisemos) da cultura dominada acaba por ser o mais rico (não do ponto de vista de uma estreita economia interna da obra) *por conter em si uma representação do texto dominante e uma resposta a essa representação no próprio nível da fabulação*, resposta esta que passa a ser um padrão de aferição cultural da universalidade tão eficaz quanto os já conhecidos e catalogados.

A universalidade ou bem é um jogo colonizador, em que se consegue pouco a pouco a uniformização ocidental do mundo, a sua totalização, através da imposição da história europeia como história universal, ou bem é um jogo diferencial em que as culturas, mesmo aquelas em situação econômica inferior, se exercitam dentro de um espaço maior, para que se acentuem os choques das ações de dominação e das reações de dominados.

A verdade da universalidade colonizadora e etnocêntrica está na metrópole, não há dúvida; a verdade da universalidade diferencial, como estamos vendo com a ajuda da antropologia, está nas culturas periféricas. Paradoxalmente.

Nas culturas periféricas, aliás, os textos colonizados operam com brio a síntese enciclopédica da cultura, soma generosa em que o próprio ocupado é mero apêndice insignificante e complementar do movimento geral da civilização. Nas culturas periféricas, os textos descolonizados questionam, na própria fatura do produto, o seu estatuto e o estatuto do avanço cultural colonizador.

[1980]

"Atração do mundo": Políticas de globalização e de identidade na moderna cultura brasileira

Para Ana Lúcia Gazzola e Gareth Williams

I.

Mil e novecentos. No ano em que o século XIX se fecha e se abre para o século XX, Joaquim Nabuco, político pertencente à elite intelectual brasileira, publica Minha formação, livro de memórias em que o autor reúne uma série de ensaios ficcionalizados, aparecidos na imprensa durante a década anterior. Naquele momento complexo e forte da nacionalidade, quando o imperador era expulso do país e os militares plebeus e jacobinos inauguravam o regime republicano, Minha formação pontuava as contradições políticas da história recente do país e, ao mesmo tempo, optava pela indispensável e enriquecedora abertura da jovem nação sul-americana para o mundo, expressa pela tardia abolição da escravatura,[1] sem dúvida o maior feito do agonizante regime monárquico.

A riqueza exploratória da escrita memorialista de Nabuco não para ali. Em primeiro lugar, ela pode nos servir hoje para estabelecer um paradigma inicial que recobre e explica as políticas de globalização e identidade que configuraram o primeiro século da autonomia nacional. Em segundo lugar, permite mostrar como esse paradigma inicial será revisto na década de 20 pelos intelectuais modernistas e, em terceiro lugar, a partir da década de 30, abre brechas para se entrever como o mesmo paradigma será repensado tanto pela literatura de protesto social de cunho regionalista quanto pela primeira interpretação marxista da formação econômica do Brasil contemporâneo, de autoria de Caio Prado Jr. Numa parte final, será indicado sucintamente como esses paradigmas estão sendo questionados na nossa época pelos atores sociais reunidos em torno da mesa para discutir como deverá ser conduzida no Brasil a globalização do planeta proposta pelas nações hegemônicas.

Destaco um dos mais surpreendentes capítulos do livro *Minha formação*, "Atração do mundo". Nele o autor exprime de maneira corajosa a grande síntese a que Antonio Candido, meio século depois, ainda se referiria como a definidora da cultura brasileira: a "síntese de tendências particularistas e universalistas".

Pinço uma frase no capítulo "Atração do mundo": "Sou antes um espectador do meu século do que do meu país; a peça é para mim a civilização, e se está representando em todos os teatros da humanidade, ligados hoje pelo telégrafo". Tão rica e sugestiva é a frase, que cada elemento dela pode ser desdobrado em várias outras frases. Façamos alguns poucos exercícios interpretativos, prefaciando-os por um esclarecimento de caráter geral.

Ao chegar à aposentadoria forçada e passageira em virtude da mudança de regime político no país, um dos mais influentes políticos monarquistas se manifesta sobre as múltiplas experiências de uma vida pública bem vivida, através de metáforas tomadas de empréstimo à representação teatral. Naquela circunstância, prefere se apresentar aos leitores como espectador e não como ator ou ativista.[2] Ao se autocaracterizar como espectador mais interessado pelo drama teatral do século do que pelo do país onde nasceu, considera o espetáculo do mundo como o de uma civilização em plena efervescência dramática. Eis a razão pela qual a grande peça de teatro que se representa nos teatros da Europa o atrai irresistivelmente. Morando num país provinciano, está distante do palco onde a grande peça se desenrola, mas dela pode ser espectador no conforto do lar em virtude dos meios de comunicação de massa modernos, no caso o telégrafo.

A oposição entre *país de origem* (ou melhor, *país de começo*, como veremos adiante) e *século*, e a preferência pela crise da representação por que passa a modernidade e não pela busca de identidade nacional que a jovem nação busca, alimentam outra distinção e opção no capítulo. Escreve Nabuco que, em sua vida, viveu "muito da Política, com P grande, isto é, da política que é história", para logo em seguida afirmar a sua dupla incapacidade para viver plenamente "a política propriamente dita, que é a local, a do país, a dos partidos". A dupla incapacidade para viver a política nacional e dela participar ativamente é decisão do indivíduo: por um lado, é consequência de julgamento sobre a situação local, por outro, decorrência da curiosidade intelectual pelas coisas do mundo.

A dupla incapacidade é também o caminho enviesado e, paradoxalmente, mais correto para o cidadão brasileiro atualizado e consciente participar do projeto nacional em andamento. Equacionando Política com inicial maiúscula à História, história da civilização ocidental, no caso história da Europa na sua expansão geográfica, econômica e social (não se pode esperar do pensador uma postura diferente da eurocêntrica), Nabuco não só julga a política com inicial minúscula, a nacional, como inferior, setorizada e dominada por estruturas arcaicas e sentimentos baixos, como também propõe novos caminhos para que a nação saia do atraso em que se encontra.

É a obra jornalística e ficcional de Joaquim Manuel de Macedo que complementa as observações de Nabuco e melhor ilustra a mediocridade da vida política nacional, como o demonstrou recentemente Flora Süssekind. Cite-se, como exemplo, o modo como o narrador de Macedo apresenta um aprendiz de política na segunda metade do século XIX:

> [...] se é filho, sobrinho ou parente chegado de algum *senhor velho*, de algum membro daquela classe de privilegiados [...], se é *nhonhô*, encarta-se logo na presidência de alguma província; da presidência da província salta para a câmara temporária; da câmara temporária pula para o ministério: uma questão de três pulos dados em alguns meses, e em duas palhetadas e meia, o *nhonhô*, que não foi ouvir as lições de nenhum mestre, que não teve noviciado, nem tempo para ler mais do que os *prólogos* de alguns livros, é declarado estadista de fama e salvador da pátria.[3]

Pela sua formação (e é disso que o livro de memórias trata), a dupla incapacidade para viver a medíocre política nacional acaba por guiar Joaquim Nabuco para fora do Brasil, ou seja, para "o ponto onde a ação do drama contemporâneo universal é mais complicada ou mais intensa". Complicação política e intensidade moral, na medida em que universais, não podem ser para um brasileiro culto matéria de presenciar, mas só de apreciar da sua poltrona na plateia provinciana. O texto exemplifica: "[...] em 1870, o meu maior interesse não está na política do Brasil, está em Sedan. No começo de 1871, não está na formação do gabinete

Rio Branco, está no incêndio de Paris", e assim por diante. Complicação política e intensidade moral, na medida em que universais, só por milagre divino podem ser matéria de acontecer no Brasil e, por isso, de ser presenciada: "Em 1871, durante meses, [o meu maior interesse] está na luta pela emancipação [Lei do Ventre Livre] — mas não será também nesse ano o Brasil o ponto da Terra para o qual está voltado o dedo de Deus?". O atraso político brasileiro é antes de mais nada questão de geografia e pode ser corretamente encarado, na falta do dedo de Deus, pela viagem de observação e estudo ao estrangeiro e, na falta desta, pelo telégrafo. Como há uma distância entre o escrever e o representar uma peça de teatro, assim também há uma distância entre a ação política e a sua representação no palco europeu, como ainda há uma distância entre esta e a sua transmissão, pelos meios de comunicação de massa, para outro e distante arremedo de palco europeu.

A *formação* do intelectual brasileiro no século XIX se confunde com outra *formação*: a da sedimentação das camadas geológicas do "espírito humano" (a expressão é do texto). Há uma tardia e, por isso, dupla inscrição do brasileiro, vale dizer, do americano, no processo histórico de esfriamento da crosta da cultura humana. Os americanos pertencem à América pelo sedimento novo, flutuante, do seu espírito, e à Europa, por suas camadas estratificadas. Pé cá, pé lá, em equilíbrio — aparente é claro, pois não se pode dar o mesmo peso e valor à busca sentimental do começo e à investigação racional da origem. O eurocêntrico Nabuco conclui: "Desde que temos a menor cultura, começa o predomínio destas [das camadas estratificadas] sobre aquele [o sedimento novo]". Escreve ainda: "[...] o *espírito humano,* que é um só e terrivelmente centralista, está do outro lado do Atlântico". A pesquisa geológica do nacional vai apenas até o marco cristão da descoberta da região por país europeu, ou seja, até a primeira missa rezada pelos jesuítas portugueses no Brasil; dali o geólogo não deve partir para recompor as tradições dos autóctones; lá chegando, deve se desviar do solo pesquisado, dar meia-volta e, vestido de historiador das ideias, sair em busca de profundidades só encontradas em civilizações da humanidade, como a dos europeus. Há um *fundo* (enriqueço semanticamente a palavra de Nabuco, tomando-a em todos os seus sentidos: geográfico, histórico, econômico, social etc.) europeu comum que tanto define o lá quanto, por *formação* legítima, o cá.

A pátria que fascina o coração não ilude a cabeça e, por isso, o "grande espetáculo" do mundo é o que "prende e domina a inteligência". Em política, a "lei do coração" só é forte e dominadora no momento em que a razão é desclassificada pela idade avançada ou pela infelicidade da pátria. Escreve o memorialista Nabuco: "[...] cada vez sou mais servo da gleba brasileira, por essa lei singular do coração que prende o homem à pátria com tanto mais força quanto mais infeliz ela é e quanto maiores são os riscos e incertezas que ele mesmo corre". Corpo velho numa pátria republicana, dominada por militares jacobinos, é digno de piedade, daí o sentimentalismo do velho narrador memorialista.

Nos anos da juventude e da maturidade, sentado na plateia do palco brasileiro, onde se encena o drama menor da jovem nação, Nabuco almeja estar na plateia do grande teatro da humanidade, onde se desenrolam as peças sedutoras e definitivas do século. Escreve ele:

> As paisagens todas do Novo Mundo, a floresta amazônica ou os pampas argentinos, não valem para mim um trecho da Via Appia, uma volta da estrada de Salerno a Amalfi, um pedaço do cais do Sena à sombra do velho Louvre. No meio do luxo dos teatros, da moda, da política, somos sempre *squatters* [sic], como se estivéssemos ainda derribando a mata virgem.

A identidade histórica de jovens nações, como as americanas, não se encontra ali onde esperam encontrá-las os nativistas, isto é, os políticos com "p" minúsculo. Ela está fora do tempo histórico nacional e fora do espaço pátrio: por isso é lacunar e eurocêntrica. Em resumo, o seu lugar é a "ausência", determinada por um movimento de tropismo.

Desse ponto de vista, o romance fundacional de José de Alencar, autor com quem Nabuco mantém significativa polêmica na década de 1870, não pode chegar a preencher o lugar vazio da nacionalidade tal qual configurado pela elite intelectual. Por isso é que, por mais que Alencar afirme ter encontrado os símbolos (os mitos, diríamos hoje) da brasilidade, nunca chegará a instituí-los entre nós, relegando essa tarefa aos regimes autoritários que sempre os requereriam nos momentos de crise institucional. Só em 1937, no início do regime ditatorial do presidente Getúlio Vargas, é que o Estado erige um tardio e suspeito[4] panteão da pátria. Com o traslado para Ouro Preto dos corpos dos participantes da Conjuração Mineira, devidamente liderados pelo protomártir da Independência, Tiradentes, aquela cidade colonial mineira tornou-se o berço da nacionalidade.

No tocante ao tópico do romance fundacional alencarino, tem sido chamada a atenção para o movimento cronológico às avessas dos seus textos indianistas. O primeiro deles, *O guarani* (1855), define os novos "senhores da terra" ao descrever a luta inglória dos índios contra os invasores portugueses nos primeiros séculos da colonização; o segundo, *Iracema* (1865), dramatiza alegoricamente o primeiro contato entre as raças por ocasião do descobrimento; e o terceiro, *Ubirajara* (1874), se adentra pela época pré-cabralina em busca da pureza étnica,[5] tendo como contraponto estético os padrões do medievismo romântico coimbrão. Eis aí o exemplo do que o espectador cosmopolita Nabuco adjetivaria como sendo infeliz: José de Alencar é o espectador doméstico, ou seja, aquele cuja "curiosidade [se reduz mais e mais] a um campo visual restrito". Sofreria Alencar, diria ainda Nabuco em 1900, de "uma espécie de oclusão das pálpebras".

No capítulo que estamos lendo, a atitude geral de Joaquim Nabuco apenas reafirma o que o jovem Machado de Assis defendera em "Instinto de nacionalidade", ensaio escrito em 1872 e paralelo à redação do seu primeiro romance, *Ressurreição*. Para comemorar com mais dignidade o cinquentenário da Independência política do país, Machado de Assis julga oportuno distingui-la da independência literária, afirmando que "esta outra independência não se fará [como a política] num dia, mas pausadamente, para sair mais duradoura; não será obra de uma geração nem duas; muitas trabalharão para ela até perfazê-la de todo". Para essa tarefa gigantesca e fora dos padrões tímidos da jovem nação, Machado traça um itinerário extremamente rigoroso e original que começa pela redefinição do escritor brasileiro: "O que se deve exigir do escritor, antes de tudo, é certo sentimento íntimo que o torna homem do seu tempo e do seu país".[6]

Ressaltando a busca da identidade nacional pelo viés do "sentimento íntimo", Machado de Assis rechaça as exterioridades triunfalistas do movimento nativista que lhe é contemporâneo (discursos, romances, poemas, símbolos, hinos, bravatas públicas etc.). Encontra nessas manifestações apenas força e forma *instintivas* de nacionalidade. Para Machado, a cultura brasileira não reside na exteriorização (ficcional ou poética) dos valores políticos da nossa nacionalidade. Essa exteriorização do nosso *interior* (nativismo) nada mais é do que a farsa ridícula do paraíso tropical. Para o Brasil poder se exteriorizar artisticamente, é primeiro necessário que acate antes o que lhe é *exterior* em toda a sua concretude. A consciência de nacionalidade estará menos no conhecimento do seu *interior*, estará mais no complexo processo de interiorização do que lhe é exterior, isto é, do que lhe é estrangeiro mas que não lhe é estranho pelo efeito da colonização europeia.

A tarefa da geração contemporânea de Machado de Assis — segundo ele próprio em escrito de 1879 — seria a de transformar o instinto de nacionalidade em força e forma *conscientes* pelo "influxo externo": "A atual geração [...] não pode esquivar-se às condições do meio; afirmar-se-á pela inspiração pessoal, pela caracterização do produto, *mas o influxo externo é que determina a direção do movimento* [grifo meu]; não há por ora no nosso ambiente a força necessária à invenção de doutrinas novas". E com ironia indulgente fecha o parágrafo: "Creio que isto chega a ser uma verdade de La Palisse".

Vocabulário típico do país, assunto local e o influxo indígena são os três pontos da exteriorização literária nativista, necessariamente medíocre e limitada aos olhos do jovem Machado. Antes mesmo de pôr a mão na massa, ele julga oportuno discutir essas três questões e rejeitar a sua primazia no projeto estético da literatura brasileira. Sobre o primeiro ponto escreve: "Um poeta não é nacional só porque insere nos seus versos muitos nomes de flores ou aves do país, o que pode dar uma nacionalidade de vocabulário e nada mais". Quanto ao segundo ponto, percebe-o já equivocadamente envolto em doutrina que diz só reconhecer o espírito nacional apenas nas obras que tratam de assunto local. E é por isso que pergunta: "[...] se o *Hamlet*, o *Otelo*, o *Júlio César*, a *Julieta e Romeu* têm alguma coisa com a história inglesa nem com o território britânico, e se entretanto, Shakespeare não é, além de um gênio universal, um poeta essencialmente inglês".[7]

Não se pode esperar que Machado de Assis rechaçasse os valores estreitos do nacionalismo em consequência da exclusão social dos africanos pela escravidão negra no Brasil. Mas é triste constatar, em artigo por outro lado tão corajoso, o silêncio pânico do intelectual mulato diante da contribuição dos africanos para a formação da nacionalidade. Sua postura crítica mais radical vis-à-vis do nativismo se respalda em atitude eurocêntrica, semelhante à encontrada e já assinalada em Nabuco. De maneira peremptória, afirma ele que "a civilização brasileira não está ligada ao elemento indiano, nem dela recebeu influxo algum; e isto basta para não ir buscar entre as tribos vencidas os títulos de nossa personalidade literária". O desprezo do autor pela contribuição cultural indígena não deixa de ser também lamentável.

Ao propor na década de 50 outra *formação*, agora a da literatura brasileira, Antonio Candido não recomenda método distinto do proposto por Joaquim Nabuco para avaliar corretamente a um tanto capenga literatura brasileira (só que em lugar de mensagens telegráficas vindas dos países hegemônicos, recomenda ele a leitura dos clássicos da literatura mundial). Depois de caracterizar a nossa produção literária como galho secundário da portuguesa que, por sua vez, é arbusto de segunda ordem no jardim das Musas, acrescenta:

> Os que se nutrem apenas delas [literaturas portuguesa e brasileira] são reconhecíveis à primeira vista, mesmo quando eruditos e inteligentes, pelo gosto provinciano e a falta de senso de proporções. Estamos fadados, pois, a depender da experiência de outras letras, o que pode levar ao desinteresse e até mesmo ao menoscabo das nossas.

No entanto, alerta: "Comparada às grandes, a nossa literatura é pobre e fraca. Mas é ela, não outra, que nos exprime".

Esse duplo movimento, interesse por uma literatura nacional menor a ser balizado e calibrado pelo interesse por literaturas nacionais maiores — em tudo por tudo semelhante à dupla inscrição do brasileiro culto na história ocidental, como quer Nabuco —, funda a necessidade de um método *comparatista* para a análise da nossa produção artística e já está presente, de maneira arqueológica, segundo Candido, nos momentos da formação da literatura brasileira. No século XVIII, quando isso ocorre, os escritores brasileiros são atraídos e motivados tanto pela estética neoclássica, beneficiando-se da concepção universal, do rigor da forma e da contensão [sic] emocional, quanto pelo ideário da Ilustração, que contribuiu para incutir e acentuar a vocação *aplicada* deles, transformando-os em verdadeiros delegados da realidade junto à literatura.

De volta à *formação* de Joaquim Nabuco, observa-se que o espetáculo contrastivo das duas peças de teatro, a nativista e a europeia, não pode ser mais fascinante do que o drama do espectador. Nabuco, à semelhança de Machado, prefere o esconderijo cosmopolita do sentimento íntimo à seara pública das exteriorizações triunfais. Em virtude da ausência de um solo pátrio legítimo, o triste sofrimento por que passa o brasileiro serve de fundamento e justificativa tanto para os voos da sua imaginação eurocêntrica quanto para o apego no exílio ao país onde nasceu: "De um lado do mar, sente-se a ausência do mundo; do outro, a ausência do país". A questão do poder (dos "donos do poder", para retomar a expressão de Raymundo Faoro) e da cultura brasileira como herdeira da europeia se anuncia de maneira extraordinária em Nabuco pela dupla brecha da *ausência* e se reconforta, como um motor se reconforta ao receber nova carga de combustível, com a dupla e triste sensação de *saudade*.[8] No texto de Nabuco, a crise do sujeito e o desconforto político por que passa, antes de serem ideológicos, são nitidamente pessoais e culturais.

Para explicar como o sujeito brasileiro se acopla ao cidadão do mundo, e vice-versa, Nabuco retoma da tradição cultural luso-brasileira a experiência da *saudade* e a reafirma no plano do privado e no plano do público, tornando-os indissociáveis. Nesse sentido, *saudade* tanto remete para a ausência do Brasil na plateia da Europa quanto para a ausência da Europa na plateia brasileira, tanto para os clássicos da literatura portuguesa, que muito aprecia, quanto para os textos mais recentes do romantismo brasileiro. D. Duarte, rei de Portugal (1391-1438), no *Leal conselheiro*, tratado em que busca estabelecer normas para a conduta dos fidalgos, diz ser a saudade "um sentido do coração que vem da sensualidade e não da razão, e faz sentir às vezes os sentidos da tristeza e do nojo [luto, grande mágoa]". A partir do livro que inaugura oficialmente o romantismo no Brasil, *Suspiros poéticos e saudades* (1836), o poeta Gonçalves de Magalhães se dá como um peregrino em longes terras europeias, que cisma com o destino da jovem pátria. Ao regressar da Europa e à vista da cidade do Rio de Janeiro, escreve em 14 de maio de 1837: "Terras da minha pátria, eu vos saúdo,/ Depois de longa ausência!/ Eu te saúdo, oh sol da minha infância!". Pátria e infância — o duplo objeto da saudade se mescla pelo sentimentalismo poético.

Em livro escrito em francês e publicado na França em 1906, *Pensées détachées et souvenirs,* posteriormente traduzido para o português pela filha Carolina, o velho político Nabuco redefine a *saudade* pelas pontas do privado e do público, emprestando à palavra, autenticamente portuguesa, primazia internacional no campo dos sentimentos:

> Entre todos os vocábulos não deve haver nenhum tão comovente quanto a palavra portuguesa *"saudade"*. Ela traduz a lástima da ausência, a tristeza das separações, toda a escala de privação de entes ou de objetos amados; é a palavra que se grava sobre os túmulos, a mensagem que se envia aos parentes, aos amigos. É o sentimento que o exilado tem pela pátria, o marinheiro pela família, os namorados um pelo outro, apenas separam-se.

Guimarães Rosa, em diário mantido em Paris, anota: "Saudade é ser depois de ter". Se correta a observação de Rosa, a pátria foi objeto de posse por parte de políticos e pensadores nativistas, e deixou de o ser para pensadores como Nabuco, que preferem a plateia europeia ao palco brasileiro, a representação à ação, pensadores que optaram pela política com "p" maiúsculo. Entrevista da Europa, a pátria brasileira é, antes de mais nada, uma indagação ontológica. Ela é o lugar que o ser habita para se qualificar de brasileiro. A condição ontológica do *ser brasileiro* é que possibilita uma convivência positiva e produtiva dele com a Monarquia portuguesa. E, paradoxalmente, é ela também que move, em fins do século XIX, a classe dirigente brasileira, formada pelas ideias liberais, na luta contra os patrícios que se julgam proprietários da pátria pela posse do território e dos escravos negros. A arrogância dos que não habitam a pátria mas que a possuem se encontra de maneira emblemática no curto e irônico poema de Oswald de Andrade, reminiscente da "origem feudal da [sua] família": "Se Pedro Segundo/ Vier aqui/ Com história/ Eu boto ele na cadeia" ("Senhor feudal").

Em contraponto às viagens transoceânicas de Nabuco, outro pernambucano, José Lins do Rego, descreve em *Menino de engenho* as viagens domésticas de um latifundiário brasileiro, o coronel José Paulino, avô do narrador, pelas suas terras: "Eram assim as viagens do meu avô, quando ele saía a correr todas as suas grotas, revendo os pés de pau de seu engenho. Ninguém lhe tocava num capão de mato, que era o mesmo que arrancar um pedaço do seu corpo". A política de segurança do senhor de engenho é a cerca que, ao traçar os limites do próprio corpo, se espraia para abranger a área da terra possuída. Ela é quem expulsa do território qualquer força estranha ao coronelismo.

A ausência aberta pelo duplo exílio (o brasileiro pode estar distante tanto da pátria quanto da mãe pátria) é constantemente neutralizada, como já indicamos, pelas viagens transoceânicas de ida e volta, que torna os vários países da Europa Ocidental mais conhecidos do que as várias regiões do Brasil. A viagem transoceânica pode ser outro critério para estabelecer uma clivagem dentro da elite brasileira oitocentista. Os mais conservadores preferem o sedentarismo e a segurança, cujo bom exemplo seria o coronel escravocrata descrito por Lins do Rego, enquanto os menos conservadores elegem a curiosidade intelectual, a circulação e a instabilidade. Sul-americanos na Europa, diz Nabuco, não é consequência dos "prazeres do rastaquerismo", lá estão pela "atração de afinidades esquecidas, mas não apagadas, que estão em todos nós, de nossa comum origem europeia".

Se, no plano interno, as viagens transoceânicas começam a ser compensadas pela ampliação da rede ferroviária (esta em 1885 contava com apenas 7602 quilômetros em exploração, e 2268 em construção e 5060 em projeto), no plano externo elas passam a ser substituídas pelo telégrafo. Flora Süssekind, em livro pioneiro, *Cinematógrafo de letras*, chama a atenção para o fato de que, no final do século, os livros importados perdem pouco a pouco a influência exclusiva e cedem lugar à curiosidade pelo horizonte técnico da modernidade ocidental. São as inovações técnicas desta que passam a ser os interlocutores privilegiados para a produção literária brasileira a partir de fins da década de 1880. Flora Süssekind, mais interessada em examinar o modo como "um horizonte técnico afeta a forma literária", elege como interlocutores dos modernos escritores brasileiros a fotografia, o fonógrafo, o cinematógrafo, o automóvel e a máquina de escrever. Na medida em que estamos mais interessados no processo da configuração de parte da elite brasileira no concerto das nações civilizadas, somos levados a privilegiar outra inovação técnica, o telégrafo, outro meio de circulação das ideias na época, o jornal, e um autor basicamente político, Nabuco, que lá não estão. Nabuco seria uma espécie de ancestral do contemporâneo *"wired citizen"*.

Dois fatos simultâneos da história do jornalismo carioca indiciam a necessidade de os monarquistas manterem contato com o mundo, apesar de derrotados — ou talvez por isso mesmo — pelas forças militares que implantaram a República em 1889. Dois anos depois da proclamação, em 1891, Rodolfo Epifânio de Sousa Dantas funda o *Jornal do Brasil* no Rio de Janeiro. Joaquim Nabuco está entre os seus companheiros no empreendimento editorial. Na mesma época, informa-nos o historiador da imprensa brasileira Juarez Bahia, os jornais brasileiros passam a investir no serviço exclusivo de correspondentes, fato que já era corriqueiro na Europa e nos Estados Unidos, não só por uma questão de prestígio, mas também para compensar o "insuficiente serviço" de agências como a Havas. Os correspondentes do *Jornal do Brasil* operam via Western and Brazilian Telegraph Company.

2.

Com a publicação recente da múltipla e variada correspondência de Mário de Andrade, pode-se avaliar melhor a maneira como o ideário estético da Semana de Arte Moderna (1922), de configuração nitidamente cosmopolita, se apresenta inicialmente localizado no provincianismo paulista e circunscrito por ele; pode-se ainda visualizar melhor a maneira como ele se espraia pelos quatro cantos do Brasil para se tornar em poucos anos legitimamente nacional. Pela leitura da correspondência, salta à vista o papel professoral exercido por Mário de Andrade, entregue à tarefa didática não só de contrapor ao pensamento eurocêntrico das nossas elites o abominado passado nacional, como também de reabilitar este pelo viés da multiplicidade das culturas populares que, no silêncio das elites, estiveram emprestando-lhe contornos insuspeitos. No corpo a corpo da escrita epistolar, pelo *exercício hermenêutico da conversa*, como diria hoje Richard Rorty,[9] Mário de Andrade vai pouco a pouco passando a limpo as grandes questões da época, propagando de maneira lenta, discriminada e persuasiva as suas ideias audaciosas junto aos novos e distantes companheiros. Desse modo é que ele abre, entre os pares modernistas, o caminho da própria liderança intelectual.

Para o tópico que estamos discutindo, a luz sobre a correspondência dos modernistas, bem como as informações sobre a viagem dos paulistas às cidades históricas de Minas Gerais em 1924, ciceroneando o poeta suíço Blaise Cendrars que então nos visitava, se complementam e podem ajudar a avançar a discussão sobre a influência (no caso, nefasta) das ideias de Nabuco no século XX. Brito Broca foi quem primeiro chamou a atenção para "a atitude paradoxal" dos viajantes modernistas. Diz ele:

> São todos modernistas, homens do futuro. E a um poeta de vanguarda que nos visita, escandalizando os espíritos conformistas, o que vão eles mostrar? As velhas cidades de Minas, com suas igrejas do século XVIII, seus casarões coloniais e imperiais, numa paisagem tristonha, onde tudo é evocação do passado e, em última análise, tudo sugere ruínas.

A leitura da implantação do espírito de vanguarda nos trópicos não deve camuflar o modo de vida paradoxal do modernismo, pelo contrário, deve exibir a "lógica interior" do movimento. Continua Brito Broca: "O divórcio em que a maior parte dos nossos escritores sempre viveu da realidade brasileira fazia com que a paisagem de Minas barroca surgisse aos olhos dos modernistas como qualquer coisa de novo e original, dentro, portanto, do quadro de novidade e originalidade que eles procuravam".

Os subterrâneos dessa lógica interior podem ser palmilhados nas cartas enviadas por Mário ao jovem Carlos Drummond de Andrade que, no final da viagem, ele conhece em Belo Horizonte. O espírito do poeta mineiro se encontrava então completamente tomado pela tristeza, oscilando entre o pessimismo de Joaquim Nabuco e, principalmente, o ceticismo finissecular de Anatole France. Mário não perdoa as duas influências literárias, complementares e nocivas, e nelas encontra material para enriquecer as suas reflexões políticas e alimentar os seus petardos certeiros e irônicos. Assim sendo, pinça na carta do amigo recente frases que indiciam dois momentos reveladores da sua insuficiência intelectual. Destaca primeiro: "Pessoalmente acho lastimável essa história de nascer entre paisagens incultas e sob céus pouco civilizados. Acho o Brasil infecto". E mais adiante Mário detecta a origem da lástima e do nojo cosmopolitas drummondianos, ao perceber que o sentimento dele era justificado pela "tragédia de Nabuco, de que todos sofremos". Destaca em segundo lugar: "Devo imenso a Anatole France que me ensinou a duvidar, a sorrir e a não ser exigente com a vida".

A primeira tarefa *didática* a que Mário se dedica é a de trabalhar o conceito de *saudade*, difundido por Nabuco, com vistas a dissociar o privado do público, a fim de rejeitar um dos significados. Em entrevista a um jornal carioca, *A Noite*, publicada em dezembro de 1925, Mário de Andrade constata: "O modernista brasileiro matou a saudade pela Europa, a saudade pelos gênios, pelos ideais, pelo passado, pelo futuro, e só sente saudade da amada, do amigo…". Para Mário, a melancolia da separação só é passível de ser cultivada no cipoal das relações pessoais. Fora disso, traduz o "desacomodamento" do brasileiro com a realidade ambiente. Daí, segundo Mário, a necessidade que o jovem brasileiro tem de "sentir e viver o Brasil não só na sua realidade física mas na sua emotividade histórica também".[10] Mário estava dando os primeiros passos na longa caminhada de "abrasileiramento do Brasil". Antes de mais nada, pregava ele, era preciso buscar não a origem da *tragédia* de Nabuco, mas o foco da *infeção* mazomba.

De maneira bem-humorada, começa por propor a Carlos Drummond que considere a "tragédia de Nabuco" como par para a doença tropical transmitida pelos insetos conhecidos como *"barbeiros"* e que leva o nome do cientista que a descobriu, a doença de Chagas. A dita tragédia de Nabuco nada mais seria do que outra e semelhante doença tropical, transmitida aos jovens pelo bacilo das ninfas europeias. Escreve Mário ao jovem poeta mineiro: "[…] o Dr. Chagas descobriu que grassava no país uma doença que foi chamada de moléstia de Chagas. Eu descobri outra doença mais grave, de que todos estamos infeccionados: a moléstia de Nabuco". Em outro texto do mesmo ano define:

> Moléstia de Nabuco é isso de vocês [brasileiros] andarem sentindo saudade do cais do Sena em plena Quinta de Boa Vista e é isso de você falar dum jeito e escrever covardemente colocando o pronome carolinamichaelismente. Estilize a sua fala, sinta a Quinta de Boa Vista pelo que é e foi e estará curado da moléstia de Nabuco.

Na década de 20, os modernistas afirmam que a superioridade da Europa, quando reconhecida e mimetizada pelo intelectual brasileiro, levava-o a encarar a coisa brasileira por dois polos opostos, também complementares: por um lado, a corrente nativista *idealizava* o autóctone como puro e indomável (o índio e a paisagem, por exemplo) e, por outro lado, a corrente cosmopolita *recalcava* o que era produto do processo sócio-histórico de aclimatação da Europa nos trópicos (o mulato e a arte barroca de Aleijadinho, por exemplo). A vacina contra a moléstia de Nabuco só seria encontrada num manifesto da vanguarda europeia, se o seu leitor brasileiro tivesse antes passado pela fase de enfrentamento do passado nacional: "Nós já temos" — escreve Mário — "um passado guassu e bonitão pesando em nossos gestos; o que carece é conquistar a consciência desse peso, sistematizá-lo e tradicionalizá-lo, isto é, referi-lo ao presente". Referir o passado nacional ao presente significa, em primeiro lugar, entrar em terreno minado: enfrentar o eurocentrismo machadiano na sua forma veladamente racista, defendido nos anos 20 com unhas e dentes por Graça Aranha.[11] Significa, em seguida, voltar à lição da vanguarda europeia, buscando agora não mais a modernidade técnica dos futuristas, mas um ponto de apoio que estaria nos movimentos artísticos que, na própria Europa, propunham o questionamento dos padrões de arte eurocêntricos. Apoiada neles, a indagação sobre o passado nacional significaria aqui o "desrecalque localista", tarefa efetivamente realizada pela vanguarda nos trópicos.

Esse ponto de apoio, melhor dito, esse ponto de passagem entre a Europa e as culturas não europeias, é o *primitivismo*. Observa Mário na já citada entrevista, ao criticar o saudosismo de Graça Aranha que "ataca todo primitivismo que aliás nunca se opôs à cultura". E acrescenta: "Giotto foi cultíssimo e primitivo. Monteverdi também. Porém se primitivismo não se opõe à cultura pode se opor a uma determinada cultura", no caso, explicitemos, a europeia. Astutamente, Mário diz nas entrelinhas da sua *conversa* com os companheiros que selvagem é o brasileiro que se volta saudosamente para a Europa: "Avanço mesmo que enquanto o brasileiro não se abrasileirar, é um selvagem". Mais astutamente ainda, na mesma carta, inverte o jogo das maiúsculas e minúsculas de Nabuco:

> Os tupis nas suas tabas eram mais civilizados que nós nas nossas casas de Belo Horizonte e S. Paulo. Por uma simples razão: não há Civilização. Há civilizações. [...] Nós só seremos civilizados em relação às civilizações o dia em que criarmos o ideal, a orientação brasileira. Então passaremos da fase do mimetismo, pra fase de criação. E então seremos universais, porque nacionais.

Em texto dos anos 70, incluído na coletânea *Literatura e sociedade,* Antonio Candido, embora tímido no tocante à crítica ao eurocentrismo, observa com acuidade a troca de referências proposta pelos modernistas: "[...] no Brasil as culturas primitivas se misturam à vida cotidiana ou são reminiscências ainda vivas de um passado recente. As terríveis ousadias de um Picasso, um Brancusi, um Max Jacob, um Tristan Tzara, eram, no fundo, mais coerentes com a nossa herança cultural do que com a deles". Os modernistas brasileiros reencontram "a influência europeia por um mergulho no detalhe brasileiro". Ou, como diria o próprio Mário em 1925: "certa aparência de primitivismo do Modernismo brasileiro provém de que nós um dia resolvemos ter coragem da nossa ingenuidade". Continua Candido: "O mulato e o negro são definitivamente incorporados como temas de estudo, inspiração, exemplo. O primitivismo é agora fonte de beleza e não mais empecilho à elaboração da cultura".

A insatisfação geológica na prospecção tanto do solo histórico brasileiro quanto da produção cultural rudimentar nele feita, razão do eurocentrismo e da sensação de inferioridade americana no pensamento de Nabuco, é pois matizada pela primeira geração dos modernistas pelo apego à ingenuidade universal do primitivo, para logo depois, na década de 30, ser revitalizada pela noção também universal de *subdesenvolvimento,* lançada pelo romance regionalista, em particular o nordestino, de nítida vocação comunista. Com olhos livres, o modernista rechaça a idealização e o recalque do passado nacional, acima referidos, para adotar como *estratégia estética* e *economia política* a inversão dos valores hierárquicos estabelecidos pelo cânone eurocêntrico. Essa estratégia e economia de pensamento, necessariamente periféricas, ambivalentes e precárias, tanto apontam para o resgate da multiplicidade étnica e cultural da formação nacional quanto para o vínculo que esta mantém com o pensamento universal não eurocêntrico. No entanto, ao inverter os valores e a hierarquia em jogo, ela visa a valorizar os objetos culturais periféricos que, na história e nas ciências europeias, são de antemão desclassificados pelo centramento ou marginalizados por razões econômicas.

A estratégia estética e a economia política do primeiro modernismo não podem ser desvinculadas do surgimento e apogeu da ciência europeia que "acolhe no seu discurso as premissas do etnocentrismo no próprio momento em que o denuncia" — a etnologia. Segundo Jacques Derrida, responsável também pela citação anterior, a etnologia "só teve condições para nascer no momento em que se operou um descentramento: no momento em que a cultura europeia [...] foi *deslocada,* expulsa do seu lugar, deixando então de ser considerada como a cultura de referência". Esse descentramento tem consequências extraordinárias no processo de *formação* do intelectual modernista e de configuração das várias etnias que explodem a almejada cultura nacional em vários estilhaços.

Não é apenas o ideário de Joaquim Nabuco que aviva, pelo avesso, a inteligência rebelde dos modernistas. A forte reação a Anatole France, escritor de grande prestígio no início do século xx no Brasil, serve também para atualizar as questões relativas à formação do artista brasileiro, naquele momento às voltas com projetos de uma arte de vanguarda que apontava para a urbanização, modernização e industrialização do país. O artista brasileiro, dublê de intelectual, deve ser ator e não mais espectador, ensina Mário. Por isso, a Vida é mais importante do que a literatura; o trato do corpo é tão importante quanto o trato da cabeça. Caminhar a pé e escutar uma tocata de Bach, o gozo do corpo e o gozo do livro — essas atividades não se excluem, elas se complementam.

Reagindo às palavras já citadas de Carlos Drummond sobre os ensinamentos que recebeu da leitura de Anatole France, Mário de Andrade lhe escreve:

> Anatole [...] ensinou outra coisa de que você se esqueceu: ensinou a gente a ter vergonha das atitudes francas, práticas, vitais. [...] Fez literatura e nada mais. E agiu dessa maneira com que você mesmo se confessa atingido: escangalhou os pobres moços fazendo deles uns gastos, uns frouxos, sem atitudes, sem coragem, duvidando da fé, duvidando da esperança, sem esperança nenhuma, amargos, inadaptados, horrorosos. Isso é que esse filho da puta fez.

A vulgaridade no linguajar do artista é marca tranquila do processo geral de desrecalque a ser operado na mentalidade vigente: as sensações e os sentimentos, ao se exporem publicamente, configurariam novas personalidades na cena nacional.

Como ativista no campo da construção de uma nova sociedade, Mário de Andrade abdica passageiramente da cultura da elite e se entrega ao exercício da *solidariedade*. Através desse exercício, busca o saber que existe na expressão cultural dos descendentes de grupos étnicos que foram dizimados, ou explorados e esquecidos pela elite escravocrata e europeizada do país. A forma mais absoluta do conhecimento pela solidariedade do outro étnico e cultural, pela solidariedade, é a *conversa*, cujo exercício extrapola agora o campo limitado da correspondência literária e do privado, para ter a abrangência de uma indistinção fraterna e pública que se confunde com o amor à humanidade. É importante notar que o elogio da conversa ampla (o diálogo oral e público do intelectual com todo e qualquer indivíduo) está contido e é aconselhado na conversa restrita (o diálogo por carta com os pares) e por ela é justificado.

Em carta a um companheiro, Mário de Andrade deixa-nos estas palavras esclarecedoras da fraternidade socializante, indiferenciada e feliz, que ele inventa como (a) necessidade interior, (b) exercício sociopolítico e (c) vontade do saber:

> E então parar [na rua] e puxar conversa com gente chamada baixa e ignorante! Como é gostoso! Fique sabendo duma coisa, se não sabe ainda: é com essa gente que se aprende a sentir e não com a inteligência e a erudição. Eles é que conservam o espírito religioso da vida e fazem tudo sublimemente num ritual esclarecido de religião.

E logo em seguida dá o exemplo de uma negra que ele viu "viver a dança" no Carnaval carioca de 1923: "Aquela negra me ensinou o que milhões, milhões é exagero, muitos livros não me ensinaram. Ela me ensinou a felicidade".

O contrato linguístico estabelecido pela *conversa*, antes de ser apenas fator de comunicação social, é fala comprometida com a vida em sociedade, e mais: com a própria construção de uma sociedade urbana onde artistas eruditos entenderiam melhor as manifestações populares e a originalidade de suas expressões artísticas. "Puxar conversa", expressão típica de Mário, é o modo de o intelectual modernista se aproximar agressiva e despudoradamente, sensual e fraternalmente do outro, para que este, ao passar de indivíduo a cidadão e de objeto a sujeito do conhecimento, transforme o sujeito que puxou a conversa em receptáculo de um saber que desconhecia e que, a partir do congraçamento, passa a também ser seu. Nesse sentido é que se pode compreender melhor um dos problemas mais instigantes que Mário de Andrade levantou na década de 20: "É difícil saber saber".

No capítulo do saber, um dos tópicos fascinantes da ética dos modernistas é o trato que dispensam ao que era tido e dado como *erro* pelos ensinamentos e aprendizagens europeizados, é o modo como recebem esse *erro* e o julgam. O *erro* são respostas culturais das classes populares — na sua formação étnica variada — ao centramento do ensino europeu e, como tal, deixa de ser erro para se apresentar como desvio e transgressão ao modelo imposto, reveladores que passam a ser, pelo avesso, de uma nacionalidade oficial envergonhada e recalcada, falsa e falsificante. Oswald de Andrade, o mais anárquico dos modernistas, diz em Manifesto que a poesia deve acolher a "contribuição milionária de todos os erros" e prega "a alegria da ignorância que descobre". Mário de Andrade se opõe a esse desregramento geral, dizendo que existe erro e erro, e contrapõe à alegria da ignorância que descobre a alegria da *sabença* que descobre, apontando para o equilíbrio entre o popular e o erudito. Para ele o representante mais autêntico da aclimatação do erro popular à arte erudita brasileira é a pintora Tarsila do Amaral. Diz ele que Tarsila "não repete nem imita todos os erros da pintura popular, escolhe com inteligência os fecundos, *os que não são erros* [grifo do autor] e se serve deles". Saber saber é aprender a distinguir, depois de ter absorvido solidariamente tudo.

A conversa oral e pública com desconhecidos — como prega Mário — acaba com hábitos arraigados na mentalidade conservadora dos intelectuais brasileiros. Ela elude o passar do tempo e a necessidade de contatos duradouros no processo de maturação não só das relações humanas como também do pensamento individual. Ela torna o sujeito indiferente à qualidade da expressão no diálogo e indiferente ao registro intelectualmente baixo ou alto do interlocutor. Ela deixa que a fala do coração transborde numa linguagem de afeto e rancores, abandonando a escrita intelectualizada e consciente no poço profundo e elitista das produções propriamente literárias. Por ter adotado a postura da conversa oral e pública na plenitude do modernismo, Mário — equivocadamente, pensamos nós — confessa: "Toda a minha obra é transitória e caduca, eu sei. E quero que ela seja transitória. [...] Mas que me importa a eternidade entre os homens da Terra e a celebridade? Mando-as à merda".

3.

O escritor dos anos 30, ao menosprezar os argumentos da interpretação modernista como sendo orientados pelo *éthos* cultural e ao fazer intervir a análise marxista na compreensão do processo histórico brasileiro, necessariamente parte pequena e tardia da imensa história da humanidade — o escritor dos anos 30, repito, volta ao caminho trilhado por uma política universalista radical, agora culturalmente centrada no materialismo histórico. A essa análise recorre ele tanto para a avaliação do passado nacional quanto para avançar um ideário utópico que deve pôr um fim à injustiça econômica e social no país e no mundo. A produção artística deixa de ser fermento inaugural do multiculturalismo, a serviço da especulação política e da subversão estética, e passa a vir atrelada à crítica da estrutura econômica da sociedade (na época inspirada pelo realismo, soprado de todos os lados da América Latina pelos congressos de literatura de nítida inspiração soviética). Ao se impor como teleológica, a estética de fundamento marxista reprime a imaginação do escritor e, ao mesmo tempo, aguça e redireciona radicalmente o seu olhar para o espetáculo miserável da realidade brasileira, em particular a do Nordeste do país. Afirma Antonio Candido que, na literatura dos anos 30, "é marcante a preponderância do problema sobre o personagem". Eis aí, acrescenta ele, o motivo para a força e a fraqueza dessa literatura.

À semelhança de Joaquim Nabuco, os grandes escritores brasileiros dos anos 30 são de novo espectadores, não de variadas peças que se passam em todos os teatros do mundo, mas de uma única peça que, dependendo do palco nacional ou regional em que transcorre a ação, adquire cambiantes diferenciais meramente adjetivas. Ao contrário de Nabuco, esses escritores dissecam e denunciam, pela afirmação da futura e próxima revolução proletária, o poder oligárquico (e as elites intelectuais que ele constituiu) para conseguir exibir o modo como a violência da oligarquia regeu, rege e regerá as relações de classe no país.

Nos anos 30, uma verdadeira e sólida política de identidade nacional só é possível caso esta seja, contraditoriamente, abandonada em favor da práxis marxista (que, por seu turno, meteria no mesmo saco da ideologia, para redirecioná-los corretamente, os nacionalismos latino-americanos e as forças nacionalistas emergentes nos países não ocidentais). Só essa força autoritária é que, devidamente posta em prática pelos partidos comunistas nacionais, poderá questionar de maneira radical o modo capitalista que rege o mundo europeizado ontem e norte-americanizado hoje. A exploração do trabalho no país e as grandes desigualdades na ordem internacional são recíprocas de uma única situação. Raymundo Faoro, em brilhante prefácio ao livro *Prestes: Lutas e autocríticas*, diferencia o autoritarismo de inspiração soviética do autoritarismo conservador no Brasil. Escreve ele acerca deste último: "Autoritarismo, na verdade, não tradicional, desligado e hostil às oligarquias e ao coronelismo, mas ancorado no pressuposto da imaturidade, da incapacidade e do aprisionamento do povo brasileiro, inapto para deliberar e decidir acerca de seu próprio destino".

Caio Prado Jr., ao propor em 1942 outra (e terceira no nosso texto) *formação*, agora a do Brasil contemporâneo, avança uma interpretação econômica do país que faz eco e fundamenta a posteriori a interpretação do país como nação subdesenvolvida proposta pelas melhores obras artísticas dos anos 30. Ao procurar estabelecer um "sentido" para a evolução histórica do Brasil, encontra-o "não nos pormenores de sua história, mas no conjunto dos fatos e acontecimentos essenciais que a constituem num largo período de tempo". Esse sentido é o da colonização do Brasil pela Europa. Acatando as premissas teleológicas da razão histórica marxista, reconhecendo portanto a visão totalizante e totalitária que lhe serve de moldura, Caio Prado Jr. define o sentido da colonização como "uma linha mestra e ininterrupta de acontecimentos que se sucedem em ordem rigorosa, e dirigida sempre numa determinada orientação".

Em evidente oposição aos arroubos e ideais culturais de emancipação defendidos pelos pensadores e artistas dos anos 20, que propunham e operavam mudanças substantivas na razão colonizada brasileira, Caio Prado Jr. desacelera o motor do processo de emancipação nacional, chamando a atenção para o fato de a colonização portuguesa na América ser apenas parte de um todo, obviamente incompleta sem a visão desse todo. Aquela nada mais é do que um capítulo da história do comércio europeu. Ao europeu pouco interessava o povoamento das nações descobertas em habitat diferente do seu, por isso para essas regiões da América portuguesa "só se dirigia, de livre e espontânea vontade, quando podia ser um dirigente", ou seja, como empresário de um negócio rendoso em que os outros — os escravos — trabalhariam para ele.

Nessa perspectiva, o Brasil é apenas uma das resultantes do sentido da colonização tropical pelos portugueses. Escreve ele:

> Se vamos à essência da nossa formação, veremos que na realidade nos constituímos para fornecer açúcar, tabaco, alguns outros gêneros, mais tarde ouro e diamantes; depois, algodão e em seguida café para o comércio europeu. [...] É com tal objetivo, objetivo exterior, voltado para fora do país e sem atenção a considerações que não fossem o interesse daquele comércio, que se organizarão a sociedade e a economia brasileiras.

Como será que caem nas malhas da sua letra as culturas indígena e africana, elementos constitutivos da nossa formação econômica, social e cultural, e que, por definição, escapam ao devir da razão histórica marxista?

Ao estudar a organização social do Brasil, ou, mais precisamente, o caráter duplamente desfavorável da escravidão no país, Caio Prado Jr. não escapa ao eurocentrismo comum aos pensadores radicais do Iluminismo que se fecham aos reclamos do *outro,* para hierarquizar civilizações e poder mais convincentemente colocar a ocidental no centro. O intuito da postura é o de desqualificar a priori as civilizações que são diferentes dela. Primeiro, Caio Prado Jr. coloca em destaque "certos indígenas americanos como os do México e do altiplano andino", para logo depois afirmar que os elementos que a escravidão americana teve para se alimentar foram "os indígenas da América e o negro africano, povos de nível cultural ínfimo, comparado ao de seus dominadores". Sem querer "subestimar" (o verbo é dele) o cabedal cultural dos indígenas e africanos, mas subestimando-o (o verbo é agora meu), acrescenta corretamente que a escravidão foi a responsável por um processo de deturpação dos valores daqueles grupos étnicos, para depois concluir, a meu ver de maneira bem discutível, que a contribuição cultural indígena e africana "age mais como *fermento corruptor* [grifo meu] da outra cultura, a do senhor branco que lhe sobrepõe".

Em nota ao pé da página e ao caracterizar o caso do sincretismo religioso entre nós, Caio Prado Jr. concretiza a dubiedade da sua "estima" à raça negra. Define ele sincretismo: "religião neoafricana, mais que qualquer outra coisa, e que, se perdeu a grandeza e elevação do cristianismo, também não conservou a espontaneidade e riqueza de colorido das crenças negras em seu estado nativo". Nem a grandeza e a elevação do cristianismo, nem a espontaneidade e a riqueza das religiões africanas. A catálise entre a Europa religiosa e o seu *outro* é feita por um "fermento corruptor".

A visão reducionista de Caio Prado Jr., à semelhança da visão exposta no século XIX por Machado de Assis e retomada na década de 20 por Graça Aranha, está correta quando percebe o grande perigo de incorporar ingênua e desavisadamente, pelo traço do primitivismo, as atrocidades cometidas pela economia colonial e escravocrata brasileira à modernidade estética. Nesse sentido, são corretas as análises decorrentes que indicam ser tal incorporação, em primeiro lugar, uma forma de retomada da concepção de história dos românticos em que a rejeição do passado pelo espírito moderno foi confundida com a adoção em seu lugar de outro e recalcado passado, o anterior ao descobrimento da América por Cristóvão Colombo. Em segundo lugar, essa incorporação não passará de uma forma conservadora e, por isso nociva, de nacionalismo.

A visão reducionista está incorreta quando não percebe que nada mais faz do que reafirmar, no plano cultural, o *centramento* da verdade cultural na razão europeia. Assim sendo, transforma a célebre pergunta feita por Max Weber (por que fora da Europa nem a evolução científica, nem a artística, nem a estatal, nem a econômica foram conduzidas pelos caminhos da racionalização que são próprios ao Ocidente?) numa resposta única e fechada e esta num dogma.

Dentro dessa linha de análise[12] e no tocante às ideias literárias, Roberto Schwarz em conhecido texto dos anos 70 sobre Machado de Assis, "As ideias fora do lugar", aponta e desconstrói a chamada "originalidade" brasileira, ou seja, o laço intricado entre escravismo e favor, responsável em última instância pelo encobrimento das relações de classe no Brasil. Propõe ele que a escravidão negra, apesar de ser a relação produtiva fundamental, não era o vínculo efetivo da vida ideológica brasileira. Para chegar ao ponto nevrálgico desta, era preciso enxergar a sociedade brasileira da época como um todo. A colonização do país, a partir do monopólio da terra, tinha produzido três classes de população: o latifundiário, o escravo e o homem livre na ordem escravocrata. Conclui Schwarz: "Entre os primeiros dois a relação é clara, é a multidão dos terceiros (os homens livres) que nos interessa. Nem proprietários nem proletários, seu acesso à vida social e seus bens depende materialmente do *favor,* direto ou indireto de um grande". Nesse sentido, se a escravidão negra desmente as ideias liberais no Brasil oitocentista, de maneira mais pérfida é o favor que as desmente, pois as absorve e as desloca, originando um padrão particular.

O liberalismo em país escravocrata, afirma Schwarz, dizia que as ideias estavam duplamente fora do lugar: "a liberdade do trabalho, a igualdade perante a lei e, de modo geral, o universalismo eram ideologia na Europa também; mas lá correspondiam às aparências encobrindo o essencial — a exploração do trabalho". Entre nós, as mesmas ideias seriam falsas num sentido diverso, por assim dizer, "original". No contexto brasileiro, as ideologias armam uma comédia melhor apreciada pelo modo irônico e pessimista do analista, já que elas "não descrevem sequer falsamente a realidade, e não gravitam segundo uma lei que lhes seja própria". Por isso as ideologias liberais seriam aqui consideradas como "de segundo grau". Como no caso da literatura russa oitocentista, de que Schwarz se vale como exemplo para melhor apreender e compreender o talento crítico machadiano, "o progresso é uma desgraça e o atraso uma vergonha".

Na mesma época e com a acuidade crítica que lhe é peculiar, Antonio Candido seleciona, para a análise e interpretação, o mais original dos romances brasileiros do romantismo: *Memórias de um sargento de milícias*. A sua proposta analítica, exposta no excelente ensaio "Dialética da malandragem", tem um fim preciso: esse romance apreenderia com extraordinária felicidade o comportamento moral e político dos homens livres na ordem escravocrata. Para chegar aonde quer chegar, Candido primeiro passa a limpo e desbarata a tradição interpretativa do romance. Mostra como ele escapa às duas caracterizações que lhe garantiram lugar na história da literatura: não era exemplo único de romance picaresco no Brasil, nem o seu realismo *avant la lettre* apontava para o documento que revelava a vida cotidiana no Rio de Janeiro por ocasião da transferência da família real.

A leitura picaresca do romance empobrecia o papel a ser desempenhado na cultura brasileira pelo seu personagem principal, Leonardo. Este não era um pícaro nos trópicos, como queria a crítica, era antes o malandro brasileiro, tipo humano que seria elevado à condição de símbolo nacional por Mário de Andrade em *Macunaíma*.[13] Caso o romance fosse documento social da época, seria extremamente pobre, pois nele não circulam a família real nem os negros, os escravos. Assinala Candido: "Suprimindo o escravo, Manuel Antônio suprimiu quase totalmente o trabalho; suprimindo as classes dirigentes, suprimiu os controles do mando". Por um lado, a ação do romance fica circunscrita aos homens livres, aquilo que hoje chamaríamos de pequena burguesia; por outro lado, no século XIX brasileiro, o romance é o único que não exprime uma visão de classe dominante.

Acompanhando as várias aventuras cotidianas de Leonardo, que ora o aproximam da ordem estabelecida ora o distanciam dela, levando-o a condutas nitidamente criminosas, acompanhando ainda as aventuras amorosas do major Vidigal, delegado de polícia, que facilmente baixa ao mundo prazeroso da desordem, o crítico mostra como o comportamento dos personagens oscila entre ordem e desordem e como esse movimento pendular alimenta a criação e dá forma ao romance. O todo aparece ao leitor como sendo um universo ficcional que parece liberto do peso do erro e do pecado. A nota original do livro, segundo Candido, "consiste em certa ausência de juízo moral e na aceitação risonha do 'homem como ele é', mistura de cinismo e bonomia".

Saliente-se ainda que o romance escapa ao modelo do romance romântico fundacional. O romance de José de Alencar, por exemplo, que procurava incutir nos leitores conceitos e comportamentos disciplinantes, a fim de que as forças nativas que modelavam a nova sociedade pudessem melhor se adaptar ao padrão de qualidade europeu. Nessa mesma linha de pensamento, *Memórias* despreza "os símbolos repressivos, que parecem domar a eclosão dos impulsos", para apresentar um espaço ficcional regido pela "liberdade quase feérica", "livre de culpabilidade e remorso, de repressão e sanção interiores". Antes de mais nada, a leitura feita por Candido mostra *Memórias de um sargento de milícias* como alicerce sólido do modernismo na sua versão cabocla mais agressiva (*Macunaíma*, de Mário de Andrade, e *Serafim Ponte Grande*, de Oswald de Andrade). No contexto dos anos 70, ou seja, no auge da repressão militar no Brasil, o ensaio de Candido era o grito da Academia contra os desmandos da violência e da tortura, impostos ao povo brasileiro pela classe dirigente.

4.

Os modelos de análise, inspirados respectivamente pelas décadas de 20 e de 30, têm em comum uma nítida postura universalista, mas se distanciam um do outro no modo como se fundamentam disciplinarmente (cultura versus economia, e vice-versa) e no modo como concebem o processo histórico (pluralismo versus sentido único, e vice-versa). Por essas diferenças é que se distinguem tanto no peso dado à coisa nacional quanto na maneira como avaliá-la na busca de progresso *moral* para os brasileiros; se distinguem ainda na concepção do desenvolvimento sociopolítico da humanidade.

Esses dois modelos, conforme tentamos mostrar, foram prevalecentes na teoria literária da segunda metade do século XIX. Nisso atestam a permanência do ideário modernista, institucionalizado e transformado em cânone estético pelas histórias da literatura escritas nos anos 50. Já citamos a *Formação da literatura brasileira*, de Antonio Candido, cabe citar *A literatura no Brasil*, trabalho coletivo coordenado por Afrânio Coutinho, e ainda a *História concisa da literatura brasileira*, de Alfredo Bosi. Por outro lado, esses dois modelos tiveram os seus correspondentes nos países chamados do Terceiro Mundo, como atestaria o estudo de pensadores tão diversos quanto Frantz Fanon, Roberto Fernández Retamar e Édouard Glissant. Ao contrário do que poderia supor uma cabeça com vocação autoritária, cada modelo a seu modo suplementa e reconforta o outro, dramatizando para as novas gerações as conquistas e os impasses de culturas que, por serem dependentes, não deixam de almejar valores universais.

No entanto, ambos os modelos, e os respectivos cânones que eles representam, estão sendo questionados pelas novíssimas gerações, talvez mais o modelo de fundamento econômico (e cânone correspondente) e talvez menos o de fundamento cultural (e cânone correspondente). As razões são várias para a opção cultural por parte das novas gerações e podem se referir tanto ao colapso do comunismo soviético, simbolicamente representado pela derrubada do Muro de Berlim, quanto pela repercussão e conquistas acadêmicas do multiculturalismo anglo-saxão, tanto pelo aperfeiçoamento e expansão da tecnologia que sustenta as grandes conquistas da informática quanto pela consequente e rápida globalização do capitalismo periférico. Mas, antes de esses dois modelos serem questionados pelos mais jovens, os seus defensores se questionam.

O modelo dos anos 20 teve de sofrer reparos consideráveis em virtude da ditadura militar, implantada por golpe em 1964. Em consequência da repressão policial e da censura política, o intelectual brasileiro que trabalha com a desconstrução do etnocentrismo perde o otimismo nacionalista dos primeiros modernistas, reveste-o de cores céticas, ao mesmo tempo que fica mais sensível a questões que giram em torno do poder e da violência no processo histórico de construção nacional. Não é difícil não pactuar com uma sociedade nacional que escapa aos padrões mínimos de governabilidade justa. Ao ter o seu interesse pelo microcosmo em que sobrevive acentuado, ele passa a ser permeável à situação miserável das camadas populares, sempre discriminadas na sociedade brasileira e, por isso, facilmente passíveis de manipulação pelas forças políticas populistas.

O modelo dos anos 30, por sua vez, perde a segurança e o apoio da força política partidária, universalizante, que convenceu e arregimentou massas pelas grandes conquistas no campo social. Por seu turno, a reflexão teórica correspondente, pouco chegada aos exercícios de autocrítica, insiste no modo "irônico" como descreve o "divórcio entre aspiração cultural e condições locais" na arte brasileira. Por isso é que tem privilegiado as produções artísticas que melhor dramatizam esse divórcio. Na arte engajada dos anos 60, a imagem do Brasil moderno e industrializado se contrapõe à imagem do Brasil arcaico e tradicionalista. Enxergam aí um "emblema pitoresco da identidade nacional", que "configura um desajuste extravagante, cheio de dimensões enigmáticas, que expressa e simboliza em certa medida o caráter pouco ortodoxo do esforço desenvolvimentista [no Brasil]", segundo palavras recentes de Roberto Schwarz.

As duras críticas que estão sendo feitas pelas novas gerações aos dois modelos culturais universalizantes vêm de tendências que, grosso modo, estariam sendo inspiradas por movimentos sociais de reação à presença hegemônica da cultura norte-americana no plano mundial e principalmente entre nós. Esses movimentos são antagônicos e complementares no modo como reagem: por um lado, simpatia pela presença da cultura norte-americana no Brasil, por outro lado, antipatia por essa forma de neocolonialismo. Na medida em que o atual governo nacional busca o diálogo democrático com as forças políticas de vanguarda, ele tem sido sensível às demandas de ambos os grupos. O território teórico desses novos ativistas políticos se encontra circunscrito pelos *campi* universitários, mas a ação deles ganha peso em virtude do espaço conquistado na mídia pelas organizações da sociedade civil a que pertencem.

De um lado, como dissemos, temos movimentos sociais que expressam simpatia pelas conquistas políticas articuladas pelo multiculturalismo. Em contexto diferente do da sociedade norte-americana, as ideias expressas pelos multiculturalistas anglo-saxões têm servido para articular movimentos de liberação social, política e econômica, necessariamente setorizados, cujo pressuposto básico se alicerça no modelo de liberdade e igualdade para todos, inspirado na luta pública pela cidadania, que tomou corpo na década passada por ocasião dos comícios onde o povo exigia as eleições diretas para a Presidência da República para pôr fim à ditadura militar. A política dos multiculturalistas, corretamente chamada de busca de identidade cultural por parte de grupos minoritários, é em geral gerenciada por verbas concedidas por fundações estrangeiras a programas especiais da universidade brasileira e pelas ONGs, estas por sua vez com forte coloração religiosa. Ela sustenta:

a) as reivindicações da população de origem africana e indígena em país de colonização europeia;

b) a emancipação feminina em sociedade patriarcal;

c) os anseios das minorias sexuais, ou de outras minorias étnicas (como os judeus), pelos seus direitos civis e contra a discriminação; e

d) a batalha por uma vida digna para crianças (os chamados "meninos de rua") e adolescentes desamparados pela família, que sobrevivem, em condições de pobreza, miséria moral e violência, nas grandes cidades brasileiras.

Apesar de a política de identidade cultural ter surgido no Brasil como pequenos casulos que pipocam no cotidiano das grandes cidades, cada um dos movimentos inspirados por ela mantém, dentro da sua própria economia restrita de atuação, alianças poderosas com grupos cosmopolitas semelhantes, em geral situados nos Estados Unidos e na Europa. Estamos diante de um fenômeno inédito na cultura brasileira: entre nós, grupos políticos setorizados tendiam mais e mais a buscar apoio cultural e financeiro em partidos com poder nacional, ou com poder restrito a esta ou àquela região do país. Como a meta da política de identidade cultural é a obediência à Constituição brasileira, no que ela exige de mudanças profundas no modo de conduzir as ações do Estado e no modo de os cidadãos se comportarem, objetivos por demais ambiciosos em país de tradição autoritária e de nacionalismos econômicos, as alianças cosmopolitas se justificam plenamente e compõem um estimulante quadro político ao mesmo tempo citadino e cosmopolita, bem diferente do quadro tradicional imposto pelas elites brancas e masculinas, também cosmopolitas, como vimos, mas à sua própria maneira.

Do outro lado, antipatia política pelo processo de globalização da cultura pop norte-americana, ou inspirada por ela. A difusão desses novos produtos culturais se dá pela presença exclusiva da mídia eletrônica nos lares brasileiros. De acordo com estatísticas que pude consultar, se em 1988 os Estados Unidos tinham 154 milhões de domicílios com televisão, o Brasil era o quarto no ranking mundial com 28 milhões de domicílios, atrás apenas do Japão e do Reino Unido. Bons e velhos os tempos de Joaquim Nabuco, quando os jornais brasileiros sonhavam com um telégrafo para manter informados os seus leitores alfabetizados do que se passava pelo mundo. Hoje essa informação chega minuto a minuto e diretamente às residências de famílias alfabetizadas, ou não.

São repudiadas por esses grupos ideológicos tanto a situação hegemônica dos produtos nacionais feitos nos estúdios da televisão Globo, exportados com sucesso para todo o mundo, quanto a abertura indiscriminada do mercado brasileiro aos enlatados estrangeiros. Ultimamente, a televisão educativa, TVE, com baixíssimo percentual de telespectadores, tem sido praticamente o único canal na mídia eletrônica que abre tempo e espaço para a difusão da "legítima" cultura popular brasileira.

Segundo esses novos ideólogos, o mesmismo globalizado e alienante, inculcado de maneira autoritária nas classes populares pela mídia eletrônica, distancia o brasileiro do Brasil. A aversão a ele articula movimentos sociais que se entrincheiram mais e mais na *conservação e preservação das tradições regionais*. Ao contrário dos anos 30, quando os estados mais miseráveis da nação eram trazidos à luz pelos artistas e cientistas sociais para melhor caracterizar não só o atraso do país no concerto das nações desenvolvidas, mas também o descaso do governo central pelas vastas e populosas regiões tomadas pela seca e controladas pelo servilismo rural — daí a noção-chave de subdesenvolvimento que, por sua vez, está na base de toda política modernizante —, hoje as demandas regionais já aparecem como que beatificadas pela luz do Divino. Encontram-se elas devidamente respaldadas pelo pensamento ecológico — e aí existe um componente universalizante que desnorteia a caracterização do movimento como apenas localizado em determinadas partes do país — e servem como uma espécie de tábua de salvação que preserva tanto os redutos morais da nacionalidade ferida quanto os hábitos da arte do bem viver autenticamente brasileiro. No plano social, a bandeira vitoriosa desse grupo tem sido a campanha a favor dos sem-terra na busca desesperada e sangrenta por uma reforma agrária. No plano cultural, cite-se a emergência e o sucesso da chamada música sertaneja junto às massas urbanas e rurais.

Ambas as tendências reativas, a simpática e a antipática, na medida em que traduzem os anseios de grupos marginalizados, estão aquém e além do nacional, tal como foi proposto pelas teorias clássicas da identidade brasileira e tal como está sendo proposto pelo governo Fernando Henrique Cardoso. A primeira tendência é, ao mesmo tempo, citadina e cosmopolita e, por isso, muitas vezes esquece o Brasil das pequenas cidades. A segunda descarta a composição federativa da nação, ao reclamar um lugar ao sol para as regiões esquecidas e ao alimentar focos de dissidência que já chegaram a tomar corpo em minúsculos e fracassados movimentos de separação, como o originado no Rio Grande do Sul. Segundo os ideólogos do governo, o necessário remédio para rearticular essas novas demandas políticas e sociais está no fortalecimento do Estado brasileiro e transparece em palavras recentes do atual ministro da Cultura no Brasil. Recomenda ele o retorno ao respeito pelos símbolos nacionais (bandeira, hino etc.), ou seja, o retorno a um novo realinhamento cosmopolita do instinto de nacionalidade, agora face à globalização pela força hegemônica da cultura pop norte-americana.

Neste momento em que a Guerra Fria chega ao final e em que os movimentos migratórios de trabalhadores despertam o ódio racial nos países desenvolvidos e em que as nações periféricas dão como prioridade absoluta a privatização das instituições nacionais (conhecidas entre nós como *estatais*) pela abertura ao capital estrangeiro predatório, as duas tendências reativas chegam a partilhar caminho comum, visto que ambas, pela fragmentação radical do poder do Estado brasileiro, tanto rejeitam como mistificadoras as teorias tradicionais da identidade nacional quanto rechaçam como alienantes e contraditoriamente atrasadas as teorias da globalização dominantes no momento.

[1995]

O cosmopolitismo do pobre

Durante o desenrolar do filme *Viagem ao começo do mundo* (1997), de Manoel de Oliveira, o foco da câmara se confunde com o espelho retrovisor do carro. A câmara (ou o espelho retrovisor) determina o ponto de vista que deve guiar a nossa percepção da viagem de Lisboa a uma distante aldeia, encravada nas montanhas do norte de Portugal. Distanciamento do passado e aproximação do futuro têm o mesmo peso dramático para os personagens em trânsito. A chegada ao destino da viagem tarda ainda mais pelo efeito retórico — e a experiência que aguarda os personagens no futuro é uma incógnita sem sinais precursores, ao contrário do que acontece nos filmes de David Lynch, onde a câmara busca surpreender a estrada a ser percorrida e o clima de suspense domina. Aqui, enquanto o carro ganha terreno, a câmara nos mostra a sinalização já obedecida, a pista asfaltada já percorrida e a paisagem descortinada. O espectador entra numa máquina do tempo. Esta, ao estufar por duas vezes consecutivas o peito do passado, torna o presente transitável para o futuro.

Quatro pessoas viajam pela moderna autoestrada portuguesa, se não contarmos uma quinta, a figura incógnita do motorista. Dois a dois. O velho diretor de cinema, Manoel, e a jovem estrela apaixonada por ele. E mais dois atores — um é português e o outro, francês, filho de pai português. Este, aos catorze anos, tinha transposto as montanhas pobres do norte de Portugal, fugira a pé para a Espanha e, de lá, emigrara para a França. Abandonara a aldeia natal para poder ganhar a vida e constituir família. Em Lisboa, para estrelar uma grande produção cinematográfica, o famoso ator francês planeja a viagem ao começo do mundo. Quer conhecer os parentes camponeses que ainda moram no norte de Portugal. O grupo é transnacional no manejo de línguas nacionais. Todos são de origem portuguesa e, à exceção do ator que só fala francês, todos são bilíngues.

Dois filmes se sucedem e são contrastados em *Viagem ao começo do mundo*. O primeiro é de responsabilidade de Manoel, o diretor de cinema, e o segundo é conduzido pelo filho dum outro Manoel, o ator franco-português. No primeiro, o diretor, interpretado por Marcello Mastroianni, usurpa do ator francês o motivo original da viagem, ou seja, a curiosidade e a ansiedade do desterrado. Rouba do filho de meteco (*metèque*) a vontade de palmilhar o passado familiar. Ao contrário do ator, que na verdade quer encontrar pela primeira vez a família portuguesa perdida pela emigração do pai nos anos 30, o diretor vai apenas revisitar o passado aristocrático da nação lusitana, de que foram participantes seus antepassados e, mais recentemente, ele próprio. Num monólogo previsível e cansativo, quer atrair a atenção dos três companheiros de viagem para suas próprias lembranças. Rememora. Ao pisar o solo da lembrança, juventude senhorial, Estado e história portugueses se confundem. No afã de liberar a memória da angústia da saudade, por três vezes obriga o carro a se afastar da rota original, impondo suas imagens particulares no lugar e antes das imagens do segundo filme.

O carro para primeiro diante de renomado e aristocrático colégio jesuíta, onde o diretor tinha feito os primeiros estudos. A câmara abandona a posição ditada pelo espelho retrovisor e agora apanha carro e personagens da perspectiva lateral, como a dizer que passou a narrar uma estória à margem do percurso da viagem. O carro para uma segunda vez. Enquanto o diretor tece mais reminiscências, o grupo vagueia pelos jardins abandonados de outrora luxuoso hotel de veraneio. Atendendo ainda à ordem do diretor, o carro para uma terceira e última vez, desta feita diante da casa senhorial, onde uma estátua, a de Pedro Macau, se afigura como imagem paterna para o diretor. Pedro Macau representa o português que, tendo se fartado à tripa forra nas colônias, regressara rico ao país de origem, trazendo às costas o "fardo do homem branco", para usar a expressão clássica de Rudyard Kipling. Caso se atente para a viga que Pedro traz às costas imobilizando-o, lê-se a metáfora das aventuras de Pedro: a atualidade portuguesa é tormento, e o futuro chega roído pelo remorso. Povo de marinheiros, o português acaba por se exilar na própria terra. Na idade madura ou na velhice.

O relato do diretor de cinema não se diferencia de tantos outros, que, desde o início do século XX, se sucedem nas modernas literaturas nacionais. O ferrete de Marcel Proust pôs a descoberto e marcou universalmente a carne viva da memória individual letrada no século XIX. Todos os grandes artistas e intelectuais da modernidade ocidental, incluindo os marxistas, passaram pela experiência da *madeleine*. Há um passado comum — na maioria dos casos cosmopolita, aristocrático ou senhorial —, que pode ser desentranhado de cada uma das sucessivas autobiografias de variadíssimos autores. No prefácio a *Raízes do Brasil*, de Sérgio Buarque de Holanda, Antonio Candido foi sensível ao fenômeno do desaparecimento do *indivíduo* na escrita socioliterária do século. O texto da memória transforma o que parecia diferente e múltiplo no igual. Observa ele: "[...] o nosso testemunho se torna registro da experiência de muitos, de todos que, pertencendo ao que se denomina uma geração, julgam-se a princípio diferentes uns dos outros e vão, aos poucos, ficando tão iguais, que acabam desaparecendo como indivíduos".

São mais interessantes as imagens e os diálogos do segundo filme, de onde a atenção dos passageiros e a nossa, de espectador, foi por três vezes desviada. O ator francês bem que tentara contra-atacar o usurpador, mas na verdade é só a partir de momento tardio do filme que consegue confiscar-lhe o fio narrativo. O diretor de cinema não tem o direito de impor aos dois outros portugueses e ao filho de meteco, hoje um rastaquera (*rastaquouère*), as lembranças que preenchem o vazio da saudade aristocrática. A língua portuguesa no Brasil se apropriou das palavras *"meteco"* e *"rastaquera"*, de sentido pejorativo na França moderna, de que nos servimos para caracterizar o ator francês, filho de emigrante português. Leia-se esta passagem de *Mocidade no Rio e primeira viagem à Europa* (1956), memórias do escritor, jurista e diplomata Gilberto Amado (1887-1969): "[...] comecei naturalmente a deleitar-me com as obras-primas da cozinha francesa. Subira eu já a razoável nível de aptidão para opinar com conhecimento de causa, e não aproximativamente como rastaquera ou meteco, sobre molhos, condimentos". Em terras francesas, o diplomata da elite brasileira não quis ser confundido com os imigrantes, de que também se distancia na terra natal.

O confisco pelo ator do fio narrativo do filme não opera um mero corte dentro do filme, oportunidade de que se valeria o até então coadjuvante para tomar a palavra do diretor e assumir, como protagonista, a continuidade da narrativa até o final. O confisco assinala mais: trata-se dum verdadeiro *corte epistemológico*. Às palavras e às imagens da lembrança, de responsabilidade de Manoel, o diretor de cinema, deve suceder a experiência de um dia na vida do ator francês, filho dum outro Manoel, o emigrante português de que já falamos. O nome de batismo do diretor e de todo e qualquer emigrante português é o mesmo — Manoel. Diferenciam-nos e os distanciam o nome de família e o lugar que ocupam na sociedade portuguesa. Nesse dia, que está para ser vivenciado pelos quatro companheiros de viagem, se lhe descortinará o passado lusitano de todos esses outros Manoéis, em tudo por tudo diverso do passado dos Manoéis que estavam sendo representados pela fala autobiográfica elitista do diretor de cinema. O ator diz ao companheiro de viagem: "Gostei de ouvi-lo, mas o que disse não me diz respeito".

É outro o interesse da viagem para o ator, é outra sua ansiedade, são outras suas lembranças — ditadas que lhe foram pela experiência de vida desse outro Manoel, seu pai. Ele fora um rapazinho "mui voluntarioso", filho de pobres camponeses do norte de Portugal. Sem documentos e sem dinheiro, escalara as montanhas de Felpera só com a roupa do corpo. Ganhara a Espanha durante a Guerra Civil. Fora preso. Aprendera na cadeia rudimentos de mecânica. Passara fome e frio e muitas vezes não tivera teto para abrigá-lo. Atravessara os Pireneus, sabe-se lá como, ganhara a França, instalara-se em Toulouse, onde fora empregado de oficina de automóveis e depois proprietário. Casara-se com francesa, tivera dois filhos e muitas mulheres. No passado desse outro Manoel, o filho quer colher tanto a miséria da vida no campo quanto o gosto pela aventura em terras distantes. Dele herdou a nostalgia, que se traduz pelo violão que carregava e o fado que cantava. No futuro do pai, de maneira inesperada, pintou um filho que — sabe-se lá por que esforço e tenacidade — pertence à nata dos atores no cinema francês.

Não há só conquista na vida dos Manoéis rastaqueras. O cosmopolitismo do português pobre trouxe *perdas* para o filho que só a viagem — inversa à feita a pé pelo pai emigrante — pode revelar e compensar. A principal perda é a da língua materna. No perde-ganha da vida cosmopolita, o ator ficou sem o domínio do instrumental indispensável para se comunicar diretamente com os antepassados. Tendo o pai abandonado a nacionalidade original, o filho acabou por sofrer violento processo de nacionalização na França. Na fala do diretor de cinema, durante o primeiro filme dentro do filme, o português é uma língua tão exótica para o ator francês quanto a matéria autobiográfica que veicula. Os dois outros companheiros de viagem fazem o papel de intérprete. O Portugal falado dentro do carro nada tinha a ver com ele, filho de meteco na França.

No segundo filme, quando todos sentam em torno da mesa na sala de jantar da casa onde nascera o pai, o ator se dá conta de que tinha perdido os parentes menos na lembrança e mais no hiato linguístico que os isola no presente. A falta da mesma língua traz incomunicabilidade e gera desconfiança no ambiente doméstico, dominado pela cor negra das roupas. O ator se sente exilado na terra do pai por uma razão diferente da levantada pela narrativa do diretor de cinema. Ao aproximar os distantes, a viagem às avessas feita pelo filho distancia de outra forma os parentes que deveriam ser próximos. O avesso estava transformando a ansiada e feliz cena do reencontro de familiares num aflito jogo dominado pelo desajuste e pela desconfiança. No processo de *hibridização*, característico da vida dos metecos que não fazem *tábula rasa* dos valores familiares, o ator cometera um deslize irreparável: não dera continuidade à língua materna, esquecera-a.

Introduzir a ideia da estável e anacrônica *aldeia portuguesa* na discussão sobre a instável e pós-moderna *aldeia global*, constituída em trânsito pelos circuitos econômicos do mundo globalizado, pode trazer alguma originalidade ao debate hoje em vigência. *Viagem ao começo do mundo* vai dramatizar dois tipos de pobreza minimizados nas análises sobre o estágio por que passa a economia transnacional.

O primeiro tipo de pobreza dramatizado no segundo filme é anterior à Revolução Industrial e configura o homem na sua condição de trabalhador da terra e pastor de animais, representação romântica do autóctone. Diante das potentes máquinas que aram, plantam, colhem e satisfazem as necessidades da economia transnacional de grãos, diante dos moderníssimos processos de criação e reprodução de aves e animais domésticos, diante dos mistérios da clonagem de animais, a figura emblemática do camponês português é anacrônica — um indivíduo perdido no tempo e no espaço do século XX, sem amarras com o presente e, por isso, destituído de qualquer ideia de futuro. Nem mesmo consegue se relacionar com os modernos aparelhos eletrônicos, como a televisão, que estão ao seu alcance graças aos truques perversos da sociedade de consumo.

Os dias que estão por vir se confundem com a viagem de volta ao "começo do mundo". A imagem da tia do ator é tão mineral quanto a paisagem pedregosa em que sobrevivem os que ficaram arando a terra e criando animais. Seu marido tem focinho de animal, como assinala grosseiramente o personagem do diretor ao imitá-lo com caretas. São atuais pelas metáforas revanchistas que veiculam: a tia, uma pedra no meio do caminho da globalização econômica; o tio, um lobo à espreita da menor falha nos apriscos computadorizados para dar o bote.

No caso do Brasil, as duas metáforas revanchistas encontram sua redenção política no Movimento dos Trabalhadores Rurais Sem Terra (MST). Lutam pela reforma agrária no plano legislativo e pela posse de terras improdutivas no plano jurídico. Lutam pela permanência do camponês num mundo motorizado e tecnocrático que o exclui, reduzindo-o à condição de pária da sociedade global. Nos nossos dias, em virtude da perseguição policial que se acopla a intermináveis processos judiciários, muitos dos ativistas sobrevivem na condição de réus. Maiores informações podem ser obtidas na internet: <http://www.mst.org.br> (a página está em português e em seis línguas estrangeiras, a servir de bom exemplo para que se entenda concretamente o que estamos caracterizando como o cosmopolitismo do pobre). Ali se lê que, desde 2001, a luta do MST tem sido marcada pelo caráter internacionalista.

O segundo tipo de pobreza dramatizado no segundo filme é posterior à Revolução Industrial. Graças à democratização dos meios de transporte, o horizonte do camponês deserdado de terra e do cuidado dos animais foi ampliado. Acenaram-lhe com a possibilidade da emigração fácil para os grandes centros urbanos, tornados carentes de mão de obra barata. Os pobres são anacrônicos de outra forma, agora no contraste com o espetáculo grandiloquente do pós-moderno, que os convocou nas suas terras para o trabalho manual e os abriga em bairros lastimáveis das metrópoles. Esse novo expediente do capital transnacional junto aos países periféricos ancora o camponês em terras estrangeiras, onde os seus descendentes pouco a pouco perderão o peso e a força da tradição original. Alguns poucos, como o ator no filme, chegam à condição de ator em evidência, de cidadão francês, mas muitos vivenciam um futuro de que não participam, a não ser pelo trabalho manual, que tinha sido desqualificado e rejeitado pelos nacionais.

Está criada uma nova e até então desconhecida forma de *desigualdade* social, que não pode ser compreendida no âmbito legal de um único Estado-nação, nem pelas relações oficiais entre governos nacionais, já que a razão econômica que convoca os novos pobres para a metrópole pós-moderna é transnacional e, na maioria dos casos, também é clandestina. O fluxo dos seus novos habitantes é determinado em grande parte pela necessidade de recrutar os desprivilegiados do mundo que estejam dispostos a fazer os chamados serviços do lar e de limpeza e aceitem transgredir as leis nacionais estabelecidas pelos serviços de migração. São predeterminados pela necessidade e pelo lucro pós-moderno. Como chama a atenção K. Anthony Appiah, no prefácio a livro de Saskia Sassen, "os funcionários altamente qualificados das seções executivas, como as das finanças, veem seus salários crescerem escandalosamente ao mesmo tempo que as remunerações dos que limpam os escritórios ou tiram as fotocópias estagnam ou afundam de vez".

Entre as duas pobrezas — a anterior e a posterior à Revolução Industrial —, existe um revelador e intrigante *silêncio* no filme de Manoel de Oliveira. No universo de *Viagem ao começo do mundo*, não há fábricas nem operários. (Há, quando muito, a indústria nacional do entretenimento, representada pelo diretor e pelo ator, hoje totalmente globalizada. Na verdade é ela que está sendo questionada pela visada multicultural do filme.) Para o camponês miserável e voluntarioso, assim como para os operários desempregados no mundo urbano, a desigualdade social na pátria vem propondo um *salto* para o mundo milionário e transnacional. Salto meio que enigmático na aparência, mas concreto na realidade. Esse salto é impulsionado pela falta de opção pela melhoria econômica e social na própria aldeia e, muitas vezes, nos pequenos centros urbanos do próprio país, como é o caso da região de Governador Valadares, em Minas Gerais. Os desempregados do mundo se unem em Paris, Londres, Roma, Nova York e São Paulo.

Já vai longe o tempo descrito em *Vidas secas*, de Graciliano Ramos, dominado pelo caminhão pau de arara. Longe no tempo os retirantes da monocultura do latifúndio e da seca nordestina. Hoje os *retirantes* brasileiros, muitos deles oriundos de estados relativamente ricos da nação, seguem o fluxo do capital transnacional como um girassol. Ainda jovens e fortes, querem ganhar as metrópoles do mundo pós-industrial. De posse do passaporte, fazem enormes filas à porta dos consulados. Sem conseguir o visto, viajam para países limítrofes, como o México ou o Canadá, em relação aos Estados Unidos da América, ou como Portugal e a Espanha, em relação à União Europeia, e ali se juntam a companheiros de viagem de todas as nacionalidades. O camponês salta hoje por cima da Revolução Industrial e cai a pé, a nado, de trem, navio ou avião diretamente na metrópole pós-moderna. Muitas vezes sem a intermediação do necessário visto consular.

Rejeitado pelos poderosos Estados nacionais, evitado pela burguesia tradicional, hostilizado pelo operariado sindicalizado e cobiçado pelo empresariado transnacional, o migrante camponês é hoje o "mui corajoso" passageiro *clandestino* da nave de loucos da pós-modernidade.

Felizmente, Viagem ao começo do mundo *é um filme com* happy ending.

O ator franco-português volta a requisitar intérprete, agora para conversar com os familiares. A velha tia, irmã do seu pai (admiravelmente interpretada por Isabel de Castro), não reconhece *um* sobrinho nas palavras francesas de que se serve. Dirige os olhos a ele e a palavra ao intérprete: "Para quem estou a falar? Ele não entende o que eu digo". E continua a indagar entre ríspida, intolerante e raivosa: "Por que que ele não fala a nossa fala?". Os sucessivos pedidos de reconhecimento como sobrinho por parte do ator, traduzidos à língua portuguesa pelo(s) intérprete(s), são motivo para que ela repita a mesma pergunta até a exaustão: "Por que que ele não fala a nossa fala?". O ator se dá conta tardiamente de que, na economia do amor familiar, de nada vale o trabalho dos intérpretes linguísticos. A boa vontade deles não compensa a perda da língua materna.

Perscrutando o enigma da ignorância rústica que defronta as boas maneiras e o savoir-faire metropolitanos, o ator levanta a possibilidade de uma fala comum que transcenda as palavras — a fala do afeto. A tia entra no diálogo sem palavras que o sobrinho lhe acena. Começa a reconhecê-lo pelo olhar e pela figura da semelhança. O filho se parece com o pai, tem os mesmos olhos. Em seguida, a fala do afeto se serve do vocabulário do contato de pele com pele. O ator tira o paletó, aproxima-se da tia, arregaça a manga da camisa e lhe pede, através do intérprete, que lhe aperte o braço. Braços e mãos se cruzam, estreitando os laços familiares. Diz-lhe o ator: "Não é a língua que importa, o que importa é o sangue". A etimologia dos elementos da fala do afeto está no dicionário do sangue. A tia o reconhece finalmente como o filho do irmão. Abraçam-se. O sobrinho lhe pede para ir ao cemitério, visitar o túmulo dos avós. A fala do afeto torna-se plena no momento em que a tia sela o encontro com a doação ao sobrinho dum pão camponês. Porém, perdura a constatação amarga da tia: "Olha, Afonso, se o teu pai não te ensinou nossa fala, foi um mau pai".

Não se pode pedir aos Manoéis pobres e cosmopolitas que abdiquem das suas conquistas na aldeia global, longe da aldeia pátria, mas cada Estado nacional do Primeiro Mundo pode, isto sim, proporcionar-lhes, a despeito da falta de responsabilidade no plano social e econômico, a possibilidade de não perderem a comunicação com os valores sociais que os sustentam no isolamento cultural em que sobrevivem nas metrópoles pós-modernas.

***

Se todos somos a favor do multiculturalismo, há que definir pelo menos duas das suas formas — uma já antiga e outra mais do que atual.

Há um antigo multiculturalismo — de que o Brasil e demais nações do Novo Mundo são exemplo — cuja referência luminar em cada nação pós-colonial é a civilização ocidental tal como definida pelos conquistadores e construída pelos colonizadores originais e pelas levas dos que lhes sucederam. Apesar de pregar a convivência pacífica entre os vários grupos étnicos e sociais que entraram em combustão em cada *melting pot* (cadinho) nacional, teoria e prática são de responsabilidade de homens brancos de origem europeia, tolerantes (ou não), católicos ou protestantes, falantes de uma das várias línguas do Velho Mundo. A ação multicultural é obra de homens brancos para que todos, indistintamente, sejam disciplinarmente europeizados como eles.

Nos nossos dias, o antigo multiculturalismo tem sido desprezado pelos governantes das recém-criadas nações africanas e asiáticas e valorizado pelas nações do Velho Mundo, como a Alemanha, a França e a Inglaterra, onde ainda existem à luz do dia bolsões violentos de intolerância, para não dizer de racismo. O bumerangue que no século XIX atirou o multiculturalismo para o Novo Mundo, a fim de que ele permanecesse apêndice da Europa no período pós-colonial, nos últimos anos passou por cima do alvo África e Ásia, para voltar ao lugar do arremesso. O feitiço se vira contra o feiticeiro na própria casa deste. Fora do seu lugar de criação, o antigo multiculturalismo serve hoje para resolver situações conflituosas e apocalípticas que pipocam nas nações da primeira versão da União Europeia.

Entre os mais legítimos teóricos do antigo multiculturalismo está o norte-americano William G. Sumner que cunhou o termo *"etnocentrismo"*. No seu livro *Folkways,* publicado em 1906, define Sumner: "O etnocentrismo é o termo técnico que designa a visão das coisas segundo a qual o nosso próprio grupo é o centro de todas as coisas, sendo todos os demais grupos medidos e avaliados por referência ao primeiro". E continua adiante: "Cada grupo pensa que os seus próprios costumes [*folkways*] são os únicos bons, e, se observa que outros grupos têm outros costumes, estes provocam o seu desdém".

Entre eles também estão o nosso Gilberto Freyre, autor de *Casa-grande & senzala,* os estudiosos do Conselho de Pesquisa em Ciências Sociais dos Estados Unidos, que desde os anos 30 defenderam a diversidade cultural, e a antropóloga

Margaret Mead. Esta, diante do escândalo que representava, durante a Segunda Grande Guerra, o recrutamento de *"second class citizens"* (os negros, para ser preciso) pelo governo norte-americano, cunhou célebre frase que passou a englobar indiferentemente os *nacionais*: "Somos todos terceira geração". Os fundamentos desse multiculturalismo repousam num conceito-chave, o de *aculturação*. Robert Redfield, Ralph Linton e Melville Herskovits definiram aculturação em 1936: "A aculturação é o conjunto de fenômenos que resultam de um contato contínuo e direto entre grupos de indivíduos de culturas diferentes e que acarretam transformações dos modelos [*patterns*] culturais iniciais de um ou dos dois grupos". O velho conceito de multiculturalismo repousa nesse conceito e no trabalho que, anacronicamente e com a ajuda de Jacques Derrida, chamaremos de *desconstrutor* do etnocentrismo. No Brasil, como se sabe, a visada multiculturalista foi fortalecida pela ideologia da *cordialidade*.

Os exemplos em literatura latino-americana do multiculturalismo cordial são muitos e antigos. Citemos alguns provenientes da literatura brasileira. Comecemos por *Iracema* (1865), de José de Alencar, passemos por *O cortiço* (1888), de Aluísio Azevedo, e paremos em *Gabriela, cravo e canela* (1958), de Jorge Amado. Por esse multiculturalismo fala a voz impessoal e sexuada do Estado-nação que, retrospectivamente, tinha sido constituído no interior do *melting pot*. Neste, sob o império das elites governamentais e empresariais e das leis do país, várias e diferentes etnias, várias e diferentes culturas nacionais se cruzaram patriarcal e fraternalmente (os termos são caros a Gilberto Freyre). Misturaram-se para constituir outra e original cultura nacional, soberana, cujas dominantes, no caso brasileiro, foram o extermínio dos índios, o modelo escravocrata de colonização, o silêncio das mulheres e das minorias sexuais.

Emigrantes que escapassem aos princípios definidos pelo Estado-nação que os acolheria generosamente, seriam terminantemente excluídos da agenda da imigração planejada, ou não seriam aceitos em território nacional. Um dos debates históricos mais ilustrativos do processo de rejeição de migrantes, que seriam possivelmente insubmissos à organização nacional ditada pelo establishment do Segundo Reinado brasileiro, aparece no caso da emigração chinesa no final do século XIX. Em 1881, pouco antes da abolição da escravidão negra no nosso país, Salvador de Mendonça define a sua posição ideológica, que acabou por ser referendada pelo governo brasileiro: "Usar [o povo chinês] durante meio século, sem condições de permanência, sem deixá-lo fixar-se em nosso solo, com renovação periódica de pessoal e de contrato, afigura-nos o passo mais acertado que podemos fazer para vencer as dificuldades do presente e preparar auspiciosamente o futuro nacional". Fica clara a razão do lobo: contar com o trabalho dos chineses na agricultura, sem, no entanto, acolhê-los definitivamente em território nacional. Felizmente, os positivistas reagiram ao raciocínio intolerante, subordinando o exercício da política à moral. Declararam que se tratava da substituição do braço escravo por um braço quase escravo. Os chineses não emigraram para o Brasil, por dois motivos complementares.

As palavras ditadas pela intolerância do Estado-nação face à *diferença* da coisa estrangeira não estão ausentes de muitas das declarações recentes de políticos norte-americanos. Durante discussão no Senado daquele país sobre as vantagens e desvantagens de um mercado comum nas Américas, proeminente senador proferiu esta pérola que acentua a impossibilidade de um caldeamento equilibrado entre as nações do continente: "Se os outros [países do continente americano] são demasiado lentos, avançaremos sem eles". Sabemos o que o avanço desmedido e egoísta de um único Estado-nação pode acarretar. Depois dos acontecimentos de 11 de setembro de 2001, em que se acerbam as diferenças étnicas e religiosas pelo viés do fundamentalismo mútuo, as possibilidades de um multiculturalismo, tal como fora praticado desde as grandes descobertas no século XVI e determinado teoricamente na primeira metade do século XX, foram jogadas na lata de lixo do novo milênio, ao mesmo tempo que grupos de emigrantes (ou de já imigrantes) nos Estados Unidos sofrem as constrições e os vexames que todos os jornais e televisões noticiam.

O multiculturalismo que reorganiza os elementos díspares que se encontram numa determinada região colonial (e pós-colonial), ou que referenda a imigração planejada pelo Estado nacional através de um sistema de cotas, sempre teve como referência invariável a retórica do fortalecimento das "comunidades imaginadas", para retomar a conhecida expressão de Benedict Anderson. Para Anderson, a nação é imaginada como uma *comunidade limitada e soberana*. Citemos as definições que ele nos dá dos três termos grifados. Primeira definição: "[...] a nação é imaginada como *comunidade* porque, sem considerar a desigualdade e exploração que atualmente prevalecem em todas elas, a nação é sempre concebida como um companheirismo profundo e horizontal". Segunda: "A nação é imaginada como *limitada,* porque até mesmo a maior delas, que abarca talvez 1 bilhão de seres humanos, possui fronteiras finitas, ainda que elásticas, para além das quais se encontram outras nações. Nenhuma nação se imagina coextensiva com a humanidade". Terceira: "É imaginada como *soberana*, porque o conceito nasceu numa época em que o Iluminismo e a Revolução estavam destruindo a legitimidade do reino dinástico hierárquico, divinamente instituído. [...] O penhor e o símbolo dessa liberdade é o Estado soberano".

Pela persuasão de cunho patriótico, os multiculturalistas da comunidade imaginada desobrigaram a elite dominante de exigências sociais, políticas e culturais, que transbordam do círculo estreito da nacionalidade econômica. Se se quiser lavar a roupa suja, terá de ser em casa. As diferenças étnicas, linguísticas, religiosas e econômicas, raízes de conflitos intestinos ou de possíveis conflitos no futuro, foram escamoteadas a favor de um *todo* nacional íntegro, patriarcal e fraterno, republicano e disciplinado, aparentemente coeso e, às vezes, democrático. Os cacos e as sobras do material de construção, que ajudou a elevar o edifício da nacionalidade, são atirados no lixo da subversão, que deve ser combatida a qualquer preço pela polícia e pelo exército. A construção do Estado pelas regras desse multiculturalismo teve como visada prioritária o engrandecimento do Estado-nação pela perda da memória individual do marginalizado e em favor da artificialidade da memória coletiva.

Em tempos de economia de mercado transnacional, seria justo pregar os princípios teóricos desenvolvidos no interior da pesquisa e da prática multicultural, tal como foram definidos no passado?

À estruturação do antigo multiculturalismo — referendado na nova ordem econômica pelos mais diversos governos nacionais, hegemônicos ou não — deve--se opor hoje a necessidade duma nova teorização, que passaria a se fundamentar na compreensão dum duplo processo em marcha avassaladora pela economia globalizada — o de *"denationalizing of the urban space"* (desnacionalização do espaço urbano) e o de *"denationalizing of politics"* (desnacionalização da política), para usar as expressões de Saskia Sassen em *Globalization and its Discontents*. Continua ela, caracterizando os atores sociais seduzidos pelo processo: "E muitos dos trabalhadores desprivilegiados nas cidades globais são mulheres, imigrantes e gente de cor, cujo sentido político de individualidade e cujas identidades não estão necessariamente imersos na 'nação' ou na 'comunidade nacional'".

Os princípios constitutivos da comunidade imaginada estão sendo minados pela fonte multirracial e pela economia transnacional em que beberam e ainda bebem os Estados-nações periféricos e também os hegemônicos. Primeiro: o Estado-nação passa a ser coextensivo com a humanidade. Como exemplo, cite-se o polêmico artigo de Václav Havel, "Kosovo e o fim do Estado-nação", em que alerta para o fato de que o bombardeio da Iugoslávia pelas tropas da Otan coloca os direitos humanos acima dos direitos do Estado (responsável este, lembremos, pela "lavagem étnica" de Kosovo). Havel favorece a vontade de acionar uma lei mais alta do que a que salvaguarda a soberania de cada Estado-nação. Visivelmente inspirado por uma ética cristã, escreve: "Direitos humanos, liberdades humanas [...] e dignidade humana têm suas raízes mais profundas em algum lugar fora do mundo que vemos [...]. Enquanto o Estado é uma criação humana, seres humanos são uma criação de Deus". Segundo: é questionada a soberania do Estado-nação no tocante a leis e modelos civilizacionais. Terceiro: deixa-se que o "companheirismo profundo e horizontal" naufrague nas próprias figuras de retórica que o constituíram.

Uma nova e segunda forma de multiculturalismo pretende (a) dar conta do influxo de migrantes pobres, na maioria ex-camponeses, nas megalópoles pós-modernas, constituindo seus legítimos e clandestinos moradores, e (b) resgatar, de permeio, grupos étnicos e sociais, economicamente desfavorecidos no processo assinalado de multiculturalismo a serviço do Estado-nação.

A luta política dos primeiros, os migrantes nas megalópoles pós-modernas, e dos outros, os marginalizados nos Estados-nações, está sendo hoje fortalecida pelo suporte e apoio de movimentos políticos transnacionais, cujo exemplo mais contundente reside nas atividades desenvolvidas pelas organizações não governamentais (ONGs) junto à sociedade civil de cada Estado-nação. Cite-se, por exemplo, o caso do movimento das mulheres negras no Brasil que se reúnem em <www.criola.ong.org>. Ali se lê [em 2002]: "Nosso objetivo é a instrumentalização das mulheres e jovens negras para o enfrentamento do racismo, do sexismo e da homofobia vigentes na sociedade brasileira". A feição supranacional que modela as ONGs torna-se passível de ser aclimatada na periferia econômica graças ao fato de que o país abandona os meios de comunicação clássicos (dos correios e telégrafos ao fax) e se adentra pelas cada vez mais baratas e velozes rodovias intercontinentais da internet. Uma sociedade civil na periferia é paradoxalmente impensável sem os avanços tecnológicos da informática.

Ao perder a condição utópica de nação — imaginada apenas pela sua elite intelectual, política e empresarial, repitamos —, o Estado nacional passa a exigir uma reconfiguração cosmopolita, que contemple tanto os seus novos moradores quanto os seus velhos habitantes marginalizados pelo processo histórico. Quando o Estado é reconfigurado pragmaticamente pelos atuais economistas e políticos, para que se adéque às determinações do fluxo do capital transnacional, que operacionaliza as diversas economias de mercado em confronto no palco do mundo, a cultura nacional estaria (ou deve estar) ganhando uma nova reconfiguração que, por sua vez, levaria (ou está levando) os atores culturais pobres a se manifestarem por uma atitude cosmopolita, até então inédita em termos de grupos carentes e marginalizados em países periféricos.

Um dos grupos étnicos com maior dificuldade de se articular local, nacional e internacionalmente é o dos indígenas brasileiros. A razão para tal pode ser evidenciada caso se compare o peso demográfico do grupo no Brasil com a presença de grupos semelhantes na população nacional da Bolívia (57%) ou do Peru (40%). No Brasil, como informa [em 2002] o site do Instituto Socioambiental (<www.socioambiental.org>, *link* Povos Indígenas no Brasil), "as organizações indígenas têm uma tendência volátil, ilustrativa das dificuldades de os índios constituírem formas estáveis de representação com uma base tão diversa e dispersa". No entanto, legitimadas que foram pela nova Constituição Federal em 1988, elas "representam a incorporação, por alguns povos indígenas, de mecanismos que possibilitam lidar com o mundo institucional da sociedade nacional e internacional".

Um notável exemplo daquela virada cosmopolita, agora pelos afro-brasileiros, está no site oficial de Martinho da Vila, compositor e cantor, filho de lavradores. Comparado por muitos ao herói da resistência negra brasileira, Zumbi dos Palmares, o artista faz também questão de trazer na sua página a lista e a biografia de cada um dos seus líderes negros. Da lista fazem parte: Manuel Congo, Amílcar Cabral, Samora Moisés Machel, João Cândido, Winnie Mandela, Martin Luther King, Agostinho Neto e Malcolm X. Esse recente estreitamento cultural do Brasil com as nações africanas pouco ou nada tem a ver com a política oficial do governo brasileiro, que desde a presidência de Jânio Quadros tenta trazer a África pós-colonial para o Brasil industrializado e levar o Brasil industrializado para a África pós-colonial, a fim de robustecer o sistema de exportação de bens de consumo.

A iniciativa desse movimento cultural afro-brasileiro partiu de outra cantora, agora interiorana e operária, Clara Nunes, que dizia ser "Mineira guerreira filha de Ogum com Iansã". Carmen Miranda deixa de ser o modelo de sambista. No lugar do *"tutti-frutti hat"*, o chocalho. Em 1979-80, a ex-operária da indústria têxtil em Belo Horizonte se apresenta na televisão brasileira vestida à moda de preta angolana. Canta a canção "Morena de Angola", de Chico Buarque (incluída no disco *Brasil mestiço*, 1980): "Morena de Angola que leva o chocalho amarrado na canela/ Será que ela mexe o chocalho ou o chocalho é que mexe com ela?". No mesmo clima criado por Clara Nunes e numa dimensão bem maior, Martinho da Vila organiza, a partir de 1984 até 1990, encontros internacionais de arte negra, batizados por ele de *Kizomba* (palavra africana que significa "encontro de identidades", "festa de confraternização").

Martinho explica:

> Decidi fazer as Kizombas porque senti que o povo brasileiro tem muita curiosidade e pouca informação sobre a Mãe África. Além de não ter muita informação sobre a cultura negra na diáspora. Para se ter uma ideia, Angola, tão influente na formação cultural brasileira, só veio ao Brasil pela primeira vez quando realizamos o Primeiro Canto Livre, em janeiro de 1983. Sem falar que, até a realização da primeira Kizomba, o Brasil estava praticamente à parte das manifestações antiapartheid. Já participaram cerca de trinta países, entre os quais estavam Angola, Moçambique, Nigéria, Congo, Guiana Francesa, Estados Unidos e África do Sul.

Essa redefinição cosmopolita e pobre de cultura afro-brasileira tem como polos tanto o Brasil quanto a África, tanto os departamentos da colonização francesa quanto os Estados Unidos, e seu princípio básico é o questionamento da ineficiência e da injustiça cometidas por séculos pelo discurso da elite intelectual e governamental no plano da cidadania nacional. No plano dos marginalizados, a crítica radical aos desmandos do Estado nacional, tal como este está sendo reconstituído em tempos de globalização, não se dá mais na instância da política oficial do governo nem na instância da agenda econômica assumida pelo Banco Central, em acordo com a influência coercitiva dos órgãos financeiros internacionais. Ela se dá no plano do diálogo entre culturas afins que se desconheciam mutuamente até os dias de hoje. Seu modo subversivo é brando, embora seu caldo político seja espesso e pouco afeito às festividades induzidas pela máquina governamental.

Na América Latina, onde o cosmopolitismo sempre foi matéria e reflexão de ricos e ociosos, de diplomatas e intelectuais, as relações interculturais de cunho internacional se davam principalmente no âmbito ou das chancelarias ou das instituições de ensino superior. Há casos tristes. Há casos extraordinários, como o dos modernistas brasileiros desde a década de 20. Não nos cabe historiá-los agora. Tornou-se também moeda corrente, desde a criação tardia da universidade no Brasil, o convite a professores e pesquisadores estrangeiros para ajudar a formação das novas gerações na universidade. Exemplo disso é o extraordinário relato de Claude Lévi-Strauss, *Tristes trópicos,* em particular o capítulo XI, "São Paulo". Ali, o antropólogo define os interlocutores nacionais dele e de sua esposa Dina:

> Nossos amigos não eram propriamente pessoas, eram mais funções cuja importância intrínseca, menos que sua disponibilidade, parecia haver determinado a lista. Assim, havia o católico, o liberal, o legitimista, o comunista; ou, em outro plano, o gastrônomo, o bibliófilo, o amador de cães (ou de cavalos) de raça, de pintura antiga, de pintura moderna; e também o erudito local, o poeta surrealista, o musicólogo, o pintor.

Desde os anos 60, a fundação de órgãos de fomento à pesquisa (Capes e CNPq) tem possibilitado que jovens pesquisadores e professores de nível superior aperfeiçoem os seus conhecimentos em universidades estrangeiras e que professores/pesquisadores estrangeiros continuem a nos visitar. Mais recentemente, os principais estados da nação criaram as suas respectivas Fundações de Amparo à Pesquisa (Fapes). Concluiremos nossas palavras com algo diferente.

Há alguns anos, muitos dos ilustres visitantes estrangeiros percorrem outras partes da Terra e constituem novos interlocutores. Deixam o asfalto, sobem até as favelas e dialogam com grupos culturais que ali estão localizados. Em contrapartida, muitos dos jovens artistas moradores em comunidades carentes têm viajado a países estrangeiros e apresentado seu trabalho em palcos internacionais. Duas ou três décadas atrás seria impensável esse tipo de contato entre profissionais duma cultura hegemônica e representantes jovens duma cultura pobre num país como o Brasil (à exceção, é claro, do trabalho feito por antropólogos e missionários junto aos índios).

Um exemplo extraordinário desse tipo de parceria se encontra no grupo de teatro Nós do Morro (<grnmorro@mtec.com.br>, válido em 2002), surgido em 1986 na favela do Vidigal. As atividades culturais e artísticas do grupo transcendem hoje os limites da favela e da linguagem teatral que o gestou. Participantes do grupo ocupam um lugar de destaque tanto na dramaturgia quanto no cinema nacional. No minucioso histórico redigido pelos participantes do grupo, lê-se:

Também em 1998, o grupo participou de um importante projeto desenvolvido em conjunto com organizações internacionais, que reuniu jovens de cinco países com o mesmo perfil do Nós do Morro, para a realização do curta-metragem *Outros olhares, outras vozes*. Como convidado, [o grupo] participou também do Fórum Shakespeare e teve o privilégio de ter aulas com Cicely Berry, professora da Royal Shakespeare Company.

A produção do recente e premiado filme *Cidade de Deus*, dirigido por Fernando Meirelles, formou oficinas de interpretação (coordenadas por Guti Fraga, o diretor do grupo teatral Nós do Morro) que resultaram em atuações elogiadas pela crítica e pelo público do Festival de Cannes de 2002. Mais de 110 atores não profissionais, recrutados nas comunidades carentes do Rio de Janeiro, fazem parte do elenco de *Cidade de Deus*.

[2002]

A viagem de Lévi-Strauss aos trópicos[1]

> *Toda etnografia tem uma parte que é filosofia, e grande parte do resto é confissão.*
>
> Clifford Geertz, *The Interpretation of Cultures*

Durante o desenrolar dos primeiros capítulos de *Tristes trópicos*, Claude Lévi-Strauss faz questão de esclarecer ao leitor que a sua viagem ao Brasil e, posteriormente, o seu contato com os índios do país foram ambos produtos do acaso.[2] Esse mesmo golpe do acaso acabou por transformar num extraordinário etnógrafo o estudante universitário com formação multifacetada em ciências humanas. No próprio cadinho humano em que, na juventude estudantil, se entrecruzaram tão diferentes disciplinas e tantas carreiras liberais em potencial (filosofia, direito, psicanálise, geologia e economia política) é que, inesperadamente, sobressai, se delineia e se diferencia a originalidade de um pensamento e olhar interdisciplinares e, profissionalmente, etnográficos, como ele minuciosamente nos relata no capítulo VI do livro, cujo título, "Como se faz um etnógrafo", faz alusão ao subtítulo de *Ecce homo*, de Nietzsche.

"O capricho um pouco perverso de Georges Dumas"[3] — somado a circunstâncias mundanas do meio universitário francês, na época privilegiado fomentador de cultura junto à elite dos países da América Latina — levou Lévi-Strauss, então jovem professor num liceu da província, a participar da cosmopolita missão universitária francesa, cujo fim era o de desprovincializar a fundação e implantação da Faculdade de Filosofia, Ciências e Letras, da Universidade de São Paulo. Na época, duas escolas de nível superior nasciam e conviviam no estado de São Paulo. A Escola livre de Sociologia e Política, criada em 1933 sob os auspícios de um grupo de empresários, professores e jornalistas, e, no contexto da Universidade de São Paulo, a Faculdade de Filosofia, Ciências e Letras, criada em 1934, durante o governo estadual de Armando de Sales Oliveira e com o apoio do grupo Mesquita (jornal *O Estado de S. Paulo*). No manifesto da criação da Escola livre, lê-se: "A primeira [delas] procurou adotar um modelo de ensino e de pesquisa de inspiração norte-americana e a segunda deu preferência aos modelos europeus". O momento é o da "rotinização do Modernismo", para usar a expressão de Antonio Candido. Transformava-se "aos poucos em padrão de uma época o que era considerado manifestação de pequenos grupos vanguardeiros. [...] o excepcional se torna usual, tendendo o que era restrito a se ampliar".[4]

Lévi-Strauss esclarece:

> Minha carreira decidiu-se num domingo do outono de 1934, às nove horas da manhã, com um telefonema. [...] "Você continua com vontade de fazer etnografia?" "Sem dúvida!" "Então, apresente sua candidatura para professor de sociologia da Universidade de São Paulo. Os arredores [*faubourgs*] estão repletos de índios, a quem você dedicará os seus fins de semana." [p. 45]

A viagem transatlântica, proposta pelo telefonema do porta-voz do professor Georges Dumas, não chegava a desenhar as futuras e sucessivas viagens domésticas do etnógrafo francês pela selva brasileira. Estas serão também produto do acaso. Talvez produto de outro e duplo capricho perverso, de que Lévi-Strauss não se deu conta ao receber o convite para a longa viagem. Na Europa, até os letrados continuavam a ter uma visão distorcida da situação demográfica nas antigas colônias americanas e, no Brasil, os índios não eram mais suburbanos, algumas poucas tribos se encontravam em distantes áreas inexploradas. Para espanto do futuro etnógrafo, são estas as palavras que ouve, ainda em Paris, de um embaixador brasileiro: "Índios? Infelizmente, prezado cavalheiro, já se vão anos que eles desapareceram. Ah, essa é uma página bem triste, bem vergonhosa da história do meu país" (p. 46).

Uma "etnografia de domingo" (p. 103) pelos arrabaldes da cidade de São Paulo, arremedo da que lhe fora "falsamente prometida" pelo porta-voz de Georges Dumas, servirá apenas para que o cientista mapeie os novos colonos, ali fixados pouco antes ou depois da abolição da escravidão. Em nada semelhantes aos antigos colonizadores-marinheiros, esses tardios colonizadores do país provinham, na maioria dos casos, das camadas mais miseráveis da população rural europeia e tinham sido alijados do processo civilizatório ocidental pela industrialização. Viajaram ao Brasil para *fazer a América*. E a estavam *fazendo*. São ambiciosos marinheiros de primeira viagem. Não tinham o navio como casa ("o barco parecia-nos morada e lar, em cuja porta o palco giratório do mundo tivesse instalado a cada dia um cenário novo"; p. 60). Nem o mar como mistério a ser desvendado e conquistado. Tinham a nova e distante terra como fim em si, isto é, como lugar de residência e trabalho, como promessa de enriquecimento rápido. Outra pátria, mais pródiga.

Pela cidade de São Paulo, Lévi-Strauss encontra o inesperado. Dominam sírios e italianos. Numa população maltrapilha, percebe cabelos louros e olhos azuis, que traem origem germânica. Avista muitos japoneses, estes sim, habitantes dos arredores e agricultores. São os filhos de todos eles (e não os filhos dos latifundiários, isto é, dos "grã-finos") que o professor encontrará na sala de aula, subvertendo os desígnios iniciais dos mecenas paulistas e do próprio Georges Dumas. Com o tempo, uma velha elite de origem portuguesa — "quatrocentona", como vinte anos depois foi apelidada pelos próprios paulistas — seria substituída por uma "nova elite" (p. 19), produto esta da imigração, do trabalho livre e da educação universitária.

Já no subúrbio popular, em lugar dos índios autóctones, o etnógrafo encontra mais outros viajantes, os descendentes dos escravos negros. Durante séculos seus pais foram transplantados pelos navios negreiros da África para a lavoura do açúcar e do café e para as minas de ouro e pedras preciosas. Como observador atento, o etnógrafo tem de corrigir a sua nomenclatura racial, por demais "africanizada". Ao contrário dos seus professores e colegas de geração, ainda excitados com o êxito da missão cultural Dacar-Djibuti (1931-33), Lévi-Strauss não está diante de negros autênticos.[5] Deve ter se perguntado se teria sentido valer-se do termo *"negro"* nesta parte do planeta, onde os índios não moravam mais nos arrabaldes e onde havia uma "grande diversidade racial", que permitiu misturas de toda espécie. Para sair da pergunta sem dar uma resposta profissional conveniente, o etnógrafo recorre às distinções brasileiras tradicionais: em São Paulo, há "mestiços", cruzados de branco e negro, "caboclos", de branco e índio, e "cafuzos", de índio e negro (p. 104). Vê-se logo que não se trata de questão do seu agrado, já que não aprofunda os comentários.

Nos arredores da capital do estado, o etnógrafo de domingo podia, quando muito, observar e recolher um rústico folclore europeizado, reatualizado principalmente por ocasião das "festas de maio", mês de Maria, e ainda examinar produtos que, hoje, chamamos de artesanato (p. 105). Será preciso viajar para bem longe de São Paulo para encontrar índios.

Lévi-Strauss é sensível às peças que a passagem do tempo em regiões diversas do planeta prega no observador. Com o apoio de uma visão paradigmática[6] de história universal, cujo respaldo teórico se encontra na linguística como fundamento dos estudos etnográficos, é que interpreta cada cultura particular construída ou implantada neste ou naquele espaço geográfico. Ou invertendo os dados disciplinares em questão: a análise etnográfica, tal como ele a concebe, se confunde com a conceituação que o etnógrafo empresta à história. Afirma: "A análise etnográfica tenta chegar a invariantes além da diversidade empírica das sociedades".[7] Pela inversão da perspectiva, complementa Octavio Paz: "Lembro que o estruturalismo não pretende explicar a história: o acontecimento, o suceder, é um domínio que não chega a tocar; no entanto, do ponto de vista da antropologia, do modo como a concebe Lévi-Strauss, a história nada mais é do que uma das variantes da estrutura".[8] Os princípios metodológicos de toda pesquisa na área das ciências humanas não se encontram mais na história, mas na etnografia.

Os efeitos de contraste entre a cultura do Velho e a do Novo Mundo e outros efeitos semelhantes — acronológicos por natureza e definição na análise do etnógrafo — recebem um fundamental tratamento disciplinar e, constantemente, multidisciplinar em que as partes em confronto são colocadas lado a lado, analisadas, comparadas e interpretadas por olhos experientes. O etnógrafo é, em grande parte, geólogo e, ainda, dublê de poeta[9] e alquimista, já que sensível a "correspondências" inusitadas entre séculos e lugares: "Sinto-me banhado numa inteligibilidade mais densa, em cujo seio os séculos e os lugares se respondem e falam linguagens afinal reconciliadas"[10] (p. 54). Como consequência das viagens transatlânticas dos seus habitantes, por duas vezes a Europa havia se duplicado nos trópicos. A primeira vez graças à colonização ibérica. A segunda graças aos diversos grupos de imigrantes do hemisfério Norte que, a partir do século XIX, por aqui aportaram e se solidarizaram com o projeto de nação então em vigência. Por duas vezes o viço e o vigor originários, isto é, indígenas, tinham sido vilipendiados; por duas vezes o viço e o vigor originários, isto é, europeus, não chegaram à plenitude. Diante dos dois extravios complementares, dos dois processos paralelos de descontinuidade causados e fomentados pela viagem transcontinental, irrompe o sorriso no texto: "Um espírito malicioso definiu a América como uma terra que passou da barbárie à decadência sem conhecer a civilização" (p. 91). Eis a frase de que se valeu o professor visitante para abrir o capítulo intitulado "São Paulo".

No entanto, como no caso referido da miscigenação nos trópicos, Lévi-Strauss é obrigado a corrigir ligeiramente a crítica etnocêntrica contida na fórmula recebida. Revê e atualiza a opinião maliciosa: as cidades do Novo Mundo "vão do viço à decrepitude sem parar na idade avançada [*ancienneté*]" (p. 91). A América não desconhece a cultura europeia de que é produto; desconhece os valores estáveis e fortes da idade madura e é por isso que as suas principais cidades são, contraditoriamente, adolescentes decrépitas. Uma jovem e cândida estudante brasileira tinha refeito, às avessas, a viagem do professor europeu. Chocada com a imagem de Paris que vislumbra pela primeira vez, corre de volta para os braços do mestre. Aos prantos, lhe diz que Paris lhe parecera "suja, com seus prédios enegrecidos". Como uma espécie de ministro André Malraux *avant la lettre*, a jovem estudante conclamava a favor da limpeza dos prédios históricos da Cidade Luz. A pátina não sensibilizara a retina de quem estava acostumada a passar, antes da metade duma vida transcorrida, do frescor à decrepitude. Conclui Lévi-Strauss: "A brancura e a limpeza eram os únicos critérios à disposição [da estudante] para apreciar uma cidade" (p. 91). Brancura e limpeza — acrescentamos — são os valores fortes da *aparência* no Brasil, relacionados respectivamente à questão racial (processo de embranquecimento do negro) e à diferença de hábitos de higiene corporal (em país tropical devem-se tomar mais banhos do que em país frio do hemisfério Norte). Estabelecidos pela aculturação de etnias diversificadas nos trópicos, os dois valores hegemônicos ressurgem no olhar da jovem estudante ao observar a realidade física da cidade europeia. Trata-se uma visão horizontal e ingênua do cenário citadino parisiense, pondera Lévi-Strauss.

Diante de São Paulo, em 1935, ou diante de Nova York e Chicago, em 1941, o espanto de Lévi-Strauss não era causado pela *novidade* que estava à sua frente. Diante de cenário urbano nunca entrevisto, como uma sonda prospectiva, seu olhar verticaliza-se, aprofundando. O espanto do etnógrafo advém antes da "precocidade dos estragos do tempo" (p. 92) nas obras do homem americano. Não se surpreende ele por faltarem dez séculos de vida às cidades que visita; surpreende-se ao constatar que alguns quarteirões inteiros, em péssimo estado de conservação, tenham apenas cinquenta anos. Aos americanos falta fôlego — ou melhor, sobra-lhes desperdício, ou melhor, falta-lhes o sentido do ritmo civilizacional — para deixar as suas construções enfrentarem impávidas, anos, décadas, séculos. As metrópoles americanas adoecem precocemente.

Antes de Lévi-Strauss, nas primeiras décadas do século xx, Monteiro Lobato tinha sido sensível à morte prematura das cidades e das casas nos trópicos. Jogava em grande parte a culpa na lavoura de tipo predatório. A expansão agrícola resultava das *queimadas* anuais na mata virgem. Os colonos abandonavam as terras gastas e, ao prepararem o terreno selvagem para o plantio de sementes, se valiam do fogo para apressar a limpeza. O colono aclimatado ao Brasil — Nero de pé no chão, segundo a maliciosa nomenclatura de Lobato — era um nômade, civilizador despreparado para as alegrias e as agruras do sedentarismo. "Tudo por aqui é emergência, isto é, solução pessoal, ocasional, momentânea, provisória."[11] O olhar de Lobato, enamorado do ecossistema tropical e do progresso, contempla ao mesmo tempo as cidades fantasmas do interior de São Paulo e as árvores ardendo em chamas da serra da Mantiqueira. Naquelas, as casas "lembram ossaturas de megatérios onde as carnes, o sangue, a vida, para sempre refugiram".[12] A grande diferença entre Lobato e Lévi-Strauss — como ficará claro mais adiante — é que, para o brasileiro, o *modelo* econômico que poderá alicerçar a crítica ao atraso tropical não está mais na Europa. É *interno* às Américas. Está nos Estados Unidos. E, principalmente, nas ideias sobre o progresso industrial, desenvolvidas pelo megaempresário Henry Ford.[13] O etnógrafo francês, mais atrasado do que Monteiro Lobato no jogo econômico dos contrastes que definem o subdesenvolvimento nos países latino-americanos, avança o antigo confronto de raiz colonial: "Certas cidades da Europa adormecem suavemente na morte; as do Novo Mundo vivem febrilmente uma doença crônica; eternamente jovens, jamais são saudáveis, porém" (p. 92).

Acrescentamos ainda que o olhar europeu de Lévi-Strauss pôde prever, pelos extravios do acaso, que o continente americano e, em particular, os Estados Unidos seriam o lugar onde inevitavelmente nasceriam — e de onde se propagariam para todo o planeta, num processo de expansão nunca visto — a sociedade de consumo e a estética do descartável. Nos *Tristes trópicos*, adianta ele que as cidades do Novo Mundo (como dizemos hoje a respeito das máquinas termodinâmicas, elétricas e computadorizadas) "são construídas para se renovarem com a mesma rapidez com que foram erguidas [*bâties*], quer dizer, mal" (p. 91). As observações do etnógrafo não estão distantes de um princípio formulado, anos mais tarde, por Jean Baudrillard em *A sociedade de consumo*. Escreve o filósofo: "O que hoje se produz não se fabrica em função do respectivo valor de uso ou da possível duração, mas antes *em função da sua morte...*" (grifo do autor). E exemplifica: "Atualmente somos nós que vemos [os objetos] nascer, produzir-se e morrer, ao passo que em todas as civilizações anteriores eram os objetos, instrumentos ou monumentos perenes, que sobreviviam às gerações futuras".[14] Será por esse motivo que o etnógrafo enuncia, de maneira abstrata e hermética, que o problema dos tempos modernos "é o de passar do governo dos homens para a administração das coisas"?[15]

Esse detalhe puramente cartográfico, transportado para a análise do grupo humano que acolhe o etnógrafo em São Paulo, está por detrás de outra surpresa dele. Está no campo do papel que a informática, nesta nossa época que se convencionou chamar de pós-moderna, virá a desempenhar na formação do profissional. Ao opor o professor europeu ao intelectual brasileiro, Lévi-Strauss estabelece o choque entre duas mentalidades. O francês tinha passado por uma lenta e sólida *interiorização* do saber multidisciplinar e disciplinar, que era, em última instância, não só responsável pela formação espiritual [*Bildung*] do cidadão, como também garantia da sua competência profissional. A escola e os professores, donos de uma informação completa do saber, eram os principais responsáveis por esse trabalho de interiorização junto aos alunos que, por definição, se apresentariam sempre com informações incompletas. O desnível justificava a aula expositiva e a autoridade do professor, as anotações e a obediência do discípulo. Já o intelectual e o universitário paulistas tinham o saber como algo de *exterior* a eles. Dele se valiam como, nos nossos dias, um consulente acessa toda e qualquer informação original que passou a ser disponibilizada pelo computador e pela internet. Eles eram, por isso, semelhantes ao intelectual pós-moderno, que trabalha sempre com uma informação incompleta e nova. Tanto o professor quanto o seu aluno trabalham na sociedade pós-moderna com informação incompleta. Não há mais desnível de informação entre eles.[16]

Lévi-Strauss observa no seu livro que, em São Paulo, a cultura passava ao largo das disputas propriamente intelectuais. O professor oriundo do sistema de *baccalauréat* e de *agrégation* percebia que, nos trópicos brasileiros, a cultura era "um brinquedo para os ricos" (p. 96). Entre os indivíduos que compunham a sociedade letrada paulista não havia verdadeira preocupação em "aprofundar o campo do conhecimento" (p. 95), que estava na origem de suas vocações. A competição entre brasileiros com a mesma formação, que disputavam um cargo na comunidade letrada, não se resolvia pela competência, ou seja, pela avaliação e subsequente julgamento por terceiros da qualidade do saber dos pares em contenda. A preocupação deles era a de "destruírem-se mutuamente" e, para isso, "demonstravam uma persistência e uma ferocidade admiráveis".[17] A profundidade no conhecimento não era requisito para a legitimação profissional do cidadão. O mais importante requisito para a vitória era o insaciável apetite enciclopédico demonstrado.

Nos trópicos, a curiosidade intelectual dos cidadãos cultos "devorava os manuais e as obras de vulgarização" (p. 96). Era preciso repensar urgentemente a razão pela qual o prestígio francês era inigualado no Novo Mundo. Os professores franceses — reflete Lévi-Strauss — tanto mais úteis seriam na América do Sul quanto mais tivessem o talento que alguns cientistas e autores conterrâneos dele ainda tinham, que era o de "tornar acessíveis problemas difíceis que eles haviam ajudado modestamente a solucionar" (p. 96). O historiador norte-americano Richard Graham, em *Grã-Bretanha e o início da modernização no Brasil (1850-1914)*, não encontra outras razões para explicar o sucesso das ideias de Herbert Spencer entre os liberais brasileiros durante o período em que o país debateu a permanência do regime monárquico e a opção pelo republicano. O consumo ilimitado das ideias de Spencer pela elite política brasileira — tão ilimitado quanto o consumo do ideário positivista de Auguste Comte pelos militares — pode ser em parte esclarecido pela

> habilidade [do inglês] em sintetizar todo o conhecimento [...] Essa habilidade em sistematizar tão grande número de dados e apresentá-los em linguagem acessível, sem uso de termos técnicos, exercia atração sobre aqueles que necessitavam de outra *Suma teológica* para a nova compreensão exigida pelo mundo moderno.

Para o historiador *brasilianista*, inspirado pelas teorias de aculturação propostas desde a década de 30 pelos antropólogos conterrâneos dele, os partidários da modernização no Brasil recorriam a Spencer porque "necessitavam urgente e desesperadamente de novos argumentos intelectuais para reforçar suas posições".[18]

Raymundo Faoro, em brilhante síntese, retraça o percurso desse dado importante para o estudo da formação do intelectual brasileiro aos tempos da aventura ultramarina portuguesa e do Estado Patrimonial de Estamento, tomando o conceito de estamento o significado weberiano de camada social privilegiada, que comanda a economia junto ao rei. Afirma ele:

> A utilização técnica do conhecimento científico, uma das bases da expansão do capitalismo industrial, sempre foi, em Portugal e no Brasil, fruta importada. Não brotou a ciência das necessidades práticas do país, ocupados os seus sábios, no tempo de Descartes, Copérnico e Galileu, com o silogismo aristotélico, desdenhoso da ciência natural.

Mais abaixo continua: "Portugal, cheio de conquistas e glórias, será no campo do pensamento o 'reino cadaveroso', o 'reino da estupidez': dedicado à navegação, em nada contribuiu para a ciência náutica; voltado para as minas, não se conhece nenhuma contribuição na lavra e na usinagem dos metais". Tomando de empréstimo palavras do historiador português António Sérgio, afirma que a vida intelectual portuguesa a partir do século XVII, depois da fosforescência quinhentista, ficou reduzida a comentários.[19]

A partir da década de 70, voltou à tona, pelo viés do debate marxista, a questão do papel e do valor das ideias estrangeiras no processo de formação da cultura brasileira. O pano de fundo é o da universidade que Lévi-Strauss e outros professores europeus ajudaram a criar. Por detrás da USP, as análises historiográficas de Caio Prado Jr., autor do clássico *Formação do Brasil contemporâneo* (1942). Por motivo de segurança na exposição, evitemos o comentário e passemos a palavra aos dois principais debatedores. A historiadora Maria Sylvia de Carvalho Franco, autora de *Homens livres na ordem escravocrata*, julgou "a noção de influxo externo" — tomada por Roberto Schwarz a Machado de Assis[20] e fundamental na teoria das ideias fora do lugar, desenvolvida pelo crítico literário — como "superficial e idealista". Segundo ela, "ideias não viajam [sic], a não ser na cabeça de quem acredita no difusionismo"; ideias "se produzem socialmente". Arremata: a oposição entre metrópole e colônia "traz implícito o pressuposto de uma diferença *essencial* [grifo da autora] entre nações metropolitanas, sede do capitalismo, núcleo hegemônico do sistema, e os povos coloniais, subdesenvolvidos, periféricos e dependentes". A tese defendida pela historiadora é clara: "[...] colônia e metrópole não recobrem modos de produção essencialmente diferentes, mas são situações particulares que se determinam no processo *interno* de diferenciação do sistema capitalista mundial".[21]

Roberto Schwarz rebate a virulência do ataque sofrido, valendo-se de raciocínio onde substitui, sem o mencionar, o conceito de difusionismo cultural pelo de aculturação. Na substituição dos conceitos pode-se possivelmente detectar a lição de outro professor francês, Roger Bastide. Retruca ele:

> São problemas para encarar sem preconceito: em certo plano, é claro que o desajuste é uma inferioridade, e que a relativa organicidade da cultura europeia é um ideal. Mas não impede noutro plano que as formas culturais de que nos apropriamos de maneira mais ou menos inadequada possam ser negativas também em seu terreno de origem, e também que sendo negativas lá, sejam positivas aqui, na sua forma desajustada. Assim, não tem dúvida que as ideologias são produzidas socialmente, o que não as impede de viajar [sic] e de serem encampadas em contextos que têm muito ou pouco a ver com a sua matriz original.[22]

O amor da América Latina pela França, concluía Lévi-Strauss nos *Tristes trópicos*, dependia de uma "conivência secreta". Esta era fundada menos no desejo de produzir e mais no de consumir, ou seja, na propensão para consumir ideias alheias e para facilitar o consumo das ideias alheias pelos povos colonizados pela Europa.[23]

Nos *Tristes trópicos,* o contraste entre professor francês e aluno paulista se dá na clave já proposta pelo confronto entre a cidade europeia e a americana. O primeiro tem o sentido do passado, principal característica da sua maturidade intelectual; é o guardião da tradição. O segundo se pavoneia com as novíssimas teorias, que acabam sendo paralisadas, congeladas, ou conspurcadas pela ignorância; é o pavão do porto. O inexperiente universitário paulista quer tudo saber, mas só lhe interessa reter para si, qual um proprietário, a teoria mais recente. Para ele, observa Lévi-Strauss, ideias e doutrinas não oferecem um valor intrínseco, consideram-nas antes como instrumento de prestígio social: "Partilhar uma teoria conhecida com outros equivalia a usar um vestido[24] já visto" (p. 98). O contraste entre profissionais maduros e sábios, franceses, de um lado, e diletantes novidadeiros e ignorantes, paulistas, do outro, transforma-se logo em *confronto*. Os professores, "criados para respeitar apenas as ideias maduras", se encontravam "expostos às investidas dos estudantes de uma ignorância completa quanto ao passado mas cuja informação tinha sempre alguns meses de avanço em relação à nossa" (p. 99).

Essa minuciosa análise do meio intelectual que acolhe o etnógrafo em São Paulo tem uma contrapartida. É difícil para um brasileiro ficar insensível a ela, ou calar-se. A vontade de destruição mútua, a que chegavam os intelectuais em contenda, não tinha apenas um fundamento psicológico, definidor do caráter nacional brasileiro na periferia ocidental. Era antes consequência de um fenômeno universal no campo artístico, fenômeno estudado por Julien Benda em livro que logo se tornou um clássico em virtude do caráter premonitório das suas teses. Estamos nos referindo a *La Trahison des clercs* (1927), livro que, ao recapturar as consequências do Caso Dreyfus para a comunidade de artistas europeus, anuncia as críticas que serão feitas aos intelectuais liberais por não exporem atitude precisa diante dos regimes totalitários que, na década de 30, estavam tomando conta da Europa e do mundo. Saem de cena o homem de espírito [*clerc*] e a busca gratuita da verdade a fim de que o intelectual ideologicamente engajado e intolerante assuma o palco. Naqueles anos, entre nós, a complexidade política tinha invadido a cena propriamente cultural a um ponto que só terá equivalente nos anos de chumbo da ditadura militar implantada em 1964.

No mesmo ano em que Lévi-Strauss chega ao Brasil, o romancista comunista Jorge Amado afirmava em artigo publicado na revista *Lanterna Verde*: "Hoje a situação é de tal modo trágica que aquele que não está de um lado está necessariamente do outro".[25] Em entrevista concedida ao jornal *Diário Carioca*, naquele mesmo ano, Mário de Andrade contrasta a sua geração (a dos novos) com a dos novíssimos (a dos romancistas nordestinos), que surgem naquela década. Percebe-se a leitura de Julien Benda como pano de fundo para a dicotomia que abre e para sua postura. Cito:

> Aliás, vários dos novos de ontem [os modernistas] já precederam os novíssimos nisso de tomar atitude social decisiva. Alguns, como eu, porém, ainda não o conseguiram, embora anseiem veementemente por isso. Não conseguem porque ainda têm muito do *clerc*. São filhos renegados daquele intelectualismo irredutível que busca a verdade e não a lei. Os novíssimos filhos do pós-guerra e das diversas ditaduras socialistas ou fingidamente socialistas de agora já são espíritos ditatoriais também.

Adquirem uma lei — comunismo, integralismo, tecnocracia etc. — e descansam nela enceguecidos. Ou iluminados.[26]

Mais do que meras contendas narcisistas, financiadas pelo ócio e pelo dinheiro farto, os confrontos entre intelectuais paulistas eram metáforas da fragmentação ideológica em curso no país. Traíam posições políticas bem definidas e assumidas com destemor, como está estampado na correspondência de Mário de Andrade com seus amigos, tanto paulistas (Paulo Duarte) quanto cariocas (Murilo Miranda) ou mineiros (Carlos Drummond de Andrade).[27] Não se pode esquecer que São Paulo tinha acabado de sair da guerra civil desencadeada pelo movimento liberal constitucionalista de 1932, nitidamente separatista, enquanto a nação era presidida pelo futuro ditador e fundador do Estado Novo, Getúlio Vargas, egresso da Revolução de 30. Ao querido amigo Carlos Drummond, notório partidário dos revolucionários de 30, Mário de Andrade escreve em 6 de novembro de 1932: "Você, nacionalmente falando, é um inimigo meu agora".[28]

Fica claro que Lévi-Strauss está trabalhando com um sistema histórico-geográfico e humano, vale dizer, temporal, espacial e cultural, preciso e original. O pontapé inicial fora dado pelo seu deslocamento por navio do hemisfério Norte para o hemisfério Sul. "Uma viagem inscreve-se simultaneamente no espaço, no tempo e na hierarquia social" (p. 81). Aparentemente, a civilização americana estava à frente da europeia. Aparentemente, as cidades de São Paulo, Nova York e Chicago se impõem como grandiosas, já que passam uma "impressão de enormidade" (p. 74) aos olhos temerosos e tímidos do viajante europeu. Aparentemente, Paris é uma cidade suja, de prédios enegrecidos. Aparentemente, os estudantes paulistas estavam à frente dos professores europeus. Todos eles dominavam as novas teorias do conhecimento e audaciosamente as exibiam diante de mestres que, por seu turno, se vangloriavam do saber proporcionado pela maturidade intelectual.

Tristes trópicos é escrito para questionar esse jogo da aparência. Ali ensina Lévi-Strauss, valendo-se das teorias de Freud e de Marx: "[...] compreender consiste em reduzir um tipo de realidade a outro; que a realidade verdadeira nunca é a mais patente [*la plus manifeste*]; e que a natureza do verdadeiro já transparece no zelo que este emprega em se ocultar [*dérober*]" (p. 55).

A emergente e desabrida corrida civilizatória empreendida pelo Novo Mundo — sob a chibata dos colonizadores lusos e dos imigrantes — tem de ser compreendida, pois, dentro dos parâmetros estabelecidos pela fábula filosófica sobre Aquiles, a quem os gregos consideravam o mais veloz dos deuses, e a tartaruga. Aparentemente, Aquiles sairia vencedor da corrida. É o mais veloz. No entanto, caso fosse concedida uma vantagem inicial à tartaruga, Aquiles jamais conseguiria apanhá-la e muito menos vencê-la. Jorge Luis Borges, no ensaio "A perpétua corrida de Aquiles e da tartaruga", nos dá uma clara exposição do "paradoxo glorioso":

> Aquiles, símbolo de rapidez, tem de alcançar a tartaruga, símbolo de morosidade. Aquiles corre dez vezes mais rápido do que a tartaruga e lhe dá dez metros de vantagem. Aquiles corre esses dez metros, a tartaruga corre um; Aquiles corre esse metro, a tartaruga corre um decímetro; Aquiles corre esse decímetro, a tartaruga corre um centímetro; Aquiles corre esse centímetro, a tartaruga um milímetro; Aquiles, o milímetro, a tartaruga, um décimo de milímetro, e assim infinitamente, de modo que Aquiles pode correr para sempre sem alcançá-la.[29]

Na *Física* (VI, 239a), Aristóteles comenta o famoso segundo raciocínio de Zenão sobre o movimento: "[...] o mais lento em uma corrida jamais será alcançado pelo mais rápido; pois este, o perseguidor, deverá primeiro atingir o ponto de onde partiu o fugitivo e assim o lento estará sempre mais adiantado".[30]

A dicotomia que se abre no espaço da civilização ocidental por ocasião dos grandes descobrimentos marítimos, bem como outras dicotomias semelhantes que se abrirão posteriormente, todas elas podem ser compreendidas, do ponto de vista de Lévi-Strauss, como mais um dos "avatares" — para usar a palavra genealógica de Borges — do paradoxo filosófico de Zenão de Eleia. De outra perspectiva e sem fazer alusão ao paradoxo, comenta Octavio Paz: "[...] cada passo é simultaneamente um retorno ao ponto de partida e um avanço em direção ao desconhecido. O que abandonamos ao princípio nos espera, transfigurado, ao final. Mudança e identidade são metáforas do Mesmo: repete-se e nunca é o mesmo". Em página posterior, retoma: "O movimento não se resolve em imobilidade: é imobilidade; a imobilidade, movimento".[31]

O confronto entre as partes — entre o velho e o novo, entre o original e a cópia, entre o metropolitano e o colonizado, entre o lento e o rápido, entre a idade avançada e a decrepitude — pode ser interpretado equivocadamente pelo lado sensível e o deve ser acertadamente pelo lado racional. O fim da compreensão é o de relacionar os dois lados da interpretação, estabelecendo uma hierarquia entre o sensível e o racional. Buscar uma espécie de "super-racionalismo", que visa "a integrar o primeiro [o sensível] ao segundo [o racional] sem nada sacrificar de suas propriedades" (p. 55). Através dessa corrida paralela, dessa disputa entre o velho e o novo, em que o mais veloz concede ao mais lento uma vantagem inicial, que se traduz, no presente caso, pela *maturidade* ou pela "idade avançada", Lévi-Strauss recoloca em circulação a questão do aparente avanço do progresso material e retoma o conceito da imobilidade do movimento. Isso, ele o faz para reafirmar uma concepção paradoxalmente eurocêntrica de história moderna e de progresso social. Estamos diante de um novo avatar do *regressus ad infinitum*, para retomar uma vez mais Borges, "pois o móvel deve atravessar o meio para chegar ao fim, e antes o meio do meio, e antes o meio do meio, e antes o meio do meio, e antes...".[32] O Velho Mundo é maduro e lento, e o Novo Mundo, obsoleto e veloz; o Velho é ancião, e o Novo, decrépito. O ulterior na dimensão espacial não o é *necessariamente* na dimensão temporal, embora *aparentemente* o seja. Como filigranou Lewis Carroll, o paradoxo do filósofo grego comporta uma infinita série de distâncias que diminuem. A organização de objetos diferentes no espaço é sempre falaciosa para o etnógrafo. Lembre-se a passagem da entrevista a Charbonnier em que este coloca as composições de Beethoven e a música concreta lado a lado, para aparentemente "igualá-las". Replica Lévi-Strauss, detrator confesso da vanguarda musical: "[...] o senhor organiza a sua percepção no espaço, mas será que essa possibilidade de organizar no espaço — que não contesto de modo algum — se acompanha de uma emoção estética".[33] Como lembrou o comparatista Étiemble: *"Comparaison n'est pas raison"*.

Da perspectiva da cultura ocidental, a própria noção de *viagem*, como fonte e inspiração para o conhecimento de novas terras e nova gente, tem de ser revista e até mesmo negada, já que a fissura, a forquilha por ela instaurada no espaço planetário revela-se como o caminho a ser posteriormente seguido pelo lixo ocidental. Este está sendo constantemente jogado na cara do resto da humanidade. Leiamos *Tristes trópicos*: "O que nos mostrais em primeiro lugar, viagens, é nossa imundície [*ordure*] atirada à face da humanidade" (p. 35). No outro lado da moeda do Novo Mundo, diante não mais da sua aparente enormidade, mas da miséria dos povos colonizados pelo Ocidente, pergunta o etnógrafo francês: "[...] de que modo poderia a pretensa evasão da viagem conseguir outra coisa que não confrontar-nos com as formas mais miseráveis da nossa existência histórica?". Conclui ele: "Esta grande civilização ocidental, criadora das maravilhas de que desfrutamos, certamente não conseguiu produzi-las sem contrapartida. [...] a ordem e a harmonia do Ocidente exigem a eliminação de uma massa extraordinária de subprodutos nocivos que hoje infectam a terra" (p. 35). De maneira emblemática, em determinada passagem do livro Lévi-Strauss fala de outras viagens mortíferas, a dos velhos fazendeiros brasileiros, que iam "recolher nos hospitais as roupas infectadas das vítimas da varíola, para ir pendurá-las junto com outros presentes ao longo das trilhas ainda frequentadas pelas tribos" (p. 47). Os trópicos, ou qualquer outro subproduto moderno do Ocidente, são necessariamente tristes. Não pela sua natureza em si, não pela cultura originária dos seus habitantes, mas pelo modo perverso como estes foram colonizados pelo Ocidente ou pelos seus capatazes históricos.

Leiamos o episódio em que alguns membros de uma tribo procuram no meio do mato o grupo de visitantes para presenteá-los com um gavião-de-penacho, decididos que estão a abandonar os seus e "aderir à civilização". Desiludidos pela decisão do etnógrafo que os contraria, pois quer ir além do mero encontro na mata, quer visitar a própria tribo, o grupo de índios acaba por jogar o presente embrulhado na beira de um riacho, "onde parecia inevitável que devesse rapidamente morrer de fome ou ser uma presa para as formigas". Fim tragicômico para a instituição do "dom". Esse incidente aparentemente banal desperta a seguinte reflexão do etnógrafo: "[...] toda a história da colonização, na América do Sul e em outras partes, deve levar em conta essas radicais renúncias aos valores tradicionais, essas desagregações de um gênero de vida em que a perda de certos elementos acarreta a *depreciação* [grifo meu] imediata de todos os outros" (p. 326).

Um livro que se abre como a narrativa de viagens, das viagens extraordinárias de um etnógrafo francês por várias e distantes terras do planeta, se apresenta desde o primeiro capítulo, desde a primeira frase contraditoriamente *contra* a viagem e *contra* a experiência da aventura, de que vai se nutrir. Eis as primeiras palavras de *Tristes trópicos*: "Odeio as viagens e os exploradores. E eis que me preparo para contar minhas expedições". Onde o orgulho e a vaidade do disciplinado e realizado profissional das ciências humanas? Contrariando as expectativas, confessa ele: "[...] muitas vezes planejei iniciar este livro: toda vez, uma espécie de vergonha e repulsa me impediram". Para que falar desse "aspecto negativo do nosso ofício"? Para esse professor de liceu, sorteado pelo acaso de um telefonema matinal para fazer a grande e maravilhosa viagem transatlântica que o transformaria em etnógrafo de renome internacional, a aventura "é somente a sua servidão" e a vida perigosa no coração da floresta virgem, depois de vivida, se apresenta como "uma imitação do serviço militar" (p. 15). Não se deve imaginar que a desvalorização do serviço obrigatório imposto ao jovem pelo Estado-nação esteja ligada, em Lévi-Strauss, a uma crítica do exército. Ela advém antes de uma espécie de anarquismo flutuante, realimentado pela utopia do Neolítico, que brota incandescente por ocasião do trabalho de campo do etnógrafo: "[...] na minha aldeia nambiquara, os indisciplinados eram, ainda assim, os mais sensatos" (p. 284). Advém concretamente do fato de que a *escrita* — de que voltaremos a falar por ocasião das viagens domésticas do etnógrafo — é a responsável direta pelos mais graves problemas sociais que a modernidade ocidental tem enfrentado. No Estado-nação do século XIX, a instrução obrigatória "vai de par com a extensão do serviço militar e a proletarização. A luta contra o analfabetismo confunde-se, assim, com o fortalecimento do controle dos cidadãos pelo Poder" (p. 283) e confunde-se, acrescento eu, com a obrigatoriedade do serviço militar como parte da *formação* do cidadão.

Na gangorra da viagem e da subsequente colonização dos trópicos, desde que seja concedida uma vantagem inicial ao Ocidente, uma vantagem, portanto, *originária*, a tartaruga vence Aquiles. A atualidade do Novo Mundo, que parece estar à frente da atualidade do Velho Mundo, vem na verdade atrás. O presente americano vem por detrás do presente europeu, já que, ao avançarem pela pista de corrida histórica do homem sobre a terra, o mais rápido retrocede, paradoxalmente, para trás do mais lento por ter o etnógrafo concedido a este vantagem inicial.[34]

No Rio de Janeiro da década de 30, quando o etnógrafo europeu se distancia do centro da cidade e se adentra pelas ruas sossegadas, pelas longas avenidas plantadas de palmeiras, mangueiras e jacarandás podados, de repente está de volta à sua pátria. Está em Nice ou Biarritz, mas na época de Napoleão III. Não se trata de efeito de descronologia causado pela presença exótica da vegetação luxuriante; a comparação e a subsequente avaliação surgem dos "pequenos detalhes da arquitetura e a sugestão de um tipo de vida que, mais do que ter transposto imensos espaços, convence que imperceptivelmente recuamos no tempo" (pp. 82-3). Recua no espaço o mais jovem e mais veloz para que o mais velho e mais lento avance no tempo e ganhe a dianteira.

A reflexão de Lévi-Strauss sobre o "acaso das viagens" (p. 33) pode oferecer à razão interessantes ambiguidades que corrigem, por assim dizer, as defasagens ocasionadas pelo processo de aculturação da civilização ocidental nas várias partes do planeta. (Lévi-Strauss como que lê o prefixo *"a-"* de *"aculturação"* como sendo de origem grega, que significa "privação"; esquece-se de lê-lo como sendo de origem latina, *"ad-"*, que indica "movimento de aproximação".[35]) O olhar descentrado do etnógrafo e, por isso, pouco propenso aos preconceitos do etnocentrismo acaba por recair, nas suas avaliações, em cegueira tão lamentável quanto a de que quer se desvencilhar.

Na atualidade europeia, Jacques Derrida é o mais sensível de todos os filósofos a essa particularidade da etnografia no conjunto das ciências humanas, seja por sua recepção entusiasta aos escritos de Lévi-Strauss, expressa em muitas páginas já clássicas, seja por estar afetado pela sua própria e dupla inserção no campo das ideias europeias, como fica claro nos ensaios ambíguos que dedica ao pensador judeu Emmanuel Levinas. Como a desconstrução reage a Levinas, à etnografia e às ideias de Lévi-Strauss? Em que Lévi-Strauss e Levinas se aproximam e se distanciam?

O paradoxo lévi-straussiano, que estamos apresentando de maneira empírica através da questão da viagem, será comentado por Jacques Derrida do ponto de vista da desconstrução da metafísica ocidental. Segundo ele, por se apresentar como ciência europeia, a etnografia "acolhe no seu discurso as premissas do etnocentrismo no próprio momento em que o denuncia". Para ele, "trata-se de colocar expressa e sistematicamente o problema do estatuto de um discurso que vai buscar a uma herança os recursos necessários para a desconstrução dessa mesma herança".[36] Por outro lado, diante da ameaça que a reflexão judaica de Levinas apresenta para o livre trânsito do greguejar da filosofia pelos nossos tempos, Jacques Derrida em ensaio de *L'Écriture et la différence* foi obrigado a postular de maneira óbvia a atitude fundamental do desconstrucionismo. A contribuição deste à história da metafísica, ou seja, da fenomenologia e da ontologia, se inscreve fatalmente ao lado da contribuição dos dois outros "gregos" [sic] que são Husserl e Heidegger. Justifica-se Derrida: "[...] o todo da história da filosofia é pensado a partir de sua fonte *grega*. Como se sabe, não se trata de ocidentalismo ou de historicismo. Simplesmente, os conceitos fundadores da filosofia são desde o início gregos e não seria possível filosofar ou pronunciar a filosofia fora do seu elemento". Em nota ao pé da página esclarece melhor. A fonte única e grega da filosofia não pode ser compreendida como "relativismo", acrescentando em seguida que "a verdade da filosofia não depende de uma relação à fatualidade do acontecimento grego ou europeu".[37] Judaísmo e filosofia seriam excludentes? O recurso utilizado por Derrida para, por assim dizer, neutralizar o hibridismo proposto pelo pensamento de origem judaica é o de primeiro rechaçá-lo do campo da filosofia e, ao mesmo tempo, acolhê-lo por estar ele circunscrito ao domínio da ética. Afirma Derrida: "[...] a categoria da ética é não só dissociada da metafísica, mas também ordenada a outra coisa que não ela própria, a uma instância anterior e mais radical".

Diante desse etnocentrismo bem particular resta-nos tomar de empréstimo a Levinas uma pergunta que ele não chega a fazer: seria a etnografia uma ciência cujo fim superior é o da discussão de questões éticas? Teria ela, dentro do desconstrucionismo, tal qual definido por Derrida, uma situação semelhante à do judaísmo? Seriam ambas manifestações da investigação empírica e não do questionamento filosófico? A respeito de Levinas e de afirmações dele como "A filosofia primeira é uma ética", Christina Howells precisa:

> Para Levinas, a ética tem prioridade sobre a ontologia. O que significa dizer que a ética não é uma subseção secundária da filosofia, que trata da questão do modo como os seres humanos deveriam relacionar-se uns com os outros e com o mundo que os rodeia. Seres humanos não preexistem às suas relações com o outro, são antes constituídos por elas.[38]

Naquele momento em que Derrida decretou o rebaixamento da ética no campo da filosofia, seu leitor de hoje não pode ficar insensível ao fato de que essas questões retornariam ao pensamento dele de forma cada vez mais absorvente, como atestam os seus livros mais recentes. No entanto, as reflexões sobre os escritos etnográficos de Lévi-Strauss ali não comparecem, levando-nos a indagar se os seus antigos ensaios sobre etnografia comportariam (ou não) uma nova leitura, a que estaria sendo anunciada neste trabalho.

Voltemos a *Tristes trópicos*. Comenta o viajante cosmopolita: "[...] ter visitado a minha primeira universidade *inglesa* [grifo meu] no campus de edifícios neogóticos de Daca, no Bengala Oriental, incita-me agora a considerar Oxford como uma Índia que tivesse conseguido controlar a lama, o mofo e as exuberâncias da vegetação" (p. 33). Não estaria Lévi-Strauss dizendo o mesmo do campus *francês* da Universidade de São Paulo? O campus avançado da Europa nos trópicos é um campus ganho no espaço e perdido no tempo, que, por isso, só pode ser recuperado pela verdadeira cronologia. O restabelecimento desta, por cima dos jogos da aparência espacial, passa a ser o fiel da balança no momento da pesagem da obra colonizadora feita pelos universitários ingleses ou franceses.

Diante das novas paisagens entrevistas pelo viajante, salienta-se menos o exotismo (da vegetação, dos costumes, das vestimentas etc.), salienta-se mais o fora de moda. "Os trópicos são menos exóticos do que obsoletos [*démodés*]" (p. 82). A substituição do exótico pelo obsoleto passa, como estamos assinalando, por um retorno ao etnocentrismo de que o etnógrafo quis, ou deve, se liberar. Essa espécie particular e ambígua de etnocentrismo, que estamos classificando de lévi-straussiana, se alimenta de uma noção fundamental de *pureza*. Por um lado, a pureza é uma espécie de *vantagem* inicial que a colônia, pelas mãos do etnógrafo, sempre concede à metrópole; por outro lado, e aí surge o dado novo de onde deriva a grande ambiguidade do problema etnocêntrico em Lévi-Strauss, a pureza é *também* o valor de que o não ocidental não deveria ter aberto mão no processo por que passou de colonização pelo Ocidente. Cada cultura do planeta no seu canto, ciosa do que é e representa. No entanto, a viagem põe a descoberto o princípio da pluralidade cultural. Por que há tantas culturas no mundo e não uma única? Lembremo-nos da ambiguidade na discussão sobre o movimento, estabelecida por Platão no diálogo intitulado *Parmênides*. Graças à experiência da viagem, o uno se multiplica ao infinito, e por isso acaba ela por — desculpem o aspecto subjetivo do verbo — ser odiada. Por outro lado, graças ao trabalho do etnógrafo, o múltiplo retorna à sua condição de uno, por isso acaba ele por — desculpem o aspecto subjetivo do verbo — ser enaltecido.

Dentro do costumeiro jogo entre aparência e profundidade, tão caro ao autor de *Tristes trópicos*, o pluralismo é apenas aparente. Se num primeiro movimento a etnografia aponta para a multiplicidade e a diversidade de culturas, num segundo movimento ela se retrai e passa a encurralá-las em busca de organizá-las em torno de um único princípio. Se aparentemente Lévi-Strauss se aproxima da reflexão judaico-filosófica de Levinas, na medida em que ambos propunham, por caminhos diversos, um questionamento do bloco de pedra que constitui o pensamento grego, no entanto acabam por divergir. Na divergência se encontra o verdadeiro e único antídoto para o ódio à viagem proposto pela experiência etnográfica de Lévi-Strauss. Em *O tempo e o outro*, Levinas vai afirmar em evidente contradição com o etnógrafo e Derrida: "É em direção a um pluralismo que não se funde em unidade que nós gostaríamos de caminhar [neste livro]; e, se isso for considerado ousado, romper com Parmênides".[39] Levinas é o pensador que institui a *distância* que separa o sujeito do outro como fundamento da sua reflexão ética. O etnógrafo também a institui como fundamento da sua visão de mundo, só que com o intuito de contrastar a miséria da relação intercultural com a autenticidade da relação intersubjetiva.

Para o julgamento ético das múltiplas culturas em litígio social, político e econômico, salienta-se de forma inequívoca a obediência a outra noção fundamental no universo de *Tristes trópicos*, a da *distância* originária entre civilizações distintas. As várias e todas as culturas do planeta, incluindo aí a ocidental, deveriam ter se preservado à distância, mas elas não permaneceram separadas. Elas se aproximaram, se tocaram e se comunicaram de modo íntimo. A distância entre as diversas partes do planeta deveria ter sido mantida — com perdão do jogo de palavras — a ferro e fogo. A viagem, traço de união, lugar *entre*, destruiu e destrói a distância entre os povos, corrompendo-os. Para Lévi-Strauss a viagem é o mais íntegro a priori para a *violência*. O contato entre culturas diferentes, por mais idealizado que seja, é contágio, transmissão, disseminação de vírus do corpo ocidental no corpo estrangeiro. E vice-versa. Ao negar à viagem — seja ela a transcontinental, como estamos vendo, seja ela a doméstica, como veremos — a condição de traço de união entre os diferentes povos, resta a Lévi-Strauss combater o oposto, a falta de comunicação do *outro* com o Ocidente, que se tornou mais e mais opressiva na nossa chamada cultura planetária.

Para ele, os não ocidentais que defendem todo e qualquer isolacionismo incorrem em "novo obscurantismo", que só pode ser contratorpedeado a partir da fortaleza onde finca pé a razão eurocêntrica. Dado o fato de que o híbrido é ponto pacífico na atualidade mundial e frente à enxurrada contemporânea de nações, de grupos sociais e de indivíduos em busca da identidade própria e autêntica, frente à mistura e ao múltiplo portanto, impõe-se o uno, como se esclarece em texto bem posterior a *Tristes trópicos*:

> Os que pretendem que a experiência do outro — individual ou coletivo — é por essência incomunicável, que será impossível para sempre, e até mesmo culpada, querer elaborar uma linguagem pela qual as experiências humanas mais distanciadas no tempo e no espaço tornar-se-iam ao menos, em parte, mutuamente inteligíveis, aqueles nada mais fazem do que se refugiar num novo obscurantismo.[40]

Não seria de todo inoportuno lembrar a maneira como Jacques Derrida caracterizou o estágio presente do pensamento ocidental nos anos do seminário sobre a questão da identidade: "[...] esse pensamento cujo destino consiste muito simplesmente em aumentar o seu domínio à medida que o Ocidente diminui o seu".[41]

Portanto, a questão da *pureza* se alicerça na ambiguidade da distância. Reemerge da problemática dos inumeráveis e infindáveis encontros entre civilizações diferentes, orienta a análise da aculturação dos valores ocidentais nas demais partes do planeta, a que voltaremos depois desta passagem em que, sob a forma de parênteses, se abre um nicho em *Tristes trópicos* para a exceção no sistema eurocêntrico lévi-straussiano que Nova York representa.

Dentro do quadro etnocêntrico ambiguamente montado por *Tristes trópicos*, Nova York é uma exceção superior, repitamos. Teria sido difícil para um conterrâneo e contemporâneo do historiador Fernand Braudel não perceber que, em meados do século xx, estava sendo operada uma *descentragem* nas economias-mundo da qual sairiam fortemente favorecidos, ao estabelecer novas *zonas concêntricas* de atuação e poder, os Estados Unidos da América.[42] Na história do capitalismo, Londres cedeu o seu lugar a Nova York. Na corrida da humanidade, a verdadeira cronologia do Ocidente passa a ser de responsabilidade norte-americana (e o passaria a ser definitivamente a partir da Guerra Fria e, ao término desta, com a globalização da economia).

Lévi-Strauss inicia o seu raciocínio pela desclassificação de uma possível comparação entre qualquer metrópole europeia e Nova York, a cidade dominante na economia-mundo de meados do século passado. Não há como contrastar Nova York com as metrópoles europeias que a precederam no espaço e no tempo. Nela, "a relação entre o tamanho do homem e o das coisas distendeu-se a ponto de se excluir qualquer termo de comparação" (p. 74). Nela, o homem deixou de ser o valor fundamental do urbanismo. A cidade não é mais feita à nossa medida. Para melhor poder colocar o problema suscitado pela exceção que escapa, que foge à regra, Lévi-Strauss nos convida a rever os princípios tradicionais da evolução da paisagem à cidade, da natureza à cultura. Começa pelo óbvio, ou seja, por nos dizer que o espetáculo proporcionado pela metrópole do Novo Mundo ao viajante europeu — em virtude da sua "enormidade" — é semelhante ao espetáculo que lhe fora proporcionado no passado pela paisagem europeia. Já conhecemos as figuras do atraso e por isso não nos assustamos com a comparação que poderia ter sido, aliás, dispensada. No entanto, a paisagem americana (não mais a cidade, mas a natureza propriamente dita do Novo Mundo) nos arrastaria "para um sistema ainda mais vasto e para o qual [nós, europeus] não possuímos equivalente" (p. 75). Lévi-Strauss descortina para o seu leitor um grandioso espaço, o da paisagem do Novo Mundo, que não tem equivalência na Europa. Daí uma ligeira correção: as cidades do Novo Mundo não são construídas à medida do homem, mas antes da própria paisagem de que se originam. Houve uma descontinuidade entre o urbanismo europeu e a construção de cidades na América.

É dentro dessa solução de continuidade entre o Velho e o Novo Mundo que sobressai Nova York (cf. p. 122). Escreve: "[...] a beleza de Nova York não decorre de sua natureza de cidade, mas de sua transposição [...] de cidade para o nível de uma paisagem artificial onde os princípios do urbanismo já não contam". Não há equivalente europeu para a paisagem americana, primeiro ponto. Não há equivalente europeu para Nova York, segundo ponto. Nova York é uma paisagem artificial (?), ou seja, um objeto cultural (re)construído pelos princípios da natureza. Nova York não foi e continua não sendo construída a partir dos princípios do urbanismo europeu. Ela não é feita à medida do homem.

Lévi-Strauss não encontra outro recurso estilístico senão o de se valer de metáforas tomadas de empréstimo à natureza para descrever os detalhes da grande metrópole do capitalismo. Eis o trabalho a que se dedica o escritor: "[...] os únicos valores significativos [de Nova York] seriam o aveludado da luz, a delicadeza dos confins, os precipícios sublimes ao pé dos arranha-céus, e vales sombreados salpicados de automóveis multicoloridos, como flores" (p. 75). A anotação descritiva metafórica vai sempre empurrando para o passado selvagem americano o que parece novo e pujante. Esse empurrão para o passado, no entanto, confirma um dado importantíssimo, bem diferente dos empurrões a que temos nos referido até agora: no final do seu processo de aculturação pelo Ocidente, Nova York retoma os valores originários do Novo Mundo. No mapa de *Tristes trópicos*, a paisagem originária é o grande valor do Novo Mundo e de Nova York. Desde os grandes descobrimentos marítimos, pela primeira vez o novo não copia o alheio; *reproduz* a própria *pureza* originária que, aparentemente, teria sido corrompida pelo processo de colonização. Nova York reata as pontas do tempo específico ao Novo Mundo e é por isso que não concede vantagem inicial à Europa na corrida cultural. Taco a taco. Nova York marca as horas da cultura atual. No pior dos casos, será a Europa que terá de lhe conceder uma vantagem originária, já que desde os fins da Segunda Grande Guerra tem sido ela colonizada às avessas.

Nova York é a que reproduz, no monumento humano, a virgindade do Novo Mundo. Em 1959, na entrevista que concede a Georges Charbonnier, Lévi-Strauss assim define a metrópole: "Nova York não me aparece bela como uma obra de arte, nem mesmo como uma obra humana; antes, como uma paisagem, isto é, o produto contingente dos milenares". Comenta o entrevistador, com a subsequente concordância do entrevistado: "O que [o senhor disse] relaciona Nova York com a natureza e não com a cultura".[43] Nova York é uma paisagem que se automodelou como cidade.

É esse valor originário que dá primazia a Nova York numa outra corrida paralela, esta interna às Américas. Na corrida que também mantém com as suas vizinhas do Novo Mundo, uma vez mais sai vencedora. Ela se torna modelo para a avaliação das cidades latino-americanas. Monteiro Lobato, citado atrás, antevia corretamente para os brasileiros a corrida do Ocidente e do capitalismo.

A condição excepcional que o etnógrafo delega a Nova York em 1941 será retomada, sob outra perspectiva, em artigo bem posterior a *Tristes trópicos,* intitulado "New York post- et préfiguratif" (1983), objeto de fina análise por parte de James Clifford no ensaio "A coleção da cultura". Assim como Paris tinha sido a capital literária do mundo no século XIX, assim como a Paris das décadas de 20 e 30, a Paris dos surrealistas, do Trocadéro e do Museu do Homem, tinha sido a capital cultural da vanguarda artística ocidental, Nova York ganha o privilégio de ser, a partir dos anos 40, o museu da humanidade. Ali, segundo a observação irônica do etnógrafo americano citado, Lévi-Strauss realizou — e o pôde realizar, em virtude das *coleções* extraordinárias que se encontravam na cidade — o seu único trabalho de campo. Em virtude de uma mesma viagem (Lévi-Strauss transfere-se do Brasil para lá) e de muitas outras (as dos exilados surrealistas fugindo do nazifascismo), as instituições culturais nova-iorquinas modificaram a concepção de estética dominante no país, retomando-a na sua fonte mais legítima naquele momento, as mãos dos surrealistas franceses ali residentes (André Breton, Max Ernst, André Masson, Yves Tanguy e Matta). Informa Clifford: "A coleção de Lévi-Strauss e dos surrealistas, durante os anos 40, foi parte de um combate travado para que essas obras-primas [da arte negra e ameríndia], cada vez mais raras, adquirissem um estatuto estético".[44] Apesar de discordar da real pertinência de Lévi-Strauss ao grupo surrealista, como veremos, concordo com esta afirmação de Clifford em outro ensaio: "O surrealismo é o cúmplice secreto da etnografia — para o bem ou para o mal — na descrição, na análise e na extensão das bases da expressão e do sentido do século xx".[45] Na apreciação estética dos objetos, essa apropriação do não ocidental e cultural pelo propriamente ocidental e artístico será importante não só para que possam emergir futuros diferentes para as chamadas minorias étnicas, nota com que Clifford termina essa parte do ensaio,[46] como ainda para avivar o interesse dos especialistas e do público em geral pelas manifestações artísticas com forte peso cultural.

No entanto, um golpe do acaso conduziu os passos de Lévi-Strauss para a viagem transatlântica e a carreira de professor de sociologia no Brasil. Conduziu-os também para a etnografia e a viagem doméstica pelo interior do país. Durante grande parte da sua estada nos trópicos, constantemente tem de enfrentar a situação que, ao ser transposta para o relato, como vimos, lhe causa vergonha e repulsa. Torna-se uma máxima da vida profissional a observação que se encontra jogada na página inicial do livro: "As verdades que vamos procurar tão longe só têm valor se desvencilhadas dessa ganga [a viagem]" (p. 15). Ao fundamentar a sua visão conflituosa das diferentes sociedades num modelo etnográfico que se fundamenta, por sua vez, nos conceitos de pureza e distância, de intangibilidade, o viajante Lévi-Strauss terá de retornar, dessa feita positivamente, ao tema radical do repúdio à viagem para nele operar algumas diferenças sutis. A viagem empírica acaba por subtrair da viagem, como conceito absoluto, a inevitabilidade do convívio do etnógrafo com a sua experiência profissional e com povos diferentes em outras terras.

A primeira das diferenças se desentranha de reflexão sobre a viagem transatlântica moderna e o tempo histórico. Pergunta Lévi-Strauss: "[...] em que época o estudo dos selvagens brasileiros poderia proporcionar a satisfação mais pura, levar a conhecê-los na forma menos alterada?". No século XVIII, na esquadra do autor de *Viagem ao redor do mundo,* Bougainville? Ou no século XVI, ao lado dos nossos conhecidos Jean de Léry e André Thévet? A pergunta não é retórica, embora também o seja. Na sua responsabilidade epistemológica, ela serve para que se coloquem, como estamos salientando, alternativas para a melhor rentabilidade do trabalho etnográfico e, ainda, para que se esclareça um dilema que é próprio ao cientista. Lévi-Strauss responde à própria pergunta sob forma de dicotomia para em seguida enunciar o dilema. Se o retorno ao passado permite "salvar um costume, ganhar uma festa, partilhar uma crença suplementar", o avanço no tempo pode trazer "curiosidades" dignas de enriquecer a reflexão. Trata-se do jogo de damas e do seu reverso, o jogo conhecido como perde-ganha. Perde-se uma festa no tabuleiro em que vivem os selvagens, ganha-se no papel uma reflexão. Perde-se uma reflexão no papel, ganha-se uma festa no tabuleiro dos selvagens. Perde quem mais ganha, ou ganha quem mais perde? Eis finalmente o dilema explicitado: "[...] quanto menos as culturas tinham condições de se comunicar entre si e, portanto, de se corromper pelo contato mútuo, menos também seus emissários respectivos eram capazes de perceber a riqueza e o significado dessa diversidade" (p. 40). A apreensão da diversidade cultural está na razão direta da corrupção das culturas envolvidas.

Esse dilema, com sua grandeza e consequências desastrosas para o Novo Mundo, está expresso nas anotações que Lévi-Strauss toma por ocasião do trabalho de campo na tribo Tupi-Cavaíba. Sente-se, primeiro, orgulhoso pela sua condição de viajante, uma mistura de intruso, privilegiado e desbravador. "Não há perspectiva mais exaltante para o etnógrafo que a de ser o primeiro branco a penetrar numa comunidade indígena." Em seguida, dá-se conta de que essa "recompensa suprema" só pode ser experimentada hoje em poucas e raras regiões do mundo. Há um excesso de viagens transcontinentais e um mínimo de regiões no planeta a serem exploradas. O etnógrafo pode reviver na miniatura — que é a viagem doméstica pelo interior do Brasil — a experiência originária e grandiosa da descoberta do outro, após a longa e arriscada viagem transatlântica. É semelhante e é diferente dos seus pares virtuais. Rejeita Bougainville como moderno e toma assento, anacronicamente, ao lado de Léry, Staden e Thévet, estes sim, verdadeiros viajantes. O etnógrafo pode partilhar com esses navegadores uma mesma emoção:

> [...] graças aos grandes descobrimentos, uma humanidade que se julgava completa e concluída recebeu de repente, como uma contrarrevelação, a notícia de que não estava sozinha [...], para se conhecer, devia primeiramente contemplar nesse espelho sua imagem irreconhecível da qual uma parcela esquecida pelos séculos iria lançar, só para mim, seu primeiro e último reflexo. [p. 307]

Graças à viagem doméstica, anacronicamente, o primeiro e último reflexo da pureza indígena, só para o etnógrafo. Ao mesmo tempo e no mesmo espaço, a inevitabilidade da corrupção mútua. Na fase em que se encontram hoje, essas sociedades primitivas apresentam "corpos debilitados e formas mutiladas". Isso porque "foram fulminadas por esse monstruoso e incompreensível cataclismo que significou [...] o desenvolvimento da civilização ocidental" (p. 308).

A pergunta serve ainda para que se apresente uma vez mais o estatuto do contato entre culturas puras e singulares que, pelo simples acontecer, corrompe, degrada, fulmina, amaldiçoa. Serve para que se fale do valor ocidental que, ao se tornar suplemento, na realidade já é sempre complemento colonizado e vice-versa. Como estamos salientando, o híbrido é o mais terrível dos monstros no universo fantasmático de *Tristes trópicos*. Para continuar a apreendê-lo, é preciso que passemos à segunda distinção sutil elaborada no livro. O etnógrafo é levado a cair em cacoete de que nos fala Michel Foucault na *História da loucura*. Ao contrário do que pensam os partidários da análise como processo heurístico, quando o pensador ocidental divide (*partage*) um todo é para que opere a rejeição (*rejet*) de uma das partes. Para que estabeleça uma hierarquia entre as partes, ou para que a parte rejeitada seja recalcada no tecido linguístico. No universo histórico relatado pelo etnógrafo, existem viagens e viagens. As "verdadeiras viagens" se confundem com as intrépidas viagens feitas por ocasião dos grandes descobrimentos. Na época dessas viagens, "um espetáculo ainda não estragado, contaminado e maldito se oferecia em todo o seu esplendor" (p. 39) ao marinheiro. Suspira o etnógrafo: "Viagens, cofres mágicos com promessas sonhadoras, não mais revelareis vossos tesouros intactos!" (p. 35). A sensaboria ocidental se extasiava diante dos choques olfativos e visuais proporcionados pela descoberta de regiões exóticas e dos seus produtos. Já naquela época, no entanto, quando o puro era alcançado e tocado pelo puro já se achavam ambos contaminados para sempre. Mas existem outras e mais falsas viagens, mais recentes também, de que a seguinte é exemplo: "[...] nossos modernos Marcos Polos trazem dessas mesmas terras, desta vez em forma de fotografias, livros e relatos, as especiarias morais de que nossa sociedade experimenta uma necessidade mais aguda ao se sentir soçobrar no tédio" (p. 35). À experiência sensual de novos e diferentes perfumes e sabores sucedeu o espetáculo dessas especiarias morais, ou seja, "trivialidades e banalidades" que são "milagrosamente transmudadas em revelações" (p. 16). Há sempre uma matemática moral montada a priori para contabilizar os efeitos mútuos de perda.

A questão levantada nos leva a descobrir que Lévi-Strauss acaba por não ser um bom companheiro de viagem dos seus colegas "etnógrafos surrealistas" e dos seus amigos "surrealistas etnógrafos", para usar as categorias cunhadas por James Clifford para caracterizar a interação entre ciência e arte na cena parisiense dos anos 20 e 30. Lembra Clifford que o etnógrafo Marcel Griaule, no último ano da década de 20, em ensaio publicado na revista *Documents,* "ridiculariza as teses estéticas dos amantes de arte primitiva que duvidam da pureza de um tambor baúle porque o personagem esculpido nele carrega um rifle". Para Griaule, precursor das teses de M. Herskovits sobre "re-interpretação", da mesma forma como o artista europeu se encantava com os objetos africanos, expondo-os no seu ateliê e incluindo-os no seu próprio universo pictural através da técnica de colagem, "o africano se deleitava com os tecidos, latas de gasolina, álcool e armas de fogo", incorporando-os ao seu universo material e simbólico. Conclui Clifford: "O surrealista etnográfico, diferentemente tanto do típico crítico de arte quanto do antropólogo da época, se delicia com as impurezas culturais e com os perturbadores sincretismos".[47] Lévi-Strauss, como bom etnógrafo, não deixa de anotar e estudar os fenômenos de mestiçagem cultural, mas para adjetivá-los de modo bem diferente.

Apesar de um termo redefinido por Lévi-Strauss, o de *"bricolagem",* estar por detrás das teses recentes de Michel de Certeau sobre o estatuto da arte popular na nossa atualidade, dificilmente o etnógrafo as teria aceitado.[48] O motivo para a rejeição talvez estivesse no modo como ele próprio classifica historicamente a *bricolagem*. Esta é própria ao pensamento selvagem, mítico, de repertório fechado, e contrária à invenção técnica, à razão e à liberdade de criação do engenheiro. A dissociação do *bricoleur* e do engenheiro foi negada, da perspectiva filosófica, por Jacques Derrida na sua leitura de *Tristes trópicos,* quando afirma: "A ideia do engenheiro rompendo com toda bricolagem pertencia à teologia criacionista. Apenas uma tal teologia pode dar crédito a uma diferença essencial e rigorosa entre o engenheiro e o *bricoleur*".[49] Ao se deixar recuperar, nas sociedades ocidentais modernas, pelas classes desfavorecidas, ao ser levado a transpor a distância que separa as sociedades frias das sociedades quentes, o conceito de Lévi-Strauss não perde a graça da sua origem, da sua originalidade. A maior originalidade das teses de Certeau está não só em ter recuperado o processo dito primitivo para explicar os processos de invenção entre as camadas pobres das sociedades ocidentais tecnocratizadas, como também em ter deslocado o eixo das culturas populares da condição de servas da cultura erudita e dominante, única a ser considerada como legítima. Ao deslocar o eixo de funcionamento da tradição elitista ocidental, De Certeau descobre o nó onde se realiza a autêntica e original produção popular dos nossos dias.[50] Ela está imersa e silenciosa, clandestina e astuciosa, no cotidiano das pessoas comuns, em atividades ao mesmo tempo banais e renovadas. Outro grande mérito de Certeau foi o de deslocar o eixo da produção de mercadorias, único modo a ser estudado positivamente pelos especialistas nas ciências sociais. Ao deslocar esse outro eixo, finca pé na *bête noire* dos estudiosos da cultura erudita, o consumo. Invertem-se as setas no processo da leitura crítica da manifestação artística das classes populares. O consumo/produto popular distingue-se da produção/consumo erudito porque, antes de tudo, explicita "maneiras de lidar com". No consumidor, descobre-se o autor e a esfera de autonomia do fazer criativo. A diferença entre este e o autor erudito está no uso que faz dos objetos que lhe são inapelavelmente impostos.[51]

Conclui-se que as diferenças empíricas suscitadas pela experiência das viagens transatlântica e doméstica são levantadas pelo etnógrafo para que, contraditoriamente e com o maior espalhafato, logo em seguida sejam reafirmados não só o conceito absoluto de viagem como também o tema do repúdio a ele. Estranhamos que Jacques Derrida chegue às páginas do capítulo XXVIII de *Tristes trópicos*, intitulado "Lição de escrita", julgando-as "belíssimas e feitas para espantar".[52] Se os poetas latinos, como nos ensina Ernst Robert Curtius, costumavam comparar a composição de uma obra a uma viagem de navio, podemos comparar também a leitura a uma viagem. Derrida só pode achar que aquelas páginas são feitas para espantar porque talvez tenha perdido o leme do livro[53] para se entregar exclusivamente à rota da sua obsessão, o estatuto da escrita [*écriture*] na filosofia ocidental.

Ao chegar ao capítulo "Lição de escrita", depois dessa outra *viagem* a que fora convidado desde a frase de abertura, o leitor de *Tristes trópicos* não deve se espantar com a previsibilidade dos fatos relatados e das reflexões feitas ali pelo etnógrafo. Trata-se de capítulo que já tinha sido enunciado inúmeras vezes anteriormente pelo correr do texto, só que de forma menos exemplar. Se Guimarães Rosa afirma em *Tutameia* que "o livro pode valer pelo muito que nele não deveu caber", *Tristes trópicos* muito vale pelo que nele coube à saciedade. O capítulo "Lição de escrita" já está embutido na primeira pergunta que o leitor faz à letra do livro: por que esse infatigável e extraordinário viajante odeia a viagem? Já está ainda embutido na pergunta que faz no momento em que se iniciam as viagens pelo interior do Brasil: por que esse viajante que odeia tanto a viagem vai suplementar a viagem transatlântica com viagens domésticas pelo Brasil? Já não adivinharia o leitor, pela sua própria experiência crítica, o que deve aguardá-lo em muitos dos capítulos? A crítica ao marinheiro-colonizador e ao marinheiro--evangelizador não teria necessariamente, em *Tristes trópicos*, o seu espelho na crítica ao viajante-etnógrafo? Os três não apenas pertencem ao Ocidente, mas não têm ainda como atividade em comum a viagem? Seria um deles melhor do que os outros, se são os três os que transpõem com maior desinibição a *distância* entre culturas diferentes, conspurcando-as?

Acertadamente Jacques Derrida observa que os três viajantes (colonizador, missionário e etnógrafo) são partícipes da "guerra etnográfica", ou seja, da "confrontação essencial que *abre a comunicação* [grifo meu] entre os povos e as culturas, mesmo quando esta comunicação não se pratica sob o signo da opressão colonial ou missionária".[54] A diferença está em que, onde Derrida fala de comunicação, Lévi-Strauss sublinha o oposto, o "intacto". Fala de distância e separação. Adverte sobre aproximação e contágio, sempre adjetivando este de maneira negativa. Ou seja, ele fala da violência dos que transgridem os limites estabelecidos pela pureza cultural. E mais ainda: da violência contra si que cometem os que deixam que os limites estabelecidos pela pureza cultural sejam transgredidos. Derrida percebe sem o perceber inteiramente que, no universo do etnógrafo, a figura da *vizinhança* só pode ocorrer *dentro* duma aldeia, duma empresa ou num bairro duma grande cidade (o que os anglo-saxões chamam de *neighbourhood*). Povos de cultura diferente não são vizinhos, de acordo com Lévi-Strauss, são *exteriores* uns aos outros, são tão exteriores uns aos outros quanto a escrita de que Lévi-Strauss irá falar o é em relação à cultura nambiquara. Em virtude da viagem (transatlântica ontem, doméstica hoje), as diferentes culturas no planeta estão em "guerra", como o filósofo enuncia.

Assinalemos, ainda, que não houve interesse por parte do etnógrafo em transformar o seu relato de viagem numa espécie de epopeia moderna. O grande autor ausente de *Tristes trópicos* — e não o é por mera coincidência — é o poeta português Luís de Camões. O grande livro ausente de *Tristes trópicos* — e não o é por mera coincidência — é *Os lusíadas*. O fim da viagem (título ambíguo da primeira parte do livro), o fim dos sucessivos combates que o acaso obriga o viajante a travar, não se encontra desenhado pelo gosto da aventura, ou seja, por uma espécie gradativa de descida aos infernos de onde o aventureiro sairá fortalecido e pronto para assumir a nova identidade de herói mítico. Para entregar-se à narrativa de viagem, é preciso primeiro que o viajante Lévi-Strauss vença a vergonha e a repulsa. Eis os sentimentos mais fortes que experimenta o narrador de *Tristes trópicos* ao encetar o trabalho a que se propõe. O inferno é oferecido ao etnógrafo ao mesmo tempo que se lhe empresta a força que dá origem ao seu deslocamento no espaço planetário; por isso é que se torna imperativo desvencilhar-se dessa "ganga" originária para, contraditoriamente, acatar como salvadora uma *viagem pela máquina do tempo de Zenão*. Através desta é que se pode chegar à verdade da humanidade, ao paraíso terrestre, ou ao que resta dele, na face do planeta corrompido. Nesse local atemporal já está e sempre estará a utopia lévi-straussiana. Lugar do movimento na imobilidade, onde grupos humanos viveram e sempre vivem no Período Neolítico. Observa:

> Uma das fases mais criativas da história da humanidade situa-se no início do Neolítico, responsável pela agricultura, pela domesticação dos animais e por outras artes. [...] No Neolítico, a humanidade deu passos de gigante sem o auxílio da escrita; com ela, as civilizações históricas do Ocidente estagnaram por muito tempo. [pp. 282-3]

Ao se tornar indispensável como fundamento da busca da verdade para o etnógrafo, a viagem pelo planeta Terra pôs um fim na felicidade do homem e dos não ocidentais. Como anota Octavio Paz:

> Se há um grão de verdade na visão do Neolítico como uma idade feliz, essa verdade consiste não na justiça de suas instituições, sobre o que sabemos pouquíssimo, mas no caráter pacífico das suas descobertas e, principalmente, no fato de que essas comunidades não conheceram outra forma de relação a não ser a pessoal, de homem a homem.[55]

No universo de Lévi-Strauss — como bem observa Derrida, mas sem ganhar na sua observação galeio para elaborar a experiência do contágio que está por detrás da viagem — a comunicação só existe no interior de um espaço limitado, ou seja, dentro de uma comunidade (no sentido preciso) e, dentro dessa comunidade, só quando as relações entre os seres são "autênticas", isto é, feitas frente a frente, rosto a rosto.[56] Portanto, a violência de que fala a "Lição de escrita" é necessariamente *anterior* à questão da escrita, ou da arquiescrita, já que anula a autenticidade na relação intersubjetiva, bem como interrompe, explode e mata o silêncio da utopia no discurso etnográfico. Interrompe, explode e mata a investigação ontológica na medida em que se situa aquém da filosofia, num plano anterior e mais elevado, o da ética. O modelo de relação intersubjetiva é tomado de empréstimo por Lévi-Strauss para que sirva de modelo para a análise da relação intercultural. O modelo positivo de Levinas serve para Lévi-Strauss insistir na negatividade do trabalho etnográfico. A crítica ao logocentrismo feita por Jacques Derrida compromete não só o fundamento filosófico da etnografia lévi-straussiana, como também o seu substrato ético, retirado das ideias de Emmanuel Levinas sobre a intersubjetividade, como vamos propor.[57]

Para Levinas, a *distância* só pode ser transposta positivamente na relação interpessoal porque o fundamento da *pureza* do ser torna-se intocável. A fala, ao anular a distância entre duas pessoas, resguarda, no entanto, o segredo como fundamento do ser. Rosto e discurso estão interligados, como nos ensina Emmanuel Levinas. O dizer representa o fato de que, diante do rosto alheio, não permaneço simplesmente ali a contemplá-lo. Saio do meu isolamento. Dou-lhe uma resposta (em francês: *répondre à*). O dizer é uma maneira de saudar o outro, mas saudar o outro já é ser responsável por ele (em francês: *répondre de*). O dizer não ignora o dito, acolhe-o ao instituir o tema da responsabilidade. O dizer se encontra na necessidade de sempre desdizer. Afirma Levinas: "Quando você vê um nariz, olhos, uma testa, um queixo, e você pode descrevê-los, é que você se volta para o outro como para um objeto". O rosto é algo que não chega a ser um conteúdo que o pensamento abraçaria. O rosto é exposto, ameaçado, como se nos convidasse para um ato de violência. Ao mesmo tempo, é ele que nos proíbe de matar. A responsabilidade é a estrutura essencial, primeira, fundamental da subjetividade. A ética não está aqui como suplemento a uma base existencial prévia. É na ética compreendida como responsabilidade que se ata o nó do subjetivo. A proximidade de outrem significa que o outro não está apenas próximo de mim no espaço, ou próximo como um parente. O próximo o é por se aproximar de mim. Ele tanto mais se aproxima de mim quanto mais me sinto — enquanto eu sou — responsável por ele. A relação intersubjetiva é uma relação não simétrica. Nesse sentido, sou responsável pelo outro sem esperar a recíproca, ainda que ela me custe a vida. O eu sempre tem uma responsabilidade a mais que os outros. A culpabilidade do etnógrafo, tema caro a Lévi-Strauss como se deduz da leitura do capítulo XXXVIII, "Um copinho de rum", advém dessa responsabilidade extra que está expressa em frase de Dostoiévski, citada por Levinas: "Somos todos culpados de tudo e de todos diante de todos, e eu mais do que os outros".

Na solidão do etnógrafo e nas relações intersubjetivas na utopia é que há autenticidade. De que espécie? As últimas palavras de *Tristes trópicos*, na sua beatitude e serenidade, resgatam o ódio, a repulsa e a vergonha das primeiras frases do livro. O etnógrafo fala de experiência humana diante da natureza, que se expressa por sentimentos inexprimíveis. Daí o modo descritivo das frases e a ausência do *outro*. A contemplação de um mineral mais bonito do que todas as nossas obras. O perfume, mais precioso do que os nossos livros, aspirado na corola de um lírio. O piscar de olhos cheio de paciência, de serenidade e de perdão recíproco, que um entendimento involuntário permite por vezes trocar com um gato (p. 392). Do mesmo modo como o aparecimento da linguagem se deu por acaso, assim também a viagem foi dada desde as primeiras páginas do livro como produto de um "golpe do acaso". "Lição de escrita", na extensão da sua descontinuidade, está premeditado pelo acaso da viagem, pela viagem como experiência maléfica, antes de o ser premeditado pelo fonocentrismo do etnógrafo. Qualquer penetração no espaço cultural do outro, qualquer intromissão singular na vida social do outro, produz a priori a violência. Podem-se usar mil e um exemplos para comprovar a presença da violência. Entre eles, o exemplo da desclassificação da escrita, tomada esta, ou não, como exemplar da época de Rousseau.

O "incidente extraordinário" dentro do relato da viagem doméstica tem a sua razão de ser, paradoxalmente, na *rotina* do etnógrafo durante o trabalho de campo. Confessa Lévi-Strauss: "[...] da mesma maneira como agi com os Cadiuéu, distribuí [entre os Nambiquara] folhas de papel e lápis com os quais, de início, nada fizeram; depois, certo dia vi-os muito atarefados em traçar no papel linhas onduladas" (p. 280). A expressão *"da mesma maneira como"* indica a insistência na busca do exemplo, enfim encontrado. A própria rotina da atividade não é, por sua vez, também prenunciadora do achado extraordinário com que ela mal e parcamente se deixa encobrir? A rotina remarca sua força abusiva no território indígena e autentica a profissão do etnógrafo entre os pares. Este interfere, pela repetição, na rotina social dos indígenas que estuda. Viola-a. Como diz Eugène Ionesco, em *A cantora careca*: "Tomai um círculo, acariciai-o, e ele se tornará vicioso". O capítulo "Lição de escrita" mantém sua dívida para com a geometria euclidiana. O capítulo tem a função de enunciar o resultado de uma demonstração. QED. *Quod erat demonstrandum:* o que se tinha de demonstrar.

Se a questão do modelo genealógico se impõe, como querem muitos dos leitores de Lévi-Strauss, sobressaindo, como fica óbvio pela miríade de citações, a figura de Jean-Jacques Rousseau; se ela se impõe, talvez se imponha sob uma forma um tanto desorientada. A viagem ao Brasil constitui um modelo de viagem que é o da contraviagem. Este acaba por desconstruir o conceito e o modelo de viagem tais quais foram descritos e configurados pela tradição do poema épico ocidental. Para melhor compreender a questão proposta por *Tristes trópicos,* será importante deslocar o eixo genealógico dos pais franceses de Lévi-Strauss e fazer o seu relato adentrar-se pela linhagem de Dante Alighieri e pelo universo da sua leitura, também contramodelar, do viajante e explorador Ulisses. A viagem do etnógrafo passa a funcionar, de direito, como um suplemento ao alicerce Rousseau. Pode até aproximar o viajante moderno de um contemporâneo de Rousseau. Estamos nos referindo a Voltaire e, em particular, a *Candide.* Depois de mil e uma peripécias, o protagonista do conto acaba por descobrir — na negação da viagem e, paradoxalmente, no conselho dado por um não ocidental — o único lema que conduz à vida feliz. O turco contra Pangloss, Voltaire contra Rousseau, o Buda contra o Ocidente: "[...] *il faut cultiver son jardin".*

Retomemos Jacques Derrida onde ele tinha deixado a pergunta da linhagem: "[...] por que Lévi-Strauss *e* Rousseau?". A resposta à pergunta diz que a conjunção não só serve para marcar um afeto teórico, que sinaliza a harmonia entre os dois, como também indicia a condição de discípulo do etnógrafo. A conclusão a que chega o filósofo não poderia ter sido outra. Nos textos do etnógrafo há "um rousseauísmo declarado e militante". Um dos traços de união que é instalado pela militância é a *piedade,* aclara o filósofo. Trata-se esta de um "sentimento [*affection*] fundamental, tão primitivo quanto o amor a si, e que nos une naturalmente a outrem: ao homem, certamente, mas também a todo ser vivo".[58] Por um golpe do acaso, Lévi-Strauss retirou a piedade dos limites rígidos das relações autênticas e levou-a aos extremos perigosos e condenatórios da viagem. A viagem, suplemento involuntário a Rousseau, ou, melhor dito, a contraviagem, filiação a Dante, pode ser lida no canto XXVI da *Divina comédia,* onde o próprio poeta e Virgílio se deparam com Ulisses em chamas no oitavo círculo do Inferno. Ali estão os maus conselheiros. Ulisses e Diómedes condenados por terem tido a ideia do invasor Cavalo de Troia. Ulisses recalca o sentimento de piedade para que possa entregar-se exclusivamente ao "ardor", que o leva a enfrentar o desconhecido. Atiçado pelo ardor da aventura, agora sucumbe em chamas no Inferno. Virgílio pede a Ulisses que revele as circunstâncias da sua morte. Ulisses narra-lhe a última viagem. Leiamos, primeiro, esta passagem do episódio de Ulisses ("Inferno", XXVI), onde se nega a piedade para que se revele a força do *ardor* como seu suplemento:

> né dolcezza di figlio, né la pieta
> del Vecchio padre, né 'l debito amore
> lo qual dovea Penelopè far lieta,
> vincer potero dentro a me l'ardore
> ch'i'ebbi a divenir del mondo esperto
> e de li vizi umani e del valore

O ardor da aventura em Lévi-Strauss, mesmo que tenha sido impelido à viagem por um golpe do acaso, deve ser lido no contexto da *Divina comédia*. No canto XXVI, Dante opera uma significativa mudança nas circunstâncias que encerram a viagem/vida de Ulisses. Em lugar do retorno a Ítaca e aos braços de Penélope, como ensina a lição clássica, fá-lo vítima de naufrágio frente ao Monte Purgatório. Esse deslocamento, como nos ensina John Freccero, nosso guia pela selva dantesca, só é possível porque a uma primeira morte, a morte do corpo, se segue *"la seconda morte"*, a morte da alma: "Devemos notar rapidamente que a distinção entre as duas espécies de morte é útil para explicar a diferença entre a morte natural de Ulisses, totalmente irrelevante para Dante, e a morte por naufrágio, que ele inventou".[59]

Nesse sentido, há duas leituras da viagem de Ulisses. A primeira, definidora do modo como era compreendida na Antiguidade, julgava-a "como a alegorização espacial do tempo circular humano", como nos ensina Freccero. E explica: "[...] o retorno de Ulisses para a pátria servia como um admirável veículo para as alegorias platônicas e gnósticas acerca do triunfo da alma sobre a existência material, seu refinamento gradual de volta à prístina espiritualidade". A história seguia então um padrão biológico. O tempo — informa ainda o citado crítico — se movia num círculo eterno, tendo a repetição como a sua única razão. Face ao destino inexorável, a única esperança do homem para a permanência residia na sua aspiração pela glória mundana e pelo renome humano. Observa Freccero:

"O que dá significado à aventura é o retrato do herói num mundo épico onde há muitos perigos e grandes obstáculos, mas quase nunca algumas dúvidas". Protagonista e leitor estavam interessados no *como* e não no *porquê*. Da caixinha de surpresas do *porquê* é que saltam as dúvidas.

Voltemos a Lévi-Strauss:

> Mas o problema persiste: como o etnógrafo pode escapar da contradição que resulta das circunstâncias de sua escolha? Tem diante dos olhos, tem à sua disposição uma sociedade: a sua; por que resolve menosprezá-la e reservar a outras sociedades — escolhidas entre as mais longínquas e as mais diferentes — uma paciência e uma dedicação que sua determinação recusa aos compatriotas? [p. 362]

No mundo cristão, a ansiedade referente aos acontecimentos exteriores da vida é limitada, mas não eliminada. Desloca-se o suspense para outro plano. A morte deixa de ser, informa-nos ainda Freccero, o fim da trajetória humana sobre a Terra e é substituída pela questão sobre o significado dela — salvação ou danação, segundo o linguajar medieval —, sobre o fim definitivo de qualquer estória. Conclui Freccero: "A morte, no contexto cristão, é ameaçadora, não porque seja o fim da vida, mas porque entra na esfera da responsabilidade humana como o momento mais importante da vida". A segunda morte de Ulisses é o derradeiro espelho onde se reflete a vida do navegador. Ali, se dá o ritual da sua expiação. Purgatório: "[...] para se dar a todas as sociedades o etnógrafo se negou pelo menos a uma. Comete, pois, o mesmo pecado que critica nos que contestam o sentido privilegiado de sua vocação" (p. 363).

Apesar do ódio que nutre à viagem, apesar da vergonha e repulsa que experimenta diante da lembrança dos antigos feitos, o viajante escreve *Tristes trópicos*, epitáfio das suas viagens e aventuras. Escreve-o como se narrasse uma estória que finda num duplo naufrágio. O naufrágio da Europa frente ao Monte Purgatório: "[...] a aventura ao coração do Novo Mundo significa antes de mais nada que ele não foi o nosso, e que carregamos o crime da sua destruição" (p. 371). O naufrágio do etnógrafo frente aos indígenas. À peroração que faz Ulisses aos tripulantes do barco: "[...] *fatti non foste a viver come bruti, / ma per seguir virtute e conoscenza*", segue-se o castigo que vem da montanha: "[...] *chè de la nova terra un turbo nacque*", e a tempestade só para quando "'*l mar fu sovra noi richiuso*". Em busca da salvação, na viagem do livro que se fecha, vaga o etnógrafo. "Adeus, selvagens!, adeus, viagens!" (p. 392). "A vida social consiste em destruir o que lhe confere seu aroma" (p. 363). O etnógrafo não precisa mais de palavras, permanece num espaço *entre*, "aquém do pensamento e além da sociedade" (p. 392). A lição do silêncio.

[2001]

Para uma poética da encenação

Em última instância, a arte pictórica de Adriana Varejão se deixa circunscrever pela *forma* impulsiva que encena (*met en scène*) a História e pela *força* quimérica da indispensável transformação ideológica. Para uso e abuso dos antigos exploradores da terra, a arte de cegos pelo centramento europeu do mundo fornece os elementos substantivos e díspares que, subtraídos por Adriana, escrevem sua ficção contemporânea e visionária.

I.

Por exemplo, *Figura de convite II e III*.

O cenário, a fala silenciosa da protagonista e o gestual da encenação são oferecidos pelas "figuras que ornamentavam, em azulejaria, a entrada de palácios, conventos e jardins portugueses dos séculos XVII e XVIII, e que também são encontradas no Brasil. Elas recebem e indicam a entrada ao visitante. São figuras de cortesia".[1]

Paço dos Patriarcas, Portugal, c. 1730

Em consonância com o painel de azulejos (c. 1730) que retrata duas figuras fidalgas a acolherem o visitante à entrada do Paço dos Patriarcas, em Santo Antão do Tojal (Portugal), funda-se o gestual de *cortesia* que garante a entrada livre de Adriana Varejão à *forma* de encenação pictórica do passado colonial que lhe é proporcionada pela arte da azulejaria portuguesa. *Mi casa es su casa* — como se diz em espanhol, a indicar que a deferência ao visitante por aquele que detém a posse do imóvel serve para desconstruir a noção de *propriedade particular*. O convite torna comum o espaço privado, já que a visita ganha a indispensável liberdade para agir como se fosse o dono do pedaço nobre.

Transposto para a *Figura de convite II*, o gesto cortês dos fidalgos garante outro tíquete de entrada livre. Este é dado de presente a todo e qualquer espectador que queira ter acesso ao trabalho de Adriana Varejão. O modo de composição da tela, a organização dos personagens e os detalhes do cenário garantem a autenticidade do conjunto (é o que tentaremos provar), e estarão sendo gerenciados com afinidade e habilidade pela *força* quimérica da artista brasileira, já em plena *posse* da forma de encenação que lhe foi outorgada pela tradicional arte da azulejaria lusitana.

A posse contra a propriedade particular, eis a primeira regra do jogo da encenação — do jogo de cintura — na poética de Adriana Varejão. Lembrando Oswald de Andrade, valem os dizeres da lei de usucapião e não os da escritura cartorial.

Figura de convite III,　　　　　*Figura de convite,*
Adriana Varejão, 2005　　　　Adriana Varejão, 1997

Adriana sobrepõe à figura do patriarca nobilitado, tal como concebido no painel de azulejos que se encontra à entrada do Paço dos Patriarcas, a imagem pré-cabralina duma protagonista feminina e selvagem, cuja altivez e fina estampa são retiradas do repertório de alegorias europeias que representaram o indígena do Novo Mundo colonial.[2] Em evidente cegueira eurocêntrica, a alegoria de guerreira indígena — de que Adriana toma posse para transformar em figura de convite — fora gravada pelo flamengo Theodor de Bry (1528-98) na passagem do século XVI para o XVII, a partir de descrições e de indicações culturais que lhe foram feitas por Richard Hakluyt (1552-1616), professor de geografia inglês, autor de *The Principal Navigations, Voyages and Discoveries of the English Nation* e editor em Paris do livro *De Orbe Novo* (1530), de Pedro Mártir de Anghiera, que narra as desventuras dos marinheiros espanhóis no Novo Mundo.

Alegorias da América, Theodor de Bry

PARA UMA POÉTICA DA ENCENAÇÃO   133

Por ser figura alegórica do Novo Mundo e ter o traço classicizante comprometido com a concepção eurocêntrica de humano, a estampa feminina de Theodor de Bry segue o padrão ilusório greco-latino — revisto pelo Renascimento — da representação do corpo. Por nunca ter cá posto os pés, o gravador flamengo De Bry pouco ou nada tem a ver com o modelo *realista* de representação do indígena, que nos será fornecido tardiamente pela pena dos etnógrafos, ou a câmara fotográfica de Claude Lévi-Strauss nos indispensáveis cadernos de imagens de *Tristes Tropiques* (1955).

Ao despir a alegoria da América colonial do estandarte e do arco e flecha tupiniquins, Adriana a recompõe — em atitude de desconstrução da cortesia patriarcal lusitana — com figura feminina semelhante, agora travestida pela sedução de guerreira bárbara e sanguinária. Entre o convite do patriarca lusitano, feito por dois fidalgos à porta do seu Paço, e o convite da artista brasileira, traduzido pela imagem da sedutora e cruel guerreira indígena, ao seu espectador nas galerias e museus, entre a figura cortês dos Seiscentos e a bela figura bárbara que lhe é sobreposta pela pós-modernidade, entra em cena na tela de Adriana a atualidade revisionista do corpo feminino em sociedades machistas.

Dois outros quadros de Adriana são também exemplo desse lugar-*entre*. Refiro-me a *Filho bastardo I* e *Filho bastardo II* (1992), onde a incisão sangrenta ao centro das telas tomadas do pintor francês Jean-Baptiste Debret personifica simbolicamente o estupro duma escrava afro-brasileira pela chibata do colonizador europeu, estupro que se passa em imagem ao lado. É a *femme fatale* da *Figura de convite II* que resgata a escrava do macho predador luso-brasileiro, para exibi-la tal qual, decapitada.

Através das marcas da tatuagem indígena, que recobrem o corpo nu tanto das alegorias de Theodor de Bry quanto das mulheres de Adriana, o gravador renascentista e sua aplicada leitora moderna podem comungar à mesa farta de Gustave Moreau (1826-98), conhecido pintor simbolista francês. Uma das várias Salomés de Moreau, a que é tradicional e coincidentemente chamada de "a tatuada", tem as formas graciosas desenhadas por um tecido florido e transparente, herança única da Dança dos Sete Véus.

Compósita como toda e qualquer figuração no universo de Adriana, a *guerreira* indígena da *Figura de convite III* — sua Salomé — passa a alegorizar menos a América e a sociedade antropófaga dos tupinambás e mais a célebre passagem bíblica em que a neta de Herodes, o Grande, depois de exigir a cabeça decapitada de são João Batista, exibe-a aos convivas numa bandeja. A volúpia do prazer feminino se soma à crueldade do desejo antropófago.

Assim como Theodor de Bry sobrepõe o padrão europeu de beleza à imagem da mulher primitiva americana e Adriana o desconstrói pela imagem da indígena portadora duma bela cabeça humana decapitada, assim também Gustave Moreau sobrepõe seu Oriente *fin de siècle* europeu, onde sensualidade e luxúria exaltam e, ao mesmo tempo, recalcam a ambiência bíblica canônica.

Administrada por Adriana, a força quimérica da representação-*entre* vai retraçando os muitos séculos do caminho percorrido pelas *figurações da ilusão colonial*. Adriana trabalha em cima da cegueira etnocêntrica do artista europeu americanista (Theodor de Bry), cegueira esta inspirada por um geógrafo inglês que lhe é contemporâneo (Richard Hakluyt), e em cima, ainda, da cegueira eurocêntrica do artista europeu orientalista (Gustave Moreau), sugerida por sua vez pelos relatos de viagem e pela literatura simbolista da época, de que é exemplo maior o romance *Salammbô* (1862), de Gustave Flaubert. Da mesma forma como a arte greco-romana enlaça o gravador renascentista eurocêntrico, a desconhecida história do Novo Mundo se aprofunda nas ressonâncias bíblicas.

No final do segundo milênio e na entrada do terceiro, Adriana preserva e desconstrói as *ilusões pictóricas* das estampas do passado colonial, a fim de que o visitante contemporâneo se deleite, ao examinar imagens várias e simultâneas com o olhar crítico e cúmplice que é, ao mesmo tempo, descomprometido e visionário. Uma arte que — à semelhança dos portulanos que antecedem os mapas geográficos — viaja pelas coordenadas espaciotemporais da humanidade desde a época das grandes descobertas.

Proporcionados pelo entrechoque entre imagens simultâneas e ilusórias, os vários efeitos históricos e estéticos — à vista nas telas de Adriana — obedecem à regra oswaldiana que governa os jogos da posse contra a propriedade particular, da lei de usucapião contra a palavra da escritura cartorial. A regra diz que o movimento dos olhos e da sensibilidade do espectador é o de vaivém, semelhante ao dessas portas de saloon dos filmes de faroeste. Por efeito das dobradiças, as portas fechadas se abrem e, já abertas, se fecham. Em moto contínuo. Semelhante, ainda, a essas embarcações que, desde os grandes descobrimentos marítimos, deslizam em ida e volta pelos planisférios renascentistas e barrocos e pelos mapas confeccionados pelos institutos geográficos.

Sem ser ribeirinha, ou seja, sem se afirmar como só brasileira, Adriana Varejão é a *dobradiça cosmopolita* que mantém exposta — a todo e qualquer espectador — a porta de vaivém (ou a caravela que garante a viagem de ida e de volta) no lugar que lhe é o próprio, que é finalmente o seu próprio lugar nas artes plásticas contemporâneas.

2.

Do dom que lhe é ofertado pelo painel à porta de entrada do Paço dos Patriarcas, Adriana recupera ainda a arte da azulejaria portuguesa, só recentemente valorizada pela crítica e pela história das artes. A figuração pictórica em azulejo lhe serve para compor o pano de fundo ilusório da *Figura de convite II e III*, background da encenação protagonizada pelas sedutoras e sanguinárias guerreiras indígenas. Saliente-se que a azulejaria de Adriana (impecável na série intitulada *Saunas*, quando é definitiva e soberana a linguagem do *trompe l'œil*) assimila a estilística quimérica da equação estética estabelecida pelos artistas europeus americanistas e orientalistas, já que seus azulejos também são *cegos*.

São cegos porque também *não* visam à cópia do real. Seus azulejos são *pintados* à mão numa tela. Ao assimilar a retórica artística disponibilizada pela visão de mundo europeia, Adriana inverte e subverte o *local* da observação, desterritorializando-o. Inverte o norte pelo sul e subverte o colono pelo colonizado. Proposta em pano de fundo pela tela *Figura de convite II*, a azulejaria é *reinventada* pelas mãos habilidosas duma artista do hemisfério Sul, em atenção ao convite cortês que lhe é feito lá do hemisfério Norte.

Os motivos dos azulejos *lusitanistas* pintados por Adriana são também compósitos, pois remetem não só aos temas clássicos da albarrada (representações florais e vegetais), que recuperam as graças exóticas da paisagem tropical,[3] como também às imagens despedaçadas do corpo humano em festim selvagem. Estas, por sua vez, tanto retomam a questão da comilança antropofágica, retirada de imagens apropriadas das gravuras de Theodor de Bry, quanto apontam para a crença no pagamento de promessa por graça alcançada. Nesse caso, duplica(m)--se em ex-voto(s) parte(s) do corpo humano.

3.

O espaço de representação proposto pelos painéis e telas de Adriana Varejão visa a angariar o olhar plurívoco do espectador que costumeiramente é exigido pelo cinema e pelo teatro. Na plateia, ele presencia e velozmente assimila imagens em movimento. Deve dar sentido a uma sucessão imprevista de imagens que correm à cata, numa tela ou num palco, duma performance *discursiva*. É diferente a proposta de Adriana. Sua poética da encenação (da mise en scène) torna o peso *simultâneo* da imagem compósita de tal modo excessivo que leva esta a deslegitimar a exigência semântica, propriamente *discursiva*, das imagens em filme ou no palco, acionadas ou pelo fio condutor ou pelo fio de Ariadne que propicia ao espectador a saída única do labirinto de sequências que se montam de modo sucessivo. *The End* se escreve costumeiramente no final dos filmes de Hollywood. Não em tela de Adriana.

Há narrativa nas telas de Adriana, embora não haja nelas *discurso*, no sentido linguístico da palavra. Há imagens soltas — em situação de *léxico* no vastíssimo dicionário das artes da representação plástica — que se comungam. Comungam-se não por efeito da montagem linear cinematográfica ou teatral. Comungam-se em movimento de vaivém, como dissemos. Não há imagens em sequência finalista, discursiva.

Nas telas de Adriana, a narrativa é, para retomar a imagem de João Cabral de Melo Neto, "um rio sem discurso"; um rio que, tendo perdido o percurso oferecido pelo *fio* d'água, se coagula em poças d'água/imagens soltas,[4] dispostas pela planície. A forma do azulejo — tanto o íntegro das figuras de convite quanto o lascado das ruínas de charque — está sempre a "quebrar em pedaços" (JCMN) as intenções caudalosas de qualquer esforço narrativo.

Por todo o tempo da contemplação e em cada minuto, nenhum ponto de vista assumido pelo espectador é o *The End*. Nenhum é o final, o finalista, a exigir a preeminência sobre os demais. Num filme ou em peça de teatro, as imagens em movimento conduzem os assistentes de fio a pavio. Não é o caso da encenação multiprogramada por efeitos de simultaneidade, tal como proposta pelas peças compósitas de Adriana. Ela destaca, celebra e desconstrói.

Os pontos de vista doados ao espectador pela obra de arte são vários e variados, e já vêm anunciados nas diferentes imagens alheias de que a artista tomou posse pela lei de usucapião. Portanto, os pontos de vista irreconciliáveis já vêm embutidos na própria forma de representação adotada — a impulsividade da mise en scène, da encenação, que é trabalhada pela força quimérica — que é trabalhada por uma *tempestade que sopra do paraíso*, para anunciar desde já a presença de Walter Benjamin.

Na galeria e no museu, não é apenas o espectador e os novos tempos que são democráticos. É o próprio princípio de composição da arte de Adriana que o é. Ele ganha forma e força em deslocamentos e deslizamentos semânticos, em desterritorializações interiores (anteriores e posteriores) à imagem, que é criada sempre-já (*toujours déjà*) como multiplamente facetada, ainda que o modo de facetamento possa ser o clássico trompe l'œil que captura a azulejaria lusitana ou, ao centro das telas nomeadas como *O filho pródigo*, a incisão sanguinária coagulada pela sutura cirúrgica.

Filho bastardo, Adriana Varejão, 1992

Adriana oferece ao espectador um leque de sentimentos e de sentidos. Mas a escolha de um sentimento ou de sentido final pelo observador não é a melhor forma de apreciar o todo duma tela, ou o conjunto de sua obra, já que todo esforço unívoco empalidece outros elementos *significantes* do objeto artístico. Abafados pelo sentido único, são eles que ficam a reclamar lugar próprio ao "sol da atenção" do observador dublê de criador.[5]

Submetidos a escrutínio — contemplativo ou crítico, propiciado ou não pelo repertório pessoal de cada espectador —, os elementos pictóricos recalcados pelo sentimento ou sentido final, finalista, se agigantariam e seriam denunciados como responsáveis por *uniformidade enganosa* emprestada pelo espectador à imagem compósita oferecida por Adriana. Ao abstrair a multiplicidade significante do objeto, o sentimento ou sentido final se torna autoritário. Torna autoritário o espectador. Quer derrubar o encanto sugestivo e utópico. Como escreve Roland Barthes: *"tout signifie sans cesse et plusieurs fois"*.

4.

Na obra de Adriana, a mise en scène de imagens (soltas)/poças (d'água) se torna complexa por vários motivos. Aqui, exploraremos dois deles.

O primeiro modo já foi definido pela artista, com o auxílio da teoria barroca tal como configurada pelo romancista e crítico Severo Sarduy. Adriana observa que o escritor cubano "se refere à 'câmara de ecos' como o espaço onde escutamos ressonâncias".[6] Em termos da teoria da literatura, facilmente transponíveis à leitura da arte não discursiva de Adriana, esboçam-se na imagem da câmara de ecos os pressupostos de uma poética que busca a encenação do texto no jogo intertextual (texto que convoca autores diferentes e obras variadas). O texto criado por jogos intertextuais só acaba por ter sua autoria definida se recoberto pela capa de livro, onde se inscreve o nome do autor, dado como original e único. É o que acontece na coleção de poemas/colagem *Poesia Pau-Brasil*, de Oswald de Andrade, ou na rapsódia *Macunaíma*, de Mário de Andrade. Também as telas de Adriana são de muitos e dela.

Ora, o mais rentável e proficuo princípio de composição do texto barroco se encontra no levantamento nada parcimonioso de outro(s) texto(s) que o ressoa(m), ou que nele se deixa(m) ressoar, para retomar o verbo-chave de Sarduy. Retomando um dos exemplos analisados: Richard Hakluyt, Theodor de Bry, Gustave Moreau e Adriana dão-se as mãos. Geógrafo inglês, gravador flamengo, pintor simbolista francês e a artista brasileira também se dão as mãos. Sobre cada obra singular, sobre cada genealogia, reina a sombra da sua desconstrução. Nenhuma e ninguém existem *tal qual*, com contornos fixos e definitivos. Coexistem, antes, na condição de *tal como*, já se esgarçando para se transformar outro.

A composição pictural tem como eixo o *descentramento* — tanto da noção de propriedade artística, de posse, quanto do peso e do valor original do sujeito — pelo potencial previsivelmente imprevisível do jogo intertextual que combina autores e respectivas imagens. A encenação em Adriana é uma arte da centrifugação, acrescentemos. Ao dar força ao *distanciamento* do centro, irrompe a combinatória proporcionada por um repertório infinito de imagens que girariam (que ressoariam) em circunferência. O principal efeito da centrifugação é o gradativo e definitivo *anonimato* de todos.

Transpostos os pressupostos da intertextualidade literária para a análise da obra artística de Adriana, segue-se que a composição, quando contemplada na galeria de arte ou no museu, não é original embora seja única. A composição é combinação *formal* de imagens e produto da *força quimérica* da arte, já que sua semântica depende dum *repertório* babélico, anunciado pela artista na própria imagem única, exposta. A composição única é também *cortês*, já que os vários sentidos da imagem dada como *singular* pela assinatura-Varejão se enriquecem, ao se dispersarem, pelo caminhar da relação afetuosa entre imagens várias, dependente da força quimérica.

Há, ainda, uma terceira forma de combinação que é *inconsciente*. De difícil apreensão, a combinação inconsciente escapa às "ressonâncias" que são graciosa e voluntariamente expostas e oferecidas pela própria artista em cada um de seus trabalhos individuais.

A combinação inconsciente é produto do observador. Existe no esforço de *leitura* pelo *outro* das imagens encenadas por Adriana. Ao reanimá-las, o leitor outro — aquele que fica por detrás dos ombros da artista, o mais visionário dos visionários, também chamado de crítico — nelas descobre significados impensados por Adriana, mas entrevistos por ele em imagens que lhe são particulares. A última combinação é, pois, de responsabilidade de repertório imprevisto e imprevisível, impulsionado e sobreposto à imagem *signée*-Varejão pela força quimérica desse ou daquele observador, seduzido tanto pelas imagens propostas por Adriana quanto por todas as imagens da história da representação.[7]

O princípio de composição do painel ou da tela *signée*-Varejão se estabelece não só pelo descentramento do que é tradicionalmente dado como original (a tela não é original, mas é única, repita-se), como também pelos jogos internos de diferença. Em termos da desconstrução de Jacques Derrida, a diferença é o princípio de composição que substantiva a encenação nas obras "de" Adriana Varejão. O princípio de composição dado pela posse por usucapião — e valorizado pela artista — tem também de ser questionado, agora, da perspectiva de quem contempla ou analisa a obra de arte. Isso quer dizer que o processo de encenação de que se vale Adriana existe para desaguar frente aos olhos do espectador, para que este dele também tome posse. Sem ser *de*, a arte de Adriana é feita *para*.

Tudo se comunica na arte preposicional e proposicional de Adriana Varejão.

Do modo como o estamos desenvolvendo teoricamente, o potencial da encenação de Adriana Varejão é exercício artístico de pastiche e de paródia, formas clássicas de composição textual e imagética, cujo sentido está — e não está — nessa peça em particular. O sentido da peça é extensivo e está, como salientamos, na *referência* formal, aleatória e dada pela artista, ou é inconsciente e dado pelo observador. São essas referências que podem contar — e, na maioria das vezes, contam — mais do que a própria *singularidade* da representação oferecida ao espectador como peça única. Ao trabalhar no interior da "câmara de ecos", a encenação se realiza por efeitos de distanciamento e de aproximação, de aproximação pelo distanciamento da clave singular do artista.

5.

Dessa forma, ao ler a marca e a função da história numa obra de Adriana, o analista constata a acronologia como coincidente com a forma alegórica, já que aquela vem agenciada pela simultaneidade temporal dos jogos e efeitos espaciais. O tempo — passado, presente e futuro — se materializa numa concreção espaçosa (não se diz que é *espaçoso* o indivíduo que não respeita os limites entre as pessoas) de imagens, semelhante ao que ocorre no quadro *Angelus Novus*, de Paul Klee, na leitura de Walter Benjamin:

> Há um quadro de Klee que se chama *Angelus Novus*. Representa um anjo que parece querer afastar-se de algo que ele encara fixamente. Seus olhos estão escancarados, sua boca dilatada, suas asas abertas. O anjo da história deve ter esse aspecto. Seu rosto está dirigido para o passado. Onde nós vemos uma cadeia de acontecimentos, ele vê uma catástrofe única, que acumula incansavelmente ruína sobre ruína e as dispersa a nossos pés. Ele gostaria de deter-se para acordar os mortos e juntar os fragmentos. Mas uma tempestade sopra do paraíso e prende-se em suas asas com tanta força que ele não pode mais fechá-las. Essa tempestade o impele irresistivelmente para o futuro, ao qual ele dá as costas, enquanto o amontoado de ruínas cresce até o céu. Essa tempestade é o que chamamos progresso.[8]

Ouve-se o zunir da tempestade chamada *progresso* nas imagens silenciosas da série *Linda da Lapa* e semelhantes, como as da série ruínas de charque, ou da azulejaria em carne viva.

6.

O segundo princípio de composição, que torna complexa a encenação na obra de Adriana Varejão, é deflagrado pelos portulanos, ou cartas náuticas do período renascentista e barroco.

O já assinalado descentramento histórico e artístico é secundado pela desterritorialização geográfica, que torna universal o palco nacional onde a força quimérica de Adriana inter-relaciona e encena suas posses.

No momento em que, nas cartas náuticas medievais, nos portulanos, se inscreve o quarto continente, a América, a cegueira eurocêntrica domina e passa a exercer o controle do mundo. O planisfério da época renascentista representa e divide o planeta em zonas de terra e zonas de água, que têm como moldura as máscaras dos ventos. Divide-o e o organiza em continentes e países, cujos nomes em latim, lidos pela visita à entrada de cada local, subtitulam e poetizam o espaço do globo terrestre com o sentido de um convite à viagem (ou ao devaneio, como no caso dos romances de Joseph Conrad).

A unidade do planeta Terra é então dada por quatro conjuntos de imagens continentais — essencialmente geográficas, mas, também, artísticas e históricas. As imagens continentais coabitam o retângulo plano da carta náutica em simultaneidade narrativa, e não discursiva. O princípio de composição do portulano é tão compósito quanto o da concreção de imagens encenadas pela força quimérica de Adriana.

Planisfério, mapa de Lopo Homem

Por exemplo. Na mesma superfície plana, que carreia de modo acronológico a arte da azulejaria, o planisfério do cartógrafo português Lopo Homem, objeto de posse de Adriana sob o título de *Mapa de Lopo Homem* (1992), faz aparecer a América como o *Mundus Novus Brazil*. O quarto continente se comunica estranhamente com a Ásia que, por sua vez, está ligada à Europa, que plana na parte superior do portulano. A África se encontra ao centro da representação, razão talvez para a eleição do planisfério de Lopo Homem por Adriana. Razão histórica e artística, visionária, é claro.

O dicionário etimológico nos diz que é também por ocasião das grandes descobertas marítimas que o vocábulo "continente" ganha seu sentido geográfico — o de terra firme (até então o latim *contìnens,entis* significa "contínuo, ininterrupto" e "abstinente, moderado"). Assim sendo, cada um dos quatro continentes — das quatro terras firmes — costuma se vestir com roupagem específica e colorida, que o torna original e vivo aos olhos europeus.

No espaço que lhe é delimitado pelo cartógrafo, cada continente expressa suas características salientes — corpo inteiro dos habitantes da região, mostra da diversidade da flora e da fauna, nomeação dos acidentes geográficos etc.[9] Ao encenar os quatro continentes pelas suas diferenças, o mapa-múndi os soma, empresta-lhes uma ordem e nos propõe um lugar de liderança única para o planeta, que será ocupado pelo poder centralizador europeu. As diferenças são encenadas na carta náutica para que sejam apagadas, ratificando o eurocentrismo.

Se permanecermos nessa linha de raciocínio e se parodiarmos Edward Said e seu ensaio *Orientalismo*, podemos dizer que Adriana Varejão busca o *avesso* do lado *direito* que veio propondo a América como invenção do Ocidente. Através da arte de Adriana, a América reinventa a si e ao mapa-múndi, com a ajuda do vastíssimo material iconográfico que lhe vem sendo fornecido desde sua invenção pelos europeus.

Pelos jogos de diferença e pelo descentramento étnico-cultural, pelos efeitos de desterritorialização geográfica, a encenação de imagens oferecida por Adriana é — *pelo avesso* — um conjunto semelhante ao conjunto que — *pelo lado direito* — um planisfério proporcionava ao explorador renascentista. Imagem compósita, o *avesso*, em Adriana Varejão, desequilibra o significado sociopolítico que é emprestado ao vocábulo pela história *événementielle* do Ocidente — o significado de "antagônico" e de "hostil a" —, para reequilibrá-lo, na corda bamba da arte, por seu significado adjetivo e moral.

O sentido adjetivo de *avesso* qualifica o ser humano como alguém "não inclinado a". A arte "de" Adriana *está inclinada a* não aceitar a ordem planetária consensual, a não tomar como seu o eurocentrismo, que não é mais (julga) pertinente. Pelo avesso, atualiza-se todo e qualquer conjunto de valores artísticos e sociais, retirando-os de circulação. A arte "de" Adriana está inclinada a não aceitar o eurocentrismo, de que, no entanto, se vale ao tomar *posse* de suas imagens.

O *avesso* deve, portanto, ser tomado no significado da frase *"I would prefer not"* ("Acho melhor não", na tradução brasileira), dita e repetida por Bartleby — o conhecido personagem de Herman Melville — quando recebe ordens do patrão ou se comunica com os colegas de trabalho. Se se retoma a análise do personagem de Melville por Gilles Deleuze, pode-se dizer que, nos seus trabalhos, Adriana manifesta uma "lógica da preferência", que serve para minar e abalar a firmeza da "lógica dos pressupostos" coloniais, tal como estabelecida pelo primeiro princípio de composição. Entende-se melhor agora por que os quadros de Adriana são também *avessos* a qualquer pressuposto autoritário da história artística (originalidade da obra de arte).

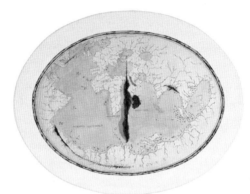

Mapa de Lopo Homem II, Adriana Varejão

No final do segundo milênio, o planisfério quinhentista de Lopo Homem, apropriado e desconstruído por Adriana, exibe bem ao centro — ou seja, no local onde o continente africano está representado pela Líbia, pela Etiópia e pela Guiné — o rasgão sangrento e a sutura cirúrgica. O espectador já conhece esse tipo de intervenção operado por Adriana na história brasileira. Refiro-me aos já citados quadros da série *Filho bastardo*. A história das grandes navegações traz de rosto descoberto as descobertas marítimas e traz de rosto velado a ferida aberta na história moderna pela escravidão negra, que deixou como herança a intolerância étnica e os males decorrentes.

Ao sobrepor o primeiro princípio de composição (o da intertextualidade) ao segundo (o da desconstrução dos portulanos), e no movimento inverso, a imagem compósita e complexa encenada por Adriana Varejão não só exibe as caprichosas vertentes da "câmara de ecos barroca", como também desenvolve uma visionária e intraduzível *imago mundi*. Esta lança seu trabalho para além das fronteiras previsíveis pela geografia que debita a recente e poderosa globalização no velho livro de dívidas, onde já estão em vermelho (e sangue derramado) as nações e povos periféricos.

[2009]

Cosmological embroidery (Bordado cosmológico)

MUSÉE DES ARTS ET TRADITIONS POPULAIRES (1937)

Na passagem dos anos 20 para os anos 30, mas principalmente durante os ameaçadores e turbulentos anos 30, surgem no Ocidente três novos museus de arte que se sobrepõem de maneira autossuficiente e diferenciada. Se compreendidos a partir da força inicial, que carreia e elabora a distinção, os três novos museus devem ser referidos direta e indiretamente à vanguarda artística nos anos 10, época em que sobressai o famoso quadro *Les Demoiselles d'Avignon* (1907), de Pablo Picasso. Autossuficientes e sobrepostos em diferença, os três novos museus têm o mesmo objetivo: por efeito divergente e conflitante, questionam o sentido evolutivo e linear adotado pela história da arte ocidental e institucionalizado no museu de arte tradicional.

Dois dos três novos museus visam a uma orientação universal em matéria de produção artística e, estando eles localizados em metrópoles, tornam-se conhecidos do grande público e dos críticos e historiadores da arte e da cultura. Refiro-me ao Museum of Modern Art (1929), criado em Nova York, e ao Musée de l'Homme (1936), que, graças à expedição Dacar-Djibuti (1931-33), reformata em Paris as antigas coleções coloniais francesas. Pelas plataformas assumidas por um e pelo outro, ambos questionam a *indivisibilidade*[1] dos museus tradicionais, como a Galleria degli Uffizi (1560), o British Museum (1753), o Musée du Louvre (1793), e, já no Novo Mundo, o Metropolitan Museum of Art (1870).

O terceiro museu em questão, o Musée des Arts et Traditions Populaires,[2] é inaugurado em 1937 e se insere — como *cunha* em cabo de enxada — entre a orientação moderna e a universal, defendidas pelos dois primeiros. Tendo em vista a compreensão da criação artística, se e quando desvinculada dos vários mecanismos de *exclusão* de que se vale o Ocidente para alicerçar suas instituições, esse terceiro museu se apropria de parti pris favorável à riqueza e ao valor a serem conferidos à tradição do artesanato nacional, de natureza popular e anônima. Descarta o conceito de autor, que vinha ganhando respeito e responsabilidade desde o século XVIII, como demonstra Michel Foucault, e por isso é alheio ao mercado de arte.

Não é estranho que a conceituação a modelar o terceiro dos novos museus de arte ganhe forma no momento em que o Front Populaire reúne os partidos de esquerda na França e, de 1936 a 1938, passa a governar a República Francesa. O Musée des Arts et Traditions Populaires é criado por George Henri Rivière, na época em que o jovem turco Jean Zay é ministro da Educação Nacional e das Belas-Artes. Seu criador o apelida de "museu-laboratório", já que, ao abrir a porta da nova instituição ao "pesquisador", também abre espaço para o cientista social na constituição do acervo e na curadoria das exposições. Rivière será seu diretor até 1967.

A rápida caracterização dos três novos museus de arte visa a mostrar como esse rio de muitas águas a atravessar e a inundar a vanguarda artística e científica europeia deságua no Brasil e fomenta a cena intelectual e universitária dos anos 30, tornando-a passível de ser referida como *paradigma* de momento privilegiado da vida inteligente na América Latina. Não é certo que os modernistas de 22 tivessem negligenciado a representação das populações indígenas e de descendência africana. Eles intensificaram o interesse oitocentista pelos subalternos, assumindo a linguagem de vanguarda para expressar a situação do caboclo no árido Nordeste, do descendente do escravo africano na cidade, do indígena no meio selvagem, do operário em São Paulo.

Mas nos anos 30 é que instituições do saber definidas por objetivos divergentes coincidem. Liderados por Mário de Andrade, os artistas modernistas de 22 encontram os jovens cientistas sociais da missão francesa, que se estabelecem no Brasil para participar da criação da Universidade de São Paulo (1934). Dentre eles, destaco os futuros etnógrafos Claude e Dina Lévi-Strauss e o sociólogo Roger Bastide. Para nos aproximar mais rapidamente do objeto que nos inquieta, foco — a partir de 1936 — o poeta Mário de Andrade e a antropóloga Dina Lévi-Strauss (*née* Dreyfus).[3] Na qualidade de diretor do Departamento de Cultura, Mário de Andrade institui um curso de etnografia a ser ministrado pela cientista francesa. Na aula inaugural, o poeta afirma: "Colher, colher cientificamente nossos costumes, nossas tradições populares, nossos caracteres raciais, esta deve ser a palavra de ordem dos nossos estudos etnográficos". No ano seguinte, funda-se a Sociedade de Etnografia e Folclore, segundo o modelo da correspondente francesa.*

No ensino da etnografia (e do folclore), Dina Lévi-Strauss abre espaço para a "compreensão" e a "penetração" do *outro*, fornecendo metodologia que leva a coleta do artesanato popular a extrapolar o âmbito disciplinar da antropologia. O *outro* é definido por ela em termos de psicologia e de modo de atuar. Evidente nas populações desprivilegiadas pela colonização europeia e pelo Estado brasileiro, a alteridade é vista também no comportamento infantil e no associado à loucura. Dina redefine a etnografia e seu método: "[...] estuda-se 'o outro', isto é, a criança, o louco, o homem do passado e o primitivo...". Torna-se possível a incorporação da psiquiatria (ou da psicanálise) à sociologia e à antropologia.

A partir de 1944, o diálogo e o pacto entre arte e ciências sociais, institucionalizados pioneiramente em São Paulo, se espraiam de modo orgânico pelo trabalho precursor de Nise da Silveira — médica de formação e discípula de Carl Jung — no Centro Psiquiátrico Nacional Pedro II (RJ). Retomo a caracterização dos três novos museus de arte. Na década de 30, os artistas modernistas brasileiros, às vésperas da canonização, têm as respectivas obras associadas às obras dos artesãos populares, ao mesmo tempo que os pesquisadores em arte e em ciências sociais se aproximam dos curadores responsáveis pelo mais poderoso dos três novos museus — o de arte moderna.

No dia 12 de outubro de 1949, inaugura-se no Museu de Arte Moderna de São Paulo, então sob a direção de Lourival Gomes Machado, discípulo do

---

* O leitor encontra em edição digital o Catálogo do Arquivo da Sociedade de Etnografia e Folclore: <http://www.centrocultural.sp.gov.br/livros/pdfs/sef.pdf>. As citações a seguir são retiradas do catálogo.

professor francês Paul Arbousse-Bastide e crítico sempre atento às sugestões de Mário Pedrosa, a exposição 9 Artistas de Engenho de Dentro. Em 1952, Nise da Silveira cria o Museu de Imagens do Inconsciente, um centro de estudo e pesquisa destinado a preservar os trabalhos produzidos nos estúdios de modelagem e de pintura — o Ateliê — do Centro Psiquiátrico Nacional, valorizando-os como documentos que abrem novas possibilidades para uma compreensão profunda do universo interior do esquizofrênico.

"UM DIA EU SIMPLESMENTE APARECI" (ARTHUR BISPO DO ROSÁRIO)

Arthur Bispo do Rosário (1909-89) não foi internado no Centro Psiquiátrico Nacional Pedro II e, portanto, suas peças artísticas não se apresentam como produzidas no Ateliê ali montado por Nise da Silveira. Em 24 de dezembro de 1938, ele é internado no Hospital Nacional dos Alienados (inaugurado em 1852). Trinta dias mais tarde, é transferido para a Colônia Juliano Moreira, hospital psiquiátrico situado em recanto bucólico de Jacarepaguá. Ali permanece toda a vida e lá se encontra hoje o Museu Bispo do Rosário. O ininterrupto *labor* de Arthur Bispo na Colônia Juliano Moreira é solitário, embora semelhante e paralelo ao dos confinados no hospital psiquiátrico de Engenho de Dentro. Para caracterizar a tarefa de confecção assinada por Arthur Bispo, evito a palavra "trabalho" (conceituação quantitativa e técnica de progresso, de base econômica e masculina). Adoto "labor", em lembrança da exposição A Labor of Love (1996), curada por Marcia Tucker no New Museum of Contemporary Art, em Nova York.

A prática inicial de Arthur Bispo — a do bordado de palavras em pano — coincide com a principal atividade dos internados que, em 1946, o futuro artista e então enfermeiro Almir Mavignier (n. 1925) vai encontrar como triunfante no Ateliê de Engenho de Dentro. Em entrevista concedida em julho de 2005, Mavignier informa: "[...] havia [no Ateliê] um departamento para fazer bordados, trabalhos manuais. Fizeram uma exposição de bordados para vender e ganhar um pouco de dinheiro".[4]

No Ateliê de Nise da Silveira, sobressai o bordado como atividade ocupacional, mas logo os internados recebem, em *aulas* ministradas inicialmente por Mavignier,[5] noções básicas sobre arte moderna e sobre o material nobre das artes plásticas. Já no pavilhão 11 do Núcleo Ulisses Vianna, Arthur Bispo começa sozinho. Luciana Hidalgo[6] lembra que ele "desfia o próprio uniforme azul da Colônia para reaproveitar os fios em seus bordados". Seu labor inicial é o de desconstrução amorosa da *veste institucional*, o uniforme, com o fim de recriar com o material apropriado um objeto que se apresenta como *manto religioso*. Com fios de linha extraídos do tecido do uniforme é que ele, com a agulha, caligrafa — em relevo e cor — as palavras, que enunciam nomes de pessoas célebres e anônimas, ou que visualizam ideias breves, preceitos íntimos ou frases poéticas.

A forte personalidade de Mavignier, associada à presença do crítico Mário Pedrosa e dos artistas Ferreira Gullar e Lygia Pape, irá conformar o trabalho dos internados no Engenho de Dentro ao expressionismo e ao abstracionismo geométrico, características gerais das obras de artistas como Emygdio de Barros (1895-1986), Raphael (1912-79) e Carlos Pertuis (1910-77). Não há como associar a proposta estética de Mavignier ao labor solitário dos braços e das mãos que Arthur Bispo leva adiante na Colônia Juliano Moreira. Labor imaginoso, transbordante e anárquico, literariamente escritural, fantasiosamente barroco e delirantemente místico.

Não é gratuita a distinção entre os hospitais psiquiátricos e as "escolas de arte". Ela constitui duas vertentes divergentes para (a) *suporte*, (b) *linha*, enquanto fio de fibra natural ou desenho, e (c) *alfabeto*, enquanto fonte ou caligrafia, que se propõem, respectivamente, como *design* ou como *ornamento*.

CORTE E COSTURA

No Ateliê de Engenho de Dentro o suporte é o tradicional: papel ou tela.[7] Usa-se o lápis de cor e se privilegia a técnica do guache. Já a linha — associada pelos discípulos de Jung ao diagrama da mandala — se torna afluente da composição geométrica. A letra e o número, com o apoio teórico do crítico Mário Pedrosa, defensor da teoria da Gestalt, se tornarão coniventes com o design proposto pelos artistas *neoconcretos*,[8] que passam a experimentar no próprio fazer artístico o impacto causado pela proximidade com os internados no Engenho de Dentro.

No Núcleo Ulisses Vianna, reduto solitário de Arthur Bispo, sobressai o potencial do suporte pano com vistas à elaboração de vestimenta, de veste litúrgica ou de bandeira. O pano se deixa trabalhar por outro tipo de linha — a da fibra natural, que passa a conformar tanto a caligrafia previsível e rebuscada da letra quanto a semântica imprevisível e obscura da frase poderosamente subjetiva. Domina a visada *ornamental* do alfabeto com vistas à sua aplicação utilitária e artística — e também mística.

A partir dos anos 60, as duas vertentes tipicamente latino-americanas — o *design* e/ou o *ornamento* caligráfico ou numérico — se expandem mundo afora e se encontram, respectivamente, (a) nas grafias de vida — em fonte Helvetica — legadas pelos rastros cronológicos do japonês On Kawara (1932-2014) e (b) nos mapas e nomes de rios bordados de Alighiero Boetti (1940-94), artista associado ao movimento italiano de Arte Povera. Do primeiro, cite-se a série *Today*, pequenas telas monocromáticas onde o artista inscreve apenas a data em que a tela foi feita. A série se inicia em Nova York no dia 4 de janeiro de 1956 e continua vida afora. Do segundo, o bordado *I mille fiumi più lunghi del mondo* (1976-78).

Arthur Bispo do Rosário desenha sem lápis, pinta sem pincel, colore sem tinta.[9] O fio orgânico — componente do próprio suporte, o pano, ou extraído dele — é a linha que entra pelo buraco da agulha que, impulsionada pelos dedos pacientes e habilidosos, leva o bico da haste de aço polido a caminhar — assim como as lâminas da tesoura de Lygia Clark caminham pela fita de papel para transformá-la em fita de Möbius. Estou e estarei me referindo a *Caminhando* (1963), de Lygia Clark.

É "caminhando" (com a mão e a tesoura) pela fita de papel que Lygia vai abrindo um espaço imanente que a integra ao mundo. Ela se afirma pelo labor das mãos. Para Lygia, cada experimento artístico requer — como especulação — o envolvimento corporal, emotivo e mental. A especulação experimental se assemelha ao estado de gravidez por que a artista já passou — um "vazio pleno", como gosta de lembrar. Lygia se explica pela recordação: "logo que a gestação começa, sofro verdadeiras perturbações físicas, como a vertigem, por exemplo, até o momento em que consigo afirmar meu novo espaço-tempo no mundo".

A agulha manejada pelos dedos de Arthur Bispo fura o tecido pelo *direito* e volta a furá-lo pelo *avesso*, escrevendo, desenhando e colorindo a bandeira, a veste ou o manto religioso. A bordar simultaneamente as duas faces do pano, a agulha é o *caminhar* tosco e arrebatador de Arthur Bispo do Rosário pelo espaço-tempo do mundo e sua inserção como soberano no universo místico. O ato de caminhar pela fita de Möbius, dirá Lygia, "quebra os nossos hábitos espaciais: direita-esquerda, anverso-reverso etc. Faz-me viver a experiência de um tempo sem limite e de um espaço contínuo".

Inscrita num dos mantos (22 de dezembro de 1938), esta frase de Arthur Bispo do Rosário não oferece lição diferente da que vimos afirmando: "Eu preciso destas palavras — escrita". Gloso Arthur Bispo. Sou aquele que a comunidade de doutos julga louco e, por isso, me encarcerei numa cela da Colônia Juliano Moreira, onde moro, vivo e bordo. Não *falo* as palavras de que *necessito*; *bordo* as palavras de que *preciso* para minha proteção e sobrevivência. Com elas anuncio minha salvação. Leitor meu, não as enuncie discursiva e equivocadamente; olhe-as e as leia pelas des/articulações mobilizadoras da atenção.

Sou um desarticulador de frases e articulador de significados. Tudo em mim, para mim, por mim e para todos, é assemblage. Cacos, grumos, que ganham corpo próprio e autossuficiente graças à caligrafia com fios e/ou à escrita com objetos. Eis minha identidade libertária. Bordo e visto meu Manto de Apresentação. "Jesus Filho é o pai que me guia."

[2016]

LITERATURA BRASILEIRA & OUTRAS:
CRÍTICA E HISTÓRIA

Destinos de uma carta

Uma carta. Poderia ter sido uma carta de amor, escrita à semelhança de uma cantiga medieval no estilo da tradição galego-portuguesa inaugurada pelo trovador Paio Soares de Taveirós. Poderia ter sido uma cantiga de amor que algum navegante-poeta assinava e enviava à amada em Lisboa. Esta, tristonha e entoando o próprio lamento numa cantiga de amigo, estaria esperando no cais do Restelo notícias do marido distante, talvez engolido para sempre pelo mar português. Quanto do teu sal são lágrimas de Portugal. Essa cantiga de amor, em forma epistolar, teria ficado silenciosa pelos séculos historicizantes afora, aguardando que o seu interesse e valor viessem à tona pela pesquisa de historiadores nossos contemporâneos que se ocupam de documentos da vida privada.

Não, não se trata de uma carta de amor assinada por um marinheiro da frota do comandante Pedro Álvares Cabral, que chora saudades da esposa e do lar. Trata-se, antes, de uma carta redigida por um escrivão da armada portuguesa e datada do dia 1º de maio de 1500. Ao ser transcrita pela primeira vez, no ano de 1817, a carta do escrivão ganha letra de imprensa e, ao mesmo tempo, cortes feitos pela tesoura da censura. Como um casco de caravela avariado, a carta está reproduzida cheia de rombos na *Corografia brasílica*, do padre e historiador Manuel Aires de Casal. Sacerdote zeloso dos bons costumes e da linguagem pudica, Aires de Casal na primeira transcrição do documento foi saltando aqui e ali — como outros filólogos o fizeram com as cenas mais picantes de *Os lusíadas*, em particular as do segundo e nono canto[1] — referências por demais realistas ao corpo das mulheres indígenas.[2] O historiador português Francisco Marques de Sousa Viterbo assinala que "os escrúpulos de sacerdote levaram de vencida os escrúpulos do consciencioso historiador".[3]

Desde então, a carta do escrivão se deixou reproduzir em edições cada vez mais fiéis, se deixou ler por especialistas e curiosos, com ou sem a ajuda de eficientes glossários ou do eficiente vocabulário de Sílvio Batista Pereira.[4] Deixou-se ler várias e sucessivas vezes, em diferentes circunstâncias, com diferentes interesses e por várias pessoas de nacionalidades distintas. Todos a leram sem constrangimento ou pudor, mesmo sabendo que a carta transcrita em livro não era a eles destinada. Os seus leitores não se sentiam ontem, como nós não nos sentimos hoje, bisbilhoteiros da vida alheia.

Trata-se de uma carta cujo enigma perdura e perdurará. Por isso, ela continua sempre atual, continua a conversar conosco sem que nenhum de nós também se julgue seu destinatário privilegiado ou seu descodificador absoluto. Sua mensagem continuará a circular séculos afora ao sabor do acaso e das comemorações históricas, como se só fosse seu *legítimo* e *passageiro* (o paradoxo é inevitável) destinatário aquele que a nomeia ao dar-lhe sentido pela interpretação. Ela circula por entre as mãos humanas, de aquém e além-Atlântico, como se vivenciasse o tempo circular e infinito do navio fantasma que navega sem rumo pelos mares, como está na conhecida ópera de Wagner. E, séculos afora, a carta — morta, transfigurada e salva — continuará a repetir, palavra por palavra, a mesma mensagem para que seus leitores de ontem, hoje e amanhã desenhem o seu destino, desenhem parte recente da história da humanidade, ao repeti-la seja de maneira etnocêntrica seja de maneira anticolonialista, seja ainda ao lê-la de maneira diferenciada, com o fim de revelar significados dela até então insuspeitos.

Estamos nos referindo à famosa *Carta de Pero Vaz de Caminha*, dirigida em 1500 a el-rei d. Manuel, anunciando a descoberta de uma nova terra. E se essa carta não tivesse chegado ao seu destino, às mãos do destinatário? se ela tivesse se extraviado, como se diz hoje no linguajar dos correios? Em virtude de naufrágio da nau, seria uma hipótese.

Por errância sem fim da caravela no caminho de volta à pátria, ou seja, por morte dos estafetas, seria outra hipótese. No entanto, a carta chegou ao seu destino na caravela de Gaspar de Lemos, curiosamente o barco da esquadra que na viagem de ida levara mantimentos. E ao chegar às mãos do rei, no momento mesmo em que o rei de Portugal dela toma posse como legítimo destinatário, também toma posse da terra e dos seres humanos por ela descritos pela primeira vez. A carta cria para a história o *acontecimento* da descoberta do Brasil por um país europeu. Ela sela de vez o devir ocidental, português e cristão de uma terra e de seus habitantes; de uma cultura não ocidental, o devir de um futuro Estado-nação chamado Brasil. Os cinco séculos de uma sociedade, sua organização social, política e econômica estão lá. "*In nuce*", como diria Benedetto Croce, "numa noz".

O PADROADO: DÍVIDA E POSSE

Comecemos a leitura da *Carta*[5] pela primeira palavra: "senhor". A carta é dirigida ao senhor — "Vossa Alteza", constataremos logo a seguir —, é dirigida a Sua Alteza portuguesa pelo súdito para lhe relatar o que ele e os demais companheiros de navegação acabaram de "achar", não para eles, mas para o senhor que a tudo comandava sentado no seu trono em Lisboa. Endireitando a frase renascentista de Caminha, lemos: "Não deixarei também de dar minha conta a Vossa Alteza do achamento desta *Vossa* [grifo meu] terra nova". O acontecimento histórico na época das descobertas portuguesas se dá em ausência daquele que a tudo, de longe, soberana e divinamente, comanda. Antes de ser signatário de um documento que representa o sucesso de uma ação coletiva da qual foi líder e herói, o rei português é o destinatário majestático do documento de posse. Indiretamente, é ainda o autêntico responsável pela ação valorosa, já que os marinheiros da esquadra e o escrivão são meros súditos. Lemos: "Vossa Alteza há de ser de mim muito bem servida".

Retomemos a leitura da primeira palavra, complementando-a com a do primeiro gesto que a acompanha. A gloriosa empreitada dos navegantes portugueses, o feito de outros, a recompensa pelo trabalho de navegação, são de imediato transmitidos e doados, em ritmo de caravela, ao destinatário da carta para que deles se vanglorie e se faça proprietário — Caminha sempre descreve detalhes sobre a "Vossa Ilha de Vera Cruz". O rei de Portugal é senhor da terra descoberta por ação, palavra e gesto alheios. Sua Alteza ganha tudo sem nada fazer, toma posse da Ilha de Vera Cruz, fá-la reino seu, sem nem mesmo ter singrado mares ou pisado no solo dela. Até a chegada da *Carta de Caminha*, d. Manuel I era apenas rei de Portugal e dos Algarves, d'Aquém e d'Além-Mar em África, senhor da Guiné e da Conquista, Navegação e Comércio da Etiópia, Arábia, Pérsia e Índia. A partir da leitura da *Carta*, será mais.

O ritual da anexação da Ilha de Vera Cruz ao reino de d. Manuel I se dá, na realidade, em três fases com três atores distintos: os súditos-marinheiros descobrem e oferecem, o rei recebe e toma posse, e o papa legitima a posse. Dos três atores apenas o grupo majoritário, o dos marinheiros, desempenha papel ativo e assumidamente gratuito, como veremos. À primeira fase, a descoberta heroica dos marinheiros-súditos, segue-se a segunda fase, a oferta ao rei. Por sua vez, o destino de qualquer nova terra descoberta ou a ser descoberta — e estamos na terceira fase do ritual — está providencialmente escrito com antecedência na primeira das bulas que leva como título *Inter Coetera*, assinada em 13 de maio de 1456 pelo papa Calisto III.[6] O sistema de doação de terras reverte-se sempre a favor do rei português. Qualquer terra descoberta, independentemente da vontade dos súditos-marinheiros, já era uma *doação* (a palavra é textual em algumas bulas) da Santa Sé ao rei de Portugal para que ele a integrasse na "Ordem de Cristo".

Receptor de uma doação plebeia e de outra papal, centro de convergência da submissão humana e da vontade divina, o rei de Portugal tem de providenciar outro e quarto cenário e respectivo ator histórico para que seja autenticada na ordem humana a doação expressa na carta e na bula. Algum honrado varão, dito notário, aparece em cena e assina o documento que dará fé da descoberta e da propriedade dessa terra "aquém do Ganges". Eis o que está lavrado, três anos depois da descoberta da Ilha de Vera Cruz, no ato notarial assinado pelo tabelião Valentim Fernandes, ato relido diante do clérigo de Colônia, na capela do Sangue de Cristo, fundada em Bruges, na cidade de Flandres.[7]

A circularidade das predeterminações da tomada de posse duma nova terra no mundo lusitano se confunde, nesse momento da exegese, com a circularidade da posse dos selvagens pela cristandade no século das descobertas e se confunde ainda com as infinitas leituras da *Carta* séculos afora. A vontade do rei de possuir mais terras e um número maior de súditos, a vontade do papa de cristianizar todos os povos gentios visualizados por olhos europeus, a vontade dos historiadores de possuir o significado pleno do passado humano. Cada um deseja, à sua própria maneira e com objetivos distintos, assenhorear-se da nova terra e do futuro de seus habitantes. Todos à sua maneira e com objetivos distintos desenham uma comunidade imaginária para a região que se chamará Brasil.

Fica de fora dos vários sistemas circulares da tomada de posse da terra na era das descobertas o desejo do marinheiro de viajar pelo desconhecido. Naquele sistema, o trabalho do marinheiro funciona apenas como *suplemento* de doação. Para que o marinheiro fosse "senhor" ou "Vossa Alteza", e não apenas súdito, servidor, para que fosse proprietário de terras e senhor de homens, teria sido preciso que assassinasse — não só no plano simbólico, mas também no real — tanto o papa quanto o rei. Não tivesse escrito a carta ao rei; tivesse se transformado num corsário ou pirata. Assassinados papa e rei, vida de corsário ou de pirata assumida, o marinheiro, na qualidade de *suplemento* maldito dos rituais de posse quinhentista, deveria ser perseguido e exterminado por ordem do papa e do rei para o bem da humanidade.

O regimento do primeiro governador-geral do Brasil, Tomé de Sousa, assinado por d. João III, em 17 de dezembro de 1548, considerado pelo historiador Basílio de Magalhães como a primeira Carta Magna da nossa incipiente nacionalidade, diz: "Um dos primeiros cuidados do governador [Tomé de Sousa] logo que chegue à Bahia, será informar-se dos capitães, que *corsários, e em que força correm a costa, pois a perseguição e destruição deles é indispensável à prosperidade do Brasil*" (grifo meu).[8] E mais: como *suplemento* maldito, o marinheiro teria tido uma leitura inclemente e desapiedada dos futuros historiadores. Papa, rei e historiador só teriam se extasiado diante da figura do marinheiro se ele se transformasse em marinheiro-mercenário, como foi o caso de Cristóvão Colombo na corte da Espanha. O fim, pois, da arriscada empreitada dos navegantes portugueses, seu télos, volta assim à sua dupla origem, soberana e divina, para que dela se deem conta os historiadores.

Qualquer terra descoberta pelos navegantes é, por um lado, legítima dádiva de súditos fiéis ao rei, como está na *Carta de Caminha*, e é, por outro lado, uma doação do papa à cristandade por intermédio do Império ultramarino português. Eis os labirintos do sistema do Padroado, ou seja, da sutil combinação política entre Fé e Império de que também será testemunha a epopeia de Luís de Camões.[9] O signatário da *Carta*, Caminha, representando o capitão e demais navegantes, por uma estranha ironia do sistema de poder então vigente e aceito, fica aquém e além do "achamento" da nova terra e dos legítimos proprietários dela, tal como configurados pela vontade deles e pela doação do papa. Bula, carta, ato notarial — na ordem cronológica, eis a circularidade previsível da posse da terra e dos seres humanos não ocidentais na época das descobertas.

Existe por acaso documento histórico semelhante a essa carta, em que o signatário e seus representados *doam tão extravagantemente, isto é, sem exigência de reciprocidade*? Como contraponto e exemplo oposto, leia-se o texto de uma Carta Foral em que o rei de Portugal, ao fazer mercê a um donatário de uma capitania na costa do Brasil, passa a exigir-lhe isso e aquilo em troca. Existe documento histórico que exprima forma tão absoluta de generosidade humana? A *Carta de Caminha*, na medida em que configura o resultado de uma ação coletiva e em que expressa a vontade moral de todos nela envolvidos, e na medida em que tem o seu resultado inscrito no espaço geográfico da Ordem de Cristo, previsto pela bula de Calisto III, é uma dádiva que os súditos oferecem ao rei para que dela faça o que bem entender. Ou para que dela faça o que o papa lhe tinha ordenado antecipadamente.

Em outra bula *Inter Coetera*, assinada pelo papa Alexandre VI em 1493, já referida em nota, lê-se que cabe ao papa exigir do rei "que seja exaltada principalmente na nossa e em toda parte se espalhe e se dilate a Fé Católica e a Religião Cristã, se cuide da salvação das almas, se abatam as nações bárbaras e sejam reduzidas à mesma fé".[10]

SEM POSSE, SEM CASA, SEM ECONOMIA — A MULHER

Ao doar ao rei o que achou, o marinheiro vive a nostalgia de ter podido ter e não ter. Ele não tem o documento de posse do que achou. Nenhum marinheiro português chegou a ser donatário de uma capitania hereditária. Outros o foram no seu lugar, bajuladores do rei, parasitas da corte. Escreve Camões em *Os lusíadas*: "Esses que frequentam os reais Paços, / por verdadeira e sã doutrina / vendem adulação" (IX, 27).

O único documento que os marinheiros têm é assinado por um deles: o que vale a assinatura de um vassalo num sistema feudal? O único documento que produzem é tão transiente quanto a própria caravela: uma carta. A carta pertence mais ao sistema dos correios, pertence mais ao destinatário do que ao signatário dela, já vimos.

Os marinheiros têm olhos de ver e imaginação de sonhar.

Ao querer descrever com imaginação os indígenas, de corpos limpos, gordos e formosos, Caminha não os compara a aves mansas, domésticas, afeitas à vida do lar. Compara-os, isto sim, a aves montesinhas, pois a estas (como aos indígenas) "o ar faz melhores penas e melhor cabelo do que às [aves] mansas, porque os seus corpos são tão limpos e tão gordos e tão formosos que não pode ser mais!". Diante dos selvagens, no plano real, e diante das aves montesinhas, na escrita, o escrivão vale-se de uma segunda folha de papel-carbono para mostrar a Sua Alteza a condição feliz do marinheiro depois da descoberta. Graças a uma elaboradíssima linguagem retórica, Caminha continua descrevendo a vida difícil das aves montesinhas e, por metáfora, a vida nômade dos selvagens e, por ricochete, o modo viajante dos marinheiros, e acrescenta: "E isto me faz presumir que não têm casas nem moradias em que se recolham...". Vivem todos ao deus-dará. Páginas adiante, em evidente e previsível contradição, a carta diz que alguns marinheiros da esquadra se adentram pela terra e descobrem "nove ou dez casas, as quais diziam que eram tão compridas, cada uma, como esta nau Capitânia". A morada de difícil acesso dos indígenas nômades é comparada à morada impossível de ser atingida das aves montesinhas, que por sua vez são comparadas a uma nau da própria esquadra. As comparações são produzidas pela escrita de Caminha e pertencem ao sistema do texto.

Tudo é movimento no universo limpo, gordo e formoso das aves montesinhas, dos selvagens e dos navegantes depois da descoberta. A caravela não é propriamente uma casa, é a "terceira margem" não do rio, mas do mar,[11] como teria dito com mais propriedade Guimarães Rosa quando nos relatou, no seu conto em *Primeiras estórias*, as aventuras do pai que, depois de mandar construir uma canoa, abandona esposa, filhos, casa, segurança, para viver nessa ilha semovente e flutuante que é uma canoa.[12] Na terceira margem do rio, ou seja, no barco, no momento em que o pai canoeiro deixa de remar contra a corrente, descobre que está chegando o encontro fatal com a morte. Nas *Coplas por la muerte de su padre*, o conde Don Rodrigo Manrique,[13] seu filho Jorge Manrique (1440-79) escreve: *"Nuestras vidas son los ríos/ que van a dar en la mar/ que es el morir"*.

Sem casa nem moradia onde se recolha, na semovente caravela, o marinheiro vive social e economicamente fora do seu grande feito. Sem casa nem moradia, ou melhor, em casa que se parece com a nau capitânia, o indígena vive fora do feudalismo e do mercantilismo europeus. Os dicionários etimológicos nos informam que a palavra "economia" é composta de dois substantivos: *oikos* (a casa, a propriedade, o lar) e *nomos* (a lei, a lei de divisão e distribuição). A economia é a lei de divisão e distribuição na casa. No centro absoluto da empresa navegadora portuguesa, na casa do rei, a lei divino-humana de divisão e distribuição impera sem nela incluir a caravela ou o marinheiro. Ao circularem os súditos pelos mares desconhecidos, a casa do rei incha, adquire forma mais abrangente para nela abrigar naquele momento e futuramente outros, os indígenas, que são dados como desprovidos de casa, ou proprietários de casa que se parece com uma caravela. Os indígenas são dados como desprovidos de economia.

Sem posse, sem casa, sem economia — no triângulo dos despossuídos, marinheiros se deixam ver pelo rei através dos indígenas que são descritos pela carta de que é destinatário.

Mas o selvagem se distancia do marinheiro porque tem mulher bonita à sua disposição. O ato notarial assinado por Valentim Fernandes informa que os indígenas "nada têm como próprio, mas tudo lhes é comum, salvo as mulheres" (p. 32). A mulher é o elemento diferenciador entre os dois grupos humanos que se encontram por vez primeira na Ilha de Vera Cruz e, por isso, será o elemento mais cobiçado. Será dada como prêmio fatal aos que ousam desbravar o oceano — outra, aliás, não é a mágica e definitiva lição que se depreende do canto IX de *Os lusíadas*. Ali se diz que a caravela pode metamorfosear-se repentinamente numa outra, a Ilha dos Amores, fantasia gratificante idealizada por Camões como que para recompensar os marinheiros pelos sofrimentos decorrentes da viagem. Trata-se de uma ilha construída no próprio oceano e feita da matéria do mar e habitada pelas ninfas aquáticas. Ilha aparelhada, dizem os versos da epopeia, nas entranhas do profundo oceano, divina recompensa que Vênus impele em direção aos marinheiros, "bem como o vento leva branca vela" (IX, 52). Nela, as mais belas ninfas atiçam e satisfazem a volúpia amorosa dos cansados e infatigáveis marinheiros da esquadra de Vasco da Gama.

A sedutora mulher indígena é cobiçada pelo escrivão Caminha com olhos desprovidos de pudor cristão. Como se diz também na Ilha dos Amores, "U'as [ninfas], fingindo menos estimar/ A vergonha que a força, se lançavam/ Nuas por entre o mato, aos olhos dando/ O que às mãos cobiçosas vão negando" (IX, 72). Olhos desprovidos de pudor cristão, palavras sensíveis do escrivão de armada, que seriam censuradas três séculos mais tarde pelo pudico padre e historiador Aires de Casal. Olhos e palavras de escrivão que mais parecem olhos e palavras de poeta barroco, pois decoram o corpo feminino com estilo gracioso e volutas de trocadilho: "E uma daquelas moças era toda tingida de baixo a cima, daquela tintura e certo era tão bem-feita e tão redonda, e sua vergonha (que ela não tinha!) tão graciosa que a muitas mulheres de nossa terra, vendo-lhe tais feições envergonhara, por não terem as suas como ela".

A palavra "vergonha" serve, ao mesmo tempo, para descrever o preciso e precioso objeto do desejo, para retirar dele o véu do pudor e elevá-lo idealmente à categoria de superior ao da europeia. *Eis o primeiro traço ufanista na cultura brasileira.*

E a *Carta* repete obsessivamente a polissêmica e cobiçada "vergonha": "Ali andavam entre três ou quatro moças, bem novinhas e gentis, com cabelos muito pretos e compridos pelas costas; e suas vergonhas, tão altas e cerradinhas e tão limpas das cabeleiras que, de as nós muito bem olharmos, não se envergonhavam".

Depois da descoberta da nova terra, a conquista amorosa da mulher alheia é tudo o que o marinheiro pode querer em troca, para que seja perfeita cópia do selvagem e se iguale a ele. Despudoradamente (recordemos mais uma vez os escrúpulos do padre Aires de Casal), a mulher existe como único elemento textual carregado de significado para o marinheiro. Ela é a própria razão do navegar e da aventura, da vida ou da morte, da descoberta. Motivo de alumbramento, ela é a possibilidade da prática hedonista depois do ascetismo estoico da longuíssima viagem pela terceira margem do mar. Para quem tem olhos de prazer na terceira margem do mar há sempre a promessa da Ilha dos Amores. Eis como Caminha, que tinha se transformado de mestre da balança e da moeda do Porto em escrivão da esquadra, descreve pelo viés da festa alegre com os selvagens uma metamorfose semelhante à sua, a de um arrecadador das rendas reais (almoxarife) em marinheiro: "Passou-se para a outra banda do rio Diogo Dias, que fora almoxarife de Sacavém, o qual é homem gracioso e de prazer. [...] E meteu-se a dançar com eles [...] e eles folgavam e riam...".

São esses marinheiros histriônicos, esses divertidos e amorosos sem-casa que entram fogosamente na dança coletiva, que dão o pontapé inicial para que, para o papa e o rei, comece a funcionar com tirania, dor e trabalho a impiedosa máquina do sistema econômico colonial. Essa engrenagem fatídica é que vai abrigar e, ao mesmo tempo, triturar, agora na nova condição de cristãos e colonos, outros sem-casa, outrora felizes e divertidos. A hipótese é quase ridícula, mas vale mencioná-la para conhecer o avesso dos tempos modernos: se o sem-

-casa, marinheiro ou selvagem, houvesse se transformado num sem-lei, corsário ou guerreiro vencedor, não teria havido o sistema econômico europeu. A doação dos navegantes ao rei e ao papa devia ser plena e, para tal, tinha de ir além do esforço da descoberta. Tinha de ser, primeiro, doação de uma terra pródiga em produtos naturais e, segundo, doação de homens não só inocentes, mas pacíficos.

A esses dois temas maiores — fertilidade da terra e homens de boa índole — se entrecruza no desenrolar da *Carta* um terceiro tema: o do treino a que são submetidos os selvagens pelos marinheiros para que aprendam o que é um sistema mercantil de trocas. Vamos por partes.

a) *Fertilidade da terra*. Caminha não economiza elogios à nova terra. Os índios fortes e formosos, para se alimentarem, não precisam criar animais nem lavrar. E acrescenta: "E não comem senão deste inhame, de que há muito, e dessas sementes e frutos que a terra e as árvores de si lançam". O lexicógrafo Sílvio Batista Pereira nos informa que o verbo "lançar" significa "fazer germinar". "[...] frutos que a terra e as árvores fazem germinar." Em terra tão pródiga e fértil, em que terra e árvores, independentemente do trabalho de lavradores, se incumbem da sementeira, a "principal semente" que Sua Alteza nela deve lançar, segundo Caminha, é a palavra de Deus,[14] para dali, pelo trabalho da catequese, extrair o "melhor fruto", ou seja, o bárbaro cristianizado.

b) *Homens de boa índole*. Com cuidado extremado, Caminha vai anotando dia após dia o modo como gradativamente os selvagens vão abandonando os apetrechos bélicos, no caso o arco e a flecha, vão se desvencilhando deles. E vai anotando o modo como esse sinal de paz simbólico redunda num envolvimento fraterno entre os dois grupos humanos. Caminha passa ao rei uma imagem do indígena que mais e mais se assemelha à de um súdito exemplar. No dia 30 de abril, constata o escrivão: "E [os selvagens] estavam já mais mansos e seguros entre nós do que nós estávamos entre eles". Lemos em outra passagem: "Como se [os selvagens] fossem mais amigos nossos do que nós seus".

c) *Sistema mercantil de trocas*. Para os selvagens, a oferenda existe em estado pleno e perene de doação. Dois bandos, um diante do outro, um deles tem de ser o motor que dá a partida ao sistema mercantil da oferta e da espera de reciprocidade. Já no primeiro encontro dos dois bandos, no dia 23 de abril, Nicolau Coelho arremessa aos índios um barrete vermelho, uma carapuça de linho e um sombreiro preto, e um índio — aparentemente num gesto de troca, pelo menos é assim que Caminha lê a cena para Sua Alteza — lhe arremessa um sombreiro de penas de ave, e outro lhe joga um ramal grande de continhas. O importante a assinalar, além da leitura do gesto de troca por Caminha, é que os objetos recebidos, "as peças", "o Capitão mand[a] a [Sua] Alteza". Os objetos pessoais recebidos por Nicolau do selvagem não revertem em benefício próprio. Qualquer objeto recebido em troca de qualquer miçanga vai direto para as mãos do legítimo e definitivo proprietário: "[...] creio que o Capitão há de mandar uma amostra para Vossa Alteza".

A cena volta a se repetir. Os selvagens estão sendo realmente treinados para o jogo mercantil. Dois dias depois, o mesmo Nicolau Coelho deu de presente a uns indígenas um cascavel (espécie de guizo) e a outros uma manilha (espécie de bracelete). Escreve Caminha: trata-se de uma "encarna". Carolina Michaëlis de Vasconcelos já nos tinha informado que "encarna" é um engodo ou chamariz. Uma isca para pescar. O guizo é um chamariz.

Pela palavra da bula papal e pelo ato notarial e, ainda, pela doação gratuita dos marinheiros é que Portugal recebe o direito de dar significado e forma à terra descoberta e aos seus habitantes. D. Manuel II traz simbolicamente para a Europa a terra, produtos e objetos, e mais os habitantes dela. Faz de tudo isso parte indivisível do Reino português. Na economia da casa imperial quinhentista, o conjunto é dividido entre ele e o papa e distribuído pela Ordem de Cristo. O marinheiro, doador que nunca chega a ser donatário, ou seja, aquele que é excluído de todo sistema de trocas, paradoxalmente é quem inventa e institui o sistema mercantil nas terras descobertas.

Para que haja economia, é preciso que haja um doador suplementar, o marinheiro, e um donatário, o rei. Ao não retribuir ao doador a oferta recebida, o donatário acaba por instituir o sistema de trocas a que outros obedecem e não ele — eis a lição que se lê no notável livro de Jacques Derrida, *Donner le Temps*. Nele, o filósofo francês faz uma leitura radical do *Ensaio sobre o dom*, do antropólogo Marcel Mauss. Escreve Derrida: *"Pour qu'il y ait don, il faut* [grifo do autor] *que le donataire ne rende pas, n'amortisse pas, ne rembourse pas, ne s'acquitte pas, n'entre pas dans le contrat, n'ait jamais contracté de dette"*.[15] O rei-donatário, ao instituir a empresa mercantil pelos atos dos marinheiros, escapa do seu centro, do seu círculo, deixando que outros atores instituam um sistema de trocas, vale dizer, um sistema econômico. A presente dado, presente recebido em troca, eis a regra que o marinheiro estabelece junto aos selvagens para dela subtrair o papel a ser cumprido pelo donatário real.

CORPOS SIGNIFICANTES

No pórtico da *Carta*, ao implorar a Sua Alteza que tome por boa vontade o que pode lhe parecer ignorância de escrivão, Caminha está a dizer que só pode doar ao rei e ao papa corpos humanos significantes. Ignorante mas não ingênuo, o marinheiro evita — ou é impedido de — dar nome próprio ao homem indígena. Esta não é função sua. À terra e aos seus acidentes geográficos, ele pode dar nomes: "Ao qual monte alto o capitão pôs o nome de O Monte Pascoal e à terra A Terra de Vera Cruz". A linguagem leiga tem o poder de batizar acidentes geográficos. No entanto, como num romance de Samuel Beckett, o homem selvagem aparece a nós, leitores, como *inominado* [*innommable*], tanto na ilha de Vera Cruz quanto na *Carta*, existindo para o marinheiro e o leitor como um corpo significante, aquém e além da linguagem fonética. Sempre é visto ou apontado com o dedo.

Compete ao rei e ao papa dar-lhe significado, fazê-lo entrar numa língua cristã, numa teia de significados que determinam inapelavelmente o seu nome e destino histórico. O corpo significante do indígena, para receber nome próprio que o designa a ele e só a ele, requer a presença do representante de Deus na Terra, escolhido pelo rei, requer a cerimônia do batismo cristão. Assevera Caminha: "E por isso, se alguém vier, não deixe logo de vir clérigo para os batizar...". O processo de individualização do selvagem é tarefa única e exclusiva do papa que, por reciprocidade (e não por doação, como está equivocadamente escrito em algumas bulas), a delega ao rei e à sua língua que, conforme afirmam gramáticos renascentistas como o espanhol Nebrija, é a "companheira do Império".[16] A inteligibilidade da fala portuguesa pelo selvagem vai se confundir com a possibilidade de individualização pelo batismo cristão em língua europeia. Essa cerimônia é que vai criar a *identidade* de cada selvagem.

É chocante o contraste no texto da *Carta* entre pessoas individualizadas pelo nome próprio, de que não se excluem os degredados, e o bando inominado de selvagens que povoa de maneira errática o horizonte dos marinheiros. Ninguém é alguém. Alguém é sempre outro, vário e imprevisível. Nem mesmo um chefe, um cacique, os marinheiros conseguem detectar naquela massa amorfa. Stephen Greenblatt, ao analisar os textos de Cristóvão Colombo, chama a atenção para a viagem à Europa como companheira do batismo. Observa que Colombo levou alguns nativos para a Espanha a fim de servirem como informantes ou intérpretes. Seis deles sobreviveram. E estes, *in a remarkable ceremony, with Ferdinand, Isabella, and the Infante acting as godparents, were baptized. The cleverest of the natives, the one most serviceable to the Spanish, was given Columbus's own surname and the Christian name of his first-born child: he was christened Don Diego Colón.*[17]

O nosso José de Alencar, séculos mais tarde, ao dramatizar alegoricamente a descoberta do Brasil na sua lenda *Iracema* (1865), não foge ao modelo quinhentista de batismo do selvagem. O modo como o ficcionista constrói o *novo nome* de Poti indicia, por um lado, a diferença entre Espanha e Portugal e, por outro lado, a situação do indígena nos mecanismos do sistema colonial português, que vimos descrevendo. Passemos a palavra a Alencar: "[Poti] recebeu com o batismo o nome do santo, cujo era o dia, e o do rei, a quem ia servir, e sobre os dous o seu, na língua dos novos irmãos".[18]

Poti passou a ter o corpo significante recoberto pelo nome do santo do dia e do rei de Portugal e pelo seu próprio, traduzido. Poti é Camarão.

Desprovidos de um código linguístico comum, os dois bandos que se encontram pela primeira vez se comunicam pela linguagem gestual. A opacidade do código gestual não se deixa apreender pelas regras da transparência, platonicamente delegadas ao diálogo a dois com palavras. O verbo "falar", aqui e ali, encontrado no texto de Caminha, é visivelmente metafórico, como nesta passagem em que ao mesmo tempo se declara a sua metaforicidade e, portanto, a sua ineficiência: "Falou [o velho selvagem], enquanto o capitão estava com ele, na presença de todos nós; mas ninguém o entendia nem ele a nós, por mais coisas que a gente lhe perguntava com respeito a ouro...".

No diálogo tecido por olhares deslumbrados e atônitos, os gestos dos selvagens vivem como os seus corpos, significantes, esvoaçantes e sedutores. Em vão tenta o europeu apreender o significado do gesto. Escreve Caminha: "Isto tomávamos nós nesse sentido, por assim o desejarmos!". É dessa forma que todas as particularidades da terra (riquezas, como ouro, prata e pedras preciosas) e dos homens (o complexo sistema mitológico, por exemplo) não puderam ser apreendidas pelo olhar curioso e voluptuoso do marinheiro. Também é por isso que nem riquezas nem crenças foram registradas pela escrita de Caminha. Por muitos anos a terra descoberta ficaria abandonada.

[2000]

Alegoria e palavra em *Iracema*

DO ROMANTISMO AO INDIANISMO*

Na América Latina, ao oposto da Europa, onde foi um movimento de abertura de fronteiras, o romantismo se apresenta como um encasulamento. A abertura dos portos e a independência já o prognosticavam no Brasil. Encasulamento político e literário, mesmo se nas aparências e na realidade não o tenha sido, mas o foi na consciência dos que o faziam. O próprio tema do exílio, já notável em Cláudio Manuel da Costa, ainda sob a forma de conflito, nada mais é do que um reforço (reforço por oposição) do instinto pátrio, do encurralamento. Tanto em Gonçalves Dias, na sua famosa "Canção do exílio", com a discordância entre o que acontece "lá" e "cá", tão bem estudada por Aurélio Buarque de Holanda,[1] quanto em Gonçalves de Magalhães, que se inicia à moda de Chateaubriand, fazendo profissão de fé de "peregrino",[2] mas termina a sua carreira com o seu mais do que interessante *A Confederação dos Tamoios*.

* Para reduzir o número de notas, deixamos de enviar o leitor à fonte todas as vezes que julgamos desnecessário por ser óbvio (exs.: "Canção do exílio", Montaigne em "Des Cannibales" etc.). A edição de *Iracema* usada foi a 12ª, revista por Mário Serrano (Rio de Janeiro: F. Briguiet & Cia., 1936). Uniformizamos o português nas citações.

Em Cláudio, conflito; em Dias, choque e escolha dentro do poema; e, em Magalhães, choque e escolha dentro da obra.

Não admira, pois, que a literatura passe a ser, mais do que antes, forma e expressão do nacionalismo nascente, e que dois dos principais temas do romantismo europeu aqui aportem e recebam as cores verde-amarelas: a descrição da natureza e o indianismo. Basicamente, esses temas se desenvolvem na Europa e no Brasil de maneira semelhante, inclusive se originam das mesmas fontes; nos fins é que se distanciam.

Usamos de propósito o termo "descrição da natureza", reduzindo a complexidade a um dos seus aspectos. Para nós, a descrição da natureza era parte de todo um processo de (re)conhecimento em que o artista procurava tornar-se consciente dos limites pátrios, do que o rodeava mais de perto, da paisagem tropical enfim. E o que é forma de devaneio para o europeu, possibilidade de evasão (pense agora nos *"cocotiers absents de la superbe Afrique"*,[3] de Baudelaire, em oposição às palmeiras e carnaúbas de Alencar), e para nós uma aproximação maior do solo, um desejo de enxergar objetivamente o que nos cerca. Com a objetividade acumularam-se os nomes, avivaram-se as cores já vivas e exagerou-se o pitoresco. A descrição foi infelizmente, muitas vezes, puro exercício estilístico, extravasando-se dos quadros e da função a que se propunha. Machado de Assis, sempre atento, comentava alguns anos depois da publicação de *Iracema*, num artigo publicado em Nova York: "Um poema não é nacional só porque insere nos seus versos muitos nomes de flores ou aves do país, o que pode dar uma *nacionalidade de vocabulário* [grifo meu] e nada mais. Aprecia-se a cor local, mas é preciso que a imaginação lhe dê os seus toques, e que estes sejam naturais, não de acarreto".[4]

Em Alencar, no entanto, interessante processo se desenvolve, apontado já breve e casualmente por Gilberto Freyre. Fala-nos ele dos "índios quase vegetais na sua natureza".[5] Continuando a sua deixa, diríamos que não é o homem que empresta qualidades humanas à natureza, mas a natureza que serve para pintar o homem. Lembrando-nos por certo o inusitado retrato que Cesário Verde pinta com vegetais em "Num bairro moderno".[6] Quando José de Alencar deseja traçar o perfil de Iracema, no capítulo II, recorre a cinco comparações sucessivas:

> 1, 2: "[...] tinha os cabelos mais negros que a asa da graúna e mais longos que o seu talhe de palmeira."

3, 4: "O favo da jati não era doce como o seu sorriso; nem a baunilha recendia no bosque como seu hálito perfumado."
5: "Mais rápida era que a ema selvagem [...]."

Deixando de lado a idealização e perfeição patentes nos "mais [...] que", ou "não era [...] como", abandonando ainda as comparações com animais, que nos levariam a caminho tortuoso, ou ainda ao radicalismo de um Bernardo Guimarães, que afirma na sua "Jupira": "como sói acontecer entre as brutas alimárias pouco acima dos quais se achavam aqueles selvagens na categoria dos entes",[7] vemos em Alencar o desejo de fazer de Iracema um ser vegetal a mais (e mais perfeito) entre outros vegetais. E ainda Gilberto Freyre que, páginas adiante, falando de outras heroínas de Alencar, observa: "Os cabelos parecem ser uma expressão de vigor e, ao mesmo tempo, de maternidade ou feminilidade, da natureza tropical que, das árvores, se derramasse pela nudez das sinhás".[8]

Quando Martim se despede de Iracema, no final do capítulo ix, ela "abraç[a], para não cair, o tronco de uma palmeira". Alencar, rústico, agreste, transfere para a floresta o lugar-comum da apaixonada que se recosta no canapé a desmaiar, implorando os sais; e ali realiza a simbiose do "talhe de palmeira" (cap. ii) com a palmeira. Mais interessante, porque mais significativo e mais complexo, é o exame da aclimatização do indianismo na América, ou, mais especificamente, no Brasil. Exportados para a Europa, o índio e o indianismo, matéria-prima, aqui retornam para dar ao brasileiro uma forma de reação política, social e literária contra Portugal, e por outro lado para proporcionar um retorno à verdadeira fonte do Brasil, uma busca do sentimento de brasilidade, que nos faria ímpares entre pares. Ou como o coloca Oswald de Andrade, em forquilha, no seu "Manifesto Antropófago": "Contra todos os importadores de consciência enlatada", a favor dos "instintos caraíbas".[9]

Se para Montaigne era uma faceta da sua curiosidade humanista, ou ainda uma peça que utiliza para dar o xeque-mate na Inquisição, se para Anchieta era uma necessidade para a catequese, se para os viajantes (Léry, Staden, Thévet, D'Évreux, D'Abbeville e outros) um desejo de divulgação, se para Rousseau o achado com que, mentalmente, poderia combater o farisaísmo da sociedade parisiense, a sociedade que o tornava, ele cheio de calor humano, misantropo, se para Chateaubriand finalmente uma abertura de fronteiras, o exotismo — para o romântico brasileiro é uma bandeira político-social, é nacionalismo. Para o europeu, a fuga; para nós, a afirmação afinal. Depois da independência política, a literária.

E não importa que os nossos índios sejam europeizados.

Mesmo que Iracema se padeça com sentimentos corneillianos (o amor-dever para com os tabajaras, seus irmãos, que luta contra o amor-paixão para com Martim, amigo dos inimigos da sua raça e branco), ainda que seja idealizada dantescamente, como nova Beatriz, ou personagem de uma cantiga de amor medieval, para não falar das idealizações mais próximas e mais à mão, da Elvire de Lamartine à heroína de *Chatterton* — mesmo assim há em Alencar a consciência de que, se expressando como se expressava, também expressava o Brasil, buscando o ideal de escrever "o verdadeiro poema nacional, tal como o imagino" (p. 186). Já André Gide afirmava com segurança: *"Dans le domaine des sentiments, le réel ne se distingue pas de l'imaginaire"*.

Não se tratou aqui de julgar os românticos, mas de compreendê-los, e para compreender é necessário que o crítico se simpatize, se "empatize" com o criador.

Além do mais, pelo exposto acima, não se faz necessário explicar por que o romântico português tenha evitado tenazmente o tema indianista, mesmo se a poesia de um Cruz e Silva, "As metamorfoses" por exemplo, fizesse prever o contrário.

DA LÍNGUA INDÍGENA AO AUTOR-CRÍTICO

A par da reação política, a reação filológica. Os românticos foram os primeiros a malbaratar sistematicamente a língua portuguesa da metrópole, usando modismos brasileiros ou palavras indígenas. (Talvez a única exceção anterior tivesse sido Gregório de Matos, mas, conforme assinala muito bem Antonio Candido: "Ele não existiu literariamente [em perspectiva histórica] até o Romantismo, quando foi redescoberto", e mais adiante: "antes disso [do Romantismo], não influiu, não contribuiu para formar o nosso sistema literário".)[10] Aí estão, como documento, as constantes querelas de Alencar com os portugueses, ou pseudoportugueses, estudadas exaustiva e condignamente por Gladstone Chaves de Melo.[11]

No entanto, se a filologia estuda essas transgressões e procura justificá-las, ou negá-las, baseando-se em normas e tradições linguísticas, a nossa função é outra. Averiguar em que o conhecimento da língua indígena afetou, esteticamente, uma das obras de Alencar, *Iracema*. E aqui, então, cremos que nos distanciaremos do que comumente se tem dito sobre Alencar.

Que tivesse conhecimentos inegáveis de tupi-guarani, não se discute, e de que desse grande ênfase à sua importância para o escritor brasileiro, resta ainda menos dúvida. Esses pontos estão claros, seja nas suas abundantes "Notas", colocadas no final do volume, seja na tradicional "Carta ao dr. Jaguaribe", que se lhe segue nas edições comerciais de *Iracema*.

Que ainda compreendesse a primeira importância estética do conhecimento da língua indígena, nem se comenta, pois é ele próprio quem divide as obras indianistas em dois grupos: as que pecam pelo "abuso de termos indígenas acumulados uns sobre os outros", e com isso quebra-se "a harmonia da língua portuguesa" e perturba-se "a inteligência ao texto", e as outras, mais equilibradas, que, no entanto, não comunicam ao leitor a "rudez ingênua de pensamento e expressão, que deve ser a língua dos indígenas" (p. 185).

Via lucidamente os inconvenientes e as armadilhas em que o escritor poderia cair. Colocava, inclusive para si mesmo, numerosos problemas, e ao mesmo tempo fornecia ao leitor mais arguto algumas pistas seguras para a compreensão total do seu romance.

É isso que me empolga hoje em Alencar, a capacidade que tem de, sendo criador, ser crítico também. Enquadra-se, pois, dentro desta categoria tão prestigiada hoje em dia dos criadores-críticos: Baudelaire, Mallarmé, Valéry, Eliot, na poesia; Henry James, Flaubert, Gide, no romance — e muitos outros. E Alencar, como estes, usa a crítica como justificação e estímulo (emulação) para a obra que realiza. E me estão presentes estas palavras recentes do romancista Alain Robbe-Grillet que, recusando-se a ver uma "antinomia entre criação e consciência", conclui: *"Il semble que l'on s'achemine de plus en plus vers une époque de la fiction où les problèmes de l'écriture seront envisagés lucidement par le romancier, et où les soucis critiques, loin de stériliser la création, pourront au contraire lui servir de moteur"*.[12]

Fica claro, portanto, que Alencar se propunha a pensar constantemente a sua lenda. Não é à toa que Cavalcanti Proença pôde dizer dele:

> O que o distingue dos contemporâneos é a consciência, despertada cedo, de que o artista se faz é pelo domínio do seu instrumento de trabalho. Fantasia ele a tinha, e vertiginosa por vezes, mas sob suas leves nuvens, havia chão sólido de preparo,

de leitura e de exercício, em que firmava pé para os saltos, voos e até cabriolas que executou.[13]

Essa opinião já vinha, desde o século XIX, sendo divulgada por Araripe Júnior, sólido biógrafo e contemporâneo de Alencar. Afirma ele que, quando estudante em São Paulo, Alencar "lia sem descanso novelas, e promiscuamente passava em revista os monumentos da literatura romântica"; e linhas antes havia assinalado que "viam-no pacientemente preparar-se para sua estreia, como quem estava certo do papel que teria de representar na literatura de seu país e não receava competência capaz de antecipar-lhe o brilho".[14] E chega à conclusão de que "José de Alencar não foi um poeta inconsciente, e esta única proposição será suficiente para explicar toda a sua vida literária".[15] Desse mesmo julgamento compartilha Sílvio Romero,[16] e mesmo, de certa forma, Georges Le Gentil, que, numa breve resenha por ocasião do centenário de Alencar, asseverava: *"En 1865, lorsqu'il compose* Iracema, *Alencar est maître de ses moyens"*.[17]

Difícil é, pois, para nós, aceitar outro julgamento de Araripe Júnior (inclusive em parte contraditório com as outras afirmações do crítico) que diz ser *Iracema* "talvez a sua obra mais espontânea".[18] Podemos acatar essa opinião, mas é preciso que nos entendamos sobre o significado preciso de "espontânea", ou então que se grife o "talvez" com que prudentemente inicia a cláusula. Jean Prévost, num magnífico estudo sobre a criação literária em Stendhal, fala-nos da *"loi de la détente"*: *"C'est une loi connue des athlètes, des danseurs et de tous ceux qui ont l'expérience des grands efforts rythmés, qu'après un effort intense, un moindre effort procure une aisance intime, et donne au style l'allure légère et la grâce"*.[19] E cita os exemplos de Voltaire, escrevendo depois do *Essai sur les moeurs, Candide*; da correspondência de Flaubert; de Valéry, fluvial no seu "Cimetière marin", depois do complexo e obscuro "La Jeune Parque" etc. Talvez fosse essa a ideia que tivesse em mente Araripe Júnior, e como tal não a discutimos, pelo contrário a aceitamos plenamente, inclusive porque viria fazer coro às afirmativas de Cavalcanti Proença e Le Gentil, citadas acima.

DA PERÍFRASE À CRIAÇÃO DE PALAVRAS

Do tupi-guarani ao português, José de Alencar toma consciência de que manipula duas línguas diferentes na sua estrutura: na indígena, língua aglutinante, vemos que os vários afixos trazem "significado" quando se juntam na formação das palavras, ao passo que na portuguesa, flexiva, são meros condutores de "conceitos". Do tupi-guarani ao português, então, passamos do vocábulo à perífrase.

Dos poucos críticos a abordar esse problema e processo em Alencar e para ele chamar a atenção é o sr. Cavalcanti Proença[20] que, apoiando-se em opiniões de Cardim, não vai muito além do mero constatar, chegando a conclusão bastante geral, para logo depois abandonar o assunto.

O que importa estudar são os efeitos que Alencar retira do seu conhecimento da língua indígena e ainda os derivados da sua consciência estética do processo.

Inicialmente, se desejarmos retraçar a gênese desse entroncamento em Alencar, teríamos de falar do seu ideal (e como todo ideal inatingível) de "traduzir em sua língua as ideias, embora rudes e grosseiras, dos índios", e na tradução necessário é que "a língua civilizada se molde quanto possa à singeleza primitiva da língua bárbara" (p. 185). Seguindo o seu próprio conselho, foi até a língua bárbara, e de lá trouxe uma nova visão, um novo approach para o problema linguístico no romance indianista. "Os assuntos pouco interessavam à sua musa fértil; a linguagem era tudo" —[21] adianta-nos Araripe Júnior. Criaria palavras, expressões, perífrases, em português, segundo os moldes do tupi-guarani. Em outros termos, aplicaria o método da criação de palavras duma língua aglutinante numa língua flexiva. Isso está bastante claro, bem exemplificado e explicado, longamente, na "Carta ao dr. Jaguaribe":

> Ocorre-me um exemplo tirado deste livro. Guia, chamavam os indígenas, senhor do caminho, *pyguara*. A beleza da expressão selvagem em sua tradução literal e etimológica, me parece bem saliente. Não dizem sabedor, embora tivessem termo próprio, *coaub*, porque essa frase não exprimiria a energia de seu pensamento. O caminho no estado selvagem não existe; não é coisa de saber; faz-se na ocasião da marcha através da floresta ou do campo, e em certa direção; aquele que o tem e o dá, é realmente senhor do caminho. [p. 187]

Assim, no capítulo IX, o guerreiro Cauby é apresentado como "senhor do caminho", e não como "guia". Reside aí, no entanto, apenas uma das faces do problema, a mais óbvia e discutida (cujo exagero nos conduziria à falsidade da "fala de Tarzã"), problema bastante mais complexo e interessante no reverso da moeda.

Gostaria de referir-me em especial aos momentos em que Alencar não *traduziu* o vocábulo indígena, e o usou tranquilamente em português, acrescentando-lhe, no seu aspecto exterior, audível, um valor encantatório, de magia, de evocação, e oferecendo, no seu aspecto significativo, múltiplas ressonâncias que deveriam ser adivinhadas pelo leitor. Com isso, engrandeceu a sua obra e mostrou pleno o esforço do criador. Pelo menos sob quatro aspectos:

a) Enriqueceu a língua portuguesa de novos vocábulos, alguns que seriam aceitos, e outros repudiados. Como coloca bem Gilberto Freyre:

> Em Alencar, a língua portuguesa, sem se ter tornado a língua de um grande escritor, como que adquiriu o que os biólogos chamam de valor híbrido: conservando-se portuguesa, abrasileirou-se, ora arredondando-se em palavras mais do que latinamente doces, ora parecendo língua menos latina que bárbara com zz, yy e ww, vindos do grego, do tupi, do nagô e até do inglês.[22]

b) Resolveu satisfatoriamente dois dos problemas graves que assaltam a qualquer romancista: dar nomes aos seres e lugares. Em muito Alencar pode ter pecado, e pecou, mas nisso sempre acertou, não só dando aos seus personagens a *"particularisation of character"*, de que fala Ian Watt,[23] mas também carregando-os propositadamente de valor simbólico, como veremos.

c) Conseguiu, ainda, criar toda uma alegoria ao usar conscientemente alguns desses vocábulos, sem que ficasse ofensiva ao bom gosto, pois, mesmo para um leitor brasileiro cultivado, os símbolos não estão evidentes demais, antes requerem que sejam decifrados (para usar um vocábulo caro a Mallarmé).

d) Dentro da língua portuguesa, criou essas ilhas condensadas e cheias de significado, que lembram as experiências mais ousadas de autores anglo-saxões, ou mesmo de um Guimarães Rosa entre nós. Criando e usando palavras como "Moacyr", em lugar da perífrase "filho do sofrimento", dando-nos a chave nas suas "Notas" (Joyce escreveu num tempo em que se confiava mais na argúcia e paciência do crítico), vemos que Alencar não está longe da palavra-mala, ou mesmo, num certo sentido, do ideograma poundiano, visto que para este a literatura é *"dichten: condensare"*.[24]

Tudo isso não parecerá estranho a quem leu cuidadosamente a biografia que Araripe Júnior traçou do autor de *Iracema*. Ali, lembra-se o crítico: "Recordo-me de ter ouvido um dia que José de Alencar estreava no mundo literário pela charada".[25] O gosto pelo jogo, pela divisão *artificial* da palavra portuguesa em semantemas que exprimem significado, o acompanhava desde criança. Na feitura de *Iracema*, transferiu-o para outra língua onde a charada não é artifício. A charada foi-lhe revelada pelo reverendo Carlos Peixoto de Alencar, que "conseguiu obter dos esforços da criança uma perfeição talvez precoce".[26] Araripe Júnior, em páginas adiante, chega mesmo a ver ressonâncias desse aprendizado na investigação que Alencar fará anos mais tarde no passado pátrio: "O mesmo gosto, que o levara em menino ao enigma, atraiu o adolescente ao passado de sua pátria. Quis decifrá-lo, dar-lhe forma, e, de vago, reduzi-lo a concreto; e, como seu gênio não se afeiçoava à análise, à observação, tentou adivinhá-lo. O difuso o horrorizava; a forma nítida, eis sua grande sedução".[27]

O menino que se aperfeiçoava nas charadas e o adolescente que decifrava as origens da pátria, já estavam em germe no adulto que iria escrever *Iracema*. Como diria Machado de Assis.

ENTRE O ENIGMA E A ALEGORIA

Daí não acharmos incongruente, tampouco fictícia, a tese alegórica que se vem criando em torno do significado de *Iracema*. O primeiro a dar o grito para a nova interpretação, e não esconde o alvoroço e emoção da sua descoberta, é Afrânio Peixoto:

> *Iracema* é o poema das origens brasileiras, noivado da Terra Virgem com o seu Colonizador Branco, pacto de duas raças na abençoada Terra da América. Não foi, pois, sem emoção, que descobri nessa "Iracema", o anagrama de "América", símbolo secreto do romance de Alencar que, repito, é o poema épico, definidor de nossas origens histórica, étnica e sociologicamente.[28]

Sim, "Iracema" é o anagrama para "América", figura idealizada como era o Brasil pela literatura de informação sobre a terra recém-descoberta;[29] caráter feminino que atrai pelas suas aparências o estrangeiro, e que até o enfeitiça através do licor de jurema (tão romântico, mas tão apropriado) que a índia ministra a Martim para que ele, voltando à sua pátria pelo sonho, a desprezerrr, distancie-se dos seus, e reclame Iracema no ato amoroso, cego, instintivo. Aliás, já Botelho de Oliveira via no Brasil, na sua "Silva à Ilha de Maré", uma Vênus surgida das águas, amada por Netuno, o mar, lembrando por dupla oposição o Adamastor camoniano. Compraz-se Botelho de Oliveira a recortar a costa brasileira femininamente, fazendo com que o mar "botando-lhe os braços dentro dela/ A pretend[a] gozar, per ser mui bela".[30] E o autor descreve o doce idílio dos amantes que, durante as marés vivas, "vivem nas ânsias sucessivas"; nas marés mortas, o mar "menos a conhece", e portanto "maré de saudades lhe parece".[31]

Não é o mar que "senhoreia" a jovem Iracema (de ira-mel e tembe-lábios), mas Martim, trazido pelo mar, e é curioso como Alencar foi precavido na escolha do seu nome,[32] e como nos dá a chave exata nas suas "Notas". Ali se pode ler: "Da origem latina de seu nome, procedente de Marte, deduz o estrangeiro a significação que lhe dá" (p. 163), pois havia dito a Araken que o seu nome na língua dele significava "filho de guerreiro" (cap. III). Simbolismo que já aparece nos *Lusíadas* (possível fonte para Alencar), quando Tétis discorrendo sobre os governadores e os heróis da Índia, ao referir-se a Martim Afonso de Sousa, cujo passado nas costas do Brasil ninguém ignora, engenhosamente sai-se com estes versos:

> Este será Martinho, que de Marte
> O nome tem co'as obras derivado;
> Tanto em armas ilustre em toda parte,
> Quanto em conselho sábio e bem cuidado.[33]

Martim, Marte, representa em *Iracema* o povo português, "a que Marte tanto ajuda",[34] e que vai conquistando os mares, as terras, os povos. Lícito, pois, era esperar que Camões, no "Concílio dos Deuses", fizesse com que Marte fosse o protetor da gente lusa, ajuda que será amplificada com a participação de Vênus, deusa do amor.[35] Marte e Vênus, a favor, combatem Baco, protetor dos gentios, nessa verdadeira guerra entre os colonizadores e os bárbaros. Marte e Vênus, valentia e amor, a alma portuguesa. E não são também essas qualidades as de Martim? Se não, vejamos como o romancista o introduz: "O moço guerreiro aprendeu na religião de sua mãe, onde a mulher é símbolo de ternura e amor" (cap. II). Assim nos é apresentado o moço: guerreiro por um lado, terno e amoroso por outro, ainda que isso tenha sido posto à prova um minuto antes, com a flechada de Iracema. Ferido, não revida; desconsiderado, perdoa e ama; amor à primeira vista, *coup de foudre*, romântico, fulminante e eterno.

O recurso ao "licor" (acima o mencionávamos), tão repetido e tão a gosto dos românticos, adquire aqui nova latitude, abandonando por instante o apenas lugar-comum, o abre-te sésamo dos imbróglios. Expliquemo-nos. Dentro da visão "lusotropicalista" (Gilberto Freyre) da civilização brasileira, seria impróprio fazer com que Martim se apresentasse como profanador da religião indígena, ou mesmo da mulher. Iracema, começa a ficar claro desde o capítulo IV, "guarda o segredo da jurema", e como tal deve quedar-se virgem. Qualquer ato de violência contra o seu corpo redunda numa ofensa contra os tabajaras, e por oposição em desprestígio de Martim, "o homem cordial" de Sérgio Buarque de Holanda, *avant la lettre*. "Ele não deixará o rasto de desgraça na cabana hospedeira" (cap. XV) — decide-se acordado, na noite da sua partida. Para ser pecador e se conservar ao mesmo tempo inocente, era portanto necessário que a sua lucidez fosse ofuscada, que o caminho a seguir, a partir de então, lhe fosse ditado não pelo livre-arbítrio, pela razão, mas pelos inexplicáveis meandros do sono/sonho. É ele quem pede a Iracema "o vinho de Tupã" (ela lhe oferecera antes, cap. VI). Sob o efeito da droga, pode expandir-se, dar vazão aos seus desejos; e aparecem duas conclusões reveladoras na boca do romancista, uma logo em seguida da outra, partes que são da mesma frase: "o gozo era vida", "o mal era sonho e ilusão" (cap. XV) — o julgamento e o perdão. Na manhã seguinte, as águas banham o "corpo casto da recente esposa" (cap. XV). A violência não fora cometida, pelo menos lucidamente, mas a união se realizou. Mistura de raças, ausência de preconceito. O português, ao contrário do anglo-saxão, não havia trazido a esposa para o Novo Mundo.

A partir de então há no livro um significativo intercâmbio de valores, valores de civilização. E Martim que, "tendo adotado a pátria da esposa e do amigo" (cap. XXIV), passa pela cerimônia da pintura guerreira, e recebe mesmo um nome de batismo, Coatyabo (cap. XXIV), o que sofreu a ação da pintura, lê-se nas "Notas". Se brasileiriza, se tropicaliza.[36] Em seguida, Alencar, ainda usando das suas infinitas comparações (excesso que ele mesmo critica, cf. p. 190), estabelece o modus vivendi do português nos trópicos. Entre a esposa e o amigo, será como o "jatobá na floresta": "seus ramos abraçam os ramos do ubiratã e sua sombra protege a relva humilde" (cap. XXIV). Poty e Iracema, os tabajaras e os pitiguaras; Martim ainda traço de união entre tribos inimigas.

O intercâmbio se completa com o batismo de Poty, segundo a Santa Madre Igreja, obedecendo-se ao próprio desejo do índio, pois ele queria "que nada mais o separasse de seu irmão branco" (cap. XXXIII). Uma vez mais, Alencar se esmera a arquitetar um nome próprio; aqui, até a ordem que estabelece é importante. Recebe primeiro "o nome do santo, cujo era o dia, e o do rei a quem ia servir, e sobre os dois o seu, na língua dos novos irmãos" (cap. XXXIII). A fé, o império, como diria Camões, e a servidão, acrescentaríamos. Sorrateiramente a voz de Oswald de Andrade se interpõe entre a página e o crítico: "Nunca fomos catequizados. Fizemos foi Carnaval. O índio vestido de senador do Império. Fingindo de Pitt. Ou figurando nas óperas de Alencar cheio de bons sentimentos portugueses".[37]

Esse aspecto, aliás, é sublinhado com pessimismo pelas palavras finais do ancião Batuireté, avô de Poty, proferidas quando da visita do neto e de Martim à sua cabana: "Tupã quis que estes olhos vissem antes de se apagarem o gavião branco perto da narceja" (cap. XXII). Mais do que depressa, para evitar qualquer desvio de interpretação, Alencar anota: "Ele profetiza nesse paralelo a destruição de sua raça pela raça branca" (p. 176).

Radical e pessimista a conclusão do novo Velho do Restelo, mas tal não é a profecia de Iracema: professa antes a mistura das raças, a miscigenação no final (é bom frisar: apesar da morte de Iracema). E dos elementos distintos, Martim e Iracema, nasce Moacyr, "o primeiro cearense" (cap. XXXIII). Novamente o conhecimento do tupi-guarani auxilia-o na criação da sua obra alegórica, na procura do nome próprio (também híbrido) adequado e simbólico. Ainda nas preciosas "Notas" que nos deixou informa: "Moacyr — filho do sofrimento — de *moacy*, dor e *ira*, desinência que significa 'saindo de'" (p. 180). Definição do brasileiro, filho do sofrimento, porque fruto do encontro desencontrado. Peças que se adaptam pelo amor, e que não se encaixam pelo social. Do encontro, o filho; do desencontro, o sofrimento. Ou como o quer Afrânio Peixoto, mais patriota: "Símbolo desses primeiros brasileiros, os mamelucos, mártires da civilização, que atraiçoaram a raça autóctone, da qual já não eram, para serem maltratados pela raça invasora, à qual ainda não pertenciam".[38]

DURA LEX

Iracema é, pois, como qualquer obra alegórica, um livro que oferece ao leitor dois níveis de leitura. Suporta uma primeira leitura, corrida, da casca para fora, onde só se apreende o externo, a imagem simples e ingênua, o amor de um português por uma índia, nos primórdios do Brasil, leitura feita magnificamente por Machado de Assis.[39] Também, caso queira o leitor aprofundar-se, aí encontrará diferente material: a alegoria do nascimento do Brasil, da civilização brasileira,[40] dos contatos entre portugueses e índios, arquitetada cuidadosamente e carinhosamente pelo autor, através de todo um trabalho na linguagem.

Disso talvez, por ricochete, advenha o defeito maior do livro, e a crítica maior que lhe fazemos. Por querer sustentar esses dois níveis de leitura durante todo o tempo, *Iracema* passa pela superficialidade no tratamento psicológico dos personagens. Já Lúcia Miguel Pereira, aguda leitora, havia assinalado que "o caráter simbólico emprestado aos heróis — aos dos livros indianistas, os mais importantes — como que os desumaniza".[41] E mesmo Lins do Rego, com intuição de criador, num rápido panorama advertia que "Alencar nos dera uma alegoria imensa, e nós precisávamos de pesquisadores de alma humana".[42] Os personagens de *Iracema* são apresentados pelo exterior, e o autor jamais quis se intrometer com o íntimo de Iracema ou de Martim. (Gonçalves Dias, no poema *I-Juca Pirama*, alcança mais nuances de sentimentos do que Alencar no seu romance.) São mais joguetes na mão do autor do que personagens-seres engomados. E deve ter sido por isso, e mais pela linguagem artificial que constantemente usa, que não tenha querido chamar *Iracema* de romance, nem mesmo de romance histórico. Lenda apenas. *Iracema* se nos apresenta com o candor, a ambiguidade (pronto corrigida pelas "Notas"), a atmosfera irreal, idealizada, a rusticidade, a ingenuidade das histórias que se contam "à calada da noite, quando a lua…" (cap. I). Lenda: visão subjetiva, interpretação pessoal, alegoria, ausência de rigor histórico. Aceite-se César pelo que César lhe oferece, e dê-se-lhe, em troca, o que ele merece. No caso específico de Alencar, porém, a nossa afirmativa inicial, o encasulamento político da literatura, deve ser revista, a fim de que ganhe maiores matizes. Alguns historiadores (Sílvio Romero, Araripe Júnior) têm mesmo exagerado o papel que alguns dos seus antepassados, principalmente a avó e o seu pai, tiveram na formação do seu espírito antilusitano. Em *Iracema* o que vemos é um aperto de mão com o índio e com o português. Porém, com o português que (frisemos) abandonou Portugal e aceitou sem restrição a pátria de adoção, o *coatyabo*, conforme ainda fica patente na reveladora cena do sonho (o licor de novo): "Mas por que, mal de volta ao berço da pátria, o jovem guerreiro de novo deixa o teto paterno e demanda o sertão?" (cap. VI). E o mesmo Martim, deus da guerra, passa a ser simbolizado mais tarde no livro pelo jatobá que, como vimos, cerra nos braços o ubiratã e protege a relva. Antilusitanos foram os diversos participantes do grupo Antropofagia, inclusive na violência das palavras, dos conceitos, não condizentes com o espírito Pitt de Alencar, ou dos outros românticos. Ou melhor: antilusitanos teriam sido..., pois o indianismo para eles era sobretudo uma atitude estética.

[1965]

Camões e Drummond: A máquina do mundo

NOTA EXPLICATIVA

A crítica literária é também escrita pela figura da coincidência. Passei o biênio 1962-64 como professor no Departamento de Línguas Modernas da Universidade do Novo México, em Albuquerque. Fui encarregado de ensinar os vários cursos nas literaturas portuguesa e brasileira. Coincidiu que ensinei ao mesmo tempo um curso sobre Gil Vicente & Camões e outro sobre a poesia modernista brasileira. Coincidiu que reli *Os lusíadas* ao lado do meu livro preferido de Drummond, *Claro enigma*. Não fiquei insensível ao tema da máquina do mundo num e no outro. Daí para sair para a questão do discurso da tradição no modernismo brasileiro foi um passo. Retornaria a essa questão, num movimento mais amplo, em palestra que fiz para a Funarte, hoje em *Nas malhas da letra*.

Antes de transferir-me em setembro de 1964 para a Universidade Rutgers, em New Brunswick (Nova Jersey), escrevi um longo ensaio sobre o tópos da máquina do mundo em Camões e Drummond, que foi submetido à revista *Hispania*. O texto foi aprovado pelos dois *referees* (anônimos). Julgaram-no, no entanto, muito longo, um pouco mais de trinta laudas. O editor da revista disse-me que só o publicaria se reduzisse o texto a umas dez laudas. Como tinha interesse em ter publicações em revistas acadêmicas (lembrem-se do "*Publish or perish*"), curvei-me ante a exigência.

Nova coincidência. Meu colega e amigo Cassiano Nunes, então professor na New York University, leu o artigo na versão datilografada. Entusiasmou-se e me pediu permissão para enviar cópia a Drummond. Dei-lhe a permissão.

Outra coincidência a mais. Na época mantinha contato estreito com os irmãos Campos, Augusto e Haroldo. Surgiu-me a ideia de rever alguns poemas (ou versos) dos poetas modernistas canônicos (Bandeira, Drummond, Cabral) da perspectiva do experimentalismo dos anos 60. Escrevi quatro poemas, que intitulei "Alguns floreios". A revista *Invenção* publicou dois deles. Murilo Rubião, então responsável pelo Suplemento Literário do *Minas Gerais*, aceitou publicar os quatro poemas no número de 1º de abril de 1967. Foram republicados no livro *Salto*, editado em 1970 pela Imprensa Oficial de Minas Gerais. Transcrevo os dois poemas referentes a versos de Drummond:

Palavra-puxa-palavra a mote alheio

É sempre no passado aquele orgasmo.[1]

asno é burro orgasno
é de... no passado o
h! gasmo no presente
oh! pasmo orgiavagian
al orgiavagia aval o
rgiasmo ódiabo! orgi
aval urenal manual o
h! asno pasmo no pre
sente sente? orgasnu
aval. quem gasna é p
ato e asno é burro o
!rgasmo não devia o
h! não orgasnovagiana
l

Palavra-puxa-palavra a mote alheio

> e um grave sentimento
> que hoje, varão maduro,
> não punge, e me atormento.[2]

*onde deixaste? no ci
mento. tormento? dei
xaste as pegadas sof
rimento ferimento di
uturno hoje pungimen
to ontem. onde deixa
ste, varão? o gravev
arão: sofrimento sof
ri sóri sofri sópung
imento e cimento. re
mendo? ma dureza dur
eo maduca o fruto du
reza madura. caduca.*

O processo retórico de que me vali ao escrever os poemas foi inspirado no livro *Esfinge clara: Palavra puxa palavra em Carlos Drummond de Andrade*, de Othon Moacir Garcia (1955).

Tempos depois, recebi do poeta, num daqueles envelopes convencionais da época, o poema que vai também transcrito.

Em A/GRADE/CIMENTO
Ao ensaio "Camões e Drummond: A máquina do mundo", de Silviano Santiago, professor em New Jersey (USA)

*Cammond & Drumões: Sant'Iago!
que eu nunca v/ira os 2 juntos,
i/mago de Br/ucharia
ou brinco aniversário*

*tez-sido de novas jérseis
que ao vê-lo me sinto gag/o?*

*Quina má de nau no mu(n)do
levou K, de goa em goa
a nãofragar em Drum-onda?
e maquin/ais tal approach
sem que Vaz dolho vasado
vos reucrimine, ó malino?*

*Mack-in/ação que Rey-mundo
ja+oiçara tr/amar
pois de Luís o luisd/ouro
eis se cãoverte em desc/ouro
no ex-passo de um 2º
mal-drummundo.*

*Oiça ou ousa? Fray Luís
de Soisa também maq'nista
do grão te/atro del mondo
m'in/cita no lauto Aulete
à dire: cette machine
aquiapitalizine.*

*Silv'ano, se vana verba
averba o fá de meu grão,
salve! mas salviando antes
o mão-quinado lusíada
que druma em glória no alão,
bãobalalãi.*

Acho que os dois poemas experimentais que saíram na revista *Invenção* talvez possam explicar a linguagem poética inusitada de CDA e também a picardia e a ironia drummondianas. Touché!

Abril de 2002

ENSAIO

> *Deixa lá dizer Pascal que o homem é um caniço pensante. Não; é uma errata pensante, isso sim. Cada estação da vida é uma edição, que corrige a anterior, e que será corrigida também, até a edição definitiva, que o editor dá de graça aos vermes.*
>
> Machado de Assis

Tomando como base três importantes poemas de Carlos Drummond de Andrade ("No meio do caminho", de 1930; "Carrego comigo", de 1945; e "O enigma", de 1948), analisando-os cuidadosa e meticulosamente, não seria difícil constatar uma reincidência de tema no tempo, onde sobressai a evolução de um símbolo: um objeto (pedra, embrulho e Coisa, respectivamente) que de repente brota, não se sabe bem de onde, nem para quê, e que, intrigante, intercepta o caminho e os passos do poeta. Oferece-se a ele, desafiando a sua curiosidade e argúcia, como se trouxesse uma mensagem esotérica e importante. Mas o objeto é mudo. Pouco depois, desaparece como veio, sem deixar marcas ou pistas. Dando maior atenção ao último dos três poemas citados, notaríamos que a Coisa, o objeto, tornou-se de símbolo, um enigma — e um enigma obscuro que "zomba da tentativa de interpretação".*

Eis o ponto a que chegou o poeta às vésperas de publicar *Claro enigma* (1951): a um beco sem saída, a um enigma obscuro. "O enigma", aliás, é poema típico dentro das correntes contemporâneas, poema que não teve a força suficiente para desprender-se do criador e entregar-se ao leitor. Vive no estado anfíbio de achado (*trouvaille*), não chega a ser domado, nem pelo autor nem pelo leitor, quedando-se no limbo da poesia. Ausência de expressão, ausência de comunicação.

Por outro lado, perceberíamos que os poemas de Drummond evoluem dentro de uma conscientização lenta do adquirido, evolução paralela à vida do poeta, que se enriquece no dia a dia, renascendo constantemente em cada amanhecer, em cada nova fase da sua poesia, pois o seu valor primeiro é retirado da experiência na vida e na arte. Poesia-fênix. Poesia que adquire peso à medida que se expõe

---

* Carlos Drummond de Andrade, *Obra completa* (Rio de Janeiro: Aguilar, 1964), p. 231. Para evitar a repetição desnecessária e monótona, apenas fornecemos o número da página entre parênteses.

e se torna consciente do seu existir, já passado, prenúncio e razão de ser do futuro. Drummond é o poeta que *amadurece* — coisa rara no século XX, inaugurado sob os auspícios de Rimbaud. E o antípoda, Drummond, de Fernando Pessoa que nos disse: "não evoluo, VIAJO".[3] Companheiro que deve sentir-se do Brás Cubas de Machado, ele também crendo que o homem é apenas uma "errata pensante".

Daí o fato de Drummond ter aspirado a ser clássico só depois de ter atingido a idade madura, outonal, ao passo que o verdadeiro clássico já o é desde a primeira obra (ainda que esta não o seja). Ser clássico não é uma atitude artística, mas uma atitude existencial. Esboça-se aqui a diferença essencial entre a sua obra madura e a geração de 45. Ele queria domar uma explosão dentro da sua própria poesia, da sua poesia passada, enquanto os outros freavam uma fase anterior da poesia, e começavam a sua obra com uma atitude pensada, medida, clássica.

Como um fruto coerentemente se amadurece, como a crosta da Terra coerentemente se esfriou, no processo por que passa, Drummond procura os clássicos e se irmana a eles, para extrair deles o sabor. E na busca, a solução para o seu obscuro enigma: Camões acenou-lhe com "a máquina do mundo", belíssima alegoria que se encontra no canto X dos *Lusíadas*, e forneceu-lhe assim o claro enigma.

Vejamos primeiro qual o significado dessa alegoria dentro da epopeia camoniana.

A MÁQUINA DO MUNDO

Luciano Pereira da Silva, num extraordinário ensaio, pouco comum pela seriedade, estudando "A astronomia dos *Lusíadas*", chama a atenção para os pontos técnicos do conhecimento científico de Camões, pois antes de mais nada está interessado pela "parte puramente astronômica"[4] da epopeia. Ainda que enviando o leitor mais curioso a esse estudo, temos de convir que a maioria das suas conclusões não nos interessam aqui, visto que, em Drummond, a alegoria carece de base científica, tendo dela apenas extraído a sua essência. Porém, uma das conclusões pode auxiliar-nos:

A concepção da escola de Alexandria era para Ptolomeu um modelo puramente matemático; as suas esferas são apenas fórmulas matemáticas, auxiliares geométricos para o cálculo das posições dos astros. Para os astrônomos árabes, porém, como Albatênio, as esferas são sólidas, à maneira de Aristóteles; são peças com existência física, de vasto maquinismo pelo qual os corpos celestes são postos em movimento. [...] O modelo criado, para a concepção do universo deixa pois de ser puramente geométrico; é um modelo físico-mecânico. É a máquina do mundo, que ao Gama e os companheiros é dado ver com os olhos corporais.[5]

Por essa conclusão — que Drummond não devia desconhecer, pois está num estudo clássico sobre o assunto, posto a público e em edições comentadas da epopeia desde 1913 — se pode ver como a alegoria deve ter impressionado o poeta, pois a máquina do mundo se inscrevia perfeitamente dentro das suas buscas. Trata-se, não de uma fórmula ou equação matemática, abstrata, mas de um objeto físico-mecânico, que poderia muito bem substituir — e com maiores ressonâncias simbólicas, intelectuais e afetivas — a pedra, o pequeno embrulho, ou a Coisa. E desde que se tratara de um objeto conhecido, catalogado anteriormente pelo conhecimento humano, estava agora o poeta pronto para vislumbrar o seu interior, devassar a casca, conhecê-lo, admirá-lo, interpretá-lo. Perdia o aspecto de "coisa indescritível" (p. 142), ou de obscuro enigma.

Colocada numa posição privilegiada dentro da estrutura dos *Lusíadas*, a máquina do mundo é a soma dos conhecimentos divinos e sobrenaturais entregues a seres de carne e osso, durante a sua própria existência ("de c'os olhos corporais/ Veres o que não pode a vã ciência" [x, 76]), como recompensa pelos grandes feitos alcançados. Serve, pois, por um lado, como complemento e contrapeso para as recompensas terrenas e materiais, carnais, propiciadas a Vasco da Gama e os seus companheiros, na esplêndida e rabelaisiana "Ilha dos Amores" (canto ix), e por outro lado, juntamente com esta, tem a função de elevar os navegadores portugueses, meros seres humanos, à altura de deuses.

Baco temia e, num discurso aos deuses do mar, prognosticava a posição invejosa dos portugueses no futuro imediato:

> *temo*
> *Que do mar e do céu em poucos anos*
> *Venham deuses a ser, e nós humanos.*
> [vi, 29]

E é Cupido, sob as instâncias de Tétis, quem propicia a inversão, pois ele:

> *Os deuses faz descer ao vil terreno,*
> *E os humanos subir ao céu sereno.*
>
> [IX, 20]

Essa inversão de posições adquire pontos diametralmente opostos, se se estuda a atuação dos deuses e dos homens dentro da aventura, uma a cópia a carbono da outra. Como muito bem observa António José Saraiva: "Os deuses são dotados das paixões, ódios, simpatias, enternecimento e cólera que nós geralmente atribuímos aos homens de carne e osso... ao passo que os homens são, ao contrário disto, hirtos vultos, agarrados ao leme da sua missão histórica, sem respiração humana, impassíveis".[6] E, com relação a Vasco da Gama, comenta: "Se move com a impassibilidade ritual que nós atribuiríamos aos deuses, e ao lado dele os deuses são seres volúveis, impressionáveis, levianos e incertos".[7] Vasco da Gama e os seus companheiros estavam próximos e ainda vivos demais para se tornarem personagens de uma epopeia. Como humanos, percorriam as audaciosas páginas dos historiadores quinhentistas; era preciso torná-los míticos para habitar uma epopeia.

E não se trata de uma revelação a um homem, mas a todo um grupo ("tu com os mais..." [X, 76]), mostrando ainda uma vez que se trata de uma epopeia coletiva e não individual (cf. I, 3, costumeiramente citado). Não é, pois, apenas Vasco da Gama que serve de contrabalanço à voz agourenta e amarga do Velho do Restelo (IV, 95-104). E conseguem a Fama, não com a ociosidade dos que ficaram em casa, com receio da aventura, medo do desconhecido, da luta, com a aceitação prudente e calada do status quo, aproveitando as delícias e molezas do mundo, mas enfrentando o perigo, a natureza inóspita e buscando novos horizontes para o homem. Essa profissão de fé humanista se encontra não só nas duas alegorias citadas, como nas estrofes 95-99 do canto VI.

Ainda hoje podemos ouvir o seu eco nos versos com que Fernando Pessoa justifica os que acreditam no mito do Quinto Império ("Triste de quem vive em casa,/ Contente com o seu lar,/ Sem que um sonho no erguer de asa,/ Faça até mais rubra a brasa/ Da lareira a abandonar!"),[8] como os contemporâneos de Dante receberam a mesma doutrina através da sua interpretação da vida de Ulisses (*Inferno*, canto XXVI, 83-142).

Vasco da Gama e os seus aceitam essas duas provas de reconhecimento por parte de Tétis, e "se vão da lei da morte libertando" (I, 2).

A HIPOTECA E O AVAL

A organização e a evolução interna dos poemas de Drummond podem receber diversos adjetivos, menos o de anárquicas. A lógica da estrutura na oposição de conceitos no nosso poeta é qualquer coisa que desarma o leitor propenso a complicar situações, ou a abordar a poesia sem o recurso da inteligência. Há sempre nele um desejo de dizer, de exprimir uma ideia, sentimento ou sensação, que sejam claramente percebidos pelo leitor, e raramente os seus poemas são apenas a criação de um estado poético, encantatório, divino, que fez e faz a originalidade de uma Cecília Meireles, ou de um Augusto Frederico Schmidt. São discursivos, convincentes, diretos, secos, pobres ("Esta rosa é definitiva,/ ainda que pobre" [p. 235]). E, como João Cabral de Melo Neto, tem receio de "poetizar seu poema", "perfumar sua flor",[9] e é sintomático como despreza aquilo mesmo que, normalmente, é tido como riqueza, e privilégio dos grandes criadores: a imaginação: "Imaginação, falsa demente,/ já te desprezo" (p. 235).

"A máquina do mundo", como os poemas anteriormente citados, não foge a essa premissa, pois facilmente se pode perceber nele uma série de agrupamentos conceituais, dispostos simetricamente. Vemos no poema cinco fases que obedeceriam à seguinte numeração por estrofe: 1-7: o quadro, a máquina se entreabre; 8-16: se oferece e fala; 17-23: visão do poeta; 24-30: o poeta recusa; 31-32: fecho, as coisas continuam como antes.

Nas três primeiras estrofes, esboça e precisa o local do encontro com o objeto, ao contrário do que sucede nos três poemas previamente citados, onde deixava abstratas as circunstâncias, ou os menores acidentes geográficos. As informações agora são claras: estrada de Minas, retorno à província, retorno sonhado, como se apenas pudesse encontrar a si onde nascera; ouvem-se sinos no fecho da tarde, a hora em que se passa a ação de *Claro enigma*, hora ambivalente que explica a poesia e o poeta, pelo que de envelhecimento, de caminho já percorrido, e também de amadurecimento sugere. Continua com uma notação lírica: aves lançadas contra o céu de chumbo, que perdem o contorno à medida que o chumbo se derrete em negro; e é nesse clima, expresso por cores também ambíguas, que o "ser desenganado" encontra a máquina do mundo. Voluntariamente o poeta moderniza a fábula camoniana, criando uma atmosfera irreal e ao mesmo tempo bastante precisa e realista para qualquer mineiro (sempre disposto a criar estória ou a contá-la), pois se assemelha a fatos jornalísticos ligados ao aparecimento de discos voadores. Drummond moderniza pela *science fiction*; e o verbo "se entreabre", logo seguido por "se abre" (estrofe seguinte), serve ainda para dilatar a impressão de *suspense*, de interesse, como se a máquina do mundo não mais se referisse a nós, mortais, mas fosse objeto interplanetário, alvo da curiosidade pessoal e do interesse geral. Ainda ao contrário dos objetos anteriores (pedra, embrulho, Coisa) que teimosamente permaneciam fechados, herméticos, contraídos sobre eles mesmos, extraindo do poeta apenas interrogações, este agora "se entreabre", "se abre", sem nem mesmo perturbar ou chocar os sentidos e as intuições do poeta, "as pupilas" e "a mente" (estrofes 5, 6 e 7). Objeto estranho, porém familiar — contradição que se explica pelo passado do tema na sua poesia, como se a máquina do mundo estivesse sendo ansiosamente aguardada.

Como nos casos precedentes, o objeto se oferece, sendo a capital diferença que se oferece aberto agora, convidando o poeta para a inspeção do seu interior, onde se revelaria "a natureza mítica das coisas". Personalizada, se expressa verbalmente, embora nem voz, sopro, eco ou percussão pudessem ser percebidos pelo homem, que tenta estabelecer uma ligação sensorial com o objeto. Resposta ao olhar humano que a investigava, ou apenas reflexo do olhar que se esbate, e na tentativa de compreensão emite reflexo, que é realidade e ao mesmo tempo ilusão — como a própria natureza íntima da prosopopeia que consegue falar sem voz, sopro, eco ou percussão. Promete-lhe então a solução para todas as suas perguntas, problemas e investigações de "errata pensante": "a riqueza", "a ciência", "a total explicação da vida", e mesmo "o nexo primeiro e singular". A máquina do mundo se revela, pois, como uma entrega ao poeta, em drágeas, de todo o conhecimento das coisas (e portanto de poder sobre elas), e ainda oferece-lhe a explicação do nexo, ligação, que une homem e objeto, homem e mundo.

Não recusa o poeta inicialmente a oferta, a dádiva (o que não sucedia nos outros poemas, onde o primeiro gesto era de recusa, peremptório e definitivo), mas a aceita, e diante dos seus olhos tem uma verdadeira utopia moderna, onde a perfeição atingiu não só o domínio das coisas elaboradas, trabalhadas pela mão, materiais, industriais (pontes, edifícios, oficinas), como o domínio dos recursos da terra, ou ainda dos do mundo animal, vegetal e mineral, sem se esquecer dos próprios e complexos sentimentos humanos (paixões, impulsos, tormentos). Tudo afinal submetido à vista humana, tudo atrai e chama o poeta para o seu reino, mostrado por vez primeira.

Mas o dom tardio não é apetecível; menos: é despiciendo. O poeta não é "mais aquele habitante de [si] há tantos anos"; vive já sem a curiosidade mostrada anteriormente, que se revelava nas constantes perguntas, tentativas de compreensão dos seres, das coisas, do universo enfim. "Baixa os olhos, incurioso e lasso", e desdenha colher a coisa oferta que se abria, se oferecia, se comunicava, se apresentava e se expressava.

O poema se fecha, como a linha de uma circunferência (estrutura típica dos poemas mais desenvolvidos do autor), que depois de percorrer outras áreas retorna sobre o ponto de partida, sem que, dubiamente, o trajeto e a experiência tenham contado, embora afinal eles contem.

Chegada a noite, na estrada pedregosa de Minas, a máquina repelida se recompõe, e o poeta "segu(e) vagando, de mãos pensas" — atitude chapliniana, uma aventura a mais que sucedera sobre a Terra. Lá está ele no "Canto ao homem do povo Charlie Chaplin": sapatos e bigodes "caminham numa estrada de pó e esperança" (p. 217). E nos vem à mente "José". Aqui se queixava o poeta de que "o dia não veio,/ o bonde não veio,/ não veio a utopia" (p. 130). Tudo chegou em *Claro enigma*, inclusive a própria utopia que talvez fosse o mais difícil de vir, mas a pergunta continua a mesma: "Sozinho no escuro/ qual bicho do mato./ [...]/ você marcha, José!/ José, para onde?" (p. 130).

O pessimismo não é total em Drummond, como em Chaplin; há sempre uma nota lírica de esperança, de crença num porvir não muito longínquo, uma flor a ser apanhada na rua (Chaplin), uma flor a brotar no asfalto (Drummond) — oferecidas a Carlitos e a José. É esse o lirismo que aprecio em ambos; lirismo que transparece de situações, de atos — e não apenas de palavras, rebuscadas e muitas vezes corroídas pelo sentimentalismo, femininas. Lirismo seco e contagiante.

ACAREAÇÃO

De início pode parecer que não há grandes semelhanças entre o aproveitamento da alegoria por Drummond e a própria alegoria nos *Lusíadas*. É, realmente, difícil conciliar a objetividade, distância e cientificismo com que Camões trata a máquina do mundo, fazendo-a recompensa para uma coletividade, simbolizada por Vasco da Gama e os seus, com a subjetividade do empréstimo em Drummond, onde inclusive a base científica é substituída por uma anarquia apocalíptica que beira o improvável. A máquina do mundo nos *Lusíadas*, como pacientemente nos mostrou Luciano Pereira da Silva no artigo citado, é um objeto preciso, mecânico e matemático que encontra as suas raízes nas ideias científicas que tinham sido expostas por físicos predecessores, e o tratamento que recebe é o dado por um humanista, no sentido quinhentista do termo, onde o saber, a erudição, se misturam com a poesia. A Poesia é feita de verdades assimiladas pela inteligência, e reelaboradas pela sensibilidade. A percepção do assunto foi científica, intelectual; a sua expressão é sensível, lírica. Ao passo que no *Claro enigma* o desenvolvimento da alegoria é pura e simplesmente o produto da imaginação do poeta, que se extravasa dos limites concretos e atuais para a criação de uma utopia urbana, imprecisa e vaga, cujo correspondente deveria ser procurado não nas investigações científicas da nossa época, mas nas obras de *science fiction*, gênero H. G. Wells. E a comparação tem a sua razão de ser, pois o objeto para Drummond não tem função distinta da "máquina do tempo" para os personagens do romancista inglês.

Em Camões e Drummond, a máquina do mundo satisfaz curiosidades. A curiosidade geográfica e astronômica dos navegadores portugueses, curiosidade que se satisfaz pela extensão, já que extensão e olhar (significativo uso dessa palavra na estrofe 76, canto X) são sinônimos para o descobridor, preocupado em conquistar e dominar terras e não ideias, ou mesmo homens. E a visão oferta a Vasco da Gama e os seus apenas lhes dá a conhecer uma parte restrita, confinada do mundo; a lição de Tétis é de mecânica celeste e de geografia universal. Satisfaz no poeta mineiro a curiosidade humana e filosófica que, por muito, se lhe havia sido negada (cf. poemas citados). O Universo, no poema de *Claro enigma*, como não tem um correspondente real ou científico, tem contornos mais amplos e menos palpáveis, e o seu conhecimento não equivale a um acréscimo territorial, mas a uma compreensão mais vasta do mundo e dos homens, sua causa, sua relação e seu porvir; conhecimento da condição humana. (Daí não denegrir o poema o fato de a máquina do mundo não estar baseada em conhecimento científico.) Resposta à curiosidade científica, num caso; à curiosidade filosófica, no outro. Busca de alargamento de fronteiras espaciais num caso, busca de alargamento de fronteiras humanas no outro. Busca de um ideal, numa só palavra.

E o caráter da recompensa em ambos os casos nos dá o tom que os difere. A máquina é dada aos portugueses como recompensa pelos feitos heroicos, é um modo de coroar a sua valentia, disciplina e coragem, e significativo é o fato de, para obtê-la, terem de subir ao "erguido cume", "onde um campo se esmaltava/ De esmeraldas, rubis tais que presume/ A vista que divino chão pisava" (x, 77). E sobre o chão divino são deificados. No poeta de *Sentimento do mundo*, a máquina é uma recompensa pela vida vivida ("Viver é perigosíssimo", alertava Guimarães Rosa), já que anteriormente ela se lhe fora negada, e não tem ainda o aspecto de coisa oferta por alguém, mas de algo que se oferece (note-se no poema o emprego constante da passiva com "-se", quando se omite o agente da ação), se oferece a um homem e, em lugar dos rubis e esmeraldas que esmaltam o caminho para o monte, temos "uma estrada de Minas, pedregosa". E esse realismo voluntário, recusa também do aproveitamento da mitologia greco-latina, é coerente com a situação dada pelo poeta que, recusando a máquina do mundo, recusa também as glórias da sua possessão, a Fama. Aceita a sua condição de homem, de mortal.

[1965]

Retórica da verossimilhança: *Dom Casmurro*

Admiro como alguém pode mentir pondo a razão do seu próprio lado.

Jean-Paul Sartre

[...] toda retórica visa a superar a dificuldade do discurso sincero.

Roland Barthes

I.

Já é tempo de começar a compreender a obra de Machado de Assis como um todo coerentemente organizado, percebendo que, à medida que seus textos se sucedem cronologicamente, certas estruturas primárias e primeiras se desarticulam e se rearticulam sob forma de estruturas diferentes, mais complexas e mais sofisticadas. Certa crítica que se fazia à monotonia da obra de Machado, à repetição em seus romances e contos de certos temas e episódios, ocasionando desgaste emocional por parte do leitor (ou do crítico impressionista), tem de ser também urgentemente revista. Afirmações como esta de Augusto Meyer: "[Machado] ganha muito em ser lido aos trechos, ou a largos intervalos de leitura, para que o esquecimento relativo ajude a sentir, não a inércia da repetição e os lados fracos, mas a graça original dos melhores momentos"[1] — afirmações como essa não podem continuar a ter trânsito livre na crítica machadiana.

A busca — seja da originalidade a cada passo, seja da excitação intelectual em base puramente emocional, a leitura dirigida para os "melhores momentos" do romancista — dificultou a descoberta daquela que talvez seja a qualidade essencial de Machado de Assis: a busca, lenta e medida, do esforço criador em favor de uma profundidade que não é criada pelo talento inato, mas pelo exercício consciente e duplo, da imaginação e dos meios de expressão de que dispõe todo e qualquer romancista.

Já na "Advertência ao leitor", colocada no início do romance *Ressurreição*, depois de se apresentar à crítica como "operário", recusa a presunção adolescente do que é considerado comumente como valor pessoal, classificando-a de "confiança pérfida e cega", para conceder todo o poder criador à "reflexão" e ao "estudo". Finalmente, recusa para si a condição e a lei dos gênios, para se contentar com a "lei das aptidões médias, a regra geral das inteligências mínimas". Termina declarando: "Cada dia que passa me faz conhecer melhor o agro destas tarefas literárias — nobres e consoladoras, é certo —, mas difíceis quando as perfaz a consciência" (i, 114).

Também a divisão abrupta da sua obra em duas fases distintas — felizmente já contestada pelos críticos — tem de ser refutada. Já no dia 15 de dezembro de 1898, Machado em carta a José Veríssimo expunha com clarividência o problema: "O que você chama a minha segunda maneira naturalmente me é mais aceita e cabal que a anterior, mas é doce achar quem se lembre desta, que a penetre e desculpe, e até que chegue a catar nela algumas raízes dos meus arbustos de hoje" (iii, 1044).

Não seria pois fantasia de crítico encontrar em *Ressurreição*, por exemplo, as raízes do arbusto que é *Dom Casmurro*, para retomar a metáfora empregada por Machado. Foi, se não nos enganamos, Helen Caldwell, em seu *The Brazilian Othello of Machado de Assis*, quem primeiro assinalou essa correspondência. Analisada e catalogada, ficou ela infelizmente atirada para um canto, pois a crítica norte-americana analisa *em separado* os dois romances. Faltou-lhe dar o salto indispensável: estudar *Dom Casmurro* dentro da economia interna da obra de Machado de Assis.

Mais importante ainda é não cair em outro equívoco da crítica machadiana que insiste em analisar *Dom Casmurro* como um *pendant*, ou mesmo excrescência, de certa corrente do romance burguês mas de intenção antiburguesa do século xix, a do estudo psicológico do adultério feminino, cujos exemplos mais conhecidos para nós, brasileiros, são *Madame Bovary* e *O primo Basílio*. Segundo essa crítica — que não percebe que o romance de Machado, se estudo for, é antes estudo do ciúme, e apenas deste — dois partidos tomaram bandeira e começaram a se digladiar em jornais, revistas e até em livros: se condenava ou se absolvia Capitu. Essa disputa chegou a tal ponto, que um machadiano incansável, Eugênio Gomes, decidiu entrar em campo e apaziguar os ânimos e os grupos rivais, escrevendo duzentas páginas que levam o título infeliz de *O enigma de Capitu*.

Para a alegria ou tristeza geral da nação, vamos reabrir o problema, mas entraremos por outra porta, já que se nos afigura indispensável mudar de chave. A ferrugem intelectual é ainda o mais poderoso e corrosivo ácido contra a boa crítica.

Qualquer das duas atitudes tomadas na leitura de *Dom Casmurro* (condenação ou absolvição de Capitu) trai, por parte do leitor, grande ingenuidade crítica, na medida em que ele se identifica *emocionalmente* (ou simpatiza) com um dos personagens, Capitu ou Bentinho, e comodamente já se sente disposto a esquecer a grande e grave proposição do livro: a consciência pensante do narrador Dom Casmurro, esse homem já sexagenário, advogado de profissão, ex-seminarista de formação, consciência pensante e vacilante, que tem necessidade de reconstruir na velhice a casa de Matacavalos onde viveu sua adolescência.[2] O leitor, esquecendo a consciência pensante do sexagenário, tomava a posição de juiz e sentia-se na obrigação de dar seu veredicto sobre os *fantasmas* do narrador, quando na realidade o único interesse que Machado de Assis deseja despertar é para a pessoa moral de Dom Casmurro.

Em resumo: os críticos estavam interessados em buscar a verdade sobre Capitu, ou a impossibilidade de ter a verdade sobre Capitu, quando a única verdade a ser buscada é a de Dom Casmurro.

Por outro lado, semelhante compreensão do romance deixava escapar o essencial da forma estética escolhida por Machado para seus romances. O romance de Machado é antes de tudo um romance ético,[3] onde se pede, se exige a reflexão do leitor sobre o todo. No caso específico de *Dom Casmurro*, identificar-se com Bentinho ou com Capitu é não compreender que a reflexão moral exigida pelo autor requer certa distância dos personagens e/ou do narrador, aliás, a mesma distância que Machado, como autor, guarda deles.

A problemática de *Dom Casmurro* ultrapassa por assim dizer o esquema rígido das relações propostas apenas por esse romance, pois não é só ele que reflete o problema do amor/casamento/ciúme na sociedade patriarcal brasileira do Segundo Reinado, como não é só ele que ilustra a busca de definição, cada vez mais precisa e mais ambígua, mais rica de detalhes também, da posição complexa e asfixiante do adolescente ao querer seu lugar ao sol dentro da rigidez da comunidade burguesa e aristocratizante do fim do século. Sua condição de adulto e semelhante. Sua impersonalidade e personalidade.

Em análise longa e minuciosa que fizemos de *Ressurreição*, já publicada no Suplemento Literário de *O Estado de S. Paulo*, procuramos mostrar como o problema do ciúme surgiu no universo machadiano. Advém ele — propúnhamos no início de nosso raciocínio — da concepção que têm os personagens machadianos do que sejam o amor e o casamento e, por outro lado, do que sejam eles diante dos delicados jogos de *marivaudage* que homem e mulher têm de representar para poderem chegar à união.

Assinalávamos de início como o conceito de casamento restringe a expansão livre do sentimento, pois o amor é um sentimento enjaulado pela cerimônia cristã (o casamento), e é este que possibilita a constituição da família. É pois o universo do amor machadiano asséptico, formal, são, rígido. É ainda masculina e burguesa a sua concepção de casamento. Amar é casar, é comprar título de propriedade. Qualquer invasão estranha nessa propriedade — amante — acarreta um curto-circuito emocional que invalida os dois primeiros termos.

Por outro lado, para passarem do amor ao casamento, o homem e a mulher se entregam a diversos jogos sociais. As várias formas de jogo são baseadas em posições opostas e complementares, que definem sua posição dentro da sociedade: a liberdade e a prisão, o sentimento e a razão. À multiplicidade de experiências que o homem pode ter, por ser livre, corresponderá na jovem solteira ao uso, caso queira a liberdade, de múltiplas máscaras. A aceitação de qualquer experiência por parte da mulher, aliás, requer obrigatoriamente a *dissimulação*: esconder é a sua atitude habitual, mesmo porque o próprio *recato* que namorado/noivo/marido exige dela já é um véu que cobre seus mais legítimos sentimentos.

Em termos gerais, dizíamos que o homem recorre à razão (casamento) para restringir sua liberdade, aceitando as correntes da virtude. Já a mulher se liberta de sua condição de escrava agarrando-se ao sentimento (amor) que lhe parece ser superior à razão (casamento), arriscando-se com isso ao deslize. Se o homem se sente bem escolhendo a razão, que controla o sentimento, já a mulher se sente mulher quando se entrega ao sentimento que simboliza sua busca de liberdade.

Assim é que o personagem feminino mais carregado de dramaticidade para Machado de Assis é a viúva. Lívia, no caso específico de *Ressurreição*. A viúva, tendo experimentado a razão e o sentimento, só ela é que pode, diante de um novo pretendente, viver o dilema em toda a sua extensão. Tem a possibilidade de escolha: *ou* a fidelidade ao defunto (a crença no casamento, razão, é superior ao sentimento, amor), *ou* a aceitação de novo marido (a crença no amor, sentimento, é superior ao casamento, razão). Se aceita novo marido, é porque é capaz de sentir sucessivos amores. Poderia ser infiel — pensa o novo pretendente. O casamento não será eterno, porque o amor não o é. Só a fidelidade total ao primeiro marido é que justificaria a aceitação de novo marido. Como conciliar tantas contradições?

Eis o drama que o solteirão e ciumento Félix tem de enfrentar ao tomar a decisão de levar a viúva Lívia ao altar. Porém, nas vésperas do casamento recebe carta lacônica e anônima acusando a futura esposa. Espírito já predisposto à dúvida, Félix não pensa duas vezes: dá total crédito à carta anônima e abandona o projeto de casamento.

Estamos salientando esse episódio do romance porque é ele que nos pode conduzir ao problema ético da conduta do homem ciumento no universo romanesco de Machado. A carta — pressente acertadamente Félix — deve ter sido escrita por Luís Batista, também pretendente aos favores de Lívia e preterido, e portanto não merecia crédito ou confiança, escrita que foi pela pena da inveja ou do orgulho ferido. Mas isso não tinha importância para Félix, porque para ele contava mais a *verossimilhança* da situação criada pela carta do que a *verdade* proporcionada pelo exame detido dos fatos. Leiamos o texto: "O que ele [Félix] interiormente pensava era que, suprimida a vilania de Luís Batista, não estava excluída a verossimilhança do fato, e basta ela para lhe dar razão" (I, 1923).

Machado de Assis, ainda inseguro de seu instrumento de trabalho e mais inseguro ainda da capacidade de apreensão do drama moral de Félix pelo leitor, deixa que o narrador se intrometa na narração e esclareça para o leitor não só os dizeres falsos da carta como o equívoco moral de Félix: "Entendamo-nos, leitor, eu, que te estou contando esta história, posso afirmar-te que a carta era efetivamente de Luís Batista" (I, 189).

Aclara ele portanto (de maneira um tanto gauche, nunca é demais assinalar) a verdadeira procedência da carta e o erro da atitude do médico com relação à conduta da viúva, e deixa finalmente para o leitor a terrível responsabilidade de julgar Félix, de julgar a calúnia que levanta contra Lívia, de julgar enfim sua decisão que se baseia, não no conhecimento da verdade, mas na mera verossimilhança dos fatos.

2.

O drama de Félix é agravado quando Machado de Assis idealiza o romance *Dom Casmurro*. Deseja que se torne mais ambíguo, mais sutil, e para isso suprime o narrador onisciente, que explicava os fatos de uma plataforma divina, e dá toda a responsabilidade da narração ao personagem ciumento. Veremos mais tarde como Dom Casmurro se sai dessa empresa. Por outro lado, não só muda a profissão do personagem, passa ele a ser advogado, portanto homem mais ligado à arte de escrever, de persuadir e de julgar os outros, como também o faz ex-seminarista, homem que, pelo menos em teoria, deve ter as antenas mais preparadas para sentir os problemas morais. Casa-o, fá-lo ciumento da esposa, pai de um filho. Deixa que acuse a esposa de infidelidade, que a renegue e que a envie para a Europa com o filho. Mente para os amigos. Na Europa, a esposa morre sozinha. Recebe a visita do filho já moço, deseja-lhe morte de lepra — seu pedido é atendido, o filho morre de peste no Norte da África. Suas decisões não se justificam, como no caso de Félix, pelo pleno conhecimento da verdade, mas pelo fato de ele acreditar que os acontecimentos se encaixam e podem ser explicados pelo verossímil.

Juge-pénitent, assim se propõe ao leitor o herói-advogado e narrador de Albert Camus, em *La Chute*, destruindo assim a defasagem entre a consciência e a pena, entre o julgamento e a expiação. Réu e advogado de defesa são, respectivamente, Bento e Dom Casmurro. Dom Casmurro, como bom advogado que devia ser, toma para si a defesa de Bentinho, arquitetando uma peça oratória onde se nos afigura de primeira importância seu aspecto propriamente forense (era escrita por um advogado) e seu aspecto moral-religioso (escrita por um ex-seminarista).

De início percebemos que o traço mais saliente da retórica do advogado-narrador é o *apriorismo*. Ele sabe de antemão o que quer provar e sua peça oratória nada mais é do que o desenvolvimento verossímil de certo raciocínio que nos conduzirá implacavelmente à conclusão por ele ambicionada. Sua estruturação dos fatos, sua apresentação do comportamento humano dos personagens (inclusive de Bentinho), é informada pelo rigor da demonstração a ser estabelecida. Assim, para Dom Casmurro o essencial era provar (e sair vencedor) que o conhecimento que tinha dos atos de Capitu quando menina lhe possibilitava um julgamento seguro sobre a Capitu adulta e misteriosa. Ou, usando suas próprias palavras, dirigidas é claro ao leitor: "Mas eu creio que não, e tu concordarás comigo; se te lembras bem da Capitu menina hás de reconhecer que uma estava dentro da outra, como a fruta dentro da casca" (I, 942).

A única *lembrança* que pode ter o leitor da jovem Capitu é a que lhe foi dada pela escrita do narrador. Não é de estranhar, também, como já assinalou Helen Caldwell, que o narrador gaste dois terços do livro descrevendo suas impressões da Capitu menina, e um terço, as da Capitu adulta. Ora, o que nos provaria que a tese de Dom Casmurro é válida a não ser certa noção preconcebida, certo preconceito, de que o adulto já está no menino, assim como a fruta dentro da casca? A comparação é uma comprovação, baseada que está na verdade da natureza. Como diz outro advogado, este agora nosso contemporâneo e personagem de *Les Faux-Monnayeurs*, de André Gide, o juiz Profitendieu: "Afinal, isso é apenas um preconceito; mas os preconceitos são os pilares da civilização".

Depois de ter comprovado a primeira parte de sua teoria, Dom Casmurro pode se dar ao luxo de passar por alto sobre a segunda, assim como Félix aceita a verdade da carta anônima sem ter a curiosidade de aquilatar sua veracidade. Por outro lado, visto sob o ângulo de Bentinho, percebe-se que nessa aritmética estrutural os dois terços descrevem-no em situação favorável, ao passo que o terço restante o surpreenderia quando comete os atos que realmente procura justificar pelos atos de Capitu menina e que deseja subtrair da vista do leitor. Enfim, aplicada a Bentinho, a *tese* de Dom Casmurro (isto é, a comprovação de uma verdade humana vindo de uma comparação com a verdade "natural") não é válida, pois o dócil e angelical filho de Glória nada tem do suburbano e casmurro (qualquer sentido que se queira dar a esse adjetivo) advogado.

Esse desequilíbrio estrutural se encontra justificado, para usar de uma expressão familiar, por uma desculpa esfarrapada. Escreve o narrador: "Aqui devia ser o meio do livro, mas a inexperiência fez-me ir atrás da pena, e chego ao fim do papel, com o melhor da narração por dizer" (I, 903).

Como podia saber, naquele momento preciso, que tinha chegado ao meio do livro? O que é o *meio* de um livro? Onde fica o meio de um livro que está sendo escrito? Um livro pode ter tantas páginas quantas queira o autor. Seu tamanho depende sempre das *intenções* de quem escreve, e é sem dúvida a sua elasticidade que destrói a bela tese de Borges na biblioteca de Babel. Portanto, é porque há motivo que ele apressa a narrativa, o melhor dela, como nos diz, só por ter ultrapassado um marco que na realidade não deveria existir. Ao fazê-lo, ainda incorre em raciocínio apriorístico e cacoete retórico.

Outro traço preciso e importante para definir a retórica da verossimilhança é o predomínio da *imaginação* sobre a *memória* na investigação do passado. Machado de Assis, em pelo menos dois capítulos, deixa claro que quis dar ao narrador a ocasião de levantar o contraste entre as duas faculdades e estabelecer nítida vitória da fantasia. Trata-se do capítulo XL, "Uma égua", e do que leva o número LIX, "Convivas de boa memória". E em ambos, como para frisar ainda mais a vitória da imaginação, elabora um pequeno detalhe que reforça por comparação e por oposição a falta de memória. Desconhece, ou bem não tem certeza do nome do autor das diferentes citações com que abre cada um dos capítulos mencionados. Confessa no primeiro: "Creio haver lido em Tácito [...], se não foi nele foi noutro autor antigo..."; e no outro: "[...] a prova de ter a memória fraca seja exatamente não me acudir agora o nome de tal [autor] antigo...". Basta justapor os dois trechos seguintes para que se possa apreender em toda a sua riqueza o problema de que estamos falando:

> A imaginação foi a companheira de toda a minha existência, viva, rápida, inquieta, alguma vez tímida e amiga de empacar, as mais delas capaz de engolir campanhas e campanhas correndo. [cap. XL]

> Não, não, a minha memória não é boa... Como eu invejo os que não esqueceram a cor das primeiras calças que vestiram! Eu não atino com a das que enfiei ontem. Juro só que não eram amarelas porque execro essa cor; mas isso mesmo pode ser olvido e confusão. [cap. LIX]

Daqui advém sem dúvida a grande diferença — não muito respeitada pela crítica brasileira — entre o narrador de *Dom Casmurro* e o de *À la Recherche du Temps Perdu*, na medida em que, no caso de Machado, a reconstrução obedece a desígnios apriorísticos, óbvios ou camuflados, mas sempre sob o devido controle daquele que lembra, que escreve e que sabe onde está o meio do livro, ao passo que no caso de Proust o passado lhe surge como um presente, gratuito e inesperado, que lhe é oferecido pelo exercício apurado de seus sentidos. No caso de Machado, a reconstituição do passado obedece a um plano predeterminado (cujo exemplo concreto dentro do tecido narrativo seria a reconstrução *real* da casa de Matacavalos, que mostra em si toda a artificialidade do processo machadiano) e sobretudo a um arranjo convincente e intelectual de sua vida. Frisemos os dois últimos adjetivos: convincente, porque pretende persuadir alguém, o leitor, de alguma coisa; intelectual, porque depende da reflexão constante do narrador, e não trai um desejo de se deixar invadir passivamente pelo passado, por impressões fugidias e passageiras, delicadas. O narrador machadiano, ao contrário do narrador proustiano, é um ressentido, medroso do passado: "Aí vindes de novo, inquietas sombras", citando Goethe logo no início.

No prefácio de *Contre Sainte-Beuve*, Proust deixa clara sua posição: "Cada dia atribuo menos valor à inteligência. Cada dia percebo melhor que é só fora dela que o escritor pode novamente reassumir alguma coisa de nossas impressões, isto é, alcançar algo de si mesmo e a matéria única da arte".

Machado, racionalista infatigável, dificilmente poderia ser colocado ao lado do bergsonismo proustiano. Colocar um ao lado do outro é subestimar a formação filosófica de um e do outro.

Outro aspecto ainda, não menos desprezível, da retórica de *Dom Casmurro* é o fato de recusar sistematicamente a procura da identidade perfeita entre dois elementos, procurando antes impingir ao leitor proposições que traduzem a *igualdade* pela *semelhança*. Mesmo deixando de lado a regra de três (*menina/adulta: fruto/casca*), vemos, por exemplo, que Bentinho, segundo o dizer de José Dias e de sua mãe, "é a cara do pai" (I, 904), como ainda nos propõe Dom Casmurro como argumento maior para o adultério da esposa o fato de seu filho não se parecer a ele, sendo mais semelhante ao amigo Escobar. Essa visão da vida em família trai, é claro, certo preconceito, ou neste caso específico, se baseia em provérbios que de certa forma traduzem apenas o bom senso, provérbios como: "Tal pai, tal filho", ou "Filho de peixe, peixinho é". A persuasão, no presente caso, surge portanto da entrega ao leitor daquilo mesmo que sua mente já está preparada para receber ("*la sagesse des nations*", como se diz em francês); não exige dele nenhum esforço de adaptação, nenhum melhoramento. O convencimento não é feito com a esperança de que o leitor evolua em seu modo de pensar, ou de encarar os problemas, mas pelo fato de lhe propor como base para seu julgamento aquilo mesmo que já possui: o bom senso.[4] Surpreender, portanto, a falácia do narrador-advogado é recusar a situação de equilíbrio (falsa) proposta pelo conservadorismo, é desmascarar sua linguagem e deitar certa intranquilidade no status quo.

Se, de certa maneira, são esses os mecanismos predominantes no modo de raciocinar do narrador, e por conseguinte de convencer, não se deve esquecer que a retórica do verossímil se espraia, ocasionando certa compreensão particular do comportamento dos *outros*. Duas atitudes, entre outras, são típicas de Dom Casmurro, quando analisa os que o rodeiam: (a) joga a culpa de toda calúnia nos outros, isentando-se aparentemente de qualquer responsabilidade, colocando-se ainda na qualidade de vítima; (b) empresta aos outros contradições entre o que chamaremos por enquanto de interior e exterior.

No primeiro caso, bastaria lembrar que a primeira acusação contra Capitu foi feita por José Dias — "olhos de cigana oblíqua e dissimulada" —, e é o mesmo José Dias, à semelhança de Luís Batista em *Ressurreição*, que inspira a primeira crise de ciúme, afirmando que Capitu não ficará quieta "enquanto não pegar um peralta da vizinhança, que case com ela". Mais tarde, José Dias tem necessidade de confessar seu engano de julgamento e, por uma dessas costumeiras felicidades do romance, destruirá por completo a tese proposta no final por Dom Casmurro. A passagem da menina a adulta é vista por José Dias como a transformação da flor em fruto, e, se a flor é caprichosa, o fruto é sadio e doce: "Cuidei o contrário, outrora; confundi os modos de criança com expressões de caráter, e não vi que essa menina travessa e já de olhos pensativos era flor caprichosa de um fruto sadio e doce..." (I, 905).[5]

O descontrole de julgamento de José Dias (critica primeiro, elogia depois) mostra bem o caráter de calúnia que revestiu o primeiro julgamento que fez da jovem Capitu. ("Modos de criança" não são "expressões de caráter" — boa lição para Dom Casmurro.) Bentinho aceitou as calúnias e as elaborou pela imaginação, como ficou patente na passagem em que descreve seus primeiros ciúmes, quando constrói o quadro em que Capitu é cortejada por um jovem da vizinhança, tendo inclusive correspondido aos avanços do apaixonado. Tão seguro já está de que haviam trocado beijos, que apenas quer saber a quantidade. Mas, se foi capaz de elaborar mentalmente a calúnia, não o foi de aceitar a correção do julgamento.

Emprestando sobretudo a Capitu e a José Dias a contradição entre o *exterior* e o *interior*, entre os gestos/palavras e as verdadeiras aspirações e desejos, acusando-os portanto de conduta interessada, de falta de sinceridade e de dissimulação, protege de certa forma Bentinho e ao mesmo tempo chama a atenção do leitor, por contraste, para sua sinceridade de vítima. Ora, como vimos no caso de *Ressurreição*, onde o esqueleto do mecanismo de pensamento do homem ciumento se mostra mais à vista, por imperícia do romancista estreante (repitamos), a dissimulação feminina é um dado que existe e existirá na sociedade que Machado descreve, e que pode ser observado em toda jovem que se enamora e deseja casar-se. É consequência de sua própria posição frente ao homem, dentro da sociedade, e de modo algum pode ser tomada como exemplo de futura traição. A não ser, é claro, que se dê mais importância ao verossímil do que à verdade.

Acreditamos que já se encontra esboçado em termos gerais e em seus traços predominantes o que estamos chamando de retórica da verossimilhança. Podemos desde já concluir, então, que o romance que estamos analisando dramatiza a "situação moral" — para usar a expressão de Machado ao criticar *O primo Basílio* — de Dom Casmurro. Seu problema ético-moral é óbvio, sua reconstituição do passado é egoísta e interesseira, medrosa, complacente com ele mesmo, pois visa a liberá-lo dessas "inquietas sombras" e das graves decisões de que é responsável. O *remorso* (outro vocábulo constante na pena de Machado crítico) deve rondar suas últimas horas. Como no poema baudelairiano intitulado "O irreparável", devia ele clamar: "Em que filtro, em que vinho, em que tisana/ Afogar esse velho inimigo?".

Dom Casmurro dá prioridade a esse "velho inimigo" em suas preocupações de suburbano pacato, e o afoga com sua *escrita*.

Por meio de seu discurso ordenado e lógico, procura resolver sua angústia existencial. Depois de persuadir a si, quer persuadir os outros de sua verdade. Percebe-se, porém, que o ex-seminarista advogado incorre em duas falácias ao estabelecer sua verdade. Do ponto de vista estritamente jurídico, peca por basear a persuasão no *verossímil* e, do ponto de vista moral-religioso, por sustentar suas justificativas pelo *provável*.

Assim sendo, Dom Casmurro, que não teve forças para escrever um tratado sobre "Jurisprudência, filosofia e política", tinha no entanto esses conhecimentos quando escrevia a obra que com constância está oferecendo a seu leitor. Seria, pois, uma lástima que o crítico não tomasse em consideração o *background* cultural daquele que narra sua vida, um pouco impelido pelo olhar dos quatro bustos pintados na parede.

Parece-me enfim que a intenção de Machado de Assis ao idealizar *Dom Casmurro* era a de "pôr em ação" dois equívocos da cultura brasileira, que sempre viveu sob a proteção dos bacharéis e sob o beneplácito moral dos jesuítas.

3.

Nesse sentido, de grande importância para compreender não só a extensão da problemática colocada pelo romancista e pelo romance, como também a riqueza do drama ético-moral de Dom Casmurro, caso o consideremos como uma "pessoa moral", ou representativo de uma coletividade de *chefs / salauds* (Sartre), seria a leitura de *Fedro*, diálogo de Platão em que Sócrates discute o problema da retórica que se vale do verossímil como recurso de persuasão, e das dezoito cartas escritas por Louis de Montalte a um provincial, conhecidas como *Les Provinciales* (a partir da quinta carta), onde Pascal critica sem nenhuma clemência a casuística jesuíta, por meio do que se chama o "probabilismo", ou seja, "a doutrina das opiniões prováveis". A palavra "provável", como nos ensinam os teólogos, guarda seu sentido etimológico, que é o equivalente perfeito do "verossímil" em retórica. Eis a definição fornecida por um dicionário de religião e ética: *"An opinion is probable which commends itself to the mind by weighty reasons as being very possibly true"*.[6]

Em carta dirigida em 1906 a Joaquim Nabuco, e amplamente divulgada, o próprio Machado de Assis confessa seu culto por Pascal: "Desde cedo, li muito Pascal..., e afirmo-lhe que não foi por distração". Quanto a Platão, embora os críticos não tenham assinalado a importância de seu pensamento na obra de Machado,[7] é interessante constatar, com a ajuda de Luís Viana Filho, último biógrafo de Machado, que diversos contemporâneos do nosso autor, durante os anos de elaboração de *Dom Casmurro*, o assimilavam à figura do filósofo grego: "Para eles [seus amigos] Machado é uma espécie de Platão, cuja companhia ilustre e amável disputam enternecidos. 'Só vi nele o grego' dirá Nabuco. É expressivo que, em diversas ocasiões, Verissimo e Mário de Alencar, ao evocarem Machado, se lembrem do filósofo grego".

E mais abaixo, na mesma página, Viana Filho cita Mário de Alencar: "Mostrei-lhe uma vez um diálogo de Platão, um trecho da palavra de Sócrates...".[8]

A familiaridade com esses dois filósofos e, sem dúvida, a leitura de *Fedro*, diálogo indispensável na formação dos advogados, juntamente com o *Górgias*, bem como das *Provinciales*, onde Pascal critica acirradamente os responsáveis por nossa educação moral e religiosa, podem sem dúvida explicar a distância indispensável que se deve estabelecer entre crítico *e* narrador/personagem para apreciar o drama ético-moral de Dom Casmurro, ou do brasileiro que tem o poder nas mãos, porque decidiu Machado que seu narrador/personagem incorresse sistematicamente naquilo mesmo que idealizava como objeto de sua crítica.

O principal interesse do *Fedro*, como têm salientado seus modernos exegetas, é o de opor o ponto de vista da filosofia, representado pela palavra de Sócrates, ao ponto de vista dos sofistas e retóricos, representado por Fedro, na medida em que este é discípulo e admirador de Lísias, reprodutor de suas palavras. Como base para essa discussão, toda a primeira metade do diálogo é dedicada a três discursos sobre o amor, um do próprio Lísias, tal como é repetido por Fedro, e os outros dois da responsabilidade de Sócrates. Para nosso trabalho, o que interessa salientar é que Sócrates sublinha na indiferença da retórica — tal como era praticada naquele momento na Grécia — a sua indiferença com relação à busca da verdade, exatamente porque o texto sofista se baseia no verossímil.

Para Sócrates, como para nós, a palavra "retórica" está tomada em seu sentido lato. Assim define ele o termo: "[…] a retórica não seria, em suma, uma psicagogia, uma maneira de conduzir as almas por meio do discurso, não apenas nos tribunais e em qualquer outro lugar público de reunião, mas também nas reuniões privadas…".*

Retórica é, pois, basicamente um método de persuasão, de cujo uso o homem se vale para convencer um grupo de pessoas da sua opinião. E não é esse um dos principais interesses da prosa de Dom Casmurro, como vimos mostrando? E de que outra maneira se poderia justificar sua constante necessidade de trazer para a arena de discussão o leitor? Como ainda se poderia justificar a chave de ouro do livro, frase final que pede a aprovação do leitor para contradizer a Escritura e impor a palavra verdadeira como a metáfora do narrador?

Segundo Sócrates, o grande erro do ensino e da prática da retórica na Grécia é que, como diz Fedro:

---

* As citações de Platão foram extraídas de *Phèdre* (Paris: Les Belles Lettres, 1966). As páginas são indicadas entre parênteses.

[...] para aquele que se destina a ser orador é absolutamente desnecessário ter aprendido o que constitui a realidade da justiça, mas antes o que dela pode pensar a multidão, que precisamente deve decidir; não tanto o que realmente é bom ou belo, mas o que ela pensará a respeito disso. Eis aí, de fato, qual é o princípio da persuasão, mas não da verdade. [pp. 60-1]

Esse defeito educacional na formação do orador redunda num duplo cacoete profissional: o desligamento por completo da realidade e por consequência a crença no valor supremo das regras da retórica, e, por outro lado, a centralização do motivo do discurso, não no próprio discernimento do orador, mas no de quem escuta. Daí que o ponto de referência para suas ideias não é a realidade (a constatação, o flagrante — como se diz em termos policiais), mas o provável, o verossímil, que, como vimos, é a base da retórica de Dom Casmurro. Sócrates continua mais adiante:

Vejam que, nos tribunais, ninguém tem o menor interesse pela verdade, mas apenas por aquilo que é convincente. Ora, isso constitui o verossímil, a que deve aplicar-se quem se proponha a falar com arte. Há mesmo casos em que não se deve enunciar o próprio ato, se não se realizou de modo verossímil, deve-se, sim, enunciar as verossimilhanças, tanto na acusação como na defesa. De qualquer maneira, é preciso procurar o verossímil, dando-se repetidas vezes adeus ao verdadeiro! [p. 89]

Dom Casmurro aplica em sua prosa as regras e leis que aprendeu no (mau) ofício de sua profissão. "É, na verdade, a verossimilhança que, percorrendo o discurso de uma extremidade a outra, constitui a totalidade da arte oratória" (p. 84).

Dentro do esquema proposto, em que advogado de defesa e réu são a mesma figura, é importante notar que a persuasão se situa em dois níveis. Dom Casmurro que se persuade a si de sua inocência e que, ao mesmo tempo, persuade os outros. Mas o método que usa já é nosso conhecido. E dentro da sociedade brasileira é muitas vezes persuadindo o outro que se chega a se persuadir a si mesmo de alguma coisa.

Ao verossímil, Sócrates vai propor, como se sabe, o método filosófico por excelência que é o dialético. E o veículo ideal para a expressão do orador não é a palavra escrita, mas a falada — como acentua no final do diálogo. Ora, se atentarmos bem para a prosa de Dom Casmurro, notaremos que diversas vezes ele insiste no fato de que *escreve*, escreve um livro, ao contrário de outros narradores de primeira pessoa que criam a ilusão de que estão falando. É certo que Sócrates, defendendo a palavra escrita, impedia ao mesmo tempo o filósofo de incorrer no dogmatismo, pois podia aquele que fala encontrar-se aberto às sugestões e correções daqueles que ouvem. E finalmente poderíamos perguntar: a palavra escrita não é a base de um dos grandes dilemas de nossa civilização? Acreditar que se apreendeu a substância de um livro pela sua leitura.

A complacência que existe no nível forense, complacência com o pensamento do ouvinte, a entrega total e consciente do imaginário retórico na reconstrução do passado, encontram seu correspondente no plano pessoal e moral, como adiantávamos, na benevolência que os jansenistas combatiam na casuística dos jesuítas, o "abrandamento da confissão" (*l'adoucissement de la confession*), baseada que estava a casuística, não nos ensinamentos dos Evangelhos e da patrística, mas nas *summae confessorum* que desde o Concílio de Latrão (1215) ajudavam os padres nos difíceis e delicados mistérios da confissão.

Essa oposição entre a palavra do Evangelho e a casuística encontra-se magnificamente expressa e concretizada nas últimas páginas do romance, quando o narrador — num último esforço de autoperdão e de convencimento do leitor — opõe a palavra de Jesus, filho de Sirach e autor do Eclesiástico, a um argumento metafórico, típico do verossímil, do provável:

> Jesus, filho de Sirach, se soubesse dos meus primeiros ciúmes, dir-me-ia, como no seu Cap. IX, vers. 1: "Não tenhas ciúmes de tua mulher para que ela não se meta a enganar-te a ti com a malícia que aprender de ti." Mas eu creio que não, tu concordarás comigo; se te lembras bem da Capitu menina, hás de reconhecer que uma estava dentro da outra, como a fruta dentro da casca. [I, 942]

Como assinala Pascal,* no mundo barroco dos casuístas, graças à instituição do probabilismo como teoria, chegava-se a equívocos extraordinários e sobretudo à organização de uma religião que não conduzia à fé, ou à caridade, mas que queria, pela benevolência, receber em seu seio os grandes e os nobres, agradá-los para receber em troca seu agradecimento. Tão intricado ficou o siste-

---

* As citações de Pascal foram extraídas de *Lettres Écrites à un Provincial* (Paris: Garnier; Flammarion, 1967). As páginas são indicadas entre parênteses.

ma, que o padre Bauny, como nos diz Pascal, pôde afirmar: "Quando o penitente segue uma opinião provável, o confessor deve absolvê-lo, ainda que sua opinião seja contrária à do penitente" (p. 81).

Esse tipo de raciocínio, que raia ao absurdo e parece retirado da lógica de Ionesco, é que o jansenismo criticava. Portanto, o ex-seminarista, encaminhando sua reconstituição do passado dentro do provável, conseguiria sem dúvida (mesmo que não compartíssemos de sua opinião) não só a tranquilidade dada pelo confessor como — quer-nos parecer — a que exigia para sua própria consciência.

"[...] o desígnio capital que nossa sociedade tomou como o bem da religião é o de não repelir quem quer que seja, para não desesperar o mundo" (p. 88) — afirma outro padre nas cartas de Pascal.

Outro ponto em que incorre Dom Casmurro, criticado também pelos jansenistas, é o chamado processo de "dirigir a intenção" (p. 97). Consiste este em propor como o fim de suas ações um objeto permitido. Assim, a maioria dos casos de *vingança* podem ser desculpados pelo fato de que o criminoso não está realmente se vingando, mas defendendo sua honra. O exemplo escolhido por Pascal é claro e dispensa comentários: "Aquele que recebeu uma afronta não pode ter a intenção de se vingar mas pode, isso sim, evitar a infâmia e, por conseguinte, rechaçar imediatamente a injúria, até mesmo com golpes de espada" (pp. 98-9).

No caso de Dom Casmurro, muitos de seus atos são justificados por ter "dirigido a intenção": era sempre a sua honra que estava em jogo. Justifica-se:

> Embarquei um ano depois, mas não a procurei, e repeti a viagem com o mesmo resultado. Na volta, os que se lembravam dela, queriam notícias, e eu dava-lhas, como se acabasse de viver com ela; naturalmente as viagens eram feitas com o intuito de simular isto mesmo, e enganar a opinião.

Não se vingou de Capitu, apenas defendeu sua honra. Não mentiu a seus amigos, apenas lhes escondia o deslize da esposa. Talvez se sentisse até generoso.

Machado de Assis — podemos concluir — quis com *Dom Casmurro* desmascarar certos hábitos de raciocínio, certos mecanismos de pensamento, certa benevolência retórica — hábitos, mecanismos e benevolência que estão para sempre enraizados na cultura brasileira, na medida em que foi ela balizada pelo "bacharelismo", que nada mais é, segundo Fernando de Azevedo, do que "um mecanismo de pensamento a que nos acostumara a forma retórica e livresca do ensino colonial", e pelo ensino religioso. Como intelectual consciente e probo, espírito crítico dos mais afilados, perscrutador impiedoso da alma cultural brasileira, Machado de Assis assinala ironicamente nossos defeitos. Mas este é um engajamento bem mais profundo e responsável do que o que se pediu arbitrariamente a Machado de Assis. E pensar que se pode falar da filosofia de Machado acreditando que a base de suas ideias se encontrava no "ressentimento mulato"...

[1968]

Eça, autor de *Madame Bovary*

Para Heitor e Terezinha

> [...] *quais os textos que eu aceitaria escrever (reescrever), desejar, impor como uma força nesse mundo que é o meu?*
>
> Roland Barthes, *S/Z*

A alusão no título é óbvia: Jorge Luis Borges e seu conto "Pierre Menard, autor del *Quijote*", publicado em *Ficciones*. O que é menos óbvio, porém, são nossas intenções: a proximidade de Gustave Flaubert e de Eça de Queirós no espaço literário europeu e até mesmo a relação intrínseca entre *Madame Bovary* e *O primo Basílio* são diferentes ou até mesmo contrárias às relações propostas pelo conto de Borges. A contemporaneidade do francês e do português, aliada à precedência da francesa e à dependência da portuguesa, poderia nos conduzir implacavelmente ao que tem sido o banquete da crítica tradicional: a busca e o estudo de fontes.

I.

No caso específico de "Pierre Menard, autor del *Quijote*", três séculos separam o modelo do decalque e nenhuma violação vocabular, sintática ou estrutural se instaura no decalque, ocasionando a diferença que o tornaria evidentemente distinto do original. Três séculos em que acontecimentos e descobertas ocasionaram rupturas imprevisíveis e definitivas, inclusive a própria ruptura que significou no século XVII o livro *Don Quijote*, rupturas e ruptura que vêm modificando o significado da obra de Cervantes, quando é analisada dentro de seu contexto histórico, "o século de Lepanto e de Lope [de Vega]", ou quando é estudada dentro do contexto histórico do crítico ou do leitor. Entre o livro impresso e sua definição como clássico — um clássico das letras — se situa sua própria inclusão na história, sistema delicado e flexível, e também sua condição de elemento modificador dentro do sistema a que pertence, agora por direito adquirido junto aos críticos e historiadores. A acomodação da obra na história e seu naufrágio no catálogo só podem ser anulados por um crítico que a torne presente, contemporânea — ou seja, transforme-a em prisioneira do próprio contexto histórico do crítico. Se a obra é a mesma (qualquer século em que seja lida), é apenas o nome de seu *segundo* autor (isto é, do crítico) que lhe impinge um novo e original significado.

Como nos propõe o contista argentino, o decalque pode também não ser idêntico ao original, caso em que se assemelharia a um jogo de modernização, "*Cristo en un bulevar, Hamlet en la Cannebière, don Quijote en Wall Street*". Jogo de modernização que tomou conta do teatro e do cinema numa certa época e que visa a aclarar grande parte da obra para os não contemporâneos do autor, tornando-a relevante séculos mais tarde com a ajuda de elementos ou acessórios modernos. A principal função dos elementos modernos é a de iluminar certos aspectos do original que seriam apenas apreciados na penumbra dos iniciados. Tal tipo de transformação seria encontrado em 1925, num contemporâneo de Pierre Menard portanto, o poeta Manuel Bandeira. Bandeira tomou dois poemas, um de Bocage e o outro de Castro Alves, e "traduziu" (o termo é dele) os respectivos poemas para a linguagem e a tipografia da vanguarda brasileira de então, acrescentando em comentário: "O meu propósito foi transladar com a máxima fidelidade, sem permitir que na versão se insinuasse qualquer parcela do meu sentimento pessoal, o que espero ter conseguido".

Finalizava, acrescentando: a versão de "O adeus de Tereza", o poema de Castro Alves, "se afasta tanto do original que a espíritos menos avisados parecerá criação".

Em segundo lugar, atendo-nos ainda ao texto de Borges, poderíamos falar da possibilidade de uma reestruturação dos personagens complementares, Dom Quixote e Sancho. Esse seria o caso, por exemplo, do romancista Daudet que, criando Tartarin, tentou conjugar *"en una figura el Ingenioso Hidalgo y a su escudero"*. Tartarin seria o típico produto bastardo da teoria cristã que desde o início do século XIX insistia na mistura do grotesco e do sublime — a teoria do *homo duplex* expressa por Victor Hugo no "Prefácio de Cromwell", retomada posteriormente por Baudelaire, o anjo e a fera, as duas postulações, para Deus e para Satã. Poderia ainda e finalmente o decalque ser uma espécie de *identificación total* de um autor com outro autor determinado, processo de que não estaria isenta certa crítica, da qual foi recente porta-voz Georges Poulet, quando na página que abre a edição de *Les Chemins actuels de la critique* afirma: "Não há crítica verdadeira sem a coincidência de duas consciências".

No entanto, como dizíamos anteriormente, no projeto de Pierre Menard o modelo e o decalque são *idênticos*, tornando sua versão do *Don Quijote* diferente das suas produções anteriores onde sempre acrescentava semelhanças. O narrador do conto — e esta seria a razão de ser da sua escrita — nos propõe então uma nova catalogação da obra global de Pierre Menard, sob duas rubricas: levar-se-iam em consideração seu aspecto *visível* e por outro lado seu aspecto *invisível*. Este seria determinante de sua obra "interminavelmente heroica", de sua obra "ímpar".

Dessa forma, no catálogo das obras *visíveis* que estabelece o narrador do conto, ele pôde incluir o poema "Cimetière marin", de Paul Valéry, porque na transcrição de Menard os decassílabos de Valéry se transformaram em alexandrinos. A *transgressão ao modelo* situa-se portanto nas duas sílabas acrescentadas a cada verso, reorganizando o espaço visual da estrofe e do poema, modificando o ritmo interno do verso. Nesse sentido, mas já no campo apenas visual, seria necessário lembrar a versão desobediente que nos dá Robert Desnos do "Padre-Nosso" (em *L'Aumonyme*, 1923). Dizemos visual porque no campo propriamente audível, sonoro, não existe transgressão, visto que o som das palavras combinadas pelo poeta perfaz fonema por fonema a totalidade da oração católica. Que o leitor experimente a dupla leitura deste final da oração e do poema, obedecendo à cadeira sonora ou ao espaçamento introduzido pelo poeta: *"Nounou laissez--nous succomber à la tentation/ et d'aile ivrez-nous du mal"*.

Mas os textos são idênticos no caso de *Don Quijote*, e se para erguer seu romance Cervantes *"no rehusó la colaboración del azar"*, o acaso da invenção, já Pierre Menard *"ha contraído el misterioso deber de reconstruir literalmente su obra espontánea"*. O trabalho de Pierre Menard poderia pois encontrar sua razão de ser e sua metáfora no título da primeira seção de *Ficciones*: *"senderos que se bifurcan"*. A escolha consciente por parte do autor diante de cada bifurcação e não mero produto do acaso da invenção.

O projeto de Pierre Menard (tanto o invisível quanto o visível) recusa portanto a *liberdade* da criação, aquilo que tradicionalmente em nossa cultura tem sido o elemento que estabelece a identidade e a diferença, o plágio e a originalidade. Problema aliás que os estruturalistas franceses tentam enfrentar, num gesto semelhante ao do fidalgo espanhol, na tentativa de codificar todo e qualquer *récit* (narrativa). Liberdade crescente de que nos fala o linguista Roman Jakobson em seu estudo "Dois aspectos da linguagem e dois tipos de afasia":

> Existe pois na combinação de unidades linguísticas uma escala ascendente de liberdade. Na combinação de traços distintivos em fonemas, a liberdade individual do que fala é nula; o código já estabeleceu todas as possibilidades que podem ser utilizadas na língua em questão. A liberdade de combinar fonemas em palavras está circunscrita: está limitada à situação marginal da criação de palavras. Ao formar frases com palavras, o que fala sofre menor coação. E, finalmente, na combinação de frases em enunciados, cessa a ação das regras coercivas da sintaxe e a liberdade de qualquer indivíduo para criar novos contextos cresce substancialmente, embora não se deva subestimar o número de enunciados estereotipados.

Prisioneiro do dicionário e em seguida da sintaxe, o escritor só encontra a liberdade quando se lança na combinação de frases. Esse problema tem dificultado de maneira extraordinária a possibilidade de uma crítica literária que se apoiaria numa "linguística de segundo grau", como quer Roland Barthes, quando no ensaio sobre "A análise estrutural do *récit*", publicado no número 8 da revista *Communication*, pretende estabelecer uma relação homológica entre a frase e o *discurso*, transportando para o segundo grupo — o do *récit* — as propriedades já encontradas e já codificadas pelo linguista em seu estudo da frase.

A originalidade do projeto de Pierre Menard, a sua obra invisível, advém portanto do fato de que, recusando nossa concepção tradicional do que seja invenção, leva-o a negar a liberdade do criador e a instaurar a *prisão* como forma de conduta, a prisão ao modelo, única justificação para o absurdo de seu projeto. Numa carta ao narrador do conto, Pierre Menard afirma: "Meu jogo solitário está regido por duas leis polares. A primeira me permite ensaiar variantes de tipo formal ou psicológico; a segunda me obriga a sacrificá-las ao texto 'original' e a afirmar, de modo irrefutável, essa aniquilação...".

Essa concepção da criação literária não estaria distante da definição proposta pelo poeta das *formes-prisons*, Robert Desnos, que em *L'Aumonyme* definia o poeta como:

sílabas
Prisioneiro das   *e não dos sentidos.*
palavras

2.

Deixemos no entanto, por um parágrafo, o chamarisco de nosso título e tentemos entrar no complexo problema que nos propõe a conjugação estelar de algumas obras girando sobre o mesmo tema durante um determinado e curto período, e sobretudo o problema da passagem de uma estrutura existente em dada cultura, no caso a francesa, para outra, ou outras, a portuguesa e a brasileira, um problema pois de desarticulação e de rearticulação, de negação e de afirmação, contradição violenta que se transforma em pânico diante da crítica já militante na época de Eça de Queirós. O plágio, a acusação de plágio ronda o final do século XIX e especialmente nosso romancista, que desde *O crime do padre Amaro* se viu condenado no Brasil e em Portugal por plagiar Émile Zola e *La Faute de l'Abbé Mouret*.

Para ajudar nosso raciocínio, retomemos no entanto a dicotomia visível/invisível, aparente/subterrânea, tal como encontrada em Borges, e tentemos ver como ela se articula no estudo das relações entre *Madame Bovary* e *O primo Basílio*, e como de certa forma poderia ela explicitar o mistério da criação no romancista português, ao mesmo tempo que deixa clara, não sua dívida para com

Flaubert, mas o enriquecimento suplementar que ele trouxe para o romance de Emma Bovary; se não enriquecimento, pelo menos como *Madame Bovary* se apresenta mais pobre diante da variedade de *O primo Basílio*.

A obra *invisível* de Eça poderia ser encontrada logo no início do romance, no zumbido das moscas flaubertianas, atraídas pelo açúcar da *cidra* depositada no fundo do copo, escolha da bebida que reitera o espaço normando aberto pelo romance francês. Zumbido que ecoará mais tarde em Lisboa, agora moscas que se arrastam por cima da mesa, e que finalmente pousam no fundo da xícara sobre o açúcar mal derretido pelo *chá* — o chá que fora servido ao casal e que na sua condição de bebida importada já trai a necessidade que tem o português de viver vicariamente o estrangeiro. Moscas que se transformam em *moustiques* num romance mais recente e dentro da mesma linha, *La Jalousie*, de Alain Robbe-Grillet. Mas neste os insetos, em lugar de serem atraídos pela sedução do açúcar, voam ao redor da lâmpada de querosene. Zumbido dos insetos que se superpõe ao assobio da lâmpada e que é interrompido aqui e ali pelo ruído de outros insetos noturnos ou pelo grito de animais, e sobretudo pelo esperado ruído do carro que traria de volta a esposa julgada adúltera pelo narrador. E isso num romancista que tem sido considerado o papa da "escola do olhar".

Ainda nessa mesma linha, sem pretender no entanto esgotar as coincidências que se encontram em *Madame Bovary* e em *O primo Basílio*, seria necessário falar das leituras de nossas duas heroínas, sobretudo porque os romances românticos digeridos por elas, como o demonstrou René Girard em seu *Mensonge romantique et vérité romanesque* (a partir dos romances de cavalaria absorvidos por Dom Quixote), têm papel importante na gênese da análise do desejo. Este, segundo o citado crítico, é uma "simples linha reta que une o sujeito e o objeto", mas acima dessa linha se ergue o elemento mediador (as leituras) que se dirige tanto para o sujeito quanto para o objeto. A presença do elemento mediador levou René Girard a apresentar o problema com a ajuda de uma metáfora espacial que é a do "triângulo do desejo". Acrescenta ainda Girard: "Encontram-se o desejo segundo o *Outro* e a função 'seminal' da literatura nos romances de Flaubert. Emma Bovary deseja através das heroínas românticas que povoam a sua imaginação".

No romance de Flaubert se lê:

Avec Walter Scott, plus tard, elle s'éprit de choses historiques, rêva bahuts, salle des gardes et ménestrels. Elle aurait voulu vivre dans quelque vieux manoir, comme ces châtelaines au long corsage qui, sous le trèfle des ogives, passaient leurs jours, le coude sur la pierre et le menton dans la main, à regarder venir du fond de la campagne un cavalier à plume blanche qui galope sur un cheval noir.*

E no romance de Eça:

Em solteira, aos dezoito anos, entusiasmara-se por Walter Scott e pela Escócia: desejara então viver num daqueles castelos escoceses, que têm sobre as ogivas os brasões do clã, mobilados com arcas góticas e troféus de armas, forrados de largas tapeçarias, onde estão bordadas legendas heroicas que o vento do lago agita e faz viver; e amara Ervandalo, Morton e Ivanhoé, ternos e graves, tendo sobre o gorro a pena da águia, presa ao lado pelo cardo da Escócia de esmeraldas e diamantes.

Fato mais curioso ainda, que nos lembraria não tanto "Pierre Menard" mas outro conto de Borges, o primeiro da coleção reunida sob o título de *Ficciones*, "Tlön, Uqbar, Orbis Tertius", e que viria corroborar ser essa passagem, sem dúvida, a parte *invisível* da obra de Eça de Queirós, é que tal parágrafo não se encontra na tradução norte-americana de *Cousin Bazilio*. Roy Campbell, seu tradutor, ou Noonday Press, a editora, adiantaram-se à nossa leitura e simplesmente suprimiram da página 8 a alusão a Walter Scott. Em inglês, a portuguesa Luísa não chegou a ler o romancista de *Ivanhoé*.

No entanto, onde mais se faz sentir a invisibilidade de *O primo Basílio* é no desaparecimento quase total do conceito de que poderia e deveria ser a cidade de Lisboa, capital de Portugal e centro cultural distinto dos outros centros culturais europeus. É ainda na necessidade que teve Eça de igualá-la a qualquer cidadezinha da província francesa, Tostes ou Yonville. Em Tostes, Emma devaneia: *"Comment était ce Paris? Quel nom démesuré! Elle se le répétait à demi-voix, pour se faire*

---

* Em tradução: "Mais tarde, com Walter Scott, ela se apaixona pelos fatos históricos, sonha com arcas, sala de guardas e menestréis. Desejaria ter vivido em algum solar antigo, como aquelas castelãs de busto alto que, debaixo do trevo das ogivas, passavam os dias, o cotovelo apoiado sobre a pedra e o queixo contra a mão, vendo chegar do fundo do campo um cavaleiro de pluma branca que galopa um cavalo negro".

plaisir; il sonnait à ses oreilles comme un bourdon de cathédrale, il flamboyait à ses yeux jusque sur l'étiquette de ses pots de pommade".*

Ambos os romancistas estabelecem o ponto de referência cosmopolita e ideal para as suas heroínas em Paris, lugar geométrico para onde convergem tanto as esperanças da provinciana Emma quanto as da lisboeta provinciana que é Luísa. Paris, centro da França para a província. Paris, centro da Europa para Portugal. E na igualdade do conceito de centro se igualam o periférico que são Yonville e Lisboa. Para Luísa: "E ir a Paris! Paris sobretudo! Mas, qual! Nunca viajaria decerto; eram pobres; Jorge era caseiro, tão lisboeta!".

Nesse sentido, poderíamos inclusive generalizar o apego do português por Paris, seja com o testemunho de alguns versos de Cesário Verde, versos de "O sentimento de um ocidental", ou ainda com as palavras da carta que dirige em 16 de julho de 1879 a seu amigo Mariano Pina:

> A tua estada em Paris faz-me imenso mal, a mim particularmente; produz-me a ideia fixa, a monomania de partir para aí. Faço esforços inauditos para presenciar o que se passa nesse mundo superior e descuido-me deploravelmente do que me rodeia. Como um astrônomo abstrato, assestei para o estrangeiro um telescópio e, cansado dos olhos, dorido dos rins, olho atentamente, constantemente. Podem dar-me uma facada, o que é provável, que não verei quem ma der.

Tal atitude, traduzida evidentemente nos versos do poeta, levou Ramalho Ortigão, na crítica que fez de seu livro de poemas, a um violento ataque contra o falso dandismo encontrado em sua poesia:

> Em Portugal há honestos empregados públicos, probos negociantes, pacíficos chefes de família, discretos bebedores de chá com leite e do palhete Colares destemperado com água do Arsenal que deliberaram seguir o gênero Baudelaire.
>
> Como, porém, Baudelaire era corrupto e eles não são corruptos, como Baudelaire era um dândi, e eles não são dândis, como Baudelaire viveu no *boulevard* dos italianos e eles vivem na rua dos Cabalhoeiros, como Baudelaire conhecia a moda, a

---

* Em tradução: "Como seria aquela Paris? Que nome desmesurado! Ela o repetia para si mesma a meia-voz, para sentir prazer; ele soava aos seus ouvidos como um sino grande de catedral, brilhava diante de seus olhos até no rótulo de seus potes de pomada".

elegância, o *sport* e o *demi-monde*, ao passo que eles apenas conhecem as popelines, as carcaças de *bobinet* e as cuias do sr. Marçal Maria Fernandes, costureiro na travessa de Santa Justa, o resultado é lançarem na circulação uma falsa poesia, que nem é do meio em que nasceu nem para o meio a que se destina, e que [...] [*Farpas*, v. x, p. 221]

Essa crítica não deixa de ser a reação necessária contra o cosmopolitismo pregado em 1871 nas Conferências do Cassino Lisbonense, ou mesmo bem antes, em 1865, na célebre carta de Antero de Quental dirigida a Antonio Feliciano de Castilho: "Todavia quem pensa e sabe na Europa não é Portugal, não é Lisboa, cuido eu: é Paris, é Londres, é Berlim".

Se a análise feita por Borges da obra *invisível* de Pierre Menard o conduziu à descoberta da sua originalidade, do extraordinário que reveste seu último e inconcluso projeto, *Don Quijote*, já o estudo que fizemos do equivalente em Eça apenas nos conduz ao que de mais pobre nos pode apresentar *O primo Basílio*, ou mesmo grande parte da produção literária do fim do século em Portugal. A equação borgiana ali se encontra invertida: o que se impõe no romance português, o que busca o leitor hoje no romance de Eça é o *visível*, são aqueles detalhes que mostram a *diferença* que o romancista quis estabelecer com relação ao modelo flaubertiano e os comentários à trama geral, sob forma dramática, que aparecem no desenrolar da ação de *O primo Basílio*.

3.

Talvez pudéssemos aqui generalizar e propor como ponto de partida para nosso raciocínio a conclusão a que esperamos chegar. Tanto em Portugal quanto no Brasil, no século XIX, a riqueza e o interesse da literatura não vêm tanto de uma *originalidade do modelo*, do arcabouço abstrato ou dramático do romance ou do poema, mas da *transgressão* que se cria a partir de um *novo* uso do modelo pedido de empréstimo à cultura dominante. Assim, a obra de arte organiza-se a partir de uma meditação silenciosa e traiçoeira por parte do artista que surpreende o *original* em suas limitações, desarticula-o e rearticula-o consoante sua visão segunda e meditada da temática apresentada em primeira mão na metrópole. Os românticos brasileiros, por exemplo, deram-se conta disso imediatamente quando começaram a tratar o tema indianista. O índio, idealizado e apresentado como elemento exótico pelos europeus, tema de toda uma literatura de evasão, de fuga dos contornos estreitos da pátria europeia, reconhecimento dos novos valores que o Novo Mundo tentava impor à cultura ocidental, esse mesmo índio, quando surgia na pena de um escritor brasileiro, já era um símbolo político, símbolo do nacionalismo, da busca das raízes da cultura brasileira, bandeira desfraldada que dizia da recente independência do país e da necessidade que tinham os escritores de lidar com elementos próprios de sua civilização, até então produto do colonialismo metropolitano.

Erigida a partir de um compromisso com o *já dito*, para usar de uma expressão recentemente empregada por Michel Foucault ao analisar o romance *Bouvard et Pécuchet*, de Gustave Flaubert, a obra segunda guarda pouco contato com a realidade imediata que rodeia seu autor. Por isso são inúteis e mesmo ridículas as críticas que se dirigem à alienação do autor, impondo-se antes uma revisão da propriedade com que utiliza um texto já no domínio público e sobretudo a tática que inventa para agredir o original, abalando os alicerces que o propunham como elemento único e de reprodução impossível. O imaginário do escritor é alimentado não tanto a partir de uma manipulação vivencial da realidade imediata, mas se propõe quase como metalinguagem. A obra segunda, porque comporta em geral a crítica da anterior, se impõe com a violência desmistificadora das planchas anatômicas que deixam a nu a arquitetura do corpo humano. Nesse processo de desmistificação, o discurso segundo pressupõe a existência de outro, anterior e semelhante, ponto de partida e ponto de chegada, circuito fechado onde as decisões a serem tomadas pelo narrador ou pelos personagens diante de cada "bifurcação" já estão mais ou menos previstas e prescritas pelo original.

A liberdade a ser tomada existe muito mais no plano da arquitetura geral do romance do que propriamente nas mudanças mínimas que poderiam ser estabelecidas para o comportamento dos personagens. Assim, pouca diferença existe finalmente entre o suicídio de Emma Bovary e a morte natural que pouco a pouco toma conta de Luísa. Não caiamos na armadilha aberta por Machado de Assis, na célebre crítica de *O primo Basílio*: "[...] a Luísa é um caráter negativo e, no meio da ação idealizada pelo autor, é antes um títere do que uma pessoa moral", pois não tem, acrescenta ele, "paixão, remorso e menos ainda consciência". Machado de Assis, apesar de não nomear *Madame Bovary*, guardava intacto na mente o romance francês, ao mesmo tempo que se lançava já num projeto imaginário, que seria seu próprio *Dom Casmurro*, obra terceira portanto. Machado de Assis — preocupado mais com o drama ético-moral do ciúmento do que com os segredos do adultério — não pôde compreender que o jogo idealizado por Eça se situava noutro nível, distinto do proposto por Flaubert. No nível da repetição, da repetição que traz profundidade. Em outras palavras: o comentário das atitudes de Luísa, ou mesmo de seu marido, não se situa no plano convencional da estreita reação violenta e moral a uma causa que é óbvia para o leitor, mas vai se organizar a partir das reações dos dois a um texto escrito, reprodução no interior de *O primo Basílio* da própria temática geral do romance.

4.

É claro que estamos nos referindo à peça que Ernestinho escreve e reescreve durante o desenrolar da ação do romance e que estreia pouco antes da morte de Luísa. A peça se chama *Honra e paixão*, título que imediatamente nos conduz à problemática de Emma e de Luísa. Seu argumento, esboçado pelo próprio autor durante uma pequena reunião familiar que se passa no capítulo II, ocasião em que Eça aproveita para apresentar os principais personagens do romance, é o seguinte, segundo as palavras do próprio romance:

Era uma mulher casada. Em Sintra tinha-se encontrado com um homem fatal, o conde de Monte Redondo. O marido arruinado, devia cem contos de réis ao jogo! Estava desonrado, ia ser preso. A mulher, louca, corre a umas ruínas acasteladas, onde habita o conde, deixa cair o véu, conta-lhe a catástrofe. O conde lança o seu manto aos ombros, parte, chega no momento em que os beleguins vão levar o homem. É uma cena muito comovente, dizia, é de noite, ao luar! — O conde desembuça-se, atira uma bolsa de oiro aos pés dos beleguins, gritando-lhes: Saciai-vos, abutres!...
— Belo final! — murmurou o Conselheiro.
— Enfim — acrescentou Ernesto, resumindo — aqui há um enredo complicado: o conde de Monte Redondo e a mulher amam-se, o marido descobre, arremessa todo o seu oiro aos pés do conde, e mata a esposa.

O final da peça, no entanto, tem trazido grandes transtornos à vida já agitada de Ernestinho, sobretudo porque seu empresário exige duas modificações substanciais. A cena final não se passará à beira de um abismo, mas numa sala, e, pior!, ele quer que o marido perdoe sua esposa. O assunto é então proposto como discussão aos diversos convivas. Isolemos a opinião de Jorge, marido de Luísa, não só pela aspereza de suas palavras e intransigência moral, como ainda porque representam a primeira reação do futuro marido traído. De certa maneira, essa resistência de Jorge acompanhará a imaginação do leitor durante a lenta apreensão do drama de Luísa, e constantemente lhe lembrará o desfecho verossímil e ideal para o romance que está diante de seus olhos. Diz Jorge:

> Falo sério e sou uma fera! Se enganou o marido, sou pela morte. No abismo, na sala, na rua, mas que a mate. Posso lá consentir que, num caso desses, um primo meu, uma pessoa da minha família, do meu sangue, se ponha a perdoar como um lamecha! Não! Mata-a! É um princípio de família. Mata-a quanto antes!

Essas palavras de Jorge, é claro, não encontram grande eco entre seus amigos, todos eles favoráveis à clemência. Mas, não satisfeito, Jorge insiste na autoridade do marido sobre a esposa, e chega mesmo a transferir o problema para a vida pessoal do autor, Ernestinho, tornando-a real, ao mesmo tempo que abole a distância estética preconizada por T.S. Eliot. Sua opinião não seria diferente: "E aqui tem, se em lugar de se tratar dum final de ato, fosse um caso de vida real, se o Ernesto viesse dizer-me: sabes, encontrei minha mulher... Dou a minha palavra de honra, que lhe respondia o mesmo: Mata-a!".

Todos protestam violentamente, e a partir de então o futuro marido ultrajado já é conhecido pela alcunha de "tigre, Otelo, Barba-Azul".

Não é por simples coincidência que uma série de alusões a Ernestinho, à sua peça e às reações de Jorge se intercalam no desenrolar da intriga, exatamente naqueles momentos em que podem ter um significado paralelo à ação do personagem em questão. Espécie de espelho que consegue definir os limites morais das atitudes engajadas pelo personagem, como se este, desprovido da paisagem interior de que fala André Gide, na sua superficialidade portanto, apenas pudesse ver as consequências de seu ato pela aparência, na superfície do espelho, na superfície do texto de Ernestinho. Daí a importância para o estudo de Eça de Queirós de repensar as categorias morais estabelecidas pelo eixo Flaubert/Baudelaire, sustentadas, como vimos, por Machado de Assis na sua crítica desfavorável de *O primo Basílio*. Categorias como: lucidez, remorso, expiação, consciência do mal etc.

A arte de Eça de Queirós encontra nesse gosto pelo exterior, pela superfície, a sua modernidade, na medida em que se liberta do compromisso com a introspecção, vivendo a profundidade da pele, para usar de uma expressão de Jean Cocteau. Ou ainda, a profundidade do desdobramento, como veremos logo adiante.

Por exemplo, no capítulo VII, quando Luísa vai a caminho do Paraíso para encontrar Basílio, esbarra na rua por acaso com Ernestinho. Este, depois de se queixar de novo do empresário, confessa a Luísa que finalmente resolveu perdoar sua heroína, dando um posto de embaixador no estrangeiro ao marido. Primeiro passo para certa intranquilidade no espírito de Luísa quando encontra seu amante:

> Luísa entrou no Paraíso muito contrariada. Contou o encontro [com Ernestinho] a Basílio. Ernestinho era tão tolo! Podia mais tarde falar naquilo, citar a hora, perguntarem-lhe quem era a amiga do Porto...
> — Não, realmente, é imprudente vir assim tantas vezes. Era melhor não vir tanto. Pode-se saber...

Nessa mesma linha de raciocínio, vemos que bem mais tarde, no capítulo IX, quando Luísa pensa nas reações que pode ter seu marido ao descobrir o adultério, o quadro que cria imaginariamente é inspirado pelo Jorge que conheceu no capítulo II, intransigente e rancoroso diante do personagem criado por Ernestinho: "O que faria ele se soubesse? Matá-la-ia? Lembravam-lhe as suas palavras muito sérias, naquela noite, quando Ernestinho contara o final do seu drama".

O círculo que se estabelece em torno dos personagens de *O primo Basílio* e da peça *Honra e paixão* vai se estreitando cada vez mais, organizando quase que por completo a vida imaginária de Luísa. Daquela espécie de desdobramento pelo reflexo, passamos a uma forma de simbiose, onde os personagens do romance perdem a sua identidade e se perdem nas máscaras dos personagens da peça de Ernestinho, atores que são, e nos meandros da intriga estabelecida pelo Dumas Filho de Portugal. O terceiro sonho de Luísa é completamente dominado pela ideia de teatro, peça, Ernestinho: Luísa encontra-se como atriz, interpretando o papel da heroína de *Honra e paixão*, e sob os traços do conde ela reconhece e reconhecemos Basílio. E no final aparece Jorge, o marido, que, apesar da modificação imposta à peça pelo autor, representa seu papel de acordo com a versão primitiva, visto que se vinga da esposa infiel. Se o autor, Ernestinho, já tinha perdoado a esposa na peça, o mesmo autor, no sonho da atriz, ainda continuava se vingando. Como exemplo, aqui vão algumas frases extraídas da longa passagem do sonho:

Ela [Luísa] estava no palco; era atriz; debutava no drama de Ernestinho; e toda nervosa via diante de si na vasta plateia sussurrante, fileiras de olhos negros e acesos, cravados nela com furor. [...] Basílio repetia no palco, sem pudor, os delírios libertinos do Paraíso! Como consentia ela? [...] e viu Jorge, Jorge que se adiantava, vestido de luto, de luvas pretas, com um punhal na mão; a lâmina reluzia — menos que os olhos dele.

À medida que o romance vai se fechando, isto é, dentro da técnica romanesca do século xix, à medida que se aproxima o momento da morte do herói ou da heroína, mais concreta se torna a peça de Ernestinho. No antepenúltimo capítulo, estreia a peça, obtendo grande êxito. Luísa, já atacada por estranha e indefinida doença, não pôde presenciar o sucesso do amigo, mas este vem visitar o casal para lhes dar as boas-novas. Num certo momento, a conversa centraliza-se em Jorge e, pela primeira vez, o dramaturgo comunica-lhe que tinha mudado de ideia com relação ao quinto ato da peça (conversa que repete precedente diálogo entre Ernestinho e Luísa). O autor de *Honra e paixão* comparece, de novo, como anteriormente no caso de Luísa antes de sua visita ao Paraíso, para ativar o processo de conscientização do problema que enfrenta caladamente Jorge, emprestando-lhe certa insegurança que vem substituir a tranquilidade que tinha encontrado na inconsciência da paixão. Como numa tragédia grega, é nesse momento, diante de um estímulo exterior, que Jorge compreende que tinha mudado sua maneira de pensar. O diálogo estabelecido por Eça é revelador:

— O Jorge é que queria que eu desse cabo dela — disse Ernestinho, rindo totalmente. — Não se lembra, naquela noite...
— Sim, sim — fez Jorge, rindo também, nervosamente.
— O nosso Jorge — disse com solenidade o Conselheiro — não podia conservar ideias tão extremas. E decerto a reflexão, a experiência da vida...
— Mudei, Conselheiro, mudei — interrompeu Jorge.

Esse processo narrativo que vimos analisando — a presença no interior do romance de outra obra de ficção que reproduz o romance, ou ainda o fato de que o romancista dramatiza dentro do romance, isto é, no nível dos personagens, o seu ideal — coloca de imediato Eça de Queirós e *O primo Basílio* ao lado de uma série de outras obras. André Gide talvez seja o primeiro que tenha chamado a atenção para o fenômeno que, segundo ele, se encontra tanto na pintura (refere-se aos pintores flamengos e a Velázquez) quanto no teatro (*Hamlet*). Na necessidade de uma etiqueta, compara-o ao processo que encontramos na confecção dos escudos (a *mise en abyme*), onde um ponto central reproduz, em miniatura, o conjunto do escudo. Conclui o autor de *Os moedeiros falsos*: "Gosto muito de encontrar transposto, numa obra de arte, para a escala dos personagens, o próprio motivo desta obra. Nada a ilustra melhor e estabelece com mais segurança todas as proporções do conjunto".

Esse talvez seja o fado e a originalidade das melhores obras escritas nas culturas dependentes de outra cultura: a meditação sobre a obra anterior conduz o artista lúcido à transgressão ao modelo. A transgressão a *Madame Bovary* concretiza-se em *O primo Basílio*, não tanto na mudança do título, o que poderia à primeira vista nos dar a impressão de que Eça queria mudar o ponto de vista da narração, passando da esposa adúltera para o amante, mas a partir da criação de Ernestinho, autor também, cujo projeto se assemelha, na dialética do título, honra/paixão, ao projeto de Eça e ao drama de Luísa e de Jorge. Eça de Queirós faz com que seus personagens tomem conhecimento de seu destino antes que se entreguem às aventuras que os esperam; faz com que tomem consciência de suas ações por um processo de reflexo e de desdobramento; faz finalmente com que Luísa experimente a dor do remorso e da expiação oniricamente, por um processo de simbiose, em que um corpo se entrega à máscara de outro, máscara que nada mais é do que a cópia fiel de seu rosto, e faz com que encontre no sonho a catarse necessária para continuar sua sobrevivência. Nessa fase de simbiose onírica, o drama da adúltera não se articula mais no plano da lucidez, mas é transportado para o imaginário e para o inconsciente.

No eixo do imaginário e do inconsciente, também aí encontramos o *suplemento* que extrapola a problemática do devaneio, do bovarismo, encontrado no romance de Flaubert. Em *Madame Bovary* e também em *O primo Basílio*, como muito bem analisou René Girard, com a ajuda do ensaio de Gaultier, o devaneio propicia uma das formas agudas do desejo triangular. A imaginação de Bovary, totalmente invadida por suas leituras romanescas, estabelece o elemento mediador entre ela e o objeto amoroso que cobiça. Em Eça, repetimos, tal processo também se encontra, e havíamos assinalado que seria a parte "invisível" de sua obra, e bastaria que citássemos esta frase: "Ia, enfim, ter ela própria aquela aventura que lera tantas vezes nos romances amorosos!". Mas, como o romancista português foi além do seu modelo na idealização de Ernestinho que escreve *Honra e paixão*, também ele enriquece o modelo flaubertiano com a introdução do onírico.

O onírico passa a ser o veneno segregado em silêncio pela cauda do escorpião, cauda que era instrumento de defesa e de ataque, e que, diante do círculo de fogo, previsão da morte, diante da ausência instaurada por Basílio, pela sua partida, diante da agressividade pusilânime do marido, lentamente se volta contra o próprio corpo, instilando nele gota a gota o líquido que caladamente fabricava, o veneno do remorso, purgação noturna que não chega a aflorar os momentos do dia, da luz, da consciência. Se o devaneio propiciava o desejo, a consumação do prazer, os momentos inesquecíveis do Paraíso, já o onírico nada mais é do que a tomada do poder por parte do remorso que, pouco a pouco, vai estabelecendo seu reino no corpo liberto pelo gozo, pela desobediência ao código imposto pela sociedade, seu reino que é a tortura e o suplício da lei dos homens. Madame Bovary encontra a punição no arsênico, enquanto Luísa, como um escorpião, se debate contra o veneno segregado pela vida noturna do inconsciente.

Seria ridículo querer emprestar a Luísa a lucidez de Baudelaire, "a consciência no mal", expressa pelo famoso dístico:

Tête-à-tête sombre et limpide
Qu'un cœur devenu son miroir!*

Luísa, em sua mediocridade de lisboeta burguesa, vive em toda a sua plenitude o único drama que pode viver, a inconsciência no mal.

A obra *visível* de Flaubert e de Eça de Queirós encontram-se finalmente, enlaçam-se, complementam-se e organizam-se harmonicamente no espaço literário europeu da segunda metade do século XIX. O *invisível* num é o *visível* no outro, e vice-versa. O trabalho subterrâneo de Eça se lança audaciosamente por entre as fronteiras do pequeno Portugal e se inscreve com o suicídio de um escorpião no firmamento europeu.

[1970]

---

* Tradução de Ivan Junqueira: "Conversa a dois, clara e sombria/ Espelho que a alma em si procura!".

Uma ferroada no peito do pé:
Dupla leitura de *Triste fim de Policarpo Quaresma*

Para o Marco Antonio

De todos os romances de Lima Barreto, *Triste fim de Policarpo Quaresma* é o que oferece a melhor composição ficcional. Tudo nele conspira para o sucesso que merecidamente vem colhendo desde 1911, data da sua primeira publicação em forma de folhetim no *Jornal do Comércio*. A qualidade e a originalidade da composição, em autor tão conhecido pela negligência com que cercava o processo da criação literária, advêm do fato de o romance ter sido escrito sob as pressões do dia a dia jornalístico, tendo isso obrigado o romancista a atar com maior firmeza e segurança os diversos fios soltos da meada ficcional.

Fala-se muito hoje nas virtudes do "gancho"[1] quando se faz referência à escrita que precisa despertar constantemente a curiosidade e a atenção do leitor. Esquece-se, no entanto, de que o leitor de folhetim (ou o fã de novela, foto e telenovela) se deixa prender mais pela isca da repetição do que pelo anzol da surpresa. Essa é a virtude artística que o intelectual moderno — inimigo do plágio e amigo da originalidade a qualquer preço — gosta de elogiar nas formas populares e seriadas da narrativa, enquanto o desejo do chamado grande público é realmente aguçado pela redundância que explicita, na repetição, o que não ficou claro na primeira dramatização.

A repetição — é preciso que atentemos agora para este fato estético sempre negligenciado, ou mesmo rejeitado como "defeito" — não deixa de ser uma primeira leitura (microleitura interna) da intriga e, por extensão, do texto. O artista da forma seriada e popular, trabalhando com uma linguagem polissêmica como é a da dramatização, necessita diminuir o hermetismo do enigma narrativo com sucessivas e parciais interpretações do drama, recorrendo para isso a pequenos *núcleos repetitivos,* cujo maior interesse é o de apresentar um personagem explicitando para outro o que foi mostrado de forma dramática alguns dias antes. Ou seja: o personagem, ao explicitar a cena anterior, está lendo-a, decifrando-a, descodificando-a para outro personagem, e este, em última instância, faz as vezes do leitor comum. O leitor comum — tentemos uma definição — é aquele que, diante de um texto dramático, se sente mais à vontade no explicado do que no enigma.[2]

Essa primeira leitura interna da narrativa, gerada pelos núcleos repetitivos de responsabilidade do autor/narrador, é o compromisso mais nítido que o texto seriado mantém com a temporalidade inerente ao seu ato de leitura. Isso por um lado. Por outro lado, serve ela para manter uma determinada linha de interpretação, um determinado sentido do texto, sentido este que se encontra interrompido pela intermitência do seu aparecimento e desaparecimento. Em ambos os casos, abole-se a participação individual do leitor no processo de compreensão, já que a própria obra traz em si as configurações gerais e coletivas da sua leitura. O autor passa para os leitores comuns não só o drama como ainda a leitura mais "justa" dele. Ninguém se extravia no meio do caminho da narrativa, ou da sua apreciação. Todos se irmanam até o inevitável final feliz numa estória cujo significado se dá em transparência para todos os que dela se aproximam.

O prazer da leitura do texto popular, para o leitor comum, não reside na espera e na descoberta da originalidade. Caso assim fosse, não haveria o desejado e angustiante *happy ending,* inevitável como imposição das chamadas leis de mercado, mas acatado pela indústria cultural como índice de sucesso garantido. Caso assim fosse, os números do Ibope não aumentariam por ocasião da apresentação do capítulo final açucarado e previsível de uma telenovela (hoje nem tomam mais a precaução de não divulgar, com antecedência, o fim da novela pela imprensa escrita). O leitor comum quer que o texto, após o seu desaparecimento momentâneo, volte como era. Paradoxalmente, é porque o texto não volta diferente que o leitor comum fica "surpreso" e continua a ler o folhetim ou a ver a telenovela. Paradoxalmente, é porque o texto da chamada literatura erudita volta sempre diferente que o leitor comum fica desorientado, desatento, e abandona a sua leitura. O paradoxo só existe porque tanto um processo de leitura quanto o outro têm sido sempre feitos com a ótica exclusiva do erudito (o leitor comum não teoriza sobre a sua leitura). No momento em que se quebra a exclusividade da ótica, vê-se que não há necessidade de aventar a questão do "paradoxo", reconhecendo que são produtos feitos dentro de estéticas distintas e que, por isso, requerem leitores com aptidões distintas.

Vladimir Propp tinha razão, na sua *Morfologia do conto,* quando buscou o modelo único de leitura que pudesse englobar todos os contos maravilhosos, abandonando como acessório os detalhes que, num conto específico, poderiam assinalar a sua diferença com relação aos demais, a sua originalidade. A graça e a beleza do conto popular — razões do seu consumo "fácil" — estão circunscritas pela repetição das mesmas ações (ou "funções", segundo Propp). Roland Barthes também tinha razão ao abandonar o modelo proppiano de leitura,[3] quando chegou a vez de interpretar uma ficção de Balzac, *Sarrasine,*[4] pois o universo da literatura erudita se organiza em diferença. Ao perceber o equívoco que cometia com a sua "análise estrutural da narrativa", Barthes imediatamente descobre que toda leitura individual é uma escrita. Como tal, a leitura deixa de ser um produto padronizado, mero consumo, atividade passiva, e passa a requerer do leitor uma *força* criativa tão forte e intensa quanto a do criador. A graça e a beleza do texto de ficção erudita — razões do seu consumo "difícil" — estão circunscritas pela produção da diferença dentro dele, ou seja, pela produção de outro texto que repete o primeiro em diferença.

Resumindo: o "gancho" é a forma de compromisso que o autor erudito encontrou para "salvar" a narrativa popular da qualidade maior que ela precisa apresentar para o seu leitor específico — a redundância. O "gancho" é, por outro lado, o recurso que fala da má consciência do autor erudito ao querer transgredir, falsamente, os limites quantitativos do seu universo de leitores. Toda forma narrativa erudita que funda a sua popularidade na retórica do "gancho" apenas fala de um preconceito, quando não fala das suas limitações. Acreditar no "gancho" é pensar que o que se tem para dizer é importante mas chato. Ora, nada que é importante é chato. Só é chato o que não nos interessa. E de nada vale, finalmente, o "gancho".

O romance de Lima Barreto — legitimamente popular na sua escrita — não prima, é claro, por "ganchos" audaciosos, que dariam o tom original da composição harmoniosa de que estamos falando e iremos comentar. *Triste fim de Policarpo Quaresma* assume a redundância como a forma-limite que encontrou para atar os fios dispersos de uma intriga original, para dar-lhe sentido, intriga esta que se desloca do subúrbio carioca para uma repartição pública, desta para o campo, e do campo para o Ministério da Guerra, trazendo sempre um número variado de personagens que se perdem pelo meio do caminho do texto e levantando problemas patrióticos que se esboroam e desaparecem diante de obstáculos intransponíveis. Perdidos os personagens pelos labirintos da narrativa, desaparecidos os problemas levantados com argúcia pelo narrador, fica, no entanto, o *sentido* claro do texto, a linha de leitura. Qualquer leitor consegue seguir o romance até o fim sem precisar do anzol da surpresa para aguçar a sua curiosidade.

É por aí que se deve falar, em primeiro lugar, da qualidade popular que o texto de Lima Barreto oferece, quando num confronto com Machado de Assis, ou com os seus sucessores modernistas. A posição isolada e intrigante de Lima Barreto explica-se pelo fato de ter ele assumido uma *estética popular* numa literatura como a brasileira, em que os critérios de legitimação do produto ficcional foram sempre os dados pela leitura erudita. Não apresentando os sucessivos núcleos de originalidade que são os "ganchos", não se comprometendo portanto com a má-fé erudita diante do texto popular, o romance de Lima Barreto se legitima através dos núcleos repetitivos que fazem o prazer dos leitores comuns e o desespero dos leitores críticos.

Tenhamos a modéstia de ler *Triste fim de Policarpo Quaresma* respeitando a leitura que o narrador faz do próprio texto no interior do romance e que é dada de presente para qualquer um dos seus possíveis leitores. Esse é o valor hermenêutico maior do resumo de toda a intriga romanesca que se encontra nas páginas 206 e 207 da moderna edição de *Triste fim*. Leiamos o trecho:

> Desde dezoito anos que o tal patriotismo lhe absorvia e por ele fizera a tolice de estudar inutilidades. [...]
> O tupi encontrou a incredulidade geral, o riso, a mofa, o escárnio; e levou-o à loucura. Uma decepção. E a agricultura? Nada. As terras não eram ferazes e ela não era fácil como diziam os livros. Outra decepção. E, quando o seu patriotismo se fizera combatente, o que achara? Decepções. [...]
> A pátria que quisera ter era um mito; era um fantasma criado no silêncio do seu gabinete.

Nesse longo núcleo repetitivo, de que extraímos apenas o essencial, a ação do livro para, e a narrativa volta-se sobre si mesma, repete-se a si, lendo com cuidado exegético extraordinário para nós as aventuras do personagem principal. O compromisso dessas páginas é mais com o leitor pouco atento e incapaz de ter dado um sentido próprio ao que vinha lendo do que com o leitor crítico, que já tinha chegado a essas conclusões — e a outras mais — ao analisar cuidadosamente o texto. Para este leitor, esse núcleo repetitivo funciona — para usar uma expressão cara a Mallarmé, quando comentava o papel da epígrafe no livro — como um *lustre* que serve para iluminar a cena da representação. Tomemo-lo como tal.

Naquele conciso e preciso resumo de todo o romance ficam a descoberto a base e as razões das motivações maiores do personagem principal, Policarpo Quaresma, e também os andaimes semânticos que sustentam as sucessivas ações que compõem a intriga.

A transformação da noção de "pátria", livresca e abstrata, em realidade concreta, com consistência sociopolítica e econômica, é o norte da existência de Policarpo, justificativa única para a sua vida. A noção é configurada na juventude e em contato com uma "brasiliana" convencional;[5] a noção é totalmente desapegada de um exame ou reflexão sobre os fatos concretos da sociedade brasileira. A origem da noção — o "silêncio do gabinete" — já diz tudo. É produto de uma biblioteca radical e simplória, organizada em torno de "um espírito que presidia a sua reunião" — o patriotismo. A reunião, por sua vez, traduzia uma idêntica "disposição particular do espírito" do dono. O espírito do jovem patriótico se casa com o espírito da biblioteca patriótica, armando um sistema tautológico cuja única força é o "amor da pátria". Esse amor, exclusivo e tirânico, xenófobo, é o que legitima a ânsia de reformas e a busca de poder. É ele que leva Policarpo a esquecer o bem-estar individual ("gastara a sua mocidade nisso, a sua virilidade também", p. 206), embarcando-o na canoa da "reforma moral e intelectual" do Brasil. Esse aspecto reformista, autoritário e conservador do seu pensamento, baseado que estava nos chamados valores tradicionais perpetuados pela brasiliana, já vinha anunciado no nome do autor da epígrafe, o historiador francês Renan, responsável por idêntica campanha na Terceira República francesa.

Esse apego a textos ufanistas e à tradição torna a figura de Policarpo Quaresma bem mais ambígua nas suas lutas políticas do que querem alguns leitores apressados do crítico do Marechal de Ferro. Pode-se mesmo levantar a hipótese, aliás bem plausível, de que o seu ódio à mediocridade do marechal Floriano provinha da perseguição impiedosa que o então presidente fazia ao restante das forças monárquicas ativas no país. De qualquer forma, passagens como esta atestam a presença de Renan no seu pensamento:

> Como é que o povo não guardava as tradições de trinta anos passados? Com que rapidez corriam assim da sua lembrança os seus folgares e suas canções? Era bem um sinal de franqueza, uma demonstração de inferioridade diante daqueles povos tenazes que os guardam durante séculos! Tornava-se preciso reagir, *desenvolver o culto das tradições* [grifo meu], mantê-las sempre vivazes nas memórias e nos costumes... [p. 39]

Estabelecidas a base e a motivação básica do personagem — a biblioteca e o patriotismo —, o resumo citado ainda levanta de maneira impecável o rigor da *unidade tripartida* que é a forma que define a composição do romance. Não só define a trifurcação harmoniosa da narrativa, como ainda marca o desenlace das três atividades político-patrióticas de Quaresma — a decepção. O patriotismo de Quaresma é o pássaro Fênix que por duas vezes renasce das cinzas e por três vezes morre. Eis a trifurcação.

Na busca radical de estabelecer de uma vez por todas as legítimas tradições brasileiras, Policarpo acredita que o mal está na língua que tomamos de empréstimo aos descobridores. É preciso devolver a língua portuguesa aos seus legítimos "proprietários" e buscar, onde ela se perdeu, a nossa língua autêntica. Esta seria capaz de traduzir as nossas belezas e ao mesmo tempo adaptar-se-ia perfeitamente aos nossos órgãos vocais e cerebrais. Além do mais, pararíamos de receber as humilhantes censuras dos proprietários portugueses, que o diga José de Alencar. Através de um requerimento, facultado pela nossa Constituição, Policarpo pede que o "Congresso Nacional decrete o tupi-guarani como língua oficial e nacional do brasileiro". Seu gesto, produto de um sonho, "incubado e mantido vivo pelo calor dos seus livros" (p. 63), encontra a incredulidade geral. É vítima das brincadeiras e perseguições dos seus companheiros. Consideram-no louco. É internado num hospício. Primeira decepção.

Continua o romance: "as consequências desastrosas do seu requerimento em nada tinham abalado suas convicções patrióticas" (p. 111). Pensa que só a partir de uma "forte base agrícola" (p. 87) é que o Brasil poderá finalmente ultrapassar o estágio da humilhação e da miséria em que se encontra. Parte para o campo, instala-se no sítio do Sossego e começa a cuidar da terra. Logo descobre que tal tarefa não era tão fácil quanto diziam os livros ufanistas. A saúva que tudo destrói e a mesquinharia da política interiorana que tudo carcome expulsam-no do campo. Segunda decepção.

Reanimado pela posse do marechal Floriano Peixoto na Presidência da República, pensa que antes de mais nada "torna-se necessário refazer a administração", e já imagina um "governo forte, respeitado, inteligente" (p. 135), a quem hipotecaria todo o seu apoio. O Marechal de Ferro não se cola à imagem que dele fazia.

> O seu entusiasmo por aquele ídolo político era forte, sincero, desinteressado. Tinha-o na conta de enérgico, de fino e supervidente, tenaz e conhecedor das necessidades do país [...]. Entretanto, não era assim. Com uma ausência de qualidades intelectuais, havia no caráter do Marechal Floriano uma qualidade predominante: tibieza de ânimo; e no seu temperamento, muita preguiça. [p. 152]

Contra a mediocridade reinante, contra o rancor e o gosto de vingança dos homens fortes do momento, Policarpo insurge-se. Rebela-se contra as ordens desumanas que recebe e que deve executar como carcereiro. Vira inimigo do poder e sujeito às crueldades de um governo autoritário. É preso na ilha das Cobras, onde encontra o seu fim. Terceira e última decepção.

Dentro dessa linha interpretativa, vemos que *Triste fim* é dos romances brasileiros o que melhor tematiza a questão da repressão ao intelectual dissidente, pois disso trata todo o tempo o romance. A força de dissidência não reside tanto nas ações patrióticas do personagem com vistas a uma mudança radical no Brasil, mas no fato de Policarpo ter as suas ações norteadas por um ideal, e é perseguindo a este que se insurge contra as forças dominantes no contexto sociopolítico e econômico brasileiro. São estas: a força da facilidade com que adotamos o português como língua materna, com que nos desvencilhamos do nosso passado indígena; a força do abandono a que relegamos as nossas terras férteis; a força do autoritarismo centralizado na capital da República. Insurgindo-se contra essas forças dominantes que mantêm o Brasil e os brasileiros submissos, medíocres e inconsequentes, Policarpo atiça a ira dos Jupíteres menores e do grande Júpiter. A repressão à dissidência aparece, então, no *Triste fim* não com as roupagens da violência física e destruidora, mas sob o véu sutil com que a encontramos na modernidade ocidental. A violência do manicômio; a violência das regras municipais manipuláveis; a violência do sistema carcerário. Vejamos.

Ao querer implantar o tupi-guarani como língua oficial, é caluniado, e pior: considerado louco. Encerrado num hospício, aí descobre que o lugar é "meio hospital, meio prisão" (p. 77). Tentando impor-se à comunidade como brasileiro verdadeiramente interessado no crescimento das nossas riquezas agrícolas, Policarpo encontra a segunda forma de marginalização: é expulso da comunidade, sendo dado como cidadão relapso e contraventor. A terceira e última forma vem do poder central, dessa fórmula sui generis que o Marechal de Ferro encontrou para governar o país: a "tirania doméstica". E explica o narrador: "O bebê portou-se mal, castiga-se. Levada a cousa ao grande o portar-se mal era fazer-lhe oposição, ter opiniões contrárias às suas e o castigo não era mais palmadas, porém, prisão e morte" (p. 154).

A epígrafe do livro, de responsabilidade de Renan, é a melhor peça que podemos apresentar para uma vez mais assinalar o caráter redundante deste último aspecto da leitura. Com a ajuda dela, fica claro que, antes de ser o patriotismo de Policarpo a razão da repressão, são os caminhos que busca para pôr em prática um ideal — quaisquer que fossem eles. Isso quer dizer que a originalidade do projeto nacional de Policarpo não está tanto no fato de ser patriótico (todos, à sua maneira, o são), mas no de ter adotado uma forma *ideal* de patriotismo como justa para o processo de salvação do país. Na epígrafe se diz que o homem superior, transportando para a prática real os princípios do ideal, vê que as suas qualidades se tornam defeitos, enquanto os homens que têm como móvel de ação o egoísmo e a rotina vulgar encontram na vida diária um grande êxito. Ao homem superior, nos seus caminhos pela vulgaridade da terra, é dado o fracasso. De antemão. O romance de Lima Barreto se encontra aqui devidamente delimitado por toda uma postura idealista e idealizante do intelectual, de que é exemplo no século XIX o poema "L'Albatros", de Charles Baudelaire.[6] Essa ave, nas profundezas do azul, plana como um pássaro sublime; no convés do navio, aprisionada pelos marinheiros terríveis, parece um pequeno monstro desengonçado que se enrosca pelas próprias patas gigantescas, incapaz de dar um passo gracioso. No navio, serve de chacota para os marinheiros, assim como Policarpo servia de chacota para os seus companheiros de repartição. Anseiam pelo azul do céu.

Esse jogo entre o ideal e o vulgar, entre o fracasso do homem superior e o sucesso do homem vulgar, está muito bem expresso no romance pela tensão dramática entre Policarpo e Genelício. Olga, diante do padrinho Quaresma, "sentia confusamente nele alguma coisa de superior, uma ânsia de ideal, uma tenacidade em seguir um sonho, uma ideia, um voo enfim para as altas regiões do espírito que ela não estava habituada a ver em ninguém no mundo que frequentava" (p. 44). Já Genelício era "empregado do Tesouro, já no meio da carreira, ameaçava ter um grande futuro. Não havia ninguém mais bajulador e submisso do que ele" (p. 56).

Chegado é o momento de perceber que, se o romance faz uma crítica violenta às forças que impedem o desabrochar das ideias de Policarpo, por outro lado traz ele também — ainda estamos nos valendo da indicação de leitura que se encontra no citado resumo — uma crítica à noção idealizante de pátria que Policarpo tenta pôr em prática. Isso indica um complexo desvio irônico na leitura do romance, pois parece que o texto acaba por dar razão aos críticos e repressores de Policarpo. (Tal ironia não se encontra fora dos livros recentes de Fernando Gabeira, onde a crítica da ação revolucionária dos jovens pode vir acoplada a uma defesa da repressão, visto ter esta livrado o país das "loucuras" dos jovens.) Voltando à página 207 de *Triste fim,* lemos: "Não teria levado [Policarpo] toda a sua vida norteado por uma ilusão, por uma ideia a menos, sem base, sem apoio, por um Deus ou uma Deusa cujo império se esvaía?". O questionamento radical do texto é o da noção de "pátria". Traça ele a origem da noção entre os gregos e romanos. Chama a atenção para o papel que teve na criação dos Estados modernos, e chega à conclusão maior do livro: "Certamente era uma noção sem consistência racional e precisava ser revista" (p. 207).

O resumo que vem servindo de apoio à nossa e a qualquer leitura do romance, começa a se fechar e a fechar esta interpretação. O pessimismo visceral do pensamento de Lima Barreto aflora. O tópico da triste vida inútil extravasa os limites do romance. A dissidência, baseada que estava numa noção ilusória, fruto de gabinete de leitura, não traz e não pode trazer frutos reais, acabando por dar como resultado uma vida sem rastros e sem sentido: "e assim é que ia para a cova, sem deixar traço seu, sem um filho, sem um amor, sem um beijo mais quente, sem nenhum mesmo, e sem sequer uma asneira!" (p. 208).

Lima Barreto encontra aqui o jovem modernista Carlos Drummond de Andrade. É Mário de Andrade que, com a proverbial sensibilidade para o objeto novo, detecta, nos poemas de *Alguma poesia* (1930), o "sequestro da vida besta".[7] Deixemos a palavra com Mário, pois dele é o melhor comentário da lição que Lima Barreto passava para os pósteros:

[O sequestro da vida besta] representa a luta entre o poeta, que é um ser de ação pouca, muito empregado público, com família, caipirismo e paz, enfim o "bocejo de felicidade", como ele mesmo [Drummond] o descreveu, e as exigências da vida social contemporânea que já vai atingindo o Brasil das capitais, o ser socializado, de ação muita, eficaz para a sociedade, mais público que íntimo, com maior raio de ação que o cumprimento do dever na família e no empreguinho. O poeta adquiriu uma consciência penosa da sua inutilidade pessoal e da inutilidade social e humana da "vida besta".

Para quem leu com cuidado o *nome* do personagem que aparece desde o título do romance, tal conclusão a que estamos chegando quanto à função do intelectual na sociedade brasileira não é tão original como se pode pensar. Já está ela agora e sempre no nome do personagem. Entre os diversos jogos semânticos que se podem depreender do título, isolemos dois que nos servem de apoio agora.

"Policarpo", informa-nos o *Dicionário Moraes,* significa "que tem ou produz muitos frutos". Ora, o nosso Policarpo nada deixa de si, daí a ironia maior do seu nome. Ironia que está na redundância de "triste fim" que se encontra na raiz *carpo* de Policarpo: "carpir, lamentar, chorar, cantar tristemente". Ironia que está ainda em *carpo,* "pulso", "lugar onde o antebraço se junta à mão". O Policarpo de Lima Barreto é de triste fim porque é de nenhum fruto e é também de pulso fraco. Não esquecendo ainda que o verbo *"carpir"* nos remeteria a outro campo semântico: "limpar o mato (uma roça)" — e o citado dicionário nos dá como exemplo: "carpir a erva ruim que prejudica o trigo". Retomemos: o Policarpo é de triste fim porque é de nenhum fruto e é também de pulso fraco, e é ainda um idealista que não consegue limpar a erva ruim da sua plantação. O nosso personagem já trazia no estranho nome toda a carga irônica que se patenteia no resumo das suas aventuras que se encontra no final do romance.

E esse final melancólico de uma triste vida besta se encontra expresso na polissemia da outra parte do seu nome, *Quaresma.* É tanto o período de quarenta dias de jejum que se segue ao sacrifício de Cristo, como ainda uma espécie de coqueiro do Brasil. É tanto o sinal que indicia o caminho em vão do bode expiatório, como ainda o símbolo romântico por excelência da brasilidade ufanista que é o coqueiro. Minha terra tem. Policarpo é Quaresma. Acabaria a vida besta de Policarpo por significar que ele é um parasita da civilização? alguém que passou e não viveu? Ser a-histórico, passa e desaparece sem deixar fruto, carne da sua carne, "sem deixar mesmo"? É o que parece nos indicar o terceiro significado para *"quaresma"*: "inseto que ataca as roseiras e é parasita das árvores frutíferas".

A interpretação da unidade tripartida que é a forma do corpo do romance, indiciada pelo núcleo repetitivo final, corroborada pela epígrafe de Renan e devidamente explicitada pela polissemia encontrada desde o título da ficção, se fecha.[8] Poucas obras da literatura brasileira têm uma composição tão nítida, tão fechada e... tão redundante. Difícil *é* fazer com que o estilete da originalidade interpretativa perfure a redundância hermenêutica. Tentemos.

2.

A originalidade de leitura de *Triste fim de Policarpo Quaresma* encontra-se no envolvimento que o romance mantém com a brasiliana nele mencionada e na distância crítica que ele permite com relação a ela. As noções ufanistas, aprendidas na biblioteca, tanto servem de motivação para a luta inglória de Policarpo, como ainda são destruídas de uma penada só pelo já analisado resumo interpretativo do livro. No presente momento trata-se não só de perceber que relações intertextuais pode manter o romance, a fim de que se *captem* melhor as suas vertentes críticas, como ainda de assinalar que *Triste fim* marca um ponto nevrálgico na leitura que fazemos hoje do discurso sociocultural que desde Vaz de Caminha tenta explicar para nós o que era e é o Brasil. Aí, sim, reside a maior modernidade do projeto de Lima Barreto. O ponto nevrálgico o é porque é ambíguo: a escrita ficcional subscreve o discurso histórico-nacionalista e ufanista, e ao mesmo tempo o rejeita, julgando-o, criticando-o como ilusório. A escrita ficcional ao mesmo tempo compartilha dos valores sociopolíticos e econômicos que vinham sendo veiculados por aquele discurso, e marca a necessidade de uma reviravolta — em nível de discurso — para que melhor se coloquem e se estudem os verdadeiros problemas nacionais.

Nesse sentido, a ficção de Lima Barreto seria o elemento que irromperia na cadeia discursiva nacional-ufanista, causando um curto-circuito crítico que é inapelável. É o primeiro e histórico curto-circuito operado na cadeia. Esse acidente chamaria a atenção para o fato concreto de que todo discurso sobre o Brasil foi irremediavelmente idealista, comprometido que estava com um discurso religioso e paralelo e que, finalmente, foi o dominador. Daí advém que toda e qualquer discussão sobre o Brasil (tanto nos seus aspectos sociais quanto culturais) se encontre de início marcada por uma alta taxa de metaforização da linguagem. Lima Barreto tenta assinalar essa metaforização, chamando a atenção para o tipo de ação patriótica e alienada que ela propicia, com o fim de indicar a *necessidade de tomar a linguagem ufanista ao pé da letra. Isto é: no seu sentido próprio, des-metaforizado.*

Trabalhemos com exemplos concretos que nos conduzam a uma retomada de *Triste fim* por essa vereda.

O processo de idealização no discurso ufanista se encontra na contaminação do discurso leigo pelo discurso religioso; tal processo pode ser evidenciado já na *Carta* do escrivão Pero Vaz de Caminha. Sua descrição da terra desconhecida tem como *mediador* óbvio o texto bíblico. Diante de uma realidade desconhecida, diante de seres que são desconhecidos pela falta de "vergonha", Caminha se serve de um suporte bíblico para poder situar, explicar, dentro de padrões etnocêntricos, os seres e a sua falta de vergonha, a terra e esses seres sem vergonha.

Tanto a terra quanto os seres viviam na origem dos tempos, isto é, no período antes da queda. Portanto, ainda estavam no Paraíso Terreal. A realidade paradisíaca — na medida em que não correspondia à realidade social indígena, pelo contrário, ali está para recalcá-la na sua concretude — corresponde no entanto ao modelo de pensamento europeu da época. Seria a maneira de integrar ideologicamente o "desconhecido" (Brasil) ao conhecido (Europa), sem que se salientassem as diferenças das partes, diferenças estas que certamente escapariam do compressor etnocêntrico. O próprio desconhecido já tem um lugar concreto e predeterminado pelos textos da época — o Paraíso Terreal —, passando a sua leitura e compreensão a ser contínua "historicamente", cristalina e lógica. A tal ponto essa integração do desconhecido à civilização cristã e ocidental pode ser feita em termos eurocêntricos, que os textos da época dizem de um lugar *real* onde ainda existe a situação paradisíaca. Como nos alerta Sérgio Buarque de Holanda, nas páginas iniciais da *Visão do Paraíso,* "sabe-se que para os teólogos da Idade Média não representava o Paraíso Terreal apenas um mundo intangível, incorpóreo, perdido no começo dos tempos, nem simplesmente alguma fantasia vagamente piedosa, e sim uma realidade ainda presente em sítio recôndito, mas porventura inacessível".[9]

Se à própria nudez os indígenas não tinham incorporado a noção psicológica e autocrítica de "vergonha", podia ser aquela lida pelos europeus como signo de "inocência". Se à vergonha os indígenas não tinham incorporado a noção teológica de culpa, de pecado, podiam ser os seres selvagens tidos como Adão e Eva antes da queda. Fica fácil para nós assinalar como os outros elementos do texto vão caindo dentro desse mesmo esquema etnocêntrico de pensamento, e com isso vão perdendo a sua diferença, vale dizer, o seu significado original. Disso tudo podemos concluir que os indígenas, enquanto seres culturais, só podiam ser descritos através da metáfora que os torna inexistentes, maleáveis e cordiais culturalmente: são *tanquam tabula rasa*. Dentro da visão radical do texto eurocêntrico, a tarefa da evangelização se afigura como fácil, desde que aprendam o português e esqueçam a língua autóctone. Esta seria o único empecilho. Tão fácil é a tarefa da conversão que, se os indígenas aprenderem o português, os dois degredados e os dois grumetes fugidos poderão iniciá-los na religião católica — nos diz a *Carta* de Caminha. É claro que esse furo teológico só podia estar na pena de um leigo como Vaz de Caminha, e de um leigo para quem a noção de *imitação*, como conversão, se impõe desde o momento em que vê os indígenas, inocentes e cordiais, reproduzindo os gestos dos cristãos durante a missa.

Se até aqui a nossa segunda leitura está sendo intertextual, isto é, está dizendo em que sentido o texto de Caminha se enquadra dentro dos esquemas de pensamento da época, adiantados por outros textos, a partir de agora a nossa tarefa de leitura será diferente. Interpretar as relações propriamente textuais que se dão quando determinado padrão linguístico é dito e repetido, é citado e recitado dentro do próprio texto da *Carta*.

Adiantemos logo os princípios da nossa leitura, para poder depois extrapolar algumas conclusões. Tanto o *trabalho social* quanto o *trabalho de evangelização* são dados, no texto eurocêntrico de Caminha, dentro do mesmo campo semântico determinado pelo verbo *"plantar"* e seus derivados. Com uma única e substancial diferença: no caso do trabalho social, o verbo é usado no seu *sentido próprio*. E mais: o homem não é o sujeito da ação; é a própria terra e são as próprias árvores que, pelo seu esforço natural, são responsáveis pela passagem da "semente" plantada ao "fruto" colhido. No caso de evangelização, o verbo é usado no *sentido figurado*, enquanto a ação se dá em pelo menos três níveis. Primeiro nível: a ação do rei que deve ordenar a catequese. Segundo nível: a dos religiosos que ele mandaria para esta terra. Terceiro nível: a dos dois degredados e dos dois grumetes fugidos. Aqui também o "plantio" será fácil, e mais fácil a colheita, pois a "semente" (no sentido figurado: a palavra de Deus) cai em "terra inocente" (também no sentido figurado: a mente indígena). Vamos por fases.

Ora, como os indígenas no texto eurocêntrico vivem em estado de natureza, não conhecem nem a criação de animais nem a lavoura. Diz o texto: "Eles não lavram nem criam. Nem há aqui boi ou vaca, cabra, ovelha ou galinha, ou qualquer outro animal que esteja acostumado ao viver do homem. E não comem senão deste inhame, de que há muito, e dessas sementes e fruto que a terra e as árvores de si lançam". O fruto é dado de presente ao homem, pois o trabalho para obtê-lo é todo feito pela Mãe Natureza: a terra e as árvores [cf. "[…] a terra e as árvores de si lançam" — "*lançam*" no sentido de "fazer germinar"[10]].

Estaremos percebendo que é dessa maneira que se instilam dentro do discurso da cultura brasileira os traços ufanistas? que se instilam os traços da riqueza e das opulências sem fim e naturais, da terra ubérrima, terra que, em se plantando, tudo dá? Esse discurso vai ser responsável pela pouca importância que se vai dar ao trabalho da agricultura entre nós. Discurso, ainda, que vai ser questionado de maneira mais sistemática só no século xx, através do esforço ficcional do nosso Lima Barreto, fazendo com que Policarpo enfrente as agruras da lavoura, e de um Mário de Andrade, quando, em *Macunaíma,* alerta para os males da saúva e da saúde na nossa terra. No entanto, poucos anos antes do livro de Lima e de Mário, o conde de Afonso Celso ainda escrevia dentro dos padrões eurocêntricos e quinhentistas: "Há a árvore do pão, a árvore do papel, a árvore da seda, a árvore do leite, cujos frutos, folhas, fibras ou sucos oferecem as propriedades e as aplicações das espécies de que lhes proveio o nome". E continua: "Verdadeira maravilha a uberdade da terra roxa, que o calor e a umidade bastam a fecundar".[11] Até parece que não houve necessidade do trabalho escravo no Brasil.

Podemos disso concluir que, dentro da *Carta* de Caminha, a atividade de trabalhar a terra no plantio é dada como desnecessária. Já o mesmo não se pode dizer da outra "plantação". Mesmo com os indígenas sendo inocentes, é preciso haver um esforço do rei e muito trabalho por parte dos missionários.

Diz a *Carta*: "Contudo o melhor fruto que dela se pode tirar parece-me que será salvar esta gente. E esta deve ser a *principal semente* [grifo meu] que Vossa Alteza em ela deve lançar". "*Lançar*" é recitado no texto, agora no sentido figurado do verbo "*plantar*", isto é, no sentido de "infundir, incutir".[12] Ao mesmo tempo, *terra* deve ser tomada como metáfora para a mente dos indígenas, enquanto *fruto* seria o produto que viria da *semente* lançada na mente selvagem. Ora, essa "semente" metafórica — nos diz o Evangelho, que é aqui o suporte do texto de Caminha — é a *palavra de Deus,* isto é, de novo um vocábulo é tomado no sentido figurado. Por outro lado, na própria produção do texto de Caminha existe uma valoração quanto às *duas sementes* (uma é "a principal semente"), indicando que a semente no sentido próprio é menos importante, e o pode ser porque, como vimos, a terra (também no sentido próprio) é pródiga e não requer o trabalho do homem. Nada ou quase nada precisa ser feito em termos de colonização. Esse processo se restringe ao trabalho da evangelização.

O jogo semântico, na *Carta,* repousa — para resumir as coisas — sobre a polissemia da palavra *"semente",* e o jogo ideológico não só oscila entre um significado e outro da palavra, como também *marca* um determinado significado como o principal, e o outro como secundário. Mas essa *marca ideológica* é o que nos interessa aqui, pois é ela que determina um padrão de sentido que será capital na produção do texto posterior da cultura brasileira: *o próprio será sempre o metafórico.* Com isso, podemos dizer que o texto cultural brasileiro começa por uma alta taxa de metaforização, por um alto domínio da espiritualização, que, por sua vez, é responsável pela destruição de todos os valores autênticos indígenas.

É claro que essa conclusão seria improcedente se não pudéssemos detectar aquele padrão linguístico em textos anteriores à *Carta* (textos europeus, portanto), ou se não pudéssemos comprovar sua disseminação por textos posteriores da própria cultura brasileira. A tarefa é longa e esboçaremos aqui apenas algumas indicações com vistas à leitura, ou releitura, de *Triste fim.*

Na primeira tarefa, ajuda-nos a informação de Joseph Höffner, no livro *Colonialismo e evangelho.*[13] Diz-nos ele: "[...] na Antiguidade, fundar colônias denotava ação altamente cultural, coisa aliás que a própria palavra, derivada de *colere,* já indica, pois este verbo latino está aparentado etimologicamente com 'cultura' e 'culto', o que vinha a ser um novo local de arar e plantar, de cuidar e tratar, de venerar e adorar". Portanto, o que o texto de Caminha opera é *coagular a polissemia* (arar × venerar, plantar × adorar) e *marcar como principal* um dos significados, uma das atividades (venerar, adorar), estabelecendo entre eles uma hierarquia básica no nível do sistema da língua portuguesa e ao mesmo tempo no nível do sistema da colonização.

Em sucessivas leituras feitas ainda em sala de aula, temos perseguido a malha da palavra *"semente"* dentro do discurso da cultura brasileira. É impossível resumir aqui o nosso trabalho, podemos dar apenas uma indicação dos textos que nos têm servido de baliza, para configurar épocas distintas desse padrão estabelecido pela *Carta:* o "Sermão da Sexagésima", de Vieira, *Iracema,* de Alencar, e

Policarpo Quaresma, de Lima Barreto. Detenhamo-nos neste, para encerrar, ainda que provisoriamente, esta segunda e erudita leitura da ficção de Lima Barreto.

Faz parte de um sistema de textos cujo padrão linguístico, acima descrito, passa por uma série de contínuas transformações, e a importância radical de *Policarpo Quaresma* seria dada pela *des-metaforização* da palavra "semente". Ou seja: a principal semente de que a terra brasileira precisa é a que é escrita no seu sentido próprio. Se o discurso da metáfora é também o discurso ufanista, o discurso da des-metaforização é crítico dele e pessimista. Em lugar da terra ubérrima, vamos encontrar uma terra invadida por formigas; aquela terra paradisíaca só existe nos livros, esta na realidade. Tal contradição é magnificamente tematizada e ironizada em certo trecho de *Policarpo Quaresma,* onde o discurso ufanista salta dos livros e se choca irremediavelmente contra a bruta realidade do cotidiano:

> Quaresma chegou a seu quarto, despiu-se, enfiou a camisa de dormir e, deitado, pôs-se a ler um velho elogio das riquezas e opulências do Brasil. [...] Tudo na nossa terra é extraordinário! pensou. Da despensa que ficava junto a seu aposento vinha um ruído estranho. [...] Abriu a porta, nada viu. Ia procurar nos cantos quando sentiu uma ferroada no peito do pé. Quase gritou. Abaixou a vela para ver melhor e deu com uma enorme saúva agarrada com toda a fúria à sua pele magra. Eram formigas [...] que carregavam as suas reservas de milho e feijão...

[1981]

A ameaça do lobisomem: Homenagem a Borges

A CHINA É AQUI

Ainda nos lembramos das páginas introdutórias de *As palavras e as coisas* (1966), livro em que o filósofo francês Michel Foucault desentranha da obra ficcional de Jorge Luis Borges uma classificação científica dos animais existentes no mundo, tal como ela se encontra relatada numa enciclopédia chinesa. No texto de Borges se lê que "os animais se dividem em: a) pertencentes ao imperador, b) embalsamados, c) domesticados, d) leitões, e) sereias, f) fabulosos, g) cães em liberdade", e assim por diante. Aos olhos do francês, a listagem classificatória se apresenta como exótica. Sua origem está fora do Ocidente, na China.

Durante o período a que nós, brasileiros, chamamos de modernismo, ao qual Borges por direito pertence, o latino-americano não teria visto na listagem apenas exotismo. Teria se identificado com as extraordinárias categorias inventadas pela imaginação fértil do argentino para inventariar os grupos desencontrados dos animais existentes na Terra, e a elas, uma por uma, e a eles, um por um, teria prestado reverência. Só se presta tal reverência ao fogo que está numa metáfora que, ao levar a ideia do exotismo americano para além dos limites ocidentais, até a China milenar, queima o véu que recobre o que nos é familiar desde 1492. A China é o melhor palco metafórico e incendiário para o exotismo por excelência deste Outro-do-Ocidente-dentro-do-Ocidente, que é a América Latina. Bárbaro e nosso, escreveu Oswald de Andrade no mais poderoso dos manifestos modernistas, o "Pau-Brasil".

Em lugar da reverência ou da identificação, experimentada pelos latino-americanos diante de cada categoria, de cada ser, Michel Foucault nos fala, nas páginas introdutórias de *As palavras e as coisas*, do riso, estruturalista e europeu, que lhe inspirou a leitura da enciclopédia chinesa inventada por Borges. O riso abala, escreve ele, "todas as superfícies ordenadas e todos os planos que tornam sensata para nós a abundância dos seres". A China de Borges, continua ele, indicia o modo "como o encanto exótico de um outro pensamento [o do latino-americano achinesado] é o limite do nosso [o do europeu]". De um lado, limitado pelo "olhar codificado" e, do outro, pelo "conhecimento reflexivo", o filósofo encontra na enciclopédia chinesa de Borges uma "região mediana" que liberta a ordem classificatória naquilo que a institui. No espírito de maio de 68, a ordem aprisiona e, por isso, está havendo desordem. A desordem libera e, por isso, tem-se de estabelecer uma tipologia exótica para apreendê-la, de preferência chinesa, com tonalidades cubanas.

Ao contrário de Foucault, o escritor modernista latino-americano teria se detido diante de cada uma das figuras arroladas pela enciclopédia chinesa a fim de analisar a sua peculiaridade monstruosa que, nos limites asiáticos inventados por Borges, iriam identificando a peculiaridade monstruosa dos seres que os descobridores e colonizadores inventaram para descrever exótica e grotescamente, barrocamente se quiserem, os seres do Novo Mundo. Na monstruosidade dos trópicos (e não nas delícias tropicais) o exotismo borgiano deu ao latino-americano a forma mais instigante e mais arregimentadora do seu poder bélico na luta contra o racismo hierarquizante do metropolitano vis-à-vis do antigo colono.

Retomando as categorias de Foucault, agora em contexto diferente do contexto de *As palavras e as coisas*, digamos que o "olhar codificado" do europeu nunca se casou com o "conhecimento reflexivo" do latino-americano. Ou melhor: só se casa no hífen Borges-Foucault, momento histórico-revolucionário dos anos 60 em que o olhar europeu, ao ser tomado de riso diante da própria criatura, o Exotismo, descobre que existe entre ele e esse seu Outro uma "região mediana que liberta a ordem no seu ser mesmo". Na literatura latino-americana essa região mediana teve um nome. Dê-se a ele a alcunha de "realismo fantástico" ou de "real maravilhoso", pouco importa, ambas e outras alcunhas descrevem situações familiares para nós, já que servem para açambarcar a longa história da cultura latino-americana do modo como foi revelada pela escrita ficcional.

Já para o francês Michel Foucault, "a monstruosidade que Borges faz circular na sua enumeração consiste [...] em que o próprio lugar dos encontros nela se acha arruinado. O que é impossível não é a vizinhança das coisas, é o próprio lugar em que elas poderiam circunvizinhar". A ordem do alfabeto (a, b, c, d...), que sempre serviu para ordenar a abundância de seres e animais diferentes, está arruinada. Os latino-americanos sempre vivemos no lugar da desordem nos encontros, nos encontros arruinados, nos escombros catastróficos. Por isso, desde o princípio, tivemos de acatar a vizinhança de guerreiros inesperados, que saem dos mares atlânticos em casas flutuantes, como verdadeiros deuses do trovão; tivemos de sofrer como vizinho o peso cultural eurocêntrico, que vem sob o jugo de nova língua, novo código religioso, ambos desestruturantes dos hábitos e comportamentos; tivemos de aprender a conviver com essa presença imposta, extraindo dela o sumo da própria identidade vilipendiada. Essas foram, entre muitas outras, as tarefas latino-americanas na conquista duma *região mediana* durante o processo de ocidentalização, região mediana de que a enciclopédia chinesa é o *fora* tão familiar quanto o *dentro*.

De que forma Foucault se apropria da "realidade" latino-americana descrita metaforicamente por Borges? Ao descobrir lá na França que a China é aqui na América Latina e acolá, na Ásia.[1] Ao descobrir que tudo é familiar.

Sinais precursores dessa descoberta estão na viagem de volta dos produtos culturais colonizados, tema anunciado pelo quadro *Les Demoiselles d'Avignon*, de Picasso. Estão no eurocentrismo fracassado dos anos 60, incapaz de encontrar na tradição cartesiana francesa o instrumental necessário para poder estabelecer uma tipologia que ajudasse a pensar a *desordem* ideológica (Che Guevara e Mao Tsé-tung, por exemplo) decorrente do fim das guerras coloniais. Estão na emigração maciça das colônias para as metrópoles, questão candente anunciada no Velho Mundo quando este, vencido, reinventa o seu Outro sob a forma do racismo no próprio solo nacional, como é o caso paradigmático dos *pieds-noirs* (argelinos de origem europeia) na França. O aqui europeu de Michel Foucault é o acolá chinês dos latino-americanos que, por sua vez, é o *aqui e agora* de todos nós. O velho Ocidente se encontra no seu Outro. Tem como espelho o Outro.

Repensar o solo *familiar*, tanto a nação europeia quanto a história do Mesmo que a constitui, aprontá-lo para uma heterotopia — eis o legado de Foucault. Escreve Foucault que Borges "retira apenas a mais discreta, mas também a mais insistente das necessidades; subtrai o local, o solo mudo onde os seres se podem justapor". Conclui o francês que é impossível "encontrar um lugar-comum a todas as coisas". "Lugar-comum" — tomemos a expressão nos seus dois sentidos. O primeiro, o histórico-geográfico, a Europa. O segundo, o das "familiaridades de pensamento", para usar a expressão dele. O Mesmo deixa de ser duplamente lugar-comum e, por isso, tudo passa a ser simultaneamente familiar na orgia dos descentramentos.

Michel Foucault identificou a *desordem* ideológica francesa (europeia, mundial) na crise da linguagem, emprestou-lhe um solo arruinado, por sua vez tomado de empréstimo à imaginação selvagem do argentino achinesado.

O riso francês e estruturalista de Foucault, reverso da reverência modernista nossa e, por isso, a outra face da *única* moeda corrente no mundo globalizado, acaba por traduzir uma forma de reconhecimento por parte do europeu da rica contribuição cultural latino-americana (ou de qualquer outra região colonizada pela Europa) para a compreensão do estado presente da civilização ocidental. Com a ajuda de Borges, Foucault foi configurando nos seus sucessivos livros o novo e definitivo inimigo dos anos 60, o Mesmo: "[...] a história da ordem das coisas seria a história do Mesmo — daquilo que para uma cultura é algo a um tempo disperso e aparentado, portanto a distinguir por marcas e a recolher em identidades".

Concluindo, diremos que a leitura do texto de Borges feita por Michel Foucault, aparentemente original, duplica tanto antigas leituras europeias das culturas colonizadas quanto modernas leituras latino-americanas das culturas colonialistas, e também por isso acaba sendo responsável por uma das mais canônicas leituras do escritor argentino e do período literário (entre nós chamado de modernismo, repitamos) a que ele pertence.

Ao voltar os olhos em lance vanguardista para o passado colonial da região onde nasceu, transformando-o em manifestação cultural autêntica, Borges representa o escritor latino-americano. Torna-se exportador de *exotismo*, realimentando o esgotamento cultural e artístico do Ocidente europeizado. Esse esgotamento se manifesta, no século XX, pelo desejo de *pensar o impensado*, limite e graça de toda cultura metropolitana que se quer hegemônica, até mesmo nos seus estertores.

A produção modernista latino-americana e a leitura foucaultiana de Borges têm uma data. Ao caracterizar o extraordinário trabalho dos modernistas brasileiros em texto de 1950, Antonio Candido, em brilhante intuição, já tinha desentranhado Foucault na nossa década de 20. Escreveu ele: "As nossas *deficiências*, supostas ou reais, são reinterpretadas [pelos modernistas] como *superioridades*". E acrescentou: "As terríveis ousadias de um Picasso, um Brancusi, um Max Jacob, um Tristan Tzara, eram, no fundo, mais coerentes com a nossa herança cultural do que com a deles". O riso de Tzara, em pleno e distante dadá, ou o de Michel Foucault, em plena e recente efervescência estruturalista, é, portanto, mais coerente com a herança cultural colonizada do que com a colonialista.

O riso europeu de Foucault, que inverte a cartografia colonialista norte/sul, é despertado pela realidade material latino-americana. Nossos autores sempre souberam integrar *num solo único*, ou seja, através da linguagem literária e artística, os dois ferozes inimigos inventados pelo etnocentrismo, o Mesmo e o Outro. Leitões, sereias, cães em liberdade e animais pertencentes ao imperador ou desenhados com um pincel muito fino de pelo de camelo, esses seres heteróclitos sempre conviveram familiarmente no mesmo espaço enciclopédico latino-americano.

Essa ocidentalização forçada do Outro pelo Mesmo, onde o dentro existe para ser tomado e ocupado pelo fora, essa universalização ocidentalizada do Mundo, enfiada definitivamente de fora para dentro e vomitada intermitentemente de dentro para fora, são responsáveis, respectivamente, por dois outros textos emblemáticos de Borges, complementares e excludentes. De um lado, a sempre citada biblioteca de Babel (já o nome Babel não reenvia a outra e menos disparatada taxinomia chinesa, agora a das línguas humanas?), onde todo o universo nada mais é do que o seu *exterior*, a sua representação escrita, ordenada alfabeticamente. Do outro lado, o conto "Funes, o memorioso", onde o mundo desde que é mundo se confunde com o *interior* provinciano de um homem-enciclopédia, a sua *cosmopolita* vivência-memória. Funes não esquece um mínimo detalhe que ele percebe, lê ou imagina, por isso lhe é desnecessária e inútil a escrita. Um erudito sem escrita própria. O narrador do conto nos dá o exemplo revelador: o sistema original de numeração que ele tinha inventado, *"no lo había escrito, porque lo pensado una sola vez ya no podía borrársele"*.

A memória extraordinária do argentino provinciano só lhe surge quando, ao cair do cavalo, perde totalmente o conhecimento. A memória de Funes se inscreve numa catastrófica "tábula rasa", numa íntima "folha de papel em branco".[2] Relata o texto: *"Al caer,* [Funes — ou será a América Latina?] *perdió el conocimiento; cuando lo recobró, el presente era casi intolerable de tan rico y tan nítido, y también las memorias más antiguas y más triviales"*. Funes é o único ser humano — comparável nisso à biblioteca de Babel — que tem o direito de usar o verbo "recordar". Diz o narrador do conto: *"Lo recuerdo (yo no tengo derecho a pronunciar ese verbo sagrado, solo un hombre en la tierra tuvo derecho y ese hombre ha muerto)..."*. Em contraste às palavras do narrador, leiamos as palavras do personagem, Ireneo Funes: *"Más recuerdos tengo yo solo que los que habrán tenido todos los hombres desde que el mundo es mundo"*.

Funes tudo lembra (tudo absorve, tudo sabe) e nada transmite. A realidade presente é tão violenta, nítida e íntima para ele, tão personalizada está na sua deformidade física, que não acata nenhum princípio ordenador, venha ele da linguagem escrita, venha ele do ato de pensar. Leiamos outro trecho do conto: *"No solo le costaba comprender que el símbolo genérico* perro *abarcara tantos individuos dispares de diversos tamaños y diversa forma; le molestaba que el perro de las tres y catorce (visto de perfil) tuviera el mismo nombre que el perro de las tres y cuarto (visto de frente)"*. Funes é o Borges-anti-Borges, já que *"era casi incapaz de ideas generales, platónicas"* e *"pensar es olvidar diferencias, es generalizar, abstraer"*.

Funes é Pierre Menard, o visível Outro do Mesmo, aquele que, pela escrita da memória, diz que a Europa é aqui na América Latina. Aquele que tudo tem e nada possui. A biblioteca perdura, Funes vive da morte prematura. Morre de uma afluência anormal de sangue no pulmão. De *"congestión pulmonar"*, diz o conto. A morte prematura poderia ter vindo de fora, do tombo que levou quando andava a cavalo; de fora, veio apenas o aleijão. A morte prematura veio de dentro. A afluência anormal do fluido vital *interior* rouba-lhe o ar, fá-lo desaparecer da face da Terra. Resta-nos, como consolo para a perda, a biblioteca de Babel. O Oriente do Ocidente.

Estivemos querendo dizer coisas básicas? Acho que sim. Seria possível enumerá-las como numa enciclopédia chinesa? Acho que sim. Durante o século XX, as ruínas da colônia sempre foram a melhor metáfora para descrever de maneira desconstrutora o estado vitorioso da metrópole europeia no seu estertor. No pensamento de vanguarda metropolitano, questionador do eurocentrismo, a noção de *universal* sempre teve de passar pela convivência do Mesmo com o Outro, ora essa convivência não foi sempre a razão material da cultura colonizada?

A AMEAÇA DO LOBISOMEM

Como dar continuidade a essa leitura de Borges, a essa leitura como guia para a compreensão da atual literatura latino-americana? A continuidade pelo fio condutor, Borges não existe. Esta seria uma constatação um pouco simples, mas não simplória, como tentaremos provar. Para que esta nossa fala se alimentasse agora do texto borgiano, teria sido preciso haver neste final de século, do lado nosso, identificação e reverência para com os modernistas e, do lado europeu, riso e apropriação para com os latino-americanos. Identificação e reverência, riso e apropriação — essas quatro atitudes, vimos, estão comprometidas com o tempo das vanguardas, com o nosso modernismo. Representam uma determinada visão da vitoriosa produção cultural latino-americana no século XX, desde o momento histórico em que ela alça voo nos anos 20, até o momento da sua consagração nos anos 60, quando espouca o boom do romance hispano-americano.

Vale também dizer até o momento da sua museificação europeia. Todos se recordam da labiríntica (*"los senderos se bifurcan"*) e consagradora exposição Jorge Luis Borges realizada no Centre Georges Pompidou, de Paris. Os grandes homens não morrem no túmulo, mas na primeira estátua pública. A glória enterra e, por isso, ela é dita (aqui, neste texto) póstuma.

Não há continuidade. Há solução de continuidade. Mas o texto de Borges continuará sendo de ajuda, não para que com ele nos identifiquemos em reverência, não para que dele se apropriem e riam os iluminados pensadores europeus. Teremos de ler o que foi e permanece recalcado (excluído, marginalizado, assassinado etc.), tanto no texto de Borges como no texto modernista latino-americano. Ou seja: aquele elemento, um detalhe apenas, que *ameaça* o texto borgiano na sua condição de máquina reprodutora, fabricante de produtos originais e canônicos pela universalidade.

Para isso, tomemos como exemplo outra enciclopédia de animais. Agora, o *Manual de zoología fantástica*, escrito a quatro mãos, por Borges e Margarita Guerrero, e por muitas outras mãos esparramadas pelo mundo, aquelas que tornam possível uma coletânea enciclopédica. Detenhamo-nos na leitura do "prólogo".

O prólogo é uma construção cartográfica típica de Borges. Ele é trabalhado por um grande desdobramento e por desdobramentos menores, desdobramentos dentro do desdobramento. O todo compõe um jardim — zoológico no caso — de *"senderos que se bifurcan"*, cujo horizonte anunciado é o infinito. O grande desdobramento enuncia e abriga simultaneamente o jardim zoológico da realidade e o jardim zoológico das mitologias. De um lado, nos diz o texto, a *"zoología de Dios"* (os animais) e, do outro, a *"zoología de los sueños"* (os monstros).

Trabalhemos primeiro com as palavras dedicadas à zoologia de Deus. Elas começam por enunciar um tópos clássico da vanguarda. O zoológico real seria o lugar por excelência da criança que existe em cada um de nós. É preciso dar voz a essa *naïveté* que descobre o mundo e o reinventa em abusiva enciclopédia. A observação de seres estranhos (não são humanos, não são animais domésticos) num jardim, em lugar de alarmar ou horrorizar a criança, encanta-a. Por isso, ir ao zoológico é uma *"diversión infantil"* e, por ricochete, uma diversão dos adultos-autores e dos adultos-leitores. Outra bifurcação. Pode-se pensar o inverso, continua o prólogo. As crianças, vinte anos depois da visita ao zoológico, adoecem de *"neurosis"*. Como não existe criança que não tenha ido ao zoológico, não há adulto que não seja neurótico. Nova bifurcação no texto. Diz ele agora que a própria ideia de alarme ou horror sentida na primeira visita ao zoológico é falsa, pois o tigre de pano ou o tigre das enciclopédias já tinham preparado a criança para o tigre de carne e osso.

O material bruto do livro está preparado e pronto para duas intervenções clássicas no universo textual de Borges, sempre saturado de informação erudita. Primeira intervenção. *"Platón [...] nos diría que el niño ya ha visto al tigre, en el mundo anterior de los arquetipos, y que ahora al verlo lo reconoce"*. Segunda. Schopenhauer diria que tigres e menino são um só, pois ambos são uma única essência, a Vontade.

Trabalhemos agora com as palavras dedicadas à *"zoología de los sueños"*. Nesse grande desdobramento, os seres são todos eles e cada um construídos por... desdobramentos. Ao lado dos tigres e leões do zoológico de Deus, estão as esfinges, grifos e centauros das mitologias. Estes são feitos de dobras de seres que perfazem um novo ser, são todos e cada um *"monstruos"* (a palavra é recorrente no texto). No centauro, diz o prólogo, *se conjugam* o cavalo e o homem; no minotauro, o touro e o homem. Como vai ser dito no verbete "O centauro", *"lo verosímil es conjeturar que el centauro fue una imagen deliberada y no una confusión ignorante"*. O monstro, novo ser, nada mais é, portanto, do que a combinação (em nada ignorante) de partes de outros seres reais. Uma conclusão se impõe: a própria produção de "monstros" é semelhante à produção do fantástico pelo texto borgiano, este que estamos lendo e qualquer outro.

Com os monstros mitológicos, estamos diante de um tópos clássico de Borges. Nas imagens deliberadas de monstros, as possibilidades da arte combinatória beiram o infinito. Só não o beirariam, no caso desse manual de zoologia, por tédio ou por nojo do produtor. Portanto, à primeira vista, o zoológico dos monstros, invenção dos homens, seria mais povoado do que o zoológico dos animais, invenção de Deus. Logo, o prólogo, em evidente e definitivo bom senso, corrige a afirmativa anterior: "[...] *nuestros monstruos nacerían muertos, gracias a Dios*". Moral: a zoologia dos sonhos, aparentemente mais rica, é mais pobre do que a zoologia de Deus. Prova mais cabal do amor exclusivo e supremo a Deus só existe nas páginas iniciais do *Libro del cielo y del infierno*.

Até este ponto estivemos percorrendo o caminho de uma leitura canônica de Borges. Súbito uma frase final do prólogo, um detalhe, fala de uma *ameaça*. A ameaça é anunciada e logo exorcizada pelo gesto incisivo de exclusão: "*Deliberadamente, excluimos de ese manual las leyendas sobre transformaciones del ser humano: el lobisón, el werewolf etc.*".[3] Ou seja: foram excluídos dessa outra enciclopédia os seres que são produto de uma, para usar a expressão de Robert Louis Stevenson na sua famosa novela, "*transforming draught*".

Estamos fazendo rolar pela mesa da literatura o dado da *transformação* do ser humano no texto de Borges. Está em jogo no processo de produção textual não mais a figura do *desdobramento* do um em dois, ad infinitum, ou do *acasalamento* do dois em um, ad infinitum, mas a figura da *transformação*. Transformação, entendamo-nos, é a figura que traduz o puro movimento sem direção fixa, é o movimento do devir outro que é dado, não como o um que é conjunção de dois, a priori morto, mas como "*confusión ignorante*".

A figura do desdobramento, em Borges, ativa o binarismo de norma e desvio, de saber e ignorância, de Céu e Inferno, de Deus e Diabo, ativa a noção de conflito entre norma e desvio, entre saber e ignorância, entre Céu e Inferno, entre Deus e Diabo etc., optando pela exclusão no final, *ad astra per aspera*, do que é dado, *ad limine*, como desvio. Borges retoma aqui um velho paradoxo popular e místico, dado pelos dicionários[4] como pertencente à moderna geometria não euclidiana — o que diz que as paralelas se encontram no infinito, paradoxo este, não tenhamos dúvida, que é a garantia da *legibilidade* do seu texto pelo grande público.

Esse paradoxo está no nosso modernista Murilo Mendes, quando ele afirma, em aforismo, que pelos cinco sentidos também se chega a Deus, e está, de maneira bem mais prosaica, no provérbio que diz que todos os caminhos levam a Roma.

Importante assinalar que, ao ativar os pares em guerra, ao ativá-los até o infinito que, como vimos, é recoberto por uma única metáfora vencedora — platônica, schopenhaueriana, bíblica ou judaico-cabalística, pouco importa —, Borges empresta ao que julga ser desvio o sentido da bestialidade (e não o da animalidade fantástica, pois esta é contemplada pela zoologia, a de Deus e a dos sonhos). Decreta-se assim a impossibilidade de que o que é dito como norma se transfigure num devir outro e paralelo, suplementar. Esse devir outro da norma, a ser marginalizado e excluído da escrita borgiana, marca sempre a posse do Diabo sobre o "ser" e, por isso, o movimento do ser humano em direção ao seu outro precisa ser exorcizado literária e deliberadamente. Não há lugar para o maligno em livro assinado por Borges e companheiros. Desde os anos 80, estamos dizendo à modernidade que ponha o diabo noutro canto.

No nosso modernismo, o diabo também precisou ser exorcizado, ou assassinado, pelo menos por duas vezes. Um primeiro exemplo. Desde a página inicial de *Grande sertão: veredas*, tem-se de assassinar o demo que existe nas transformações do bezerro em cachorro, em ser humano. Leiamos as palavras de Riobaldo: "Daí vieram me chamar. Causa dum bezerro: um bezerro branco, erroso, os olhos de nem ser — se viu —; e com máscara de cachorro. Me disseram: eu não quis avistar. [...] Cara de gente, cara de cão: determinaram — era o demo. Povo prascóvio. Mataram". O movimento da transformação, do devir outro, é também a forte presença do Diabo no texto de Guimarães Rosa.

Disso resulta que a encarnação do movimento de transformação se dará na imagem do redemoinho, passageiramente vencedor, é claro. Depois de duzentas páginas, a imagem do pé de vento reaparece no romance, agora descrita em sua concretude. "Redemoinho: o senhor sabe — a briga de ventos. O quando um esbarra com outro, e se enrolam, o doido espetáculo. A poeira subia, a dar que dava no escuro, no alto, o ponto às voltas, folharada, e ramaredo, quebrado, no estalar de pios, assovios, se torcendo turvo, esgarabulhando. Senti meu cavalo como meu corpo." Nessa passagem o cavalo é sentido como o próprio corpo do narrador. Não se trata de uma "imagem deliberada" por parte do romancista, ou seja, homem-e-cavalo não representam a invenção do centauro dos sonhos. Pela catálise do redemoinho/Diabo, trata-se de uma "confusão ignorante" — para retomar os ensinamentos do manual de Borges-Guerrero.

Um segundo exemplo.

"Lobisomem. Estremeceu com o pensamento. Era como se lhe gritassem ao ouvido: *Assassino!* Lobisomem" — eis o que sente o personagem José Amaro no romance *Fogo morto*, de Lins do Rego. No universo romanesco do escritor nordestino, os lugares sociais do senhor de engenho e do negro são nitidamente demarcados. Sem lugar preciso, fica o homem livre, vivendo de favor nas terras do engenho. Na sociedade dramatizada por Lins do Rego é ele o personagem passível de viver o movimento de transformação: virar negro, virar senhor. Em *Fogo morto*, esse lugar móvel é ocupado pelo seleiro José Amaro, que será expulso das terras do coronel Lula. Nem senhor, nem negro, andarilho, lobisomem.

Em noites de lua, o seleiro sai livremente a caminhar pelo campo e, diz o povo, se transforma em lobisomem. A busca de algo além das necessidades diárias — ou seja, a autossatisfação na comunhão com a natureza adormecida, a liberdade conquistada e a solidão tomada pelo lirismo bucólico — torna José Amaro estranho ao mundo familiar das terras de engenho descritas por Lins do Rego. Pouco a pouco, o seleiro vai sendo marginalizado, temido, ridicularizado, escorraçado. O romance historia as várias fases da sua transformação em lobisomem e as respectivas consequências.

No final do segundo capítulo se lê: "No outro dia corria por toda a parte que o mestre José Amaro estava *virando* [a partir de agora, os grifos são meus] lobisomem. Fora encontrado pelo mato, na espreita da hora do diabo; tinham visto sangue de gente na porta dele".

O verbo que o livro mais conjuga para José Amaro é o verbo "virar", já que ele nunca *é*, e, se for, será alguém sem identidade definida, ou com identidade a ser definida pelos outros para ser mais justamente marginalizado. "Virar" nos seus vários sentidos dicionarizados. "Virar" no sentido de "transformar", como neste caso: "Diziam que pelas estradas, pela beira do rio, alta noite o velho *virava* em bicho perigoso, de unha como faca, de olhos de fogo, atrás da gente para devorar". Também no sentido de "desordenar", como no caso do redemoinho rosiano, ou neste outro exemplo: "E como [o lobisomem] não encontrava pessoa viva, chupava os animais, matava os cavalos, ia deixando tudo *virado* com a sua passagem". Ainda no sentido de "se sentir incômodo consigo mesmo": "[José Amaro] Vem como se tivesse um ente dentro dele. *Vira* na rede, fala só, dá grito no sono". Se transforma em, traz a desordem para e, por isso, não se sente bem na própria pele⁵ — eis a diabólica presença do lobisomem aos olhos dos familiares e, principalmente, do narrador do romance.

O lobisomem será triplamente excluído em *Fogo morto* — das terras pelo senhor do engenho, da comunidade pelo temor religioso do povo, e da família pela raiva da mulher. Ele questiona a propriedade rural, o credo religioso e a organização familiar. Pergunta José Amaro: "Por que seria ele para a crença do povo aquele pavor, aquele bicho? O que fizera para merecer isto? [...] E se fosse embora e procurasse outra terra para acabar os seus dias? [...] Tinha receio de sua mulher. Era sua inimiga. Por quê? O que fizera para aquele ódio terrível de Sinhá?". Como arremate, diz a esposa em conversa com a amiga: "Comadre, eu prefiro a morte a viver mais tempo naquela casa. Uma coisa me diz que ele tem parte com o diabo". Triplamente ameaçador, triplamente excluído, resta-lhe a autoexclusão. Suicida-se com a faca de cortar sola, completa o narrador.

Os exemplos seriam inúmeros dessa ligação do verbo "virar" com o Diabo, também com a série *transgressão, sentença, punição, castigo, exclusão* e *morte*. No modernismo, não houve lugar de Vida para o ser em transformação entre os seres vivos da zoologia de Deus, entre os seres conjugados e mortos da zoologia dos sonhos. Resta-lhe conviver com a dura realidade da transformação, sabendo de antemão que não encontrará como sobreviver a não ser por obra e graça do Diabo.

HYDE AND SEEK: ESCONDE-ESCONDE

Ir ao zoológico, escreveu o casal Borges-Guerrero, era uma *"diversión infantil"*. Ler a novela *The Strange Case of Dr. Jekyll and Mr. Hyde*, de Robert Louis Stevenson, autor que Borges prezava demais, como está no prefácio de *Ficciones*, pode ser também uma brincadeira infantil. Pelo menos é o que se depreende do segundo capítulo da novela, "Em busca do sr. Hyde", onde o advogado Utterson, devidamente alertado pelo amigo e companheiro de conversas, Enfield, começa a se interessar pelo novo e desconhecido amigo do médico e também companheiro de prosa, o dr. Jekyll. Ali se lê: "'*If he be Mr. Hyde', he had thought, 'I shall be Mr. Seek*'".

Esse trocadilho, fazendo o nome próprio *virar* verbo e o verbo *virar* nome próprio, é intraduzível, como, aliás, era intraduzível o título original da novela, daí a solução oportunista que acabou pegando nas edições do mundo latino: *O médico e o monstro*; dizíamos, esse trocadilho é intraduzível, pois remete tanto para o caráter *escondido*, noturno e secreto, da personalidade do profissional da medicina quanto para o caráter *detetivesco*, legalista, perverso e voyeur, do advogado. O trocadilho deixa de ser intraduzível no momento em que se descobre que a combinação de palavras é o nome de um jogo infantil clássico, "hide-and--seek", conhecido entre nós como "esconde-esconde". "*Hide-and-seek*" é, informa o Webster's, *"a children's game in which some players hide and others then try to find them"*. Outra *"diversión infantil"*.

Não se trata aqui de analisar uma vez mais, e objetivamente, essa famosa novela de Stevenson, mesmo porque Elaine Showalter recentemente, no livro *Anarquia sexual*, fez um brilhante retrospecto da crítica stevensoniana e, ao mesmo tempo, avançou uma leitura original que também serve para descrever, contrastivamente, o éthos homossexual do fim do século XIX com o do final do XX.[6] Sua leitura, é bom que se diga, coagula o movimento do texto stevensoniano, o movimento dos personagens na homossexualidade latente, na medida em que se vale, constantemente, de referências a casos reais, tanto no campo propriamente jornalístico da época (os chamados faits divers) quanto no campo das pesquisas psicanalíticas (a histeria masculina). Ela esquece a delicadeza humana, demasiada humana de certos jogos: "[...] *the ape-like tricks that he* [Mr. Hyde] *would play me* [Dr. Jekyll], *scrawling in my own hand blasphemies on the pages of my books*".*

Tentaremos, pois, brincar de esconde-esconde com o texto de Stevenson e de Borges, como a criança no *Manual de zoología fantástica* brincou com a ideia de jardim zoológico. Conta hoje, para nós, o fato de que a transformação do médico no sr. Hyde é uma exibição a mais de um ser *virado* na jaula do texto modernista e, nesse sentido, estamos solicitando a ele que dê continuidade *deliberada* ao *Manual de zoología fantástica*, estamos pedindo a ele que encontre ali no livro o lugar de verbete que lhe foi negado, a fim de ajudar-nos a desconstruir a ordem conceitual borgiana, vale dizer, o repouso atual do seu texto em estátua pública.

Em contraponto a esta última frase, diz o texto de Stevenson: *"Ah, it's an ill conscience that's such an enemy to rest!"*.**

---

* Tradução de Jorio Dauster: "as brincadeiras simiescas que fazia comigo, escrevendo em minha caligrafia blasfêmias nas páginas dos livros" (*O médico e o monstro: O estranho caso do dr. Jekyll e sr. Hyde*. São Paulo: Penguin Classics Companhia das Letras, 2015).
** "Ah, a consciência pesada é a maior inimiga do descanso!"

Liberto da jaula do texto borgiano e a caminhar pela rua londrina, o sr. Hyde é uma constante ameaça pública, como o lobisomem de Lins do Rego. Atropela uma criança, assassina uma importante figura britânica. Sem a presença mediadora do dr. Jekyll, ele causa terror e curiosidade, alimenta de vida tanto a existência do dr. Jekyll quanto as existências do grupo de amigos. O próprio dr. Jekyll escreve a respeito do amigo em quem se transforma: *"But his love of life is wonderful; I go further: I, who sicken and freeze at the mere thought of him, when I recall the abjection and passion of his attachment, and when I know how he fears my power to cut him off by suicide, I find it in my heart to pity him"*.*

O primeiro personagem da novela a ver o sr. Hyde é o sr. Enfield. Ele o descreve (será que chega a descrevê-lo?) para o amigo Utterson, insistindo na deformidade física, que é um dos traços tanto de Funes quanto das "confusões ignorantes", e insiste principalmente na incapacidade que sente em apreender o indivíduo pela descrição, não por falta de memória, mas por alguma razão que não chega a exprimir:

I never saw a man I so disliked, and yet I scarce know why. He must be deformed somewhere; he gives a strong feeling of deformity, although I couldn't specify the point. He's an extraordinary-looking man, and yet I really can name nothing out of the way. No, sir; I can make no hand of it; I can't describe him. And it's not want of memory; for I declare I can see him this moment.**

O segundo personagem a vê-lo, o advogado Utterson, avança um pouco mais no universo borgiano, conseguindo apreender o indivíduo por uma série de comparações que servem para introduzir o sr. Hyde, pelo avesso, ou seja, pelo caráter diabólico, no universo místico-platônico de Borges:

---

* "Mas seu amor pela vida é maravilhoso; vou além: eu, que me enojo e fico gelado apenas em pensar nele, quando relembro a abjeção e a paixão de seu apego à vida, e quando sei como teme meu poder de acabar com ele por meio do suicídio, termino por sentir pena de Hyde."

** "Nunca vi um homem com quem eu tivesse antipatizado tanto, e apesar disso nem sei por quê. Ele deve ter algum defeito, dá uma forte impressão de possuir alguma deformidade, conquanto eu não saiba onde. Tem um aspecto incomum, mas nem por isso consigo dizer o que está fora do lugar. Não, senhor, não há maneira, sou incapaz de descrevê-lo. E não porque me falha a memória, pois juro que posso visualizá-lo neste justo instante."

God bless me, the man seems hardly human! Something troglodytic, shall we say? or can it be the old story of Dr. Fell? or is it the mere radiance of a foul soul that thus transpires through, and transfigures, its clay continent? The last, I think; for, O my poor Old Henry Jekyll, if ever I read Satan's signature upon a face, it is on the of your new friend!*

Nesse jogo de esconde-esconde calvinista, o sr. Hyde é a prenda escondida que todos cobiçam como se cobiça o "mal" de que, acreditam, estão se desvencilhando, e o jogo infantil se transforma em outra brincadeira similar, a do chicotinho-queimado. O dr. Jekyll, ao esconder em casa o sr. Hyde, como a um chicotinho-queimado, alimenta a curiosidade perversa dos seus amigos. Vai-lhes soltando pistas: *está quente, está esfriando, está quente de novo* — como se o jogo (infantil) do homoerotismo, no texto modernista, só se pudesse dar numa espécie de triângulo onde o outro e semelhante é a mediação para o terceiro e diferente, e, por isso, único cobiçado por todos. Esse truque pode acontecer, desde que se tenha a coragem de destruir o duplo e semelhante e se intrometer, pela violência, na dança a três, a quatro etc. Maior do que o mal-estar causado pela estranha figura do sr. Hyde é o causado pela vitória do mal de que falou o texto de Stevenson para os contemporâneos.

A violência, na novela, não é a que ajuda a arrombar as portas do armário, do closet, como diz Elaine Showalter, mas a que opera uma definitiva reviravolta no mundo calvinista e vitoriano do fim de século. Em lugar de dar forças ao bem como no modelo ficcional modernista, a violência stevensoniana dá forças ao mal que existe no ser humano móvel, passível de ser transformado em algum outro ser extraordinário (*"he's an extraordinary looking man"*).** Um dos amigos e correspondentes de Stevenson, A. J. Symonds, detecta o perigo da teologia às avessas pregada pela novela e lhe escreve, apreensivo, por ocasião da publicação do livro: *"You see I am trembling under the magician's wand of your fancy, and rebelling against it with the scorn of a soul that hates to be contaminated with the mere picture of victorious evil. Our only chance seems to me to be to maintain, against all appearances,*

---

* "Deus me proteja, o homem mal parece um ser humano! Tem algo de troglodita, seria o caso de dizer? Ou se trata da velha história do dr. Fell? Ou será apenas a projeção de uma alma maligna que transpira através dos poros de seu invólucro de barro e assim o transfigura? Esta última, creio eu, porque, ah, meu pobre Henry Jekyll, se alguma vez li a assinatura de Satã num rosto, foi no de seu novo amigo."
** "tem um aspecto incomum."

that evil can never in no way be victorious".* Tudo se passa assim na novela porque a violência deliberada só está nos vários personagens que saem à procura do sr. Hyde, todos masculinos, todos solteiros.⁷

Já o médico, no seu laboratório, chegou à *transformação* por um produto do acaso. *"Los senderos se bifurcan"*, em Stevenson, não por obra do esforço classificatório e científico, mas por obra e graça do acaso.

> *That night I had come to the fatal cross roads. Had I approached my discovery in a more noble spirit, had I risk the experiment while under the empire of generous or pious aspirations, and all must have been otherwise, and from these agonies of death and birth, I had come forth an angel instead of a fiend.* The drug had no discriminating action; it was neither diabolical nor divine. [grifo meu]**

Nem diabólica nem divina, para o médico, a droga não assinala um sentido único, ela não tem um fim predeterminado pela lógica científica. Ela permite o jogo do vira-vira, das permutações até o infinito da vida humana. A droga significa, pois, a própria disponibilidade que existe para o homem em toda encruzilhada da sua vida.

Não tem sido salientado nas leituras da novela de Stevenson o fato de que o *destino* dado à vida do médico, a transformação final do médico no sr. Hyde, ou seja, o fato de que o mal (isto é, a coagulação do duplo num único ser, a negação da transformação) só triunfe porque naquele exato momento — no instante crucial da experiência — circulava no mercado londrino uma *droga impura*. O sentido da droga é determinado pelo mercado das drogas. Confessa aos amigos o dr. Jekyll: *"You will learn from Poole how I have had London ransacked; it was in vain; and I am now persuaded that my first supply* [*of salt*] *was impure, and that it was that*

---

* Em tradução livre: "Veja que tremo debaixo do condão mágico de sua fantasia, e que contra ela me rebelo com o escárnio de uma alma que odeia ser contaminada com a mera imagem do mal vitorioso. Nossa única chance, parece-me, seria sustentar, contra todas as aparências, que o mal não pode de maneira nenhuma sair vitorioso".

** "Naquela noite eu chegara à encruzilhada fatal. Caso tivesse abordado minha descoberta com um espírito mais nobre, caso houvesse me arriscado a fazer o experimento guiado por aspirações generosas e condignas, tudo poderia ser diferente, e dessas agonias de morte e nascimento eu teria saído como um anjo e não como um demônio. A poção não discriminava, não era nem diabólica nem divina."

unknown impurity *which lent efficacy to the draught"* (grifos meus).* O universo da transformação é o da impureza no mercado londrino. Do momento em que o médico utiliza apenas a *pureza* dos produtos que são comercializados no mercado, não é mais possível o jogo das transformações.

O movimento de ida e volta da metamorfose não é mais possível porque a droga que o mercado passou a oferecer ao médico era pura: *"I sent out for a fresh supply [of salt], and mixed the draught; the ebullition followed, and the first change of colour, not the second; I drank it, and it was without efficiency".*** A pureza coagula o monstro.

[1996]

---

* "Você saberá por Poole como procurei em vão por toda Londres; estou hoje persuadido de que a primeira batelada era impura, sendo essa impureza desconhecida o que tornou eficaz a poção."
** "Encomendei um novo suprimento e misturei a poção; seguiu-se a ebulição e a primeira mudança de cor, mas não a segunda; bebi-a e nada ocorreu."

Bestiário

Não ter nascido bicho parece ser uma de minhas secretas nostalgias. Eles às vezes clamam do longe de muitas gerações e eu não posso responder senão ficando desassossegada. É o chamado.
Clarice Lispector, "Bichos", *A descoberta do mundo*
(Verão 1971)

— *[...] Deixe ver os olhos, Capitu. Tinha-me lembrado a definição que José Dias dera deles, "olhos de cigana oblíqua e dissimulada". Eu não sabia o que era oblíqua, mas dissimulada sabia, e queria ver se se podiam chamar assim.*
Machado de Assis, *Dom Casmurro* (1900)

Como meio para a conservação do indivíduo, o intelecto desenvolve suas forças mestras na dissimulação [Verstellung]; pois ela é o meio de que se valem os indivíduos mais fracos e menos robustos para se conservarem. A eles está vedado travar uma luta pela existência com chifres ou mandíbulas de presas aguçadas.
Nietzsche, *Sobre verdade e mentira no sentido extramoral*
(Verão 1873)

No dia 13 de julho de 1941, bem antes de estrear como a extraordinária escritora que viria a ser, Clarice Lispector envia de Belo Horizonte, aonde fora em férias escolares, carta a Lúcio Cardoso: "Eu pretendia chorar na viagem, porque fico sempre com saudade de mim. Mas felizmente sou um bom animal sadio e dormi muito bem".[1] O *bem-estar* da viajante advém da saudável condição animal do ser humano. A animalidade imuniza a pessoa contra os sentimentos melosos e piegas, como o choro e a saudade, enrijecendo-a e levando-a ao repouso na imobilidade da viagem de trem e ao sono reparador do cansaço. Ao entremear o tempo com o sono pela metáfora da experiência animal, Carlos Drummond de Andrade conseguiu surpreender a condição humana adormecida: "No gado é que dormimos/ e nele que acordamos" (poema "Boitempo").

Pulemos para o parágrafo seguinte da carta. Nele a imagem da assimilação pelo ser humano do ser animal reaparece no instante em que se substitui o olhar que se volta sobre si (percepção subjetiva) pelo olhar dos habitantes da cidade (percepção objetiva), que passa a ser o responsável pela segunda imagem do sujeito. A segunda percepção da viajante sobrepõe à imagem do *animal sadio*, já bem instalado e passeando pela cidade de destino, a máscara de *selvagem*. Continuemos a leitura da carta: "As pessoas daqui [de Belo Horizonte] me olham como se eu tivesse vinda direta do Jardim Zoológico. Concordo inteiramente". O animal sadio que perambula pelas ruas vem do isolamento e da jaula. A metamorfose do animal sadio em animal selvagem, produto da percepção de outrem, é marca singular da *estranheza* causada pela jovem acadêmica entre os bem-avisados. A moça esquisita se destaca na multidão. Tinha vivido sozinha na hospedaria especial que as metrópoles edificam para abrigar os estranhos e estrangeiros animais selvagens — o jardim zoológico. O estranho animal da esquina — para retomar o título do romance de João Gilberto Noll, visivelmente soprado por Clarice — aparenta qualquer coisa que o subtrai da condição comunitária e causa espanto público. Ele guarda algo de tão secreto, que só o silêncio revela. É esse que ameaça os populares e os agride.

O querer ser escritor singulariza o indivíduo como animal humano e a comunidade se fecha para estigmatizá-lo como animal selvagem. Em viagem de férias a Minas Gerais, a jovem acadêmica em direito concorda.

Nosso interesse é o de mostrar como a dupla metamorfose por que passa o ser humano na carta vai tornar-se uma constante nos textos ficcionais de Clarice Lispector, em particular nos textos que classificaremos de *curtos*. Com o correr dos anos, a metamorfose irá adquirindo tonalidades simbólicas e alegóricas, dignas de uma das mais altas literaturas produzidas no Brasil. Compete ao leitor perseguir metamorfoses e tonalidades, explicitá-las, diferenciá-las, analisá-las e interpretá-las. Antes de avançar nas questões específicas, aclaremos que a expressão "texto curto" será usada para dar conta do corpus clariciano a ser estudado. Justifiquemo-nos. A partir dos anos 20, com Mário de Andrade e Oswald de Andrade, e a partir dos anos 40, com Clarice Lispector e Guimarães Rosa, as subdivisões tradicionais do gênero ficcional (romance, novela, conto, crônica) foram contestadas de maneira radical. Tenhamos como exemplo e referente o célebre dito de Mário, que abre para a anarquia formal a definição de conto: "[...] em verdade, sempre será conto aquilo que seu autor batizou com o nome de conto".[2] Essa é a razão pela qual será evitada neste trabalho a discussão sobre as rubricas tradicionais. Julgamos conveniente substituí-las pelo conceito de *texto curto*, que servirá para acolher indistintamente *conto, crônica* e *anotação breve*, diferenciando-os apenas do *texto longo*, ou seja, do que é qualificado tradicionalmente de romance ou novela. Acrescentemos que a palavra "texto" não é modismo. Ela se impôs a partir do momento em que foram sendo descartadas as configurações clássicas dos gêneros literários.

Voltemos às duas formas de metamorfose pinçadas na carta. De maneira ainda incipiente, adiantemos que a automodelagem[3] do ser humano como animal ("ter os olhos para dentro") aponta para (*aponta para*, e não determina) o caminho do apaziguamento interior, o sossego do ser no mundo. É sinal de vida despreocupada e plena, como se lê: "[...] nada tinha a fazer no mundo. Senão viver como um gato, como um cachorro". De maneira também incipiente, adiantemos que a modelagem do ser humano como animal selvagem — montada pela perspectiva do olhar alheio, que transforma o "único num anônimo" — anuncia a iminência do conflito interpessoal em virtude do constrangimento, que se ergue como muralha entre pares. É sinal de morte à vista ou de suicídio. Ao companheiro que quer retirá-la à força do reino animal, onde vive feliz, e trazê-la para o universo da lucidez racional, confessa a esposa: "Eduardo! Existe um mundo de cavalos e cavalas e vacas, Eduardo, e quando eu era uma menina cavalgava em corrida num cavalo nu, sem sela! Eu estou fugindo do meu suicídio, Eduardo. Desculpe, Eduardo, mas não quero morrer".

Em última instância, a condição animal do ser humano e a sua recíproca (a condição humana do animal) são dois dos pilares de sustentação da viga mestra do pensamento de Clarice Lispector — a reflexão dramática sobre os percalços da vida intensamente vivida e do risco apavorante da morte. No entanto, vida e morte não são temas literários restritos unicamente à natureza humana. Deixam-se recobrir pela variadíssima gama de experiências comuns a todos os seres vivos. Talvez ajude acrescentar que o universo fabulado por Clarice seja o oposto do "humanitismo", tal como concebido por Machado de Assis para compor o ideário de Quincas Borba: "Humanitas, dizia ele, o princípio das coisas, não é outro senão o mesmo homem repetido por todos os homens" (*Memórias póstumas de Brás Cubas*, CXVII, "O humanitismo").[4] Outras comparações do texto de Machado com o de Clarice se fariam úteis. Citemos a longa viagem de Brás Cubas, montado num rinoceronte, à origem da espécie humana, viagem que poderá ser contrastada com as duas crônicas intituladas "Bichos", de onde extraímos a epígrafe deste trabalho. Por enquanto, façamos Clarice *parodiar* Machado e, por ricochete, o pensador francês Blaise Pascal: não é privilégio do homem, o animal *sabe* também que tem fome e que morre.

À semelhança do que foi narrado na carta de 1941, sucedem-se, com frequência, no texto ficcional de Clarice, os processos de automodelagem do humano como animal doméstico e de modelagem dele como animal selvagem (pelo olhar alheio ou pelo próprio olhar). Muitas vezes os vários processos se aproximam e se confundem. A recíproca também acontece. Também se sucedem com frequência e se confundem os processos de automodelagem e modelagem do animal doméstico ou selvagem como humano. Um exemplo da recíproca pode ser retirado de duas frases consecutivas do conto "A partida do trem", referentes ao cão chamado Ulisses: "[...] se fosse vista a sua cara sob o ponto de vista humano, seria monstruoso e feio [*modelagem*]. Era lindo sob o ponto de vista de cão [*automodelagem*]". A ascendência humana é predeterminada pela nossa linhagem animal, embora não esteja exclusivamente circunscrita por ela. Por sua vez, o homem redimensiona a vida dos animais a partir dos seus próprios pontos cardeais.

No universo ficcional de Clarice não há como deixar de observar três constantes dentro do tópico escolhido. Primeira: o "destino" de mão dupla percorrido pelas formas de metamorfose do humano em animal e do animal em humano — os seres caminham em direção ao futuro, remontando ao passado mais remoto. Segunda: as ambiguidades significativas se passam nas fronteiras do reino biológico e por isso podem ser comuns a humanos e animais. Terceira: a instabilidade emocional do ser humano e do ser animal, quando se banham nessas margens fluidas. A lembrança de leituras de outros autores pode aguçar a *nostalgia* primeva e a pertinência do *desassossego* clariciano no presente. Ao avistar do convés do navio a silhueta de Nova York ao fundo, Sigmund Freud definiu tanto o saber de que os psicanalistas se serviriam para modelar o ser humano quanto o modo como os automodelados seriam encarados pela sociedade norte-americana: "Eles não sabem que lhes trago a peste".

Saltemos dois anos e meio, estamos nos últimos meses de 1943. Ao propor à autora o título *Perto do coração selvagem* para o romance de estreia, Lúcio Cardoso estaria desentranhando-o da sua erudição literária, ou da bela amizade que os unia? Duas décadas mais tarde, Clarice não lhe teria respondido com a mesma moeda ao apelidá-lo de "corcel de fogo"?[5] A generosa imaginação de Lúcio Cardoso não teria sido preparada e condicionada pelas cartas que recebera de Clarice e pelo diálogo que com ela mantinha? Ao ler o notável romance de James Joyce — *Retrato do artista quando jovem*, cuja tradução seria publicada pela prestigiosa Editora Globo em 1945 —, Lúcio não teria sublinhado, como muitos de nós fazemos, uma frase e anotado na margem: *É a cara da Clarice*? A proposta de título não teria sido um truque de marketing (como se diria hoje)? Pelo sim e pelo não, transcrevamos a frase tomada de empréstimo ao romance de Joyce, porque ela ultrapassou o título do livro de estreia de Clarice. Tornou-se epígrafe do mesmo e agora nos serve de porta de acesso à leitura do texto curto: "Ele estava só. Estava abandonado, feliz, perto do coração selvagem da vida".

Não passa despercebido na citação o aglomerado de três dos mais salientes temas da ficção de Clarice: a solidão, a liberdade e a felicidade. O todo nos foi oferecido por Joyce como que envelopado pelo amor feroz à vida. Entre as últimas frases de *Retrato do artista quando jovem*, lá está: "Sê bem-vinda, ó vida!" (*Welcome, oh Life!*). A experiência dos três sentimentos fortes — termina por nos dizer a epígrafe — avizinha o ser humano do coração selvagem da experiência.

Ao sugerir que Lúcio Cardoso tenha retirado de dentro da grafia de vida de Clarice a frase de Joyce para título e epígrafe do livro de estreia, uma vez mais estou tentando mostrar como no *comércio a varejo* das letras a reviravolta temporal — estratégia de leitura necessariamente acronológica — desafia tanto a autoridade do autor quanto a da história da literatura. O duplo desafio tem o fim de criar um amplo e amigável clube fechado, em que melhor se elucidam e se entendem movimentos que, durante os Oitocentos e nos resquícios do colonialismo europeu, foram fomentados pela avareza dos conceitos de *fonte* e *influência* (ver os ensaios "O entrelugar do discurso latino-americano" e "Eça, autor de *Madame Bovary*", nesta coletânea). No presente caso, minha sugestão ganha força se se detectar uma insinuação irônica a James Joyce no conto "A partida do trem", cujo cenário ferroviário, aliás, repete a ambientação que deu origem à carta de 41.

No conto incluído no livro *Onde estivestes de noite*, o cachorro da jovem viajante Ângela se chama Ulisses e, na percepção da esposa, o animal é a metáfora da vida e da beleza masculinas, metáfora que serve de contraponto balsâmico e nobre ao lúcido e destrutivo Eduardo, o companheiro que está sendo abandonado. Por incompatibilidade de gênios, Ângela enjeita Eduardo. Intelectualizado ao extremo, o companheiro chega ao ponto de ouvir música com o pensamento. Pensa Ângela durante a viagem de trem: "Viver é ser como o meu cachorro", e logo acrescenta: "Ulisses [o cachorro] não tem nada a ver com Ulisses [o personagem] de Joyce. Eu tentei ler Joyce, mas parei porque ele era chato, desculpe, Eduardo".

Em toda a sua plenitude de solidão, liberdade e felicidade, na ficção de Clarice a vida é animal e humana, pulsa, move-se e é selvagem. Pulsa e quer continuar pulsando, move-se e quer continuar movendo-se. Do título e da epígrafe tomados a Joyce saltemos para as últimas palavras de *Perto do coração selvagem*. Escreve Joana: "[...] de qualquer luta ou descanso me levantarei forte e bela como um cavalo novo". Pelo advérbio "como", a cauda do romance de estreia tanto redefine a semelhança do humano ao animal (no caso, Joana ao "cavalo novo"), como leva o leitor a ampliar a força pela beleza ("levantarei forte e bela"). A beleza dá o arremate final à viga mestra do pensamento de Clarice (vida e morte) e aos temas maiores acima referidos (solidão, liberdade e felicidade). Expressa pelo símile do *potro*, a beleza é afirmação da força humana no constrangimento ("de qualquer luta") ou no sossego ("ou descanso"). Simboliza a terra desolada da modernidade (a *waste land* do poeta T.S. Eliot), onde solidão, liberdade e felicidade jorram com tal abundância e ímpeto, que se desperdiçam e, no desperdício, as três se irmanam literariamente.

A beleza alicerça a representação mais apurada do coração selvagem da vida, que nela culmina. A vida fica "à beira do corpo", e ali permanece batendo asas entre a busca utópica da condição humana ("nunca atingiremos em nós o ser humano") e a busca não menos utópica da condição animal ("desistir da nossa animalidade é um sacrifício").

Na ficção de Clarice Lispector, o parasitismo recíproco — da vida animal pela vida humana, e vice-versa — serve de belvedere lírico-dramático, de onde narradores e personagens olham, observam a eles e ao(s) outro(s), intuem, fantasiam, falam e refletem sobre o mundo, os seres e as coisas, sendo por isso difícil — e talvez desnecessário — diferenciá-los. Aparentemente os mil e um pontos de vista que as vozes dos narradores e as falas dos personagens enunciam (eu me enxergo animal, eles me enxergam animal, eu enxergo o animal, o animal se enxerga, o animal me enxerga etc.), expressam situações conflitantes. Todo drama, aliás, é feito de conflito. No entanto, uma análise mais apurada de material tão efervescente e inédito na literatura brasileira revelará que, se as tramas não são nem podem ser coincidentes, os polos simétricos de oposição se encaixam com certa graça e dramaticidade, contribuindo para o encanto da narrativa. Como em Jorge Luis Borges, os caminhos do texto ficcional clariciano se bifurcam. No entanto, os seus narradores e personagens são *unos* nos jogos de cumplicidade, semelhantes ao ser humano que, ao se bifurcar em cima dum cavalo, transforma a si e a ele em centauro. No *Manual de zoología fantástica*, Borges reflete sobre o centauro: "[...] *lo verosímil es conjeturar que el centauro fue una imagen deliberada y no una confusión ignorante*".

O parasitismo recíproco aparece sob várias roupagens *retóricas* no texto clariciano. As mais constantes são a comparação e a metáfora. Do conto "Devaneio e embriaguez duma rapariga" tome-se o exemplo de comparação: "Sua carne alva estava doce como a de uma lagosta, as pernas duma lagosta viva a se mexer devagar no ar". Do conto "A procura de uma dignidade", tome-se o exemplo de metáfora na passagem em que a mulher se põe de quatro no chão: "Quem sabe, a Sra. Xavier estivesse cansada de ser um ente humano. Estava sendo uma cadela de quatro. Sem nobreza nenhuma. Perdida a altivez última". Não é diferente o recurso retórico que fecha o conto de onde foi extraído o exemplo acima de comparação: "Então a grosseria explodiu-lhe em súbito amor; cadela, disse a rir" ("Devaneio e embriaguez").

Há, no entanto, uma comparação e/ou metáfora privilegiada no universo ficcional de Clarice — a do cavalo.[6] Dada de empréstimo à moça, vimos que a imagem do potro pespontou as palavras finais de *Perto do coração selvagem* e, texto após texto, veremos como irá costurando a escrita da autora. No conto "O manifesto da cidade", onde as alusões ao Recife da infância são óbvias e também é óbvio o deslocamento geográfico e simbólico da menina para o Rio de Janeiro, o cavalo é o único ser vivo que é individualizado e, na qualidade de nome próprio, recebe inicial maiúscula. Os outros seres vivos, humanos, são citados como pertencentes a uma classe (pedreiros, carpinteiros, engenheiros etc.). Em nada latente, o cavalo é o *manifesto* da cidade. Leiamos o curto parágrafo em que se esboça com clareza um perfil que se afirma como fatal na literatura de Clarice: "Mas eis que surge um Cavalo. Eis um cavalo com quatro pernas e cascos duros de pedra, pescoço potente, e cabeça de Cavalo. Eis um cavalo".

O vocábulo é grafado ora com inicial maiúscula ora com inicial minúscula. O jogo visual e hierárquico denota a mobilidade semântica do vocábulo e do personagem *cavalo* no texto clariciano, ao mesmo tempo que salienta a escada rolante em que se move o comparante ao qualificar o comparado. Ora o cavalo é o animal belo e altivo, em que Clarice "ama disfarçar-se", para retomar com liberdade o verso de Carlos Drummond, no poema "O elefante", cuja leitura paralela e silenciosa seria recomendável neste momento. Ora é o garanhão — o *stallion*, como se encontra em textos semelhantes de D. H. Lawrence, como na novela *St. Mawr*, embora ali a perspectiva seja a da mulher travesti, solar e desinibida, superior ao macho, em tudo semelhante à ambivalente dona noturna que é descrita no poema "Mulher vestida de homem", de Carlos Drummond: "A (o) esquiva Márgara sorri/ e de mãos dadas vamos/ menino-homem, mulher--homem,/ de noite pelas ruas passeando/ o desgosto do mundo malformado".

Ao traduzir a escada rolante por que transita o vocábulo "cavalo", o jogo entre as iniciais maiúscula e minúscula atiça o potencial retórico e semântico. Nele passam a caber pelo menos três significados bem distintos. Primeiro: a figura feminina atrevida, enérgica e instintiva, indispensável no processo de afirmação da própria subjetividade em tempos de *Women's Lib* ("nesse lado forte, eu sou uma vaca, sou uma cavala livre e que pateia no chão, sou mulher da rua, sou vagabunda — e não uma 'letrada'"). Segundo: imagem da masculinidade viçosa e plena, talvez a se perder no mundo moderno, *et pour cause*! ("Tenho um cavalo dentro de mim que raramente se exprime. Mas quando vejo outro cavalo então o meu se expressa.") Terceiro: as excelsas qualidades do ser dito humano ("a forma do cavalo representa o que há de melhor no ser humano").

No extraordinário "Seco estudo de cavalos",[7] texto quase todo escrito de forma aforística, onde cada uma das curtas passagens recebe subtítulo, os recheios diferenciados que estofam semanticamente o vocábulo "cavalo" se combinam e se expressam no fragmento "No mistério da noite". Nele, Clarice recaptura o processo de transformação da moça em cavalo. A metamorfose é ouriçada pela insatisfação e pelo mal-estar, cuja consequência é o desejo de ser outro, de o *eu* ser, como anunciou o poeta Arthur Rimbaud, um outro (*je est un autre*). A consistência do ato de mutação chega ao ponto de operar transformações no modo de o ser humano enxergar as coisas. Leiamos:

> Na inveja do desejo meu rosto adquiria a nobreza inquieta de uma cabeça de cavalo. Cansada, jubilante, escutando o trote sonâmbulo. Mal eu saísse do quarto minha forma iria se avolumando e apurando, e, quando chegasse à rua, já estaria a galopar com patas sensíveis, os cascos escorregando nos últimos degraus. Da calçada deserta eu olharia: um canto e outro. E veria as coisas como um cavalo as vê. Essa era a minha vontade.

***

(Antes de avançarmos na análise de outros casos de metamorfose, é importante abrir um parêntese para assinalar que, em outro fragmento de "Seco estudo de cavalos", intitulado "Ele e eu", se insinua uma contradição interna ao texto. A *dúvida* do narrador-personagem, da moça, surge como figura dominante no fragmento "Ele e eu": "O melhor do cavalo o ente humano já tem? Então abdico de ser um cavalo e com glória passo para a minha humanidade". Ao se desviar e se distanciar da magia ficcional e se deixar dominar pela racionalidade cruel do transformista, esse fragmento clariciano não mais consuma a metamorfose da moça em cavalo, desenvolvida no restante do texto. As figuras retóricas da ficção se pulverizam na folha de papel, desfazendo o processo de automodelagem do ser humano em animal, que a grafia de vida e a ficção claricianas vinham tecendo desde a carta datada de 41, endereçada a Lúcio Cardoso. Tanto a *desconstrução* dos recursos retóricos clássicos, se tomada ao pé da letra, quanto a *despoetização* do texto literário (moça é moça, cavalo é cavalo, nada de comum entre eles a não ser a contiguidade no espaço da escrita) poderiam transformar em *catástrofe hermenêutica* a análise que estamos propondo do texto curto clariciano. Eis aí a razão pela qual estamos resguardando dentro destes parênteses a situação excepcional e inusitada do fragmento "Ele e eu". Tentemos provar como este parêntese está recobrindo, no interior da audaciosa ficção de Clarice Lispector, uma proposição passageira, acovardada, medrosa e pessimista.

Em primeiro lugar, é preciso esclarecer o que estamos entendendo por proposição medrosa no interior do texto clariciano. O personagem *cavalo*, a que a moça tende a procurar como par e a se comparar, não passaria de mero vocábulo numa prosa literária. Pelo uso imaginativo da escritora, vez por outra o vocábulo "cavalo" aparece como traço de destemperança idealizadora do personagem *moça*, traço que por sua vez serve para reconfortar a nossa condição humana, demasiadamente humana. Nessa perspectiva, tanto o vocábulo quanto o personagem *cavalo* estariam sendo trabalhados como pura invenção *retórica* (é óbvio que carregada de significado) numa escrita humana — a de Clarice Lispector. Ao abdicar da condição de cavalo e passar para a condição humana, ou seja, pela incredulidade e pela dúvida do escritor, o personagem *moça* é convidado a entrar no clima do famoso dito: "O rei está nu". Voltemos à apreciação do fragmento "Ele e eu" (em "Seco estudo de cavalos"). Ali é que melhor se explicita a revelação dessa (como que) recaída passageira da audácia retórica e conceitual clariciana no reino do *medo*, reaparelhando escrita e visão de mundo ao universo do "humanitismo" de Quincas Borba a que já nos referimos. Leiamos a maior parte do fragmento:

> [...] se pudesse ter escolhido queria ter nascido cavalo. Mas — quem sabe — talvez o cavalo ele-mesmo não sinta o grande símbolo da vida livre que nós sentimos nele. Devo então concluir que o cavalo seria sobretudo para ser sentido por mim? O cavalo representa a animalidade bela e solta do ser humano? O melhor do cavalo o ente humano já tem? Então *abdico* de ser um cavalo e com glória passo para a minha *humanidade*. O cavalo me indica o que sou. [grifos meus]

Denegado o palco fonético em que a retórica se constituiu a fim de poder criar e fazer atuar no texto o ser humano metamorfoseado em cavalo, devolvidos ambos — a moça e o cavalo — às respectivas condições empíricas de humano e de animal, vão pipocar, no fragmento citado, as contradições lógicas da *armação*[8] retórica clariciana e as desavenças afetivas entre as forças que a inspiraram e nela se justificaram. O vocábulo "cavalo" é apenas um *desvio* eloquente — uma forma, um "significante", para usar a terminologia de Ferdinand de Saussure, um "nó de significações", para caminhar até Jacques Lacan — por onde a inveja do desejo humano tem de passar e caminhar para atingir a humanidade plena e utópica, que só se proclama como passível de ser atingida no momento seguinte àquele em que se afirmou a metamorfose do humano em cavalo. A comparação entre moça e cavalo existe para ser apagada logo em seguida. A humanidade do homem — desculpem o pleonasmo, ele é esclarecedor no universo ambivalente de Clarice[9] — torna-se meta *final através* da metamorfose *passageira* da moça em cavalo. Desse ponto de vista, e apenas dele, a travessia da condição humana à condição animal (e vice-versa) é algo para ser usado e descartado logo em seguida, em favor de algo que lhe é superior — o humano do homem.

O humano do homem paira no horizonte como uma indicação fugaz, que é ofertada pela contiguidade das vidas paralelas da moça e do cavalo, pela apropriação retórica que dela faz a escritora. No espaço ficcional clariciano, a contiguidade retórica dos significantes *moça* e *cavalo* não se deixou recobrir por laço apaixonado e ontológico, não contaminou a ambos, como fazia crer grande parte de "Seco estudo de cavalos", de onde também foi retirado o fragmento contraditório. Ao não se deixar recobrir pela comparação ou pela metáfora, a contiguidade dos dois significantes privilegiados deixa-se recobrir pelo *medo* diante do desconhecido e atiça a *suspeita* da escritora sobre os próprios recursos ficcionais de que se vale para produzir texto e reflexão filosófica. De um lado, medo do processo de ficcionalização e, do outro, suspeita sobre o ofício de escritor. Medo e suspeita são gêmeos no universo de Clarice.)

★★★

Em vez de bater o martelo e assumir o conteúdo do parêntese como a verdadeira e última palavra de Clarice, retomemos os dois vocábulos que o antecedem — "minha vontade". Visitemos, em seguida, as crônicas reunidas no livro *Visão do esplendor*. Leiamos: "Quando eu descobrir o que me assusta, saberei também o que amo aqui. *O medo sempre me guiou para o que eu quero*. E porque eu quero, temo. Muitas vezes foi o medo que me tomou pelas mãos e me levou. *O medo me leva ao perigo*. E tudo o que eu amo é arriscado" (grifos meus). O recuo epistemológico clariciano, de que falaram os parênteses acima, produz proposições medrosas, que vêm a priori na argumentação sobre retórica e ficção — e não a posteriori, como faria crer uma lógica de vida simplista e humanitária. O medo não dá por encerrada a narrativa do *todo* da experiência de vida; pelo contrário, ele ressuscita essa experiência a partir da raiz que está sendo dada como morta, revitalizando-a em vontade, numa vontade faminta e sequiosa, que deseja descortinar mundos novos e, até então, insuspeitos. Qualquer nova experiência de vida, por mínima que seja, é pulsação e impulso, é fluxo. O medo a desencadeia.

O medo é alavanca de engrenagem no motor da vida. É guia da vontade que, pela sua própria dinâmica, leva ao arriscado. E não o contrário.

Diante das diabruras da imaginação ficcional, o pé-atrás empírico e racional do narrador-personagem (da "moça"), sendo parentético e antificcional, é também covarde. Ao não ser possível dar voz clara e firme à nostalgia[10] de não ter nascido bicho, ao não poder responder ao *chamado* dos nossos ancestrais (cf. epígrafe deste ensaio), a moça se acovarda e cai no desassossego. Não quer assumir as consequências imprevisíveis e perigosas que a aguardariam, caso tivesse nascido bicho e tivesse dado o *sim* à origem animal da espécie humana. O pé-atrás na argumentação textual — medroso e acovardado — congela a imaginação criadora no apogeu do seu desvario, imobilizando-a num impasse (obviamente passageiro) que, se tomado como valor de verdade, borraria as mais destemidas páginas da prosa de Clarice. Acertemos de novo os ponteiros com a ajuda das palavras da escritora: "[...] o medo sempre me guiou para o que eu quero" e "o medo me leva ao perigo". Eis a dupla clave de leitura.

O antídoto contra o recuo epistemológico passageiro é produzido por raciocínio ambivalente: é a vontade de a moça continuar sendo *levada* pelo medo ao que é arriscado e digno de amor. É a vontade de ela continuar escrevendo perigosamente. (Ambas as atitudes são plenamente correspondidas pela vontade nossa, de leitores. Continuamos a amar Clarice e a devorar os seus textos. Continuamos a viver vicária e perigosamente nela e graças a eles.) Alicerce das novas experiências de vida, o medo é também, e contraditoriamente, alavanca de engrenagem. A determinação última da vida humana e do texto clariciano é a ousadia; e talvez a principal delas seja certamente a vontade de o humano se metamorfosear em (voltar a ser) animal. O vacilo do ficcionista e a marcha a ré da retórica são sinaleiras *transitórias* (no sentido etimológico do adjetivo: que dão passagem) na longa e infinita viagem da vida. Inserem autora e texto num círculo cognitivo ingênuo, de onde se libera pelo fluxo liberto e sôfrego da vida e da escrita.

Em termos de texto curto, há um similar de Clarice, onde no entanto é a covardia que domina: o medo do filho que encerra e dá por terminada a jornada corajosa do pai. Trata-se do clássico "A terceira margem do rio" (em *Primeiras estórias*), de Guimarães Rosa. Nele se dramatiza a oposição entre o filho, estéril e medroso, e o pai, macho reprodutor e aventuroso. Em linguagem altamente simbólica, Guimarães Rosa trabalha a oposição entre o "falimento" do filho, que por conta própria não consegue nem deixar as margens da veneração filial nem constituir família, e a coragem do pai, infatigável barqueiro em meio ao rio, eterno construtor duma terceira margem feita à imagem e semelhança da força humana. Por não ter conseguido dar continuidade à terceira margem do rio inventada pelo pai (a canoagem), por não ter assumido o legado viril, transformando-se por sua vez em pai, o filho rompe pela covardia e pelo medo a dinâmica aventurosa do sistema patriarcal. No final da narrativa, o filho é levado a questionar a própria hombridade. Leiamos a fala final dele, que é coroada pelo silêncio: "Sofri o grave frio dos medos, adoeci. Sei que ninguém mais soube dele [do meu pai]. Sou homem, depois desse falimento? Sou o que não foi, o que vai ficar calado". O fim do conto se dá pelo encerramento do medo do filho na vacância do pai pela morte. Diz o filho: "[...] no artigo da morte, peguem em mim, e me depositem também numa canoinha de nada". O medo é um sentimento a posteriori do desejo. Em Clarice, repitamos, o medo é um a priori da vontade.

Por ser o que são, os sentimentos opostos e sucessivos de *medo* e *audácia* liberam reflexões dramáticas no texto clariciano que, nas suas pulsações latentes, o aproximam das obras canônicas da épica ocidental. Nas boas hipóteses, os delírios da retórica, precedidos pelo pé-atrás, fazem parte de um movimento do texto clariciano que se nos afigura como semelhante aos movimentos, respectivamente, de *recuo* pusilânime e de *avanço* brioso que encontramos, por exemplo, na viagem narrada por Luís de Camões, inaugural da épica em língua portuguesa. Os marinheiros da esquadra de Vasco da Gama, abatidos e sem coragem para continuar devassando com intrepidez os mares, *inventam* o monstro Adamastor para testar a própria força, então exaurida. O monstro é maquinado no cansaço do meio do caminho; foi programado pelo redemoinho da viagem. Os marujos têm que vencer a invenção-do-medo, a programação-do-meio-do-caminho, para que se lhes abram as portas dos mares. Como o medo em Clarice, Adamastor é em si contraditório. A maquinação amedronta e incita. Aterroriza os inventores para reacender neles o valor e a coragem, julgados perdidos. No horror da experiência fá-los ganhar de novo a beleza da vida.

Em termos de poema épico clássico, as passagens iluminadas do texto clariciano em nada ficam a dever a semelhantes de *Os lusíadas* (o já citado episódio de Adamastor, canto v), ou da *Divina comédia*, de Dante (o episódio da morte de Ulisses, "Inferno", canto xxvi).[11] Para Clarice Lispector, escrever é enfrentar os *perigos* escamoteados e de repente liberados pelo monstro guardião do cabo das Tormentas — o infortúnio, a desgraça e a morte. Lê-se em Camões: "Que o menor mal de todos seja a morte!" (v, 44). Mas a ousadia — consequência do medo, que alavancou o passo além e o dinamizou com fervor — não aceita a derrota fácil, que está no recuo para o consabido e o cotidiano, e está até mesmo na aceitação passageira ou definitiva da morte.[12]

Por isso, antes de insistir em desconstruir a *armação* da retórica e da ficcionalização claricianas, é preciso examinar a rede em que, no seu universo textual, foi tecida a inusitada *dinâmica imposta ao medo pela vontade* (cuja meta, repitamos, é a *ousadia*, necessariamente transgressora). Examinar com cuidado a rede do medo para observar como suas malhas foram consciente ou inconscientemente fabricadas por Clarice, atando os cordões dispersos num nó, que será reapresentado na nossa leitura como enriquecido por outras malhas e outros nós, de existência concomitante em dois *autores*, em duas *autoridades*. Por ser rede entrelaçada com o nó próprio de Clarice e também por nós alheios, como explicitaremos a seguir, não se pode desenhar a planta baixa do medo clariciano sem a mediação de duas grandes obras.

Na cena cultural contemporânea, a malha e o nó claricianos foram também entrelaçados por Roland Barthes, teórico francês da literatura, e por um dos filósofos de sua predileção, o inglês Thomas Hobbes (1588-1679). O medo clariciano, tal como o estamos analisando, está expresso na célebre epígrafe de O *prazer do texto* (1973): "O medo foi a única paixão da minha vida". Por sua vez, a epígrafe se emaranha ao nome de Hobbes, o filósofo a quem Barthes tomou-a de empréstimo[13] e se encontra, ainda, desenvolvida num dos fragmentos do livro, intitulado "Medo". Convido-os à leitura do medo clariciano através das malhas (*"sous grille"*, como dizem os franceses) de Roland Barthes e Thomas Hobbes.

Da perspectiva de Roland Barthes, o medo é uma ideia banal e, por isso, esquecida dos filósofos modernos. Por ser um sentimento vulgar e desagradável, o medo tornou-se mediocremente indigno do ser humano. Para melhor entendê-lo, Barthes vale-se de uma comparação. O medo se assemelha à encomenda que o homem rejeita por não corresponder às especificações do pedido feito. O sujeito requesta alguma coisa e, em lugar de receber o estipulado na solicitação, chega-lhe às mãos a coisa equivocada. O medo não gratifica o sujeito, já que o deixa de mãos vazias, lamentoso e desconsolado. O medroso fica "à cata da própria coisa", que acabou por não lhe chegar. O medo se exprime pela oferta fraudulenta ao solicitante de algo que, acredita, lhe é exterior, embora a raiz mais poderosa cresça no seu íntimo. O medo é decepcionante e autodecepcionante. Tanto na recusa interna em aceitar a coisa errônea quanto no movimento externo de remessa incorreta da coisa solicitada, o medo acaba por ser a mais devastadora das experiências de rejeição e de autorrejeição. Daí o fato de Roland Barthes ter recolocado o sentimento em circulação e de nos valermos dele para dar continuidade à leitura de Clarice.

Tendo tal configuração, adverte Barthes, não admira que o medo tenha desaparecido e só seja encontrado na escrita de Hobbes, nascido de parto prematuro e durante o "grande medo" de 1588 na Inglaterra. O dado individual se mescla ao dado coletivo para recompor na história a grafia de vida do filósofo. Noventa anos depois do nascimento — nos informa Renato Janine Ribeiro —, Hobbes recordará na sua autobiografia: "[...] minha mãe pariu gêmeos: eu e o medo". Não é de todo imprudente aproximar a mescla do dado familiar ao dado histórico nas circunstâncias do nascimento de Clarice. Foi concebida em família judia em fuga da Ucrânia, logo depois da Revolução Russa. O bebê nasceu quando a família caía no oco do mundo, numa desconhecida e passageira Tchetchelnik ("Ali apenas nasci e nunca mais voltei"), no meio de longa e dramática viagem de exílio ao Novo Mundo.

Pela configuração que faz do medo, Barthes aproxima-o do gozo (*jouissance*), e não do prazer. Explica-se. O medo é a negação da transgressão, é "a clandestinidade absoluta, não porque seja 'inconfessável' [...], mas porque deixando intacto o sujeito, ao dividi-lo, tem apenas à sua disposição significantes *conformes* [grifo do autor]: a linguagem delirante é recusada ao que escuta o medo tomar conta dele".

Corramos o risco da repetição: a linguagem delirante (e transgressora) é recusada a Clarice no momento em que experimenta o medo tomar conta dela. Ao aproximar o medo do gozo, e não do prazer, Barthes está nos dizendo que o sujeito, se não fosse medroso, poderia ter tirado satisfação extrema da experiência por estar se entregando a algo que os seus cinco sentidos desejam. Medroso, fica imune à paixão e ao prazer. O objeto desejado fica ao ar livre do abandono, já que o sujeito não recebe de volta a gratificação desejada. No caso do texto de Clarice, o gozo se dá em virtude do fato de que os sentimentos fortes que tinham tomado posse do corpo e da mente — e que tinham impulsionado a retórica e a escrita ficcional — tornaram-se incapazes de dar resposta ao desejo, *abdicando* dessa forma da linguagem do delírio.

Passageiramente (frisemos o advérbio), a escrita de Clarice rechaçou os recursos retóricos e deixou de ser ficcional para ser pedestre. Entregou-se à produção de "significantes conformes", ou seja, de significantes cuja forma *é* conforme ao modelo, está em conformidade com o *significado* dicionarizado. Moça *é* cavalo, escreve o texto delirante — do prazer.

No entanto, "abdico de ser um cavalo e com glória passo para a minha humanidade", lemos no fragmento "Ele e eu". Moça *não é* cavalo. Moça é moça, cavalo é cavalo, escreve o texto medroso — do gozo. Eis o aforismo do texto do gozo clariciano: "Contenho-me para não ser amada de todos".

O medo coloca o gozo particular e intransferível ao lado da obediência linguística ao estrito dicionarizado. Gozo e obediência se tornam par inseparável no pé-atrás clariciano. Voltemos ao vocábulo "cavalo". Na escrita do medo, o significante tem como único *referente* o animal cavalo. Deixou, portanto, de se referir delirantemente à moça metamorfoseada em cavalo; deixou de substantivar o potencial semântico da metamorfose do humano em animal, que o significante tomado pela retórica ficcional carreava na economia textual clariciana. O medo é o elemento *imobilizador* do delírio ficcional na escrita audaciosa. Funciona de maneira semelhante ao borrifo de gás imobilizante, de que se vale o assaltado diante do horror que o assaltante lhe inspira. O curto-circuito emocional empobrece a ficção e pode chegar a empanar o brilho da escrita. Por outro lado, encarado pelo viés da modernidade, o medo, ensina Barthes, "é uma loucura que deixa o sujeito em total consciência". Ele corrói os jogos polissêmicos do texto e apenas enriquece pela lucidez — e de maneira medíocre — a proposição da escrita como peça da argumentação *racional* do texto.

Servida pelas forças imobilizadoras do delírio e pela corrosão dos jogos polissêmicos operada pela lucidez, a escrita medrosa de Clarice é beco sem saída na sua magnífica prosa. O desbloqueio virá da transgressão e do prazer, que inauguram novos e inusitados caminhos a partir de cerceamentos e constrangimentos.

Retornemos ao significante *cavalo*, pois é a partir dele que este ensaio está sendo e continuará a ser escrito. Leiamos a anotação solta, intitulada "Não soltar os cavalos", que está recolhida na coletânea *Para não esquecer*:

> Como em tudo, no escrever também tenho uma espécie de receio de ir longe demais.[14] Que será isso? Por quê? Retenho-me como se retivesse as rédeas de um cavalo que poderia galopar e me levar Deus sabe onde. Eu me guardo. Por que e para quê? para o que estou eu me poupando? Eu já tive clara consciência disso quando uma vez escrevi: "é preciso não ter medo de criar". Por que o medo? Medo

de conhecer os limites de minha capacidade? ou medo do aprendiz de feiticeira que não sabia como parar? Quem sabe, assim como uma mulher que se guarda intocada para dar-se um dia ao amor, talvez eu queira morrer toda inteira para que Deus me tenha toda.

É preciso soltar os cavalos. Só se ama (só nos apaixona, só nos gratifica plenamente) o que assusta. Só o medo *leva* os passos da vontade em direção ao perigo e ao prazer de viver. Querer é temer. Viver é enfrentar o perigo.[15] Como o viver, com o qual se confunde, o amor é um risco. Tão arriscado e reconfortante quanto, ultrapassado o perigo, "cair nos braços" de alguém.

As palavras do parêntese que abrimos serviram para circunscrever o que a própria Clarice batizou de "vergonha de viver". Em crônica que leva esse título, afirma primeiro: "Há pessoas que têm vergonha de viver: são os tímidos, entre os quais me incluo", para logo em seguida adentrar-se pelo seu estilo pessoal: "Sempre fui uma tímida muito ousada". Ao exemplificar a ousadia da tímida, recorre ao relato da sua primeira experiência de *montaria*. Poderia ter sido outra a experiência? Ela havia ido passar férias no interior. Da estação telefonou para a fazenda, que "ficava a meia hora dali, num caminho perigosíssimo, rude e tosco, de terra batida e estreito, aberto à beira constante de precipícios". Perguntaram-lhe o meio de transporte desejado: carro ou cavalo? "Eu disse logo cavalo. E nunca tinha montado na vida." Em vibrato lírico e vocabulário épico, a descrição das aventuras vividas pela moça e o cavalo, a moça a cavalo, não se diferencia do andamento trágico encontrado nas descrições de grande vigor retórico de responsabilidade de Camões ou Dante, ou do Rosa de *Grande sertão: veredas*:[16]

> Foi tudo muito dramático. Caiu uma grande chuva de tempestade furiosa e fez-se subitamente noite fechada. Eu, montada no belo cavalo, nada enxergava à minha frente. Mas os relâmpagos revelavam-me verdadeiros abismos. O cavalo escorregava nos cascos molhados. E eu, ensopada, morria de medo: não sabia que corria risco de vida. Quando finalmente cheguei à fazenda, não tinha força de desmontar: deixei-me praticamente cair nos braços do fazendeiro.

Mais importante do que apontar o animal selvagem — a que a moça se associa em simbiose — como matriz sorrateira a motivar o medo clariciano, é acentuar que é dele que brota a "pura sede de vida melhor [já que] estamos sempre à espera do extraordinário que talvez nos salve de uma vida contida", como se afirma no curto relato "Morte de uma baleia", recolhido no livro *Visão do esplendor*. Dois filhotes inexperientes de baleia, um na praia do Leme e outro na do Leblon, surgem na arrebentação e, sob o olhar dos populares, sobrevivem em lenta agonia. Afinal, o espetáculo extraordinário acontece e exclui do balneário carioca o ramerrão cotidiano dos corpos seminus bronzeados e despreocupados. Como no poema "Os inocentes do Leblon", de Carlos Drummond: "[...] há um óleo suave/ que eles passam nas costas, e esquecem". O espetáculo da morte das duas baleias explode em boatos que correm pelas ruas da Zona Sul e assanham os olhos da espectadora à janela do seu apartamento no Leme. A simbiose entre moça e baleia explode em exclamações de horror diante do duplo e trágico espetáculo que a deixa estarrecida. As frases de repúdio se sucedem no texto: "[...] detesto a morte", "Morte, eu te odeio". A que morte se refere a moça à janela?

***

(Apresso-me a adiantar o fundamento das páginas futuras.

Abandonemos o cavalo no morro do pasto de *A cidade sitiada* e adentremo-nos por outro ciclo dentro da obra de Clarice, onde ou o animal emerge das águas oceânicas e é feminino (a baleia) ou é masculino e, trancado necessariamente num jardim zoológico, representa os machos predadores (o búfalo). O ciclo da baleia e do búfalo. O feminino e o masculino. A noção de medo, de grande importância dramática no andamento dramático do texto clariciano, ganha *gênero* (*gender*, em inglês, que se distingue de *genre*, "gênero literário"), assim como ganha gênero a simbiose entre humano e animal, abrindo em forquilha as duas possibilidades que o medo sempre alavanca: *o risco/a Vida, o risco/a Morte*. A opção pela escrita ficcional marcada pelo *gênero* se entremostra através dos sentimentos ambivalentes e contrários que tomam conta do comportamento feminino, cujo mais curto e contundente exemplo são duas frases do conto "O búfalo": "Eu te amo, disse ela então com ódio para o homem cujo grande crime impunível era o de não querê-la. Eu te odeio, disse implorando amor ao búfalo".

Na espécie animal, não há uma reciprocidade amorosa simples entre fêmea e macho. Na relação predomina um "grande crime impunível". Daí ser o jardim zoológico o cenário primaveril e ideal para as novas cenas de amor no texto curto de Clarice.

A respeito do *medo* como substantivo genérico e do *crime impunível* como delito que apenas recompensa o homem, seria preciso ler com vagar, faltam-nos tempo e papel, a longa crônica "A favor do medo", hoje em *A descoberta do mundo*. Ali se diz que, desde a pré-história, o gênero homem é animal macho metamorfoseado em *predador* da espécie fêmea. Daí o pavor que a sua aproximação sedutora inspira na mulher, despertando-lhe simultaneamente carência, ódio e amor. Na crônica, a dramaturgia do risco no amor não se resgata pela reprodução da espécie, não traz o elogio da vida como *happy ending*, e, sim, como *unhappy ending*, já que a inclinação fundamental do homem é para o estupro ou o assassinato da fêmea. Leiamos apenas as primeiras palavras da crônica, convidando o leitor a entregar-se às demais, solicitando-lhe ainda que faça a leitura do extraordinário conto "Emma Zunz" (na coletânea *O aleph*), de Jorge Luis Borges:[17] "Estou certa de que através da idade da pedra fui exatamente maltratada pelo amor de algum homem. Data desse tempo um certo pavor que é secreto". O convite ao "paseíto" ("passeiozinho", em espanhol) pela floresta condiciona a cena do estupro. Clarice remonta ao distante passado para *revelar* o pavor diante da doce sedução e da violenta conquista masculina como o *segredo* de que a fêmea não se desvencilha e o qual nem revela. Num parêntese dentro deste, anunciemos e calemo-nos por agora: aí pode estar em germe o motivo para a aceitação descarada da literatura de Clarice pelos escritores e leitores gays.

Tal como está na crônica em *Visão do esplendor*, a agonia das duas baleias é referendada por dois discursos: um autobiográfico e o outro nitidamente religioso. Como pano de fundo, acrescentemos que são elas tão fêmeas quanto o foi Joana d'Arc. As baleias prefiguram um *avatar* a mais no mundo cristão masculino e ocidental. Não esquecer — importantíssimo! — o *deslocamento semântico* que os significantes *baleia* (fêmea) e *búfalo* (macho) estão operando na nossa leitura do texto curto clariciano. Estamos sendo levados a avaliar o *gênero* nas reflexões sobre a obra de Clarice Lispector.)

***

A moça vê a baleia que agoniza. Ela relembra o silêncio *humano* — que é o mais grave de todos no reino *animal*. (Vale a pena colar-se ao texto de Clarice e grifar de novo os adjetivos "humano" e "animal", de função semelhante, diferenciados apenas pelo grau de intensidade no registro.) A moça relembra o silêncio que já experimentou e por que passou várias vezes. Na sua vida, o silêncio ocupa papel duplo. Primeiro. É o invólucro privilegiado do segredo, vale dizer: da memória afetiva do indivíduo e da memória coletiva da espécie. O silêncio resguarda com exatidão semântica o segredo arcaico e atual da fêmea, a fim de liberá-lo pouco a pouco, seguindo as necessidades da confidência e do companheirismo literário. Segundo. É o prenúncio "da morte que não vinha", morte anunciada que, à última hora, arrepia caminho devido à resistência do ser ao aniquilamento.

Por acobertar essa espécie de segredo, cujo fundo feminino é ancestral e atualíssimo, o silêncio é o mais nobre dos materiais de que se vale a escritora. Como antropófaga, ela o destrincha. Como escritora, ela o elabora. Como estilista, ela o tece em vocábulos. Como autora, ela intriga o leitor. O fim explícito do silêncio é o de preservar dela e do leitor/de liberar a ela e ao leitor as múltiplas mortes da alma e os múltiplos renascimentos do corpo. Assim será até o dia fatal, em que a mais indesejada das gentes assomará definitivamente à porta de entrada do corpo: "Morri de muitas mortes e mantê-las-ei em segredo até que a morte do corpo venha". A morte chega de mansinho (isto é, silenciosa e secretivamente) para as duas baleias e para a moça à janela. Os dois universos biológicos, o humano e o animal, temperados não só pela origem e reprodução das espécies, como também pela atualidade, são ambos predeterminados pelo *gênero* e se mesclam no texto curto. Aparentemente, a morte quer tomar conta de imediato do corpo das duas baleias, antes mesmo que os antropófagos humanos (sic) cortem e recortem a carne para se alimentarem: "Uns diziam que a baleia do Leme ainda não morrera, mas que sua carne retalhada em vida era vendida por quilos".

Por ser tão secreta quanto a morte, a vida também se constrói em silêncio. Contra a morte há um antídoto poderoso e também silencioso: afirmar agônica e valentemente a vida, que é "a maior criação do homem". Linhas abaixo no texto da crônica, relembra a narradora: "Lembro-me de um amigo que há poucos dias citou o que um dos apóstolos disse de nós: vós sois deuses". Somos deuses porque inventamos a vida.[18] A partir desse momento, a leitura do texto curto de Clarice Lispector adquire um diapasão insuspeitado, que aproxima o pensamento da autora das reflexões poderosas e fatais de Nietzsche, encontradas em particular na primeira dissertação da *Genealogia da moral* e no *Anticristo*. Clarice não fala do céu e do inferno, estes, escreve ela, "nós já os conhecemos". Ela dá continuidade à reflexão filosófica sobre um existir humano que desafia a moral dos preceitos teológicos canônicos.

Ela se dedica a esmiuçar o silêncio e o segredo, a morte e a vida, em virtude do espetáculo das duas baleias em lenta agonia.

Introjetada no olhar da testemunha à janela do apartamento no Leme, a agonia da baleia aflige os olhos da observadora e, ao reconduzir os mesmos de volta a ela mesma, associam a experiência do martírio individual tanto à força de vida quanto ao silêncio. A dor é menos enigmática para a mulher do que para o homem. (*Menos enigmática* não significa que seja *menos intensa*.) Num segundo momento, a descrição feita pelos olhos *em-si-mesmados* leva o leitor a também associar a agonia da baleia ao segredo, à força de vida e ao silêncio, valores estes de que se tem valido a Mulher, e não mais a moça, para se automodelar como animal selvagem, em total execração da morte.

Mulher, com maiúscula, representa o gênero humano quando apresentado da perspectiva feminina. Representa, pois, a desconstrução do princípio que organiza o mundo segundo os valores do Homem, ou seja, Ela (a não ser confundida com "a moça", esclareçamos) comparece tardiamente ao texto clariciano, no momento histórico em que rouba do gênero masculino o privilégio exclusivo da representação universal do humano. Não custa tomar de empréstimo um pequeno e esclarecedor exemplo dos antigos manuais de lógica. O Homem é mortal (nessa afirmativa, o macho representa todos os seres humanos). A Mulher é mortal (nessa outra afirmativa, a fêmea passa a representar todos os seres humanos). O extremo da postura desconstrutora, verdadeira teologia às avessas, se daria na proposição: Deus é Mulher.[19]

Voltemos ao texto de Clarice: "Porque aquele que experimenta o martírio é dele que se poderá dizer: este, sim, este viveu". Quem viveu? Ao descarregar semanticamente o poder da dor na experiência do martírio, ao neutralizá-lo a fim de melhor combinar a experiência do martírio à força da vida, o texto clariciano recusa-se a submeter-se a reflexões reativas, passivas e pessimistas, sobre o conhecimento que a Mulher (= o ser humano) tem da vida. A Mulher não se submete ao império do medo e não é serva da dor, a não ser passageiramente, ou seja, em movimento para. Ela não pactua o corpo dolorido com a corrosão operada pelo sofrimento, que o obriga a dizer *não* à vida, em evidente ato suicida. A Mulher se recusa a entregar seu (nosso) corpo diferenciado à morte, levando-o a não mais se vangloriar com a pergunta contratual que, por séculos e séculos, destacou o Homem ocidental dos demais habitantes do planeta Terra: Pai, por que me abandonaste? A Mulher não lamenta o abandono do Pai. A Mulher não fala, ela dialoga. Por isso, Ela personifica o silêncio que guarda/libera o segredo da vida e da morte. Ela o detém em solidão. Por exemplo: à janela do seu apartamento no Leme.

Caso o texto clariciano caísse na armadilha das reflexões cristãs, ele desembocaria no célebre raciocínio do "ressentimento" e da "moral dos escravos", que Nietzsche vai abominar nos seus escritos sobre a genealogia da moral.[20] A força da vida, o Sim dado à vida, desconstrói o martírio da dor pelo *escárnio* (não há como evitar o vocábulo grosseiro em tema tão sublime, pois é invenção de Clarice). Pelo Não diante da morte, pelo escárnio da Mulher, está sendo dado um segundo e definitivo Sim à vida. As ambivalências se fazem necessárias e de praxe para que o texto de Clarice desemboque na estrada real do pleno florescimento do *prazer* dolorido de viver: "[...] todos foram recebidos por mim, gemendo de dor, como numa festa". A argumentação paradoxal se impõe e dela não se eximirá o texto clariciano: a vida humana plena é o escárnio, o desdém e o sarcasmo, da Mulher diante do martírio. É o escárnio dos ferozes deuses com "d" minúsculo — ou seja, dos humanos representados pela fêmea frente ao todo-poderoso Deus, até então representado pelo macho — diante da morte. Mais a alma sangra pela dor do martírio, mais o corpo floresce. Continuemos a ler "A morte da baleia": "E como escárnio, por ser o contrário do martírio em que minha alma sangrava, era quando o corpo mais florescia. Como se meu corpo precisasse dar ao mundo uma prova contrária de minha morte interna para esta ser mais secreta ainda. Morri de muitas mortes e mantê-las-ei em segredo".

De responsabilidade da Mulher, o duplo Sim dado à vida recebe de Clarice um nome — é a *ferocidade*, cujo caroço e nó górdio, na crônica que estamos lendo, é a *fome*.[21] A fome "nos torna tão ferozes como um animal feroz". Por causa dela, "queremos comer daquela montanha de inocência que é uma baleia, assim como comemos a inocência cantante dum pássaro". A ferocidade clariciana leva o ser humano (representado pela fêmea) a retornar à questão da violência como princípio organizador da "luta pela vida" (*struggle for life*), de que falou pela primeira vez Charles Darwin. Naquela época, a Mulher (nós) não se distinguia do animal. A ferocidade da fêmea coloca a raça humana, de que ela é a representante genérica, como sensível ao Chamado dos primatas; remete os textos curtos mais audaciosos ao aparente sossego com a teoria da evolução das espécies. No entanto, permanece uma grande diferença entre o darwinismo e Clarice. É a diferença que desestabiliza a tranquilidade do texto, desassossegando-o definitivamente. O desassossego explode no momento em que a escrita ficcional retira o evolucionismo do círculo fechado dos cientistas e especialistas na matéria. Como temos demonstrado pela análise crítica das figuras retóricas do parasitismo e da simbiose, a teoria "evolucionista" para Clarice é de mão dupla, contraditoriamente. A Mulher é a loba do Homem atualiza o velho provérbio latino: *Homo homini lupus*.

Em última instância, o que a escritora questiona é o conceito de *evolucionismo* (ou de progresso científico na evolução da espécie), *tal como representado pelo Homem*. O movimento é duplo em Clarice — evolução e involução (este vocábulo não tem nenhum sentido pejorativo, aclaremos). Retorno à origem/volta ao presente, retorno à origem/volta ao presente, *ad nauseam*, espécie de moto perpétuo que respeita e, ao mesmo tempo, coloca em xeque a passagem lenta e gradual do simples ao complexo, da força à razão, da perda das presas carnívoras ao aprendizado das "dissimulações" (Nietzsche) inventadas pelo intelecto, com o fim de deixar o fraco sobreviver, dominar os mais fortes, preservar-se e conservar-se, valendo-se para tal do uso de apetrechos bélicos. O mais fraco transforma-se no mais forte graças aos jogos de dissimulação. Pela mão dupla do *evolucionismo* (e não só pela evolução linear, insistamos), o humano metamorfoseado em animal e a mulher hegemônica no reino humano dialogam, se imitam, se irritam, hierarquizam posições e valores, abraçam-se e dão as costas um ao outro.

Ratifiquemos nossas palavras com a ajuda de Clarice, numa brilhante passagem em que a subjetividade feminina desabrocha na sua relação retrocedente com os primatas:

> Sou uma *feroz* [grifo meu] entre os ferozes seres humanos — nós, os macacos de nós mesmos, nós, os macacos que idealizaram tornarem-se homens, e esta é também a nossa grandeza. Nunca atingiremos em nós o ser humano: a busca e o esforço serão permanentes. E quem atinge o quase impossível estágio de Ser Humano, é justo que seja santificado. Porque desistir de nossa animalidade é um sacrifício.

A *grandeza* da Mulher está em estreita dependência da *condição* animal do ser humano e em relação *direta* com o *sacrifício a essa dependência, assumido desde sempre pelo Homem*. A forma quintessencial da grandeza humana será o amor[22] e a do autossacrifício, o ódio. A época mais propícia ao ciclo do amor, ódio, amor é a primavera, a estação que principia, no hemisfério Norte, pelo mês de abril — "[...] o mais cruel dos meses, [que] germina/ Lilases da terra morta, mistura/ Memória e desejo, aviva/ Agônicas raízes com a chuva da primavera" (T.S. Eliot, *A terra desolada*, trad. de Ivan Junqueira). O conto "O búfalo", em *Laços de família*, nos fala duma oposta e semelhante primavera — a do hemisfério Sul, em que tanto os humanos quanto os animais se encontram diferenciados em machos e fêmeas. O ponto de vista narrativo do conto é de responsabilidade da Mulher, da mulher vestida de casaco marrom, que vai ao jardim zoológico "para adoecer".

Ao assumir o *gênero*, a mulher de casaco marrom vai atar as primeiras linhas deste nosso "Bestiário" à sua coda. Depois de décadas de vida, a antiga e bizarra acadêmica em direito, julgada pelos belo-horizontinos como tendo escapado dum jardim zoológico, volta a pôr os pés naquele lugar de exclusão e reclusão dos animais selvagens, a fim de perguntar: onde encontrar o animal macho que me ensine a ler o meu amor (de fêmea) no ódio (de macho), o meu ódio (de fêmea) no amor (de macho)? Diante da jaula dos leões, a mulher de casaco marrom encontra apenas amor e se decepciona: "'Mas isso é amor, é amor de novo', revoltou-se a mulher tentando encontrar-se com o próprio ódio mas era primavera e os dois leões se tinham amado".

A motivação do seu passeio ao zoológico, sua busca, visa ao conhecimento do amor e ódio fêmeos pelo macho predador na primavera. Para isso vai passar em revista todos os animais expostos nas jaulas. O zoológico já não é mais o que era: os animais por detrás das jaulas já estão todos *d'homensticados* (para traduzir o jogo de palavras de Jacques Lacan), isto é, desprovidos paradoxalmente da qualidade de predadores. A lista é longa. A girafa é uma "virgem de tranças recém-cortadas". O macaco velho "tinha um véu branco gelatinoso cobrindo as pupilas". O elefante parecia mero brinquedo de crianças no circo. O camelo se reduzia à imagem de mandíbulas pacientes. Onde os machos predadores? Em troca da revolta diante do embuste acata a viagem pela montanha-russa: "Foi sozinha ter a sua violência". Quis ver lá do alto o mundo cá de baixo, o mundo cabisbaixo. Quem sabe se encontraria o que procura? Nada. Volta a pôr os pés no chão. Depara com o velho amigo quati, um ingênuo e antigo frequentador dos textos curtos.

A mulher do casaco marrom encontraria o que buscava no seu passeio, atingiria a solidão e a paz interior no ambiente atolado de jaulas e habitado por animais selvagens? Ali não deveriam estar morando os mais antigos predadores do gênero fêmeo? Na anotação "Medo do desconhecido", Clarice pergunta: "Que faço dessa paz estranha e aguda, que já está começando a me doer como uma angústia, como um grande silêncio? A quem dou minha felicidade, que já está começando a me rasgar um pouco e me assusta?". A que macho doar o corpo de fêmea em ato de amor-ódio-amor?

O búfalo preto a olha. Dá-lhe as costas. A mulher do casaco marrom tenta em vão despertar a atenção do animal, seduzindo-o com a voz. Várias vezes exclama: "Ah!". Finalmente o búfalo se deixa seduzir pelo chamado e lhe volta os olhos. Dentro dela "escorria enfim um primeiro fio de sangue negro", o da fêmea inocente e ferida, odiada, desprezada e amada desde sempre pelo macho predador. O animal fêmeo está tão predisposto ao ódio, tão predisposto ao amor quanto o macho. Doadora e doador, donatária e donatário extraem do ódio a *ferocidade* do amor: "Lá estavam o búfalo e a mulher frente a frente. Ela não olhou a cara, nem a boca, nem os cornos do animal. Olhou seus olhos".

> Eu odeio, disse implorando amor ao búfalo. [...] Lentamente a mulher meneava a cabeça, espantada com o ódio com que o búfalo, tranquilo de ódio, a olhava. Quase inocentada, meneando uma cabeça incrédula, a boca entreaberta. Inocente, curiosa, entrando cada vez mais fundo dentro daqueles olhos que sem pressa a fitavam, ingênua, num suspiro de sono, sem querer nem poder fugir, presa ao mútuo assassinato. Presa como se sua mão se tivesse grudado para sempre ao punhal que ela mesma cravara.

Ao morrer simbolicamente pelo punhal cravado pela fêmea, o búfalo teria refletido que os olhos da mulher de casaco marrom eram olhos de cigana oblíqua e dissimulada. Traziam não sei que fluido misterioso e enérgico, uma força que arrastava para dentro, como a vaga que se retira da praia, nos dias de ressaca.

APÊNDICE

O texto "Seco estudo de cavalos", incluído na coletânea *Onde estivestes de noite* (1974) e analisado por nós, reescreve parte considerável do primeiro capítulo do romance *A cidade sitiada* (1949). Por razões de espaço, estamos reproduzindo apenas um parágrafo do romance, oferecendo entre colchetes as diferenças que se encontram no texto curto:

> Na inveja do desejo o [meu] rosto adquiria a nobreza inquieta de uma cabeça de cavalo. Cansada, jubilante, escutando o trote sonâmbulo. Mal [eu] saísse do quarto sua [minha] forma iria se avolumando e apurando-se [apurando], e [,] quando chegasse à rua [,] já estaria a galopar com patas sensíveis, os cascos escorregando nos últimos degraus [da escada da casa]. Da calçada deserta [eu] olharia: um canto e outro. E veria as coisas como um cavalo [as vê. Essa era a minha vontade.] [p. 20]

Descartemos de maneira radical todo e qualquer pensamento de embuste ou mistificação por parte de Clarice. Em crônica datada de 20 de março de 1971 e por nós citada na nota 6, Clarice informava o leitor de que tinha escrito muito sobre cavalos, haja vista — exemplificava — o primeiro capítulo do romance *A cidade sitiada*. A chave da leitura genética do texto curto de 74 já está no romance de 49 e na crônica de 71.

À semelhança do que acontece no nouveau roman francês dos anos 60, em especial nas primeiras obras de Alain Robbe-Grillet (ver o romance *La Jalousie*, por exemplo, ou o filme *O ano passado em Marienbad*, da dupla Resnais/Robbe-Grillet), a *repetição* é, no conjunto dos textos longos e curtos de Clarice, figura textual importante no processo — ou na psicologia — de composição. Não a repetição ipsis litteris, espécie de plágio de si mesma, mas a repetição em diferença.

Acrescentemos que deixa a desejar a explicação das repetições pela perspectiva da análise marxista, que refuga para o "mundo das essências" o que julga ser certa *imobilidade* etérea ou idealista do texto clariciano. Para essa crítica, o texto de Clarice seria incapaz de dar conta da vida material. Ao contrário do que pensam os marxistas de vista curta, texto e contexto coabitam o mesmo espaço textual clariciano. Para início de conversa, analise-se o parágrafo citado anteriormente como exemplo. Na *transcrição* do texto longo, o texto curto foi perdendo o *contexto*, trabalhado à exaustão no romance, e o fragmento do conto "Seco estudo de cavalos", no final, se alça sob a forma de uma série de reflexões em forma de aforismos, completamente dominados pela *subjetividade* do escrevente.

Examinemos em seguida o contexto de *A cidade sitiada*. Ali se mostra o processo histórico e social por que passou a cidade de S. Geraldo para atingir a condição de metrópole, processo semelhante ao descrito por Oswald de Andrade no célebre poema "Pobre alimária" (*Poesia Pau-Brasil*). Oswald narrava a modernidade de São Paulo pelo conflito entre o carroceiro (o Brasil arcaico) e o motorneiro do bonde (o Brasil moderno).[23] No romance de Clarice, o subúrbio "misturava ao cheiro de estrebaria algum progresso" e "não se poderia atravessar uma rua sem desviar-se de uma carroça que os cavalos vagarosos puxavam, enquanto um automóvel impaciente buzinava atrás lançando fumaça".

Ao perder o contexto desenvolvimentista e assumir a escrita do eu, o tardio "Seco estudo de cavalos" perde também certa *objetividade* que o narrador do romance exercia sobre o tema da metamorfose do humano em animal, ressecando-a pela subjetividade brutal. Pela descrição da conversa entre homem e animal, tal como está num e no outro texto, exemplifiquemos o contraste entre a objetividade narrativa e a subjetividade brutal. No texto curto de Clarice se recalcam, por exemplo, "os gritos com que os carroceiros *imitavam os animais para falar com eles*" (grifo meu), manifestos no romance. Essa observação no texto longo pode ser colocada ao lado de trecho da crônica "Bichos" (*A descoberta do mundo*): "conheci uma mulher que *humanizava os bichos, conversando com eles* [...]. Mas eu *não humanizo* os bichos, acho que é uma ofensa" (grifos meus).

Voltando ao exemplo dado acima, digamos que o convite à leitura — em contraste e diferença — dos textos ditos semelhantes nos mostrará que a maioria dos colchetes (que contêm as diferenças, repitamos) foi preenchida por pronomes pessoais em primeira pessoa, subjetivizando as frases objetivas, que tinham sido tomadas de empréstimo ao romance. No texto curto, desaparecem o narrador objetivo e o personagem em terceira pessoa — Lucrécia, a "moça". Ambos são substituídos pelo narrador-personagem subjetivo, um *eu* que passa a representar e a agir como a "moça" Clarice. Esse eu é o novo responsável pela narrativa da experiência com cavalos e também pelas novas observações de caráter comportamental e filosófico sobre "moça e cavalo". Releiam esta frase, que se refere a Lucrécia, com e sem os colchetes: "Na inveja do desejo o [meu] rosto adquiria a nobreza inquieta de uma cabeça de cavalo".

A *in-diferenciação* entre ficção e confissão é bastante comum em escritores que repousam sua escrita em processos que Michel Foucault qualificou de "subjetivação", ou seja, processos em que há *um movimento de ressemantização do sujeito pelo próprio sujeito*. De maneira geral, estamos falando de escritores que abastecem os escritos ficcionais com os diários íntimos e as cartas que escreveram.[24] Transformam-se em pastos de predileção para a crítica genética, que se exercita nos jogos da diferença dentro da repetição. Eis dois exemplos de romancistas na literatura francesa, pasto e delícia dos críticos que contrastam ficção e confissão: Stendhal (*Le Rouge et le noir* e *Lucien Leuwen*), André Gide (*La Porte étroite* e as cartas à esposa Madeleine). Na literatura brasileira, cite-se o célebre caso de Graciliano Ramos, como o descreve Antonio Candido nestas palavras tomadas de *Ficção e confissão*:

> Assim, parece que *Angústia* contém muito de Graciliano Ramos, tanto no plano consciente (pormenores biográficos) quanto no inconsciente (tendências profundas, frustrações), representando a sua projeção pessoal até aí mais completa no plano da arte. Ele não é Luís da Silva [personagem de *Angústia*], está claro; mas Luís da Silva é um pouco o resultado do muito que, nele, foi pisado e reprimido. E representa na sua obra o ponto extremo da ficção; o máximo obtido na conciliação do desejo de desvendar-se com a tendência de reprimir-se, que deixará brevemente de lado a fim de se lançar na confissão pura e simples.

Clarice pertenceria a essa categoria muito especial de ficcionistas, onde é alta a densidade autobiográfica nos textos propriamente ficcionais. É alta e pode ser medida e avaliada através de jogos contrastivos de responsabilidade da crítica especializada, ou da crítica genética.

Seria pretensioso afirmar que o estudo sobre o texto curto, que ora apresentamos, pode servir de *instrumento* na análise dos textos longos?

A pergunta e os demais tópicos levantados neste apêndice são a ponta do iceberg. Sobram sugestões, faltam pesquisa e análise.

[2004]

A bolha e a folha: Estrutura e inventário

> [...] *Qui vous dit*
> *Que la bulle d'azur que mon souffle aggrandit*
> *À leur souffle indiscret s'écroule?**
>
> Victor Hugo, *Les feuilles d'automne*, xv

> Mas inspecione um pouco mais de perto esses seres viventes, os únicos dignos de consideração. Como são hostis e destrutivos entre si! Como são insuficientes, todos eles, para sua própria felicidade! Como são desprezíveis ou odiosos aos olhos do espectador!
>
> David Hume, *Diálogos sobre a religião natural*

Nos contos de Lygia Fagundes Telles, a sensualidade cultivada pelo narrador obscurece o conhecimento que ele possa ter do mundo e favorece o conhecimento que ele venha a ter de si mesmo. Como tarefa proposta pela escrita, a

---

* Em tradução livre: "Quem vos diz/ Que essa bolha de azul-celeste que meu sopro faz crescer/ Ao sopro indiscreto [dos outros meninos] vai explodir?".

dramatização da sensualidade torna o exercício literário pouco rentável para as indagações ditas metafísicas, questões sobre a essência dos seres ou sobre a condição do homem no planeta Terra e sua situação na história. Torna o exercício literário mais propício para o melhor conhecimento das sucessivas *percepções* que abrem caminho e penetram com força e violência na mente humana. Acomodam-se na consciência do narrador, reordenando e aprimorando o insuficiente saber que ele e o leitor têm, que nós temos, sobre as vontades e fraquezas do espírito humano.

Guiada por dedos, lábios, olhos, ouvidos e nariz, que vão à luta e se engrandecem ou se frustram diante de obstáculos intransponíveis, a caligrafia firme do narrador dos contos de Lygia ciceroneia, por sua vez, o leitor pelos diversos caminhos e encruzilhadas por onde ele circula e circulam os seres humanos. Com humildade e paciência de colecionador, o narrador elabora para o leitor o *inventário* das sensações, emoções e paixões dos personagens, tudo isso com o fim de dar a conhecer a pequena, a ínfima multidão de seres com quem convive e que o cercam, cujo comportamento imprevisível e caótico define e limita, pela cumplicidade, o horizonte do nosso saber.

Tão entretida está a voz narrativa com o jogo de cabra-cega a que o corpo sensual se entrega nos embates do cotidiano, que ela deixa sob a aura do evanescente e do apagado o cenário cósmico, majestoso e infinito, que recobre os homens. O convite feito à mulher amada pelo ex-namorado para ver o pôr do sol no cemitério abandonado da cidade é parte de um plano armado pelo ciúme, cujo resultado mesquinho é o desejo de encerrá-la para sempre num jazigo. Qual será a sua visão do mundo? Ricardo diz à ex-namorada, depois de enclausurá-la: "Uma réstia de sol vai entrar pela frincha da porta [...]. Depois, vai se afastando devagarinho, bem devagarinho. Você terá o pôr do sol mais belo do mundo". Outro conto, "Eu era mudo e só", termina de maneira a suprimir qualquer resquício do cenário grandioso da natureza que porventura viesse a aflorar na superfície da narrativa. Destas palavras se vale o narrador para pôr um ponto-final no conto: "Através do vidro as estrelas me parecem incrivelmente distantes. Fecho a cortina".

Analista atento e privilegiado dos "seres viventes" e microscópicos, o narrador dos contos de Lygia é germe de narrativas e protótipo de personagens. Estabelece a si seja como modelo de observador da experiência humana seja como pedra de toque na avaliação dessa experiência. Ele também pode, por um sistema narcísico de espelhos, circunscrever e apreender a sensualidade dos múltiplos personagens em que se desdobra ou dos numerosos e dóceis interlocutores que inventa graças a um jogo infindável de dobras. A cada milésimo de segundo, o narrador dos contos de Lygia deixa-se impregnar pela escrita minuciosa e detalhista do mundo. Ele é uma espécie nobre de papel mata-borrão que se encharca, primeiro, com a escrita dos acontecimentos miúdos da realidade cotidiana para, em seguida, reapresentá-los de uma perspectiva muito pessoal. Se não lhe faltam episódios para contar, sobram-lhe qualidades estilísticas de um prosador eficiente, econômico e vital.

O conto de Lygia se passa num lugar *entre*: entre as garatujas inscritas ao avesso pela realidade mundana na folha do papel mata-borrão e a reencenação (e não cópia, como veremos) dessas garatujas pela linguagem imaginosa e enxuta do narrador na folha de papel em branco. O narrador, ao subscrever e endossar as garatujas do mata-borrão, as reinventa e as transforma através da invenção de personagens e coadjuvantes em que ama desdobrar-se. Ele sobrecarrega de energia simbólica a linguagem empírica das garatujas, desprezando por um lado o *contar direito* e, pelo outro, se entregando ao processo que ele chama corretamente de *contar mentiroso*. Em entrevista concedida a Edla van Steen, Lygia pergunta: "[...] a invenção fica sendo verdade quando se acredita nela?". A ficção curta de Lygia inaugura, pelo viés propriamente artístico do jogo entre o contar direito e o contar mentiroso, a *técnica* narrativa de um gênero menor (e, de sobra, minusculamente memorioso) que terá grande fortuna entre nós a partir dos anos 50 — a crônica jornalística, no estilo de Nelson Rodrigues ou de Fernando Sabino.

Na criação literária de Lygia, a escrita da memória e o texto da literatura confluem aflitivamente para o lugar *entre*, aberto pelo contar direito e o contar mentiroso, para a *brecha* ficcional, abrigo e esconderijo do narrador.[1] Em depoimento feito em 1993 na Sorbonne, em Paris, a ficcionista esclarece: "Vejo minha vida e obra seguindo trilhos tão paralelos e tão próximos e que podem (ou não) se juntar lá adiante". E acrescenta: "Mas quando me estendo demais nessas respostas, pulo de um trilho para outro, misturo a realidade com o imaginário e acabo por fazer ficção em cima da ficção". Mais recentemente, declarou ao jornalista Paulo Roberto Pires: "Talvez nem eu perceba quando a memória vira imaginação". Voltemos às nossas palavras. Nos contos de Lygia, nem a *verdade* sobre o mundo exigida pela filosofia e o pensamento clássicos, nem a *mentira* sobre o comportamento dos seres humanos oferecida pelo imaginário moderno.

Como no melhor da literatura brasileira modernista, a narrativa curta de Lygia se constrói e se impõe como objeto híbrido.

A voz narrativa ganha peso ao oscilar entre a verdade e a mentira, a memória e a imaginação, o feminino e o masculino, a sanidade e a loucura, o humano e o animal.[2] Ela muitas vezes se deixa contaminar por uma segunda narrativa, exterior a ela, como a estória interna à tapeçaria que o narrador/personagem admira no conto "A caçada". Na contaminação, perfazem as duas vozes narrativas uma única. Tudo o que é uno é duplo, tudo que é duplo é uno, daí o gosto pelas ambiguidades.[3] Nesse conto, o narrador abandona a contemplação da velha tapeçaria com tema campestre, que tanto o persegue e fascina, e "penetra" nela, e logo está vivendo não no cenário sombrio do interior da loja de antiguidades, mas "dentro do bosque, os pés pesados de lama, os cabelos empastados de orvalho". No interior da narrativa da tapeçaria, o narrador já é outro e, ao ser outro sendo ele próprio, ainda pergunta sobre o seu *papel*, levando até as últimas consequências as motivações do híbrido: "Era o caçador? Ou a caça? Não importava, não importava".[4]

O híbrido é sempre fascinante. Lygia dirá: sedutor,[5] estilete que espicaça e ímã que atrai a atenção do outro. O híbrido é mais fascinante porque, diante do exame mais exigente do leitor, não o conduz à verdade do mundo, não o conduz à mentira dos seres fictícios. Lygia ensina que a intriga ficcional tem de ser engenhosamente derrapante na troca com o leitor. Ela é gesto de disponibilidade e de oferta. Se a intriga ficcional se entregar ao leitor exclusivamente como verdade ou exclusivamente como mentira, ela morre. Ao convidar o leitor a esquivar-se da verdade e da mentira, a narrativa híbrida de Lygia leva-o a perder o sentido da direção unívoca e a derrapar para a análise do *corpo* do narrador e dos personagens, para a leitura da sua pele.[6]

No conto "Herbarium", a mocinha que coleta folhas vegetais para o primo botânico que se hospeda por curto tempo na sua casa é uma narradora típica dos contos de Lygia. Ela o é, inicialmente, por dois motivos. É ao mesmo tempo uma espécie de cientista, colecionadora de folhas (objetos aparentemente idênticos, mas sempre diferentes, pois têm de ser *distinguidos* para que se chegue a "alguma folha rara"), e é uma mentirosa, mente sobre tudo e para todos. Diante do primo desconhecido, por assim dizer, primeiro *leitor* das narrativas que inventa, ela descobre, enamorada por ele e fascinada por si mesma, que a sua "mentira começou a ser dirigida, com um objetivo certo". Esclarece ela: "[...] diante dele [...] tinha de inventar e fantasiar para obrigá-lo a se demorar em mim como se demorava agora na verbena". Acrescenta em seguida, mostrando como, pela mentira, desloca o eixo da atenção do botânico da folha para si própria: "[...] era preciso fazer render o instante em que [o primo] se detinha em mim, ocupá-lo antes de ser posta de lado como as folhas sem interesse, amontoadas no cesto. Então [eu] ramificava perigos, exagerava dificuldades, inventava histórias que encompridavam a mentira". O moço, cientista de formação e ainda aprendiz de leitor, não se sente bem na condição de vítima de um engodo e lhe pede para "contar direito" as suas histórias: "[...] mais de uma vez me falou no horror que tinha por tudo quanto cheirava a falsidade, escamoteação". Ela não concorda com o primo e tenta lhe explicar que a verdade é tão banal quanto a folha de uma roseira.

Aos olhos da ciência, a verdade nunca é banal. O cientista e aprendiz de leitor abre a folha na palma da mão e dá uma lupa à prima e sua assistente na coleta de material. Pede-lhe que examine a folha com olho clínico. A mocinha desvia o olhar da folha (deixa de oferecer a narrativa fantasiosa ao primo, evita a exigência de verdade por parte dele) e redireciona os olhos por detrás da lupa para inventar uma história que é híbrida. Aparentemente esquecida das próprias invenções, também não quer examinar com olho clínico a *folha* vegetal, como recomenda o botânico. Detém o olho numa *outra folha*, a da *palma da mão* do botânico e primo, daquele que está exigindo a análise do espécime. Enxerga-a como "pele ligeiramente úmida, branca como papel com seu misterioso emaranhado de linhas, estourando aqui e ali em estrelas". Vai "percorrendo as cristas e depressões, onde era o começo? Ou o fim?". Demora "a lupa num terreno de linhas tão disciplinadas que por elas devia passar o arado, ih! vontade de deitar minha cabeça nesse chão". A folha da imaginação da moça, tendo se esquivado da verdade da folha vegetal, tendo se esquivado da banalidade de folha de roseira já que desprovida das artimanhas retóricas do contar mentiroso, se sobrepõe à folha da palma da mão do moço. Sob a lupa, e para quem souber ler, a folha da palma da mão do moço se confunde com a folha de papel e seu emaranhado de linhas. Sob o olhar *clínico* da narradora, a mão do moço, a pele do moço acaba por ser um convite sensual para que ela ali deite a sua cabeça, confundindo cabeça e caminhos da experiência, cabeça e cristas do prazer, cabeça e depressões sentimentais.

Nos contos de Lygia, o cultivo da sensualidade serve, pois, para constituir um lugar ficcional híbrido e espaçoso onde se desenrola a experiência de mundo do narrador e dos personagens, onde se narra a vivência cotidiana deles. Nesse lugar híbrido, egoísta e autossuficiente, ao mesmo tempo papel mata-borrão e folha de papel em branco, é que o narrador articula a sua escrita literária, "um emaranhado de linhas", centrando o foco de luz seja nos objetos seja no seu *outro*, em desejo exasperante e desesperado de estabelecer laços afetivos a qualquer custo. Uma definição curta e sucinta dos contos de Lygia dirá que a característica mais saliente deles é a dificuldade que têm os seres humanos de estabelecer esses laços. Por serem os laços afetivos alvo e barreira para os personagens, nesses contos se desenham *complicações* sentimentais que envolvem casal e amante, este ou esta em geral mais jovem, acarretando *combinações* de seres humanos que são produto do acaso, *substituições* egoístas de parceiros, *repetições* narcóticas de experiência, tudo composto dentro dum clima de *competição* em que personagens adultos e de idades distintas digladiam pelo desejo de se afirmarem ou de se autodestruírem definitivamente.

Na gramática da ficção curta de Lygia, laços, complicações, combinações, substituições, repetições e competições são algumas e muitas das figuras retóricas que se transformam em matéria efetiva do conhecimento da vida sensual humana. Conhecimento da vida no que ela tem de carne. Vale dizer, conhecimento que temos da carne da vida e do correr do tempo.

Na gramática da narrativa curta de Lygia, onde paradoxalmente o tempo e as marcas que imprime na carne têm papel de soberano e torturador, a mais trágica das figuras retóricas (e também a mais constante e temível) é a do corpo humano que está saindo fora do foco das lentes do narrador. No personagem envelhecido (em poema do livro *Farewell*, Carlos Drummond faz o jogo entre carne envelhecida e "carne envilecida"), os contornos nítidos da figura e o delineamento sutil do comportamento do personagem se dissolvem, se esfumam, tornando-o peça descartável para a ficção. O personagem não consegue mais *impressionar* o papel mata-borrão com a força e a violência necessárias. Em conto intitulado "A chave", sintomaticamente dedicado ao poeta mineiro das "Dentaduras duplas", escreve Lygia: "[...] envelhecer é ficar fora de foco: os traços vão ficando imprecisos e o contorno do rosto acaba por se decompor como um pedaço de pão a se dissolver na água". Em contraponto ao *envilecimento* da carne, veja-se como e quanto a carne rija e jovem, que "parece madeira", *impressiona* o papel mata-borrão: "Havia nela energia em excesso, ai! a exuberância dos animais jovens, cabelos demais, dentes demais, gestos demais, tudo em excesso. Eram agressivos até quando respiravam".

Na retórica dos afetos proposta pelos contos de Lygia, o envelhecimento a dois é uma armadilha fatal, que deve ser evitada a qualquer preço. Quem quiser e quem não quiser cair na armadilha, cai. Para escapar passageiramente dela, é preciso, primeiro, evitar o espelho do casamento, ou seja, deixar de refletir-se no companheiro ou na companheira; abandonar impiedosamente a ele ou a ela e tentar construir, ao lado de alguém mais jovem, um futuro diferente. No conto "A ceia", a esposa implora ao ex-marido: "[...] ao menos você podia ter esperado um pouco mais para me substituir, não podia?". O marido rebate seus argumentos de forma fria e calculada: "Temos que nos separar assim mesmo, sem maiores explicações, não adiantam mais explicações, não adiantam mais estes encontros que só te fazem sofrer...". Assumir a própria idade significa assumir o seu próximo desaparecimento no mundo. É preciso, como se fosse possível, espichar tempo afora a capacidade que a carne humana tem de *impressionar*. No já citado conto "A chave", o marido foge de Francisca, a velha companheira, para cair nos braços da jovem Magô.

Num primeiro momento do conto, o marido percebe o *desaparecimento* da esposa para dela se distanciar: "Unhas e mãos de velha. Incrível como as mãos envelheceram antes. Depois foram os cabelos. Podia ter reagido. Não reagiu. Parecia mesmo satisfeita em se entregar, pronto, agora vou ficar velha. E ficou". Num segundo momento, Tom descobre que, mesmo tendo abandonado a velha esposa, continua igual a ela, só que a jovem amante o disfarça pelo que há de mais artificial e exterior e, por isso, ainda *impressionável*. Revela o velho marido: "[...] os jovens gostam de cores fortes, principalmente os jovens que vivem em companhia de velhos. E que desejam disfarçar esses velhos sob artifícios ingênuos como meias de cores berrantes, camisas esportivas, gravatas alegres, alegria, meus velhinhos, alegria!". Não há como escapar da armadilha. O marido volta para a companhia de Francisca.

A paixão que envelhece escondida no seu canto, porque abandonada, encontra o seu melhor alimento e razão de vida no ciúme. A outra o sente: "Aos poucos o ciúme foi tomando forma e transbordando espesso como um licor azul-verde, do tom da pintura dos seus olhos". Encontra o seu pior veneno nas reflexões sobre a idade. "Posso fazer duas mil plásticas e não resolve, no fundo é a mesma bosta, só existe a juventude." Na solidão de ser que se dissolve como pão n'água, à beira do abismo, a paixão *envilecida* ostenta um estandarte paciente e dado ao vexame. Nele estão estampadas as inúteis artimanhas da experiência. Não há chave para o não envelhecimento. Se chave houver, é a que leva o marido pródigo de volta à casa "materna" para aproveitar o *resto* da vida a dois. Como um vampiro fantasiado, aquele que abandona o parceiro volta fracassado para casa, pois percebe que o sangue nos caninos nada mais é do que um borrão vermelho.

    A crença naquelas figuras retóricas da gramática narrativa e nestas figuras retóricas do afeto sustenta o narrador na sua luta diuturna por acreditar na *palpabilidade* tanto dos objetos que o cercam quanto do *outro* com quem se envolve, incentiva-o à invenção de uma intriga sentimental. Esta redunda numa espécie de tábua de salvação contra a fatalidade da solidão humana. Nos contos de Lygia, a solidão acaba por solidificar-se sob a forma do ponto-final que encerra um conto e abre a possibilidade do seguinte, emprestando ao conjunto da sua ficção uma coerência de propósitos pouco comum nas coletâneas de contos da literatura brasileira contemporânea.[7] No universo ficcional de Lygia, não existem causas ou razões *ocultas* para a solidão (ou para o envelhecimento, ou o ciúme, ou...). Todas as sensações, emoções e paixões estão a nu e a descoberto para todos e qualquer. Estão à flor da pele, isto é, são exaustivamente descritas pelo narrador. Existe principalmente e apenas o interminável inventário dos caminhos inventados pela sensualidade, semelhantes às filigranas de uma folha vegetal, semelhantes às linhas na folha da palma da mão, por onde percorrem e circulam os *afetos*. Estes — devidamente envelopados pela ficção curta — seguem com endereço exato e incorreto para o leitor.

    Em cada conto, o ponto-final exige do "olho de vidro" (no universo de Lygia, o olho de vidro é o que observa, segue, acompanha, vigia... os personagens), exige do olho detetivesco do leitor a reflexão (e nunca a solução) sobre o emaranhado de afetos tecido pelo narrador. Desse emaranhado o narrador (e também a autora em sucessivos depoimentos) pode ocasionalmente dizer que representa, na sua generalidade descritiva, o Amor. Para o leitor de Lygia, a pergunta sobre o que é o Amor corresponde à indagação do detetive — quando já sabe tudo a respeito do crime — sobre a arma utilizada pelo criminoso. "Para que serve uma adaga fora do peito?", eis o que pergunta o futuro suicida por amor no conto "Objetos". Tanto a arma quanto o Amor são artigos supérfluos diante da evidência do corpo sensual, ou seja, diante da inevitabilidade da solidão humana e do corpo morto. Em eco e exasperada, pergunta a esposa no mesmo conto: "Miguel, onde está a adaga?! Está me ouvindo, Miguel? A adaga!...". A inútil adaga havia ganhado peso e sentido cravada que estava no corpo suicida de Miguel. Assim também corpo de esposa e corpo de marido confluem para dar sentido ao Amor/solidão de Lorena e à solidão/Amor de Miguel.

No ponto-final de cada conto, a consciência reflexiva do leitor comunga com a consciência reflexiva do narrador. Na mesa de leitura, na *mesa de comunhão* da literatura, se dá o ritual mais perverso (e verdadeiro) do Amor. "Ô! amor de ritual sem sangue." O Amor é elucubração a dois, desprovida de corpo e imantada pela alma. O Amor dá sentido ao medo da escrita e ao prazer da leitura. Confessa Lygia: "Escrever é um ato de amor que envolve o leitor, que o compromete". Os corpos ausentes estão prescritos pelo *fim* (meta e termo) da escrita e pelo *fim* (idem) da leitura — pelo ponto-final que fecha e reabre. O Amor é uma ideia, como nenhuma outra, com que o ser humano ama se revestir para incitar o desejo de viver na morte. Na gravura *Os funerais do amor*, vê-se: "[...] um cortejo de bailarinos descalços, carregando guirlandas de flores, como se estivessem indo para uma festa. Mas não era uma festa, estavam todos tristes os amantes separados e chorosos atrás do amor morto...". A morte se confunde com o lastro que, no banco mundial dos afetos humanos, garante o valor sublime da moeda caprichosa do Amor. "Se você me ama mesmo, eu disse, se você me ama mesmo então saia e se mate imediatamente."

No entanto, a sensualidade cultivada pelo narrador obscurece o conhecimento que ele possa ter do mundo. No conto "Objetos", já citado, Miguel pousa o olhar num sólido e frágil globo de vidro e se lembra das transparentes e espelhadas bolhas de sabão que, quando criança, tirava pelo sopro do canudo de mamoeiro.[8] O interlocutor de Miguel não é um ser humano, cujas emoções são passíveis de ser inventariadas, mas uma esfera indevassável que lembra a frágil bolha de sabão da infância, que sempre refletia uma janela. Abrir uma janela na bolha equivale a fazê-la explodir. O vidro de que é feito o globo é mais firme do que a película de água e sabão. As mãos de Miguel se debatem contra ele como asas de passarinho contra a vidraça. Miguel quer abrir janelas no globo, visitar com os dentes e a língua o seu interior. Pelo sabor é que se desentranham os verdadeiros sumo e gosto do mundo. Vai contentar-se com as mãos que apalpam a superfície lisa pelo exterior? Não. Tenta "cravar os dentes na bola de vidro. Mas os dentes resval[am], produzindo o som fragmentado de pequenas castanholas".

A seu lado, Lorena tem pequenos globos guardados numa caixa aninhada no colo. São contas que está enfiando com precisa exatidão de gestos num fio comprido e vermelho. São esferas perfuradas, penetráveis, úteis e passíveis de serem trabalhadas pelas mãos humanas, capazes de serem transformadas por elas num objeto com sentido. Um colar. Lorena é a esposa amadurecida pela experiência, industriosa e *masculina* no seu fazer cotidiano. Não se lembra de ter brincado na infância com bolhas de sabão. Ela teria estourado, isso sim, todas as frágeis bolhas de sabão sopradas por Miguel, já que trabalha com agulha e linha, com contas perfuradas. Diz o conto que "a ponta endurecida do fio varou a agulha sem obstáculo", e mais adiante: "[...] com a ponta da agulha ela tentava desobstruir o furo da conta de coral".

A esfera é um objeto intrigante para a sensualidade adormecida de Miguel e de Lorena, e também para a sensualidade desperta do narrador dos contos de Lygia. Nesse curto esboço e confronto de personagens, começamos a descortinar pontos complementares da escrita sensual de Lygia Fagundes Telles. O narrador dos contos de Lygia não é um demiurgo. Se ele não é semelhante ao demiurgo que é apresentado por Timeu no diálogo platônico de mesmo nome, não se pode dizer que a ele nada tenha pedido emprestado. O narrador lhe pediu emprestados objetos de forma esférica para também representar, à sua maneira, o mundo. Lembremo-nos das palavras do diálogo platônico sobre a criação do mundo:

> Quanto à forma, [o demiurgo] concedeu-lhe a mais conveniente e natural. Ora, a forma mais conveniente ao ser vivo que deveria conter em si mesmo todos os seres vivos só poderia ser a que abrangesse todas as formas existentes. Por isso, ele torneou o mundo em forma de esfera, por estarem todas as suas extremidades a igual distância do centro, a mais perfeita das formas e mais semelhante a si mesma, por acreditar que o semelhante é mil vezes mais belo do que o dessemelhante.[9]

O narrador dos contos de Lygia não pede emprestada a Timeu a esfera primeira, perfeita e grandiosa, imagem do bem, do bom e da beleza. Ele nem chega a querer imitar Luís de Camões na grandiosidade épica de *Os lusíadas*. No canto x desse poema, os deuses dão de presente a Vasco da Gama, pelos grandes feitos alcançados, a "máquina do mundo". Diz o poema que, de posse do modelo cosmogônico, o conhecimento que os portugueses teriam do mundo seria superior ao da ciência da época: "De c'os olhos corporais/ Veres o que não pode a vã ciência" (x, 76). Era o modo como Camões fazia com que aquele extraordinário povo ocupasse o lugar superior e privilegiado destinado aos deuses. Cupido "os deuses faz descer ao vil terreno/ E os humanos subir ao céu sereno" (IX, 20).

Diante da esfera do mundo, o narrador dos contos tem atitude mais semelhante à do amigo e contemporâneo de Lygia, Carlos Drummond, poeta da desilusão e da lucidez. Drummond pediu a Camões de empréstimo a máquina do mundo para escrever belo, desencantado e extraordinário poema de *Claro enigma*. Numa estrada de Minas, a máquina do mundo se entreabre para o poeta e lhe oferece de graça todo o conhecimento. Se quiser, o poeta terá a visão inédita e total do universo. O poeta recusa o conhecimento sobre-humano que lhe é oferecido pela imagem e continua a caminhar pela estrada. Qual Carlitos no final dos filmes, na imagem que Lygia também tanto aprecia, "o poeta segu[e] vagaroso, de mãos pensas".

Como vimos, o narrador dos contos de Lygia pede emprestadas ao demiurgo platônico pequenas, minúsculas esferas, objetos do dia a dia, como bolhas de sabão, globos de vidro, contas de colar, bagos de uva, que passam significativamente pelas mãos dos personagens. Cada uma das esferas do cotidiano é esculpida à sua maneira pelo narrador. Não são iguais. Semelhantes na forma, dessemelhantes no conteúdo. O narrador se serve dos objetos esféricos para retirar os personagens da imersão sensual no cotidiano e lhes emprestar um *traço simbólico* que, no processo abstratizante da *caracterização*, torna a cada um protótipo de determinado comportamento humano. A esferas dessemelhantes correspondem protótipos humanos diferentes. No caso de Miguel, o globo insensível à fúria dos seus dentes e a frágil bolha de sabão. O *idealista* Miguel — sonhador, louco, impotente, suicida. Exprime-se pelo "gesto redondo". Miguel = *homem*, não seria de todo incorreto acrescentar. No caso de Lorena, a conta de colar, perfurada pela agulha penetrante. A *realista* Lorena — trabalhadora, lúcida, agressiva, sobrevivente. Exprime-se pela estocada. Lorena = *mulher*, não seria de todo incorreto acrescentar. São personagens magistralmente híbridos que endossam e, ao mesmo tempo, questionam os papéis (humanos, sociais, econômicos...)[10] que a cada um deles são emprestados pela voz da tradição. Criados com a mesma voz que, no conto "Apenas um saxofone", batiza a mulher de Luisiana, Luis-e-Ana. São personagens-pêndulos que, no caminhar dos segundos, oscilam entre um lugar e o outro, sem pertencerem *definitivamente* a um ou outro lugar.

Em entrevista, Lygia nos relata o episódio em que alguém lhe pergunta, na época em que ainda ela era estudante universitária, como é que tinha a coragem de assumir duas profissões de homem. Era ao mesmo tempo advogada e escritora. Perguntamos hoje: como é que ela tem a coragem de assumir três profissões de homem? Advogada, escritora e membro da Academia Brasileira de Letras, reduto tradicional de homens. O lugar *feminino* ocupado por Miguel no conto "Objetos" pode, de repente, ser ocupado pela própria escritora no texto de um depoimento ("As bolhas que eu soprava com o fino canudo de mamoeiro...") ou pela narradora no conto "A estrutura da bolha de sabão" ("Importante era o quintal da minha meninice com seus verdes canudos de mamoeiro..."). Esses três "personagens" se complementam no jogo entre o masculino e o feminino, balançando todos na gangorra da memória e da ilusão.

O *sopro* da menina que inventa a bolha de sabão é o *sopro* da contista que escreve sobre a estrutura da bolha de sabão e é o *sopro* do saxofonista que, no conto "Apenas um saxofone", inventa a música que, por sua vez, é escutada pela narradora (no caso, também leitora) e comparada a uma bolha de sabão. Eis aí uma tautologia inesperada e consequente no universo sensual do narrador da ficção curta de Lygia. Retomemos o conto "Apenas um saxofone". Nele destaca-se uma bela cena de congraçamento do homem e da natureza, do macho e da fêmea. Na primeira noite de amor, estão deitados na praia. O músico é como a aprendiz de botânica no conto "Herbarium", só que representa a outra face do narrador de Lygia. Diante da amada que confessa nunca ter sido batizada, colhe com as mãos as águas do mar e a batiza. Dá-lhe nome, Luisiana (como vimos, Luis-e-Ana). Esta lhe pergunta se acredita em Deus. "Tenho paixão por Deus", sussurra o músico/demiurgo, "com o olhar perdido no céu". E continua: "[...] o que mais me deixa perplexo é um céu assim como este". Nesse momento é que, encaracolado e nu, como um fauno menino, começa a tirar sons do saxofone. Puro sopro, sua criação musical transita pelo espaço e "forma com o fervilhar das ondas uma melodia terna e quente". O *narrador* do conto se transforma em *leitor* da obra de arte alheia. Não é ele/ela, de batismo, Luis-e-Ana? Luis-e-Ana narra-e-lê a música do amado: "Os sons cresciam tremidos como bolhas de sabão, olha esta que grande! olha esta agora mais redonda... ah! estourou...".

No conto "Verde lagarto amarelo", o narrador/personagem recebe a visita do irmão que lhe traz um pacote de uvas roxas. No espaço criado pela sensualidade do narrador dos contos de Lygia, a minúscula e simbólica esfera, pouco platônica, tem também a textura adocicada, apetitosa e sumarenta de um bago de uva. Ao contrário da bolha de sabão, a película que o envolve não explode em contato com o ar. Ao contrário do globo de vidro, a película que o envolve não é insensível aos dentes. Ao contrário da bolha de sabão e do globo de vidro, ele não é puro ar no seu interior. O bago de uva tem algo, sim, da mistura do globo de vidro com uma conta de colar. Um globo de vidro carnoso que trouxesse dentro uma conta de colar. O minúsculo dentro do maior. A semente dentro do bago. A vida dentro do mundo.

  O personagem não perde tempo em contemplar o cacho de uvas com os olhos. Sente o cheiro doce e enjoativo que elas exalam. Quer possuí-las pela boca, língua e paladar. Quer alimentar-se delas. Imediatamente. Colhe um bago. O personagem quer romper a polpa cerrada e densa do bago de uva, encaminhar-se para o seu interior com volúpia, direto ao centro da esfera, à semente. Quer sentir o gosto verdadeiro da uva, triturando-a. Narra: "Com a ponta da língua pude sentir a semente apontando sob a polpa. Varei-a. O sumo ácido inundou-me a boca. Cuspi a semente: assim queria escrever, indo ao âmago do âmago até atingir a semente resguardada lá no fundo como um feto". No cuspe do personagem, o feto; no sopro do narrador, o óvulo.

[1998]

Elizabeth Bishop: O poema descritivo

> *Você faz com que me sinta analfabeta!* [...] *Os cenários, ou descrições, dos meus poemas são quase sempre fatos simples — ou o mais próximo que consigo chegar dos fatos. Mas, como eu disse, acho fascinante você ver que o meu poema desperta tantas referências literárias em você!*
>
> Elizabeth Bishop, em carta a Jerome Mazzaro, 27 abr. 1978

Uma das questões que a poesia de Elizabeth Bishop coloca é a do estatuto epistemológico do poema descritivo na contemporaneidade, vale dizer, na modernidade tardia [*high modernity*]. De início, vamos aproveitar algumas das suas próprias palavras, retrabalhando-as com rompantes de sabotagem, como é de esperar numa leitura crítica. Começarei por repetir, com a sua ajuda, que o poema descritivo da autora de *North & South* encena um jogo linguístico que se passa entre a visualização objetiva do que "realmente aconteceu" e a sucessiva tradução sensível [*rendering*] do acontecimento privilegiado, tarefa a ser executada pela palavra poética. Dada a altitude da poesia em análise, esse jogo linguístico traz implícita uma obsessiva e, por isso, interminável aposta do *eu lírico* com a busca da verdade sobre o fato descrito.

A experiência vivida do poeta — observamos melhor — não é (e pode até ter sido — mas não é disso que estamos falando) gravada em palavras imediatamente derramadas pela folha de papel em branco, em consonância com o calor da hora e a espontaneidade sentimental. Seriam estas as características das anotações apressadas e das impressões de turista ou de viajante por distantes terras. A experiência vivida que se encaminha para a forma poema — excepcional pelo seu retorno obsessivo e inadiável no cotidiano do poeta, simbólica pelo lugar soberano que passa a ocupar nas suas mais básicas e elevadas preocupações literárias — fica gravada e aprisionada em outro e mais espaçoso e mais elástico lugar, como veremos, até que possa ser entregue ao leitor como poema.

Em cima da *grafia* da experiência vivida, por mais fugaz que esta tenha sido, o poeta exerce paradoxalmente um controle a posteriori [*après coup*] que espicha o instante da visualização, os momentos da observação aguda e as horas de encantamento por um longo e revivido tempo, época alongada por anos a fio em que se acentua o lento e metódico processo de trabalho com as palavras, com os versos do futuro poema. Essa luta insana com as palavras, trabalho propriamente poético, está situada a posteriori de toda e qualquer experiência de vida e é detalhe importante da poética de Bishop. Amigos e também poetas, como é o caso de Robert Lowell, foram extremamente sensíveis a ele. No poema "For Elizabeth Bishop 4", pergunta-lhe Lowell: *"Do/ you still hang your words in air, ten years/ unfinished, glued to your notice board, with gaps/ or empties for the unimaginable phrase — unerring Muse who makes the casual perfect?"*.*

Essa espera silenciosa diante da *grafia* da experiência — marca do autêntico labor poético, alquimia que transforma o *casual* em *perfect*, para retomar as percucientes palavras de Lowell — se dá nos bastidores do poema como *recolhimento*[1] do ser na memória e na saudade. Pergunta Bishop no poema "Santarém": "Claro que eu posso estar lembrando tudo errado/ depois de — quantos anos mesmo?". Tudo está lembrado na memória de maneira correta, corretíssima, como dois e dois são cinco — adiantemos um pouco o raciocínio.

A espera silenciosa diante da grafia da experiência serve ainda para colocar o poema descritivo de Bishop, apesar da alta carga de subjetividade que ele com-

---

* Em tradução: "Ainda penduras tuas palavras no ar por dez anos, inacabadas, coladas no teu quadro de avisos, com lacunas ou vazios para a expressão inconcebível — Musa infalível que tornas o espontâneo perfeito?".

porta, ao lado dos poemas escritos pelos chamados poetas modernos construtivistas, ou seja, os poetas que, desde Mallarmé, passando por Paul Valéry e o Ezra Pound *editor* de *The Waste Land*, acreditam que "cada átomo de silêncio/ é a chance de um fruto maduro", como está no célebre poema "Palmes", de Paul Valéry.[2]

Essa mesma espera trabalhadora e silenciosa do poeta diante da grafia da experiência, recolhimento do ser humano na memória e na saudade, é que aproxima Elizabeth Bishop dos poetas brasileiros de sua predileção, entre eles Carlos Drummond de Andrade ("Itabira é apenas uma fotografia na parede./ Mas como dói!") e João Cabral de Melo Neto ("Há vinte anos não digo a palavra/ que sempre espero de mim./ Ficarei indefinidamente contemplando/ meu retrato eu morto").

Clarice Lispector, outra das escritoras brasileiras favoritas de Elizabeth Bishop, utiliza a palavra "cuidado" para descrever o processo muito especial — um misto de *espera*, *paciência*, *atenção* e de *trabalho* — que leva as coisas e os seres humanos a crescerem harmoniosamente, visto que por causa dele é que escapam às injustiças e desmandos de uma visão pragmática e masculina de progresso. "Tudo é passível de aperfeiçoamento..." — lê-se no conto "Amor". Em carta a amigos, Bishop anota: "Na cama estou lendo todo o Dickens, livro por livro, com a estranha ambição de escrever — ou melhor, terminar — um soneto sobre ele". O cuidado, alerta Clarice, não pode ser confundido com o trabalho material, no sentido em que o empregam as teorias econômicas, impostas como universais à sociedade pelo homem. O cuidado seria, na falta de outra palavra, o labor,[3] o labor familiar em Clarice Lispector, o labor poético em Elizabeth Bishop, Carlos Drummond ou João Cabral. Complementa João Cabral: "[...] a forma atingida/ como a ponta de novelo/ que a atenção lenta,/ desenrola,/ aranha; como o mais extremo/ desse fio frágil, que se rompe/ ao peso, sempre, das mãos/ enormes".

O labor, em Clarice Lispector (e ousamos acrescentar: em Elizabeth Bishop e tantos outros poetas), é manifestação não da força humana alienada em trabalho *socialmente* útil e aferido pelos índices de produtividade, mas do *cuidado*, manifestação do "trabalho" que contribui para o progresso qualitativo do indivíduo e, por consequência, do ser humano. Escreve Bishop a Kit e Ilse Barker: "Tenho pena de pessoas que não conseguem escrever cartas. Mas desconfio também de que eu e você, Ilse, adoramos escrever cartas porque *é como trabalhar sem estar de fato trabalhando*" (grifo meu). O *cuidado* reorienta a história social tal como movimentada e explicada pelo macho trabalhador. O *cuidado* pode levá-lo a perceber, caso abandone as intransigências do falocentrismo teórico, que existe uma forma *suplementar* de "progresso" que, sem trazer à tona as injustiças desmascaradas pela análise do modo de produção capitalista tal como o faz a teoria econômica marxista, ou trazendo-as de maneira "oblíqua", para usar uma palavra cara a Clarice, é também e principalmente útil à vida humana, tornando-nos mais dignos de conviver com os seres dos reinos animal, vegetal ou mineral. Nas sociedades modernas, é o *labor* que reequilibra o processo da circulação hierárquica das pessoas entre outras pessoas e o processo de circulação das pessoas entre animais, plantas e minerais, e é ele que, finalmente, não deixa que seja o homem que ordene de maneira imperiosa e destrutiva a natureza. Carlos Drummond já clamara contra a falta de cuidado dos mineiros no poema "A montanha pulverizada". Começa por constatar: "Chego à sacada e vejo a minha serra,/ a serra do meu pai e meu avô", para em seguida descobrir estupefato: "Esta manhã acordo e/ não a encontro./ Britada em bilhões de lascas/ deslizando em correia transportadora/ entupindo 150 vagões/ no trem-monstro de 5 locomotivas...".

Retomemos. Aquilo que "realmente aconteceu" vai ser dramatizado no poema descritivo de Elizabeth Bishop como um dom da aventura, vale dizer, um dom da vida ao sujeito. A resposta humana mais óbvia ao fato marcante acontecido é a dada pelo arrepio e, principalmente, pelo grito. Eis algumas frases bem conhecidas de todos os leitores que, à guisa de exemplo, extraímos do conto "Uma aldeia": "Um grito, o eco de um grito paira na aldeia"; "É assim que o grito permanece suspenso, inaudível, na memória, no passado, no presente e nos anos que os separam". O grito que estoura os tímpanos — epifânico, esplendor e fragmento significativo do que "realmente aconteceu" — tem um tempo que lhe é próprio, circunscrito e circunspecto, tempo empírico, metrificado pela emoção do sujeito e pelos ponteiros do relógio. Trata-se de um tempo límpido que nem relâmpago e logo apagado, esquecido, mas sempre prestes a ser movimentado novamente em forma de eco. O grito tem também um tempo que extravasa os moldes recalcados da percepção instantânea e se esgueira delirante, em eco do eco do eco, pela memória, já sob a forma de sucessivos traços mnésicos, onde o presente é a letra morta do passado que se perpetua em pequenas mortes e lentas e incompletas ressurreições. De maneira bem mais clara, fala Elizabeth Bishop no conto "Primeiras letras": "O nome verdadeiro dessa sensação é memória. Trata-se de uma lembrança que nem preciso tentar evocar, ou recuperar; está sempre presente, clara e completa".

Como escreveu, na mesma época, o poeta Ferreira Gullar no poema intitulado "Galo Galo": "Grito, fruto obscuro/ e extremo dessa árvore: galo./ Mas que, fora dele,/ é mero complemento de auroras". O grito é dentro e é fora. É fruto e é complemento de auroras. É sopro e é eco. É subjetivo e é comunitário. É o alvoroço da mente que se exprime pelo sopro; é o eco que orquestra o alvoroço e os ruídos da cidade. O grito obriga-nos a querer distanciar do sofrimento que representa, ao mesmo tempo que traz, guardado a sete chaves, secretamente, o gosto amargo do seu retorno, incansável e inesgotável. Distanciar, abandonar a cena e o local do grito. Deixá-los para trás, mesmo sabendo que a vida se desenha por rastros e circula pelo globo em singraduras.

Viajar torna-se para Elizabeth Bishop uma necessidade imperiosa e a cartografia dos deslocamentos, das derrapagens e dos imprevistos transforma-se num deleite para os olhos, o corpo e a imaginação. No poema "Questions of Travel", lê-se: *"But surely it would have been a pity/ not to have seen the trees along this road,/ really exaggerated in their beauty,/ not to have seen them gesturing/ like noble pantomimists, robed in pink"*.* Viajar traz sempre matéria nova, dura e incandescente, que precisa ser ordenada pelas palavras a fim de que, ao se escapar da vida no momento em que é vivida, não se escape pelo esquecimento à essência da biografia. Lembrar é preciso. A grafia da vida, no poema descritivo de Elizabeth Bishop, se impõe como letra morta. Letras ao ar, como diz Robert Lowell; roupas lavadas, diremos nós, que são esticadas no varal da imaginação à espera do sol da atenção, da chuva que as enxágua uma vez mais tornando-as mais limpas, do dia que incorpora novas sombras ao quadro, da noite que oferta o acaso das descobertas. Letras ao ar à espera do *"casual perfect"*. O poema.

A viagem não significa necessariamente distanciamento geográfico de um lugar para outro e novo lugar, desse novo lugar para outro diferente. *"Should we have stayed at home, wherever that may be"*** — pergunta Elizabeth Bishop. E, por isso, acrescentamos, a viagem significa distanciamento, mas desde que se entenda a geografia por uma lógica que, imperiosa, doloridamente esquarteja e

---

* Na tradução de Paulo Henriques Britto: "Mas certamente seria uma pena/ não ter visto as árvores à beira dessa estrada,/ de uma beleza realmente exagerada/ não tê-las visto gesticular/ como nobres mímicos de vestes róseas" (*Poemas escolhidos de Elizabeth Bishop*. São Paulo: Companhia das Letras, 2012).
** "Teria sido melhor ficar em casa, onde quer que isso seja?"

redistribui o ser pelas mil e uma diferentes partes do planeta — norte e sul, leste e oeste — para poder melhor englobá-lo no seu *home*.[4] Em "Crusoe in England", lê-se: *"I told myself/ 'Pity should begin at home.' So the more/ pity I felt, the more I felt at home"*.* Foi preciso que Elizabeth Bishop viajasse ao Brasil para que reescrevesse a qualidade única da sua grafia de vida menina na Nova Escócia. Não é assim que devemos entender esta frase escrita a Kit e Ilse Barker, em 12 de setembro de 1952: "É engraçado — eu venho para o Brasil e começo a me lembrar de tudo o que me aconteceu na Nova Escócia — pelo visto, a geografia ainda é mais misteriosa do que a gente pensa". Quatro anos depois, ainda em Petrópolis, escreve um longo poema que se passa na Nova Escócia, "The moose", poema dedicado à tia Grace.

(E o poema é também uma letra morta cuja ressurreição se dá a cada nova leitura.)

Escrever poemas. Desenterrar e ressuscitar paisagens, desenterrar e ressuscitar cadáveres, desenterrar e ressuscitar lembranças, desenterrar e ressuscitar emoções, desenterrar e ressuscitar anotações, desenterrar e ressuscitar leituras, e assim ad infinitum — eis o trabalho *religioso e sacrílego* do poeta com as palavras. Esse trabalho acabou por ter o nome com quatro letras de uma musa e por receber uma lógica econômica determinada pelo amor e por Camões: "[...] que quanto mais vos pago, mais vos devo". Elizabeth Bishop escreve em carta: "Detesto perder gente". Viajar é um longo aprendizado nas artes pouco recomendáveis da necrofilia, e os mapas são as tábuas anatômicas em que se expõem à análise paisagens, cadáveres, lembranças, emoções, anotações e livros. Assim sendo, o que foi considerado no parágrafo inicial desta palestra como "tradução do acontecimento" vem balizado por um discurso poético que se apresenta sob a forma constante de autoconhecimento (o "conhece-te a ti mesmo" socrático), ainda que muitas vezes, no poema descritivo de Elizabeth Bishop, os dados propriamente autobiográficos se representem escamoteados, ou camuflados na superfície da escrita asséptica e necrófila.

Elizabeth Bishop não é uma modernista, ou vanguardista como dizem os anglo-saxões. Por isso, seus poemas descritivos, mesmo os mais influenciados por João Cabral de Melo Neto ("The Burglar of Babylon"), ou da sua amiga Lota

---

* "eu dizia a mim mesmo:/ 'Piedade começa em casa'. Assim, quanto mais/ eu tinha dó de mim, mais em casa me sentia."

Macedo Soares ("Manuelzinho"), pouco ou nada têm a ver com estéticas nacionalistas ou ufanistas (*"I somehow never thought of there being a flag"** — não deixa de ser um verso emblemático). Elizabeth Bishop é uma modernista tardia, ou seja, uma *high modernist*. Nos seus poemas descritivos, devemos içar os dados autobiográficos do fundo do poço do poema num processo que equivale ao de frequentar com carinho e sensibilidade certas e inúmeras "fontes", hoje guardadas como pequenos caixões de anjos nas alcovas das bibliotecas norte-americanas. Fontes como cartas enviadas e recebidas, anotações rápidas e travessas, relatos de conversa, entrevistas, depoimentos, rascunhos de possíveis obras, diários íntimos próprios e alheios etc. etc. Um cotejo desses inumeráveis papéis avulsos com o texto finalmente dado à luz como digno do nome *poema* acaba sendo revelador da *intensidade* das impressões subjetivas no processo de elaboração do poema descritivo de Elizabeth Bishop.

Por intensidade das impressões subjetivas devemos entender basicamente pressões internas/externas ao poema. As pressões que o poeta sofre em sucessivos instantes passageiros. Estamos falando, portanto, das pressões exercidas, seja pelo convívio social com os familiares ou sucedâneos, seja pelo pequeno mundo cosmopolita que a escritora frequenta, seja ainda pelo vasto mundo lá fora que lhe chega pelos meios de comunicação de massa ou por simples cartas; estamos falando das pressões impostas pela flora e fauna circundantes, anotadas com cuidado em cadernos e papel de carta; estamos falando, ainda e sobretudo, das pressões, na maioria das vezes inconscientes, exercidas pela leitura tanto de textos literários quanto de textos não literários. Nesse exercício, como em outros, Elizabeth é antes de mais nada *intrometida*. Em carta a Fani Blough, escreve: "Espero que você traga [de Nova York] alguns livros. Os livros que mais gosto de ler são sempre os que tiro de alguém que ainda os está lendo". A anotação despreocupada traz algo antecipatório da arte de vida e da estética de Bishop. A leitura do livro tomado à amiga passa a dar continuidade à primeira leitura, e vice-versa, na medida em que ambas repousam no eixo do empréstimo, ou seja, de uma troca em que alguém perde para que o outro ganhe, em que alguém ganhe para que o outro perca. *"The art of losing isn't hard to master."***

---

* "Eu tinha a impressão de que não havia bandeira."
** "A arte de perder não é nenhum mistério."

Vamos a um único exemplo de pressão de textos nitidamente autobiográficos sobre o texto do poema, pois o tempo ruge. Um lugar de Petrópolis. O sítio de Alcobacinha. Ali, diz ela em carta à dra. Anny Baumann, "umas nuvens despencam das montanhas igualzinho a cachoeiras em câmara lenta", esse lugar, essas palavras exercem pressão autobiográfica sobre o poema "Questões de viagem", onde se encontram *transcritas* em laboriosos versos: "[...] *and the pressure of so many clouds on the mountaintops/ makes them spill over the sides in soft slow-motion,/ turning to waterfalls under our very eyes*".*

Diante das palavras por que começamos esta palestra, tão diretas na sua simplicidade e tão excludentes na sua postura teórica, já é chegado o momento de tomar um definitivo cuidado epistemológico. Aquilo que "realmente aconteceu", para usar agora a linguagem freudiana, é já e sempre um traço mnésico. O que estamos chamando de "tradução do acontecimento" não se refere, pois, a apenas um movimento dos olhos, do olhar observador, que determina pelos sentimentos pessoais a palavra, numa ligação direta entre a emoção do sujeito e a paisagem vista ou entrevista. Não se refere tampouco à redução da história do indivíduo a um determinismo linear que considere apenas a ação do passado sobre o presente. Refere-se antes a um reordenamento dos traços mnésicos que estão sempre já [*toujours déjà*] inscritos na memória do poeta, reordenamento que é proporcionado ou ditado pela atenção ao instante que não é mais o presente mas o passado no seu devir.

Ao contrário do que pode sugerir o poema "Santarém", a lembrança nunca erra. Ela está sempre acertando, ao transformar, ao reordenar os traços mnésicos, como quiseram Jacques Lacan e Jacques Derrida ao relerem Freud. Escreve este em carta a William Fliess, datada de 6 de dezembro de 1896: "[...] trabalho na hipótese de que o nosso mecanismo psíquico se tenha estabelecido por estratificação: os materiais presentes sob a forma de traços mnésicos sofrem de tempos em tempos, em função de novas condições, uma *reorganização*, uma *reinscrição*" (grifos do autor). Acrescentam Laplanche e Pontalis: "A remodelação posterior é acelerada pelo aparecimento de acontecimentos e de situações, ou por uma maturação orgânica, que vão permitir ao indivíduo acesso a um novo tipo de significações e a reelaboração das suas experiências anteriores". Como

---

* "e são tantas nuvens a pressionar os cumes das montanhas/ que elas transbordam encosta abaixo, em câmara lenta,/ virando cachoeiras diante de nossos olhos."

passar de "lacunas e vazios" à "expressão inconcebível"? — não é assim que se refere Lowell ao mistério da poesia de Bishop e, principalmente, à busca da perfeição por parte dela?

No caso de Elizabeth Bishop, a opção pela escrita poética descritiva aponta a priori na direção de um feixe complexo e globalizador de discursos (em que a distância rígida entre elevado/sublime/erudito e *baixo*/popular/*pop* torna-se precária e deve ser substituída pela noção de intensidade, de pressão, e, consequentemente, pelo deslizamento sub-reptício das repetições em diferenças). A opção pela escrita poética descritiva serve também para recobrir uma ética que lhe é muito particular: a do *modo confessional* no campo das letras; ética que tem sido recoberta pelos adjetivos "tímida", "discreta", "sorrateira" etc. Lembro-me de Paul Valéry que, em carta a André Gide, lhe dizia que há coisas que são ditas *"pour toi"* [para ti] e outras que são ditas *"pour tous"* [para todos]. Confundir o modo confessional instaurado pelo *"pour toi"* com o *"pour tous"* pode levar a desentendimentos éticos definitivos na leitura da sua poesia. Seria correto questionar o glamour com que Elizabeth Bishop cercou o privado sem cercear curtas incursões pelo público?

Reorganizando as ideias, complementemos que a busca da verdade pelo sujeito no poema descritivo de Elizabeth Bishop, produto incansável da reorganização e reinscrição dos traços mnésicos no mecanismo psíquico, se dá de duas formas. Primeiro, como produto de uma *concorrência* inesgotável de discursos paralelos, complementares ou suplementares. O poeta, enquanto ser humano em sociedade, está sempre fabricando novos feixes de discurso que, nas mãos do leitor, passam a ser "fontes" inesgotáveis do aprimoramento da leitura de tal ou qual poema. Segundo, serve para estabelecer o que podemos chamar de protocolos éticos (no concreto do dia a dia profissional e no vulgar das fofocas, alguém pode dizer tudo, mas tudo depende do que esse alguém diz, do modo como o diz e a quem diz).

As traduções do acontecimento, isto é, as reorganizações do traço mnésico, podem e devem ser consideradas como alegorias do eu, independentemente do fato de o poema descritivo tematizar uma paisagem, um animal ou seres humanos. Nesse sentido, talvez, não seja tão prudente (a não ser por critérios exclusivamente didáticos) estabelecer distinções[5] entre alegorias impessoais, onde domina a presença da flora e da fauna, e alegorias subjetivas, onde dominam as experiências propriamente pessoais, e distinguir ainda entre as duas formas e as alegorias sociais, onde domina a presença do *outro*, em geral de classe social mais baixa. O leitor pode e deve trabalhar com um sistema de dominância, pois é esse sistema que chega a melhor explicar o interesse e a atenção do poeta em dada circunstância (não falaremos mais do foco dos olhos, mas do trabalho necrófilo da memória). Esse sistema de dominância é que possibilitará a leitura de uma visão de mundo diferenciada ou uma concepção evolutiva do fazer poético.

[2002]

Orlando, uma biografia: Entre a flexibilidade e o rigor

> *Uma hora, uma vez alojada no estranho elemento do espírito humano, pode ter sua duração tal como assinalada pelo relógio aumentada cinquenta ou cem vezes; por outro lado, uma hora pode ser acuradamente representada no cronômetro da mente por um segundo. Essa extraordinária discrepância entre o tempo do relógio e o tempo da mente é menos conhecida do que deveria e merece uma investigação mais aprofundada.*
>
> Virginia Woolf, Orlando

> *Quero soltar as amarras & sair da linha.*
>
> Virginia Woolf, Diários, 14 mar. 1927

Quando publicado em 1928, o romance *Orlando*, de Virginia Woolf, tornou-se inesperado sucesso de venda, e é hoje um dos clássicos insubstituíveis da moderna literatura universal. Sua leitura tornou-se indispensável por dramatizar as dimensões de tempo e de espaço com trama romanesca que escapa às coordenadas lógicas estabelecidas pela História e pela Geografia. E ainda por narrar experiências de vida e expor o ritmo vital dos personagens em sequências que entram em conflito com a norma determinada pelas ciências biológicas.

Orlando, protagonista do romance, não só oscila entre os gêneros masculino e feminino, ou seja, é *ele* e é *ela* física, fraseológica e pronominalmente falando, como também experimenta e põe à prova — em corpo masculino e em corpo feminino — três séculos gloriosos da irrequieta e trepidante história ocidental nos parcos 36 anos de vida inquieta. O curtíssimo arco em anos da longuíssima vida em séculos do jovem nobre Orlando se inicia na época elisabetana, quando a Inglaterra ingressa na Idade Moderna. Percorre, de modo arbitrário ou paradoxal, os reinados de Elizabeth I (1533-1603) e de Charles II (1630-85), passa em seguida pela vida diplomática inglesa na Turquia, época em que *ele* se torna *ela*, e avança finalmente pelos séculos XVIII e XIX na pele de escritora aristocrata. A vida romanesca de Orlando termina abruptamente em 11 de outubro de 1928, dia também em que Virginia publica o romance.

A grafia de vida de Orlando não se confunde com sua biografia se limitada por dia, mês e ano do nascimento e por dia, mês e ano da morte; confunde-se, antes, com a *durée* (duração) do romance. Ela é afetada por experiências vividas durante os períodos elisabetano, romântico, vitoriano e contemporâneo.

No final da década de 20, a carreira literária de Virginia Woolf já estava bem estabelecida, e a nova e ousada aventura pela ficção lhe serve para fugir das formas variadas de normalização ou de padronização da existência humana que, em família e na escola, são impostas à criança e ao adolescente como verdades naturais ou científicas. Se, nos vários e pioneiros livros de ficção científica, de que é exemplo o romancista H. G. Wells, autor de *A máquina do tempo,* a imaginação artística ousou arremessar o ser humano e suas verdades insofismáveis para além do tempo e do espaço mapeados e conhecidos pelo homem e pela ciência, já no seu romance, Virginia Woolf embaralha de maneira amorosa, engenhosa e anárquica isso a que podemos chamar de fichas do arquivo da história moderna do ser humano no Ocidente. *Orlando* é um romance histórico sem o ser segundo o modelo convencional.

Ao embaralhar as fichas do arquivo, a intenção de Virginia é a de mapear o passado recente da humanidade a fim de criar uma narrativa ficcional autônoma para o protagonista, intencional e astuciosamente inventado, e outras semiautônomas para os demais personagens, narrativas que extrapolam a costumeira representação realista proposta pelo bom senso letrado.

Como se estivesse a jogar pôquer com a sorte de Orlando, Virginia Woolf transforma em curingas as fichas anotadas e coletadas pelo "profundo conhecimento" da história, que conquista a duras penas, e as manipula na ficção com doses da fina ironia e da paródia burlesca que permeiam a atividade artística moderna. Virginia banca as mais arrojadas e jocosas apostas com a tradição literária e científica do Ocidente. Não é, pois, destituído de escárnio o agradecimento que a romancista estende, no prefácio de *Orlando*, ao "cavalheiro da América, que generosa e gratuitamente corrigiu a [sua] pontuação, a botânica, a entomologia, a geografia e a cronologia de algumas [de suas] obras anteriores e, assim [espera], não poupará seus préstimos na presente ocasião" (p. 10). Que o bom leitor brasileiro não cometa equívoco semelhante ao do sisudo cavalheiro da América.

Apesar de a autora dizer, no já citado prefácio, que diversos escritores, amigos mortos e vivos, ajudaram-na a escrever *Orlando*, tendo por isso contraído "perpétua dívida" com seus livros e com seu saber, é inegável também que o novo romance escapa aos modelos originais da prosa de ficção. Com desenvoltura, audácia e originalidade, *Orlando* não só propõe trama romanesca desenhada com insolência e risco, como também programa inúmeros personagens caracterizados sem referência às normas da narrativa setecentista inglesa, amadurecida criticamente ao longo do século XIX europeu por romancistas como Stendhal, Gustave Flaubert e Émile Zola. Assim sendo, trama, protagonista e personagens de *Orlando* ganham status alternativo em relação ao realismo romanesco e aos princípios estéticos julgados pelos historiadores da literatura comparada como tendo sido os responsáveis pelo nascimento e pela evolução do gênero romance (*novel*, para usar a terminologia britânica) entre nós.

Recorrer ao conhecimento da historiografia literária canônica — cujos exemplos são levantados à exaustão no prefácio pela romancista — poderá levar o leitor e o crítico a desfeitas injustas à romancista, a assombro gratuito diante da matéria artística exposta à sua frente e, finalmente, a evidentes equívocos interpretativos na análise dos propósitos do romance. Lembre-se, leitor, do recado dado por Oswald de Andrade: "ver com os olhos livres".

Por terem sido desatrelados do tempo cronometrado pelo relógio, os 36 anos da vida privada e pública de Orlando são soltos, flexíveis e elásticos. Serão esticados em termos cronológicos e espaciais por três séculos da vida sociopolítica europeia, com incursões pelo Império Otomano, o mundo cigano e a contemporaneidade britânica. Avessa à lógica vigente na cultura letrada ocidental, a assimetria transgressora inventada pela romancista irrompe com tal força na história oficial europeia que o peso dos valores de cada um dos três séculos vividos por Orlando será inventariado por sucessivas e complexas equações que orientam a variável existencial do/da protagonista pelo espírito e pelos costumes das sucessivas épocas que lhe tocou gozar. Orlando não é normal nem natural; tampouco é homossexual, andrógino ou gay, no sentido corriqueiro das palavras.[1] É *queer* — se me permitem avançar desde já a categoria crítica e comportamental que orienta a leitura de *Orlando* pelo modo como a expõe nos anos atuais Judith Halberstam, em "Queer Temporality and Postmodern Geographies". Ela escreve que "o que, em parte, fez o 'ser *queer*' se impor como forma de autodescrição, nos últimos anos, tem a ver com a maneira como essa concepção torna acessíveis à época e ao espaço novas narrativas de vida e relações alternativas".[2]

A volubilidade de Orlando se radicaliza na ficção para se transformar no ponto forte dos 36 anos vividos em mais de trezentos anos — também caprichosos — de vida do mundo. Ou melhor: o embate do mundo em rápida transformação com a inconstância da curta e longuíssima biografia de Orlando será melhor apreendido pelo leitor se ele compreender o/a protagonista no elaborado "modo de vida" (Michel Foucault) que Virginia dramatiza no romance. É seu corpo múltiplo e aparentemente imortal que está sempre exposto aos amores, às alegrias e aos desastres da vida em sociedade e serve de cobaia no insolente experimento ficcional. Nessa condição, mas em perfeito paralelismo com os acontecimentos narrados, Orlando experimenta lascivamente ou sofre orgulhosamente tudo o que o "corpo do mundo" (para retomar gênero de metáfora cara a Virginia) experimenta e sofre desde o século XVI até os fins da década de 20.

Os dois corpos — o dele/dela e o do mundo — estão imbricados no corpus do texto de Virginia de maneira tão excepcional e excedente que a fala de um se intercambia com a fala do outro. Lemos que Orlando viu-se "forçada [sic], por fim, a considerar o mais desesperado dos remédios, o de se render completa e resignadamente, arranjando um marido, ao espírito da época" (p. 160). E ainda: "Não era Orlando que falava, mas o espírito da época" (p. 161).

Não é por acaso que *Uma biografia* seja o subtítulo de *Orlando*. O gênero biográfico e autobiográfico — ainda que vazado na forma *romance* que lhes vem sendo proposta como semelhante e paralela pelos autores ingleses desde o século XVIII[3] — possibilita que a vida amorosa do/da protagonista e sua vida política e pública se embaralhem na fabulação ficcional, criando ininterruptas zonas de sobreposição de um plano sobre o outro. Os jogos de sobreimpressão — para usar a linguagem da montagem cinematográfica — dos corpos serão constantemente ativados pela escrita *contraditoriamente convencional* de que se vale o Narrador idealizado por Virginia para conduzir a trama romanesca.

Não é por acaso que há discordância ou incompatibilidade entre o Narrador anônimo e prosaico, seu modo de viver e de pensar, e o/a protagonista Orlando, seu modo *queer* de vida. O conservadorismo de um e a audácia do outro digladiam necessariamente. Segundo sua própria denominação, o Narrador é um "biógrafo" que é sensível ao sentido inflexível e único da flecha do tempo. Assim sendo, é ele quem controla como autocrata a evolução linear da narrativa do romance, que, no entanto, tem de se apresentar de forma exaustivamente enviesada. O Narrador acredita ser também o responsável pelo que chama de busca da Verdade. Reconhece, porém, seus limites em matéria de saber e trabalha no modo de carência ou de privação de dados. Já o/a protagonista, como salientamos, é inventado/a pela romancista no modo da multiplicidade superabundante, que se eleva do alicerce das incongruências ou dos paradoxos existenciais.

O Narrador e biógrafo faz questão de marcar distância do/a biografado/a. Ele pouco ou nada tem a ver com as flexionáveis e rigorosas experiências de vida de Orlando, tanto na dimensão amorosa quanto na dimensão pública e política. Imune aos abusos cometidos pelas invenções de Virginia Woolf, o biógrafo é, no entanto, respeitador dos exageros e, na verdade, quer ser tão fiel às peripécias fantásticas de Orlando quanto um narrador realista canônico pode ser. Se, por um lado, ele fracassa ao narrar na contramão da proposta revolucionária da romancista, pelo outro, só ele é quem poderá levar a cabo e apresentar de maneira vitoriosa o intricado e complexo "livro" inventado por Virginia. Apesar de todas as bizarrices da trama e do/da protagonista, o romance foi escrito e publicado. O Narrador *domou* os exageros da ficcionista.

Contraído embora responsável, o Narrador acaba por se apresentar ao leitor como terceira pessoa objetiva e tolerante, que desfruta "da imunidade de todos os biógrafos e historiadores relativamente a não importa qual dos sexos" (p. 144). Mesmo quando sua escrita tem dificuldade em avançar por falta de dados concretos, ou não quer ou não pode avançar, ele rejeita "invocar a ajuda de romancista ou poeta".[4] Não lhe compete, pois, recorrer à "memória", como sói acontecer com o/a protagonista e escritor Orlando e todos os demais criadores literários. Não sem certo desprezo, o biógrafo anota: "A Memória é uma costureira e, não bastasse isso, das cheias de capricho. A Memória conduz sua agulha para fora e para dentro, para cima e para baixo, para cá e para lá. Não sabemos o que vem em seguida nem o que virá depois" (p. 53). Ao interditar por vontade própria o recurso à memória, resta ao Narrador escalonar sua figura pouco singular no time a que pertence todo e qualquer historiador acadêmico, anônimo, objetivo e mortal, cujos limites no conhecimento do outro nunca os deixam abraçar e narrar o que, na vida do biografado, é "obscuro, misterioso e sem registro oficial" (p. 45).

A fronteira estabelecida pelo que se nos afigura como mistério[5] leva constantemente o Narrador a recorrer ao modo de historiar que se funda na subtração e na lacuna (p. 87). Para saná-las, muitas vezes se vale de documentos e de fontes escritas, como no capítulo III, cuja ação se passa na distante e exótica Constantinopla (p. 81). No entanto, na hora de elucidar um mistério que tinha deixado perplexos os historiadores, o manuscrito encontrado e consultado se apresenta chamuscado e praticamente ilegível. Para maior infelicidade do Narrador, esse documento pode ainda apresentar "um buraco grande o suficiente para se poder enfiar o dedo" (p. 81). Portanto, o Narrador de *Orlando* confessa que nem sempre chega a bom resultado ao nível do conhecimento da ação que deve narrar. Recorre, então, ao estilo da subtração e da lacuna.

Como figura da narrativa realista, a insegurança — também inspiradora de alguns dos narradores de Machado de Assis — é a principal razão que leva o biógrafo de Orlando a estabelecer, desde as palavras iniciais do segundo capítulo, indispensável cumplicidade com o leitor do romance, cuja assistência é e passará a ser requisitada por todos os capítulos. O biógrafo dirige-se de maneira explícita a ele, acatando a soberania da voz alheia quando no exercício mental de compreensão do que lê. O Narrador tem de contar com a ajuda do leitor para que o sentido seja dado ao que *não* é passível de ser documentado e historiado: "Nosso único dever [de biógrafo] consiste em apresentar os fatos tal como são conhecidos e deixar, assim, o leitor fazer com eles o que quiser" (p. 45). Pouco adiante, dedica-se a caracterizar o leitor para quem biógrafos semelhantes a ele escrevem. Salienta que seus leitores podem "deduzir, de simples pistas deixadas aqui e ali, todo o limite e o contorno de uma pessoa viva" e podem ainda "ouvir, naquilo que apenas murmuramos, uma voz viva". Podem também "ver, quando, com frequência, nada dizemos a respeito, exatamente como ele é"; afinal, eles sabem, "sem uma palavra para guiá-los, precisamente o que ele pensava" (p. 50).

Em suma, o Narrador/biógrafo de Orlando — apesar de convencional ou por sê-lo — convida o leitor a arregaçar as mangas e a trabalhar com a imaginação paranoica de artista da palavra. Ponto a favor da romancista Virginia Woolf.

Porque o romance se escreve de modo paralelo à narrativa biográfica clássica e porque seu/sua protagonista, Orlando, é também escritor/a,[6] há que destacar o fato de que se misturam nele duas concepções de texto, duas formas de escrita e dois resultados diversos em termos de livro. Também desequilibrada, a mistura de escritas recompõe no plano da realização romanesca a relação entre o Narrador e o/a biografado/a, já exposta. Nesse particular, um paralelo poderá ser estabelecido entre *Les Faux-Monnayeurs* (*Os moedeiros falsos,* 1926), de André Gide, em que o protagonista e escritor Édouard gostaria de escrever o romance que nunca consegue escrever, e que será escrito e publicado pelo autor — André Gide —, e *Orlando,* em que o biógrafo anônimo escreve com desenvoltura a biografia que se propõe escrever e se refere aos muitos textos que o protagonista biografado escreve e quase nunca publica já que muitas vezes os destrói. O exemplo a ser privilegiado no momento é o poema "O carvalho", que percorre toda a narrativa e que, nas páginas finais, a ela retorna com constância. Orlando quis ainda enterrar o escrito na terra que deu origem à árvore mítica (o carvalho) que o tinha inspirado por séculos.

Em resumo: em ambos os romances existe um escritor-dentro-da-ação (em Gide, Édouard; em Woolf, Orlando) e um escritor-fora-da-ação (em Gide, o próprio Gide; em Woolf, o Narrador). O conflito entre a timidez encolhida da realização e o projeto ficcional irrealizável, ou seja, a duplicidade antagônica comum aos dois romances, reforça o fato de que se chega a uma obra que tem existência concreta e é entregue ao leitor, e a outra obra, fracassada, que pouco vai além de projetos e de infinitos acréscimos ou correções, acabando por não encontrar abrigo em livraria ou em biblioteca. Se graças ao Narrador a obra de Virginia é o romance *Orlando,* a do próprio Orlando será o sempiterno caderno onde escreve "O carvalho. Um poema". Informa o Narrador: Orlando "escrevia [no velho caderno] até soar a meia-noite e nisso ficava noite adentro. Mas como riscava versos na mesma proporção em que os acrescentava, o resultado era, muitas vezes, no final do ano, bem menor que no começo, e era como se, enquanto escrevia, o poema fosse todo se apagando" (p. 75).[7]

Apresentada até agora no modo objetivo, essa configuração crítica de *Orlando: Uma biografia* se obscurece parcialmente no momento em que qualquer leitor abre o livro e se dá conta de que ele se enriquece semanticamente por estar dedicado a V. [Victoria Mary, conhecida por Vita] Sackville-West (1892-1962), aristocrata sedutora que "pisa o chão sobre pernas que são como faias", como Virginia as descreve no *Diário*, à espera de que o Narrador se delicie com elas durante a narrativa. Virginia conhece Vita em dezembro de 1922 e com ela mantém relações íntimas durante a década.[8] Paisagista e escritora (publica o premiado livro de poemas *The Land* em 1927, e a editora dos Woolf edita seu romance *The Edwardians* em 1930), Vita é também conhecida por ser casada com Harold Nicolson, diplomata bissexual, e por ter sido amante de várias mulheres. Cite-se o sensível elogio da sua vida escrito pelo filho, Nigel Nicolson: "Lutou pelo direito de amar, homens e mulheres, rejeitando as convenções de que o casamento exige amor exclusivo e de que as mulheres devem amar apenas homens, e os homens, apenas mulheres. Por isso estava preparada para renunciar a tudo..." (*Portrait of a Marriage*, 1973). É ainda o filho Nigel quem define o romance *Orlando* como "a mais longa e mais encantadora carta de amor em toda a literatura", acentuando não só a indecisão de gênero (*genre*) na construção da trama (é biografia e é ficção), como também a ambivalência no sentido da narrativa historiográfica (é romance histórico e é biografia amorosa), e, ainda, o diálogo levado a cabo pela sedução, que implica subterraneamente as duas mulheres.

A realçar e reafirmar essa leitura *à clef* de *Orlando,* biográfica e sentimentalmente codificada, recorde-se que grande parte da narrativa de Virginia Woolf tem como cenário a aristocrática casa de campo de Vita Sackville-West, herdeira de direito mas nunca proprietária (por ser mulher numa sociedade patriarcal) da imensa Knole House, no condado de Kent, onde nasceu e onde moraram seus ancestrais desde 1603. Aliás, a história fidalga que fascina Virginia Woolf respinga hoje na série televisiva britânica *Downton Abbey,* de grande sucesso junto ao público brasileiro.

Construída no século xv como palácio arcebispal, a Knole House — que "mais parecia uma vila do que uma casa" (p. 70) — está descrita em detalhes em várias passagens do romance. Por comodidade, destaco esta, na qual nenhuma particularidade é exagero: "Orlando deu início, assim, a uma série de esplêndidas festas para a alta e a pequena nobreza dos arredores. Os trezentos e sessenta e cinco quartos ficaram todos ocupados ao mesmo tempo durante um mês. Os convidados se esbarravam nas cinquenta e duas escadarias. Trezentos criados se esbarravam nas copas. Havia banquetes quase todas as noites" (p. 74).

Por outro lado, lembre-se que o diplomata Sir Harold Nicolson, logo depois do casamento com Vita, foi designado para a embaixada britânica em Constantinopla, onde transcorre a ação do terceiro e rocambolesco capítulo do romance, um dos mais desprovidos de documentação (para desespero do Narrador, lembremos). No romance, é Orlando o/a enviado/a pelo rei Charles II a Constantinopla como embaixador extraordinário. A falta de documentos invocada por todo o capítulo pode ser compensada por especulação sobre os antepassados recentes de Vita. Sua avó, chamada Pepita de Oliva, fora uma bailarina espanhola descendente de ciganos.[9]

Ainda no tocante à qualidade biográfica da ficção de Virginia Woolf, saliente-se que a presente edição de *Orlando* apresenta importantíssimo acréscimo no campo das ilustrações, que arremessa o texto para o terreno das famosas narrativas escandinavas. Devido ao privilégio concedido à figura sensual, camaleônica e metafórica da jovem e impetuosa Victoria Mary, aliás, Orlando,[10] o romance narra — *in nuce* — a saga dos Sackville-West. Essa transformação da história tradicional de família, que comporta múltiplos e sucessivos heróis, numa narrativa com protagonista único e múltiplo relaciona *Orlando* a toda uma literatura posterior à aids, em que a sequência temporal passou a não mais ser "roteirizada pelas convenções da Família, da herança e da criação de filhos". Mais importante a notar é que o romance de Virginia libera o acesso do leitor às possibilidades de "temporalidades alternativas, ao possibilitar que quem faz parte dessas subculturas acredite que seus futuros possam ser imaginados de acordo com lógicas que se situam fora dos marcadores paradigmáticos da experiência de vida, ou seja, nascimento, matrimônio, reprodução e morte".[11]

O leitor brasileiro poderá também comprovar a postura épica do romance, já que terá acesso às oito imagens que ilustram a primeira edição de *Orlando: Uma biografia*, tal como publicada em 1928 pela Hogarth Press, pequena editora de propriedade de Virginia e seu marido, Leonard.

Quatro das ilustrações (pela ordem: a primeira, a terceira, a quarta e a sétima) são pinturas que se encontram na já referida Knole House e reproduzem antigos retratos de grandes figuras da aristocracia britânica. Uma delas (pela ordem: a sétima) pertence à coleção particular de Nigel Nicolson e retrata um desconhecido, a quem a romancista empresta o nome de personagem menor do romance. As quatro ilustrações restantes (pela ordem: a segunda, a quinta, a sexta e a oitava) são fotografias clicadas especificamente para o romance.

A crítica tem chamado a atenção para a coincidência de Virginia ter publicado seu romance-com-ilustrações no mesmo ano em que André Breton lançou na França *Nadja*. Neste, "a abundante ilustração fotográfica [47 no total] tem como fim eliminar toda descrição" (para retomar as próprias palavras do poeta surrealista em 1962). A semelhança entre os dois romances não para aí, pois o francês pode ser também considerado como longa e encantadora carta de amor do surrealista à sua amiga Léona Delcourt,[12] que trabalhou em bares e cabarés, tendo chegado a traficar cocaína.

Ao lembrar o clima biográfico e amoroso de *Orlando*, há que se citar também um dos textos mais coruscantes da ficção lésbica anglo-saxã, que é *A autobiografia de Alice B. Toklas*, de Gertrude Stein. (Alice era a secretária californiana com quem Gertrude vive toda a vida.) Desrespeitando a regra básica do gênero de memórias, em que autor do livro, narrador e personagem têm de ser o mesmo, ao leitor é oferecida uma *autobiografia de* Alice escrita *por* Gertrude, projeto possivelmente sugerido por *Orlando*, biografia *de* Vita escrita *por* Virginia, já que aquele foi publicado cinco anos depois do romance da britânica. Por ocasião do lançamento do livro de Gertrude, a jornalista Janet Gaynor esclarecerá que, "sem dúvida, qualquer autobiografia de uma será, necessariamente, uma biografia da outra". Frase que pode ser válida para *Orlando*, embora este — por ter se inserido no gênero ficção — não tenha necessidade de obedecer à regra básica do gênero memórias. A autora do livro (Virginia) é diferente do Narrador (anônimo) que, por sua vez, é diferente do/da protagonista (Orlando/Vita).

Também curioso é o fato de que a relação entre as duas obras resvala para a figura pioneira de Daniel Defoe, citado pelas duas no momento da gênese das respectivas narrativas. Alice lembra conversa que Gertrude manteve com ela: "Cerca de seis meses atrás Gertrude Stein disse, me parece que você não vai nunca escrever essa autobiografia. Sabe o que eu vou fazer? Vou escrever para você. Vou escrever com a mesma simplicidade com que Defoe fez a autobiografia de *Robinson Crusoé*. E ela escreveu e aqui está".

Se apreciado da perspectiva temporal e espacial encenada originalmente pelo romance e assinalada desde o parágrafo de abertura deste prefácio, aconselha-se que o romance seja analisado em vertical, e não em planos superpostos horizontalmente, ou seja, em capítulos, de que pode ser exemplo qualquer privilégio dado ao capítulo III, quando se opera de maneira definitiva a transformação do rapaz em moça. Analisado em vertical, repito, a grande qualidade e a atualidade de *Orlando*, sua originalidade não está na oscilação entre os pronomes *ele* e *ela*, "conforme a convenção" (alerta o Narrador na página 94); está, antes, no fato de que — contrário à convenção, acrescento — a *identidade* do/da protagonista é paradoxalmente plural.[13] Assim sendo, a complexa personalidade de Orlando só poderá ser recoberta — numa leitura crítica em vertical como a que está sendo proposta — não pela oscilação entre *ele* e *ela*, mas pelo pronome *"they"*, em inglês. Orlando é *they*. Do pronome em terceira pessoa plural, na língua inglesa, se subtraíram as marcas particulares e excludentes de gênero (*gender*), a fim de que todos os gêneros ali se confraternizassem (se realizassem) num processo de alongamento permissivo da dimensão temporal pela contraditória contração da dimensão espacial. A apreensão do movimento amplo e em vertical do texto não visa a serenar o disparatado Orlando, equilibrando as forças opostas e contraditórias pela intuição redentora ("Era como se os confortos da ignorância lhe tivessem sido terminantemente negados", lemos na página 106); visa a acentuar a riqueza dramática duma vida submersa numa "experiência das mais desconcertantes e vertiginosas" (p. 106).

As dimensões de tempo e de espaço se desvencilham — pela invenção do protagonista Orlando — de todo e qualquer enquadramento imposto ao corpo humano pela mixagem do instante com o local e pelo cerceamento da cronologia pela cartografia. Através de Orlando, se sobrepõe à história oficial (ou seja, se sobrepõe à narrativa masculina do progresso nacional ou à recente narrativa feminina de mesmo fim) a invenção de uma história moderna do Ocidente completa na sua incompletude. O romance sobrepõe à história oficial a história do indivíduo *queer*, cortada em vertical e de viés, cuja feitura e leitura se dão pelo apego às particularidades revolucionárias propostas pelo percurso inédito do protagonista na modernidade ocidental.

A bizarrice (*queerness*) não está apenas na caracterização de Orlando, ou seja, ela não apreende apenas a identidade psicológica e múltipla do protagonista. A *queerness* também direciona o propósito estratégico do romance, que é o de fazer incidir sobre os 36 anos do corpo humano os mais de trezentos anos do corpo do mundo. Elizabeth Freeman anota: "Mas a ideia mais interessante de *Orlando*, para os meus propósitos, é a de que a própria figura protagônica experimenta a mudança histórica como um conjunto de sensações diretamente corpóreas e, com frequência, sexuais".[14]

A narrativa de Virginia quer sincronizar as mudanças históricas com as sensações corpóreas e sexuais do/da protagonista. Quer sincronizá-las pela assimetria, e não pela adaptabilidade aos modelos vigentes. A essa nova história, Freeman dá o nome de eroto-historiografia, ou seja, a que descreveria através do texto ficcional *queer* a possibilidade de um historicismo tátil. Daí a importância no desenvolvimento dramático do tema da mão, que aparece logo nas páginas iniciais do romance. Orlando é apresentado à rainha Elizabeth: "Tão grande era a sua timidez que dela não via mais que as mãos cheias de anéis, imersas na água; mas era o bastante. Era uma mão memorável; uma mão fina, com dedos longos, sempre se arqueando, como se em volta de orbe ou cetro; uma mão nervosa, retorcida, malsã; uma mão imperiosa também..." (pp. 16-7). Se Orlando a reconhece pela mão, ela, por seu turno, o reconhecerá pela cabeça: "Mas se é possível de uma mão deduzir um corpo, conhecendo-se todos os atributos de uma grande rainha — irritabilidade, coragem, fragilidade e terror — uma cabeça observada, do alto do trono por uma dama [...] pode com certeza ser igualmente fértil" (p. 17).

Lembre-se que, em português, "bizarrice" é substantivo tão variado e rico semanticamente quanto "Orlando". Ao adjetivar o modo de vida, a bizarrice soma coragem, elegância, excentricidade, fanfarrice e prodigalidade. Assim informa o dicionário e assim subscrevemos o significado do conceito com a intenção de melhor compreender as descontinuidades da história oficial tal como se encontram, tal como são inscritas no corpo bizarro de Orlando. Revelada a assincronicidade (ou a sincronização pela assimetria), a narrativa *queer* desterritorializa os fatos históricos. Destituídos da verdade cronológica e única que lhes foi imposta pela historiografia tradicional, eles perdem a consensualidade vitoriosa e unívoca e podem ser compreendidos pelo viés do sentimentalismo e da plena homossociabilidade.

Depois de se transformar em mulher, Orlando descobre o potencial infinito dos sentimentos ao amar não a um homem, mas a uma mulher (a cossaca Sasha). A experiência *queer* enriquece, e como!, a vida sentimental do homem bronco que ele fora em passado não tão remoto. Leiamos:

> embora ela própria [Orlando] fosse mulher, era ainda de mulher que ela gostava; e se a consciência de ser do mesmo sexo do objeto dessa preferência tinha qualquer

efeito era o de reavivar e aprofundar aqueles sentimentos que tivera quando homem. Pois mil sinais e mistérios que lhe eram então obscuros agora se tornavam claros. Agora, a obscuridade, que divide os sexos e deixa pairar inumeráveis impurezas em suas trevas, fora afastada... [p. 109]

> Ser gay é, creio, não se identificar com os traços psicológicos e as máscaras visíveis do homossexual, mas buscar definir e desenvolver um modo de vida.
> Michel Foucault, "De l'Amitié comme mode de vie"

Em conhecida entrevista concedida por Michel Foucault em 1981 aos redatores da revista mensal *Gai Pied*, de onde extraímos a citação acima, o pensador francês julgou que era chegado o momento de questionar os princípios hedonistas que fundamentavam o pensamento gay a fim de armar a discussão futura com base em novas propostas filosóficas e éticas. Estas, no final, acabaram por sepultar o pensamento gay e fundamentar a teoria *queer*, que será lenta e laboriosamente desenvolvida por estudiosos acadêmicos nas décadas seguintes. Se Foucault é quem dá o alerta, *Orlando* tornou-se o importante precursor e notável exemplo da teoria *queer*.

De início, Foucault questiona tanto a pergunta sobre a "identidade", que então governava o programa político homossexual, como também outra, decorrente da primeira, que visava a revelar o "segredo" que explica a relação amorosa entre homens. Não questionava o rigor das perguntas sobre a identidade e o segredo, mas antes o equívoco de um "programa" que estava em vias de se transformar — graças ao papel desempenhado pela revista — em "lei". E, na condição de lei, o programa impunha — no dizer de Foucault — "a proibição de inventar". Se houvesse necessidade de estabelecer um programa, este deveria se propor a todos, indiscriminadamente, como "vazio".

Vale dizer que uma publicação de vanguarda como *Gai Pied* não deveria insistir numa política homossexual de jovens para jovens, de corpos belos para corpos belos, com exclusão de outras idades e de figuras menos apolíneas. Deveria "tornar possível uma cultura homossexual" que, ao fornecer as indispensáveis ferramentas para a discussão, arrolaria questões menos restritivas, mais generosas e, se couber o adjetivo, mais universais. Indaga Foucault: "Através da homossexualidade, que relações podem ser estabelecidas, inventadas, multiplicadas, moduladas?". A homossexualidade deixaria de ser pensada como forma de desejo para se transformar em algo de desejável. O que desconcerta as pessoas — continua Foucault — é menos o ato sexual em si e mais um "modo de vida" homossexual, que se exprime pelo afeto, pela ternura, pela camaradagem e pelo companheirismo, enfim, pela amizade, para retomar o conceito que se torna chave.

Notável é o modo como pouco a pouco *Orlando* — no processo de leitura — se desloca da guarda objetiva e anônima do Narrador e da condição genérica de *biografia* para se tornar mais e mais a dramatização de um modo de vida *queer* que se evade tanto das muralhas defendidas pelos militantes da revista *Gai Pied* quanto do cânone realista bem aparamentado para o romance ocidental desde o século XVIII. Ao escapar e se evadir de narrativas privilegiadas pelo statu quo e pela baixa taxa de inventividade, o modo de vida descrito por Orlando ganha a proporção de investigação inédita da experiência contemporânea, que, talvez por ter sido considerada plena pelo hedonismo e, ao mesmo tempo, proibida pelo Estado, era pouco explorada pelo saber e, como tal, terra ignota. Trata-se de um modo de vida vazio de conteúdo epistemológico, embora — desde sempre — repleto de experiências concretas.

Faltava dar palavra a essas antigas experiências que, na atualidade das várias literaturas nacionais, se enriqueciam por novos projetos ficcionais multifacetados e bem modulados. No final do século XX e princípios do século XXI, essas invenções — literárias e artísticas, de que, repito, *Orlando* passou a ser exemplo — eclodem de maneira organizada e complementar, açulando — como alertava Foucault — os defensores da moralidade pública, já assumidos como politicamente corrctos no tocante à tolerância do ato sexual dito *contra naturam*, se dado como consensual. Foi menos o ato sexual em si que passou a desconcertar as pessoas.

Mas existe outra obscuridade, diversa da que separa os sexos e os identifica isoladamente, e que também redunda em impurezas que perduram à sua sombra. A obscuridade que separa as classes sociais, acantonando-as. A zona de desconforto do bem-estar socioeconômico é trabalhada por *Orlando* com ferramentas idênticas às de que se vale para destrinchar a identidade sexual do/da protagonista. *Orlando* questiona outra forma de obscuridade para remover sua sombra do nosso horizonte.

Nesta análise, deu-se preferência à dimensão temporal. Agora, seria importante que nos detivéssemos na dimensão espacial tal como trabalhada no romance, orientando-nos para a análise do modo de vida bandoleiro que Orlando assume e experimenta, muitas vezes à noite. Orlando *descentra* a organização social proposta pelo mero relato histórico dos Sackville-West, família de aristocratas plantados desde os Seiscentos na Knole House.

O protagonista Orlando invade território alheio ao seu e aos seus. Ao ritmo da comichão da sexualidade, as transgressões de território acabam por ser desorientadoras do princípio de isolamento em classes, prevalente na sociedade inglesa, proporcionando uma quebra de fronteiras, ou seja, uma zona de *cruzamento* que escapa das análises clássicas de classe social. Se a desunião e a luta entre as classes fortalece o estudo meramente sociológico e marxista da literatura, sua desconstrução é tarefa assumida pela literatura *queer* e pela crítica derivada dela.

Orlando: Uma biografia abre "geografias de resistência", para usar o termo de Judith Halberstam, que raramente são mapeadas pelos compêndios de sociologia ou pela crítica marxista da literatura. Nesse sentido, é indispensável referir-se ao recente estudo de Samuel R. Delany, *Times Square Red, Times Square Blue*,[15] em que o acadêmico e escritor norte-americano descreve e analisa o modo como se comunicam as diferentes classes sociais e as diferentes etnias em estabelecimentos de entretenimento na famosa rua 42 de Manhattan, conhecida como Times Square. Observa Halberstam na sua leitura: "No livro de Delany, as práticas sexuais geoespecíficas que ele descreve pertencem às interações entre homens de diferentes classes e raças nas lojas e nos cinemas pornô de Nova York".

No contexto levantado por Delany, torna-se indispensável valer-se do romance de Virginia, por ele propor — num universo totalmente diferente do do pequeno-burguês urbano, norte-americano — um modo de comportamento sexual semelhante ao que é estudado sob a forma de "comunidades de contato" (*cross-class contact*). No tocante ao gosto de Orlando, o duque, está o bom exemplo da preferência dos aristocratas por estabelecimentos plebeus. Seria importante contrastar — e o contraste é proposto nas páginas iniciais do romance — o universo nobre da Knole House com o do mundo do trabalho e da festa popular que a rodeia, de que é exemplo a escadaria, conhecida como Wapping Old Stairs, com suas cervejarias.

O texto é explícito na caracterização das preferências de Orlando: "o rosto da filha de um estalajadeiro parecia mais fresco que o das damas da corte e a presença de espírito da sobrinha de um guarda-caça mais ágil que a delas" (pp. 20-1).

A valorização do sangue plebeu o leva "a ir com frequência, à noite, às Wapping Old Stairs e às cervejarias, envolto numa capa cinza para esconder a estrela pendurada no pescoço e a jarreteira em volta do joelho" (p. 21). A organização da sociedade inglesa pelo poder da realeza e da aristocracia começa a despencar pelo modo de vida transgressor, assumido por Orlando. Na estalagem, o duque também se aproxima dos marinheiros rudes e se encanta com as histórias "de tribulação e horror e crueldade passadas no mar das Antilhas", que narram "como alguns tinham perdido os dedos dos pés, outros, o nariz" (p. 21).[16]

A fala fácil e a lábia de marinheiros rudes continuam a transtornar os prazeres de Orlando e, se lhe causam ciúmes, não lhe causam temores. A bela russa Sasha, seu grande amor, escapa-lhe dos braços e foge para o navio moscovita que estava ancorado no Tâmisa. Orlando corre-lhe atrás e vê que um rapaz da tripulação lhe oferece ajuda. Descem os dois para as partes inferiores da embarcação. Orlando espera em vão. Cansado de esperar a amada, continua a correr-lhe atrás e vê o que não quer: "Viu Sasha no colo do marinheiro; viu-a inclinando-se contra ele; viu-os se abraçarem antes de a luz ser obscurecida pela nuvem rubra de sua raiva" (p. 34). A figura do marinheiro é a de uma "peluda fera dos mares", assim descrito pelo Narrador, se admirando ao lado de Sasha: "tinha, descalço, mais de um metro e oitenta de altura; usava argolas de arame nas orelhas; e parecia um cavalo de carga sobre o qual uma cambaxirra ou um tordo tivesse pousado" (p. 35).

Quando as informações biográficas escasseiam, como nos anos em que o duque Orlando viveu em Constantinopla, as histórias de *cross-class contact* crescem em número. Bom exemplo seria o já mencionado casamento do Cavalheiro da Ordem da Jarreteira com Rosina Pepita, "dançarina, pai desconhecido, mas tido como cigano, mãe também desconhecida, mas tida como vendedora de ferro-velho no mercado em frente à ponte Gálata" (p. 89), ou ainda as suas mil e uma aventuras com a tribo de ciganos.

Sem dúvida, *Orlando: Uma biografia* causará ainda rebuliço nestes anos em que a sociedade é julgada permissiva pelos conservadores e os costumes se beneficiam da tolerância que só é invocada pelos bem-pensantes nos momentos de crise. O romance de Virginia Woolf convida o leitor a evitar o vocábulo "tolerância". Este resguarda a ideia de desigualdade sob a forma de generosidade do privilegiado. A institucionalização dos direitos libertários e civis deve acentuar não a tolerância, mas a pluralidade — de que o romance é exemplo maior. Pensar, por exemplo, que o corpo de Orlando se monta e se reinventa a cada dia, a cada ano, a cada século, como a série de esculturas *Bichos,* de Lygia Clark. No contato com as mãos do mundo, *Orlando,* o romance, se monta e se reinventa por um delicado e sutil sistema de dobradiças, que guardam as possibilidades infinitas do jogo entre a flexibilidade e o rigor.

[2015]

Rastejando por baixo das mimosas como uma pantera e saltando no ar

> *A gata branca e preta de Yves espreitava pelo jardim como se estivesse na África, rastejando por baixo das mimosas como uma pantera e saltando no ar.*
>
> James Baldwin, *Terra estranha*

O contraste entre os locais de nascimento e de morte do escritor James Baldwin representa o vaivém que alimenta sua obra literária no contexto da literatura norte-americana contemporânea, bem como sua condição de ativista político em momento-chave da história recente da nação ao norte. E é também simbólico do movimento de vaivém em que entram, neste novo milênio, muitas das escritoras e escritores negros da nação ao sul, o Brasil. Em 1924, James Baldwin vem à luz no Harlem, gueto dos negros na ilha de Manhattan. A condição cidadã do bairro discriminado é pouco a pouco conquistada pelos que ali moram e trabalham, graças à atuação de notáveis e corajosos religiosos, artistas e militantes políticos da causa negra. Em 1987, ele morre em Saint-Paul-de-Vence, povoado medieval incrustado na Riviera Francesa, lugar de veraneio favorito de ricos e aburguesados artistas e intelectuais europeus, como Pablo Picasso e Jean-Paul Sartre, Marc Chagall e Jacques Prévert.

Em 1953, James Baldwin transporta sua vivência no sofrido berço nova-iorquino para o romance de raiz *Go Tell It on the Mountain*, que o lança no mercado editorial. Aspira ao túmulo da glória de romancista ocidental na obra seguinte, *O quarto de Giovanni* (1956), um fracasso em termos da expectativa do mercado. Os personagens negros e o Harlem desaparecem da trama literária de *O quarto de Giovanni*. No pós-guerra, a Europa latina se fortalece como liberadora para o artista negro norte-americano, objeto de preconceito na pátria. O segundo romance abre também caminho para o recorrente e problemático tabu em sociedades patriarcais ocidentais e africanas — a homossexualidade masculina.

Se *Go Tell it on the Mountain* coloca o romancista estreante na linha sucessória de Richard Wright, autor do clássico *Native Son* (1940) e amigo de Nelson Algren, o romance seguinte o aproxima e não o diferencia de Gore Vidal e Truman Capote, estes dois intempestivos ficcionistas brancos. Por ser negro e homossexual, Baldwin tem de se garantir literariamente. Escreve sob o guarda-chuva do seu mestre, Henry James (1843-1916), o mais europeu e aristocrático romancista norte-americano e referência, como o nosso Machado de Assis, para iniciantes e profissionais. Não é por casualidade que Henry James é o responsável pela epígrafe que ilumina a página de abertura de *Terra estranha* (1962), o terceiro e mais ambicioso romance de Baldwin. No momento em que a brasilidade negra e gay atravessa situação semelhante à que está ali dramatizada, a Companhia das Letras entrega sua tradução aos nossos leitores e leitoras.

Henry James, à semelhança de T.S. Eliot, poeta norte-americano condecorado com a Ordem do Mérito do Império Britânico, viajava com tranquilidade entre o Novo e o Velho Mundo, e conseguiu se afirmar como o primeiro grande teórico do romance moderno anglo-saxão[1] e, ainda, como o escritor que abre *discretamente* — o advérbio se faz necessário se o referente for James Baldwin — o armário da masculinidade ferida pela intolerância religiosa protestante e o pragmatismo econômico capitalista.

Em *Terra estranha*, Baldwin retoma em contexto nacional e universal os nativos do Harlem e leva os moradores da ensolarada Riviera Francesa a viajar ao sul e aportar na acolhedora e libertária cidade de Nova York. Já na escolha do título, *Another Country*, Baldwin finca pé e açambarca o *no man's land* [terra de ninguém] que, no início da segunda metade do século xx, intriga. Um território mínimo no mapa-múndi, superpovoado e quase solitário, complexo e simbólico. Um universo generoso e ainda desconhecido, mas passível de estruturação pela arte e de compreensão pelas ciências sociais. Por ser caixinha de contínuas surpresas, a ilha de Manhattan, assim como Chicago, sua concorrente no centro-oeste, atrai mais artistas e antropólogos e menos historiadores e sociólogos. Em suma, o já reconhecido romancista leva seus variados personagens a habitar outro e verdadeiro "país", Nova York, então modelo para a metrópole cosmopolita moderna, assim como Xangai, na China, o será para a futura metrópole cosmopolita globalizada.

Baldwin pisa fundo no acelerador. Desde a epígrafe e as palavras interpostas de Henry James, ele alerta para o afetuoso e misterioso universo que pretende apreender no romance. Ela diz que é abismal o mistério daquilo que os nova-iorquinos pensam, sentem, desejam e imaginam estar dizendo.

Nova York é mistério abismal e, mesmo sob o comando do irascível presidente Trump, continua a ser um conglomerado urbano miserável e milionário, fantástico e anárquico. "Cidade-santuário", para usar o vocábulo que a define revolucionariamente na década anti-imigratória em que a humanidade se vê obrigada a entrar. A população economiza muito e esbanja demais em tempos de liberação do corpo, dos cinco sentidos e da mente política. O conglomerado é multiétnico, multilinguístico, multicultural e desenfreadamente libertino. Também masoquista. É lá que a depressão agride as almas penadas sofredoras. Lê-se no romance: "o peso dessa cidade era assassino". Afinal, Baldwin, como bom escritor norte-americano afrancesado, lembra o André Gide, que diz viver real e metaforicamente como um rapazinho que se diverte, reduplicado por um pastor protestante que o aborrece.

Em momento posterior ao boicote aos ônibus levado a cabo pelos negros em Montgomery e pouco anterior à Marcha sobre Washington, ocasião em que Martin Luther King faz o famoso discurso "I Have a Dream", o romancista nascido no Harlem insiste na temática homossexual, ainda que não mais como a principal questão a ser trabalhada. O substantivo "escritor" continua, portanto, a carregar às costas dois adjetivos impertinentes que, pela tradição religiosa africana, brigam entre si e, pela tradição artística eurocêntrica, desestabilizam o *substantivo* que qualificam. James Baldwin padecerá deles na vida privada e pública. Romancista negro e gay.

Já em 1964, por ocasião da estreia da sua peça *Blues for Mister Charlie*, Baldwin dá uma entrevista a Walter Wager, editor da *Playbill*, revista destinada a apreciadores de teatro. O final da conversa é curto e revelador. O jornalista agradece ao dramaturgo por ter lhe concedido "entrevista interessante e provocadora". Baldwin retruca-lhe com uma pergunta retórica — se ele sabe a razão pela qual a conversa entre eles funcionou tão bem. A pergunta é logo respondida por ele próprio: "Porque você falou comigo como se eu fosse um escritor". Continua o jornalista: "Não é assim que todos o tratam?". Finaliza Baldwin: "Não, não é mais assim que me tratam".[2]

Para os entrevistadores curiosos sobre o comportamento de escritor diferente dos pares, o nosso poeta lírico Murilo Mendes tinha a resposta pronta que faltava ao norte-americano. Perguntado se era poeta católico, respondia: "Sou poeta, vírgula, católico". Tanto a atividade literária quanto a crença religiosa contam, mas separadas por vírgula.

Se levadas em conta tanto a época que toca ao escritor James Baldwin viver quanto a discussão sobre cidadania na nação onde ele sofre os preconceitos, os adjetivos não devem ser mais separados do substantivo por vírgula — *política e consensualmente*, eles passam a pesar muito mais do que o substantivo. Se assumidos positivamente pela crítica literária *participante*, os adjetivos "negro" e "gay" entronizam sua obra literária e sua personalidade pública em dois dos maiores movimentos libertários dos anos 60 nos Estados Unidos da América: o dos direitos civis e o dos direitos das minorias sexuais.

Graças ao biógrafo James Campbell, autor de *Talking at the Gates: A Life of James Baldwin*, ficamos sabendo tardiamente que, de 1961 a 1974, o romancista é freguês contumaz dos arquivos do FBI (lembre-se que J. Edgar Hoover morre em 1972).[3] Em dezembro de 1963, ano seguinte ao da publicação de *Terra estranha*, seu nome é datilografado no "Security Index", lista dos cidadãos e cidadãs norte-americanos que seriam detidos caso se declarasse estado de emergência. Com o correr dos anos, seus romances e livros de ensaios vão sendo lidos pelos censores, que enumeram as ofensas cometidas contra o Estado. Entre elas, o autor é responsável por "transporte interestadual de material obsceno", e suas palavras, ditas ou impressas, fazem crítica violenta ao FBI e a seu diretor. Um censor específico e anônimo foi designado para ler *Terra estranha*. Sua apreciação revela, no entanto, que o livro não perturba a ordem vigente: "tem valor literário e pode ser útil aos estudantes de psicologia e comportamento social". O próprio diretor do FBI ordena que o romance volte às estantes da agência do Departamento de Justiça, embora o nome do autor permaneça em aberto por mais doze anos nos arquivos do FBI.

Quando observado e comentado pelos militantes radicais que se reúnem em torno da bandeira dos Panteras Negras, o romancista homossexual sofre perseguição semelhante à do sofisticado ativista negro. É entre os *caucasianos* (para usar a palavra em moda na época) que a orientação sexual de Baldwin mais se libera do bairro em que nasce e encontra o objeto do seu desejo. E isso incomoda os Panteras Negras radicais, assim como as escapadas pelos bairros proletários da Inglaterra e da Itália cometidas pelo romancista E. M. Forster — autor do póstumo e esclarecedor *Maurice* (1971) — incomodam a crítica literária conservadora e a polícia britânica.

Em *Soul on Ice*, Eldridge Cleaver, ministro da Informação do Partido dos Panteras Negras, recupera, resume e atualiza as observações homofóbicas que herda do bom dramaturgo e crítico musical LeRoi Jones (futuro Amiri Baraka),[4] pertencente à geração beat. Cleaver afirma que, nos escritos de James Baldwin, "o mais detestável, agonizante e total ódio aos negros e, em particular, a ele próprio, se associa ao mais vergonhoso, fanático, bajulador e servil amor aos brancos que se pode encontrar nos livros de qualquer escritor negro norte-americano de importância nos nossos dias".[5]

Anote-se que a complexa e sofisticada linguagem dos rappers de hoje, bem como a naturalidade na expressão duma fala conturbada por extremos lexicais que normalmente não se tocam, tem sua origem no que então se chamava de "rap" (a fala politizada comum aos militantes negros no campus universitário, muitos deles futuros Panteras Negras). Reparem alguns dos adjetivos bombásticos que se acumulam na frase de Eldridge Cleaver: *gruelling* (detestável), *agonizing* (agonizante), *fawning* (vergonhoso), *sycophantic* (bajulador). Nenhum branco universitário contemporâneo e leitor dele, ainda que associado ao pensamento e à ação contracultural, seria capaz de reproduzir na própria fala essa luxúria vocabular, herança, por sua vez, da escrita divina apreendida pelos negros na leitura da Bíblia Sagrada, versão King James.

O primeiro romance de Baldwin traz na capa expressão reveladora da linguagem dominante entre seus pares, *Go Tell It on the Mountain*, tomada do verso inicial de um antigo negro spiritual. Já o segundo e o terceiro romance seguem a tradição estilística estabelecida pelos romancistas da "geração perdida", de John Steinbeck a F. Scott Fitzgerald. "A palavra certa no lugar certo." A intromissão na narrativa escrita em inglês de frases em língua estrangeira (em particular o francês) passou a ser de bom-tom na boa literatura norte-americana depois da fase europeizada de Ernest Hemingway.

Os vários e sugestivos descompassos que vimos salientando na experiência de vida e na escrita literária de James Baldwin são os responsáveis pela pequena obra-prima que é *Terra estranha*. O romance está situado em momento específico do pós-guerra, quando o poder e o dinheiro são transplantados da Europa para os Estados Unidos da América. Transformam Nova York na ambicionada capital do mundo no século xx, para parafrasear a célebre expressão de Walter Benjamin referente ao lugar privilegiado de Paris no século xix. No momento em que as nações do Primeiro Mundo chegam à paz mundial, estadistas, educadores e intelectuais norte-americanos acreditam que as variadas e terríveis desigualdades criadas pela aculturação dos valores do Velho Mundo no Novo — cujo lado mais tenebroso se revela no genocídio indígena e na escravidão africana — se resolveriam não mais que de repente.

Bastava que o processo de democratização da educação liberal anglo-saxã fosse associado à tomada radical de poder pelos universitários revoltosos e armados, inspirados pelo abecedário socialista,[6] para que as mais salientes incoerências civilizacionais se tornassem públicas. Sob a ótica protestante e o fogo cruzado que imitava em casa a distante e vergonhosa Guerra do Vietnã, pipocariam as contradições e aberrações que sustentam o esplendoroso, gratificante e maligno edifício gringo.

A pioneira romancista Carson McCullers e o assumido Truman Capote já tinham trazido para o proscênio da emergente contracultura o modo de viver *freak*, que os hippies e depois a banda de rock The Doors esparramariam pelo mundo regido pela economia capitalista e pela boa ordem pequeno-burguesa.

Ao sul das universidades que se tornam as melhores do mundo, o Village, bairro boêmio que leva o consumo abusivo do álcool a abrir definitivamente as portas da percepção, se alvoroça. Torna-se celeiro de notáveis professores e intelectuais brancos e europeizados e de artistas cosmopolitas de pele multicolorida. São obrigados a conviver com a pobreza dos negros e das levas de imigrantes e com o capitalismo centrado mais ao sul da ilha, em Wall Street. Os condomínios residenciais milionários, que ladeiam o Central Park no East Side e ostentam como vizinhança o Metropolitan Museum e o belo Guggenheim, de Frank Lloyd Wright, têm seu fim marcado na planta da ilha pelo começo do Harlem e, loucura das loucuras, pelo campus da famosa Universidade Columbia. O bairro pobre está aberto a uma nova leva de imigrantes, os porto-riquenhos e demais caribenhos.

O matutino *Village Voice*, jornal da contracultura, se esgueira pelas brechas do renomado *New York Times*, atravessa o Atlântico e chega a Paris sob o nome de *Libération* (*Libé*, para os íntimos). Simultaneamente, uma nova e estranha sonoridade ecoa na voz da cantora de jazz Aretha Franklin — uma rosa vermelha nasce nas ruas negras do Spanish Harlem. A letra lembra o poema "A flor e a náusea", do nosso Carlos Drummond. "É feia. Mas é uma flor. Furou o asfalto, o tédio, o nojo e o ódio"[7] — diz o verso engajado e jubilatório do poema. Nós, da América Latina, entramos no espaço moderno e cosmopolita nova-iorquino, contracultural e também turístico, pela Revolução Cubana. Um paradoxo a mais.

Em Manhattan, a confusão é geral, e os agentes do FBI de um lado e os Panteras Negras do outro estão à beira de torná-la sistemática e autodestrutiva. Ela tem como umbigo cintilante a miríade de outdoors que guarnecem o Times Square. Seus teatros com espetáculos, atores e diretores de altíssimo nível. Seus restaurantes fora de série. Seus cinemas pomposos na fachada e fuleiros lá dentro. Tem também seu comércio pornográfico, matéria apimentada para uma fascinante minissérie no ano de 2017, *The Deuce* (HBO), estrelada pelo iconoclasta James Franco.

A futura gentrificação da ilha começará por transformar o Times Square de *Terra estranha* na Disneylândia fantasiosa e asséptica que reina na rua 42 no novo milênio, atraindo os turistas pequeno-burgueses de todo o mundo.

A trama de *Terra estranha* começa necessariamente pelo umbigo inebriante e sofrido de Manhattan e, como uma canção de rock de uma nota só, se perde nos meandros infinitos de *"this crazy little thing called love"*. Peço emprestados versos da famosa canção de Freddie Mercury, que se deixa inspirar por Elvis Presley: *"I just can't handle it/ I must get round to it/ I ain't ready"*. Como a moça vestida de *sarong* na famosa crônica de Nelson Rodrigues, "A viuvez de sarong", *Terra estranha* escancara a nudez feliz e mórbida de Manhattan e se desenvolve inicialmente em torno da figura dum músico de jazz negro, Rufus. Ele busca no interior da decadência causada pela perda do sucesso nos bares nova-iorquinos a antiga infância miserável no Harlem. O protagonista encontra abrigo diurno nas sucessivas sessões de cinema, assistidas por ele sentado em poltrona do andar superior de uma majestosa e decadente sala da rua 42. De tempos em tempos, Rufus é sobressaltado pela presença incômoda do lanterninha, defensor dos bons costumes, e pelo tráfego fugidio e proibido das mãos-bobas masculinas na braguilha da sua calça. À meia-noite termina seu longo e turbulento repouso diurno. Rufus salta para os bares da madrugada, localizados nas avenidas ainda efervescentes, iluminadas e coloridas, que cortam de um lado e do outro o Times Square.

Seu périplo diário é o de um homem escorraçado pela aventura e a se preparar a duras penas para a aventura final. Para lembrar a expressão que se tornou lugar-comum depois do filme de Dennis Hopper e Peter Fonda, ele é um *easy rider*. Sobrevive à vida desmesurada, insana e louca na megalópole que, ao se tornar centro financeiro e cultural do mundo dito civilizado, se transforma no prenúncio de ato trágico. Ele saltará para a morte da amurada da ponte que comunica Nova York com o mundo. "O peso dessa cidade era assassino" — citemos novamente o romance.

Eterno apaixonado, Rufus vive as alegrias da primeira gargalhada do Novo Mundo e os dissabores da última gargalhada do músico de jazz negro.

Terra estranha dispõe seus personagens pelas páginas do romance como as regras do vôlei dispõem os seis jogadores pela quadra esportiva. Como tentarei demonstrar, o rodízio — movimento lúdico a que o jogador em campo obedece — é a originalidade e a saliência maior da composição ficcional de James Baldwin.

A obediência à cronologia, apenas quebrada aqui e ali por um flashback (como é o caso do romance clássico *Madame Bovary*, de Gustave Flaubert), perde o lugar oitocentista e soberano. Cede o espaço às combinações e aos jogos criados pelo *acaso*, que passam a *disciplinar* mais o périplo dos personagens masculinos e femininos do que a mera sucessão lógica dos fatos no calendário gregoriano. Este não é abandonado totalmente, mas sofre as torturas dos encontros e desencontros casuais, que não são mais produto de uma familiaridade do narrador com o *meio já conhecido* (a cidade, a região ou o país) que a ficção tradicional instaurava como inevitável pano de fundo para a trama inventada.

Nos diversos volumes da *Comédia humana*, Honoré de Balzac queria competir com a variedade das vidas registradas em cartório. Émile Zola acreditava ter Paris na ponta dos dedos, e seria capaz de dramatizar a "história natural e social de uma família sob o Segundo Império". Para Baldwin não há mais cartório municipal com que competir. A metrópole cosmopolita não se oferece a um narrador como uma fatia da apreciada goiabada realista-naturalista.

O pano de fundo e os personagens masculinos e femininos de *Terra estranha* são antes determinados e desenhados por experiências fragmentárias de vida que, ao se deslocar pelo espaço, inventam e, imediatamente, ritualizam novas, diferentes e imprevistas formas de comportamento individual e de atuação social. Neles e nelas, a memória pessoal se conjuga com a ajuda da experiência de vida alheia, todos e todas em busca de inesperados e sempre desejados encontros na nova capital cultural do mundo, Nova York. Ao acolher indiscriminadamente a todos os cidadãos e cidadãs de qualquer país, a metrópole cosmopolita moderna revela sua diversidade e abismal mistério, sua riqueza única e invejada. E ainda suas propostas bem-pensantes e/ou aberrantes de comportamento moral, social e intelectual. Sendo lugar ideal de congraçamento humano, o *another country* é ímã universal. Modelo, ainda que precário.

Baldwin me ensina, nos ensina. O moderno romance metropolitano e cosmopolita já não é capaz de se sustentar pelas leis forjadas nas artes poéticas racionais e incipientes que, desde o século XVIII, controlam a composição do gênero *novel*. Lembro-me de conversa entre Gilles Deleuze e Michel Foucault, publicada na revista francesa *L'Arc* (1972), a que foi dado o título de "O intelectual e o poder". Dialogam sobre o papel e a função do intelectual nos novos tempos pós-autoritários, multiétnicos, multilinguísticos e multiculturais.

O poder perde a condição de *centro*, lugar privilegiado de dominação, e se espraia pela cabeça e pelas mãos de todo e qualquer cidadão e cidadã de boa vontade, sem precisar recorrer à linha de fuga que passou a organizar a perspectiva nos quadros renascentistas. Para usar uma expressão de Deleuze noutro contexto, o da *Lógica do sentido*, é preciso *deixar fugir* a linha de fuga renascentista. Indisciplinados, o poder perde o lugar privilegiado e a linha de fuga não cria mais a perspectiva que dá sentido único ao *enquadramento* proposto pelo poder vigente para as "figuras na paisagem".[8]

Naquele momento, Foucault e Deleuze propõem as regras do jogo de vôlei como modelo organizacional da sociedade, a ser inventado pelos novos cidadãos e cidadãs. O rodízio é que ordena as figuras em campo e comanda a atuação. Nenhum jogador ou jogadora ocupa lugar certo, autônomo e definitivo. A *atuação* coletiva é que é prevista como única e, passo a passo, o jogador ou jogadora a seguirá ao pé da letra e da regra. Nenhum jogador ou jogadora se prepara física e mentalmente para um desempenho predeterminado e submisso aos treinadores desportivos. Ninguém é goleiro e todos o são, ninguém é centroavante e todos o são — diria um técnico enlouquecido de futebol. Cada jogador/jogadora depende do seu turno. Depende de função e momento precisos no lento desenrolar do jogo.

O jogador ou jogadora de vôlei pode ocupar a defesa. Com as pernas fincadas no cimento da quadra, sem deixar que fraquejem, quem defende é responsável por receber nas mãos e no corpo o saque ou a cortada fatal do grupo ofensivo. Aguenta o peso e a violência da bola que, por detrás da rede, é atirada como pedra ou bala contra o seu grupo. A boa defesa reconstrói a possibilidade de um feliz caminho de volta para a bola. O jogador ou jogadora pode ser mero e generoso ajudante, a levantar graciosamente a bola para o companheiro ou companheira brilhar, focando alguma brecha desguarnecida no inimigo. Quem ataca pode aguardar, magnificamente, ao pé da rede o momento da sua atuação. Torna elástico o corpo que recebe a bola levantada pelo companheiro ou companheira. Retesa os músculos. E salta com a graça de uma pantera a rastejar por entre mimosas. Desfere o golpe fulminante e destrutivo.

O rodízio também mimetiza as seis pessoas da conjugação verbal. Eu sou tu, que é também ele ou ela. Nós somos vós, que são também eles ou elas. Nada tem sentido obrigatório e tudo tem sentido fluido e indispensável. Tudo se comunica, como na arquitetura da casa de Jacques Tati.

Não há lugar único de fala e de atuação do personagem na pequena obra-prima de James Baldwin. A lição nos é dada pelo modo como o romance passa a ser composto. É-nos dada no momento em que se afirma a luta em favor dos direitos civis do negro e do direito dos gays, lésbicas e transgêneros à liberdade. A conversa entre os papéis e as funções — vale dizer, entre os personagens do romance — se dramatiza em rodízio e é a regra do movimento lúdico e interno que controla o périplo diário, altissonante e reivindicativo da fala multiétnica e multicultural e da sexualidade dos personagens. Vale dizer, de nós, seres humanos, num mundo colorido em tons de preto e de branco que — apesar de injusto e aberrante — aguarda que seus habitantes preservem a única tarefa fundamental, a de reconstruir a utopia. Utopia perdida juntamente com a perspectiva única e soberana, no estertor otimista da Renascença de Thomas More. Custe o que custar.

[2018]

Grafias de vida: A morte

> *Do lado esquerdo carrego meus mortos*
> *Por isso caminho um pouco de banda.*
>
> Carlos Drummond de Andrade, "Cemitério de bolso"

O LUGAR DOS ENCONTROS: A ENCICLOPÉDIA E O CEMITÉRIO

Não sei se já se disse que as enciclopédias — antigamente em papel e hoje eletrônicas —[1] são o mais amplo cemitério universal de biografias das notáveis vidas privadas responsáveis pela história do homem na face do planeta Terra. Aliás, enciclopédia e cemitério empresarial (o adjetivo "empresarial" é tomado de João José Reis e serve para distinguir o campo-santo moderno, em território público, do campo-santo em capela, ou arredores) têm a mesma data de nascimento: o século XVIII. Coveiro e biógrafo costumam não compartilhar o sentimentalismo que redobra e se desdobra na família enlutada e no admirador curioso. Ambos querem manter uma frieza distante, a daquele que apenas cumpre o ofício.

Vida e morte de cada indivíduo destacado renascem de modo sentimental nas poucas frases de responsabilidade dos familiares, inscritas no mármore da lápide, ou revivem de modo exato e técnico na página de livro, e se perpetuam — ou não — aos olhos do leitor de túmulos e de enciclopédias. Causada pelo tempo e suas intempéries, a corrosão é comum ao cadáver e ao biografado, como se, de tempos em tempos, o nomeado pela lápide do cemitério e o privilegiado pela letra impressa da enciclopédia precisassem ter as vidas passadas a limpo, como qualquer manuscrito julgado desconchavado por seu autor.

Na última comparação vai homenagem póstuma à "teoria das edições humanas": as diferentes fases da vida humana se sucedem com as correções impostas por uma "errata pensante", manufaturada por um revisor arrependido, autocrítico ou consciente. A teoria das edições humanas foi executada com brilho nas *Memórias póstumas de Brás Cubas*: "Cada estação da vida é uma edição que corrige a anterior, e que será corrigida, também, até a edição definitiva, que o editor dá de graça aos vermes". A fome insaciável dos bichinhos subterrâneos não incorporaria, como metáfora final, as metáforas passageiras e sucessivas sobre o efeito do tempo e de suas intempéries na vida e no livro? A partir do momento em que coveiro e biógrafo põem a mão na massa, se explicita no subsolo o enigma da vida e da morte, ao mesmo tempo que, no papel, a materialidade da grafia humana se deixa corroer.

No cemitério, subjetividade, enaltecimento da vida e luto se casam e são identificados pelo nome próprio do cadáver enterrado ou descrito, que estará à disposição de visita pública por tempo indeterminado. Se o indiscreto visitante quiser ir além da consulta aos dizeres da lápide, basta abrir o volume que contempla sua curiosidade ou digitar o nome próprio em qualquer site de busca e obterá — em texto sucinto, objetivo e rigoroso — os inúmeros fatos particulares das várias "edições" da vida da pessoa pública em questão, do nascimento à morte, com direito, em alguns casos, a parágrafos sobre o legado e sua recepção séculos afora.

Ao contrário do que acontece nos campos-santos, onde a anarquia reinante é proposta ou pela precedência cronológica assumida pela foice assassina ou pela desigualdade social que armazena na gaveta o cadáver que poderia estar também em túmulo, nas enciclopédias a ordem alfabética abre espaço igualitário, amplo e flexível para o encontro póstumo entre todos os biografados, ou seja, oferece um local comunitário singular que acolhe as aproximações biográficas mais estapafúrdias e, com tolerância e respeito, deixam-nas convergir obrigatória e aleatoriamente pelo recurso à ordem ditada pelo abc.

Dispostos alfabeticamente, os verbetes na enciclopédia põem em destaque o nome de família dos cidadãos e das cidadãs que merecem ter sido escolhidos pelo mérito alcançado na vida pública. O espaço comunitário alfabético permite que haja uma sincronização perfeita de todas as vidas vividas em todos os tempos. O ajuste sincrônico é também *universal* (até onde o conceito o é, ou pode ser, na realidade). Deixam-se de lado não só as formas independentes de catalogação que se pautariam pelo tempo e sua cronografia (sucessão das idades do homem, das divisões clássicas da história etc.), como também as que se agrupariam pela nacionalidade e suas províncias ou, finalmente, por outros critérios que poderiam se transformar em modelos alternativos de organização, como etnia, disciplina do saber, gênero etc.

No romance *A náusea*, de Jean-Paul Sartre, o narrador-personagem Antoine Roquentin quer ser biógrafo. Passa os dias na biblioteca pública da cidade de Bouville, onde pesquisa a história francesa. Pretende levantar dados para a tese universitária que deseja escrever sobre o falecido marquês de Rollebon. Começa a pesquisa por onde deve começar: "A *Grande enciclopédia* consagra algumas linhas a esse personagem [o marquês de Rollebon]; li-as no ano passado".[2] Na fase seguinte do levantamento de dados, vasculha muitos livros e os variados manuscritos depositados na biblioteca, ao mesmo tempo que observa e analisa, no museu da cidade, os retratos pintados dos cidadãos beneméritos. De esguelha, espia também o estranho gênero humano que o cerca ao vivo e em cores para transformá-lo em personagem contemporâneo. Roquentin é todo olho: um narrador-voyeur de livros, manuscritos e telas, a espreitar também os construtores da cidade ("os Salafrários", como acaba por apelidá-los) e os atuais e miseráveis ratos de biblioteca, que buscam preservar a memória pela biografia.

Roquentin descobre espantado outro ajuste, o do consulente de enciclopédia com o alfabeto: ninguém é mais submisso à ordem imposta ao conhecimento humano pelo abc que o rato a quem ele dá o delicioso apelido de Autodidata, uma espécie de paródia da erudição e dos ideais humanistas pregados pelos enciclopedistas franceses. O Autodidata acredita piamente que, pela leitura mecânica e epidérmica da *Larousse*, terá acesso ao saber total. Basta devorar uma enciclopédia, volume após volume, verbete após verbete, de "a" a "z". No momento em que Roquentin o encontra, o Autodidata já tinha lido vários volumes da enciclopédia selecionada, sabe tudo de um todo — só que até a letra "l". Para chegar ao "z", tem a vida pela frente.

O jovem pesquisador Roquentin se espanta porque seu colega de biblioteca e de pesquisa desrespeita as fronteiras do saber estabelecidas pela história, ou pelas várias disciplinas universitárias, e se deixa guiar por uma única linha em suas leituras. Roquentin se justifica: "As leituras do Autodidata sempre me desconcertam. De repente voltam à minha memória os nomes dos últimos autores cujas obras consultou: Lambert, Langlois, Larbalétrier, Lastex, Lavergne. É uma iluminação; entendi o método do Autodidata: instruiu-se por ordem alfabética".[3] A formação enciclopédica pelo alfabeto tem muito a ver com a que se depreende durante uma visita de turista maravilhado pelas aleias dum cemitério de celebridades, como o famoso Père-Lachaise, em Paris. Na lógica planejada e na anarquia do acaso, sobram e faltam cadáveres.

Aliás, em virtude de a enumeração das pessoas públicas seguir obrigatoriamente a ordem alfabética, o nome próprio é sempre soberano nas enciclopédias, a não ser que se siga o modelo da China, que a desconstrói. A enciclopédia chinesa foi apresentada e descrita por Jorge Luis Borges, e endossada por Michel Foucault em *As palavras e as coisas*. No texto de Borges se lê que "os animais se dividem em: a) pertencentes ao imperador, b) embalsamados, c) domesticados, d) leitões, e) sereias, f) fabulosos, g) cães em liberdade", e assim por diante. Para o francês Michel Foucault, "a monstruosidade que Borges faz circular na sua enumeração consiste [...] em que o próprio espaço comum dos encontros se ache arruinado. O impossível não é a vizinhança das coisas, é o lugar mesmo onde elas poderiam avizinhar-se".[4] A ordem do alfabeto (a, b, c, d...), que sempre serviu para ordenar a abundância de seres humanos e, no caso, de animais diferentes, se encontra arruinada na enciclopédia chinesa de que fala Borges. Os seres circunvizinhos se organizam pelo disparate.

REMISSÕES E FRAGMENTAÇÃO

Entre as muitas enciclopédias recentes, contamos no Brasil com os vinte volumes e as 11 565 páginas da *Enciclopédia Mirador Internacional*. Foi publicada em 1975, tendo sido Antônio Houaiss o seu editor-chefe.[5] Os direitos pertencem à Encyclopaedia Britannica do Brasil. A menção à data de publicação não é gratuita. Muitos dos assessores editoriais (redatores) eram jornalistas ou jovens artistas e intelectuais — com ou sem formação universitária — que estavam sendo perseguidos pelo regime militar de exceção instalado no Brasil em 1964, ou que tinham sido privados do emprego público por defesa de pensamento revolucionário ou por atividade dita subversiva.

Destaca-se a *Mirador* por não querer impor a qualquer preço a ordem alfabética admirada pelo Autodidata e por não se entregar às fantasias catalográficas em que foi mestre nosso querido Borges. A enciclopédia propõe uma impecável organização dos vinte volumes que, sem escapar completamente ao local dos encontros determinado pela enumeração alfabética, escapa, no entanto, da ordenação por verbete revelado apenas pelo nome próprio da pessoa pública biografada. E assim estabelece um sugestivo, enriquecedor e complexo jogo de remissões.[6]

O primeiro volume da *Enciclopédia Mirador Internacional* se intitula *Índices*. No índice geral se encontram dispostos e expostos todos os verbetes. A entrada no índice pode vir grafada em negrito, o que "significa que há no corpo da enciclopédia um verbete próprio que trata em especial desse tema". Ele estará lá, num dos dezenove volumes, segundo a ordem alfabética. Quando a entrada é grafada em tipo normal, isso "significa que o tema é tratado nos locais indicados, sem constituir verbete especial". A figura humana não tem, por assim dizer, vida própria, é apenas *remetida* a outros e indispensáveis verbetes. Se a entrada for precedida de um asterisco, isso "significa que se trata de ilustração (fotografia, desenho, geograma, gráfico, tabela etc.)". Fiquemos com os nomes próprios e com a distinção entre grafia em negrito e em tipo normal.

Acatamos a distinção porque ela desconstrói a ordenação tradicional das enciclopédias, na qual toda pessoa pública com direito a ser cidadão do mundo tem seu verbete garantido por uma única entrada. No caso da *Mirador*, só um número restrito de pessoas tem direito ao verbete integral. Isso porque as *remissões* que são recomendadas no índice geral servem principalmente para *fragmentar* — pela diversificação estampada e sugerida como fonte de consulta — a biografia do eleito pelo consulente, ou para minimizar a importância do cidadão, negando-lhe o direito à entrada em negrito no índice geral. O propósito do nome inscrito em tipo normal é, sim, o de inserir a pessoa, mas em contexto mais amplo e mais acolhedor que o texto da vida vivida de maneira singular. Cidadão do mundo, mas de segunda categoria.

Algumas pessoas públicas entram na *Enciclopédia Mirador* por porta estreita, estreitíssima,[7] outros por porta larga, larguíssima. Questão de mérito, segundo os exigentes enciclopedistas.

GRAFIAS DE VIDA: A MORTE   343

Tomemos um exemplo clássico de nome que recebe tratamento especial. "Vargas, Getúlio" está grafado em negrito no índice geral. Portanto, os olhos do leitor curioso são encaminhados ao volume 20 (na lombada, lê-se: Trabal-Zwingli), no qual se encontra uma biografia sucinta do conhecido e pranteado presidente do Brasil. Lido o verbete e absorvido o diversificado e amplo conteúdo, recomenda-se que os mesmos olhos voltem ao primeiro volume da enciclopédia (isto é, ao índice geral), já que a biografia de Vargas pode ser lida em fatura integral e pode também aparecer *picotada* — como imagem de videoclipe — e *esparramada* por diversas outras entradas da enciclopédia — como que numa sugestão da necessidade e da importância de uma montagem cinematográfica das várias sequências da vida por parte do leitor criterioso.

Em resumo: a grafia de vida do presidente Getúlio Vargas se encontra de maneira integral no verbete "Vargas, Getúlio" e de maneira picotada nas várias remissões propostas pelo índice geral, esparramando-se, portanto, e se diluindo por vários outros verbetes da enciclopédia.

Dados importantes e pouco desenvolvidos no verbete "Vargas, Getúlio" poderão ser melhor apreciados nas circunstâncias específicas e em diversos contextos aparentemente alheios à sua grafia de vida. No índice geral, em seguida ao nome de Vargas, são sugeridas consultas a outros verbetes, como: "Brasil" e "café"; "partido político", "integralismo" e "populismo"; e ainda "revolução", "tenentismo" e "estado de São Paulo". Seria, pois, recomendável que o leitor aprofundasse o conhecimento biográfico do presidente da República encaminhando-se para a história da nação na passagem da República Velha para a República Nova, e ainda durante o período do Estado Novo. Encaminhando-se também para sua atuação controversa na lavoura do café quando a economia brasileira foi afetada pelo crash de 1929, ou ainda para sua rivalidade com partidos políticos permeados pelo fascismo em tempos de autoritarismo, como o PRP (integralista) e, finalmente, para a análise de sua atuação em forma moderna de governo republicano, como o populismo.

Amplia-se o relato propriamente biográfico de Vargas pelo recurso dos editores a remissões. Elas, uma a uma, introduzem *cunhas* sucessivas no verbete, fragmentando a grafia de vida predeterminada pela obediência à cronologia e pela sucessão linear dos fatos. As várias remissões ampliam o texto obediente à ordem do alfabeto, retrabalhando-o pelo processo de fragmentação e de dispersão da grafia de vida, com o fim de levar o leitor a conhecer a figura em pauta de maneira mais acidentada e incoerente. Ao mesmo tempo, leva-o a situá-la entre seus distantes e universais companheiros de ideias e de atuação no passado, no presente e no futuro. Tendo consultado a enciclopédia, o leitor pôde finalmente satisfazer sua curiosidade de maneira criteriosa e crítica.

A leitura do verbete "Vargas, Getúlio" se soma à sua remontagem pelo leitor através das remissões, que funcionam como cunhas (através das explicitações do subtexto — como diz hoje a informática).

Em suma, se se quiser conhecer alguma pessoa pública de menor monta pela consulta à *Enciclopédia Mirador*, descobre-se que ela não merece um verbete, e seu nome virá grafado em tipo normal no índice geral. O nome em pauta só será encontrado e citado num contexto mais amplo que mereceu verbete. Se se quiser conhecer alguma pessoa pública de maior importância nacional ou internacional, pode-se ir diretamente ao volume em que se encontra o verbete com seu nome, grafado em negrito no índice geral. Lá, o leitor encontrará uma biografia particularizada, de propósitos claros, objetiva e mais ou menos minuciosa, embora seu conteúdo nunca se apresente *fechado*. Isso porque é sempre recomendada a viagem de volta ao índice geral, para que o consulente se informe das remissões, que reabrem o conteúdo pela fragmentação.

Acrescente-se que a atualidade (pelo menos a cinematográfica) segue à risca a fragmentação da grafia de vida proposta pelo uso das remissões no índice geral. Certos filmes recentes servem de exemplo para uma fascinante discussão sobre o gênero biografia, que a todo momento ganha mais e mais adeptos no Brasil literário. Refiro-me a *Madame Satã* (2002), de Karim Aïnouz, *Diários de motocicleta* (2004), de Walter Salles, e *Capote* (2005), de Bennett Miller. Em lugar de assistir à dramatização de um longo e abrangente relato cronológico de Madame Satã, Che Guevara ou Truman Capote, o espectador é surpreendido com o tiro certeiro do roteirista e do cineasta: elegem uma fase especial da vida de cada um dos biografados (a juventude do gay marginal carioca, as viagens do futuro revolucionário argentino pela América Latina, as peripécias que cercam a pesquisa e a redação do livro *A sangue frio*, respectivamente), atentando para o fato de que o foco de luz a torna simbólica de todo um percurso de vida.

Em tempos de excesso e de facilidade na aquisição de informação, seria indispensável seguir a trajetória convencional e realista de nascimento, fases sucessivas da vida e morte? Não seria melhor isolar determinado momento "definitivo" da vida de uma figura pública, domesticá-lo como a um potro selvagem, a fim de mostrar cuidadosa e complexamente esse fragmento duma grafia de vida, tornando-o emblemático da passagem do ser humano pela Terra? Não estaríamos assim mais próximos de um dos ideais da enciclopédia, que é representar o universal pelo indivíduo?

CEMITÉRIO, ROMANCE E BIOGRAFIA

> *Um livro é um vasto cemitério onde na maioria dos túmulos já não se leem as inscrições apagadas.*
>
> Marcel Proust, *O tempo redescoberto*

Não sei se já se disse que os romances (*novels*, em inglês) — desde sempre em papel e hoje acessíveis também pela internet sob a forma de e-books — são outro cemitério universal de biografias, agora de pessoas públicas quase nunca heroicas, expostas em tamanho natural e muitas vezes anônimas (ou cujo nome próprio foi apagado propositadamente pelo escritor, que o troca por outro mais convincente ou apelativo). Em termos de grafias de vida quase tudo é ficção. Com o correr dos anos ou das décadas, as pessoas públicas ficcionais ganham — graças à leitura e apenas a ela — identidade e perfil próprios e se transformam (ou não) em notáveis protagonistas da literatura moderna. Por coincidência, ou não, teremos de voltar ao século XVIII europeu, agora para festejar o nascimento do romance (*novel*, repito) na Inglaterra.

A aproximação entre a pessoa pública destacada, objeto do verbete enciclopédico, e o protagonista inventado, razão de ser do romance, se dá — pelo menos desde Daniel Defoe no século XVIII, passando por Gustave Flaubert e Machado de Assis no XIX — pelo uso que o romancista faz do relato biográfico (ou autobiográfico, se a narrativa for escrita em primeira pessoa)[8] como *suporte* para a grafia de vida ficcional que ele dramatiza no relato que imagina, redige e é impresso pelo editor e, à semelhança da enciclopédia, vendido pelo livreiro. Para a estética do romance, "suporte" é como a moldura que enquadra a tela pelos quatro lados. A tela/romance não se confunde, porém, com o suporte/biografia, embora se toquem pelas extremidades como acontece com realidade e ficção, ou com objetividade e subjetividade.

A dominância do gênero romance (da pintura na tela) sobre o gênero biografia (a ampliação do verbete enciclopédico em livro) marca o estatuto ambíguo, sedutor e grandioso dos grandes e pequenos personagens ficcionais da era moderna. Os leitores se lembram deles — e recorrem a uns e a outros como reforço nos argumentos de caráter pessoal ou opinativo. Recorrem também — em igualdade de condições — às várias figuras públicas que se revelam no verbete da enciclopédia ou nas biografias. As duas fontes de grafias de vida — a enciclopédia, de um lado, e a biografia e a ficção, do outro — alimentam a mente da maioria dos letrados e movimentam de modo conveniente e casual a engrenagem expositiva da imaginação cidadã nos relatos e nos debates públicos. Ambas as fontes produzem exemplos que servem de *referência*, para usar o vocabulário pop dos nossos dias.

Os personagens ficcionais têm um dos pés fincado na realidade, já que essa ou aquela figura da prosa literária que tanto admiramos têm sua gênese nas observações feitas pelo romancista sobre pessoa(s) pública(s) com quem mantém relações próximas ou distantes. E tem o outro pé — desenhado de maneira imaginosa, obsessiva e egocêntrica — concretizado em palavras e em frases. O fim da dupla e contraditória pisada do romancista é apenas a literatura, *les belles lettres*, como dizem os franceses, já que as observações sobre pessoa(s) pública(s) existem para se transformar em grafia de vida ilusória e para se somar a outros personagens de maneira dramática e complexa pela força centrífuga do talento artístico.[9] Este engendra em papel vidas verossímeis, embora imaginadas. Verdadeiras, embora mentirosas.

Bem narrada e bem estruturada, a grafia de vida inventada se apresenta na livraria e na internet sob a forma do que se chama "prosa de ficção".

Pelas misteriosas razões elaboradas pela longa tradição literária do Ocidente, a grafia de vida da figura pública foi desbancada da primazia alcançada na Antiguidade clássica, nos compêndios de história e nas enciclopédias, e acabou por se apresentar nos tempos modernos como subserviente à grafia de vida ficcional e por ser considerada menos importante que a caçula pela crítica, isso em virtude do trabalho corrosivo do tempo, que afirma ser mínima a durabilidade textual da grafia de vida de figuras públicas. Tal é a razão de ser do notável ensaio "A arte da biografia", de Virginia Woolf, publicado originalmente em 1939 na revista *Atlantic Monthly*.[10] Virginia intermedeia a relação desequilibrada entre romance e biografia pela noção do que seja arte. Daí a pergunta que abre o ensaio: a biografia é uma arte? A questão se agiganta ao se constatar a mortalidade precoce dos relatos propriamente biográficos, "quão poucos sobrevivem, enfim, da infinidade de vidas já escritas".[11]

Comparada às artes da poesia e da ficção, a biografia é paradoxalmente "uma arte jovem".[12] Seus personagens vivem em nível mais baixo e vulnerável de tensão e, por isso, não estão destinados "àquela imortalidade que o artista de quando em quando conquista para o que ele cria".[13] O material de que é feito o personagem de ficção "é mais resistente". Enquanto o biógrafo escreve "amarrado" (aos velhos amigos do biografado, que fornecem as cartas, à senhora viúva, sem cuja ajuda a biografia não poderia ter sido escrita etc. etc.), o romancista escreve de modo "livre". Virginia Woolf associa a limitação do biógrafo aos laços humanos que o amarram:

> Ao se queixar de estar preso por amigos, cartas e documentos, o biógrafo já punha o dedo num elemento necessário à biografia; e que é também uma *limitação necessária* [grifo meu]. Pois o personagem inventado vive num mundo livre onde os fatos são verificados por uma pessoa somente — o próprio artista. A autenticidade dos fatos está na verdade da visão do artista.[14]

No passo seguinte, Virginia explora a fatal "combinação" dos gêneros biografia e romance, ou seja, o compromisso entre fato e ficção por parte de quem escreve. Para a análise contrastiva, Virginia estabelece como parâmetro duas biografias escritas pelo mesmo Lytton Strachey (1880-1932) — a da rainha Vitória (1921) e a de Elisabete I (1928). No primeiro caso, Lytton "tratou a biografia como um ofício, submetendo-se às suas limitações".[15] Manteve-se, portanto, nos limites estreitos do mundo fatual. "Cada afirmação" — anota Virginia — "foi verificada; cada fato foi autenticado. [...] Lá estava a rainha Vitória, sólida, real, palpável." No segundo caso, Lytton "tratou a biografia como uma arte, desprezando suas limitações".[16]

Diga-se a favor do biógrafo/artista que muito pouco se sabia a respeito de Elisabete I: "A sociedade na qual ela viveu estava tão distante no tempo que os hábitos, os motivos e até mesmo as ações das pessoas daquela época se revelavam cheios de obscuridade e de estranheza".[17]

Virginia diagnostica: "Somos forçados a dizer que o problema [da perecibilidade] está na biografia em si mesma". A imaginação do artista elimina o que há de fugaz nos fatos, constrói com o que é durável. Se o biógrafo "inventar fatos como um artista os inventa — fatos que ninguém mais pode verificar — e tentar combiná-los a fatos de outra espécie, todos se destruirão entre si".[18]

Uma coisa, no entanto, faz o biógrafo sobressair ao romancista. Ele "deve rever nossos padrões de mérito e expor novos heróis à nossa admiração".[19] A literatura moderna abandona mais e mais o papel didático/civilizatório dos compêndios de história e da enciclopédia e abre feridas narcísicas no protagonista da prosa de ficção, como veremos adiante com a ajuda de Northrop Frye. A leitura da ficção contemporânea se faz mais e mais pelo tom irônico, já que há muito o protagonista deixou de ser o modelo a orientar nossas ações.

FLAUBERT E MAUPASSANT

A oscilação entre a observação atenta da figura na esfera pública, que adestra a percepção e a sensibilidade do escritor, e a livre invenção do protagonista no universo privado, em que a sensibilidade do criador de ficção se exercita obstinadamente na busca da expressão artística — em suma, a arte do romance no seu nascimento e apogeu —, se encontra magnificamente apreendida num pequeno e precioso volume de anotações críticas de Ezra Pound, intitulado *Abc da literatura*. Ele narra a seguinte anedota:

> Dizem que foi Flaubert quem ensinou Maupassant a escrever. Quando Maupassant voltava de um passeio com Flaubert, este lhe pedia para descrever alguma coisa, por exemplo uma *concierge* por quem teriam que passar em sua próxima caminhada, e para descrever tal pessoa de modo que Flaubert a reconhecesse e não a confundisse com nenhuma outra *concierge* que não fosse aquela descrita por Maupassant.[20]

No processo de diferenciação entre a grafia de vida exposta pela enciclopédia ou pela biografia convencional e a grafia de vida avivada pela ficção, Flaubert agiganta o papel do romancista, futuro narrador da trama dramática, não só pela invejável capacidade de observação dos seres humanos como também pela maestria no exercício preciso da língua e no comando justo da linguagem artística, enquanto apequena o comparecimento real da figura pública pela ausência de nome próprio ou pela invenção de nome próprio diferente, que se afina, no entanto, com a caracterização psicológica dada pelo narrador.[21] Na anedota citada, temos uma *concierge* anônima e específica que, se bem desenhada literariamente, representaria todas as *concierges*. Dessa maneira é que foram construídos os protagonistas de livros tão fascinantes quanto *Um coração simples*, de Flaubert, *O velho e o mar*, de Ernest Hemingway, ou *Uma vida em segredo*, de Autran Dourado. E ouso acrescentar: de meus contos que se encontram reunidos no livro *Anônimos*.

O poder artístico do narrador está em conseguir *camuflar* uma pessoa pública, um ser "sem importância coletiva" (para retomar a palavra de Louis-Ferdinand Céline na epígrafe de *A náusea*). Está em ser capaz de *esconder* a menos significante das pessoas por trás da observação refinada e das frases compostas a duras penas, com vistas a uma ambição superior — a da criação de um ser de papel e letras, autônomo, futuro e complexo personagem de ficção.

Na leitura da grafia de vida ficcional, o personagem não deverá ser reconhecido como figura pública (em carne e osso, como seu próximo ou distante modelo-vivo), e só o será por uma testemunha ocular do fato narrado ou por eventuais recortes de jornal.[22] Não tenhamos dúvida, o recurso à testemunha ou à imprensa da época apenas reduz a criação literária, como no caso da biografia, às suas fontes (legítimas, claro, mas não é para isso que se lê e se discute uma obra literária). A redução da obra de arte ficcional ao enquadramento proposto pelo gênero biográfico equivale a buscar na prosa do romance informação semelhante à que se obtém na leitura duma foto três por quatro numa carteira de identidade. A testemunha ocular e a imprensa poderão atestar a favor da *veracidade* da narrativa literária, trazendo à baila o nome próprio que o narrador hábil tem por norma trocar. A testemunha ocular nunca poderá atestar a favor da *verossimilhança* da narrativa literária. Apenas o atento *leitor* crítico pode fazer isso.

Tanto o obscuro Robinson Crusoé, inventado por Defoe a partir de vários relatos de naufrágio, quanto a insignificante *concierge*, tal como descrita por Maupassant por sugestão de Flaubert; tanto a empregada doméstica Félicité de *Um coração simples* quanto o pescador de Hemingway ou a prima Biela de Autran Dourado são personagens que não são superiores ao meio em que vivem. Misturam-se a cada um de nós no cotidiano e, dessa forma, são apenas um de nós a sobreviver.

Os romancistas ingleses do século XVIII são os responsáveis por abrir uma ferida narcísica na conturbada evolução social do protagonista na literatura universal. Quase dois séculos mais tarde, Freud escavaria ainda mais a ferida ao lembrar a própria descoberta do inconsciente, precedendo-a a do heliocentrismo revelado por Copérnico e a da seleção natural proposta por Darwin. Questionado o orgulho desmedido do homem, ferido na sua vaidade e no seu amor-próprio, desfazem-se para sempre os laços profundos que a grafia de vida ficcional mantinha com o verbete enciclopédico clássico que representa — pelo destaque do nome e dos feitos comprovados pelas circunstâncias — o altíssimo valor de determinada pessoa pública, reconhecida pela comunidade e pela história.

PARÊNTESE

Por outro lado, acentua Virginia, a imaginação do romancista "é uma faculdade que não custa a se cansar e precisa revigorar-se em repouso". A observação extraída do já citado ensaio sobre "A arte da biografia" nos remete à dupla pisada do artista, a que se refere Ezra Pound em sua anedota sobre Flaubert, e serve para alertar sobre a apatia e o silêncio que intranquilizam o romancista no momento em que a imaginação criadora entra em ritmo de desânimo. Para retirá-la da letargia, de que se alimenta a imaginação combalida do artista? Virginia sabe que não será da poesia nem da ficção menores, que só entorpecem e corrompem a invenção que se quer destemida e forte. Por essa razão é que a notável romancista se arrisca a tirar da cartola o coelhinho que traz a resposta justa: a boia de salvação do romancista em repouso virá das informações autênticas[23] a partir das quais é feita a boa biografia. Explica-se:

> Contando-nos os fatos verídicos, peneirando na grande massa os pormenores e modelando o todo para que percebamos seu contorno, o biógrafo faz mais para estimular a imaginação [do romancista] do que qualquer poeta ou romancista, exceto os maiores de todos. Pois poucos poetas e romancistas são capazes desse alto grau de tensão que a própria realidade nos dá. Mas qualquer biógrafo, desde que respeite os fatos, pode nos dar muito mais do que apenas outro fato para acrescentar à nossa coleção.

FERIDA NARCÍSICA

Northrop Frye é quem primeiro põe o dedo embaraçoso da teoria dos gêneros na ferida narcísica sofrida pelo protagonista do romance na história da literatura universal. A instituição tardia do gênero romance (chamado não por casualidade de *novel* em inglês) reafirma, antes de mais nada, o descrédito por que passa o mito como moldura da história narrada. Põe-se em seu lugar a biografia como trabalhada pela enciclopédia. Como consequência direta, o novo gênero literário contesta o herói como ser divino ou semidivino, da forma que vinha sendo propagado pela literatura antiga até a épica renascentista.

O herói clássico tradicional é substituído pelo marinheiro desconhecido cuja caravela naufraga nas costas do Novo Mundo. Sobrevivente solitário, o protagonista do romance *Robinson Crusoé* encontra abrigo numa ilha deserta, onde tem de reconstruir, com a precariedade das mãos demasiadamente humanas, todo o ambiente civilizatório que o desastre marítimo lhe rouba. No capítulo dedicado ao romance de Defoe em *A ascensão do romance*, observa o crítico Ian Watt: "Ele [Robinson] era responsável pela determinação de seus papéis econômico, social, político e religioso".[24] O planeta desaparece por acidente marítimo e reaparece milagrosamente pelos olhos e pelas mãos de Robinson. O mundo (nosso conhecido) é construção dele, exclusivamente dele.

Em *Anatomia da crítica*, no capítulo "Teoria dos modos", Frye demonstra como, na sucessão histórica das obras artísticas, o protagonista passa gradativa e substantivamente do "modo imitativo elevado" (*high mimetic*) para o "modo imitativo baixo" (*low mimetic*),[25] e ainda esclarece: "Se não for superior aos outros homens, nem ao seu ambiente, o herói é um de nós: respondemos a uma percepção de sua humanidade comum e exigimos do poeta os mesmos cânones de probabilidade que encontramos em nossa própria experiência".[26]

Nesse contexto, onde reina a probabilidade como abertura para a experiência a ser vivida — e não a fatalidade como mestra de epílogos —, alerta Frye, há dificuldade em conservar a palavra "herói" no sentido de "ser divino" ou de "semideus". Tem-se de lhe emprestar um significado bem mais limitado, que será apreendido de maneira inteligente e hábil pelo leitor por meio da ironia. A trama do romance passa a se desenvolver em torno de uma pessoa mediana em particular, em situação que lhe é peculiar ou um tanto deplorável. A anteceder de quase um século "o herói sem nenhum caráter", que é o Macunaíma de Mário de Andrade,[27] Frye lembra o primeiro caso em que se desconstrói a noção clássica de herói: "Thackeray" — ele escreve — "se sente obrigado a chamar *A feira das vaidades* de um romance sem herói".[28]

Em *A ascensão do romance*, Ian Watt assinala que — e tomamos aqui as palavras dele como recapitulação do estágio moderno da teoria dos modos de Frye —

Defoe e Richardson são os primeiros grandes escritores ingleses que não extraíram seus enredos da mitologia, da História, da lenda ou de outras fontes literárias do passado. Nisso diferem de Chaucer, Spenser, Shakespeare e Milton, por exemplo, que, como os escritores gregos e romanos, em geral utilizaram enredos tradicionais.[29]

Ian Watt ainda anota que, desde o Renascimento, há uma crescente tendência em substituir a tradição coletiva pela experiência individual, que passa, então, a ser o árbitro final da realidade, transformando-se em importante parte do cenário cultural que dá origem ao aparecimento do romance.

Se Frye e Watt são os primeiros a pôr a mão na ferida narcísica que configura o poder da experiência individual na ficção moderna, será Karl Marx, nos manuscritos reunidos em *Grundrisse*, quem abordará de maneira definitiva a contradição que se alicerça e é mantida como fundamento da força individualista que se torna possessiva e se exercita como tal. Ou seja, no momento em que o "individualismo possessivo", para retomar a expressão cunhada pelo cientista político C. B. Macpherson ao analisar Hobbes e Locke, se torna parte constituinte do éthos do protagonista ficcional criado pelo romance inglês do século XVIII, cujo melhor exemplo nos é dado pelo personagem Robinson Crusoé. Sua desventura e suas aventuras utópicas foram avaliadas da perspectiva educacional por Jean-Jacques Rousseau e recomendadas a todos os estudantes, indiferentemente.

Descrente do papel do livro na "educação natural", Rousseau considera o romance de Defoe a única leitura indispensável. Isso porque

> Robinson Crusoé na sua ilha, sozinho, desprovido da assistência de seus semelhantes e dos instrumentos de todas as artes, provendo contudo a sua subsistência, a sua conservação e alcançando até uma espécie de bem-estar, eis um objeto interessante para qualquer idade e que temos mil meios de tornar interessante às crianças.[30]

Na sua análise econômica da sociedade capitalista, Marx trata o individualismo possessivo, tal como metaforizado pela solidão trabalhosa e inventiva de Robinson na sua ilha, como algo de "absurdo", ou como uma "robinsonada" (a razão para o segundo termo usado por Marx se torna evidente neste contexto). É tão evidente e clara a observação de *Grundrisse*, em particular para o pensador contemporâneo que nunca recusa a companhia fraterna da linguagem na argumentação e no raciocínio: a individualização do ser pode apenas e exclusivamente existir em sociedade, assim como uma língua só existe se indivíduos a comungam entre si.

Cito Marx:

> O ser humano é, no sentido mais literal, um *zoon politikón*, não apenas um animal social, mas também *um animal que somente pode individualizar-se estando no meio da sociedade* [grifo meu]. A produção do singular isolado fora da sociedade — um caso excepcional que por certo pode muito bem ocorrer a um civilizado por acaso perdido na selva e já potencialmente dotado das capacidades da sociedade — é tão absurda quanto o desenvolvimento da linguagem sem indivíduos vivendo *juntos* e falando uns com os outros.[31]

LEITURA COMO LITERATURA

Não sei se já se disse que o interesse, no século XVIII europeu, pela enciclopédia e pelo romance coincidiu com o aparecimento de um público leitor, ávido em consumir as grafias de vida que lhe eram vendidas como história ou como ficção. Essa coincidência nos permite retomar a pisada dupla do romancista para acrescentar ao seu corpo bípede uma terceira perna, aquela que costuma ser concedida à bailarina clássica — durante o exercício da coreografia no palco — pelo seu parceiro ágil e prestimoso. A terceira perna torna a bailarina um "tripé estável", para lembrar a expressão de Clarice Lispector.[32]

Na nossa argumentação, a terceira perna da bailarina revela a identidade do próprio romancista — corda estendida e tensa, chão acima do chão, solo mera ilusão de solo, por onde caminham em risco e ligeireza tanto o narrador como o personagem que ele enquanto artista inventa. Em seu benefício e em benefício da literatura, é sempre melhor que as duas figuras retóricas (narrador e personagem) nunca percam o equilíbrio e se esborrachem no chão.

Antes de representar o narrador ou o protagonista do romance, o indivíduo isolado e fora da sociedade — senhor absoluto da situação "absurda", da "robinsonada", de que fala Marx — é o alter ego do romancista que, tomado pelo desejo da criação artística, reconstrói o mundo ditatorial ilusoriamente, na busca utópica de perenidade, na busca da imortalidade para ele e para a obra. O escritor agora se desvencilha dos impedimentos e entraves impostos pelos fatos perecíveis que a todo instante cerceiam o texto curto e objetivo do enciclopedista, ou o largo e cronológico do biógrafo.

Propomos, portanto, a substituição do protagonista burguês e de suas ações no romance pela pessoa do romancista e pela sua atividade de escrever, tendo sempre em mente que o individualismo possessivo não se dá tanto em função da aventura paradigmática vivida na ilha deserta pelo marinheiro náufrago. O individualismo possessivo se dá em virtude e em função da *invenção duma ilha* — da grafia de vida numa ilha, metáfora para o próprio romance que se escreve, para a obra de arte —, na qual o indivíduo que se quer artista *naufraga* misteriosa e propositalmente a fim de acalentar a possibilidade de que possa — tendo se desvencilhado insensatamente da condição de *zoon politikón* — desenvolver uma linguagem sua e autônoma, necessariamente artística e utópica, que descarta as propriedades linguísticas que se adensam e nos constrangem em situações cotidianas, quando a língua é meramente instrumental, já que tudo se passa entre "indivíduos que vivem *juntos* e falam uns com os outros".

Tendo se deixado levar pela robinsonada, o romancista/náufrago pode criar outras e diferentes grafias de vida, a dos circunvizinhos que saem da sua imaginação em polvorosa e passam a habitar o espaço *ilha*, que lhe é seu e unicamente seu, dito romance.

A linguagem de responsabilidade do romancista, e que ele trabalha e desenvolve na sua obra — seu *estilo*, para usar uma única e definitiva palavra —, é menos parasita, é menos derivada do que se crê da fala comunitária dos animais sociais. Ela é fundamentalmente produto da leitura que ele faz de obras literárias. A história de Robinson Crusoé torna-se modelo moderno para o apetite que todo artista tem pela ficção da ilha, pela sua própria ficção, e pelas ações do náufrago, pela sua própria ação de escrever descomprometido da atuação no plano real. A ferida narcísica de que padece o protagonista da ficção se torna a couraça para os olhos que tudo enxergam e as mãos que tudo constroem e nada temem do romancista.

Por que não reler o poema "Infância" (1930), de Carlos Drummond de Andrade?

Meu pai montava a cavalo, ia para o campo.
Minha mãe ficava sentada cosendo.
Meu irmão pequeno dormia.
Eu sozinho menino entre mangueiras
lia a história de Robinson Crusoé,
comprida história que não acaba mais.[33]

[2015]

CRÍTICA DO PRESENTE

Os abutres

Somos a procura, a entrega, a fome e somos também o abutre do lixo americano.

José Vicente

Porém, raramente os gregos traduzem verbalmente as profundezas de sua sabedoria e de seu conhecimento. Entre o grande homem do conceito, Aristóteles, e os costumes e a arte dos helenos, subsiste um abismo imenso...

Nietzsche

I.

A curtição (sensibilidade de uma geração, sensação, estado de espírito, conceito operacional, arma hermenêutica, termômetro, barômetro, divisor de águas etc.) já foi consagrada pela música popular, principalmente pelo chamado grupo baiano liderado bifrontalmente por Caetano e Gil, que comporta grandes realizações, entre elas o extraordinário primeiro disco dos Novos Baianos. Teve seus momentos de visualização com os filmes de Rogério Sganzerla, Júlio Bressane, Neville d'Almeida, os super-8 de Ivan Cardoso, e com as peças de Antônio Bivar e José Vicente. Criou redações de jornal e de revista no Rio, em São Paulo e em Salvador. Nas bancas *Presença, Flor do Mal, Rolling Stone, Verbo* etc. A curtição ocasionou cisões homéricas e irrecuperáveis: entre a patota do *Pasquim* e os seguidores do guru Luiz Carlos Maciel; entre o pessoal que gosta dos baianos-que-voltam e os que são fãs do Milton Nascimento que-ficou e que não dispensa sua caipirinha; entre os bem-situados-badalados do Cinema Novo e os arrivistas malditos do cinema boca do lixo, para ficar com alguns exemplos recentes. A curtição deslocou o eixo da criação da terra-das-palmeiras para a London, London, descentrando uma cultura cuja maior validez e originalidade fora a de delimitar cultural, artística e literariamente determinada área geográfica que por coincidência se chamava Brasil. Deslocou o eixo linguístico luso-brasileiro para uma espécie de esperanto nova-geração, cristalizado em poucas palavras que se tornaram senhas entre os iniciados. Finalmente deslocou o eixo musical samba (ou bossa nova) para uma certa latinamericanidade: todos os ritmos são bons, como disseram Torquato Neto e Capinam em momento anterior e tropicalista. A curtição: Minha terra tem palmeiras/ onde badala o Big Ben. A curtição foi capa da revista *Veja* e seguramente assunto da revista *Manchete*. A curtição é vendida discretamente pelas agências de publicidade (entre na sua!), por meio de cartazes na parede, radinhos de pilha e televisão na sala.

Parece que agora chegou a vez de a curtição (sensibilidade de uma geração, sensação etc.) afetar aquilo a que por tradição e comodidade histórica chamamos texto literário: discurso fictício, em geral sob a responsabilidade de um ser-de-papel, o narrador, discurso que des/obedece a algumas regras da retórica da ficção determinadas pelas obras do passado literário. O *atraso* da literatura com relação a outras formas de expressão artística já chega a ser normal em nossa época, e talvez neste preciso momento em que a arte da curtição ouve seu canto de cisne é que a literatura comece a tomar conhecimento do que esteve acontecendo. Perdemos o bonde; não percamos a esperança.

Tal atraso tem sua razão de ser no fato de a nova geração olhar com tremendo pouco-caso a comunicação verbal e de considerar ainda com violento desprezo o que se define hoje como escritura. E também porque, do ponto de vista sociológico, estejamos diante de uma geração que curte o gregário, estando pois impossibilitada de aceitar a regra maior para a *leitura* do texto literário, a solidão. Geração portanto que se encontra pré-moldada, inconsciente ou conscientemente, pela teoria que visa a baixar a cotação da escritura na cultura do homem ocidental, desmistificá-la, dessacralizá-la (teoria expressa pelo grupo de teóricos franceses, conhecido como "estruturalista", e em particular por Lévi-Strauss),[1] e ainda predisposta pelos acontecimentos artísticos coletivos que são indícios seguros de um fim de século tecnocratizado e romano: as salas de cinema, os estádios, os festivais de música popular. Desconsideração para com o objeto escrito e congregação em torno de um acontecimento coletivo que capta a atenção e alucina o corpo e a mente — tais são as oposições que entram em jogo, criando um espaço não burguês, não caseiro, onde se podem fruir os prazeres da arte, sem se comprometer com a rigidez dos princípios da ideologia dominante.

Por isso tem-se criticado essa geração por dois lados: em primeiro lugar dizem que são incapazes de articular *verbalmente* seus desejos, ansiedades e angústias, seu estar-no-mundo. Essa atitude dúbia quanto ao valor e à significação do signo linguístico se encontra expressa numa máxima lapidar de Gramiro de Matos, onde se vislumbraria quase o dedo de Jacques Derrida: "Posso nomear objetos que os signos substituem. Falo sobre eles. Não posso enunciá-los".

E, por outro lado, são criticados pelo anarquismo, licenciosidade e promiscuidade com que cercam seus encontros coletivos. Geração portanto que desconfia da Palavra e da ordem imposta. Da ordem imposta pela Palavra. Geração que privilegia a comunicação não verbal e a des/ordem que esta instaura no solo já grego das taxinomias vocabulares, e que fundamentalmente traduzem uma organização ética e dicotômica dos valores sociais. É preciso descongestionar a vista e o ouvido da palavra — parece que foi a ordem geral —, mas para isso é antes preciso massacrá-los com o SOM. O som que rompe tímpanos (que levou o intransigente Millôr Fernandes a criar o KaliSono, aparelho que defende o cidadão "de todos os talentos musicais à solta na vizinhança") desune verbalmente o grupo, mas une comunitariamente os vários membros na curtição. Seria preciso começar a pensar as manifestações artísticas de nossa época não tanto em termos de *leitura* mas em termos de *curtição* (novas regras de apreensão do objeto artístico). Uma desloca a outra e inaugura um novo reino de gozo, de deleite, de fruição, de prazer estético.

2.

As novas regras seriam ditadas (eis *uma* maneira de começar a analisar o problema) pelo próprio exame do texto ou do objeto artístico que se inscreveria dentro da nova estética. Uma primeira noção que adiantaríamos é que o *trecho* é valorizado enquanto o *todo* é relegado a segundo plano. Não é por acaso que estamos de novo diante daquela mesma composição fragmentária que foi a marca registrada de Machado de Assis, de Oswald de Andrade e, um pouco mais longe, de Nietzsche. O aforismo contém a verdade. O trecho aparece trabalhado, bordado, rendado, pedindo portanto apreensão sintética (o fragmento) e ao mesmo tempo analítica (o bordado). Com isso também se perde a noção de continuidade narrativa, tão importante para a estética que nasceu com o século histórico por excelência que foi o XIX. A continuidade no e do texto, o discursivo, só faz sentido se se pensa dentro de uma lógica linear e unívoca, em que o contraditório é expulso em favor da dicotomia seletiva, do pensamento que se expressa em termos de forquilha e de opção. Desde Mallarmé ("evita-se o discursivo"), o problema é des/arranjar o texto na folha de papel, seja por meio de uma dispersão da inscrição gráfica, com a valorização do silêncio, do *branco*, seja ainda através do uso de uma tipografia variada que excluiria o texto dos moldes e da uniformidade do livro ocidental clássico.

Visto que o interesse é o de exigir do leitor que curta o texto, diversos recursos podem ser utilizados para causar o que os formalistas russos chamam de "estranhamento", termo cunhado por Chklóvski em artigo cujo título explica bem o espírito da curtição, "a arte como *artifício*". Esse efeito assinala a quebra do automatismo encontrado na apreensão e expressão linguística de todos os dias, e abre campo para a invenção e o exercício total da liberdade de criação. Diz Chklóvski (segundo a versão francesa de Todorov): "O artifício da arte é o artifício da singularização dos objetos e ele consiste em obscurecer a forma, em aumentar a dificuldade e a duração da percepção".

3.

Sem dúvida essas três categorias do estranhamento são mais que justas para uma primeira compreensão da estética da curtição: obscurecimento da forma, aumento da dificuldade e maior duração no processo de apreensão. Daí que o artista da curtição prefira o fragmento, a minúcia, o babado, esquecendo o que o escritor tradicional chamaria de alinhavo do texto, a costura do texto. São realmente textos-retalhos, desalinhavados, que temos diante de nós. Com isso, a ordem é curtir um barroquismo formal que se expressa pelo manuseio amaneirado e excessivo da frase e da palavra, fazendo com que ambas adquiram cambiantes arco-íris de fragmento para fragmento, ou mesmo dentro do próprio fragmento: "Deus Dabo Daus/ nafivo nativo navivo", por exemplo. Nenhum desejo de sistematização, nenhuma busca de estilo, a não ser a sistematização do estranho, do novo, do inesperado, da surpresa, da falta de estilo. Disso deriva o fato de que, assim como se curtia mais o som do que a letra em música popular, os autores jovens de textos literários parecem nos dizer que devemos curtir sobretudo a *sonoridade* da palavra. Talvez não fosse impróprio chamar essa arte de arte do significante (aproveitando a dicotomia saussuriana). Diz Gramiro de Matos (nos parece) citando: "[...] a poética poeticidade da forma tanto a sensação mágica, visual das palavras, quanto a eficácia sonora delas".

E ainda: "As formas — esqueletos das frases — transmitindo ao subconsciente vibrações emotivas subtis".

Assim sendo, os recursos técnicos que usam são menos comuns dentro da seriedade da literatura, e mais comuns dentro de uma estética dadá. Repetições constantes de palavras, de frases; grafia das palavras em contínua metamorfose; capítulos escritos de trás para diante (para serem lidos no espelho) etc. Já José Vicente, talvez o mais articulado de todo o grupo, dizia-nos que escreve "porque escrever é minha forma de brincar. É meu brinquedo favorito". A linguagem redescoberta pela criança em seu aspecto mágico e encantatório de abre-te-sésamo, quebra-cabeça, charada, enigma. Ainda em seu deslumbrante e guloso aspecto de macarrão de letras que se ingere ("Ponho-me a escrever teu nome/ com letras de macarrão...", Carlos Drummond), de cubos que se empilham ou se perfilam em busca de uma palavra que (talvez sim, talvez não) exista no dicionário.

Tudo indica pois que a arte da nova geração, erguendo-se como *brinquedo*, encontra sua satisfação numa apreciação lúdica em que o interesse maior vem do fato de o curtidor (visto que a palavra "leitor", já nesta altura, guarda certo ranço) manobrar o texto como se apresentasse ele "modelos para armar" (Julio Cortázar). Levando o lúdico até as últimas consequências, afirma Caetano em entrevista à *Rolling Stone*: "[...] mas a arte mesmo é o jogo. Eu acho que sempre que a gente pensa estar jogando moralmente com a arte, ou politicamente com a arte, a gente está é jogando artisticamente com a moral, ou artisticamente com a política, quando a gente é artista".

Esse deslocamento da problemática política e moral para o plano do artístico marcará sem dúvida alguma a diferença básica entre os tropicalistas de 68 e o grupo de artistas que em 72 desabrochou (e entre estes incluiríamos alguns daqueles tropicalistas que sentiram a necessidade de se transformar, como José Celso Martinez, em bela e comovida entrevista que deu a *Veja*, "Crise, mon amour", 31 jan. 1973). Basta que se compare, por exemplo, o trecho citado de Caetano com os dizeres de um panfleto que os atores de *Roda viva* (encenação de José Celso Martinez) jogavam para a plateia:

Todos ao palco!!!
　　Abaixo o conformismo e a burrice — PEQUENOS-BURGUESES! Tire a bunda da cadeira e faça uma guerrilha teatral, já que você não tem peito para fazer uma real, porra!!!

Nas palavras do Grupo Oficina havia a culpa e o ressentimento, até mesmo a noção de uma capitulação ideológica diante de outro grupo que se apresentava valente, destemido, autêntico. O espetáculo artístico, teatral, por sua impotência, nada mais podia ser do que um simulacro para pequeno-burgueses de um movimento que era real, verdadeiro, revolucionário.

4.

Urubu-Rei, de Gramiro de Matos (Ramirão), publicado pelas edições Gernasa, e *Me segura qu'eu vou dar um troço*, de Waly Sailormoon, editado pela José Álvaro, ambos em 1972, são os recém-chegados textos literários a que estamos nos referindo e nos referiremos. O autor do primeiro texto chama-se na realidade Ramiro Matos, tendo acrescentado a seu nome um G inicial e a preposição "de" em homenagem a Gregório de Matos. O nome do segundo é Waly Salomão; a modificação no nome tendo sido na certa influência da palavra-montagem joyciana, dando por resultado este "marinheiro da lua", de que fala o próprio Gramiro em entrevista à *Bondinho*. Aliás, não é por coincidência que Waly se tornou bastante conhecido como outro marinheiro, o da canção "Vapor barato", grande sucesso da cantora Gal.

Dentro ainda de uma descrição apressada, poderíamos arrolar as seguintes características dos dois livros. *Me segura* é mais anarquicamente convencional, enquanto *Urubu-Rei* surge como disciplinarmente vanguardista. Diz Sailormoon a certa altura de seu texto: "Juntar todos os meus escritos, botar debaixo do braço, levar pra Drummond ver, bater na sua porta, entrar em sua casa pra ouvir o poeta falar que literatura não existe. Pela manutenção do culto aos mestres, do aprendiz".

O primeiro é de leitura (e emprestamos a esse conceito apenas seu significado tradicional) quase impossível pelas distorções monstruosas operadas na linguagem, requerendo portanto uma nova maneira de abordagem, enquanto o segundo prefigura uma espécie de Fernando Braga Mendes Campos, ou mesmo *A vida como ela é*, do barato. Em ambos o mesmo desejo de dar xeque-mate nos reis imberbes que ocupam as penas dos críticos e as páginas dos suplementos literários e que começam a invadir a Academia Brasileira de Letras. Por exemplo, os nomes tão falados de Callado, Cony, Clarice, João Cabral, Autran Dourado, Rubem Fonseca etc. não aparecem citados em nenhum dos dois livros. Em ambos o apego desmesurado e radical a alguns poucos mestres do passado e do presente (lidos às vezes só na coleção "Nossos Clássicos") que, segundo eles, transmitiram e transmitem lição sábia para a atual geração: Gregório de Matos, Sousândrade, Qorpo Santo, Oswald de Andrade, Guimarães Rosa, entre os nacionais; Dadá, Pound e Joyce, entre os estrangeiros. Diz, por exemplo, Waly no delicioso "Minuto de comercial" (que prenuncia seu mais recente texto, "Na esfera da produção de si mesmo", inserido no almanaque *Navilouca*) que ele próprio é:

> [...] leitor apressado bobo calhorda... pretencioso de Sousândrade Oswaldândrade Guimarosa ou seja leitor do certeiro corte dos concretos. Leitor dos fragmentos 45 e 81 da edição brasileira bilíngue dos Cantares.

E Gramiro, em entrevista concedida à *Bondinho*:

> Conheci Sousândrade agora por intermédio de Augusto, o anjo dos campos já havia viajado mais pela manga Rosa do jacaré do São Francisco que não vai secar em Fragmentos do Finnegans Wake...

No lado brasileiro — percebe-se — o indício certo da escolha tem sido o fato de o escritor ter sido um marginal da literatura; não a marginalidade de um Álvares de Azevedo com as noites na taverna e o culto a Satã, mas o marginalismo criativo que dificulta a entrada do escritor para a história da literatura pátria. Marginalismo não tanto temático, mas um marginalismo de linguagem, de silêncio, na medida em que aqueles autores, pelo alto grau de criatividade com que cercaram suas obras, foram obrigados a transgredir os códigos linguísticos mais contundentes, o dicionário e a gramática, o léxico e a sintaxe. Poderíamos exemplificar com Gregório de Matos e Sousândrade. Conforme assinalou muito bem Antonio Candido, em *Formação da literatura brasileira*, Gregório de Matos não existiu "literariamente" até o romantismo, defasagem entre a escritura e a leitura, entre a obra e a aceitação dessa obra pela "literatura" que lembra defasagem semelhante que existiu entre a publicação de *O Guesa* e sua descoberta pelo grupo Noigandres. Poderíamos sem susto afirmar que tanto Gramiro quanto Waly são consequência direta do espírito revisionista que tem primado não só pelo fato de rever criticamente a literatura brasileira, como ainda por pensar novos modos de organização para uma "história da literatura brasileira", visto que os métodos de ordenação que conhecemos (o método histórico, o de estilo de época etc.) têm cometido barbaridades com nosso acervo.

E finalmente — aproximando-nos dos nossos dias — diríamos que pairam no ar, como pontos astrais de referência para as viagens de Gramiro e de Waly, a galáxia concreta paulista ("certeiro corte dos concretos"), os nomes citados no primeiro parágrafo deste capítulo, e mais a figura-guru, o enigmático curtidor de bólides, ninhos, labirintos, mentor supremo e pouco democrático da nova-Palavra: Hélio Oiticica. Hélio, de Nova York, dá régua e compasso ao grupo com cartas, helioteipes e hospedagem. No East Village — é claro.

5.

Finalmente, tanto no *Urubu-Rei* quanto no *Me segura*, nota-se um pouco-caso extraordinário (afinal estamos falando de literatura...) pelo que se chama o lado castiço da linguagem do escritor. Seus livros são permeados de palavras e de frases estrangeiras, sendo que temos como resultado uma macarronada linguística, digna do cosmopolitismo nova-iorquino ou paulista. No caso de Gramiro, já na primeira página não sabemos se o livro tem mais vocábulos parecidos ao espanhol, ou ao português, e mais tarde indagamos se afinal não estaria escrito em tupi-guarani. Já Waly — à semelhança do Nelson Pereira dos Santos de *Fome de amor* — não esconderia suas perambulações linguísticas em ritmo universal, apregoando no final do livro: "Uma imagem à venda: comprem o macarrão do Salomão, salada do Salomão".

Tal tomada de posição deve ser interpretada, em primeiro lugar, como um total descaso pela problemática da *língua* (brasileira, ou qualquer outra) e um interesse marcado pela pesquisa na *linguagem*. Assim sendo, tanto o projeto de Caetano, de Gil quanto o de Gramiro ou de Waly situam-se teoricamente mais próximos do arrojo cubofuturista de Oswald de Andrade, e bem distante estão das discussões mariandradinas em torno de uma possível gramatiquinha do falar brasileiro. Não existe neles, como não existiu em Oswald, um desejo de codificar o estilo literário modernista, ou, melhor dito, nem ao menos pensam todos eles que seja possível falar em termos de *estilo* literário, ou de estilo de um autor, pois a inovação morre no mesmo instante em que nasce. Esta também é a lição de Guimarães Rosa (quantos não gostariam de que ele não tivesse ousado ainda mais em *Tutameia*; *Grande sertão* já era demasiado), e não é de modo algum a lição de Manuel Bandeira, como estaria expressa no tão citado poema "Evocação do Recife". O signo linguístico não tem nacionalidade e nesta época de abertura de fronteiras culturais ("oriente ocidente!") todas as línguas são válidas desde que sejam capazes de traduzir com exatidão e eficiência os desígnios do autor, ou mesmo a *fatal/idade* de ser escritor nesta época tão apocalíptica. José Vicente chega mesmo a afirmar em entrevista à *Bondinho*, como que secundando palavras de André Breton quando definiu a problemática da *écriture automatique*, sua falta de controle sobre o objeto que ele mesmo está construindo: "Olha, quando eu escrevo, me sinto sendo conduzido. O próprio tema me parece, assim, independente da minha escolha. Então, o resultado ultrapassa também o que eu esperava".

Por outro lado, a salada linguística reflete pouco-caso pelo nacional apenas e o desejo de inscrever o projeto literário em algo mais amplo e mais válido (em termos puramente artísticos): a cultura planetária. Assim é que, de início, estamos diante de uma geração que, recusando as regras de jogo impostas pela tradição cultural renascentista (por que o corte Dante, Shakespeare, Camões, Cervantes, a não ser por terem codificado uma língua *nacional*?), coloca em questão as fronteiras, os limites, os passaportes, lutando por valores abstratos e universais, como a Paz, a Alegria, o Mágico, o Maravilhoso etc. Entre parênteses, ratificando o julgamento dos críticos da curtição universal, ouve-se a voz de Lautréamont: "A grande família universal dos seres humanos é uma utopia digna da lógica mais medíocre". Fechemos o parêntese. Talvez por aquele motivo é que seja este um movimento que se inscreve pouco dentro das categorias de nacionalidade em que estamos acostumados a pensar e a trabalhar (os diversos departamentos dentro das faculdades de letras), e se inscreve mais como projeto de duplicação dos fenômenos agudos da nossa cultura jovem, atual, universal. Ariana não traria mais para Teseu a linha da fronteira pátria, talvez apenas o cordão da idade. Segundo eles, os problemas devem ser pensados mais em termos de geração do que de nação. São eles "os abutres do lixo americano", ou, como diz Waly, existe qualquer coisa de "TRASHico" em tudo isso. A configuração do espaço artístico não seria pois mais feita levando em consideração características nativas, mas antes de mais nada constantes universais, preocupações, de uma determinada faixa da população do planeta.

6.

A crítica mais válida que se pode fazer ao grupo (e seria esta de caráter sociologizante) seria que, perdendo o contato com o nacional, com a cultura brasileira institucionalizada, mais e mais perdem a originalidade de expressão, pois se situam no espaço do estrangeiro com relação a nós, brasileiros, e com relação aos outros, que os considerarão sempre estrangeiros. Caetano justifica sua escolha:

> Apavorante é ser exterior. Porque o fato de você ter uma nação, um lugar com uma série de relações, funciona como novo útero: tudo o que está fora disso apavora por estar fora. É uma sensação reacionária de querer ficar, não querer sair. Agora, como você sabe, desse útero fui expelido com uma certa violência, e o próprio fato desse exterior não ser sofrido é confortador.

José Vicente não esconde sua marginalidade dentro do marginal europeu que é a ilha de Wight:

Na ilha de Wight, por exemplo, eu vi aquela gente toda linda, maravilhosa... Eu me sentia vindo de um lugar tão mais cruel, tão mais violento, sabe, onde a gente sempre teve que conquistar as coisas na marra.

Antônio Bivar, apresentando a primeira versão de *O cão siamês* no programa da peça, justificava a si e à heroína da peça como marginais, não tanto dentro da sociedade brasileira, mas dentro da "sociedade de consumo":

> Relendo a peça várias vezes eu cheguei à conclusão de que ela me coloca em defesa dos marginais. E aqui, a palavra "marginal" não adjetiva o tipo *cliché* de certas áreas da cidade, mas os marginais de uma maneira geral, incluindo os novos marginais dentre os quais eu me coloco e portanto me defendo.

Uma primeira resposta à crítica sociológica a que nos referimos poderia ser dada por meio de uma análise da reavaliação da cultura de massa que o grupo vem fazendo, desde o primeiro sopro dado por Tropicália. Essa resposta poderia ser complementada por uma sutil diferença entre a cultura institucionalizada brasileira (que eles verdadeiramente rejeitam, seguindo os passos de Oswald nos manifestos dos anos 20) e a cultura que o povo vem organizando dentro de suas próprias categorias, categorias estas que são taxadas de mau gosto pelos donos da cultura. Assim é que Caetano se aproxima de Luiz Gonzaga, canta "Coração materno" de Vicente Celestino, enquanto Gramiro de Matos pode se apresentar como "um Valdiki Sorianfo da literapura brasileña".

Assim é que pretendem não tanto fazer uma integração nos valores universais dos valores nacionais institucionalizados, mas antes inserir no contexto universal aqueles valores que foram marginalizados durante o processo de construção da cultura brasileira. "Batmacumba" foi a fórmula encontrada por Gil. Os valores marginalizados seriam tanto um Sousândrade quanto o morro da Babilônia (Waly) ou o Carnaval, que, como disse Oswald, é o "acontecimento religioso da raça". Daí o fato de que para operar tal integração tenham de se liberar do espaço contaminado pela instituição, com isso descentrando a geografia da arte brasileira. O exílio em lugar de ser o signo certo do retorno e da descoberta, como no caso dos modernistas de 22, é a estrela de Belém da ida e do encontro. Essa talvez seja a grande diferença entre esta nova geração e o pensamento de Oswald de Andrade. Gil:

Considere, rapaz
a possibilidade de ir pro Japão
[...]
Se oriente, rapaz
pela rotação da Terra em torno do Sol.

7.

Para maior eficiência na persuasão, seria interessante definir os textos de Gramiro e de Waly pelas coordenadas modernistas da vanguarda dos anos 20: afirmaríamos que *Urubu-Rei* guarda parentesco maior com *Macunaíma*, enquanto *Me segura* se filiaria sobretudo à vertente oswaldiana das *Memórias sentimentais de João Miramar*. Se uma coisa é certa com relação a esses dois novos textos, é que guardam o mesmo "estranhamento" que apresentavam os textos de Mário e de Oswald com relação à literatura que então se praticava. Textos portanto de vanguarda (sem que nisso entre qualquer julgamento de valor), dentro do mesmo padrão que ditava o espírito de 22. Também tal tipo de aproximação não esconde a intenção nossa de incluir os novos projetos dentro do que se chama literatura brasileira, forçando pois os críticos oficiais, que têm primado pelo silêncio, a voltar olhos e julgamento para essas manifestações, seja através da rejeição, seja através da aceitação — mas justificadas.

A partir pois do parentesco "modernista" estabelecido acima, altamente comprometedor (veja "Bom conselho"), podemos organizar o seguinte quadro que, por um lado, determina o engajamento de cada texto com o texto anterior, e por outro lado define as diferenças mais óbvias entre os dois. No lado esquerdo características de *Urubu-Rei*, e no direito de *Me segura*:

tupi-guarani	gíria citadina
indígena	marginal
mítico	mitológico (grego)
selvagem	urbano

Uma primeira e básica diferença entre os dois textos é que o tupi-guarani não aparece no livro de Waly, como aliás não aparecia nos livros de Oswald, como assinalou com perspicácia Décio Pignatari, enquanto no livro de Gramiro forma mesmo o arcabouço ideológico e linguístico do livro, na medida em que é de capital importância para ele o aproveitamento de lendas indígenas *no original* (e desde já *Urubu-Rei* fica à espera de seu Cavalcanti Proença). Sobressai do todo o extraordinário capítulo intitulado e traduzido: "Mai Pituna Oiuquau ãna / Quando a noite apareceu", não só pela mistura homogênea dos textos em tupi e português, mas porque Gramiro fez com que a língua portuguesa se conformasse sintaticamente ao tupi, dentro do que se poderia chamar de uma tradução literal. Seu projeto se instala, pois, como antípoda das realizações, por exemplo, de José de Anchieta em seu teatro catequético, onde também houve a mistura de línguas. No texto "traduzido" de Gramiro há coisas estranhíssimas e belíssimas como: "O princípio durante não havia noite dia somente" ou: "Dos grilos era o barulho, e dos sapinhos com ele".

Tal problemática linguística colocaria de novo em órbita a célebre "Carta ao dr. Jaguaribe", apêndice a *Iracema*, em que José de Alencar analisa a possível contribuição da língua indígena na confecção do projeto literário brasileiro. É claro que Alencar toma atitude bem mais moderada e servil ao léxico e sintaxe portugueses (embora seja bastante revolucionário para sua época), enquanto Gramiro leva à maior drasticidade a interação-integração das duas línguas, quebrando mesmo o que Alencar chama de "harmonia da língua civilizada". E, se Alencar pede que no romance "a língua civilizada se molde quanto possa à singeleza primitiva da língua bárbara", já Gramiro acredita que o problema não é tanto o da singeleza, mas o da conformação de uma aos moldes linguísticos da outra, havendo portanto no caso contemporâneo uma subserviência do português aos padrões do tupi-guarani. Já Alencar — apesar de pregar ele uma mistura harmoniosa — punha mais ênfase na codificação linguística tal qual expressa pela língua europeia, interpretação que seria corroborada por expressões como "Deus verdadeiro", quando se refere ao esforço da catequese, negando pois, tanto no nível linguístico quanto no religioso, a possibilidade de o pensamento teológico brasileiro ser sincrético.

O projeto de Gramiro de Matos, por isso mesmo, comporta todo um lado utópico e agônico que é ao mesmo tempo seu fracasso e sua redenção.

8.

Compreende ele que o selvagem para nós só pode viver na sua *materialidade* de texto, de mito (a lição de Lévi-Strauss bem absorvida), já que, tanto em sua materialidade histórica quanto vivencial, o processo de colonização português foi tão violento que qualquer recuperação não chega a alçar voo do solo ensanguentado. Em seu próprio linguajar Gramiro confessa a insuficiência de seu projeto que deseja se incorporar a uma civilização já morta: "A forma deste livrus não tem solução. Na uni-e sensível clarez com que sé i põe todo instrupício duma civilização kua soçobrou morr-eu eu eu em ondas soluços soço perd-eu eu eu estacas".

A própria definição que nos deu da figura do urubu-rei não deixa de nos lembrar, de certo modo, esta mesma atitude de inutilidade e de segunda mão, diante dos fatos que podem ser refeitos por uma atitude estética ou ética, deixando pois que o artista fique sendo o abutre *pop-rock* de que fala José Vicente, ou este outro urubu-rei aborígene. A diferença entre os dois abutres marcando momentos distintos do que Gramiro de Matos chama de latinoamericâncer.

> Ave sugadora de olhos y cérebros dos animais mortos. Segundo a mitologia indígena, o urubu-rei se alimenta num ritual estranifo, penugem negrunda limada, cabeça vermelha de listuras brancas, aproxima-se do cadáver antes d'sol virar mamão, manhã pitunazinha, sozinhão fogueteiro i, sobre a cobertura dos outros todos carvão se arrespeitando unsansou' tros comepica, silenfosso os olhos do animal de morte vesperal. Depois os demais esfincam os bicões nas karnes restrumo.

Essa mesma figura, o abutre, aparece com constância no livro de Waly, mas ligada ao mito de Prometeu (que por sua vez vem ligado a Édipo e Narciso), lembrando um belo e curto conto de Kafka que leva o mesmo nome. Esta nova e outra visão do abutre está comprometida com um movimento interno de autodilaceração, que coloca *Me segura* numa faixa autobiográfica, sofrida, pessoal, e portanto o texto apela menos para ressonâncias histórico-sociais, visto ser seu Prometeu antes de mais nada uma expressão da individualidade estraçalhada. Escreve Waly: "Abutre aponta o bico pro meu fígado/ desce pra bicar abalar arrancar meu fígado de acorrentado".

Todas essas citações aliás nos lembram em última instância a abertura de *O Guesa*, maravilhosa epopeia às avessas de Sousândrade, com a mesma figura alada que paira sobre os Andes e que desce em rapina para surpreender o índio desprevenido. E completa Sousândrade sua alegoria, transformando a ave de rapina numa "nuvem ibérica":

> Nos áureos tempos, nos jardins da América
> Infante adoração dobrando a crença
> Ante o belo sinal, nuvem ibérica
> Em sua noite a envolveu ruidosa e densa.
> Cândidos Incas!

Gramiro de Matos tem razão quando afirma que sua "curtição é muito cheia de filosofias".

Já Waly Sailormoon prefere trabalhar com a gíria, com o linguajar urbano, seguindo os passos do que Nelson Rodrigues fez para a Zona Norte em seu teatro, ou ainda prefere ele se inscrever num mundo mítico que é, ou bem o da grande cidade (com apropriações dos novos arautos da verdade, jornais como *Notícias Populares, O Dia*), ou bem o do espírito grego, como já assinalamos. Nesse mesmo plano de indagação, descobriremos que Gramiro se situaria mais dentro das páginas do Antigo Testamento, ou mais precisamente junto aos profetas hebraicos, como indicariam as significativas apropriações de Ezequiel (p. 31), Isaías (p. 79 e p. 120) e Jeremias (p. 121).

Em dado momento afirma Waly: "Tudo no Brasil faz parte de uma grande peça de Nelson Rodrigues". Seu livro, ao mesmo tempo que pretende descrever a realidade dos marginais que marcam encontro nas prisões, também oferece um roteiro turístico do Rio — o underground e a superfície, o fundo e o superficial. De um lado, portanto, levantamento do comportamento de um grupo marginal dentro da sociedade brasileira, grupo este que se comunica por meio de linguagem e mitos que Waly surpreende com graça, rapidez e delírio:

> O filho do bicheiro que se entregou pra livrar o pai e estava morrendo de dor de garganta. [...] o detento pequeno-burguês que manda cartas pra noiva como se estivesse acidentado num hospital na Argentina. [...] O débil mental que perdeu a calça prum passista de Escola de Samba.

Por outro lado, a pequena burguesia da Zona Sul é surpreendida pelos divertidos relatórios do agente secreto Longhair, ou por estes flashes incríveis:

"Imagem — menino desprende-se do bonde vindo espatifar-se no capot do táxi que me transportava, salpicando de sangue minha camisa azul-ferrete".

No entanto, como característica maior de Waly e como sinal de seu distanciamento do projeto de Gramiro e sua aproximação do de Oswald, o gosto pelo autobiográfico, seja pela insistência de sua própria fotografia na capa e no interior do livro, pela repetição no texto de seu próprio nome (grafado Salomão, Sailormoon, ou ainda narcisicamente de trás pra diante como refletido no espelho do poço), seja ainda por um capítulo como "Diário querido", ou por afirmações deste teor: "Só, só escrevo coisas autobiográficas. [...] coisas autobiográficas: gemidos duma alma torturada".

Urubu-Rei e *Me segura qu'eu vou dar um troço*: hipóteses de uma linguagem que se quer constantemente lúdica e livre, sem as peias do dicionário e da gramática; hipóteses de um esperanto nova-geração onde se aglutinam textos alheios ("só me interessa o que não é meu", Oswald) e slogans bombásticos; hipóteses de um desejo que se constrói sem entraves e em delírio, confinado ao mais bárbaro exercício de egolatria e de egotismo; hipóteses de marginais que buscam o pleno exercício do indivíduo na sociedade; hipóteses de um crepúsculo que se abre em apocalipse, albergue de abutres que entre luxo e lixo procuram instituir uma nova Ordem, precária, absurda, profética. A profecia de Jeremias cumpre-se: depois de lidos, *Urubu-Rei* e *Me segura* seriam atados a uma pedra, carregados até o Eufrates e lançados em suas profundezas: "assim será afundada Babilônia".

[1972]

O assassinato de Mallarmé

A história da *vida* literária não se faz sem menção a alguns equívocos construtivos mas inconscientes. Nem sem gestos generosos de ingratidão. Para determinar a situação atual da poesia jovem no Brasil, é preciso caracterizar primeiro como se deu a passagem de um domínio das vanguardas (Concreto, Práxis, Processo etc.) para a abertura dada por Oswald de Andrade. Em que momento e por que os jovens, em lugar de ler os textos propriamente criativos da vanguarda dos anos 50, começaram a dar mais importância aos poemas e manifestos de Oswald de Andrade? A esse mesmo Oswald que fora lançado e analisado com rigor pelas próprias vanguardas. Os jovens leitores da *Poesia Pau-Brasil* interessam-se mais pelo discurso crítico em torno da antropofagia, criado basicamente por Haroldo de Campos, do que pela leitura e obediência aos princípios impostos por "planos pilotos", ou por "instaurações práxis". Dessa maneira é que se poderia começar a caracterizar o *deslocamento* e a *reviravolta* geral que se operam na concepção que se tinha do poema (do discurso, ou do não discurso, poético), cujos frutos estão sendo publicados agora.

A reviravolta não pode ser situada no momento ainda dominado pelo que se convencionou chamar de Tropicália, porque mesmo um Caetano Veloso, que mais de perto sorveu Oswald, expressou-se ainda dentro dos padrões criativos do poema concreto, como são exemplos as letras do disco *Araçá azul* (1973). Nesse mesmo caso estariam os textos de Torquato Neto, quase toda a produção variada do almanaque *Navilouca*, bem como a das revistas *Código* (Bahia) e *Polem* (Rio de Janeiro). O deslocamento e a reviravolta teriam de ser marcados a partir de algum livro onde se abandona obviamente o trabalho na e da palavra solta, onde se repudia a sintaxe não discursiva, a leitura não linear, e onde o autor pouco se preocupa com a elaborada *mise en page*. Esse livro de ruptura que estamos procurando seria caracterizado por poemas irônicos, epigramáticos, curtos, de fraseado e atitude coloquiais, com frases que se combinam lembrando as porretadas dos fragmentos oswaldianos.

Preço da passagem (1972), de Chacal, seria esse livro. Publicado em mil exemplares, *Preço* apresenta-se em péssimas condições gráficas, sobretudo se compararmos o produto final (31 folhas soltas, mimeografadas, dentro de um envelope amarelo onde se carimbou porcamente o título) com as produções tridimensionais e as "caixas" de Augusto de Campos, com os cartazes-desenho-industrial de Décio, com o papel e mancha gráfica perfeitos de Mário Chamie, ou ainda e finalmente com as execuções em acrílico do poema "Processo".

De tal forma misteriosa essas transições enigmáticas acontecem na vida literária que, de repente, não se lê mais o Drummond de "Isso e aquilo", lançado como pedra de toque por todas as vanguardas, mas se impõe o juvenil e brincalhão *Alguma poesia* (1930), que desde a crítica de Mário de Andrade e de Manuel Bandeira à piada modernista tinha sido relegado a segundo plano. Mário comentaria as galhofas de 22, torcendo para o alto o nariz da poesia: "O poema-piada é um dos maiores defeitos a que levam a poesia brasileira contemporânea". Creio que os jovens de hoje não concordam com o julgamento de Mário. Tanto que, em 1972, quando se comemoraram os cinquenta anos da Semana de Arte Moderna, a par da leitura de Oswald (devidamente instigada por Haroldo de Campos, não nos esqueçamos), tiveram um interesse decisivo por um lado não mariandradino de 22. Interesse pela poesia de Murilo Mendes principalmente, com sua dicção que lembra o surrealismo, interesse por *Cobra Norato*, de Raul Bopp, pelos textos da *Revista de Antropofagia*, e ainda pelo romance de Mário de Andrade (e não por sua poesia), levado à tela com rara felicidade oswaldiana por Joaquim Pedro de Andrade.

Esse novo discurso poético que vai surgindo levará obrigatoriamente o crítico (que sempre vem a reboque) a reconsiderar o acervo literário, instituindo novos títulos e novos nomes do passado. Gregório de Matos já está nas bocas; também o João Cabral de Melo Neto de *O rio* parece que vai voltar; Ascenso Ferreira está esperando que alguém o leia com cuidado. E assim por diante.

Em direção diferente, Carlos Nejar, do sul do país, comanda oportunisticamente um retorno à dicção da geração de 45, e um pouco aqui e ali surgem seus seguidores, que necessariamente obrigariam o crítico a fazer corte diferente do feito até agora e a trabalhar com outros pressupostos, distintos dos lançados até agora.

Uma coisa no entanto é certa: as leituras que informam um jovem fatalmente informam também seu discurso poético. E esses fenômenos curiosos de deslocamento (seja ele para Oswald, seja ele para 45) é que determinam o escrever diferente e definirão ainda o que o historiador chamará de mudança de geração. Escreve-se diferente da maneira como a geração anterior escrevia. Francisco Alvim, da Coleção Frenesi, com *Passatempo* (1974), escreve diferente das vanguardas. Antonio Carlos Secchin, com Ária de estação (1973), escreve diferente das vanguardas. Mas mesmo assim os dois não escrevem da mesma forma. Simplificando, diremos que o primeiro puxa para Oswald e o segundo para a geração de 45. Vejamos:

> *Ao entrar na sala*
> *cumprimentei-o com três palavras*
> *boa tarde senhor*
> *Sentei-me defronte dele*
> *(como me pediu que fizesse)*
> *Bonita vista*
> *pena que nunca a viste.* [Passatempo]

> *Março investe o mago riso*
> *na crina solta que o vento canta*
> *no rio claro molhando o dia*
> *na dor acesa que março amansa.* [Ária de estação]

O problema não está tanto no fato de que os dois textos acima sejam diferentes entre si e de poetas que se pretendem promissores dentro dos novos padrões estéticos. O difícil está em precisar como a poesia do jovem de hoje está sendo diferente da do jovem de 1950, para ficar com o exemplo mais óbvio e anterior. Vamos por etapas: o poeta original começa quando começa a escrever diferente (e agora a ênfase é colocada não no escrever diferente, estamos percebendo, mas no *começar diferente*). Desenvolvamos dois exemplos para comprovar nossa tese.

Haroldo de Campos, em idos de 1950, no *Auto do possesso*, livro dedicado a dois mestres da geração de 45, Péricles Eugênio da Silva Ramos e Mário da Silva Brito, escrevia:

> *No mês propício as virgens babilônicas*
> *Tecem guirlandas em louvor de Ishtar.*
> *Olha os seus rostos contornando o templo.*
> *Côdeas de luz na lápide do altar.*
>
> *Tua flor, Senhora, de lilases e álcool,*
> *A dispersavas pelo boulevard.*
> *Touros alados crescem no caminho:*
> *Tecei guirlandas para o mês de Ishtar!*

Enquanto Chacal, em *Preço da passagem*, envelope-livro em que agradece: "esse trabalho deu-se graças à amizade de luis octávio a disposição de paulino ao mimeógrafo eletrônico a técnica moderna as fotografias de guilherme carlos zeca lita sérgio ivan bigode...", diz:

> *Com a loucura no bolso, Orlando entrou na*
> *Biblioteca Estadual.*
> *Folheou folhas estapafúrdias sobre*
> *as ideias a arquitetura e a descompostura*
> *dos homens*
> *Aí achou graça. Aí ficou sério.*
> *Aí riu. Aí chorou demais.* […]
> *Orlando disse mais tarde:*
> *— Não faço isso never more.*

É claro que os quatro textos citados (Alvim, Secchin, Haroldo e Chacal) se chocam e se encontram de diversas formas. Existe, no entanto, certo parentesco entre Alvim e Chacal hoje, como existe outro entre o jovem Haroldo (de 1950) e Secchin. Acrescente-se ainda que pouca coisa em comum existe entre os dois grupos de dois. Ora, espera-se portanto que o produto consecutivo de Chacal seja bem diferente do produto consecutivo de Haroldo de Campos, como também se espera que as futuras produções de Alvim sejam diferentes das de Secchin. Ou não.

Guardando, no entanto, apenas o texto de 50 e o de 72, vemos que o jovem Haroldo ainda se encontrava motivado pelo que a Coleção Novíssimos, de um Clube de Poesia paulistano (diretoria: Cassiano Ricardo, Domingos Carvalho da Silva, Jamil Almansur Haddad etc.), podia oferecer a um jovem estreante, e retribui a delicadeza na dedicatória e no verso. O poema de Haroldo ainda se encontra muito marcado por uma derivação paulista da geração de 45, que se exprimia por um lirismo apegado a vocabulário precioso e a situações históricas inusitadas (Ishtar: deusa do amor e da fertilidade na Babilônia), tudo envolto em denso erotismo, e que, por tudo isso, lembrava o Mallarmé dos sonetos, ou (e sobretudo) o Flaubert de *Salammbô*. O jovem Décio Pignatari aí também está que não nos deixa mentir: nos mesmos Cadernos do Clube de Poesia, no mesmo ano, escrevia de maneira semelhante a Haroldo. Em *Carrossel*:

Astórus, o polvo, e a rúbida Ardenteia,
Incendiária de cristais às barbas do Senatus,
Celebram suas bodas na Angra de Rapion,
O velho golfo, manso eunuco de ventre em desalinho.

Já em Chacal, encontramos o descuido como marca; texto pouco asseado e contraditório. Texto de vocabulário e sintaxe coloquiais (distante dos "novíssimos" e de sua sintaxe simbolista), onde se nega o que mais de perto comandaria o projeto futuro de Haroldo e de Décio: a BIBLIOTECA. Nela, o poeta Chacal entra, e dela sai dizendo como o corvo de Poe: *"never more"*. Nela as vanguardas entraram e dela fizeram seu templo borgiano. Mas o descuido pelo valor cultural institucionalizado é um dado importante dentro do grupo de Chacal, pois acreditam que se possa desvincular não só seu projeto existencial de um compromisso com a "ordem" na sociedade, como também o projeto literário de um envolvimento com as formas "bibliotecáveis" de literatura. Assim, par a par, caminham um projeto humano e um projeto artístico que se querem *marginais*.

Se o marginal, enquanto comportamento social e proposição artística, não é uma atitude nova, pois é praticado e teorizado desde as primeiras proposições de Tropicália (e basta citar o trabalho *Subterrania*, de Hélio Oiticica), já a crítica que se faz à postura vanguardista é um dado recente (além do bem e do mal dos baianos, como vimos em parágrafo inicial). Por outro lado, deve-se acrescentar que o marginal afeta o comportamento dos artistas plásticos e dos cineastas de maneira mais drástica que o dos poetas. Chacal, nesse sentido, é figura ímpar dentre os poetas mais recentes, pois seu projeto encontra-se mais próximo das atitudes de um Antonio Manuel (nas edições clandestinas de *O Dia*, ou nos super-8), ou de um Sganzerla, ou de um Neville d'Almeida. O marginal, quando *transposto* para a sensibilidade dos poetas, tem primado mais por um comportamento esteticizante do que social, visto que os poetas "frenéticos" ainda guardam ligações bem íntimas com o sistema. Embora se desvinculem do sistema editorial propriamente dito, como veremos adiante.

A insatisfação com a biblioteca (leia-se: a insatisfação com o paideuma, dentro do linguajar concreto) já surge de maneira inesperada num gesto dissidente dentro da revista *Polem* e dentro do próprio grupo baiano. Rogério Duarte:

> como é meu caro ezra pound? vou acender um cigarro daqueles para ver se consigo lhe dizer isto. andei fazendo um pouco de tudo aquilo que você aconselhou para desenvolver a capacidade de bem escrever. estudei homero; li o livro de fenollosa sobre o ideograma chinês [...], pratiquei diversos exercícios de melopeia, fanopeia e logopeia [...]. continuo no entanto a sentir a mesma dificuldade do início.

Antônio Carlos de Brito, em *Grupo escolar* (1974), comentaria aquela distinção básica entre a vanguarda e o marginal com um poema onde se encontram óbvias alusões hostis aos irmãos Haroldo e Augusto e a Décio Pignatari. Em "Estilos de época", diz:

Havia
os irmãos Concretos
H. e A. consanguíneos
e por afinidade D. P.,
um trio bem informado:
dado é a palavra dado

E foi assim que a poesia
deu lugar à tautologia.

Já o descompromisso com as formas propriamente artísticas e mesmo engajadas poderia nos ser dado por Eudoro Santos. Em *A vida alheia* (1975), neste comentário a um possível filme, "Heartland Talkie", dirigido por um fictício Duane Kevin: "se eu me chamasse Duane Kevin e fizesse uns filmezinhos curtidos e bem-sucedidos, podia não ser muito de acordo com as autênticas raízes nem estar lá muito comprometido com o futuro da América Latina, mas que seria um sarro, seria".

Já a linguagem coloquial invadindo o verso e determinando até mesmo seus recortes rítmicos não é um simples elemento que indicaria só desprezo pelo vocabulário "poético" do poema, é também derivada de uma convivência diária e comum, quase que de *patota*, e é dessa conversa que surgem quase escritos os poemas. Todo livro traz inscritos os nomes de todos os membros do grupinho que o motivou. João Carlos Pádua & Bita terminam *Motor* (1974):

obrigado
ao Nando pelos desenhos
ao Affonso pelos cartazes
ao Jotacê Pereira pelo pássaro
ao Zelito pela coragem...

Na revista *Malasartes*, n. 1, explicam o coloquialismo: "Aqui o poema não é coloquial por mero acaso ou por programa, mas por incorporação natural da conversa, do passeio/trabalho/relax diário, do instantâneo revelado às pressas, *do cigarro a varejo e tantas coisas mais, desfrutadas em comum*" (grifo meu).

Nesse sentido, o poema jovem tende a ser muitas vezes uma anotação de experiências vivenciais, como diz Charles, na mesma revista: "ANOTO O VIVIDO/ ALGUÉM TEM ALGUMA COISA A ACRESCENTAR?". Não estamos distantes de um romantismo descabelado, mas bem longe da depuração vanguardista. Frente a um lirismo modernista, onde um antigo vocabulário subjetivo de emoções e sentimentos é trocado pela precisão da psicanálise, ou pelo barroco do coloquial-popular. De Leomar Fróes:

*Mas infelizmente atravessou o sinal
da estabilidade emocional
trocando as noites pelos dias e o real
por fantasia.*

Em "Exames", de Eudoro Santos:

*Na terça chegou assobiando
deu bom dia
e recebeu de cara a novidade:
esquizofrenia.*

De Geraldo Eduardo Carneiro, em *Na busca do Sete-Estrelo*:

*De novo o frevo veneno fervia o sangue
na rua
Passacalha o povo pulava
diabo no corpo
polícia de lado
num beijo roxo
de vinho adocicado.*

O ovo de colombo dos jovens é o de que o livro pode ainda ser um objeto-mercadoria, isto é, *transável*, passando de mão em mão com possível retorno monetário para quem o escreveu e o executou. As edições de poesia são feitas em geral à custa do autor (ou do grupo), e este tem de ser devidamente reembolsado por seu trabalho e despesas. Foi João Cabral, com sua prensa manual em Barcelona (espécie de aspirina para sua famosa dor de cabeça), quem instituiu no Brasil a ideia de presentear com livros de poesia amigos e correligionários. E, pelo sim e pelo não, o negócio do livro como produto à venda mixou, e ficou só o livro enquanto presente para os caros e distintos colegas. Colegas de profissão.

O grupo Concreto, de São Paulo, junto com os diversos outros grupos de vanguarda, é que sem dúvida instituiu o procedimento de João Cabral como norma. Ninguém compra mais livro — foi a ordem geral. Até mesmo a recente edição da *Revista de Antropofagia* foi oferecida a alguns poucos leitores. Das coisas mais difíceis de ver nas prateleiras de qualquer livraria (mesmo nas especializadas) é livro de vanguarda. Os poetas brasileiros simplesmente enviavam para todo o Brasil *and abroad* a edição de seus próprios livros, que assim passavam a circular sem nenhum ônus para o leitor.

De uns tempos para cá, quem frequenta bar da moda, ou peça avançada, ou ainda show de música popular, pode estar certo de que encontrará na porta dois ou três jovens hippies que lhe oferecerão por "qualquer coisa" sua poesia mimeografada. "Quanto custa?" "O preço da passagem." Não sei se esse diálogo, inventado agora, veio à cabeça de Chacal, mas que o título de seu livro parece vir dele, parece. Mas, já antes mesmo dos "marginais", Sebastião Nunes mandava uma cartinha para seus amigos pedindo vinte cruzeiros para custear a edição de seu próximo livro. Em troca, ele se comprometia a mandar um exemplar tão logo estivesse pronto. Se, por um lado, temos o marginal definido mais e mais entre os poetas como uma recusa em participar do sistema comercial instituído entre nós para a distribuição e venda do livro (editora, revendedor-livraria), por outro vemos o próprio poeta com a cara e a coragem que Deus lhe deu *transar* por aí seu livro, sem vergonha ou falso pudor.

Na revista *Malasartes*, os editores da página de poesia não escondem seu desejo de ver o livro de novo circular: "Esse quase inverossímil personagem contemporâneo [o poeta] é forçado a criar novas embalagens para o seu produto pessoal, aprende a passá-lo de amigo pra amigo até o desconhecido…".

Mas o problema está mais é no *estilo*: como a troca, a transa deve se dar. É assim que eles logo acrescentam adolescentemente: "O leitor o recebe como uma cola de colégio". O transável não é exatamente o comerciável. É jogada por debaixo da mesa. Não cai o livro em qualquer mão: antes inaugura ele um círculo de iniciados que transgridem a ordem, pois como dizem ainda os editores da citada página: "Usar o livro para conferir suas próprias respostas, ou rasgá-lo, se não estiver interessado na pergunta". Uma espécie de sensibilidade comum cerca o processo de consumo, sensibilidade para fortes e audaciosos que ousam "colar":

Sob a luz dos postes descobri
que a esquina dos ladrões guarda segredos
maiores que os que se pensava.

Sensibilidade esta que se extravasa sob a forma de uma ideologia rudimentar e juvenil, de onde está ausente o caráter *programático* ou *partidário* de outros movimentos de rebeldia social. Continuando o ciclo econômico do livro, falta definir as "mãos" que seguram a poesia: "Já sabemos que a civilização está em boas mãos, que o poder passa de boas em boas mãos. E a poesia, está em boas mãos? Esperamos que não".

Essa necessidade de ter o produto poético consumido fez com que os poetas jovens se dedicassem mais e mais a um poema que pudesse ser facilmente digerido pelo leitor comum. Assim como nas artes plásticas, depois da exaustão das vanguardas, fala-se de um retorno ao suporte-quadro, na poesia há um retorno ao suporte-verso. Verso que se acha no entanto descompromissado da linguagem poética e dos ritmos tradicionais. Versos para um leitor que se encontra despreparado culturalmente para as grandes investidas livrescas e eruditas da vanguarda. Um leitor que tem poucas leituras e um parco conhecimento literário, pois aquelas e este se encontram circunscritos a determinados valores que são os da juventude das grandes metrópoles. A biblioteca deixa de ser o lugar por excelência do poeta e o seu país é o mass media.

Em lugar de frequentar os livros, consomem revistas em quadrinhos, jornais que sangram (como *O Dia* ou *Luta Democrática*), vão a sessões de cinema em salas de cinemateca que fervem em nostalgia, estão interessados nas outras formas de arte (em particular: artes plásticas e fotografia, super-8, som pop), assistem à televisão, rindo dos anúncios e curtindo os filmes da meia-noite, ouvem música popular nativa e importada ("quem sabe uns beatles chorando nas bananeiras nos subúrbios").

Produto híbrido de mil e uma artimanhas com os mass media, o poema oscila entre a temática urbana recalcada pelos veículos bem-pensantes e o pastiche ou a paródia, e se investe, com dicção coloquial e irônica, também sentimental, contra tudo o que pouco a pouco constrói o mundo mítico e repugnante do jovem citadino. A poesia volta a estar nos fatos e nos acontecimentos, nas peripécias inusitadas de uma vida em perigo. E o ato de escrever às vezes se dá como as consequências de ter ingerido um purgante:

Acertaram o cara no meio da Avenida Antônio Carlos
os tiros ninguém ouviu porque o esporro cobriu
quantos foram ninguém contou

três ou quatro flagraram a arma na mão do policial
[...]
o guarda apitou o recomeçar do movimento
as pessoas espalharam
o jornal não deu. [Charles]

Com tudo isso, ao terminar de ler essa poesia, fica-se com um desejo de acreditar um pouco mais na cultura e nos livros. Mas os poetas pedem que não. Pedido que Affonso Romano de Sant'Anna, ao criticar a última leva de poesia vanguardista, surpreende em três versos mágicos, onde comete bárbara e friamente o assassinato de Mallarmé e de Pound:

Sei que nem tudo se faz pour aboutir à un livre,
antes eu quero a vida. A vida
que está lá fora.

No local do crime, o coágulo do impasse de hoje. Vedada sua entrada para o livro e para a biblioteca, fica de fora uma literatura de *eus* ciclópicos e formidáveis, que brandem com não conformismo o alaúde de uma poesia neorromântica e anárquica. O mesmo Affonso:

Aqui estou Eu confiante Eu pressupondo Eu erigindo
Eu cavando
Eu remordendo
Eu renitente Eu acorrentado Eu Prometeu Narciso Orfeu.

[1975]

Repressão e censura no campo das artes na década de 70

> *Então, eu escrevo todo dia minha coluna e tenho uma coisa que eu aprendi com a censura* [grifo meu]. *Eu vi, por exemplo, que muitas pessoas estavam sendo cerceadas pela censura, sendo impedidas de fazer o que queriam, e estavam fazendo outras coisas pra quebrar o galho, essas pessoas estavam ou enlouquecendo ou se desgostando da vida, se matando, essas coisas todas. Então, eu me impus que toda vez que a censura me proibisse alguma coisa, eu escreveria mais três.*
>
> Plínio Marcos, *Folhetim*, 17 jul. 1977

O problema que me propõem — repressão e censura no campo das artes durante a década de 70 — não comporta uma resposta fácil e única. É claro que uma primeira tentativa de resposta, aberta em duas partes complementares, poderia ser dada dentro de um enfoque quantitativo e concreto do problema: de um lado, mostraríamos os estragos e desacertos das proibições da censura e, do outro, historiaríamos o processo, controlado pelo *alto* e, portanto, lento e gradual, do amaciamento dos mecanismos repressores.

De um lado, poderíamos arrolar o título e o número dos livros que foram proibidos de circular, das peças de teatro que não foram representadas, dos filmes nacionais e estrangeiros que não foram exibidos (ou foram mutilados), das canções da MPB que não foram cantadas ou tocadas, dos quadros ou esculturas que não foram exibidos etc. Poderíamos arrolar ainda o nome de todos os escritores, cineastas, dramaturgos, atores, compositores, cantores etc. que tiveram dificuldades com a censura.

E, do outro lado, começaríamos a tecer a história dos percalços dos próprios censores e da própria censura junto ao Poder Executivo, a partir de outubro de 1974, quando pela primeira vez um presidente da República se digna a falar em público do assunto, ainda que *en petit comité*. Tanto na inauguração do Teatro Guaíra (outubro de 74) quanto na reabertura do Amazonas (já em janeiro de 75), o presidente, interpelado por grupos diferentes de intelectuais, diz algumas poucas palavras que soam de bom augúrio. Está aberta a comporta: a água veio correndo até arrebatar, no dia 23 de maio de 1979, as palavras do ministro da Educação, que, em depoimento na Câmara, classifica a censura de "ética paranoica da salvação da cultura". E continua: "esta é uma ajuda, uma salvação para a qual a cultura não foi consultada nem deu o seu consentimento".

A primeira tarefa acima referida — a do inventário — já foi praticamente feita pelos diversos jornais. Embora o arrolamento ainda não tenha sido exaustivo e sistemático, já se tem, por exemplo, a relação de todas as peças de teatro proibidas. Em artigo que leva por título "Os espetáculos que o brasileiro não viu porque a censura não deixou", no *Jornal do Brasil* de 8 de abril de 1979, são arrolados nomes de autores, atores, títulos de peças e data da proibição do espetáculo ou da manifestação. O mesmo jornal, em 18 de junho de 1978, já tinha dado à publicidade a extensa lista dos "documentos da censura", isto é, o texto das 270 ordens, expedidas pela censura entre 14 de setembro de 1972 e 8 de outubro de 1975, em que se proibia a divulgação de certos episódios, informações, telegramas estrangeiros e entrevistas. Em análise desse estranho corpus, o citado jornal conclui: "[...] a Censura sempre soube o que pretendia apagar: a atividade dos órgãos de segurança e a disputa pela sucessão do presidente Médici".

A segunda tarefa — a de historiar o amaciamento ou a supressão lenta da censura arbitrária —, ao que eu saiba, ainda não foi feita. Não será nos limites estreitos de tempo deste trabalho que poderemos retomar e aprofundar as informações acima dadas, para que se possa interpretar com maior segurança o difícil, longo e sofrido diálogo dos intelectuais com o poder, em vista do abrandamento, racionalização ou supressão dos mecanismos da censura. Fica apenas consignada a necessidade urgente dessa pesquisa.

Essa tentativa de resposta, em duas partes complementares, não esgotaria a meu ver o problema proposto no que ele comporta de *reflexão* por parte de alguém que mantém uma atividade crítica com relação às artes e ao papel destas junto ao leitor e, por extensão, na sociedade.

De início, podemos afirmar, de forma aparentemente paradoxal, que a censura e a repressão não afetaram, em termos quantitativos, a produção cultural brasileira. Isso porque, no caso específico da obra de arte, o processo criador — semelhante a um avestruz — se alimenta praticamente de tudo: flores, pregos, cobras e espinhos. Livros, peças, canções continuaram a ser escritos. E, pelo que se sabe, artista algum mudou de partido político por causa da censura; ou deixou de pensar, imaginar, inventar, anotar, escrever, por causa da censura. Nenhum deixou de dizer o que queria, ainda que em voz baixa, para o papel, para si ou para os poucos companheiros. Enquanto houver cabeça, papel, lápis e esperança, sempre haverá um Plínio Marcos, um Chico Buarque, um Antonio Callado, um Rubem Fonseca etc. A repressão e a censura podem, no máximo, alimentar certa preguiça latente em cada ser humano, podem apenas justificar racionalmente o ócio que impele o artista muitas vezes a fazer só amanhã e pensar hoje.

No entanto, o homem-artista e o artista-família sofrem bastante sob as mãos da censura e da repressão, tanto economicamente quanto moralmente. A censura acaba por atingir, de maneira drástica, a pessoa humana do artista, o seu ser físico — e não a sua obra. E daí a injustiça maior da censura, dentro de uma sociedade.

Economicamente, o artista sofre na medida em que sua principal fonte de renda pode ser cortada de uma hora para outra, ocasionando às vezes prejuízos formidáveis, como no caso das artes mais caras, o teatro e o cinema. A própria sobrevivência econômica e a dos seus familiares pode ser, nesse sentido, penosa e difícil, e nem de leve toquemos no caso de haver, por exemplo, desastre ou doença em família. Esse cerceamento econômico pode levar o artista a se aviltar, política e profissionalmente, ao aceitar cargos ou posições que normalmente não aceitaria, ao endossar conchavos econômicos que, em circunstâncias normais, rejeitaria. Pode levá-lo até mesmo a abandonar o seu país (e muitos o abandonaram), em busca de maior tranquilidade para trabalhar e de melhores condições de vida para si e a sua família.

Moralmente, sofre o artista não só pela situação estranha e incômoda que passa a ter dentro do grupo social concreto em que vive e em que sua família circula, como também porque, ao proibir da obra, seguem-se os vexames dos interrogatórios, da prisão e até mesmo a dor da tortura física. Conseguem a repressão e a censura, em alguns casos, tornar um homem são doente, um ser psicologicamente sadio numa mente paranoica. Tudo isso, é claro, se reflete de maneira extraordinária nas obras artísticas do tempo.

O ex-chefe da Divisão de Censura contra-argumenta, dizendo que a proibição apenas torna a obra mais "quente" do ponto de vista comercial, e por isso o artista lucra com a censura. Há aí um óbvio sofisma, que alegra e ajuda, não há dúvida, mas só ao comerciante que industrializa a arte: a gravadora, a distribuidora de filmes, a editora, o produtor etc. Um artista do calibre de Chico Buarque pode, primeiro, afirmar: "E eu não nego que por parte dos comerciantes e até por parte da gravadora haja um interesse em estimular essa mística da coisa liberada mas que pode ser proibida a qualquer momento", para em seguida acrescentar: "Claro que, se eu for lançando disco normalmente e não acontecer nada quanto à Censura, esse mito desaparece. Aliás, eu estou torcendo para que isso aconteça porque eu não tô querendo vender disco por ser um autor censurado, não" (*IstoÉ*, 16 nov. 1977).

Resumamos, em exemplo concreto, o que dissemos acima: Graciliano Ramos não deixou de escrever anos depois *Memórias do cárcere*, embora tenha sofrido horrores nas prisões do Estado Novo. Só assim pôde a cultura brasileira se enriquecer com uma descrição impiedosa e uma análise fria das arbitrariedades da repressão e com um depoimento pessoal avassalador sobre o inferno dos subterrâneos carcerários. Pelo intenso sofrimento físico e moral de um homem e pela persistência política e intelectual de um artista, podemos melhor conhecer os caminhos do poder autoritário no Brasil.

É a lucidez deste artista genial que é Graciliano Ramos que encerra esta parte dos nossos comentários:

Seria ótimo que todos os romancistas do Brasil tivessem passado uns meses na Colônia Correcional de Dois Rios, houvessem conhecido as figuras admiráveis de Cubano e Gaúcho. *Podem tomar isto como perversidade. Não é* [grifo meu]. Eu acharia bom que os meus melhores amigos demorassem um pouco naquele barracão medonho. É verdade que eles sofreriam bastante, mas talvez isto minorasse outras dores complicadas que eles inventam. Existe ali uma razoável amostra do inferno — e, em contato com ela, o ficcionista ganharia. [*Linhas tortas*, p. 98]

A estética, teoria da arte, para o escritor Graciliano, não estava desvinculada da teoria da vida, e, para falar do ponto de vista do oprimido em nossa sociedade, era preciso que o escritor incorporasse a vivência dele à sua.

2.

Se o crime que a censura comete não é contra a obra, mas contra a pessoa física do artista e com repercussões de ordem moral, política e econômica, contra quem a censura comete verdadeiramente o crime artístico, o crime cultural?

O grande punido, punido injustamente, pela censura artística é a sociedade — o cidadão, este ou aquele, qualquer. E, retomando, com modificação, as palavras já citadas do ministro da Educação, diremos que a censura traz uma "salvação" para a qual a *sociedade* não foi consultada nem deu o seu consentimento. É o cidadão que deixa de ler livros, de ver espetáculos, de escutar canções, de ver filmes, de apreciar quadros etc. Ele é quem recebe um atestado de minoridade intelectual. Por causa da censura, nesses períodos, a sociedade tem a sua sensibilidade esclerosada e o seu pensar-artístico embotado (e também o seu pensar-crítico e o seu pensar-científico). Nessa circunstância, o fruidor da obra de arte fica desfalcado de certos elementos que o ajudariam a compor o quadro global da sociedade em que vive, pois apenas recebe uma única voz que circunscreve toda a realidade. A voz do regime autoritário, a única permitida.

Passa o fruidor a ser um cidadão de pensamentos e sensações amputados, mal informado quanto a problemas estéticos, sociais, políticos e econômicos; fica desatualizado com relação ao seu colega de outros países do mundo; fica, enfim, desvencilhado desse lugar e tempo de contemplação e reflexão que é o lugar e o tempo da obra de arte no nosso mundo contemporâneo, momento e espaço em que pode ele — simples cidadão, pagando do bolso o seu livro, disco ou ingresso — não só se entregar à satisfação intelectual e ao divertimento estético, como ainda deixar que a sua cabeça, nervos e sentimentos trabalhem, parasitariamente, com problemas seus dentro da perspectiva do outro.

E, se por acaso o fruidor tem a infelicidade de *crescer* nesse período, a sua situação é mais grave, pois terá ele lacunas na sua formação intelectual, na formação de sua sensibilidade, na sua "educação sentimental", para falar com Flaubert, lacunas no conhecimento artístico dos problemas sociopolíticos do seu tempo e da sua sociedade, lacunas que nunca serão preenchidas. Os dias e os anos passam, e com eles essas horinhas de lazer mais disponíveis na adolescência do que no período em que se começa a enfrentar o batente. Essa é a geração que teremos pelos anos 80 afora e que Luciano Martins, em recente artigo, batizou de Geração AI-5.

3.

Se, como nos diz Plínio Marcos na epígrafe, para cada peça proibida o artista escreve mais três, se a censura, portanto, não afeta, em termos quantitativos, a produção artística, ela no entanto pode propiciar a emergência de certos *desvios* formais que acabam sendo característicos das obras do tempo.

Tomando como exemplo apenas a literatura, pode-se perceber que houve dois tipos de livros que tiveram êxito durante o período: textos que se filiam ao realismo dito mágico e que, através de um discurso metafórico e de lógica onírica, pretendem, crítica e mascaradamente, dramatizar situações passíveis de censura, e os romances-reportagem, cuja intenção fundamental é a de desficcionalizar o texto literário e com isso influir, com contundência, no processo de revelação do real.

Seja dito, a bem da verdade, que seria errôneo ver uma causalidade simples entre censura e a emergência desses dois tipos de livro na década de 70 no Brasil. Antes de ser uma conquista da censura nessa década, o realismo mágico — para ficar com um dos exemplos — é pura e simplesmente uma das vertentes do texto da modernidade (ver Kafka, Julien Green, Lúcio Cardoso, entre outros). Uma censura violenta pode marcar o *retorno* dessa opção de escrita ficcional, pode falar da atualidade dessa opção, pode vincar agudamente a necessidade dela em autores já predispostos pelo estilo.

Tomemos o caso de Murilo Rubião. Murilo escreveria como escreve — aliás, sempre escreveu — independentemente da censura. A censura apenas tornou mais significativa e mais atual a necessidade que tinha de escrever como escreve. A censura pôde ainda levar seu texto enigmático a ser compreendido de maneira mais *concreta* pelos seus contemporâneos nos anos 70. Não é por coincidência que Murilo, um escritor desprezado pelas histórias literárias, emerge de repente e com grande sucesso de tiragem e de crítica. A censura preparou o campo, as mentes, para receber o impacto de um texto tão estranho e parabólico quanto o de Murilo. Há hoje facilidade para o receptor sintonizar, com maior prazer e proveito, *O ex-mágico*. Durante a década de 50, época em que realmente foram escritos os contos que hoje têm sucesso, o receptor estava pouco preparado para receber o texto de Murilo e, portanto, era pouco entusiástico na leitura.

Ora, na medida em que existe um sintonizador que é jovem e que está só lendo obras que se exprimem adequadamente pelo realismo dito mágico, obras tanto nacionais (é o caso de Murilo e de J. J. Veiga, por exemplo) quanto estrangeiras (é o caso do romance latino-americano e em particular de García Márquez e Cortázar), passa a haver uma *única forma literária* que é predominante entre os estreantes na literatura. Nesse nível, sim, é que poderíamos ver como a censura — sem intuito programático algum, é claro — operou restrição formidável entre as opções de escrita ficcional que tinham os jovens escritores. Não é por coincidência que o boom da forma conto na década de 70 se dá através do realismo dito mágico. Tanto a forma quanto o estilo são marcadamente jovens e acabam sendo uma das realidades literárias da década, quando o falar aberta e despudoradamente passa a ser um perigo e a saída só pode ser vislumbrada metaforicamente no texto do "sufoco".

A outra forma predominante — o romance-reportagem — talvez mantenha um laço mais estreito com a censura e menos afetivo com a literatura, visto que a sua razão de ser está no nomear o assunto proibido e no despojar-se dos recursos propriamente ficcionais da ficção. Já que a censura não visava apenas às artes, mas a todas as formas de expressão dentro da sociedade, ocorreu também que o jornal não pôde mais dizer o que queria. Isso se deu sobretudo na área grosso modo chamada de policial. Nem os grandes crimes da década nem a grande reação da polícia ao aumento da criminalidade (o Esquadrão da Morte) puderam ser cobertos com a objetividade jornalística que mereciam. Passou então a literatura a ter uma função parajornalística, como é o caso da prosa de José Louzeiro e de Plínio Marcos, cujo principal fim reside na denúncia sociopolítica de marginalização grave na realidade brasileira e na denúncia da própria censura que estava impossibilitando a discussão de certos assuntos fora dos salões fechados do poder.

Exatamente porque acusa a censura e porque a acusa dentro de um estilo que é simples *transposição* do real, como é o estilo jornalístico, esse tipo de livro teve o maior sucesso no período e foi o mais perseguido. De forma eficiente ele conseguiu apontar as chagas do tempo no seu próprio tempo. Como o jornal nos regimes democráticos. Esperemos, apenas, que a sua sorte seja mais duradoura. É o que acredita o crítico Davi Arrigucci Jr., que nele vê, segundo sugestão de Walter Benjamin, um caráter universalizante de "alegoria". Para a sua leitura e demonstração, Arrigucci se vale não só da obra parajornalística de José Louzeiro como ainda da de Antonio Callado ("que se constrói em cima da imitação de técnicas do jornal") e da de Paulo Francis ("que faz uma espécie de estripamento do grande jornal").

4.

Arrolados os títulos das obras proibidas e os nomes dos artistas perseguidos, historiada a dificuldade da própria censura junto ao Poder Executivo, desvencilhado o pensamento conformista que acredita ser a censura capaz de amordaçar a verdadeira obra de arte, colocada a mesma censura no banco dos réus por infernizar moral, política e economicamente a pessoa humana do artista e por atacar quem nada tem com o pato — a sociedade civil e, em particular, os jovens —, indicado que ela apenas opera certos desvios formais nas obras do tempo, podemos agora emitir um julgamento de valor sobre a produção artística durante o período da repressão e da censura. Esse julgamento, por ser valorativo, está intimamente ligado à opinião de quem escreve.

Não acredito que as obras do período tenham menor valor. O que me constrange ao repensar o período é a absoluta falta de interesse e curiosidade culturais que a obra de arte teve de enfrentar, pois a censura antes de mais nada castrou, esfriou, neutralizou, embotou a sensibilidade e o pensamento crítico do público. As obras geradas nesse vácuo cultural — vácuo cultural que não está no campo da produção, mas na sociedade como um todo — não acabam sendo qualitativamente melhores nem piores do que as geradas em outros períodos, mas a impressão que se tem é a de que, como num carro atolado na areia, giram os pneus, funciona o motor, levanta-se muita areia, mas movimento que é bom é nulo. Atolada no marasmo da sociedade, a obra de arte fica *ou* no limbo da leitura restrita, esperando pelos melhores momentos em que uma faixa maior e mais mobilizada da população possa prazerosamente apreendê-la, *ou* no limbo da criação artística, esperando o artista melhores momentos para concretizá-la.

A censura e a repressão culturais conseguiram uma coisa realmente nefasta neste país de 110 milhões de habitantes: reduzir ainda mais o minguadíssimo público que se interessa pelas artes no Brasil. Durante o período, tivemos uma das mais fascinantes florações de obras engajadas da moderna cultura brasileira, mas sua fruição se reduzia sempre aos 3% da população a que se refere Paulo Francis em *Cabeça de papel*. E essa discrepância fala muito mais contra o país e os seus governadores do que contra a cultura.

Assim sendo, a proposta de uma arte menos elitista, mais voltada para os anseios e a vontade popular (sem necessariamente recair na proposta populista); a proposta de um texto menos difícil, porque menos enigmático, mais acessível ao geral da população, porque aprendeu a não abusar dos artifícios da arte; a proposta do acesso menos dispendioso à obra (preço do livro, do ingresso, do disco, do quadro etc.); a proposta de um entrosamento mais generalizado e significativo entre a obra de arte e o grosso da população alfabetizada ou não, tornando a sua fruição um dado real em termos socioculturais — estes são alguns pontos que deveriam sensibilizar os nossos artistas nesta década de 80.

[1979]

A cor da pele

Adão Ventura, poeta negro mineiro, acaba de publicar uma coleção de poemas sob o título *A cor da pele*. À primeira vista, o livro escapa à tradição modernista da poesia negra, pois nele não encontramos referências concretas e precisas a elementos de cultos africanos ou afro-brasileiros, como ainda nele não lemos transcrições fonéticas um pouco ridículas do que seria o falar "estropiado" do negro. Basta uma leitura rápida dos poemas negros de um Jorge de Lima, ou de um Raul Bopp, para de imediato percebermos que a poesia de Adão Ventura é também negra, mas de outra estirpe.

Adão Ventura filia-se ao que se poderia chamar — insistindo ao máximo no paradoxo — a tradição ocidental da poesia negra, tradição esta elevada à condição soberana por um Cruz e Sousa em pleno movimento simbolista. Isso quer dizer que Cruz e Sousa e Adão fazem legítima poesia ao mesmo tempo que fazem excelente poesia negra. Isso porque o elemento negro no poema não é produto da ornamentação vocabular, o que apenas denotaria certo exotismo tão ao gosto de poetas de linha romântica. O negro como produto da ornamentação vocabular acaba por dar origem a uma poesia, como diria Oswald de Andrade comentando o farisaísmo folclórico de Cassiano Ricardo, que é "macumba para turista". O elemento negro, na poesia de Cruz e Sousa e nestes curtos poemas de Adão, advém do drama negro que é refletido pela poesia e que o poema (sem cor vocabular) carrega de alta tensão emocional. O elemento negro no poema, íntimo ou histórico, social ou racial, é antes sujeito ou objeto de reflexão do que arabesco de decoração. Enquanto reflexão, apela para a consciência crítica do leitor e para a revolta contra o estado passado e presente.

Para o poeta negro a cor do vocabulário não tem importância, ou não tem a importância que a ela emprestam os "estudiosos brancos" da questão negra nos trópicos. A originalidade da poesia de Adão advém do sentimento da cor da pele. A cor da pele: algo de pessoal e intransferível, e ao mesmo tempo algo de coletivo e histórico. O homem se descobre negro na tessitura da pele, e nesta vê as marcas da escravidão e do degredo, e sente os sofrimentos e a Mãe África. Vale dizer: descobre a história da escravidão e a comunidade dos escravos. Diz o poema:

em negro
teceram-me a pele
enormes correntes
amarram-me ao tronco
de uma Nova África

A cor do vocabulário importa para o folclorista, o antropólogo e o poeta branco. São estes que visam a preservar, através de um discurso condescendente e piedoso, científico e reparador, os crimes e injustiças cometidos pelos próprios brancos contra os negros, e acrescentemos: contra os índios. São eles que insistem em guardar as relíquias da destruição, num desejo de preservação póstuma por parte da cultura branca dominante.

O poeta negro sabe mais do que a cor das palavras e o valor das relíquias póstumas. Pode dedicar, como Adão o faz, o livro aos "noventa anos da abolição da escravatura no Brasil", assinalando aí o débito do negro à elite branca da época, ou aos negros que dela se aproximaram. No entanto, algo de mais profundo ainda permanece na cor da pele. Nomear a abolição da escravatura no pórtico do livro é — não tenhamos ilusão — pactuar com o que ela NÃO fez, com o que está por fazer. Diz o poema "Negro forro":

minha carta de alforria
não me deu fazendas,
nem dinheiro no banco,
nem bigodes retorcidos.

Ou como diz "O negro-escravo (Uma versão para o século XX)":

o negro-escravo
— e seus dentes cariados

A cor da pele é marca indelével que não se apaga com os bons sentimentos humanitários ou patrióticos, nem com a política paternalista dos governantes ou populista de oposição. Por isso é que o elemento negro não é relíquia ou simples vocábulo para Adão. É algo de presente e premente. O negro é confluência de corpo e pele; o negro é lugar e tempo de ação. Ação difícil, quase impossível, pois a raça perdeu o seu horizonte histórico com o degredo e a escravidão, encontrando-se murada num país que não é e não pode ser o seu. É dessa forma que compreendemos a recorrência das palavras "muro", "parede", "curral", nos poemas de Adão. Vejamos:

Carrego comigo
a sombra de longos muros
tentando impedir
que meus pés
cheguem ao final
dos caminhos.

Se com as novas fronteiras nacionais existe um ganho de nacionalidade (o negro é brasileiro), com elas se perde a condição histórica (o negro abandona a Mãe África). As fronteiras impostas pela escravidão passam a ser o verdadeiro muro para o negro, aquele que não o deixa vislumbrar nem o caminho histórico da raça no seu continente nem o caminho do retorno. As fronteiras foram o alpiste do colonizador e hoje são o alçapão do colonizado. Com o substantivo "Brasil" e com o adjetivo "brasileiro" (curiosamente só mencionados sob a forma de topônimos regionais), construiu-se para o negro nos trópicos um muro

— confortável para alguns, como veremos — de que o negro lúcido de hoje não consegue desvencilhar-se. Resta-lhe este viver emparedado no presente, que transparece no poema "Faça sol ou faça tempestade":

faça sol ou faça tempestade
meu corpo é cercado
por estes muros altos,
— currais
onde ainda se coagula
o sangue dos escravos

Esse sentido de prisão, de enclausuramento, lhe é dado pela cor da pele, pelo sentimento na cor da pele:

faça sol
ou faça tempestade
meu corpo é fechado
por esta pele negra

As referências culturais são vagas e apagadas para o negro no Brasil, ao contrário do que acreditam os nossos cientistas sociais, imbuídos da teoria do mulato tropical. "Sua voz falida/ pelas portas adentro." Tão vagas e apagadas são, que elas apenas servem para constituir o "preto de alma branca". Em poema terrível e extraordinário, apaixonante, Adão levanta "ligeiras conceituações" sobre o preto de alma branca, que não deixam dúvida quanto à proveniência da expressão. Ela só pode ser elogiosa pelo seu lado branco. Do outro lado, diz o poema:

o preto de alma branca
e a sua cor de camaleão

o preto de alma branca
e o seu sujar na entrada

o preto de alma branca
e o seu cagar na saída

*o preto de alma branca
e o seu sangue de barata*

Constituído para não ser, o negro teve de incorporar os valores brancos, dados como positivos, para poder aparecer socioeconomicamente. A alma branca é a aparência que resguarda o negro da violência e do anonimato e que baliza as suas ações comedidas e mesquinhas, controladas. Combatendo as falsas aparências, Adão insiste para que o preto assuma a sua alma negra e vire o que é na pele, um negro, buscando assim uma identidade que escapa às pressões da sociedade cordial. Para desacreditar as falsas aparências, é preciso ir fundo, não temendo dizer a verdade da violência que se manifestou na escravidão:

*levar um negro ao tronco
e cuspir-lhe na cara*

*levar um negro ao tronco
e fazê-lo comer bosta*

Com esses versos, Adão não procura simplesmente "rebaixar" o negro, como pode parecer numa leitura menos cuidadosa. Nomear o aviltamento do negro pela escravidão é a única maneira de poder constituir o negro como não ser no passado e como identidade social a ser construída no presente. Tudo isso sem as peias da ideologia da cordialidade. O "rebaixamento" constitui historicamente o negro no Brasil e constitui a sua identidade política hoje. É através dele que pode surgir uma voz menos adocicada e um corpo com menos ginga, mas com uma ação mais eficiente e poderosa. Fazer de conta que não houve escravidão no Brasil é o caminho mais fácil para chegar ao preto de alma branca. Adão sabe que

*para um negro
a cor da pele
é uma faca
    que atinge
muito mais em cheio
    o coração.*

[1981]

Singular e anônimo

Para os mestrandos de Paris III

Ao contrário do que propõe Roman Jakobson em esquema famoso e sempre citado, em discordância com o que pode caber na palavra "intransitiva" que Roland Barthes usou para defini-la, a linguagem poética existe em estado de contínua travessia para o *outro*. Ela nomeia o leitor, como o fanático da alta-fidelidade indica o melhor lugar na sala para se apreciar convenientemente o som. "Se meu verso não deu certo, foi seu ouvido que entortou" — quem nos diz é Carlos Drummond de Andrade. Charles Baudelaire já nomeava o seu leitor no prefácio-poema às *Flores do mal*: "— Leitor hipócrita, — meu semelhante, — meu irmão!". T.S. Eliot, como se sabe, seguiu as pegadas de Baudelaire, recitando o verso em *The Waste Land*.

O poema, sem ser carta, sem ser carta aberta, abre no entanto lugar para um destinatário que, apesar de ser sempre singular, não é pessoal porque necessariamente anônimo. Singular e anônimo o leitor, ele não é todos como também não é uma única pessoa. O poema não é um discurso em praça pública para a massa indistinta, nem papo a dois confluente e íntimo, apesar de ser linguagem em travessia — aclaremos. Paul Valéry disse preferir um leitor que lê muitas vezes um poema a muitos leitores que o leriam uma só vez. Nada de elitismo aí, por favor. O poema não é fácil nem difícil, ele exige — como tudo o que, na aventura, precisa ser palmilhado passo a passo. Não se avança sem contar com o desconhecido e o obstáculo. A escalada da leitura. As exigências para a leitura são as mais variadas e múltiplas, o poema que as nomeie com clareza e destemor. Porque, nomeando-as, abre-se a linguagem para a configuração do leitor.

Ana Cristina Cesar institui dois protocolos simultâneos e semelhantes para que o leitor atue com proveito mútuo na cena da sua poesia.

O primeiro protocolo se situa no nível do conhecimento e do reconhecimento que de sua obra estavam fazendo os companheiros de geração (que aparece sob a forma de um depoimento pessoal no livro *Retrato de época*). O segundo protocolo se enuncia no próprio corpo de seu livro de poemas *A teus pés*, quando o texto desalimenta (quer dizer: desestimula a progredir a leitura) o leitor, desalimenta e desmistifica os equívocos do que podemos chamar de leitor autoritário. É leitor autoritário o que enfrenta as exigências do poema com ideias preconcebidas e globalizantes. Um poema exige pouco e muito: olhos abertos e, entre tantas outras coisas, paciência e imaginação.

LEITURA DE VARA CURTA

Em depoimento a Carlos Alberto Messeder Pereira, encontrado em *Retrato de época*, Ana Cristina não só chama a atenção para duas linhas que constituem a sua poesia e que nela se constituem, como ainda comenta o equívoco de leitura que esse caminho que se bifurca ia sendo produzido pelos seus pares. Cita o exemplo do poeta e crítico Cacaso, amigo também, com quem mantinha discussões permanentes:

> [...] uma vez, eu li [para Cacaso] um poema meu que eu tinha adorado fazer [...] e o Cacaso olhou um olho comprido [...] leu esse poema e disse assim: "É muito bonito, mas não se entende [...] o leitor está excluído". Aí eu mostrei também o meu livro pro Cacaso [...] e ele disse: "Legal, mas o melhor são os diários porque se entende... são de comunicação fácil, falam do cotidiano".

Cacaso se enganava ao acreditar que num grupo de poemas (os que chamava de poemas difíceis) estava "excluído o leitor", enquanto no outro grupo, o de "comunicação fácil", o leitor se aproximava do texto sem cansaços, entendendo-o, já que não se sentia alijado do seu bojo.

Num e noutro caso, o leitor está, por assim dizer, *incluído*. A linguagem poética nunca exclui o leitor. Com o seu depoimento, Ana Cristina parece apontar para Cacaso o fato de que ele próprio — Cacaso — é que se excluía *voluntariamente* dos poemas do primeiro grupo no movimento da sua leitura. Às vezes o leitor não é feito para certos poemas, assim como muitas vezes não fomos feitos para quem, no entanto, queremos amar: "[...] foi seu ouvido que entortou", ecoa o verso.

A dicotomia "fácil e difícil" (tão daninha nestes trópicos de sombra e água fresca) não existe para quem tem a força de sobrecarregar de significado a linguagem para que ela viaje (significativamente) em direção ao outro, para que ela sempre se organize e se libere pela dinâmica da travessia. O importante, insistia Ana Cristina no depoimento, é que era "um poema que [ela] tinha adorado fazer". A dicotomia citada só existe (e são eles que, em geral, a estabelecem — é claro) para os que abandonam a viagem, pulam do trem em movimento com medo de uma pedra que vislumbram no meio do caminho, ou simplesmente porque a curiosidade é curta. Ficou "difícil" continuar no trem, põem-se as mochilas nas costas e se dão por terminadas as "impressões de viagem", para usar a metáfora tão reveladora de Heloisa Buarque de Hollanda.

Um sertanejo diria — em ajuda de Ana Cristina —, diria apropriadamente que é arriscado cutucar boi brabo com vara curta.

Os chamados textos fáceis (os verdadeiros, faço a distinção) não conseguem impulsionar a linguagem ao infinito da travessia (seriam eles poemas?), reduzidos que sempre ficam a uma viagem cujo percurso é passageiro e batido, embora às vezes acidentado e útil, como, por exemplo, quando se empenham num processo de conscientização. Trens suburbanos — se permitem.

DESESTIMULAR PARA MASSAGEAR

Parece que esse desestímulo à leitura equivocada do poema, que se escuta na fala de Ana Cristina a Carlos Alberto, é o melhor estímulo para que prossiga a leitura, que não é feita só de sucessos (caso em que uma simples vista-d'olhos pelo texto seria suficiente), mas quase sempre de fracassos mais ou menos confessados. Uma bela interpretação, vistosa como roupa domingueira, o é graças à habilidade que teve o intérprete em camuflar os becos sem saída que, no entanto, apontaram para o bom caminho finalmente trilhado.

Assinalando o fracasso que existe na leitura, ainda que esta seja de um "bom leitor" (assim Ana o tratava) como Cacaso, o poeta dá uma massagem revivificadora no processo de conhecimento da obra. A morte de todo e qualquer poema se encontra na esclerose otimista (justa, imediata, apressada, pouco importa a qualidade nesse estágio do raciocínio) da sua compreensão.

A partir da compreensão — agora a justa — o poema deixa praticamente de existir (semanticamente) por algum tempo, passando a circular no seu lugar o *simulacro* menos ambíguo e mais rigoroso da sua interpretação. Que cada um de nós tenha a sinceridade de dizer quantos "poemas" lemos menos pelo original do que pelo simulacro! Será que só assassinando o poema pelo simulacro é que um grupo de leitores pode estar de acordo quanto ao seu significado? Para que os leitores se congreguem em torno de algumas ideias comuns, é preciso que o poema desapareça, apagado pela imaginação restritiva do intérprete e dos seus seguidores. Uma leitura é sempre passageira porque é abrangente, mas incompleta. Só quando se descobre a falácia do abrangente é que o poema renasce e a comunidade dos leitores é desfeita.

PESSOAL E INTRANSFERÍVEL

"Fica difícil fazer literatura tendo Gil como leitor" — comecemos a ler um trecho no final da *Correspondência completa*, longo poema-carta de Júlia, endereçado a "My dear".

Dizendo que é difícil fazer literatura para Gil, o poema nos diz que ele não existe para um leitor de nome próprio. O leitor, quando nomeado poeticamente, é anônimo, é aquele a quem realmente foi endereçado o poema: "My dear" — hipócrita, semelhante e irmão. No poema citado, o leitor não tem e não pode ter nome próprio. O leitor se dá nome, isto é, personaliza a relação poema-leitor, quando ele próprio, leitor, se alça ao nível da produção dita pública (papo, artigo, livro, sala de aula, conferência etc.), nomeando a si como tal, assinando, responsabilizando-se. Quanto da assinatura do poeta não se apega na assinatura do leitor (crítico, professor, exegeta etc.).

Ana Cristina sabe o perigo que existe para o poema e para o seu poema quando o leitor chega a assinar o nome próprio dele, interrompendo num ponto de parada a travessia infinita a que o convidara ininterruptamente a linguagem poética.

Tendo passado pelos bancos das letras universitárias, Ana tinha mais agudamente do que a maioria dos companheiros de geração a fobia da explicação otimista e vencedora, convincente e lógica, redonda e massacrante, que existe em toda leitura bem-sucedida de um poema, para retomar o já assinalado acima, agora em outra perspectiva. Como uma assinatura, uma leitura não é transferível, sob o risco de falsificação ou imitação barata. Você endossa uma leitura quando dela se apropria, atestando a sua qualidade e fidelidade ao original, assumindo a propriedade dela.

Será que se pode facilitar a leitura (como se ela não fosse tecida em cima de fracassos!) ao se apresentar didaticamente (como ensinar o fracasso?) o poema? — é a pergunta e são as dúvidas que nos ficam depois de uma aula. A melhor. Em didática tradicional, o que se pede — não tenhamos dúvida — é o endosso do aluno à assinatura oral do professor. A didática moderna é apenas mais ilusória, incorrendo na falácia do coletivo, ao acreditar que se pode fazer uma leitura com a fita durex que emenda as impressões mais acertadas (de que ponto de vista?) e as mais díspares dos alunos.

Nem um único nem todos.

Qualquer, desde que enfrente as exigências: singular e anônimo. Personificado passageiramente com o nome próprio, o leitor avança um desejo, isto é, projeta-o como dominante e asfixiante do objeto, daí que a percepção do processo de leitura por parte do poeta seja sempre vista como castração no potencial das ambiguidades, das dissonâncias, dissonâncias estas que alimentam a perenidade do poema. Quanto mais avança o leitor, mais retrocede o poema. O poema, nessa marcha e contramarcha, passa a dar corpo e voz ao desejo do outro, do semelhante e irmão, hipócrita. Como dar corpo e voz ao desejo de todos? Não é tornar indiferenciado o que, por definição, é singular? A leitura na sala de aula se alimenta da mesma ilusão que existe no mito da grande star. Encarnação do indiferenciado desejo coletivo, ela não pode ser carne nem é corpo, volátil como a imagem que se desfaz ao passar as páginas de uma revista, ao soar a hora do recreio.

Ensina-se — isso sim — a estrutura de um poema, com quantos paus se faz uma canoa, da mesma forma como se desvela o esqueleto de um corpo numa plancha anatômica, sem nunca se referir ao funcionamento dele/nosso, à sua máquina caprichosa.

QUE FRATERNIDADE? QUE COMUNIDADE?

Retomemos a leitura onde a deixamos:

> Fica difícil fazer literatura tendo Gil como leitor. Ele lê para desvendar mistérios e faz perguntas capciosas, pensando que cada verso oculta sintomas, segredos biográficos. Não perdoa o *hermetismo*. Não se confessa os próprios sentimentos. Já Mary me lê toda como literatura pura, e não entende as referências diretas.

O terreno em que se alicerça o poema de Ana Cristina é o da cumplicidade inimiga, das relações ambivalentes na ternura: nem Gil nem Mary, os dois, em posições diametralmente opostas e complementares. Cada um tem razão não a tendo inteiramente. O equívoco deles é pensar que a razão própria (de cada um) é global, globalizante, totalitária. O poema sempre escapa aos olhos assassinos de leitores asfixiantes, escapa com uma pirueta pelo avesso.

Gil e Mary se complementam desentendendo-se em princípio sobre o que é a poesia, nos diz o poema, e completamos: se desentendem como novos Esaú e Jacó. Somos todos "irmãos", mas, como somos também "hipócritas", estaremos sempre criando uma comunidade (de "semelhantes") em cima — e não por cima — dos desentendimentos, dos desentendidos e das traições.

Que seria do poema se todos (a fraternidade dos leitores) endossássemos uma única leitura para sempre? Haverá forma mais profunda e radical de pensamento fascista? É este o problema capital que todo poema coloca emblematicamente: como compor com o singular e anônimo o coletivo, sem recorrer à uniformização, sem se valer da indiferenciação? Como constituir uma comunidade onde reine a justiça sem amassá-la? Para tal é preciso que apenas a imaginação fique no lugar singular e anônimo do poder.

Alerta-nos Carlos Drummond na sua utopia de *A rosa do povo*:

> *um jeito só de viver,*
> *mas nesse jeito a variedade,*
> *a multiplicidade toda*
> *que há dentro de cada um.*

A maneira como Ana Cristina acredita poder lutar por "um jeito só de viver", mas abrindo-se ele para a "variedade" e a "multiplicidade" do singular e anônimo, está no desejo de passar, pela linguagem poética, a ternura. Não é o que o poema que estamos lendo tenta apaixonadamente (e em vão) passar, o mesmo poema que fala do desentendimento entre "irmãos": "Não estou conseguindo explicar minha ternura, minha *ternura*, entende?".

Quando o texto tematiza apenas os bons sentimentos, o poeta escapa pela tangente. Mas é preciso tentar. "Eis se ergue o vento!... Há que tentar viver!" — diz Paul Valéry na tradução de Jorge Wanderley. As forças se exaurem. O poema se escreve. A morte não é o cansaço da força? Não é o que nos diz Guimarães Rosa na metáfora do pai-remador que é levado a abandonar a instabilidade estável da "terceira margem do rio" quando forças não tem mais para remar contra a corrente? Desce rio abaixo, inerte na canoa, até o mar: "Nossas vidas são os rios/ Que vão lançar-se no mar/ Que é o morrer" — prolonga Guimarães Rosa o espanhol Jorge Manrique na tradução de Rubem Amaral Jr.

Quando as forças se esgotam, está finalmente escrito o poema. Abandonado. Morto. Ainda que a "ternura" não tenha sido de todo explicitada ao outro (ela o será algum dia?). Ainda que a fraternidade (pura, transparente, global, utópica) não tenha sido conseguida. No poema e na morte, o homem encontra a única forma conhecida e justa de uma comunidade que respeita o singular e o anônimo. A redenção de um e da outra se encontram, respectivamente, no prazer fecundo da leitura e no prazer fecundo da procriação. Aí está toda a precariedade do permanente — a da poesia e a do ser humano.

Poema (e leitura), morte (e vida) existem como bastão numa corrida de revezamento. Em travessia pelo possível nosso de todos os dias e todas as noites.

NEM DETETIVE NEM VESTAL — OS DOIS

Gil quer desvendar o poema a partir do desejo do outro, vicária e parasitariamente, e não compreendê-lo a partir do seu próprio desejo. Gosta de acumular sem gastar.

Gil é o leitor medroso de se afirmar, de quebrar a barreira que interdita o outro, de transgredi-la prazerosamente em favor de uma comunhão/combustão. Tem medo de avançar como sua (na leitura) a obra do outro. Gil é o leitor que se fixa na alteridade que separa o sujeito do objeto, guardando a distância dita objetiva. Esquece-se de que, no ler, busca-se exatamente a maneira de se identificar com o outro, guardando no entanto os próprios sentimentos, a individualidade, a intimidade.

Por isso Gil se esconde na aba do autor, mascarando-se de detetive de história em quadrinhos. Fica esquadrinhando todo canto e recanto do poema (com a lente na mão), à procura de uma pista que lhe revele o autor, quando o problema da leitura não é o autor, mas ele próprio, leitor, e as melhores pistas para a resolução desse mistério só podem estar é nele. Inapelavelmente.

Gil está certo no princípio (todo poema guarda sintomas e dados biográficos), mas errado na solução: "lê para desvendar mistérios". A poesia não é mistério que se resolve com "perguntas capciosas" feitas ao autor, nos diz Ana. Se a condição da leitura é a da alteridade transgredida, a sua essência só pode ser o *"hermetismo"*. (Aliás, Gil "não perdoa o *hermetismo*", relemos no poema.) E, em *hermetismo*, frisemos o lado fechado, aprisionado, indevassável, o lado vagão fechado e lacrado desse trem em constante travessia para o outro. Onde a chave?

"Vamos tomar chá das cinco e eu te conto minha grande história passional, que guardei a sete chaves..."

À curiosidade insistente e daninha do ouvinte, que, à semelhança de Gil, lhe pergunta se se trata de "mais um *roman à clef*", a contadora de dramas pessoais se recolhe: "Eu nem respondo. Não sou dama nem mulher moderna".

Para quem quiser entrar no segredo fechado a sete chaves do passional (que, no entanto, foi liberado pelo poema), é preciso incorporá-lo, apropriá-lo, diz o final do poema. Só ao que ocupa o espaço do poema como seu, só a ele é que o poema "passa o ponto e as luvas". O passional, no poema, não é simples efeito de confissão. Se o fosse, diante dos confessionários, pelas igrejas do mundo, estariam se esparramando obras-primas.

Para penetrar no poema (para ressuscitá-lo no túmulo da escrita), é preciso tomar posse dele, é preciso avançar a própria força transgressora de leitor, abrindo o caixão fechado a sete chaves, permitindo que a linguagem exista como é — em travessia para o outro. É preciso desavergonhadamente abrir brechas e janelas por onde deixar desejo e ar circularem de novo no recinto hermeticamente fechado e até mesmo mofado pelo tempo, tempo que é a condição do perene.

Não custa insistir: quem se exercita na leitura não é o autor (ele já deu o que tinha de dar na concretização do poema), mas o leitor. É este que dá vida à morte, Gil se subtrai e, ao se subtrair, não encontra as boas pistas — não as que resolvem o mistério do autor, pois mistério não há, mas as que servem para abrir o hermético de cada um. O prazer fecundo da leitura.

Gil "não se confessa os próprios sentimentos", eis a razão do problema. Incógnita para si, busca mascarar o receio e a vergonha que tem de si com a coragem maldosa de interpelar o outro sobre a intimidade dele, com a curiosidade que escarafuncha os sintomas e a biografia do outro. Tudo o que está aqui já está em você, só que você não sabia, e é por isso que está me lendo, senão não precisaria me ler — lhe diz Ana Cristina. Os sintomas e os dados biográficos existem, mas — quando em travessia pela linguagem poética — são os de todo e qualquer, porque o poema consegue falar para o singular e o anônimo, desde que este tenha a coragem de ser leitor. De ser cidadão.

Já Mary toma *hermetismo* ao pé da letra: o poema é indevassável ao leitor como uma doutrina esotérica. É preciso se iniciar diante do que, por mais que nos adentremos, não perde a condição de enigma a desafiar infinitamente a curiosidade do homem. Como Gil, Mary está certa no princípio (o poema certamente coloca exigências para os que dele querem fruir), mas errada na maneira como generaliza tal princípio, como que mitificando o que existe de *literário* no poema (mas não só de literário vive um poema, poderia lhe dizer um Gil mais lúcido). Assim sendo, o poema só pode ser para ela "literatura pura": "me lê toda como literatura pura", diz o poema.

Por isso é que Mary "não entende as referências diretas". São estas que rompem o processo de mitificação do literário pelo literário, rompem o círculo vicioso, corroendo-o, instaurando a possibilidade, na leitura, de uma "comunhão". As referências diretas, como vimos atrás, tanto se referem ao autor quanto ao leitor; já a alteridade, na linguagem poética, existe para ser transgredida, para ser compreendida pela cumplicidade na ternura.

Mary monumentaliza o poema, mascarando-se — à sua porta — de vestal e guardiã e, portanto, mantendo com relação a ele uma atitude subalterna, asséptica e resguardada. Morrerá virgem como o monumento.

Ao monumentalizar o poema, resguarda-o também do comum dos mortais. Este passa por ele — nem mesmo ousa levantar os olhos — em atitude de reverência, respeito e medo. Cabeça baixa, sabe o leitor — a vestal e guardiã lhe significa isto — que, tocando o monumento (ou pisando a grama dos nossos jardins ditos públicos), o cidadão é passível de multa.

"Pela primeira vez infringi a regra de ouro e voei para cima sem medir mais as consequências. [...] é agora, nesta contramão."

[1985]

O narrador pós-moderno

Os contos de Edilberto Coutinho servem tanto para colocar de maneira exemplar como para discutir exaustivamente uma das questões básicas sobre o narrador na pós-modernidade. Quem narra uma história é quem a experimenta, ou quem a vê? Ou seja: é aquele que narra ações a partir da experiência que tem delas, ou é aquele que narra ações a partir de um conhecimento que passou a ter delas por tê-las observado em outro?

No primeiro caso, o narrador transmite uma vivência; no segundo caso, ele passa uma informação sobre outra pessoa. Pode-se narrar uma ação de dentro dela, ou de fora dela. É insuficiente dizer que se trata de uma opção. Em termos concretos: narro a experiência de jogador de futebol porque sou jogador de futebol; narro as experiências de um jogador de futebol porque me acostumei a observá-lo. No primeiro caso, a narrativa expressa a experiência de uma ação; no outro, é a experiência proporcionada por um olhar lançado. Num caso, a ação é a experiência que se tem dela, e é isso que empresta autenticidade à matéria que é narrada e ao relato; no outro caso, é discutível falar de autenticidade da experiência e do relato porque o que se transmite é uma informação obtida a partir da observação de um terceiro. O que está em questão é a noção de autenticidade. Só é autêntico o que eu narro a partir do que experimento, ou pode ser autêntico o que eu narro e conheço por ter observado? Será sempre o saber humano decorrência da experiência concreta de uma ação, ou o saber poderá existir de uma forma *exterior* a essa experiência concreta de uma ação? Outro exemplo palpável: digo que é autêntica a narrativa de um incêndio feita por uma das vítimas, pergunto se não é autêntica a narrativa do mesmo incêndio feita por alguém que esteve ali a observá-lo.

Tento uma primeira hipótese de trabalho: o narrador pós-moderno é aquele que quer extrair a si da ação narrada, em atitude semelhante à de um repórter ou de um espectador. Ele narra a ação enquanto espetáculo a que assiste (literalmente ou não) da plateia, da arquibancada ou de uma poltrona na sala de estar ou na biblioteca; ele não narra enquanto atuante.

Trabalhando com o narrador que olha para se informar (e não com o que narra mergulhado na própria experiência), a ficção de Edilberto Coutinho dá um passo a mais no processo de *rechaço* e *distanciamento* do narrador clássico, segundo a caracterização modelar que dele fez Walter Benjamin, ao tecer considerações sobre a obra de Nikolai Léskov. É o movimento de rechaço e de distanciamento que torna o narrador pós-moderno.

Para Benjamin os seres humanos estão se privando hoje da "faculdade de intercambiar experiência", isso porque "as ações da experiência estão em baixa, e tudo indica que continuarão caindo até que seu valor desapareça de todo". À medida que a sociedade se moderniza, torna-se mais e mais difícil o diálogo enquanto troca de opiniões sobre ações que foram vivenciadas. As pessoas já não conseguem hoje narrar o que experimentaram na própria pele.

Dessa forma, Benjamin pôde caracterizar três estágios evolutivos por que passa a história do narrador. Primeiro estágio: o narrador clássico, cuja função é dar ao seu ouvinte a oportunidade de um intercâmbio de experiência (único valorizado no ensaio); segundo: o narrador do romance, cuja função passou a ser a de não mais poder falar de maneira exemplar ao seu leitor; terceiro: o narrador que é jornalista, ou seja, aquele que só transmite pelo narrar a informação, visto que escreve para narrar não a ação da própria experiência, mas o que aconteceu com *x* ou *y* em tal lugar e a tal hora. Benjamin desvaloriza (o pós-moderno valoriza) o último narrador. Para Benjamin, a narrativa não deve estar "interessada em transmitir o 'puro em si' da coisa narrada como uma informação ou um relatório". A narrativa é narrativa "porque ela mergulha a coisa na vida do narrador para depois retirá-la dele". No meio, fica o narrador do romance, que se quer impessoal e objetivo diante da coisa narrada mas que, no fundo, se confessa como Flaubert o fez de maneira paradigmática: *"Madame Bovary, c'est moi"*.

Retomemos: a coisa narrada é mergulhada na vida do narrador e dali retirada; a coisa narrada é vista com objetividade pelo narrador, embora este confesse tê-la extraído da sua vivência; a coisa narrada existe como puro em si, ela é informação exterior à vida do narrador.

No raciocínio de Benjamin, o principal eixo em torno do qual gira o "embelezamento" (e não a decadência) da narrativa clássica hoje é a perda gradual e constante da sua "dimensão utilitária". O narrador clássico tem "senso prático", pretende ensinar algo. Quando o camponês sedentário ou o marinheiro comerciante narram, respectivamente, tradições da comunidade ou viagens ao estrangeiro, eles estão sendo úteis ao ouvinte. Diz Benjamin: "Essa utilidade [da narrativa] pode consistir seja num ensinamento moral, seja numa sugestão prática, seja num provérbio ou numa norma de vida — de qualquer maneira, o narrador é um homem que sabe dar conselhos". E arremata: "O conselho tecido na substância viva da experiência tem um nome: sabedoria". A informação não transmite essa sabedoria porque a ação narrada por ela não foi tecida na substância viva da existência do narrador.

Tento uma segunda hipótese de trabalho: o narrador pós-moderno é o que transmite uma "sabedoria" que é decorrência da observação de uma vivência alheia a ele, visto que a ação que narra não foi tecida na substância viva da sua existência. Nesse sentido, ele é o puro ficcionista, pois tem de dar "autenticidade" a uma ação que, por não ter o respaldo da vivência, estaria desprovida de autenticidade. Esta advém da verossimilhança, que é produto da lógica interna do relato. O narrador pós-moderno sabe que o "real" e o "autêntico" são construções de linguagem.

(A perda do caráter utilitário e a subtração do bom conselho e da sabedoria, características do estágio presente da narrativa, não são vistas por Benjamin como sinais de um processo de *decadência* por que passa a arte de narrar hoje, como sugerimos acima, o que o retira de imediato da categoria dos historiadores anacrônicos ou catastróficos. Na escrita de Benjamin, a perda e as subtrações acima referidas são apontadas para que se saliente, por contraste, a "beleza" da narrativa clássica — a sua perenidade. O jogo básico no raciocínio de Benjamin é a valorização do pleno a partir da constatação do que nele se esvai. E o incompleto — antes de ser inferior — é apenas menos belo e mais problemático. As transformações por que passa o narrador são concomitantes com "toda uma evolução secular das forças produtivas". Não se trata, pois, de olhar para trás para repetir o ontem hoje (seríamos talvez historiadores mais felizes, porque nos restringiríamos ao reino do belo). Trata-se antes de julgar belo o que foi e ainda o é — no caso, o narrador clássico —, e de dar conta do que apareceu como problemático ontem — o narrador do romance — e que aparece ainda mais problemático hoje — o narrador pós-moderno. Aviso aos benjaminianos: estamos utilizando o conceito de narrador num sentido mais amplo do que o proposto pelo filósofo alemão. Reserva ele o conceito apenas para o que estamos chamando de narrador clássico.)

Apoiando-nos na leitura de *alguns* contos de Edilberto, tentaremos comprovar as hipóteses de trabalho e apreender o significado e a extensão dos problemas propostos. Tudo isso com o fim de apresentar subsídios para uma discussão e futura tipologia do narrador pós-moderno.

Dissemos antes: alguns contos, e sustentamos o corte. Caso contrário, haveria a possibilidade de embaralhar o nosso desígnio, pois a variedade dos narradores que a ficção de EC apresenta é mais ampla do que a analisada. Citemos como exemplo o conto "Mangas de jasmim" (justamente apreciado por Jorge Amado). Ele foge ao narrar pós-moderno e se aproxima da narrativa que reescreve as tradições de uma comunidade, podendo ser classificado como narrativa de "reminiscência", como quer Benjamin e que foi típica do modernismo (Mário de Andrade, José Lins, Guimarães Rosa etc.). A reminiscência é que "tece a rede que em última instância todas as histórias constituem entre si". A nossa intenção hoje não é a de dar uma pincelada a mais no "embelezamento" da narrativa clássica, trabalho já feito com brilho por leitores brasileiros de Benjamin, como Davi Arrigucci Jr.[1] e Ecléa Bosi.[2] A nossa ideia é a de contemplar com Benjamin o *Angelus Novus*, de Klee, tentando compreender a razão por que as asas do anjo da história não se fecham quando tomadas pela tempestade que é o progresso. Ou seja: tentar compreender o que é problemático na atualidade — história do voo humano na tempestade do progresso.

No conto "Sangue na praça", um jornalista brasileiro em visita à Espanha (e que é o narrador do conto) e sua jovem companheira encontram-se numa *plaza de toros* com o romancista americano Ernest Hemingway. O jornalista brasileiro é também repórter e encontra-se com o romancista americano que também fora repórter. Ótima ocasião para se tematizar o narrador clássico e dramatizar um "intercâmbio de experiência". Mas esse não é o intento do narrador (e do relato). Interessa-lhe dramatizar outras questões. Apresenta a oscilação entre duas profissões (a de repórter e a de romancista) e entre duas formas diferentes de produção narrativa (a jornalística e a literária). Esse dilema é certamente nosso contemporâneo e, portanto, não é gratuito. Como também não o é, ainda no conto, a reaproximação final e definitiva entre repórter e romancista, entre produção jornalística e produção literária.

Quem tentou embaralhar as duas coisas para Hemingway, sem êxito, foi a romancista Gertrude Stein (no conto apresentada como "aquela mulher de Paris"). Informa Hemingway ao jornalista brasileiro que o entrevista: "Eu estava tentando ser um escritor e ela [Gertrude] me disse praticamente para desistir. Afirmou que eu era e que seria apenas um repórter". O golpe, pelo visto, foi duro na época para o aspirante a romancista, mas de curta duração, porque logo ele descobre que não havia nada de mau em ser repórter-romancista, ou vice-versa. Conclui: "E foi escrevendo para jornais que realmente aprendi a ser escritor".

Interessa pouco agora vasculhar escritos e biografias dos envolvidos para indagar sobre a veracidade da situação e do diálogo. Estes se sustentam ao propor temas que transcendem as personalidades envolvidas. Contentemo-nos, pois, em apanhá-los, situação e diálogo, na área do conto e descobrir que, não sem interesse, o conto se escreve paradoxalmente como uma... reportagem. Hemingway chegou à Espanha e, como sempre, desancou a imprensa, negando-se violentamente a dar entrevistas ao denegrir pouco eticamente os colegas jornalistas. O narrador não se intimida. Vai à luta com a sua companheira, de nome Clara. Parte da história do conto é a insistência do repórter junto a Hemingway para obter uma entrevista. A insistência só é quebrada por outro incidente, tão jornalístico quanto o anterior: o toureiro foi atingido pelo touro e é retirado ferido da arena.

Reportagem ou conto? Os dois certamente. Leiam, ainda, outros textos de EC como "Eleitorado ou" e "Mulher na jogada". No universo de Hemingway (conforme o conto) e no de Edilberto (de acordo com a característica da produção) se impõem um desprestígio das chamadas formas romanescas (as que, no conto, seriam defendidas por Gertrude Stein) e um favorecimento das técnicas jornalísticas do narrar; ou melhor, impõe-se a atitude jornalística do narrador diante do personagem, do assunto e do texto. Está ali o narrador para informar o seu leitor do que acontece na *plaza*. Essa reviravolta estética não é sem consequência para o tópico que queremos discutir, visto que a figura do narrador passa a ser basicamente a de quem se interessa pelo *outro* (e não por si) e se afirma pelo *olhar* que lança ao seu redor, acompanhando seres, fatos e incidentes (e não por um olhar introspectivo que cata experiências vividas no passado).

De maneira ainda simplificada, pode-se dizer que o narrador olha o outro para levá-lo a falar (entrevista), já que ali não está para falar das ações de sua experiência. Mas nenhuma escrita é inocente. Como correlato à afirmação anterior, acrescentemos que, ao dar fala ao outro, acaba também por dar fala a si, só que de maneira indireta. A fala própria do narrador que se quer repórter é a fala por interposta pessoa. A oscilação entre repórter e romancista, vivenciada sofridamente pelo personagem (Hemingway), é a mesma experimentada, só que em silêncio, pelo narrador (brasileiro). Por que este não narra as coisas como sendo suas, ou seja, a partir da sua própria experiência?

Antes de responder a essa pergunta, entremos num outro conto espanhol de EC, "Azeitona e vinho". Em rápidas linhas, eis o que acontece: um velho e experiente homem do povoado (que é o narrador do conto), sentado numa bodega, toma vinho e olha um jovem toureiro, Pablo (conhecido como El Mudo), cercado de amigos, admiradores e turistas ricos. Olhando e observando como um repórter diante do objeto da sua matéria, o velho se embriaga mais e mais enquanto tece conjeturas sobre a vida do outro, ou seja, o que acontece, aconteceu e deveria acontecer com o jovem e inexperiente toureiro, depositando nele as esperanças de todo o povoado.

Os personagens e temas são semelhantes aos do conto anterior, e o que importa para nós: a própria atitude do narrador é semelhante, embora ele, no segundo conto, já não tenha como profissão o jornalismo, seja alguém do povoado. O narrador tinha tudo para ser o narrador clássico: como velho e experiente, podia debruçar-se sobre as ações da sua vivência e, em reminiscência, misturar a sua história com outras que convivem com ela na tradição da comunidade. No entanto, nada disso faz. Olha o mais novo e se embriaga com vinho e com a vida do outro. Permanece, pois, como válida e como vértebra da ficção de EC uma forma precisa de narrar, ainda que dessa vez a forma jornalística não seja coincidente com a profissão do narrador (onde a autenticidade como respaldo para a verossimilhança?). Trata-se de um estilo, como se diz, ou de uma visão do mundo, como preferimos, uma característica do conto de EC que transcende até mesmo as regras mínimas de caracterização do narrador.

A continuidade no processo de narrar estabelecida entre contos diferentes afirma que o essencial da ficção de EC não é a discussão sobre o narrador enquanto repórter (embora o possa ser neste ou naquele conto), mas o essencial é algo de mais difícil apreensão, ou seja, a própria arte do narrar hoje. Por outro lado, paralela a essa constatação, surge a pergunta já anunciada anteriormente e estrategicamente abandonada: por que o narrador não narra sua experiência de vida? A história de "Azeitona e vinho" narra ações enquanto vivenciadas pelo jovem toureiro; ela é basicamente a experiência do olhar lançado ao outro.

Atando a constatação à pergunta, vemos que o que está em jogo nos contos de EC não é tanto a trama global de cada conto (sempre é de fácil compreensão), nem a caracterização e desenvolvimento dos personagens (sempre beiram o protótipo), mas algo de mais profundo que é o denso mistério que cerca a figura do narrador pós-moderno. O narrador se subtrai da ação narrada (há graus de intensidade na subtração, como veremos ao ler "A lugar algum") e, ao fazê-lo, cria um espaço para a ficção dramatizar a experiência de alguém que é observado e muitas vezes desprovido de palavra. Subtraindo-se à ação narrada pelo conto, o narrador identifica-se com um segundo observador — o leitor. Ambos se encontram privados da exposição da própria experiência na ficção e são observadores atentos da experiência alheia. Na *pobreza da experiência* de ambos se revela a importância do personagem na ficção pós-moderna; narrador e leitor se definem como espectadores de uma ação alheia que os empolga, emociona, seduz etc.

A maioria dos contos de Edilberto se recobrem e se enriquecem pelo enigma que cerca a compreensão do olhar humano na civilização moderna. Por que se olha? Para que se olha? Razão e finalidade do olhar lançado ao outro não se dão à primeira vista, porque se trata de um diálogo em literatura (isto é, expresso por palavras) que, paradoxalmente, fica aquém ou além das palavras. A ficção existe para falar da incomunicabilidade de experiências: a experiência do narrador e a do personagem. A incomunicabilidade, no entanto, se recobre pelo tecido de uma relação, relação esta que se define pelo olhar. Uma ponte, feita de palavras, envolve a experiência muda do olhar e torna possível a narrativa.

No conto "Azeitona e vinho", insiste o narrador: "Pablito não sabe que o estou observando, naquele grupo". E ainda: "Não se lembrará de mim, mas talvez não tenha esquecido as coisas de que lhe falei". Permanece a fixidez imperturbável de um olhar que observa alguém, aquém ou além das palavras, no presente da bodega (de uma mesa observa-se a outra) ou no passado revivido pela lembrança (ainda o vejo, mas no passado).

Não é importante a retribuição do olhar. Trata-se de um investimento feito pelo narrador em que ele não cobra lucro, apenas participação, pois o lucro está no próprio prazer que tem de olhar. Dou uma força, diz o narrador. Senti firmeza, retruca o personagem. Ambos mudos. Não há mais o jogo do "bom conselho" entre experientes, mas o da admiração do mais velho. A narrativa pode expressar uma "sabedoria", mas esta não advém do narrador: é depreendida da ação daquele que é observado e não consegue mais narrar — o jovem. A sabedoria apresenta-se, pois, de modo invertido. Há uma desvalorização da ação em si.

Eis nas suas linhas gerais a graça e o sortilégio da experiência do narrador que olha. O perigo no conto de EC não são as mordaças, mas as vendas. Como se o narrador exigisse: Deixem-me olhar, para que você, leitor, também possa ver.

O olhar tematizado pelo narrador de "Azeitona e vinho" é um olhar de generosidade, de simpatia, amoroso até, que recobre o jovem Pablito, sem que o jovem se dê conta da dádiva que lhe está sendo oferecida. Mas, atenção!, o mais experiente não tem conselho a dar, e é por isso que não pode visar lucro com o investimento do olhar. Não deve cobrar, por assim dizer. Eis a razão para a briga entre Hemingway (observador e também homem da palavra) e o toureiro Dominguín (observado e homem da ação):

> Nessa época Dominguín o chamava de Pai. Papá. Agora dizia que o velho andava zureta. Pai pirado. Poucos dias depois pude mostrar a Clara uma entrevista em que Dominguín contava: Eu era seu hóspede em Cuba. Vieram uns jornalistas à casa dele, para entrevistar-me. [...] Quando um jornalista quis saber se era verdade que eu procurava os *conselhos* [grifo meu] do dono da casa, para melhorar a minha arte, compreendi bem como pudera ter surgido o despropositado boato, só de ver o rosto dele. Pensei em dar uma resposta diplomática, mas mudei de ideia e falei com toda a franqueza: Não creio, no ponto a que cheguei, precisar dos conselhos de ninguém em questão de tourada.

O "filho" não pode olhar submisso o rosto do "pai", sob pena de destruir o mistério do investimento afetivo dado pelo olhar paterno. De nada adianta a diplomacia se o pacto for quebrado — Dominguín é curto e grosso. O filho não pode reconhecer o pai enquanto fonte de conselho, ou reconhecer a dívida que proporciona o lucro do mais velho, pois é ele próprio a fonte da sabedoria. Pai. Papá. Velho zureta. Pai pirado. Eis as metamorfoses do velho que quer usurpar o valor de uma ação que *não* é experimentada por ele, mas apenas observada. Subtraia-se pelo olhar — eis o único conselho que lhe pode dar o observado, se houver lugar para o diálogo.

A vivência do mais experiente é de pouca valia. Primeira constatação: a ação pós-moderna é jovem, inexperiente, exclusiva e privada da palavra — por isso tudo é que não pode ser dada como sendo do narrador. Este observa uma ação que é, ao mesmo tempo, incomodamente autossuficiente. O jovem pode acertar errando, ou errar acertando. De nada vale o paternalismo responsável no direcionamento da conduta. A não ser que o paternalismo se prive de palavras de conselho e seja um longo deslizar silencioso e amoroso pelas alamedas do olhar.

Caso o olhar queira ser reconhecido como conselho, surge a incomunicabilidade entre o mais experiente e o menos. A palavra já não tem sentido porque já não existe o olhar que ela recobre. Desaparece a necessidade da narrativa. Existe, pesado, o silêncio. Para evitá-lo, o mais experiente deve subtrair-se para fazer valer, fazer brilhar o menos experiente. Pelo fato de a experiência do mais experiente ser de *menor* valia nos tempos pós-modernos é que ele se subtrai. Por isso tudo também é que se torna praticamente impossível hoje, numa narrativa, o cotejo de experiências adultas e maduras sob a forma mútua de conselhos. Cotejo que seria semelhante ao encontrado na narrativa clássica e que conduziria a uma sabedoria prática de vida.

Em virtude da *incomunicabilidade da experiência entre gerações diferentes*, percebe-se como se tornou impossível dar continuidade linear ao processo de aprimoramento do homem e da sociedade. Por isso, aconselhar — ao contrário do que pensava Benjamin — não pode ser mais "fazer uma sugestão sobre a continuação de uma história que está sendo narrada". A história não é mais vislumbrada como tecendo uma continuidade entre a vivência do mais experiente e a do menos, visto que o paternalismo é excluído como processo conectivo entre gerações. As narrativas hoje são, por definição, quebradas. Sempre a recomeçar. Essa é a lição que se depreende de todas as grandes rebeliões de menos experientes que abalaram a década de 60, a começar pelo Free Speech Movement, em Berkeley, e indo até os *événements de mai*, em Paris.

No entanto, o elo de simpatia cúmplice entre o mais experiente e o menos (sustentado pelo olhar que é recoberto pela narrativa) assegura o clima das ações intercambiáveis. As ações do homem não são diferentes em si de uma geração para outra, muda-se o modo de encará-las, de olhá-las. O que está em jogo não é o surgimento de um novo tipo de ação, inteiramente original, mas a maneira diferente de encarar. Pode-se encará-la com a sabedoria da experiência, ou com a sabedoria da ingenuidade. Não há, pois, uma sabedoria vencedora, privilegiada, embora haja uma que seja imperiosa. Há um conflito de sabedorias na arena da vida, como há um conflito entre narrador e personagem na arena da narrativa. Como pensa e nos diz Octavio Paz: *"La confianza en los poderes de la espontaneidad está en proporción inversa a la repugnancia frente a las construcciones sistemáticas. El descrédito del futuro y de sus paraísos geométricos en general"*. Daí pode concluir: *"En la sociedad postindustrial las luchas sociales no son el resultado de la oposición entre trabajo y capital, sino que son conflictos de orden cultural, religioso e psíquico"*.

O velho na bodega já tinha passado por tudo pelo que passa o jovem El Mudo, mas o que conta é o *mesmo diferente* pelo que o observador passa, que o observado experimenta na sua juventude de agora. A ação na juventude de ontem do observador e a ação na juventude de hoje do observado são a mesma. Mas o modo de encará-las e afirmá-las é diferente. De que valem as glórias épicas da narrativa de um velho diante do ardor lírico da experiência do mais jovem? — eis o problema pós-moderno.

Aqui se impõe uma distinção importante entre o narrador pós-moderno e o seu contemporâneo (em termos de Brasil), o narrador memorialista, visto que o texto de memórias tornou-se importantíssimo com o retorno dos exilados políticos. Referimo-nos, é claro, à literatura inaugurada por Fernando Gabeira com o livro *O que é isso, companheiro?*, onde o processo de envolvimento do mais experiente pelo menos se apresenta de forma oposta ao da narrativa pós-moderna. Na narrativa memorialista o mais experiente adota uma postura vencedora.

Na narrativa memorialista, o narrador mais experiente fala de si mesmo enquanto personagem menos experiente, extraindo da defasagem temporal e mesmo sentimental (no sentido que lhe empresta Flaubert em "educação sentimental") a *possibilidade de um bom conselho* em cima dos equívocos cometidos por ele mesmo quando jovem. Essa narrativa trata de um processo de "amadurecimento" que se dá de forma retilínea. Já o narrador da ficção pós-moderna não quer enxergar a si ontem, mas quer observar o seu ontem no hoje de um jovem. Ele delega a outro, jovem hoje como ele foi jovem ontem, a responsabilidade da ação que ele observa. A experiência ingênua e espontânea de ontem do narrador continua a falar pela vivência semelhante mas diferente do jovem que ele observa, e não através de um amadurecimento sábio de hoje.

Por isso, a narrativa memorialista é necessariamente histórica (e nesse sentido é mais próxima das grandes conquistas da prosa modernista), isto é, é uma visão do passado no presente, procurando camuflar o processo de descontinuidade geracional com uma continuidade palavrosa e racional de homem mais experiente. A ficção pós-moderna, passando pela experiência do narrador que se vê — e não se vê — a si ontem no jovem de hoje, é primado do "agora" (Octavio Paz).

Retomemos Benjamin. Diz ele: "Com a guerra mundial, tornou-se manifesto um processo que continua até hoje. No final da guerra, observou-se que os combatentes voltavam *mudos* [grifo meu] do campo de batalha, não mais ricos e sim mais pobres de experiência comunicável". Por um desses finos jogos de ironia, quem fala no conto, o velho, não narra a própria vida para o leitor. Importa apenas a juventude corajosa do jovem que ele admira e que é chamado sintomaticamente de El Mudo e que "mudo" fica durante todo o conto.

Dar palavra ao olhar lançado ao outro (ao menos experiente, a El Mudo) para que se possa narrar o que a palavra não diz. Há um ar de superioridade ferida, de narcisismo esquartejado no narrador pós-moderno, impávido por ser ainda portador de palavra num mundo onde ela pouco conta, anacrônico por saber que o que a sua palavra pode narrar como percurso de vida pouca utilidade tem. Por isso é que olhar e palavra se voltam para os que dela são privados.

A literatura pós-moderna existe para falar da pobreza da experiência, dissemos, mas também da pobreza da palavra escrita enquanto processo de comunicação. Trata, portanto, de um diálogo de surdos e mudos, já que o que realmente vale na relação a dois estabelecida pelo olhar é uma corrente de energia, vital (grifemos: *vital*), silenciosa, prazerosa e secreta.

A resposta mais radical à pergunta "Por que se olha?" nos foi dada por Nathalie Sarraute: olha-se do mesmo modo como as plantas se voltam para o sol num movimento de tropismo. Luz e calor — eis as formas de energia que o sol transmite às plantas, empinando-as, tonificando-as. Transposto para a experiência humana de que nos ocupamos, o tropismo seria uma espécie de subconversa (*"sous-conversation"*, diz Sarraute) em que, contraditoriamente, o sol é o mais jovem, e a planta, o mais experiente. A velha planta se sente atraída pelo jovem sol sem que se evidenciem os motivos da subconversa. Não se estranha, pois, que Edilberto tenha criado a sua ficção em cima dessa falta de evidência da razão e da finalidade do olhar. O conto diz que o narrador olha. O conto diz que o personagem é olhado. Mas ficam como enigma a razão e a finalidade desse olhar. Em termos apocalípticos, olha-se para dar razão e finalidade à vida.

De maneira sutil, Benjamin torna paralelo o embelezamento da narrativa clássica com outro embelezamento: o do homem no leito de morte. O mesmo movimento que descreve o desaparecimento gradual da narrativa clássica serve também para descrever a exclusão da morte do mundo dos vivos hoje. A partir do século XIX, informa-nos Benjamin, evita-se o espetáculo da morte. A exemplaridade que dá autoridade à narrativa clássica, traduzida pela sabedoria do conselho, encontra a sua imagem ideal no espetáculo da morte humana. "Ora, é no momento da morte que o saber e a sabedoria do homem e sobretudo sua existência vivida — e é dessa substância que são feitas as histórias — assumem pela primeira vez uma forma transmissível." A morte projeta um halo de autoridade — "a autoridade que mesmo um pobre-diabo possui ao morrer" — que está na origem da narrativa clássica.

Morte e narrativa clássica cruzam caminho, abrindo espaço para uma concepção do devir humano em que a experiência da vida vivida é fechada em sua *totalidade*, e é por isso que é exemplar. À nova geração, aos ainda vivos, o exemplo global e imóvel da velha geração. Ao jovem, o modelo e a possibilidade da cópia morta. Um furioso iconoclasta oporia ao espetáculo da morte um grito lancinante da vida vivida no momento de viver. A exemplaridade do que é incompleto. O toureiro na arena sendo atingido pelo touro.

Há — não tenhamos dúvida — espetáculo e espetáculo, continua o jovem iconoclasta. Há um olhar camuflado na escrita sobre o narrador de Benjamin que merece ser revelado e que se assemelha ao olhar que estamos descrevendo, só que os movimentos dos olhares são inversos. O olhar no raciocínio de Benjamin caminha para o leito da morte, o luto, o sofrimento, a lágrima, e assim por diante, com todas as variantes do ascetismo socrático.

O olhar pós-moderno (em nada camuflado, apenas enigmático) olha nos olhos o sol. Volta-se para a luz, o prazer, a alegria, o riso, e assim por diante, com todas as variantes do hedonismo dionisíaco. O espetáculo da vida hoje se contrapõe ao espetáculo da morte ontem. Olha-se um corpo em vida, energia e potencial de uma experiência impossível de ser fechada na sua totalidade mortal, porque ela se abre no agora em mil possibilidades. Todos os caminhos o caminho. O corpo que olha prazeroso (já dissemos), olha prazeroso outro corpo prazeroso (acrescentemos) em ação.

"Viver é perigoso", já disse Guimarães Rosa. Há espetáculo e espetáculo, disse o iconoclasta. No leito de morte, exuma-se também o perigo de viver. Até mesmo o perigo de morrer, porque ele já é. Reina única a imobilidade tranquila do homem no leito de morte, reino das *"belles images"*, para retomar a expressão de Simone de Beauvoir diante das gravuras fúnebres dos livros de história. Ao contrário, no campo da vida exposta no momento de viver, o que conta para o olhar é o movimento. Movimento de corpos que se deslocam com sensualidade e imaginação, inventando ações silenciosas dentro do precário. Inventando o agora.

Num conto pós-moderno, morte e amor se encontram no meio da ponte da vida. A única pergunta que faz o narrador de "Ocorrência na ponte", diante da imagem da morte, "uma dama feia e triste, da cor da lama", a única pergunta que lhe faz: "Era possível reinventar a vida para o rio ou para ela?". A resposta é também única: pelo desejo se reinventa a vida na morte. E naquele rosto de mulher, depois da cópula, depois da morte, exprimia-se, diz-nos o narrador, "qualquer coisa como uma absurda esperança".

O olhar humano pós-moderno é desejo e palavra que caminham pela imobilidade, vontade que admira e se retrai inútil, atração por um corpo que, no entanto, se sente alheio à atração, energia própria que se alimenta vicariamente de fonte alheia. Ele é o resultado crítico da maioria das nossas horas de vida cotidiana.

Os tempos pós-modernos são duros e exigentes. Querem a ação enquanto energia (daí o privilégio do jovem enquanto personagem, e do esporte enquanto tema). Esgotada esta, passa o atuante a ser espectador do outro que, semelhante a ele, ocupa o lugar que foi o seu. "Azeitona e vinho." É essa última condição de prazer vicário, ao mesmo tempo pessoal e passível de generalização, que alimenta a vida cotidiana atual e que EC dramatiza através do narrador que olha. Ao dramatizá-lo na forma como o faz, revela o que nele pode ser experiência autêntica: a passividade prazerosa e o imobilismo crítico. São essas as posturas fundamentais do homem contemporâneo, ainda e sempre mero espectador ou de ações vividas ou de ações ensaiadas e representadas. Pelo olhar, homem atual e narrador oscilam entre o prazer e a crítica, guardando sempre a postura de quem, mesmo tendo se subtraído à ação, pensa e sente, emociona-se com o que nele resta de corpo e/ou cabeça.

O espetáculo torna a ação representação. Dessa forma, ele retira do campo semântico de "ação" o que existe de experiência, de vivência, para emprestar-lhe o significado exclusivo de *imagem*, concedendo a essa ação liberta da experiência condição exemplar de um agora tonificante, embora desprovido de palavra. Luz, calor, movimento — transmissão em massa. A experiência do ver. Do observar. Se falta à ação representada o respaldo da experiência, esta, por sua vez, passa a ser vinculada ao olhar. A experiência do olhar. O narrador que olha é a contradição e a redenção da palavra na época da imagem. Ele olha para que o seu olhar se recubra de palavra, constituindo uma narrativa.

O espetáculo torna a ação representação. Representação nas suas variantes lúdicas, como futebol, teatro, dança, música popular etc.; e também nas suas variantes técnicas, como cinema, televisão, palavra impressa etc. Os personagens observados, até então chamados de atuantes, passam a ser atores do grande drama da representação humana, exprimindo-se através de ações ensaiadas, produto de uma *arte*, a arte de representar. Para falar das várias facetas dessa arte é que o narrador pós-moderno — ele mesmo detendo a arte da palavra escrita — existe. Ele narra ações ensaiadas que existem no lugar (o palco) e no tempo (o da juventude) em que lhes é permitido existir.

O narrador típico de EC, pelas razões que vimos expondo, vai encontrar na "sociedade do espetáculo" (para usar o conceito de Guy Debord) campo fértil para as suas investidas críticas. Por ela é investido e contra ela se investe. No conto "A lugar algum", transcrição ipsis litteris do script de um programa de televisão, em que é entrevistado um jovem marginal, a realidade concreta do narrador é grau zero. Subtraiu-se totalmente. O narrador é todos e qualquer um diante de um aparelho de televisão. Essa também — repitamos — é a condição do leitor, pois qualquer texto é para todos e qualquer um.

Em "A lugar algum", o narrador é apenas aquele que reproduz. As coisas se passam como se o narrador estivesse apertando o botão do canal de televisão para o leitor. Eu estou olhando, olhe você também para este programa, e não outro. Vale a pena. Vale a pena porque assistimos aos últimos resquícios de uma imagem que ainda não é ensaiada, onde a ação (o crime) é respaldada pela experiência. A experiência de um jovem marginal na sociedade do espetáculo.

Para testemunhar do olhar e da sua experiência é que ainda sobrevive a palavra escrita na sociedade pós-industrial.

[1986]

A democratização no Brasil (1979-81): Cultura versus arte

> *Existe maior dificuldade em interpretar as interpretações do que em interpretar as coisas.*
>
> Montaigne

Para abordar com segurança o tema que nos propomos estudar — crítica cultural versus crítica literária —, será preciso refletir antes sobre um problema de periodização. Em que ano e em que circunstâncias históricas começa o "fim do século xx" na América Latina e, em particular, no Brasil? Se nos entregarmos ao trabalho prévio de articular uma série de questões derivadas, a pergunta de caráter geral poderá receber resposta que proponha uma data relativamente precisa. Enunciemos, primeiro, as perguntas derivadas.

Quando é que a cultura brasileira despe as roupas negras e sombrias da resistência à ditadura militar e se veste com as roupas transparentes e festivas da democratização? Quando é que a coesão das esquerdas, alcançada na resistência à repressão e à tortura, cede lugar a diferenças internas significativas? Quando é que a arte brasileira deixa de ser literária e sociológica para ter uma dominante cultural e antropológica? Quando é que se rompem as muralhas da reflexão crítica que separavam, na modernidade, o erudito do popular e do pop? Quando é que a linguagem espontânea e precária da *entrevista* (jornalística, televisiva etc.) com artistas e intelectuais substitui as afirmações coletivas e dogmáticas dos políticos profissionais, para se tornar a forma de comunicação com o novo público?

A resposta às perguntas feitas leva a circunscrever o momento histórico da *transição* do século xx para o seu "fim" pelos anos de 1979 a 1981. Se correta a data, compete-nos fazer um trabalho de arqueologia, a fim de que se estabeleça uma primeira bibliografia mínima[1] e se nomeie a gênese dos problemas que ainda hoje nos tocam. Tanto o leitor quanto o crítico poderão enfrentar com maior rigor os vários desafios que, desde então, se nos apresentam no campo da cultura e da literatura.

Nesses três anos a que nos referiremos, a luta das esquerdas contra a ditadura militar deixa de ser questão hegemônica no cenário cultural e artístico brasileiro, abrindo espaço para novos problemas e reflexões inspirados pela democratização no país (insisto: *no* país, e não *do* país). A transição deste século para o seu "fim" se define pelo luto dos que saem, apoiados pelos companheiros de luta e pela lembrança dos fatos políticos recentes e, ao mesmo tempo, pela audácia da nova geração que entra, arrombando a porta como impotentes e desmemoriados radicais da atualidade. Ao luto dos que saem opõe-se o vazio[2] a ser povoado pelos atos e palavras dos que estão entrando.

Em artigo publicado em 13 de agosto de 1981,[3] Heloisa Buarque de Hollanda esboçava um primeiro balanço das novas tendências na arte e na cultura brasileiras. A reviravolta que ambas sofriam se devia à passagem recente do furacão soprado pelo cineasta Cacá Diegues, denominado com propriedade na época de "patrulhas ideológicas". O furacão, porque desorientava a esquerda formada nos anos 50 e consolidada na resistência à ditadura militar dos anos 60 e 70, era premonitório da transição. O livro de entrevistas que levou o nome da polêmica — *Patrulhas ideológicas*[4] — se configura hoje mais como o balanço da geração que resistiu e sofreu durante o regime de exceção e menos como a plataforma de uma nova geração que desejava tomar ao pé da letra a "diástole" (apud general Golbery) da militarização do país.

Como narradores castrados pelos mecanismos da repressão, como pequenos heróis com os olhos voltados para o passado doloroso, como advogados de acusação dispostos a colocar no banco dos réus os que de direito ali deveriam ficar para sempre, a maioria dos personagens públicos entrevistados em 1979-80 quer contar uma história de vida. Resume o cineasta Antônio Calmon: "Eu acho melhor contar a história do que teorizar". Ainda em 1979, sai publicado o emblemático depoimento do ex-guerrilheiro Fernando Gabeira, *O que é isso, companheiro?*,[5] que narra com minúcia de detalhes o cotidiano redentor e paranoico da guerrilha no Brasil e na América Latina e as sucessivas fugas dos latino-americanos para os vários exílios. Na numerosa produção de relatos de vida, há um tom Christopher Lasch[6] que impede que o lugar político-ideológico até então ocupado pelo regime militar seja esvaziado e reocupado pelos defensores de uma *cultura adversária,* ou seja, os esquerdistas renitentes não descobrem que o *inimigo* não está mais lá fora, do outro lado da cerca de arame farpado, mas *entre nós.*[7]

O acontecimento "patrulhas ideológicas" fecha não só o período triste da repressão como também o período feliz da coesão na esquerda. Por ser o mais polêmico dos intelectuais brasileiros contemporâneos, Glauber Rocha é o primeiro que põe o dedo no harmônico e fraterno bloco esquerdista para abrir rachaduras. Em 1977, o *Jornal do Brasil*[8] propicia, num apartamento carioca, o diálogo entre os quatro gigantes da esquerda brasileira: o antropólogo Darcy Ribeiro, o poeta Ferreira Gullar, o cineasta Glauber Rocha e o crítico de arte Mário Pedrosa. O longo e doloroso debate termina com intervenções abruptas de Glauber. Devido às divergências de opinião, conclui que "o debate não pode ser publicado". Segundo a transcrição, "todo mundo [na sala do apartamento] protesta, grita, reclama da posição de Glauber". Glauber continua a silenciar a fala dos demais. Acrescenta: "Eu, por exemplo, comecei a discordar do Darcy [Ribeiro] a partir de certo momento, mas eu não discordarei *publicamente* [grifo meu] do Darcy...". A moderadora do debate não percebe a dimensão da rachadura aberta pela discordância no privado que não podia se tornar pública e reage com o cola-tudo das boas intenções: "[...] o problema é que você [Glauber] está querendo impor um pensamento, quer ganhar uma discussão e não é isso que importa aqui". Glauber termina a conversa amistosa com duas declarações contundentes. A primeira é a de que "não há condições no Brasil de se fazer um debate amplo e aberto", e a segunda, "esse debate já era".

Nos anos seguintes, o debate amplo e aberto não apareceria nos relatos de vida dos ex-combatentes, não se daria pela linguagem conceitual da história e da sociologia, não seria obra de políticos bem ou mal-intencionados. Esse debate amplo e aberto se passaria no campo da arte, considerando-se esta não mais como manifestação exclusiva das *belles lettres*, mas como fenômeno multicultural que estava servindo para criar novas e plurais identidades sociais. Caía por terra tanto a imagem falsa de um Brasil-nação integrado, imposta pelos militares através do controle da mídia eletrônica, quanto a coesão fraterna das esquerdas, conquistada nas trincheiras. A arte abandonava o palco privilegiado do livro para se dar no cotidiano da Vida. Esse novo espírito estaria embutido na plataforma política do Partido dos Trabalhadores, PT, idealizado em 1978.

Voltando ao artigo de Heloisa Buarque, percebe-se que ela, ao ler o livro *Retrato de época: Poesia marginal — Anos 70*, de Carlos Alberto Messeder Pereira, detecta "um certo mal-estar dos intelectuais em relação à sua prática acadêmica" cuja saída estava sendo desenhada pela "proliferação de estudos recentes (reunindo-se aí uma expressiva faixa da reflexão universitária jovem) no registro da perspectiva antropológica". Os setores emergentes da produção intelectual, acrescenta ela, "explicita[va]m certas restrições ao que chamam os 'aspectos ortodoxos' da sociologia clássica e da sociologia marxista".

Segundo Heloisa, a chave da operação metodológica apresentada no livro está no fato de o antropólogo Carlos Alberto dar o mesmo tratamento hermenêutico tanto ao material oriundo das entrevistas concedidas pelos jovens poetas marginais quanto ao poema de um deles. O texto do poema passa a funcionar como um depoimento informativo e a pesquisa de campo é analisada como texto. O paladar metodológico dos jovens antropólogos não distingue a plebeia entrevista do príncipe poema.

Essa grosseira inversão no tratamento metodológico de textos tão díspares — aparentemente inocente porque consequência da falta de boas maneiras dum jovem antropólogo — desestabilizaria de modo definitivo a concepção de literatura, tal como era configurada pelos teóricos dominantes no cenário das faculdades de Letras nacionais e estrangeiras.[9] Conclui Heloisa: "Carlos Alberto parece colocar em suspenso a literatura como discurso específico".

Esvaziar o discurso *poético* da sua especificidade, liberá-lo do seu componente elevado e atemporal, desprezando os jogos clássicos da ambiguidade que o diferenciavam dos outros discursos, enfim, equipará-lo qualitativamente ao *diálogo provocativo* sobre o cotidiano, com o fim duma entrevista passageira, tudo isso corresponde ao gesto metodológico de apreender o poema no que ele apresenta de mais efêmero. Ou seja, na sua transitividade, na sua comunicabilidade com o próximo que o deseja para torná-lo seu.

A ousadia metodológica representa também uma ousadia geracional. O poema se desnuda dos seus valores intrínsecos para se tornar um mediador cultural,[10] encorajando o leitor a negociar, durante o processo de interiorização do texto, a própria identidade com o autor. O poeta marginal é um "perigoso desviante". O poema não é mais um objeto singular; singular é o mapeamento do seu percurso entre os imprevisíveis leitores. A lei da literatura passa a ser *o regulamento linguístico e comportamental que se depreende do percurso empírico e inesperado dos objetos produzidos em seu nome*. Dar significado a um poema, ainda que passageiramente, é torná-lo seu, indiciador de uma resposta cultural efêmera/definitiva sobre a *identidade* do indivíduo que o lê e do grupo que — pelo mão a mão dos textos e do baseado, pelo boca a boca das conversas e pelo corpo a corpo das transas amorosas — passa assim a existir.

A política é a cultura rebelde de cada dia cujo perfume privado exala no espaço público. Ela não é mais manifestação coesa e coletiva de afronta ideológico-partidária, como no auge da repressão militar. Na medida em que me constituo no desejo pelo outro, passamos nós a compor, num dado período histórico, uma geração autorreferenciada e um universo autorreferenciável. Conclui Heloisa que um dos dados mais atraentes da nova produção acadêmica é "o interesse em estudar seu próprio universo".

Será que no ano seguinte ao da sua publicação, 1981, *Patrulhas ideológicas* já podia ser dado como retrógrado? Há duas exceções ao tom grandiloquente, autocomiserativo e trágico dos depoimentos concedidos pelos entrevistados. As palavras do compositor e intérprete Caetano Veloso é uma das exceções. Provocado sobre o retorno na cena artística do discurso tradicional da esquerda, reage com corpo e sensualismo, retirando o exercício político da classe política e decretando a combinação extemporânea da prática política aliada à prática da vida, em distanciamento dos chamados líderes carismáticos da contrarrevolução (general Golbery) e da revolução (Fidel Castro). Diz ele que o cantor e amigo Macalé "estava entusiasmado porque falou com o Golbery, mas eu não acho graça, nem em Fidel Castro, nem em ninguém... eu acho tudo isso meio apagado, não sinto muito tesão".

Suas ideias sobre o papel do artista na sociedade, sobre arte e engajamento, sobre a função política e erótica da obra de arte, sobre a produção e disseminação do conhecimento no espaço urbano escapam ao ramerrão do livro. E é por isso que, se não se sente patrulhado, sente que incomoda um número cada vez maior de pessoas, como na história do elefante. É o que constata: "[...] o que mais incomoda [as pessoas] é a minha vontade de cotidianizar a política ou de politizar o cotidiano". Como elemento mediador entre o cotidiano e a política, o *fazer* — o próprio fazer artístico. Pelo seu *produto é* que o artista se exprime politicamente no cotidiano. Acrescenta ele: "[...] me sinto ligado a tudo que acontece, mas através do que eu faço". Caetano está definindo, no dizer do Raymond Williams de The Long Revolution, *"culture as a whole way of life"*, apagando a conjunção *"e"* que ligava tradicionalmente cultura e sociedade.

A outra e segunda exceção no livro de 1980 são as palavras da cientista social Lélia Gonzalez, negra e carioca de adoção. De início, denuncia o processo de embranquecimento por que passa o negro quando submisso ao sistema pedagógico-escolar brasileiro, anunciando a futura batalha do multiculturalismo contra o cânone ocidental: "[...] e passei por aquele processo que eu chamo de lavagem cerebral dado pelo discurso pedagógico-brasileiro, porque na medida em que eu aprofundava meus conhecimentos, eu rejeitava cada vez mais a minha condição de negra". Cutucada com vara curta sobre a liderança de São Paulo no movimento negro de esquerda, com o fim de saber se é o intelectual paulista que irá desempenhar o papel de mediador entre o Rio de Janeiro e a Bahia, Lélia não titubeia na resposta:

> O Rio de Janeiro é que é o mediador entre Bahia e São Paulo. Porque, por exemplo, o negro paulista tem uma puta consciência política. Ele já leu Marx, Gramsci, já leu esse pessoal todo. Discutem, fazem, acontecem etc. e tal. Mas de repente você pergunta: você sabe o que é iorubá? Você sabe o que é Axé? Eu me lembro que estava discutindo com os companheiros de São Paulo e perguntei o que era Ijexá. O que é uma categoria importante para a gente saber mil coisas, não só no Brasil como na América inteira. Os companheiros não sabiam o que era Ijexá. Ah! não sabem? Então vai aprender que não sou eu que vou ensinar não, cara!

E Lélia conclui de maneira a (1) questionar a *assimilação* do negro à política de esquerda hegemônica, herdada dos anos 50 e consolidada nos anos de repressão e (2) salientar o papel primordial, e não mais secundário, que a cultura, no caso a negra, passa a ter nas lutas políticas setorizadas, nacionais e internacionais. "Então o caso de São Paulo me lembra muito os negros americanos: puta consciência política, discurso político ocidental... dialetiza, faz, acontece etc.

Mas falta base cultural. A base cultural está reprimida..." Pelas duas observações contidas na citação, Lélia está abrindo a porta para que se represente o Brasil não apenas do ponto de vista da sua ocidentalização (o debate ideológico pelo viés do economismo da teoria sociológica ortodoxa é dado, por ela, como discurso político ocidental e... paulista), mas, e sobretudo, pelo viés das negociações entre as múltiplas etnias que o compõem.

Desrecalcar a base cultural negra no Brasil não significa voltar ao continente africano. Para Lélia, isso é sonho, sonho de gringo. Significa, antes, detectar na formação dita científica e disciplinar dos intelectuais negros paulistas certa neutralidade étnica que abole a diferença e que, por isso mesmo, permite — apenas no privado, lembremo-nos das palavras de Glauber Rocha — a expressão de crenças religiosas subalternas. Lélia afirma: "Nós aqui, no Brasil, temos uma África conosco, no nosso cotidiano. Nos nossos sambas, na estrutura de um Candomblé, da macumba...". Sua fala política se encaminha para a negociação pelas trocas culturais entre negros, brancos e índios, com vistas a um Brasil que seria representado não mais como unidade, mas miscigenado, multicultural, porque não há como negar "a dinâmica dos contatos culturais, das trocas etc". Nesse sentido, uma das grandes questões colocadas por *Patrulhas ideológicas* — a da *democratização* do Brasil após um longo período de autoritarismo militar — acaba por ter uma resposta desconcertante para a esquerda, também autoritária, mas naquele momento em plena crise de autocrítica: "Veja, por exemplo, a noção de Democracia. Se você chegar num Candomblé, onde você pra falar com a Mãe de Santo tem de botar o joelho no chão e beijar a mão dela e pedir licença, você vai falar em Democracia!? Dança tudo". Os grupos étnicos excluídos do processo civilizatório ocidental passam a exigir alterações significativas no que é dado como representativo da *tradição erudita* brasileira ou no que é dado como a mais alta conquista da humanidade, a democracia representativa. Exigem autonomia cultural.

As diversas outras vozes que rechaçam as patrulhas ideológicas, antes de traduzirem o inevitável interesse/descaso pelas ortodoxias marxistas em tempos de democratização, anunciavam para o Brasil (e o mundo) um fim de século triste e incerto, de diversificadas culturas e espírito comunitário, povoado de microacontecimentos e de heróis descartáveis, tempo de obras artísticas em nada ambiciosas, em que as identidades (individuais, políticas, sociais, econômicas etc.) não seriam mais estabelecidas pelos grandes vínculos ou dependências ideológico-partidários no espaço público da cidade. Vínculos e dependências seriam estreitados por laços de solidariedade que se sedimentariam num conhecimento aprofundado das várias culturas que compuseram e estavam a duras penas recompondo um país chamado Brasil. No momento da transição do século XX para o seu "fim", a Sociologia[11] e a velha geração de acadêmicos saíam de campo e tomavam lugar na arquibancada, para entrar em campo a Antropologia sob as ordens dos emergentes mapeadores das transformações culturais por que passava o país.

Diante do trabalho antropológico que tanto elogia, Heloisa Buarque como que quer salvar, pelo uso precavido dos parênteses, os valores por que lutara no passado e que, no presente, se configuram passadistas: "[...] já há algum tempo, nossos melhores teóricos marxistas empenham-se numa autocrítica (*severa demais do meu ponto de vista*) [grifo meu] de sua prática dos anos 1960 e vêm procurando absorver novas questões como, por exemplo, a democracia, no sentido de alargar seu campo de reflexão".

As atitudes extemporâneas expressas no citado depoimento de Lélia Gonzalez abrem o leque das expectativas universitárias para outros campos e objetos de estudo durante os três anos (1979 a 1981) a que estamos nos referindo. As faculdades de Letras — formadoras de "literatos natos", segundo a expressão brejeira de Heloisa, e dedicadas tradicionalmente ao estudo da cultura duma minoria, no caso a letrada, que se manifesta e dialoga pelo livro — são despertadas para a cultura da maioria.

São despertadas pela avassaladora presença da música comercial-popular no cotidiano brasileiro. Por estar informada e formada pelo estruturalismo francês e pelos teóricos da Escola de Frankfurt, o despertar da minoria letrada não foi pacífico. É surpreendente, por exemplo, que a primeira crítica severa à grande divisão ("The Great Divide", segundo a expressão já clássica de Andreas Huyssen[12]) entre o erudito e o popular com o consequente rebaixamento deste tenha partido de um jovem intelectual com formação na Universidade de São Paulo, o professor de Letras e músico José Miguel Wisnik. Mais surpreendente, ainda, é que dele tenha partido a primeira leitura simpática e favorável do cantor Roberto Carlos, ainda que, para tal tarefa, o crítico tenha de se travestir pela fala da sua mulher, caindo literalmente numa *"gender trap"*.

Estamos nos referindo ao artigo "O minuto e o milênio ou Por favor, professor, uma década de cada vez", capítulo do primeiro volume (*Música popular*) do livro *Anos 70*.[13] "A má vontade para com a música popular em Adorno é grande", começa por afirmar José Miguel. Em seguida constata que ela é consequência de dois fatores que acabam por nos diferenciar dos europeus, optando o crítico brasileiro pela desconstrução do pensamento adorniano.[14] Em primeiro lugar, diz José Miguel, para Adorno, "o uso musical é a escuta estrutural estrita e consciente de uma peça, a percepção da progressão das formas através da história da arte e através da construção duma determinada obra". Em segundo lugar, observa ainda, "o equilíbrio entre a música erudita e a popular, num país como a Alemanha, faz a balança cair espetacularmente para o lado da tradição erudita, porque a música popular raramente é penetrada pelos setores mais criadores da cultura, vivendo numa espécie de marasmo kitsch e digestivo...".[15]

José Miguel contrapõe ao soturno quadro erudito europeu um cintilante cenário brasileiro, marcado por "uma poética carnavalizante, onde entram [...] elementos de lirismo, de crítica e de humor: a tradição do carnaval, a festa, o nonsense, a malandragem, a embriaguez da dança, e a súbita consagração do momento fugidio que brota das histórias do desejo que todas as canções não chegam pra contar". Nesse sentido e entre nós, há que primeiro constatar — levando-se em consideração o pressuposto básico levantado por Antonio Candido para configurar a "formação"[16] da literatura brasileira — que "a música erudita nunca chegou a formar *um sistema onde autores, obras e público* [grifo meu] entrassem numa relação de certa correspondência e reciprocidade". Apontando na balança dos trópicos desequilíbrio inverso ao apresentado na balança europeia, José Miguel retoma uma descoberta clássica de Mário de Andrade, a que diz que no Brasil o uso da música raramente foi o estético-contemplativo (ou o da música desinteressada). Em seguida afirma que, entre nós, a *tradição musical* é popular e adveio do "uso ritual, mágico, o uso interessado da festa popular, o canto-de--trabalho, em suma, a música como um instrumento ambiental articulado com outras práticas sociais, a religião, o trabalho e a festa".

Estabelecido o contraste entre os dois universos musicais, questionado o eurocentrismo da teoria adorniana, que rebaixa o popular em causa própria, há que relativizar a universalidade analítica da má vontade. No caso brasileiro, não há por que valorizar a música erudita, já que não existe uma tradição sólida; não há por que rebaixar a música popular pelos motivos que José Miguel expõe e reproduzimos:

> [...] a tradição da música popular [no Brasil], pela sua inserção na sociedade e pela sua vitalidade, pela riqueza artesanal que está investida na sua teia de recados, pela

sua habilidade em captar as transformações da vida urbano-industrial, não se oferece simplesmente como um campo dócil à dominação econômica da indústria cultural que se traduz numa linguagem estandardizada, nem à repressão da censura que se traduz num controle das formas de expressão política e sexual explícitas, e nem às outras pressões que se traduzem nas exigências do bom gosto acadêmico ou nas exigências de um engajamento estreitamente concebido.[17]

Através da intervenção dum professor de Letras é que a crítica cultural brasileira começa a ser despertada para a complexidade espantosa do fenômeno da música popular. O seu modo de produção se dá num meio em que as forças mais contraditórias e chocantes da nossa realidade social se encontram sem se repudiarem mutuamente. Em lugar de separar e isolar vivências e experiências, em lugar de introjetar o rebaixamento cultural que lhe é imposto para se afirmar pelo ressentimento dos excluídos, a música popular passa a ser o espaço "nobre", onde se articulam, são avaliadas e interpretadas as contradições socioeconômicas e culturais do país, dando-nos portanto o seu mais fiel retrato. No trânsito entre as forças opostas e contraditórias, José Miguel aposta em três oposições que, por não o serem, acabam por integrar os elementos díspares da realidade brasileira no caldeirão social em que se cozinha a música popular-comercial:

> [...] embora mantenha um cordão de ligação com a cultura popular não letrada, desprende-se dela para entrar no mercado e na cidade; b) embora deixe-se penetrar pela poesia culta, não segue a lógica evolutiva da cultura literária, nem filia-se a seus padrões de filtragem; c) embora se reproduza dentro do contexto da indústria cultural, não se reduz às regras da estandardização. Em suma, não funciona dentro dos limites estritos de nenhum dos sistemas culturais existentes no Brasil, embora deixe-se permear por eles.

A música popular no Brasil é "uma espécie de hábito, uma espécie de habitat, algo que completa o lugar de morar, o lugar de trabalhar", e é por isso que, no tocante às décadas de 60 e 70, há que "pensar o oculto mais óbvio": tanto o estrondoso sucesso comercial de Roberto Carlos quanto a simpatia despertada pela sua "força estranha" em figuras do porte de Caetano Veloso. O crítico pergunta: "[...] que tipo de força o sustém no ar por tanto tempo? Por que ele?". O crítico se sente incapaz de pensar o paradoxo do oculto mais óbvio. Será que isso é tarefa para mim? deve ter perguntado a si antes de dar continuidade ao artigo. José Miguel cai na armadilha do *gênero* (*gender trap*), incapaz de responder à questão que é formulada pelo encadeamento orgânico do seu raciocínio analítico. Eis que pede ajuda à sua mulher [sic] para que responda e escreva sobre Roberto Carlos. A *profundidade* da escuta de Roberto Carlos só pode ser captada por ouvidos femininos.[18] Vale a pena transcrever o transcrito, deixando o leitor jogar algum alpiste interpretativo no interior da armadilha para que se evidenciem ainda mais as trapaças que o falocentrismo pode pregar:

> Ela disse: voz poderosa, suave, louca, ele [Roberto Carlos] realiza melhor do que ninguém o desejo de um canto espontâneo, arranca matéria viva de si e entra em *detalhes, coisas mal-acabadas, células emocionais primitivas, momentos quase secretos de todo mundo* (como as frases decoradas que a gente prepara para lançar ao outro na hora de partir e que não chega a dizer nem a confessar), uma qualidade romântica, ingênua e vigorosa, que unifica a sem-gracice, o patético, a doçura, o lirismo que há em todos, e fica forte, quase indestrutível, pois soma anseios, ilusões, ideais que também pairam por aí, mais além, estranho à realidade cotidiana de muitos.

Dando continuidade à leitura reabilitada do melhor da música popular-comercial brasileira, o crítico diz que poderia complementar o seu trabalho, ratificando a liderança que veio sendo concedida por justo mérito a Caetano Veloso. O intérprete torna-se, ao mesmo tempo, lugar de ver a produção dos contemporâneos e lugar onde ela pode ser vista e analisada. Caetano é *irônico* por cair na armadilha de gênero que ele próprio estabelece no processo de produção das suas canções; Caetano é *romântico* pela recusa em cair na armadilha de gênero, já que se transforma em ouvinte e intérprete de Roberto Carlos. Para "falar um pouco mais de Caetano a partir de Roberto Carlos", é preciso assumir a fala rebaixada da mulher.

Três canções escreveu Caetano para Roberto Carlos: "Como 2 e 2", "Muito romântico" e "Força estranha". Canções, segundo José Miguel, que refletem sobre o ato de cantar e em que, como no caso de Flaubert e Madame Bovary mencionado por Huyssen, todos os recursos de despersonalização e de identificação, de alteridade, são utilizados pelo compositor/intérprete: "Minha voz me difere e me identifica; noutras palavras, sou ninguém que sou eu que é um outro". Caetano injetou "reflexão crítica" ao romantismo rebaixado/enaltecido de Roberto

Carlos. Pela ironia (como escapar dela nesse jogo de espelhos?), ele acentuou "a tensão entre o sentimento romântico e a mediação da mercadoria".

Esse interesse pela música popular-comercial, produzida nos anos 60 e subsequentes, se complementa com *Acertei no milhar: Samba e malandragem no tempo de Getúlio,* de Cláudia Matos, originalmente tese de mestrado defendida na PUC-RJ em junho de 1981 e publicada no ano seguinte sob a forma de livro.[19] Cláudia se interessa pelas letras de samba que, por muito tempo, "constituíram o principal, se não o único documento verbal que as classes populares[20] do Rio de Janeiro produziram autônoma e espontaneamente". Dentro desse universo textual, Cláudia privilegia o samba de malandro: "o malandro do samba tem uma voz cultural muito mais vigorosa do que o dito malandro em carne e osso".

O principal personagem do samba de malandro é um "ser de fronteira", capaz de transitar entre o morro e a cidade e entre as classes sociais, sendo portanto elemento de mediação social e, por isso mesmo, capaz de armar confrontos e sofrer a violência da repressão. Anota Cláudia: "O malandro não fala apenas para os seus, ao contrário, ele quer se fazer ouvir do outro lado da fronteira, quer abrir caminho para o bloco passar. A vocação para a mobilidade pressupõe o atrito e a troca". Essa ambiguidade do malandro, capaz de sair da cultura negra e de forçar a barra para entrar na cultura branca, interessado em seduzir o seu outro, até obrigá-lo a sair da própria cultura e entrar na sua, torna a cultura negra própria da cidade (o Rio de Janeiro), própria do país (o Brasil).[21]

Entre o atrito e a troca, o malandro é capaz de manipular a linguagem, emprestando-lhe efeitos surpreendentes de polissemia onde os significados opostos de um mesmo vocábulo se encontram numa risada estrondosa. O sambista Moreira da Silva costuma narrar esta história de malandro. Se a polícia der em cima, diz o malandro, ou morro ou mato. O interlocutor se assusta pela postura inédita e radical. O malandro então retoma as suas próprias palavras: "Se não tiver morro, meto logo a cara no mato".

Analisando o texto do samba pelo viés do discurso lírico-amoroso, percebe-se "a influência de um discurso literário, branco, burguês". Nele, a imitação poderia ser sinal de subserviência ao produto original, hegemônico na cidade das letras. Analisando melhor a contaminação de mão única, vê-se que a confluência do mundo popular com o mundo erudito visa antes à apropriação pelo sambista, através do manejo da língua literária, de situações e emoções por assim dizer universais. Conclui Cláudia que "a universalidade do tema amoroso, favorecendo a contaminação do discurso proletário por valores semelhantes aos de um discurso burguês previamente escrito, previamente inscrito na cultura, tendia à obliteração das fronteiras de classe, e não à tomada de consciência de tais fronteiras". Como diz em contexto ligeiramente diferente, mas pertinente: "O malandro manipula o código do outro para poder penetrar à vontade em seu território e contrabandear para lá sua mercadoria e sua voz, o samba".[22]

A ambiguidade do malandro transparece, ainda e sobretudo, no modo como transita pelo morro/cidade. O malandro distingue-se do proletário por andar sempre bem-vestido, o que o aproxima dos padrões burgueses. Mas destes se diferencia por ser uma caricatura do burguês. Anota Cláudia: "[...] seu modo de se apresentar inclui aspectos de exagero e deformação tão evidentes que o próprio trajar elegante é um dos elementos pelos quais a polícia o identifica como malandro, e que portanto tornam a jogá-lo no universo das classes oprimidas". Anda na moda, mas transmite impressão de fantasia ou disfarce.

Na análise de Cláudia, a questão samba serve para recolocar, através da desconstrução da cultura brasileira pela incorporação da produção textual não letrada das classes populares, uma questão que fascina a teoria literária dominante na época, emprestando-lhe um sabor único. Trata-se da questão da autoria e da parceria.[23] Essa questão foi levantada pelos estudiosos eruditos interessados no bom entendimento da paródia e do pastiche literários. Na leitura de Cláudia da produção das classes populares cariocas, esses estudiosos vão encontrar um fascinante manual de explicação e de sobrevivência em tempos de democratização.

Na produção da música negra e do samba, a autoria transcende os limites da individualidade, para ser uma obra coletiva, como está bem exemplificado no caso de "Pelo telefone". A autoria desse samba é disputada por muitos, tendo levado Sinhô a cunhar um aforismo de grande repercussão hermenêutica: "Samba é como passarinho. É de quem pegar". A autoria pode ser explicada também pela conhecida letra que identifica o samba à voz do morro. Todos e cada um no morro são parceiros potenciais. A parceria é distribuída pela comunidade inteira. Mas, se o caso "Pelo telefone" é paradigmático nessa discussão, é porque a questão da autoria, tal qual os eruditos a entendem, só surge no mundo da cultura negra depois da industrialização no Brasil de duas descobertas tecnológicas. A indústria fonográfica, implantada em 1917, primeiro produz e reproduz exatamente o samba acima mencionado. A indústria radiofônica, implantada em 1923, só em 1932 é que começa, por decreto-lei, a disseminar e colocar o samba em circulação nacional. A profissionalização do compositor negro leva-o de novo à condição de mediador: ao mesmo tempo que perde a identidade comunitária (morro), divulga-a no mundo dos brancos; ao mesmo tempo que subverte o mundo dos brancos, ganha a condição de indivíduo dentro do mercado de trabalho (cidade).[24]

Talvez seja correto afirmar que a memória histórica no Brasil é uma planta tropical, pouco resistente e muito sensível às mudanças no panorama socioeconômico e político internacional. Uma planta menos resistente e mais sensível do que, por exemplo, as nascidas na Argentina, terra natal de Funes, o memorioso.[25] A passagem do luto para a democratização, alicerçada pela desmemória dos radicais da atualidade, foi dada por passadas largas que uns, e muitos até hoje, julgam precipitadas e prematuras. Para eles, a anistia no Brasil, concedida a todos e qualquer um por decreto-lei, não deixou que o país acertasse contas com o seu passado recente e negro. Desde então, sem planos para o futuro, estamos mancando da perna esquerda, porque o passado ainda não foi devidamente exorcizado. Nesse sentido e dentro do pessimismo inerente à velha geração marxista, a aposta na democratização, feita pelos artistas e universitários entre os anos de 1979 e 1981, abriu o sinal verde para o surgimento nas esquerdas de uma "cultura adversária". Essa aposta e as *negociações* e *traduções* por ela propostas são consideradas por eles como (a) uma manifestação a mais do mito da cordialidade brasileira, retomado agora pelo viés da miscigenação, considerada como possibilidade virtual de outra nacionalidade em tempos de globalização, (b) uma aceitação passiva dos novos padrões impostos pela sociedade de consumo que vieram embutidos na opção pelo liberalismo democratizante, e (c) um endosso em nada formal, aliás, definitivo, da sociedade do espetáculo, em que as regras de excelência do produto são ditadas pelo mercado.

É inegável que os resultados obtidos pelas passadas largas, precipitadas e prematuras, dadas principalmente pelos jovens artistas e universitários, redundaram em questionamentos fundamentais da estrutura social, política e econômica brasileira. Ao encorajar o ex-guerrilheiro a se transformar de um dia para outro num cidadão, os desmemoriados ajudavam a desmontar no cotidiano das ruas o regime de exceção, chegando a ser indispensáveis na articulação das pressões populares pelas "diretas já". Ao redimensionarem o passado recente, também redirecionaram o gesto punitivo para a *formação cultural* do Brasil, estabelecendo estratégias de busca e afirmação de identidade para a *maioria* da população, que vinha sendo marginalizada desde a colônia. Ao questionarem o intelectual pelo viés da sua formação pelas esquerdas dos anos 50, induziram-no à autocrítica e tornaram possível a transição da postura carismática e heroica dos salvadores da pátria para o trabalho silencioso e dedicado de mediador junto às classes populares. Ao acatarem a televisão e a música popular, com suas regras discutíveis e eficientes de popularização dos ideais democráticos, conseguiram motivar os desmotivados estudantes, também desmemoriados, a ir para as ruas e lutar a favor do impeachment do presidente Collor.

[1998]

REFERÊNCIAS

"A PÓS-GRADUAÇÃO no momento das mudanças". *Folha de S.Paulo,* 22 jul. 1979.

ARTE em Revista, ano 5, n. 7, 1983.

BAR, Décio; ECHEVERRIA, Regina. "Eu quero é mel" (Entrevista: Gilberto Gil). *Veja,* 10 jan. 1979.

CARVALHO, Elizabeth. "Um olhar sobre o Brasil dos anos 70" e "Encontro com a alma brasileira". *Jornal do Brasil,* 23-24 fev. 1997, respectivamente.

_____. "O que restou do Brasil?". *IstoÉ,* 25 jan. 1978.

CARVALHO, Luis Fernando Medeiros de. *Ismael Silva: Samba e resistência.* Rio de Janeiro: José Olympio, 1980.

CORRÊA, Marcos Sá; VENTURA, Zuenir. "Escrevo sem rancores" (Entrevista: Alfredo Sirkis). *Veja,* 24 jun. 1981.

DIEGUES, Cacá. "O prazer de pensar". *Veja,* 16 maio 1979.

HOLLANDA, Heloisa Buarque de. "Ceder a vez, ceder a voz". *Jornal do Brasil,* 12 dez. 1981.

JABOR, Arnaldo. "Chega de lamentações (Jabor lança o seu manifesto para a abertura)". *IstoÉ,* 7 out. 1981.

PELLEGRINO, Hélio. "Terra em transe". *Jornal do Brasil,* 30 ago. 1981. (Artigo escrito em 1967 e até então inédito.)

ROCHA, Glauber. "Não sou cobra mandada". *Jornal de Brasília,* 21 jan. 1979.

RODRIGUES, José Honório. "A fala do ministro Golbery: Tese e prognóstico". *Jornal do Brasil,* 26 abr. 1981.

ROSSI, Clóvis; SALEM, Helena. "Sim, ela existe" (Um inventário do que pensa e faz, hoje, a esquerda brasileira). *IstoÉ,* 11 out. 1978.

SCHILD, Susana. "Pra frente Brasil". *Jornal do Brasil,* 23 jun. 1982.

_____. "Chico Buarque em tempo de mudança" (Antes era fácil, agora há tons entre o branco e o preto). *Jornal do Brasil,* 12 out. 1980.

SCHWARTZMANN, Simon. "A miséria da ideologia e os intelectuais: Os brasileiros e o maniqueísmo que nasceu do autoritarismo". *IstoÉ,* 31 out. 1979.

SCHWARZ, Roberto. "Cultura e política, 1964-1969". In: *O pai de família e outros ensaios*. Rio de Janeiro: Paz & Terra, 1978.
SÜSSEKIND, Flora. *Literatura e vida literária*. Rio de Janeiro: Jorge Zahar Editor, 1985.
VELOSO, Caetano. *Alegria, alegria*. Rio de Janeiro: Pedra Q Ronca, s. d.
VENTURA, Zuenir. "O intelectual e o poder" (Entrevista: Eduardo Portella). *Veja*, 21 fev. 1979.

É proibido proibir

Nada traduz melhor o relacionamento de Hélio Oiticica com a Tropicália (e com a arte em geral — estarei pensando em silêncio na série Cosmococa) do que uma frase que aflorou na cena artística carioca logo depois dos acontecimentos de maio de 68 em Paris. "É proibido proibir." A máxima está numa canção de Caetano Veloso, apresentada publicamente num festival da TV Globo, mas o produtor Guilherme Araújo, em entrevista para a *Rolling Stone* (n. 13), versão brasuca, afirma que foi ele mesmo quem soprou a frase para o compositor.[1] De autoria do Espírito Santo ou do Filho, o certo é que a frase cabe como uma luva no Pai Hélio Oiticica. Não falam do mistério da Santíssima Trindade? Pois aí está um belo exemplo para o novíssimo testamento da Tropicália.

Em tempos de atos institucionais, época em que, para a alegria dos contentes, se baixavam ordens como se baixam mercadorias da prateleira, nada mais eficaz como resposta do que uma contraordem artística. Ela punha a nu as ordenações militares. A ordem que redundou na perseguição aos descontentes, na repressão aos guerrilheiros e na censura às artes era única, indivisível e inquestionável — proibir. Segundo a gramática da língua portuguesa, o verbo "proibir" é transitivo direto ou bitransitivo, isto é, requer complemento. Na gramática dos militares o verbo "proibir" ganhou a forma intransitiva e absoluta. (Graças a Deus, até hoje não dicionarizada.) Para eles, "proibir" não requer e não recebe complemento direto ou indireto, porque *tudo* é passível de suspeita, isto é, toda e qualquer ação humana serve de complemento verbal. Os executores da ordem tiveram de tomá-la ao pé da letra, nem lhes passava pelo cérebro diferi-la, adiá-la ou contestá-la e muito menos lhes passava pela imaginação precisar e determinar os complementos do verbo com o intuito de diferenciá-los pelo exercício crítico. "É pra já!" — como gostam de dizer os sabujos da vida.

Não há conversa nem negociação contra a ordem imperativa, e muito menos diálogo. A ordem despertou em muitos dos opositores ao regime militar o silêncio conivente, fato que é plenamente explicado pelo medo que os tomava diante da falta de complemento do verbo. "Não está claro que eu me inclua entre os que praticam atos proibidos", diz a fala do cagaço. Por outro lado, qualquer desvio didático que se busque para implantar no regime ditatorial o espírito democrático é um palavrório forense e circular que se perde pelas beiradas do que está em questão e jogo. O que está em questão e em jogo costuma nem mesmo ser nomeado no reino da ordem — é o Poder. Sua verdade epistemológica é preservada pelo segredo. Guardado a sete chaves nos palácios e ministérios de Brasília, nas casernas do Brasil.

Como o ato de proibir se apresenta de maneira absoluta, a contraordem revela o seu avesso. Esgarça o tecido verde-oliva da lógica hegemônica, corrompe-o, instaurando um lugar *subjacente* (o "subterrâneo", como quis Hélio[2]), onde se pensa e se age em contraordem. Note-se que a contraordem existe, no entanto, em obediência à letra e à lógica hegemônicas. A lógica instaurada pela contraordem, especular e paradoxal, é a única forma de agredir frontalmente a ordem. A contraordem é o reprimido que, ao ser desrecalcado, estoura o manifesto. Na frase que diz que "tudo é proibido", subentende-se, portanto, que se deve proibir que se proíba. Proibir que se proibisse estava *embutido* no "proibir", verbo intransitivo e absoluto. As manifestações artísticas da Tropicália tinham necessariamente de ser óbvias e funcionar de maneira emergencial. A contrainformação tinha de ser dada. Hélio não se fez de rogado. Suas palavras tinham de ter a aparência conformada pelo condicionamento, ou seja, a aparência do medo. E, por elas terem de ter a aparência conformada pelo condicionamento, outras palavras, no caso moedas falsas, também poderiam facilmente passar como contraordem.

Sua força — a da Tropicália e a dele — está em dizer que o ato de proibir (ordem) carreia consigo o ato de proibir que se proíba (contraordem). Na sua intervenção no Museu de Arte Moderna, em Nova York, com o texto "Subterrânea",[3] Hélio primeiro diz que não pode estar *"representing Brazil, or representing anything else"*,* ou seja, naquela exposição internacional, o artista não representava a nação de origem, tampouco representava a arte-da-representação. Linhas abaixo, Hélio qualifica de maneira única, indivisível e inquestionável a sociedade de onde vem: "[...] *the country where all free wills seem to be repressed or castrated by one of the most brainwashed societies of all times"*.**

Há que tomar cuidado com os embustes, com as *"reverse lens"* de que se valem os medrosos para focar a Tropicália, causando dissolução e distorção. O espaço não existente em que o artista se apresentava e representava, na medida em que conformado pela lógica do recalcado, também podia se apresentar ao público de maneira sorrateira, como *disguised* (mascarado). Hélio adverte:

> [...] *the achievements of* tropicália *have been individual ones: dissolution and distortion have taken over: brazilian reactionary-brainwashed state of things acts as a reverse lens towards* tropicália: *conservative principles and ideas are imposed, disguised as "tropicalism" (the idea of a new "ism" is already a distortion;* tropicália *wasn't supposed to be a new "art movement", but the denial of such concepts as "art-isms" — it is important to have an activity that cannot limit itself to "art"!).****

O espaço nacional em que o artista se apresentava e poderia ou deveria estar representando estava totalmente conformado pela lavagem cerebral. É ela que criava no presente, em reação frontal ao passado que lhe foi anterior, um espaço geográfico no mapa-múndi que, por ser lavado artística e psicologicamente, tornara-se imaculado, perigoso e vazio. Nele, pela ordem dada, se demoliram as identidades pessoais e as personalidades coletivas. Nesse espaço é o *ninguém*

---

* "representando o Brasil, ou representando qualquer coisa."
** "o país onde todo livre-arbítrio parece estar reprimido ou castrado por uma das sociedades mais bem lavadas cerebralmente de todos os tempos."
*** "as conquistas de *tropicália* têm sido individuais: dissolução e distorção têm conquistado: o estado de coisas brasileiro reacionário-lavado cerebralmente atua como lente invertida em relação à *tropicália*: princípios e ideias conservadores são impostos, mascarados como 'tropicalismo' (a ideia de um novo '-ismo' já é uma distorção: *tropicália* não foi concebida para ser um novo movimento artístico, mas a negação de conceitos como 'arte-ismos' — é importante ter uma atividade que não se limite enquanto 'arte')."

(quando muito um objeto não representacional, na verdade um objeto que será nada mais nada menos do que "um plano para uma prática") que se apresenta ou representa: "[...] *the ideas of representing-representation-etc., are over*",* diz Hélio no mesmo texto. Desmontou-se o poder da decisão livre (*"free will"*), que agia sem constrangimento ou coação exterior. É esse poder, no caso individual, que estava sendo reprimido e castrado pelo Poder com inicial maiúscula: "[...] *the country that simply doesn't exist"*,** repisa Hélio.

Não sendo representantes da arte-da-representação, as atividades artísticas não se limitariam ao campo da arte. Eram atividades anfíbias. Tinham um dos pés na história da arte e o outro pé na atualidade política nacional e internacional (*"they are universal* [...]; *they can be* exported *and act intensely with different forces in brazil and other places"*).*** Daí também o fato de que essas atividades não pudessem ser totalmente compreendidas como uma *representação* dependurada na parede, cujo principal objetivo era o deleite do observador. Tratava-se de algo, um objeto, que trazia a assinatura do artista e requeria a participação de *alguém* (outrora chamado de espectador). Travava-se o diálogo de *ninguém* com *alguém*, o diálogo entre dois "sujeitos", duas "identidades", desde que se guardem com cuidado as aspas em torno das duas palavras. Incluir o *alguém* na atividade artística era o modo eficaz de chegar, pela contraordem, à arte como *"life-acts"*,**** já que pelos caminhos da ordem só se chegava aos *death-acts* [atos-morte] institucionais. As produções do artista *"do not exist as an isolated object: they exist as a plan for a practice"*.***** A constituição/construção de algo compósito é típica da atitude de Hélio no momento Tropicália, e pode ser exemplificada pelos *parangolés*, os *penetráveis* e os *ninhos*.

À ordem de "sentido! em marcha!", Hélio propõe, oferece subterraneamente a contraordem de *"lie-down"*, "deite-se". Segundo ele: "[...] *from the accidental use of the act (a whole physical, psychical, etc.) of 'lying down', for instance, internal questions-situations can arise; possibilities of relating to unconditioned situations-beha-*

---

* "as ideias de representante-representação-etc., já eram."
** "o país que simplesmente não existe."
*** "são universais [...]; podem ser *exportadas* e agir [interagir?] intensamente com diferentes forças no brasil e outros lugares."
**** "atos-vida."
***** "não existem como um objeto isolado: existem como um plano para uma prática."

vior".* Há que sublinhar detalhes, pois são importantes no raciocínio Tropicália de Hélio.

Comecemos por "uso acidental". Ao contrário do que domina num *manifesto* artístico, não há um programa do objeto-ninguém oferecido ao alguém-experimentador. Ambos procuram, pelo desvio da contraordem, escapar ao domínio da ordem constrangedora pela performance conjunta segundo um plano subterrâneo que relata uma proposta. A manifestação artística em si equivale ao que o linguista J. L. Austin chamou de enunciado performativo.[4] O contato entre o objeto-ninguém e o alguém-experimentador acontece numa experiência comportamental, governada pelo acaso.

Nesse sentido, segundo detalhe, questões e situações internas e imprevisíveis podem surgir do contato. O chamado à participação era *interno* à experiência (contraordem) oferecida ao experimentador pelo plano do artista.

Terceiro detalhe. O objeto-ninguém, desprendido de qualquer forma de representação, seja a nacional seja a artística, não requer mais do alguém-experimentador que descodifique, analise e interprete a "psicologia da composição" (João Cabral de Melo Neto) do quadro ou da escultura, que fundamentava a atividade artística, dominante no Brasil pós-Bienal de São Paulo. Tropicália foi responsável por um grande salto no percurso artístico de Hélio Oiticica, dominado inicialmente pela abstração e pelo rigor geométrico e formal. Ao relegar ao segundo plano os olhos do espectador, o "objeto artístico" Tropicália exigiu o investimento de todo o corpo de *alguém* e também da sua mente, libido, sensações e emoções. A manifestação artística se traduz por atividades comportamentais. Atividades estas, quarto detalhe, que são completamente não condicionadas. A um condicionamento dado pela ordem há a necessidade de um não condicionamento dado pela contraordem. Na brecha aberta, subterrânea, respira-se liberdade.

[2005]

* "do uso acidental do ato (um todo físico, psíquico etc.) de 'deitar-se', por exemplo, questões-situações internas podem surgir; possibilidades de relacionamento com situações-comportamento não condicionadas."

Hélio Oiticica em Manhattan

Alguém que conheça apenas o trabalho artístico de Hélio Oiticica não pode imaginar que ele tenha sido uma pessoa de passo cadenciado e comportamento retilíneo. Durante os anos da década de 70 em que morou em Nova York, passava os dias trepidantes e laboriosos no quarto andar do número 81 da Segunda Avenida. O apartamento estava situado ao lado do Fillmore East, nome dado em 1968 ao antigo The Village Theater, por assimilação ao famoso Fillmore West, de San Francisco. O novo templo do rock and roll ficava também na Segunda Avenida, no East Side, perto da rua 6. Foi ali que assisti no verão de 1971 ao espetáculo circense de Frank Zappa. De 68 até 71, quando fechou as portas, The Doors, Janis Joplin, Jefferson Airplane e tantas outras bandas se apresentaram no Fillmore. Em fins dos anos 70, o teatro voltou a ser réplica, uma discoteca bem rastaquera. Réplica do milionário e glamoroso cabaré Studio 54. E Hélio estaria daí a pouco de volta ao Brasil.

Por causa do preço do aluguel, Hélio elegera o East Village. Este era o primo pobre do West Village (*The* Village, como era conhecido na época) e estava sendo descoberto e tomado de assalto pelos jovens alternativos que aos borbotões desaguavam na cidade. Elegera um prédio baixo, fino e macambúzio, sem zelador, com um único apartamento por andar. A parte social do loft (não havia paredes de separação) estava arrumada como "ninhos", e a parte dos fundos, a por assim dizer cozinha, era escritório com mesa de arquiteto e imensos arquivos metálicos.

Os ninhos eram semelhantes a beliches de navio, com cortinados de filó. Lá dentro, a sensação era a de aconchego materno, como, aliás, na maioria dos labirintos idealizados por Hélio na época, logo transformados em maquetes. Via-se o entorno como que esfumaçado.

Nunca vi o Hélio transpor as portas do Fillmore East. O espetáculo estava em casa. Hélio era um *wired man*. Tudo funcionava ao mesmo tempo. Sentado à moda ioga ou deitado, passava os dias nos ninhos. Televisão, câmara fotográfica, projetor de slides, rádio-gravador, fitas cassete, telefone. Eterno tilintar. Um contínuo desfilar de pessoas.

Havia algo no espaço criado no loft da Segunda Avenida que questionava a ideia clássica de ateliê do artista. Favorecia um tipo de ambiente ideal para o trabalho artístico coletivo, em que a celebridade Haroldo de Campos não excluía o irmão mais novo de Waly Salomão, então ganhando dinheiro como engraxate na rua 42. Irmanados pelo chão comum, deviam interagir.

Como A Fábrica, que Andy Warhol montara nos anos 60, o apartamento acrescentava ao ateliê clássico um salão de encontros, os ninhos, onde as mais ousadas experiências com palavras & outras armas letais eram feitas. O ambiente era humano, demasiadamente humano. Pessoas ao vivo e em cores. Tratava-se de um legítimo laboratório artístico contemporâneo nosso, já que o humano e a cultura estavam à prova graças aos princípios duma estética da aventura camarada e do risco.

O melhor desenredo do laboratório — para retomar o conto de Guimarães Rosa — está nos teipes e cartas enviados por Hélio aos amigos no estrangeiro. Certa feita, ele escreveu: "Sempre gostei do que é proibido, da vida de malandragem, que representa a aventura, das pessoas que vivem de forma intensa e imediata, porque correm riscos. São tão inteligentes essas pessoas. Grande parte da minha vida passei visitando meus amigos na prisão".

O West Village vira nascer e crescer as grandes gerações artísticas da primeira metade do século e tinha um jornal tão prestigioso quanto o *New York Times* — o *Village Voice*. Enquanto isso, ao lado, o East Village ia acolhendo os imigrantes desclassificados da Europa Central, em particular os judeus, e bem ao norte, ao lado do campus da Universidade Columbia, o Harlem tinha virado o lar dos negros. Por baixo dos luxuosos prédios da parte central de Manhattan, as duas extremidades leste da ilha se comunicavam pelo metrô da avenida Lexington, os de número 5 e 6.

O East Village e o Harlem tinham pouco a ver com a milionária Manhattan e mais a ver com o Brooklyn e o Bronx. Um colega meu de universidade dizia que havia dois tipos de família judia. A que imigrava com o violino e a que imigrava sem ele. Os clãs judaicos sem violino e os restaurantes da Segunda Avenida, transplantados familiarmente da milenar Europa Central, atestavam sobre o passado da região, pobre e sem futuro. Naquela época, aprendi a conhecer a história recente do East Village lendo os contos de Bernard Malamud, suas parábolas, que foram reunidas em *The Magic Barrel* (1954).

À noite, era infernal o movimento de hippies e groupies nas adjacências do Fillmore East. Por volta das dez horas, Hélio descia os três lances de escada do prédio (não havia elevador). Deixava o local para ir trabalhar num escritório de tradução de documentos comerciais, lá pela rua 53, quase esquina da Quinta Avenida. Ao raiar do dia, regressava ao apartamento do East Village. Como Holly Golightly, o personagem inesquecível de Truman Capote interpretado por Audrey Hepburn no cinema, Hélio admirava as belas vitrines minimalistas da Tiffany's, onde ambos tomavam o breakfast simbólico. (Andy Warhol tinha mostrado as suas primeiras pinturas na vitrine da loja Bonwit Teller, em 1961.)

De tal modo ficou envolvido com a joalheria que, em tempos de bonança, lá comprou alguns dos valiosos apetrechos de Cosmococa.

Lembro-me de uma caixinha de pílulas em prata legítima. Tinha a forma de *dado* e rolava pelo colchão do ninho até encontrar outras mãos. Podia-se escutar: *Les jeux sont faits* (nome da peça de Jean-Paul Sartre), ou *Um lance de dados jamais abolirá o acaso* (nome do poema de Mallarmé). Hélio gostava das flores retóricas da literatura, como gostava também de citar o verso de Arthur Rimbaud, *"Nous avons foi au poison"* (Temos fé no veneno). Tinha ainda comprado na Tiffany's um canudinho, também em prata. Servia para "aspirar ao grande labirinto".

Autoexilado em Nova York, tendo sido em 1968 saudado como gênio pelos críticos ingleses que foram ver seu trabalho na galeria Whitechapel, Hélio era pouco afeito aos jogos do establishment e da burocracia artística, por isso, ao terminar o estipêndio da bolsa Guggenheim que ganhara, a sobrevivência financeira lhe chegaria às mãos pelo árduo e disciplinado trabalho noturno de tradução. Manejava com conhecimento quatro línguas: o português, o inglês, o francês e o espanhol. Permutava essas línguas na tradução de cartas comerciais e de documentos legais.

Ao examinar o imenso e notável material escrito e colecionado por Hélio na Segunda Avenida, há que perguntar: por que uma pessoa de passo cadenciado e de comportamento retilíneo detestava a linearidade da escrita fonética? De onde lhe vinha esse horror à norma da língua nacional, tal como nos é transmitida pelo dicionário e pela gramática?

O neto Hélio teria algo a ver com a duplicidade profissional do conhecido professor do tradicional Colégio Pedro II, José Oiticica (1882-1957), filólogo de renome mundial e também louvado pela sua aderência política ao movimento operário e anarquista? O avô Oiticica conciliara a gramática e a anarquia, a ordem formal e a liberdade indiscriminada.

Em 1972, caiu nas mãos de Hélio o livro *The Life of the Theatre*, de Julian Beck, do Living Theatre, que durante a ditadura, juntamente com a esposa Judith Malina, tinha sido vizinho nosso nas ruelas e cárceres de Ouro Preto. Hélio não conseguiu esconder a emoção ao deparar com o nome e as palavras do avô em epígrafe de um dos capítulos: *"The maximum happiness of one depends on the maximum happiness of all"* (O máximo da alegria de um depende do máximo da alegria de todos).

Não há que separar o desejo pelo indivíduo de ordem formal na vida e a busca de liberdade radical na coletividade. O anarquismo é uma forma sutil e desapiedada de individualismo. O golpe militar de 64 traçou uma linha política que separava e opunha o desejo individual e a busca coletiva. Hélio quis suturar a divisão (historicamente) passageira e artificial pelo mistério da criação artística. Pela posição específica que tinha conquistado dentro da sociedade brasileira e da arte, posição transgressora por definição, Hélio encarnava de maneira paradoxal e paroxística a *unidade* do desejo de ordem para o sujeito e da afirmação de liberdade para todos.

Consequência da força repressora militar, a *desordem social* reinante no país enrijecia o compromisso ético do artista com a ordem individual. Ele se ensimesmava em Nova York. Dentro dos tentáculos montados pela repressão, a liberdade indiscriminada — a anarquia — tornava-se exclusividade de alguns poucos eleitos. Quando o Rio de Janeiro e a Mangueira tinham se transformado em saudade, havia que aspirar um número cada vez maior de fileiras.

Em Manhattan, Hélio era gramatical no comportamento diário e anárquico na escrita artística. Queria instaurar no português nosso de todos os dias uma língua estrangeira, parenta próxima e muito mais fascinante do que a última flor do Lácio. O leitor de Hélio deveria aproximar-se da escrita dele como de uma explosão, sem medo de sair chamuscado. Somos, seus leitores, voyeurs de sucessivos e incômodos núcleos de pura dinamite, que retiram a frase da leitura cadenciada e monótona que denuncia a origem latina da nossa escrita. Sujeito, verbo, predicado.

Na folha do caderno de anotações, as palavras não seguiam umas às outras, não se deixavam acompanhar gramaticalmente umas pelas outras. Elas se interpenetravam como corpos amantes e amorosos num amasso, semelhantes a cavalos selvagens que trepam um no outro no campo branco da folha de papel. Semelhantes a metades de corpo humano contra metades de corpo humano, que se atraem e se odeiam com as firulas da esgrima, com o abocanhar de piranha ou com a mortalidade do tiro de revólver. Ou os esguichos de tinta.

O tempo dos assassinos, no dizer de Henry Miller ao escrever sobre o poeta Arthur Rimbaud, invadia o espaço do cotidiano. A capa da antologia de poemas do jovem poeta francês, na edição bilíngue da New Directions, era referência obrigatória para o olhar que vasculhava os colchões dos ninhos. Também as capas da biografia de Marilyn, por Norman Mailer, e do livro *Notations*, do músico John Cage. Capas também de *long-playing*, como a da bolacha negra de Jimi Hendrix, de cujo narigão saía um pulmão desenhado em pó branco. Plataformas portáteis e sólidas no colchão, as capas se tornaram propícias a receber as fileiras de pó, depois dos necessários golpes de gilete ou de navalha nas pedrinhas brancas dispostas na superfície lisa da ágata multicolorida.

Não há receituário de leitura dos *escritos* em preto e em branco que Hélio Oiticica redigiu e colecionou no apartamento da Segunda Avenida, e nos legou.

Hélio tem dificuldade em dar o fim convencional e dicionarizado a uma palavra, como também em dar o início dicionarizado da seguinte. *Mancoquilagem*, por exemplo. Manco Capac, imperador inca perseguido por Pizarro e assassinado pelos irmãos, se associa ao final de "maquilagem". *Maileryn*, o escritor Norman Mailer se associa a Marilyn Monroe numa mancoquilagem.

As palavras incompletas trepam umas nas outras, assim como pelo enjambement um verso trepa no seguinte. Segundo a retórica, o enjambement cria um efeito de coesão entre dois versos, pois o verso onde começa o enjambement não pode ser lido com a habitual pausa descendente no final, e sim com a entonação ascendente que indica a continuação da frase. O enjambement deixa o leitor sem fôlego, pronto para uma nova e profunda inspiração.

Poetas têm dificuldade em dar fim a cada verso. O ideal (inconfessado) de cada um deles é o de ser prosador, um prosador que tivesse de lidar, não com a unidade verso, mas com estrofes. Hélio não chega a ser prosador. Como poeta, faz as palavras treparem pelas suas metades. Pelas extremidades opostas no leste da ilha, o Harlem trepa no East Village.

O enjambement é o compromisso dos núcleos explosivos da escrita fonética com o andar cadenciado e o comportamento linear. É a forma da cópula entre sílabas, da orgia delirante dos corpos partidos em movimento pela ilha subterrânea.

Não apenas o andar e o comportamento é que são lineares, assim também é o olhar que Hélio Oiticica lança às coisas e às pessoas. Sempre direto e incisivo, sem margem de erro ou de derrapagem na curva. Também é linear o modo de classificar, empilhar, colecionar e guardar as folhas de papel no arquivo da vida artística.

Nos Estados Unidos hegemônico, onde primava a alta qualidade do papel de todo e qualquer caderno, de todo e qualquer bloco (até mesmo os corriqueiros *pads* amarelos são o máximo), o desejo de linearidade de Hélio Oiticica encontrou uma muleta responsável. Os cadernos e blocos tipicamente norte-americanos que ele escolhia com tanto afeto deveriam causar ciúmes no aluno da antiga escola primária brasileira, acostumado a papel amarelo e de qualidade mata-borrão, com o Hino à Bandeira nacional impresso na quarta capa.

Adentrar-se pelo universo linear de Hélio é acostumar-se, por um lado, à noção de ordenação dada de presente ao usuário pelo *caderno*, cujo design é geométrico e *honest* (costumam traduzir esse adjetivo por "honesto", mas ele deve ser traduzido por "sincero"). A numeração fornecida pelo caderno existe a priori e é dada pelo processo de encadernação do próprio objeto. Ordenar artificialmente um caderno, isto é, com números no alto da página, era um dos jogos de que Hélio gostava de se valer. O artificial transgride o natural, pode ir em números explícitos do começo para o fim, ou de trás pra frente. Depende. Por outro lado, Hélio sabe que outras situações (existenciais, artísticas etc.) requerem não o caderno, mas o bloco de papel (*yellow pad*, em inglês). Neste, as folhas apenas pespontadas podem ser destacadas pelo artista e um novo conjunto de folhas soltas, grampeado ou não, pode ganhar uma numeração modesta (em termos numéricos) e específica.

Poemas não são escritos em caderno, mas necessariamente em folhas de bloco, assim como as anotações esparsas ganhavam o suporte de ficha, de onde muitas vezes está ausente a numeração.

Cadernos tinham de ser o forte do responsável pelos *Metaesquemas*, porque tanto as folhas soltas do bloco quanto as fichas ficavam a reclamar uma forma de ser que desrespeitava a ordenação formal apriorística.

Hélio me confidenciou que em sua vida de aluno de Ivan Serpa, na escolinha de arte, só tinha *aprendido* uma coisa. Como cortar em linha reta o meio duma folha de papel sem deixar o corte visível ao olhar alheio. Não há mácula no branco. Tanto o papel que parecia não ter corte ao meio quanto o corte que parecia não ter sido feito eram o modo como a linha reta se escondia ao leigo no espaço branco da folha de papel. E também a maneira como a folha escondia...

Uma folha branca de papel Canson, cortada, sobre outra folha branca do mesmo papel, intacta, fazia as vezes de envelope. Era envelope. O espaço *entre* as duas folhas *escondia* dos olhares intrusos e investigativos o conteúdo, a carta por assim dizer. Escondia toda e qualquer poeira branca que delatava. Entre uma folha e a outra, naquele espaço aparentemente virgem de qualquer intervenção humana esparramava-se o pó, subtraindo-se à curiosidade. Branco sobre branco, *hommage à Malevich* — foi o que escreveu no poema "Manco Capac", depois de lhe ter colado um papelote desfeito, ainda com as marcas impecáveis das dobras.

Estava no apartamento de Hélio quando a campainha da porta de entrada do prédio soou. Ele chegou à janela para saber quem a tocara. Dois caras bem-vestidos mostraram-lhe a carteira aberta com o distintivo do FBI. Queriam subir. Galgaram os três lances. Porta aberta e nenhum medo. Uma amiga de Hélio, ex-modelo de Pierre Cardin, tinha sido detida com muamba no aeroporto Kennedy. Tinha consigo apenas o endereço dele. Queriam informações. Vasculharam tudo e nada encontraram. A polícia alfandegária ainda não tinha posto em ação o lépido cão farejador. Dias depois descobri que Hélio não tinha abandonado a amiga ao deus-dará da Polícia Federal.

Foi esse homem e artista que aprendi a conhecer na ilha de Manhattan, a partir do inverno de 1969-70. Nosso primeiro encontro foi no loft do Rubens Gerchman, que na época estava casado com a artista Anna Maria Maiolino. Sei que de repente estava no apartamento deles em companhia do Roberto Schwarz, que tinha defendido *Ao vencedor as batatas* como tese de doutorado na Sorbonne e estava hospedado na casa duma tia. Também de repente entraram Hélio e o seu grupo.

Ele chegou vestido de capa negra e lembrava o Conde da Boa Morte. Foi a única vez que o vi, em Manhattan, ríspido, elétrico e impaciente. Saímos todos dali a pouco para ver uma exposição de videoarte. Lembro-me de imagens sucessivas de muita água tomadas por uma câmara estática. Bem ao estilo dos filmes que Andy Warhol tinha feito com a sua câmara Bolex de 16 mm.

Não conversei com Hélio naquela noite. Nem na ocasião seguinte em que nos vimos. Num terceiro encontro me passou telefone e endereço. "Apareça no meu loft." Não chegamos a conversar, mas percebia que escutara minhas palavras e tinha me descoberto. Ele só se dava com quem descobria. Com ele não adiantava o charme brasileiro de querer insinuar-se a qualquer preço.

Na minha primeira *visita* falamos muito de psicanálise e de Nietzsche (assuntos que me interessavam na época). Hélio tinha desconfiança da primeira e, aos doze anos, tinha lido o filósofo alemão. Disse-me que iria relê-lo. Acrescentei que estava preocupado com problemas de linguagem e com novas alternativas de pensamento político. Hélio foi sensível a essas e outras conversas. Funcionaram demais para mim e parece que funcionaram também para ele.

Hélio estava se desligando mais e mais do "universo da pintura e das velhas amizades com artistas plásticos" e adentrando-se pela linguagem fotográfica e verbal. Em textos que enviou depois para as revistas *Navilouca* e *Polem*, vi que havia alusões às nossas conversas e até mesmo a meu trabalho e pessoa. Volto a reencontrá-las agora na edição argentina do livro *Cosmococa*.

Trocávamos sempre material de leitura e de reflexão. Disse antes que Hélio tinha birra da psicanálise. Um dia descobri por casualidade um livro raro de Freud, reeditado em inglês: Über Coca. Dei-lhe de presente um exemplar. Foi o reencontro dele com Freud. Muitos anos depois, exatamente no dia 7 de junho de 1973, recebia dele a "copy 1" de um longo poema poliglota que levava o título do próprio livro de Freud, "Über Coca". Em seguida ao título acrescentara estas palavras: "according to Freud/ as hommage-love/ poema freudfalado".

Hélio tinha conhecimento vasto, preciso e precioso em várias áreas do saber, mas não era um erudito no sentido estreito da palavra. Tinha operado um corte muito pessoal no vasto panorama das ideias, e lançava sempre pensamentos inesperados ou sugestões ricas e originais nos descaminhos, desvãos, tropeços e bifurcações da conversa. Não só passava generosamente ideias, como ainda exigia do outro o que ele tinha de melhor. Não se contentava com a nossa comum mediocridade, ou com o mais ou menos. Queria o mais forte. O mais autêntico. O mais puro. O mais arriscado.

Essa constante fricção intelectual gerava calor e energia tão especiais que, quando deixava seu apartamento, saía levitando. Caminhava a esmo pelos Villages, do leste ao oeste, horas e horas. Hélio era capaz de faiscar no outro o seu próprio ouro. Dar-lhe de presente o melhor da sua face oculta.

Em 1973, consegui que a Albright-Knox Art Gallery (museu superfechado da cidade de Buffalo) convidasse Hélio para uma exposição de slides, acompanhada de um texto-manifesto sobre a situação da arte segundo ele. O título da exposição é indicativo das suas preocupações: *"slides as documents showing forms of experimental activity not compromised with art as display"* (slides como documentos mostrando formas de atividade experimental não comprometida com a arte enquanto exposição de quadros). Guardo o cartaz da exposição, assinado pelo artista.

[1980, revisto posteriormente]

O LIVRO SOBRE MODERNISMO

A permanência do discurso da tradição no modernismo

Gostaria de começar afirmando que este não é um dos meus tópicos favoritos, como não o é para a maioria das pessoas que foram formadas e continuam sendo formadas pelo que é considerada — hoje — a tradição modernista. Estamos mais acostumados a encarar o modernismo dentro da tradição da ruptura, para usar a expressão de Octavio Paz, ou dentro da estética do *make it new*, de Pound, ou ainda da tradição do novo, de Rosenberg, e assim ao infinito. A nossa formação esteve sempre configurada por uma estética da ruptura, da quebra, por uma destruição consciente dos valores do passado. *"La Destruction fut ma Béatrice"*, escreveu Mallarmé, declarando o nome da musa moderna. Dessa forma é que um dos discursos mais privilegiados do modernismo, sobretudo nos últimos vinte anos, tem sido o da paródia. Não é à toa que, entre os primeiros modernistas famosos, Oswald de Andrade é quem tem conseguido maior adesão por parte das gerações mais novas. Oswald é o que, no modernismo, levou até as últimas consequências a estética da paródia. Tenho absoluta certeza de que vocês todos conhecem o célebre verso dele, retomando o Gonçalves Dias de "Minha terra tem palmeiras": "Minha terra tem palmares". Esse tipo de estética — da ruptura, do desvio, da ironia e do sorriso, da transgressão dos valores do passado — é que tem o direito de cidadania, por assim dizer, na revalorização dadaísta por que passou o modernismo desde 1972.

Ora, de repente, sou chamado para falar do discurso da tradição tout court dentro do modernismo. Não vou negar, gosto dessas encomendas. Posso até nem endossar completamente as palavras que direi aqui hoje com o intuito de convencê-los do interesse e da importância do tópico para a compreensão mais ampla do modernismo. Mas sempre me agrada pensar aquilo que até então ainda não tinha pensado. É nesse sentido que diria que hoje estou enveredando por um caminho em que me sinto estreante, tanto quanto, talvez, a maioria dos professores de literatura, escritores e intelectuais brasileiros que foram condicionados pela estética da ruptura modernista e, em particular, pela presença forte e avassaladora do chamado "concretismo". É o concretismo (nas suas múltiplas manifestações) que marca de forma profunda, dentro do movimento moderno no Brasil, a estética do novo pelo novo.

Por favor, não se assustem se, de repente, em lugar de citar Pound, como é de regra, esteja citando T.S. Eliot, e se, em lugar de falar *moderno* (isto é, da tradição moderna que tem início no romantismo, ou em finais do século XVIII), esteja, ainda que de maneira meio inconsciente, adiantando a questão para o que ainda deve vir, ou está chegando, isto é, o *pós-moderno*. A impressão que tenho é a de que o tema que me foi proposto pela Funarte não o foi inocentemente. A questão da tradição — na década de 80 — estaria vinculada a uma revisão crítica do moderno, e em particular do modernismo, abrindo caminho para o pós-moderno e o pós-modernismo, respectivamente. Antes de prosseguir, é bom aclarar que usarei a expressão "moderno" ao me referir ao *movimento* estético que é gerado dentro do Iluminismo, e "modernismo" ao me referir à nossa própria crítica do passadismo, concretizada na Semana de Arte Moderna de 22. Portanto, "moderno" fica sendo um termo universal, muito mais abrangente, enquanto "modernismo" é um conceito bem menos abrangente e mais localizado.

Costumo às vezes me perder no meio do caminho da exposição, embora nem sempre, e, com receio de que isso aconteça de novo, vou valer-me do hábito do quadro-negro. Dou a vocês uma espécie de plano que gostaria de seguir, que devo seguir. Pelo menos vocês saberão mais ou menos por onde caminharei. Esse plano comporta uma pergunta inicial e está dividido em quatro partes, que tratarei separadamente.

Eis a pergunta inicial: qual é a razão para o retorno da questão da tradição hoje, e mais incisivamente: por que estaríamos interessados na questão da tradição agora que o modernismo chega ao final? Ou seja, para que relegar a segundo plano, na avaliação do moderno e do modernismo, a estética da ruptura, do *make it new*, do novo pelo novo? Em 1972, ao comemorar os cinquenta anos da Semana, fizemos a revisão do modernismo pelo viés dadá; agora o viés é outro e menos inocente no seu questionamento dos pilares da modernidade.

Na resposta à pergunta, provarei para vocês — se tiver êxito — que a pergunta estaria ligada a duas reflexões. Primeira, passamos hoje por aquilo que Octavio Paz chama, não sem maldade, de "o ocaso das vanguardas", e é neste momento que parece surgir como inevitável a emergência da condição pós-moderna. Na segunda reflexão já me encaminho para o propósito básico do trabalho: indagar, nesta revisão presente do moderno e do modernismo, se a questão da tradição (do chamado "passadismo", como a tradição era vista pelos olhos da década de 20) esteve realmente ausente da produção teórica de alguns autores modernos, ou da produção artística dos modernistas brasileiros. A resposta é não. Há uma permanência sintomática da tradição dentro do moderno e do modernismo. Aviso de passagem que estaria caindo numa série de lugares-comuns, lugares-comuns para nós hoje, se tivesse adotado a postura oposta, isto é, se quisesse descobrir, dentro do moderno e do modernismo, os traços indiciadores da estética da ruptura ou da paródia. O nosso propósito — fique bem claro — é o inverso do que foi o percurso glorioso do movimento modernista. Saber se, numa época em que foi predominante a valorização da novidade, da originalidade enquanto dado concreto da manifestação artística, havia traços nessa mesma manifestação que indicariam, segundo o título da conferência, a permanência de um discurso da tradição.

O *não* dado anteriormente abre caminho para que fale, no nível da produção teórica moderna que dá força à tradição, da presença muito positiva de um poeta como T.S. Eliot. Num célebre artigo de 1919, intitulado "Tradição e talento individual", Eliot opõe a emergência de um poeta através de traços distintivos e pessoais à maturidade do próprio poeta, momento que é determinado pelo fato de ele inscrever a sua produção poética numa ordem discursiva que o antecede. Portanto, o poeta moderno para Eliot, na sua idade madura, nada mais faz do que ativar o discurso poético que já está feito: ele o recebe e lhe dá novo talento. Dá força ao discurso da tradição. Se a gente se interessa pelo modernismo, vê que esse artigo não passou despercebido dos brasileiros. Teve muito sucesso entre os poetas da geração de 45. Não há dúvida de que uma indicação primeira sobre a presença da tradição dentro do modernismo passaria por uma leitura dos poetas da geração de 45.

Terei de falar, em seguida a Eliot, de Octavio Paz. Retomar algumas reflexões que estão no livro *Los hijos del limo*. Desprezarei um pouco o que ele chama de "tradição da ruptura" (o moderno), para me adentrar pelo que ele chama de "tradição da analogia". Paz define duas formas de tradição: a tradição da ruptura, esta a que me referi anteriormente, como sendo a do *make it new* glorioso, e a tradição da analogia. A aproximação crítica das duas formas de tradição nunca chega a emergir no raciocínio ou no texto de Paz. Eis um livro a ser feito que investigaria o papel da tradição da analogia ao lado, ou mesmo dentro, da tradição da ruptura, enquanto articuladoras do pensamento moderno.

Encaminharei, pois, a leitura do modernismo pelas reflexões de Eliot e de Paz, com o intuito de ver se, entre nós, o discurso da tradição (ou da analogia) foi ativado.

Aí existe um problema menos interessante e outro mais interessante. O menos interessante gira em torno do discurso da tradição em 1945. De maneira geral, os poetas de 45, com Lêdo Ivo à frente e João Cabral em certa medida, terão uma postura curiosa com relação à tradição. E a relação deles com a tradição foi tão forte que contaminou um poeta já feito como Carlos Drummond. Este — o poeta do tempo presente, da vida presente, dos homens presentes — fará, em 1949, um remake do tema clássico da máquina do mundo. O canto IX de *Os lusíadas* trata da máquina do mundo e Vasco da Gama, e Drummond dele faz o que talvez seja o primeiro grande remake do modernismo.

Esse tópico é menos interessante do que o seguinte. Já aqui talvez cause um primeiro pequeno escândalo. O discurso da tradição foi ativado pelos primeiros modernistas, e logo no início do movimento. Desde 1924, com a viagem a Minas feita pelos modernistas de São Paulo, ciceroneando Blaise Cendrars. Acho que a viagem é um capítulo ainda relativamente pouco estudado, e, quando ela é explorada, o é por vias que não se aproximam muito do raciocínio que tentarei manter com vocês. A viagem marca uma data, momento importante para discutir a emergência, não só do passado pátrio (mineiro, barroco etc.), mas do passado enquanto propiciador de uma manifestação estética primitiva (ou naïve). Foi Brito Broca, em artigo de 1952, quem chamou a atenção para a contradição entre o futuro e o passado em 24.

Finalmente — e eis a quarta parte da conferência — devo deter-me na apresentação de dois poetas: Oswald de Andrade e Murilo Mendes. Deter-me em dois temas que eles trabalharam e que são fascinantes: a noção de tempo e a questão da utopia. A questão da utopia, em ambos os poetas, está desvinculada de uma noção de tempo determinista e linear e de um progresso dado também como avanço linear, evolutivo. Ambos tematizam — eis uma originalidade deste trabalho — a questão do eterno retorno. Numa área cultural que era eminentemente dominada pelo pensamento marxista, temos dois poetas que não mais ativam o discurso da paródia, mas preferem ativar a questão da tradição. Veremos que os dois têm posturas filosóficas bem curiosas.

No caso de Oswald, estaria a utopia vinculada ao matriarcado de Pindorama, contradição que ele exprimiu muito bem na fórmula: seremos um dia o bárbaro tecnicizado. No caso de Murilo Mendes, poeta católico, ela estaria vinculada ao Apocalipse, ao discurso bíblico. Murilo — o poeta do Apocalipse, esperando e anunciando a segunda revelação do Cristo.

Esse seria, de maneira geral, o plano que gostaria de seguir. Vamos ver se conseguimos.

Retomemos então a pergunta dita inicial: qual é a razão para esse retorno da tradição hoje? E principalmente: por que estaremos interessados em investigar os traços da tradição no interior do modernismo? A resposta que propus é a de que essa questão estaria ligada tanto ao ocaso das vanguardas quanto ao surgimento de problemas ainda mal definidos e mal caracterizados, que giram em torno do que será o pós-moderno. Quanto à questão propriamente do ocaso das vanguardas, seria bom perceber que em capítulo de mesmo título no livro de Octavio Paz, *Los hijos del limo*, seremos conduzidos à ideia de que, para questionar a tradição gloriosa da ruptura, é necessário também questionar quatro noções indissociáveis: a de tempo, a de história, a de ética e a de poética. O raciocínio de Paz é brilhante e convincente, vai de tal forma homogeneizando esses quatro elementos que saímos da leitura realmente comprometidos com o fim da ação e do pensamento modernos e predispostos a uma nova estética que, por sua vez, conduziria a pensamentos e ações também novos. Tudo isso que há de novo hoje está sendo articulado, afirma Paz, em torno da noção de *agora*.

Quanto à noção de tempo, Paz vai dizer-nos que, apesar do moderno (quando estiver me referindo a Paz, trato muito mais do moderno do que propriamente do modernismo), apesar de o poeta moderno fincar pé no presente, existe, no fundo, um desprestígio do presente com a intenção nem sempre mascarada de uma valorização do futuro. Paz vai dizer-nos que a proposta de tempo vitoriosa em termos da modernidade é a da "colonização do futuro". A colonização se daria a partir de uma proposta concreta de utopia que estaria presente nos grandes autores modernos. Se vocês pegarem, por exemplo, um poeta como Carlos Drummond, vão ver que, paralelamente ao elogio que faz do tempo presente, da vida presente etc., ele desloca o questionamento do político, do discurso sobre o político, para o momento da aurora do dia que virá (ver "A noite dissolve os homens"). Hoje faz escuro, retomando um pouco a coisa gagá de Thiago de Mello, hoje faz escuro, mas eu canto. Hoje faz escuro, estamos atravessando trevas históricas, mas canto porque acredito na utopia do dia que virá. Acredito na colonização do futuro. A eficácia política da visão utópica tem sido discutida desde a década de 70, isso porque experimentamos hoje uma necessidade de desvalorizar o futuro. O futuro é visto como uma espécie de filme de horror, algo que nos amedronta, e nos amedronta exatamente porque está nos conduzindo a uma catástrofe nuclear que está aí, presente. É para essa catástrofe nuclear e outras advindas da ação moderna que nos chamam a atenção os movimentos ecológicos. Vocês estão percebendo que o raciocínio de Paz, como disse, é bastante sedutor. Vai ele construindo esses argumentos para concluir que a poética de hoje é a "poética do agora", que não marcaria ruptura com o passado nem tampouco veria o presente como razão e argumento para que só pensemos no futuro e na utopia. Esse, basicamente, seria o raciocínio de Paz no tocante ao tempo. Vejamos o que daí decorre.

Passando para o conceito de história, propõe ele rever a compreensão de evolução como progresso linear; obviamente, a revisão é uma decorrência lógica do que havia dito anteriormente: Paz convida-nos a conceber uma história onde os caminhos do progresso sejam plurais. Por aí vai obrigar-nos também à revisão de outra ideia básica que perpassa toda a modernidade: a ideia de revolução como ruptura, tal como é concebida a partir do modelo clássico da Revolução Francesa, modelo este retomado pela Revolução Russa e, mais recentemente, pela Cubana. Esse modelo de revolução, Paz nos chama a atenção, passa a ser revisto a partir das últimas décadas pelo que ele chama de espírito de rebelião. A rebelião, para Paz, não traduz mais os anseios de uma luta de classes, não é um movimento de tipo universal, mas está marcada pela luta dos grupos minoritários em busca de identidade. Teríamos, a partir da década de 60, uma espécie de política que se traduz pela fragmentação do movimento social, pela fragmentação do campo político. Vocês estão vendo que as noções de tempo, história e tradição da revolução são ao mesmo tempo postas em xeque por Paz. Em xeque também vai sendo posto o moderno.

Passemos à terceira noção, que é a meu ver a mais evidente: a de ética. Teríamos, a partir ainda da década de 60, uma desvalorização da ética protestante enquanto repressão do desejo e a proposição de uma ética do corpo, uma ética que levaria em conta todo um processo político de desrepressão do potencial humano de cada indivíduo. Pelo fato de fincar o corpo no presente, de colocar o corpo como o lugar das sensações autênticas, da experiência vital, essa nova postura ética desvincula também o homem da possibilidade de supervalorizar o futuro em detrimento do passado.

Finalmente, chegaria à poética do agora. Diz Paz:

> A visão do agora, como centro de convergência dos tempos, originalmente visão de poetas, transformou-se numa crença subjacente nas atitudes e ideias da maioria de nossos contemporâneos. O presente tornou-se o valor central da tríade temporal. A relação entre os três tempos mudou, porém essa mudança não implica o desaparecimento do passado ou do futuro: ao contrário, adquirem maior realidade, ambos, passado e futuro tornam-se dimensões do presente, ambos são presenças e estão presentes no agora.

Vocês estão vendo que dentro da poética do agora de Paz começa a haver lugar para uma concepção de passado que não estaria marcada pela ruptura no presente, e para uma concepção de futuro sem supervalorização pela utopia. Não indo nem para o passado nem escapando pelo futuro, fincando pé no agora, por aí vemos de que maneira sub-reptícia o passado e a tradição começam a entrar na construção do presente. Ao mesmo tempo, vamos desligando-nos da estética do *make it new*, da ironia com relação aos valores do passado. Portanto, há uma confluência das três dimensões do tempo em Paz que seria a abertura para que se pudesse discutir, dentro da poesia, o novo papel da tradição.

Ainda nesta primeira parte do trabalho, acrescento que vejo, paralelamente à configuração do ocaso das vanguardas, o aparecimento da noção de pós-moderno. Chamaria apenas a atenção de vocês para um fato que é bastante evidente, em particular nas discussões recentes sobre arquitetura: os arquitetos pós-modernos estão buscando uma convivência não destrutiva com o passado. Um exemplo bastante revelador do que é a posição oposta, a oposição moderna, encontra-se na construção do edifício que é a expressão máxima do moderno entre nós, o edifício do ministério que, na década de 30, era o da Educação e Saúde. Esse ministério estava antes abrigado num belíssimo prédio *fin de siècle*, na Cinelândia, infelizmente hoje demolido. Os arquitetos, agora, estão se dando conta da destruição que houve do passado, sem cair obviamente na recuperação do passado pelo kitsch como encontramos em Botafogo. Kitsch, para mim, é pintar os belos sobrados de Botafogo de cor-de-rosa, morango etc. Não é a isso que estamos nos referindo. Nem o kitsch nem a destruição do passado, mas a convivência de estilos de épocas diferentes; nem tampouco a ironia e a paródia. Nem tampouco, ainda, a condição de Ouro Preto, onde o passado é, por assim dizer, salvaguardado no seu próprio passado, sem nenhum contato com o presente. O tratamento do pós-moderno está no livro de Paolo Portoghesi sobre a arquitetura pós-moderna, ou num artigo recente de Fredric Jameson; estaria também no pouco-caso que as novíssimas gerações dispensam à paródia, já que passam a trabalhar mais e mais com o estilo do pastiche. Assim, saindo da paródia e da ironia com relação ao passado, e passando para o pastiche, o artista pós-moderno incorpora a tradição e o passado de uma maneira em que a confiabilidade seria a tônica, respaldada pelo pluralismo.

Vamos agora à segunda parte, onde pretendo expor o conceito de tradição em Eliot e o de tradição da analogia em Paz, para ver como ambos trabalham com essas noções reacionárias dentro do moderno.

Eliot, no seu artigo já citado, "Tradição e talento individual", procura desmascarar um processo típico que encontramos na crítica do moderno, espécie de preconceito que temos: o crítico moderno apenas elogia um poeta naquilo que, na poesia dele, menos se assemelha ao que há na dos outros. O crítico moderno vai sempre dar ênfase ao traço individual, vai sempre valorizar o talento original do escritor. Eliot diz que aí está um preconceito bastante simples de ser desmascarado: "No entanto, se abordarmos um poeta sem esse preconceito, muitas vezes vamos descobrir que não só as melhores mas as partes mais pessoais do seu trabalho podem ser aquelas em que os poetas mortos, seus antepassados, afirmam a sua imortalidade de maneira mais vigorosa". É pelo compromisso do poeta moderno com os poetas mortos, pela afirmação da imortalidade do discurso da poesia, que estaria se definindo o discurso da tradição em Eliot.

Eliot, é claro, descarta o sentido de tradição que seja apego cego ou tímido às conquistas dos que precedem imediatamente a nova geração. Acho importante dar essa definição de "falsa tradição" porque é por aí que descartamos, nesta revisão do modernismo, um grupo como Festa, que teve certa notoriedade na década de 30 no Rio de Janeiro. O grupo Festa tinha uma proposta de discurso de tradição no modernismo, mas no fundo era uma proposta de falsa tradição porque se tratava de um neossimbolismo. Isso não é a verdadeira tradição para Eliot, isso é simplesmente a retomada de uma geração imediatamente anterior, retomada das conquistas de uma geração anterior dentro de uma estética que já não comportava os velhos padrões. Isso, sim, nada mais era — ainda hoje é — do que passadismo, academicismo.

Eliot vai dizer-nos que o sentido da verdadeira tradição está ligado à noção do que ele chama de "sentido histórico", em inglês, *historical sense*: "O sentido histórico envolve uma percepção não só da condição passada do passado, mas também da sua contemporaneidade". E continua: "O sentido histórico leva um homem a escrever não só com a sua própria geração nos ossos, mas com o sentimento de que o todo da literatura da Europa, desde Homero, e dentro dela o todo da literatura do seu país, tem uma existência simultânea e compõe uma ordem simultânea". Eliot incorre para nós em evidente eurocentrismo, e é por aí que realmente deve ser rechaçado. Uma das características do modernismo vai ser o apego construtivo à nossa civilização indígena de um lado e às civilizações africanas do outro. Não há dúvida nenhuma de que a noção de tradição estaria vinculada, em Eliot, a uma única e exclusiva tradição ocidental. Esse pode ser o caso de Murilo Mendes, certamente o nosso maior poeta modernista eurocêntrico, mas não vai ser o caso de Oswald de Andrade. Em virtude da visão do passado enquanto contemporâneo nosso, em razão ainda do eurocentrismo, é que Eliot foi sempre malvisto no Brasil. A estética dele, por exemplo, não condizia com os princípios de revisão histórica pregados pelos nossos poetas do primeiro momento modernista. A partir, portanto, do solo tradicional que estou tentando circunscrever aqui, estaria emergindo o valor da tradição, estaria emergindo ainda a possibilidade de compreender o modernismo hoje de uma maneira que não é mais a convencional. Por convencional entendo a maneira como o movimento foi interpretado até pelos livros didáticos. A nossa tentativa deve ser, pelo contrário, a de, sem desmerecer a perspectiva vitoriosa e dominante, compreender o modernismo dentro de especulações que levam em conta a tradição (sem resvalar para a falsa tradição).

Para que discorra um pouco sobre a tradição da analogia no discurso da poesia moderna, é importante que explique o raciocínio de Paz nesse tocante. O raciocínio é o seguinte: Paz percebe no poeta moderno uma relação sempre contraditória com a história, diz que o poeta moderno começa sempre por uma adesão entusiasta à história, à revolução, para em seguida romper bruscamente com os movimentos revolucionários de que participou, sejam eles a Revolução Francesa, a Russa ou a Cubana. Sei tudo o que há de discutível na "descoberta" de Paz; no entanto, o interesse hoje é muito mais o de reproduzir o pensamento alheio para mostrar, certamente, até que ponto o discurso da tradição no interior do moderno estaria ligado a um pensamento de tipo neoconservador. Talvez tenha adiantado um pouco as coisas, mas um dos pontos que a gente poderia discutir mais tarde é que Eliot e Paz mantêm, com relação à política, uma atitude neoconservadora. Talvez seja por isso que esteja perdendo (ou ganhando?) um pouco do meu tempo falando dos dois poetas para que depois possa articular com maior segurança e melhor conhecimento de causa o fato de que, quando falamos de tradição, nos encaminhamos necessariamente para uma crítica aguda do Iluminismo enquanto razão crítica, e para uma crítica contundente da ideia de revolução segundo o modelo estabelecido pela Revolução Francesa. Estaremos também expondo para poetas engajados na luta revolucionária este possível disparate: a impossibilidade de um poeta, na idade madura, endossar os valores políticos ditos positivos pela história moderna.

Retomando Paz: na época do domínio da razão crítica e da secularização do saber, o poeta moderno não encontra asilo no próprio solo histórico, ele é um religioso. Não encontrando o solo histórico do presente para poder apoiar a sua poesia, o poeta moderno, segundo Paz, vai buscar o que ele chama de "tradição da analogia", ou seja, o conhecimento que era definidor da episteme no século XVI, quando a visão do universo era dada como um sistema de correspondências (ver Michel Foucault, *Les Mots et les choses*, capítulo "La Prose du monde"). Quando começamos a conhecer a semelhança, por exemplo, que uma determinada semente mantém com os olhos, estamos descobrindo que ela deve fazer bem aos olhos. Descobrir a correspondência é chegar a um saber. Tradição da analogia: uma visão do universo como sistema de correspondência e uma linguagem que é uma espécie de duplo do universo. O poeta moderno, para Paz, se desliga politicamente de um compromisso com a sua história e finca pé na terra do século XVI, onde a linguagem poética, pela correspondência entre coisa e palavra, funda o universo e o saber. Pela linguagem da analogia, o poeta é o fundador do universo e do saber, ele dá nome às coisas. Não se deve confundir esta com a postura nietzschiana, onde o dar nome às coisas significa também um ato de poder *sobre* as coisas. Não é exatamente disso que Paz fala. Fala do poeta moderno como fundador, do poeta como o homem religioso que pela primeira vez nomeia as coisas e, nomeando-as, está criando poesia.

A tradição, no raciocínio de Paz, tem o sentido de um solo histórico do saber que o poeta toma de empréstimo ao passado para que possa articular a sua *reação* contra os princípios revolucionários motores da modernidade. Portanto, a tradição da analogia, como falei anteriormente, está escamoteada no livro *Os filhos do barro* na função que tem de reação aos princípios da modernidade. Ela é reacionária, no sentido etimológico que lhe empresta E. M. Cioran.

Dito isso, passarei a uma discussão mais concreta: como julgamos a tradição quando falamos do modernismo brasileiro? Como já disse, vou dividir a resposta. Passarei com rapidez pela menos interessante e me deterei mais na que julgo mais interessante. Não há dúvida alguma de que, por volta de 1945, na poesia brasileira há um retorno positivo das chamadas formas clássicas do poetar, o vírus do *Sonetococcus brasiliensis*. Há, por exemplo, um retorno do soneto tanto num Lêdo Ivo quanto num Vinicius de Moraes, e vamos encontrar ainda o envolvimento com a tradição até mesmo em João Cabral, quando escreve os poemas utilizando o verso retirado do romance popular, ou quando, no nível da composição, vai utilizar o auto dentro da tradição de Gil Vicente. É nessa época também que surgem os nossos primeiros historiadores modernistas da literatura brasileira, como Antonio Candido e Afrânio Coutinho; são eles que estabelecem os padrões modernistas da tradição.

Esse envolvimento dos novos modernistas com a tradição vai influenciar os chamados primeiros poetas modernistas: é o caso a que me referi, de Carlos Drummond com o poema "A máquina do mundo". Drummond tinha assumido nitidamente até 1949, até *Claro enigma*, uma postura política de tipo revolucionário, aproximando-se mais e mais do Partido Comunista, e de repente retoma a tradição lusa em Camões. Reparem como Paz tem razão: o apelo à tradição no modernismo vai entrar sempre próximo do rompimento do poeta com uma linha de participação política do tipo marxista e, ao mesmo tempo, vai inaugurar uma preocupação maior pela poesia, com o ser da poesia, com o fato de a poesia, talvez, estar irremediavelmente desligada de um compromisso maduro com a história presente do poeta. No momento em que Drummond se desliga do PCB, em que Drummond relega a segundo plano a "rosa do povo", em que abre um livro dizendo que "escurece, não me seduz sequer tatear uma lâmpada", no momento em que rejeita a poesia solar e participante, começa também a se interessar, sem ironias, pelos grandes temas da tradição luso-brasileira.

O caso mais interessante, a meu ver, para falar de tradição no modernismo, e aí desvinculo-a da noção de neoconservadorismo, seria a viagem feita pelos modernistas, em 1924, a Minas Gerais, viagem da qual fazem parte, entre outros, Mário e Oswald, e um poeta suíço, radicado na França, Blaise Cendrars. Esses poetas estavam todos imbuídos pelos princípios futuristas, tinham confiança na civilização da máquina e do progresso e, de repente, viajam em busca do Brasil colonial. Deparam com o passado histórico nacional e com — o que é mais importante para nós — o primitivo enquanto manifestação do barroco setecentista mineiro. Sobre a viagem, cito uma observação aguda de Brito Broca:

> Antes de tudo, o que merece reparo, nessa viagem [a Minas] é a atitude paradoxal dos viajantes. São todos modernistas, homens do futuro. E a um poeta de vanguarda que nos visita, escandalizando os espíritos conformistas, o que vão eles mostrar? As velhas cidades de Minas, com suas igrejas do século XVIII, onde tudo é evocação do passado e, em última análise, tudo sugere ruínas. Parecia um contrassenso apenas aparente. Havia uma lógica interior no caso. O divórcio em que a maior parte dos nossos escritores sempre viveu da realidade brasileira fazia com que a paisagem de Minas barroca surgisse aos olhos dos modernistas como qualquer coisa de novo e original, dentro, portanto, do quadro de novidade e originalidade que eles procuravam. E não falaram, desde a primeira hora, numa volta às origens da nacionalidade, na procura do filão que conduzisse a uma arte genuinamente brasileira? Pois lá nas ruínas mineiras haviam de encontrar, certamente, as sugestões dessa arte. [...] Mas essa excursão foi fecunda para o grupo modernista. Tarsila teria encontrado na pintura das igrejas e dos velhos casarões mineiros a inspiração de muitos de seus painéis; Oswald de Andrade colheu o tema de várias poesias pau-brasil, e Mário de Andrade veio a escrever então seu admirável "Noturno de Belo Horizonte".

Brito Broca, a meu ver, é muito feliz mostrando o dilaceramento do modernismo, logo no seu início. Por um lado, uma estética futurista que pregava a desvinculação do passado, e nesse sentido é bom lembrar o "Manifesto Futurista", onde Marinetti pregava o incêndio de bibliotecas e museus; e, por outro lado, o choque no contato inesperado e frutífero com a tradição mineira. E o que surge desse contato? Há uma crônica de Mário de Andrade, escrita logo após a viagem, em 1924, em que ele relata a experiência do grupo diante do quadro da tradição barroca. Vou selecionar da crônica apenas três tópicos para que se veja como mergulham na tradição poetas e pensadores que não estavam de maneira nenhuma predispostos a enxergar o passado sem a ironia dadá.

O primeiro tópico que seleciono se refere à atitude de Tarsila com relação a Paris. Tarsila, diante de Ouro Preto, diz que quer voltar a Paris, mas não quer mais voltar a Paris para saber da última moda. Quer voltar para aprender a *restaurar* quadros. Tarsila já enxerga Paris como o lugar não mais para o dernier cri, mas o lugar onde poderia adquirir um saber que proporcionasse a restauração do passado colonial brasileiro, infelizmente em estado lastimável. Eis a passagem:

> Mas, voltando ao assunto, que maravilha caída do céu a nossa Tarsila! Tomou-a agora um fogo sagrado... Os olhos brilham. A voz firmou-se enérgica, verdadeira. Que é de Paris? Que é do Cubismo? — Não, Malazarte. [Malazarte é o nome que Mário usa para assinar a crônica.] Volto a Paris, mas para me aperfeiçoar ainda mais nos processos de restauração de pinturas. Depois venho para Minas. É preciso *conservar* [grifo meu] tantos tesouros. Eu estou pronta. E sem nenhuma paga. Que remuneração melhor para mim que restituir à pequena e maravilhosa Rosário de São João del-Rei o esplendor passado do seu teto? Toda a minha vida que se resumisse nisso... eu seria feliz! Gosto das grandes empresas.

Bastante significativa é essa pequena passagem porque está em germe aí um dos grandes projetos "conservacionistas" dos modernistas: aproximam-se do Ministério da Educação e Saúde na década de 30 para a criação do SPHAN, Mário de Andrade à frente. A meu ver, o discurso mantido por Tarsila, resquício do discurso da tradição ao lado da estética nitidamente futurista ou dadá dos modernistas, serve para erguer a institucionalização bastante rápida do credo modernista no Estado Novo. Parece que Tarsila fala aqui como se fosse Rodrigo Melo Franco, só que está falando em 1924, o que é bastante significativo.

Por outro lado, há um trocadilho muito divertido de Oswald de Andrade na mesma crônica: eles encontram um indivíduo chamado Senna, que lhes serviu de guia em São João del-Rei. Num determinado momento, Oswald faz um desses trocadilhos maravilhosos: "Oswald jura que jamais tivera a intenção de abandonar Paris para vir encontrar o Senna em São João del-Rei". Vemos, de certa forma, como ambos, Tarsila e Oswald, nesse momento preciso do modernismo, estão imbuídos da necessidade do apego à tradição, à tradição colonial setecentista mineira. Daí para o matriarcado de Pindorama será um passo.

O terceiro exemplo é de responsabilidade do autor da crônica, Mário. Faz ele uma crítica severa da arquitetura moderna que encontra nas grandes cidades do Brasil. Diz o seguinte:

> Pois é: não vê que estão a encher as avenidas de São Paulo de casinholas complicadas, verdadeiros monstros de estações balneárias, de exposições internacionais. Por que não aproveitam as velhas mansões setecentistas tão nobres, tão harmoniosas, e sobretudo, tão modernas pela simplicidade do traço? Em vez, não sujam a Avenida Paulista com leicenços [sic] mais parecidos com pombais feitos por celibatário que goza aposentadoria.

E continua fazendo uma crítica violenta ao que seria uma arquitetura moderna em São Paulo naquele momento e, alvo maior da crítica, à Catedral de São Paulo, que estava sendo construída na época.

Estou querendo chamar a atenção de vocês para o fato de que não precisamos ir à geração de 45 para ver a presença nítida de um discurso de restauração do passado dentro do modernismo. A contradição entre futurismo, no sentido europeu da palavra, e modernismo, no sentido brasileiro, já existe em 24, no momento mesmo em que os novos estão tentando impor uma estética da originalidade entre nós. A emergência do discurso histórico no modernismo visa a uma valorização do nacional em política e do primitivismo em arte. E não há dúvida de que a melhor mostra dessa valorização do nacional e do primitivo se encontra na obra de Tarsila, em termos plásticos, e na poesia de Oswald, em termos propriamente literários.

Mas aqui gostaria de fazer uma abordagem de Oswald distinta da análise de sua obra que dá ênfase à paródia. Se se valoriza, numa leitura da poesia e do pensamento de Oswald, a paródia, é claro que não será possível ver o traço que estou procurando trazer à tona. A paródia, ao fazer ironia dos valores do passado, faz com que o presente rompa as amarras com o passado, cortando a linha da tradição. Dessa forma, temos, se estamos interessados em ver como se manifesta na poesia de Oswald de Andrade o traço tradicional, que abandonar a leitura feita em particular pelos poetas concretos na década de 50 e, de certa forma, fixada pelos novíssimos nas décadas de 60 e 70. Temos que buscar outro Oswald, o dos textos filosóficos. Diria que a maioria das pessoas que conhecem bem a obra de Oswald não chegaram a ler com cuidado os textos filosóficos do autor, o que, também, não deixa de comprovar a ideia de que a leitura do modernismo foi feita muito em cima da estética da ruptura, portanto, não deixando entrever o que os textos filosóficos mostram.

É bastante raro dentro do modernismo um poeta que tenha uma visão filosófica de mundo explícita em textos conceituais. E essa visão de mundo está em Oswald marcada por uma noção original do conceito de utopia, que não seria nem a utopia nitidamente marxista nem a utopia tal qual definida pelo modelo da Revolução Francesa — para Oswald, a utopia é caraíba. O saber selvagem, diz Oswald, vem questionando o saber europeu desde o primeiro contato da Europa com a América. De Montaigne a Rousseau, ou seja, passando da crítica às guerras religiosas e à Inquisição e chegando ao bom selvagem de Rousseau, sem esquecer a Declaração dos Direitos do Homem, o selvagem tem sido o motor da utopia europeia. Oswald, com o pensamento e a ação antropófagos, visa a trazer a utopia caraíba europeia para o seu *lugar próprio* — o Brasil. A utopia oswaldiana questiona ainda o fato de a sociedade ocidental ser patriarcal — e aí está outro deslize de sentido proporcionado pelo pensamento de Oswald que é bastante rico. Teremos de reentrar em solo matriarcal brasileiro, devidamente industrializados, para que a utopia se dê plena. Dar-se-á no concreto do matriarcado de Pindorama, revisto pela tecnologia.

Vou ler uma frase de Oswald que é bastante reveladora da relação entre falsa utopia e patriarcado, gerada aquela pelos movimentos messiânicos: "Sem a ideia de uma vida futura, seria difícil ao homem suportar a sua condição de escravo; daí, a importância do messianismo na história do patriarcado". Dentro da ordem patriarcal, o homem é escravo no presente. O futuro utópico proposto pelo messianismo ratifica a infelicidade do presente. A verdadeira utopia já começa a ser o próprio presente. E cito Oswald de novo: "E hoje, quando pela técnica e pelo progresso social e político atingimos a era em que, no dizer de Aristóteles, os fusos trabalham sozinhos, o homem deixa a sua condição de escravo e penetra de novo no limiar da idade do ócio, é um outro matriarcado que anuncia". A técnica chegará a um determinado estágio em que não mais deixará o homem trabalhar. Poderá dedicar-se ao ócio (e não ao negócio, como na sociedade patriarcal). Dedicando-se ao ócio no eterno retorno do matriarcado de Pindorama, aproveitando-se ainda da tecnologia, o homem chega à condição de "bárbaro tecnicizado". Insisto em dizer que a utopia em Oswald já começa a se dar no presente, como ele próprio diz, e repito: "E *hoje* [grifo meu], quando pela técnica e pelo progresso social e político atingimos a era...".

Não me deterei muito em Oswald; quero, no entanto, deixar claro que a noção de tempo que tematiza não é marcada pelo progresso linear da civilização humana, mas por um movimento contraditório. Parece que a técnica caminha em linha reta para, depois, se fechar num círculo, retomando o matriarcado de Pindorama, ou seja, para Oswald o Brasil é por excelência o país da utopia, desde que — como pensavam os modernistas — se atualizasse pela industrialização. Voltando ao matriarcado de Pindorama, à origem do Brasil e da utopia moderna na Europa, chegamos ao futuro. Dessa maneira, Oswald tenta conciliar a visão linear progressiva em direção ao futuro com o retorno ao matriarcado. Seria o que se pode chamar de eterno retorno em diferença. Não seria o eterno retorno do mesmo, já que Oswald não quer, como Policarpo Quaresma, que o Brasil volte a ser um país indígena. Essa teoria de Oswald, por incrível que pareça, tem sido reativada por alguns antropólogos franceses. Em particular Pierre Clastres mostrou como os indígenas brasileiros construíam o social sem a noção de poder coercitivo. Esta seria a nossa diferença básica com relação aos incas e astecas. Essa ausência de poder coercitivo (de repressão, diria Oswald) se encontra tematizada nas melhores páginas sobre o matriarcado. Uma utopia onde não haveria chefes, onde haveria uma comunidade de iguais. Sem negócio, pleno ócio.

Passemos agora a Murilo Mendes. Um detalhe importante na sua poesia é a conversão ao catolicismo, em 1934, sob a inspiração do pintor e poeta Ismael Nery. O discurso cristão seria a outra marca importante do discurso da tradição na poesia moderna brasileira. Nesse sentido, é curioso observar como Murilo vai retomando a mesma atitude de Eliot, não mais desejando afirmar o seu talento individual, mas procurando dar continuidade a um discurso que já preexistia a ele, o discurso do cristianismo. Nesse sentido, para os que se interessam de perto pela poesia de Murilo, lembro um fato curioso: não quis que reeditassem um de seus livros, *História do Brasil*, certamente porque nele estava manifesta a sua preocupação estreita com o nacional, através do estilo parodístico. Não fazia mais sentido num discurso de convertido, no discurso universalizante do cristianismo, a preocupação limitada com o nacional. No momento em que abandona a vertente nacionalizante do modernismo, Murilo deixa de ser apenas um poeta para ser profeta. E não é por acaso que se transfere para Roma, onde vem mais tarde a falecer. Questão de coerência. Tinha de morrer na Europa. Eis a história de Pedro, da pedra e da eternidade. O discurso da tradição que retoma os valores do cristianismo tornava praticamente impossível a relação cotidiana do poeta com o Brasil. Aliás, fato semelhante se dá com Henry James e T.S. Eliot. Eliot abandona a cidadania americana, assume a inglesa, converte-se ao anglicanismo e acaba por receber o título de Sir das mãos da rainha. Parece que todas as vezes em que falamos do discurso da tradição europeizante, em que tentamos ver a rentabilidade desse discurso dentro do moderno, caímos sempre num pensamento de tipo neoconservador. No caso de Murilo, a própria definição de tempo é muito interessante. Um de seus poemas, "A flecha", é sintomático na contradição que apresenta ao próprio movimento da metáfora — a flecha — do fluir do tempo. Diz o seguinte o poema:

O motor do mundo avança;
Tenso espírito do mundo,
Vai destruir e construir
Até retornar ao princípio.

Concluímos, ainda, que, quando surge a questão da tradição em poetas que têm uma visão de mundo mais ampla, o discurso poético se alimenta da problemática do eterno retorno. No caso de Oswald, já vimos, o eterno em diferença, o bárbaro tecnicizado. No caso de Murilo, o princípio básico do cristianismo que diz que o fim está no começo. O motor do mundo avança, mas o faz da maneira mais estranha, pois vai construindo e destruindo até chegar ao princípio de tudo, que, por sua vez, é o fim:

Eis-me sentado à beira do tempo
Olhando o meu esqueleto
Que me olha recém-nascido.

"Beira do tempo" é uma imagem clássica em Murilo para designar a eternidade. Na beira do tempo o poeta cristão olha o próprio esqueleto que, por sua vez, se olha recém-nascido. O interessante é chamar a atenção para o fato de que em Murilo estamos diante do eterno retorno do mesmo. O fim já está no princípio e o princípio no fim.

Prosseguindo, acrescento que não deixa de ser curiosa a postura poética de Murilo durante a guerra de 39 a 45, capítulo ainda muito mal estudado da nossa literatura. Conhecemos bem a atitude de Drummond através dos vários estudos que dela foram feitos. A postura vitoriosa é sempre mais atraente nestes Brasis que detestam os perdedores. Para Drummond, o poeta finca pé na história, entra com os russos em Berlim, dá-nos a visão do martírio de Stalingrado, e assim por diante. O poeta faz poemas com a presença forte do discurso da história política e social, por assim dizer reduplicando-o em versos. Murilo, ao estabelecer uma dicotomia entre tempo e eternidade, complica o esquema temporal da história moderna. O tempo histórico caminha em linha reta, mas o tempo cristão, redenção do tempo histórico, converte a linha reta num círculo, que reduz o paradoxo do fim no princípio e do princípio no fim. Uma frase de Murilo concretiza para nós a implicação política do dualismo tempo e eternidade. Ele afirma que o capitalismo, com relação ao comunismo, é reacionário, mas o comunismo, com relação ao cristianismo, também é reacionário. Para Murilo, há a inevitabilidade de uma evolução histórica que passa pelo capitalismo, comunismo etc., mas tudo isso será reacionário na dimensão eterna do cristianismo. Retomemos. Murilo trabalha o discurso histórico e social da guerra de 39 a 45, e mesmo o discurso crítico da ditadura Vargas, não com uma linguagem que reduplica esses discursos (caso, por exemplo, de Drummond, repito), mas com uma linguagem fabular. Procura mostrar que *sempre* houve o jogo entre a inocência e a crueldade e, para nos falar do conflito bélico e do autoritarismo decorrente, utiliza a forma de apólogos ou parábolas. Cito três poeminhas curtos de *Poesia liberdade*, muito instrutivos para ver como o discurso da tradição cristã impede que se enxergue a especificidade do histórico. O primeiro poeminha diz o seguinte:

A inocência perguntou à crueldade:
Por que me persegues?
A crueldade respondeu-lhe:
— E tu, por que te opões a mim?

Uma se sente perseguida, e a outra também. A crueldade não pode existir sem a oposição da inocência. E vice-versa. Estão vendo que o suporte nítido do poema é a fábula do lobo e do cordeiro, e é esse o comentário que Murilo faz à essência do conflito bélico nas contradições combativas.

O poema seguinte fala da evidência, da inevitabilidade da hierarquia no mundo dos homens:

> A aveia do camponês
> Queixou-se do cavalo do ditador,
> Então o cavalo forte
> Queixou-se das esporas do ditador.

Vemos que há uma hierarquização, da aveia até as esporas do ditador. É dessa forma — pelo inevitável conflito de hierarquia e a consequente violência — que Murilo faz suas críticas aos ditadores da época. Mas o ditador não é apenas Getúlio, Hitler ou Mussolini, aquele ditador que encontramos, com disfarces ou não, nos poemas engajados de Drummond e tantos outros. É um ditador conformado pela relação conflituosa entre as coisas e os seres. É um ditador universalizado, abstratizado, simbólico, manifesto pela forma parabólica.

E o último dos três poeminhas faz um jogo entre as duas dimensões temporais: o tempo propriamente dito e a eternidade. Leiamos o poema:

> O pensamento encontrou-se com a eternidade
> E perguntou-lhe: de onde vens?
> — Se eu soubesse não seria eterna.
> — Para onde vais?
> — Volto para de onde venho.

À medida que Murilo vai assumindo o discurso religioso, a sua poesia vai se desvinculando mais e mais do contato com o tempo histórico, com o presente imediato do poeta. A poesia passa a dar-nos um comentário fabular, parabólico — no sentido de parábola como se encontra no Novo Testamento — a respeito das questões mais candentes da vivência social e política do poeta.

Terminaria a nossa conversa de hoje sobre a permanência do discurso da tradição no modernismo quase sem palavras, ou com pequenas palavras, dizendo que talvez seja irremediável o fato de que, dentro da estética da ruptura característica da modernidade e do modernismo, nas vezes em que fomos buscar o traço forte da tradição, ou até mesmo o traço pouco vincado, nos aproximamos mais e mais de uma poesia, de uma produção poética que se desliga do social enquanto dimensão do histórico vivenciado pelo poeta. Isso às vezes pode beirar — e muitas vezes beira — o neoconservadorismo.

DEBATE

Qual o significado, se é que há algum, do pensamento sociológico de Max Weber para uma base de crítica do pensamento moderno na Europa? Você poderia discorrer sobre as possíveis causas do retraimento do pensamento utópico ou revolucionário?

Acho que a primeira parte da pergunta escapa completamente ao teor da conferência e, por outro lado, sou fiel à minha modéstia, sou um professor de literatura e de maneira nenhuma vim aqui para discorrer sobre Max Weber. Vou me ater à segunda parte. Tentei apresentar esse retraimento a partir da visão de Octavio Paz no livro *Los hijos del limo*. Tenho a impressão de que as categorias que ele menciona, em particular a de ética, podem ser de alguma ajuda. Fala de uma política, do corpo, do ressurgimento de um corpo que não estaria mais comprometido com a ética protestante do trabalho, um corpo que recusa, inclusive, a colonização, usando a terminologia dele, a colonização do futuro. Esse corpo, então, estaria fincando mais e mais o pé no agora; nesse sentido, um corpo que é fruição. Poderíamos discutir aqui, de novo, o que poderia haver de conservador nessa ideia, mas a meu ver essa ideia estaria ligada à emergência, em particular na década de 70, das chamadas minorias sexuais. De certa forma, na nossa sociedade ocidental, em particular, o prazer esteve muito vinculado a uma certa normalização da conduta sexual e, quando essa conduta não era normalizada, as pessoas se sentiam enormemente infelizes. Acho que a emergência de um pensamento de minoria, e ao mesmo tempo a necessidade de um corpo desreprimido, de um corpo que pode ser pura alegria (tópico que Paz não trabalhou), seria também a crítica do pensamento como sendo um pensamento que apresenta o presente como sempre em estado de sofrimento, de martírio, de penúria. De certa forma, esse sofrimento, esse martírio no presente, é sempre redimido pela possibilidade de uma utopia. Invertendo os termos, dizendo que o presente pode ser vivido, pode ser vivido alegremente, sem as amarras de repressão, estaríamos descondicionando a possibilidade e a rentabilidade de um pensamento de tipo utópico. Quando eu falo da alegria, fica óbvio que a crítica do pensamento utópico passaria necessariamente por Nietzsche, passaria necessariamente pela crítica do sofrimento, do martírio, pela crítica de uma certa teologia que se encontra em toda utopia e em todo pensamento revolucionário.

O que Octavio Paz chama de tradição da ruptura parece não ter nada a ver com a tradição de Eliot, vinculada à noção de permanência. Se algo "permanece" no moderno de Paz, é a obrigação de inovar, de provocar rupturas. A afirmação é paradoxal, quem inova é quem está de acordo. Numa situação como esta, que sentido ainda existe em chamar alguém de conservador? Não estaríamos sendo modernos demais?

Tentei chamar a atenção para o fato de que eu estava fazendo uma leitura meio traiçoeira de Octavio Paz. Ele escreve o seu livro para falar da tradição da ruptura, para falar da importância do original dentro do projeto moderno, mas Paz está também interessado em justificar o fato de que o poeta entra em contradição com o seu presente, entra em contradição com a história. Segundo Paz, quando o poeta surge, adere sempre à revolução, mas, à medida que vai se tornando maduro, rechaça a revolução. Como sabemos, Octavio Paz defende a intervenção dos Estados Unidos na Nicarágua. Estou tentando mostrar que Octavio Paz cria o que chamei de um "solo histórico" para a sua criação, que é o da analogia. Como em Baudelaire, onde tudo se corresponde, ou, se preferirmos, no livro de Antonin Artaud, *Les Tarahumaras*. O poeta é aquele que anuncia essas correspondências secretas entre as coisas do mundo; portanto, no momento mesmo da secularização do conhecimento, o poeta assume o discurso religioso da gênese. É essa contradição que tentei explicar chamando a atenção para o fato de que, sub-repticiamente, aparece no livro sobre a tradição da ruptura a tradição da analogia. Existem dois significados para a tradição no livro de Octavio Paz: um que é o que aparece o tempo todo, a tradição *make it new*, outro o da tradição da analogia. Para ele, a tradição da ruptura está chegando ao fim porque os processos que marcariam essa tradição estão ficando mais e mais esclerosados. Foi nesse sentido que eu tentei encaixar essa esclerose do moderno numa reflexão que caminha para o pós-moderno. Paz diz o seguinte:

Hoje somos testemunhas de outra mutação, a arte moderna começa a perder seus poderes de negação, há anos suas negações são repetições rituais, a rebeldia convertida em técnica, a crítica em retórica, a transgressão em cerimônia, a negação deixou de ser criadora; não quero dizer que vivemos no fim da arte, vivemos o fim da ideia de arte moderna.

Todos recebemos hoje em dia, em casa, uma dezena de livros cujo estilo é a paródia; para dizer a verdade, não dou mais a mínima importância a esses livros, porque a paródia, em termos de discurso poético, virou uma espécie de cerimonial de iniciação. É nesse sentido, então, que Paz, que faz a apologia da estética da ruptura, durante o período moderno, vai enxergando também um fim da estética da ruptura, porque essa estética da ruptura, hoje, nada mais é do que técnica, nada mais é do que um ritual, nada mais é do que uma cerimônia. Foi dessa forma que, sub-repticiamente, tentei ligar o pensamento de Octavio Paz à emergência do pós-moderno ou ao ocaso das vanguardas, tentei mostrar que há dois conceitos de tradição em Octavio Paz e como um conceito é operacionalizado o tempo todo e o outro conceito não o é, fica como pano de fundo. Finalmente, tentei mostrar como essa ideia da tradição da ruptura, que foi a ideia dominante do romantismo até hoje, está chegando a um momento de esclerose.

Poderia desenvolver a questão da paródia-pastiche? Por que os neossimbolistas brasileiros estariam sendo acadêmicos? Os maiores pintores alemães chamados de neoexpressionistas estariam fazendo paródias ou pastiches do primeiro expressionismo? São acadêmicos? O que é hoje a academia? O que é ruptura?

Por que nós falamos de tradição hoje? Acho que nós não falamos de tradição, hoje, gratuitamente; falamos de tradição tentando exatamente compreender, por exemplo, a diferença entre paródia e pastiche. Por que uma arte deixa de ser paródia? Ela deixa de ser paródia porque a paródia se tornou um ritual, se tornou uma cerimônia, se tornou alguma coisa de esclerosada. Portanto, a paródia deixa de ser paródia no momento em que ela é um mero recurso técnico usado pelo jovem poeta para ter acesso à poesia. Nesse sentido, então, é que Jameson vai dizer que uma das características do pós-moderno seria o abandono da estética da paródia e a aproximação da estética do pastiche. A meu ver, pastiche se encontra exatamente nesse exemplo que você me dá dos novos pintores alemães, chamados de neoexpressionistas. Eu não gosto da expressão "neoexpressionista", mas tudo bem. Os chamados neoexpressionistas estariam fazendo pastiche do primeiro expressionismo. Eles já não estão fazendo paródia, porque a paródia significa uma ruptura, um escárnio com relação àquela estética que é dada como negativa. O pastiche não rechaça o passado, num gesto de escárnio, de desprezo, de ironia. O pastiche aceita o passado como tal, e a obra de arte nada mais é do que um suplemento. Eu não diria por isso "neoexpressionismo". Reparem que a lógica da palavra "suplemento" é muito curiosa, porque o complemento dá a impressão de ter em mãos alguma coisa incompleta que você estaria completando. Suplemento é alguma coisa que você acrescenta a algo que já é um todo. Dessa forma, eu não diria que o pastiche reverencia o passado, mas diria que o pastiche endossa o passado, ao contrário da paródia, que sempre ridiculariza o passado. Quando Oswald de Andrade diz: "Minha terra tem palmares", obviamente é uma grande gargalhada em cima de Gonçalves Dias, que dizia: "Minha terra tem palmeiras". O que Oswald de Andrade está dizendo para ele é o seguinte: "Sr. Gonçalves Dias, minha terra tem são revoluções libertárias, tipo Palmares, é isso que faz com que o Brasil seja o Brasil". É uma atitude completamente diferente. Já o caso da revista *Festa* é muito diferente dos "neoexpressionistas". *Festa* surge na década de 30; portanto, no momento da emergência da estética moderna no Brasil, e pretensamente critica os excessos do modernismo. Os adeptos de *Festa*, entre eles Tasso da Silveira, fazem uma poesia que nada mais é do que repetição — reparem a diferença que faço entre repetição e suplemento —, mera repetição do simbolismo; quer dizer, eles não acrescentam nada no sentido que eu espero que esses bons pintores alemães estejam acrescentando ao expressionismo. Daí, o fato de eu não gostar da noção de neoexpressionismo e aceitá-la perfeitamente quando, ao falar, por exemplo, da nova figuração brasileira, dizer que é um movimento neodadá, porque aí, sim, é uma retomada do dadá enquanto uma estética da ruptura e, portanto, é um retorno da estética da ruptura nas décadas de 60 e 70.

O senhor contrapôs paródia e pastiche relacionando-os a moderno e pós-moderno. Poderia se estender mais sobre o conceito de pastiche, se possível exemplificando onde ocorreu?

Olha, se você quiser uma exemplificação, eu terei que ser muito pouco modesto e falar de um romance meu chamado *Em liberdade*. Vocês sabem que Graciliano Ramos escreveu *Memórias do cárcere*, onde narra longamente a experiência que teve dentro dos cárceres da repressão, durante o período do Estado Novo. De maneira nenhuma estou criticando o estilo de Graciliano Ramos, que, a meu ver, é o melhor estilo modernista. Portanto, todas as reverências possíveis a Graciliano Ramos! Mas eu resolvi ser ousado fazendo um diário íntimo falso de Graciliano Ramos no momento em que ele sai da prisão, fiz um pastiche de Graciliano Ramos. De certa forma, estou repetindo o estilo de Graciliano Ramos, adoro o estilo de Graciliano Ramos, acho uma maravilha; portanto, acho que aquele estilo deve ser reativado, e, sobretudo, devia ser reativado num momento em que alguns autores brasileiros, considerando os melhores, estavam escrevendo muito mau romance. Quis ativar o estilo de Graciliano Ramos, incorrendo em outras formas de transgressão, poderia ter feito uma paródia de Graciliano Ramos, mas não, fiz uma coisa que, obviamente, a família aceitou com muita dificuldade, que foi eu assumir o estilo de Graciliano Ramos e assumir, pior ainda, o Eu de Graciliano Ramos. Escrevi um diário falso no momento em que ele sai da prisão, o que ele nunca teve coragem de escrever. E, a meu ver, é o que a esquerda dos anos 30 nunca teve a coragem de escrever: só escreveu a experiência da prisão, a experiência do martírio, a experiência do sofrimento, da dor. Não há nenhuma crítica a isso. Mas eu gostaria exatamente de fazer um suplemento a isso, de suplementar isso que já é um todo. Tentei, então, inventar o que teria passado na cabeça de Graciliano Ramos, com o estilo de Graciliano, e fazendo de conta que se trata de um diário íntimo que ele teria escrito quando saiu da prisão. Essa é a melhor definição que posso dar de pastiche que, ao mesmo tempo, é transgressão. Reparem que estou assumindo a voz e o estilo, e mesmo a vida, de outro, vejam a diferença que existe entre esse meu livro e o do Gabeira. O Gabeira, quando faz uma espécie de diário da sua experiência revolucionária, o faz por ele mesmo; é ele, Gabeira, falando dele mesmo. Eu de repente estou falando da experiência de outra pessoa, não na terceira pessoa e não com o meu estilo, mas com o estilo da própria pessoa. Esse seria, a meu ver, um dos traços no pós-moderno, esta capacidade que você tem não de enfrentar Graciliano Ramos através da paródia, mas de definir qual é o autor, qual é o estilo que você deseja suplementar. E a estética da paródia, a que Octavio Paz se refere durante todo o seu livro, é a estética da ruptura. Nesta você enxerga o passado de uma maneira irônica, sarcástica, como se não quisesse endossá-lo, como se tudo aquilo fosse razão para o seu desprezo. A meu ver é por aí que eu estaria construindo a diferença entre paródia e pastiche. A paródia é mais e mais ruptura, o pastiche mais e mais imitação, mas gerando formas de transgressão que não são as canônicas da paródia. E uma das formas de transgressão, que eu utilizei e que mais incomoda, é você assumir o estilo do outro.

Esse abandono das posições vanguardistas não corresponde ao processo de passagem do histórico ao metafísico de que fala Derrida, quando diz que somos metafísicos na medida do gasto de nossas palavras?

Eu acho que possivelmente essa passagem do solo histórico ao metafísico teria grande rentabilidade analítica quando em contraponto com a poesia de Murilo Mendes. Não há dúvida alguma de que o abandono progressivo do solo histórico e a entrada no metafísico seria a forma pela qual poderíamos analisar Murilo Mendes e mesmo Eliot, mas tenho a impressão de que, se nós nos adentrarmos mais e mais na questão de uma tradição que não seja conservadora ou neoconservadora, para a aceitação do passado enquanto tal, o que haveria não seria tanto o deslize ou o salto do histórico para o metafísico, mas uma coisa um pouco mais simples, embora ao mesmo tempo mais enervante, que seria a coexistência no mesmo solo de figuras que se contradizem. As figuras se contradizem, mas ambas apenas se afirmam, não há uma que seja melhor do que a outra, não há uma que seja marcada positivamente ("minha terra tem palmares") e outra que seja marcada negativamente ("minha terra tem palmeiras"). Seria a coexistência, num mesmo poema, de "minha terra tem palmeiras" e "minha terra tem palmares", ou seja, a coexistência, por exemplo, do romântico e do moderno no mesmo espaço, sem que moderno e romântico estejam em briga, sem que moderno e romântico estejam em discórdia. Se vocês estão me entendendo, é este o encaminhamento do pastiche, é o encaminhamento para uma estética que não vinca a noção de ruptura. Ambas as formas são afirmativas, ambas coexistem. Seria como se, de certa forma, de repente tomando a ideia lançada anteriormente da arquitetura, nós fôssemos para Botafogo e não tomássemos a atitude da arquitetura moderna, que seria a de arrasar tudo para construir um edifício segundo os padrões do *international style*. Tampouco íamos conservar Botafogo como se fosse uma nova Ouro Preto. Também não seria partir para o kitsch de pintar os sobrados com cores estranhas para que aquele objeto falasse do mau gosto do passado. Hoje, há a possibilidade de criarmos algo extremamente moderno ao lado de algo *fin de siècle*, século XIX, deixando que ambos falem sem que nenhum desprestigie o outro, uma espécie de diálogo entre o passado e o presente. Seria por aí, talvez, nesse deslizamento, que, a meu ver, se daria melhor a noção do pós-moderno.

Como você vê o resgate que James Joyce fez da Odisseia *de Homero? Já que* Ulisses *foi lançado em 1922, houve contato dos modernistas brasileiros com esse livro?*

Acho que o exemplo dado é o típico da estética da ruptura, da estética da paródia. Nós todos sabemos que há um redimensionamento menor de *Ulisses* dentro de Dublin, todos sabemos das inovações técnicas que James Joyce fez em nível de composição, em nível estilístico, a chamada *portmanteau word*. Daí toda essa irrisão em relação não só a Homero, mas também a Shakespeare e diversos autores. Joyce possivelmente é o parodista por excelência do romance. Tanto é que os concretos, em particular Haroldo de Campos, têm insistido muito numa aproximação entre Joyce e Oswald de Andrade. Eu não sei se é vero, mas, como na velha história, é *ben trovato*. Não há dúvida nenhuma de que há semelhança de proposta, embora a de Oswald de Andrade não seja tão grandiosa quanto a de Joyce. Ambos trabalham dentro do espírito que nega a tradição enquanto tal. Utilizam a tradição, valem-se da tradição. Nesse sentido, ambos se aproximariam. Basta ler os trabalhos de Haroldo de Campos, em particular os prefácios que ele fez para *Memórias sentimentais de João Miramar* e *Serafim Ponte Grande*, para que esse paralelo seja estabelecido. Acho, inclusive, que há uma releitura de Joyce que é feita com muita propriedade, ainda dentro de um estilo parodístico, por um escritor da qualidade, por exemplo, do cubano Cabrera Infante, com *Três tristes tigres*, que é um dos romances clássicos hispano-americanos da atualidade, onde, de repente, ele para o romance para fazer paródias de não sei quantos autores.

Pastiche: não ruptura [*Pergunta não audível na gravação.*]

Eu poderia usar a expressão "neojoyciana" porque há uma espécie de endosso das ideias de Joyce. Já na estética do pastiche não há ruptura, há muito mais uma reverência. Foi muito bem lembrado esse fato de que Cabrera Infante faz a própria paródia de Joyce. E isso é exatamente o que Octavio Paz chama de tradição da ruptura. A ruptura, apesar de dar a impressão de que está sempre rompendo com o passado, vai criando uma forma paradoxal de história. O que Paz deixa escondido é a tradição da analogia, aquela que os poetas vão utilizar como rechaço do solo, como rechaço da linguagem histórica da razão crítica e como apego a uma linguagem que teria um teor religioso.

Vinculando a uma exigência da recorrência da tradição, como poderia se falar no concretismo? Como situá-lo?

O concretismo é exatamente a negação disso tudo. O concretismo, como eu disse, impediu e impede a leitura de um Eliot. O concretismo nunca fala de Murilo Mendes a não ser de poemas seus muito peculiares, escritos já no fim da vida. O concretismo, quando fala de Carlos Drummond de Andrade, fala de um poema chamado "Isso é aquilo"; quando fala de Manuel Bandeira, fala dos poemas escritos no estilo concretista. Acho que o concretismo seria a radicalização da estética da ruptura entre nós, seria a crença, inclusive, na linearidade evolutiva da história. Se você lê, por exemplo, o "Manifesto Concreto" de 1958, vai ver a crença de que o verso vai acabar, de que o verso chegou ao fim do seu percurso histórico e que hoje é ridículo escrever verso, que toda a poesia tem que ser escrita a partir da palavra, e essa palavra, por sua vez, tem que ser atomizada. O concretismo seria a crença inabalável numa certa evolução linear da história da poesia, que chegaria àquilo que eles fazem e, portanto, nós estaríamos caminhando sempre para a frente, nunca olhando o passado. O passado só existiria para que déssemos exemplos que autenticassem a nossa postura no presente. Se leio João Cabral de Melo Neto, é para mostrar onde Cabral destrói o verso. Se leio Drummond, é para mostrar onde Drummond também destrói a composição clássica de verso, e assim sucessivamente.

Para os poetas da década de 70, ditos marginais, dos mimeógrafos, a leitura de Oswald de Andrade passa pela leitura feita pelos poetas concretos?

Acho que não. De maneira alguma eu quero desmerecer os concretos, minha opinião é a de que os concretos tiveram uma importância enorme na atualização da poesia brasileira, quando a poesia brasileira estava entrando num certo populismo esbravejador que não conduzia a nada. E, na qualidade de excelentes tradutores, eles atualizaram o nosso conhecimento da poesia universal. Refiro-me à tradução de Pound, às traduções de Cummings, às mil traduções que eles continuam a fazer. Enquanto os concretos punham todo o peso numa certa máquina do poema em Oswald de Andrade, num poema que deixava de ser mais e mais um produto fabricado pelo homem para ser quase que um produto cibernético, os poetas da geração mimeógrafo, creio, em lugar de ver Oswald de Andrade como aquele autor que faz versos quase que com a perfeição de uma máquina, o acabamento de *carrosserie*, como o próprio Oswald de Andrade fala, estariam interessados na maneira extremamente original como ele consegue tratar a linguagem coloquial. Os marginais retomam de Oswald de Andrade o coloquialismo, a grande liberdade na construção do verso, do poema, e retomam dele, também, a ideia de que você não precisa necessariamente, para fazer um grande poema, fazer um poema longo. Isso significa que você pode fazer uma coisa rápida, incisiva, bem-humorada, cotidiana, que não tenha aquele ranço de "poesia". Acho que foi isso que os marginais tomaram de Oswald de Andrade.

Clastres e poder coercitivo [*Pergunta não audível na gravação.*]

Eu leio um pouco diferente o livro do Pierre Clastres. Ele chama a atenção para o fato de que essas sociedades que viviam sem uma noção de poder coercitivo passaram a ter essa noção no momento exato em que os portugueses chegaram, ou no momento em que as tribos entravam em combate. É aí, é só aí, que surge, então, uma hierarquização de poder. A própria noção de guerreiro, para Clastres, não pode ser vinculada a uma sociedade onde o poder não seja coercitivo. A emergência do poder coercitivo numa sociedade ou na sociedade tupi-guarani se dá exatamente no momento em que ela é agredida, quando uma pessoa tem de tornar-se chefe. E essa pessoa se torna chefe ao falar aos companheiros, incitando-os à luta. Ela se institui, então, chefe. Estamos falando de duas situações diferentes, uma que seria a situação ideal das sociedades tupis-guaranis, antes da chegada dos portugueses, e outra que seria a condição das sociedades tupis-guaranis, ou das que quisermos, no momento em que elas são agredidas. Sobre essa questão, eu recomendaria ler a *Carta de Pero Vaz de Caminha*. Pedro Álvares Cabral não conseguia encontrar o seu homólogo entre os indígenas. Ele primeiro procura um velho, e aí começa a lhe dar presentes pensando que ele é o chefe, mas o velho desaparece. Então ele vê um indivíduo chefiando um grupo de seis, sete pessoas (é claro que isso é uma leitura maldosa minha, a coisa não está expressa dessa forma), e o agarra e traz para o navio, oferece presentes, mas, de repente, esse indivíduo some. Repare a diferença com relação à colonização espanhola. Quando os colonizadores chegaram, estavam diante de Montezuma; foi, então, um diálogo de chefe com chefe. Em se tratando de colonização brasileira, são importantes os estudos de Pierre Clastres: o fato de as nossas sociedades primitivas terem sido relegadas a um segundo plano está relacionado com a questão de que elas não seguiam um modelo europeu e, nessa medida, foram julgadas como não civilizadas. Outro lado curioso é o fato de nós não termos tido templos, o que não acontecia no México. Chegaram aqui e não viram templos; então, concluíram: "Não têm religião, são ignorantes". Acho que o caminho de Clastres é por aí.

Clastres e o guerreiro [*Pergunta não audível na gravação.*]

Acho que o guerreiro é um elemento extremamente negativo no raciocínio de Clastres. A solidão também é um elemento extremamente negativo. O guerreiro surge no momento em que há necessidade daquela comunidade se tornar um exército. Então eu faço uma distinção muito grande entre guerreiro e caçador. O caçador é aquele que traz a harmonia alimentar para o grupo, ao passo que o guerreiro só aparece no momento em que aquela tribo é atacada por outra tribo ou quando é agredida. Podemos observar que os casos clássicos de antropofagia levantados por Oswald de Andrade são os relatados por Hans Staden, no momento em que aqueles grupos foram agredidos por europeus. Naquele momento, há briga, há luta e há, inclusive, a relação com o outro, fato muito importante no pensamento de Oswald de Andrade. O sentido da paródia em Oswald de Andrade é você comer o outro para ser mais forte. O pensamento dele está muito vinculado, a meu ver, a uma discussão sobre dependência cultural. É uma maneira do Brasil se afirmar pela via oposta à da colonização. Quando ele diz que nós nunca fomos catequizados, fizemos foi Carnaval, vai desconstruindo tudo aquilo que foi a colonização para dizer que, em virtude de se ter engolido o europeu, você é até mesmo mais forte do que o europeu.

Quanto à última questão, se a paródia da paródia é o pastiche, eu tenho minhas dúvidas. Tenho a impressão de que paródia antes de mais nada é um procedimento retórico, e, portanto, no momento em que você repete o procedimento, está incorporando a ideologia daquele procedimento retórico, ideologia que dá o passado como negativo e valoriza uma visão de mundo atual, original e moderna, dada como positiva. Então, reatualizando a paródia, você está sempre reincorrendo nesse movimento. Aí, eu usaria muito bem a expressão de Paz: "você cria uma tradição da ruptura", essa tradição da ruptura, no momento em que você tem uma paródia da paródia, chega àquela situação em que ele vai dizer que a transgressão hoje virou cerimônia, e que eu, ironicamente, disse que a paródia hoje é um rito de iniciação para o jovem poeta. O que é uma pena. Acho que se devia sair desse solo da paródia, não que eu seja contra a paródia, mas contra a esclerose. Seguindo Octavio Paz, a arte deixou de ser uma negação, porque, à medida que ele vai atualizando sempre a paródia, vai retirando o seu poder. O exemplo clássico de paródia são os bigodinhos que Duchamp desenha na *Mona Lisa*, um gesto iconoclasta. E, à medida que a paródia deixa de ser iconoclasta, obviamente deixa também de ter o seu interesse enquanto tal, ela vira, repetindo a palavra de Paz, uma cerimônia.

Eu achei bom o que você disse, inclusive para eu repensar uma coisa que me preocupa que é o tropicalismo, e hoje em dia o que a gente está vendo aqui no Brasil é uma retomada, ou uma tentativa de suplementar, ou uma tentativa de complementar os anos 60. O que eu sinto e o que eu vejo é uma tentativa de complementar ou suplementar ou retomar os anos 60 sem tocar no tropicalismo.

Uma das coisas ingratas da história ou uma das coisas gratas da história é que as pessoas demoram a morrer. Portanto, não adianta a gente querer discutir ou assassinar o tropicalismo se Caetano e Gil ainda estão vivos. Portanto, eu acho que não adianta a gente querer assassinar o modernismo se Drummond ainda está vivo. Então existe uma produção das pessoas que fizeram aquele movimento, e essa produção, a meu ver, tem que ser respeitada. Acho que Caetano ainda não deixou de ser tropicalista, e não digo isso como se fosse um defeito. Agora, eu diria que seria um defeito se um jovem começasse hoje a escrever ou fazer música como se fosse um tropicalista. Num certo sentido o tropicalismo vai perdurar enquanto perdurarem Caetano e Gil, e enquanto perduram todos esses que fizeram o tropicalismo. Enquanto legado, a história é bastante cruel, porque ela é narrada sempre do ponto de vista dos grupos que aparecem e não dos grupos que permanecem. A gente conta a história do modernismo a partir do surgimento dos grupos, a geração de 22, depois a geração de 30, depois a geração de 45, mas em 45 Drummond ainda está escrevendo. Se você lê numa história da literatura sobre 45, o que ela está falando? Está falando de João Cabral de Melo Neto, de Lêdo Ivo etc. Se você passa para 58, 59, 60, são os concretos. Isso não quer dizer que durante o período concreto Murilo Mendes não estivesse escrevendo. O que existe num momento em que a gente faz uma reflexão mais ampla sobre a história da literatura é que, se você faz um recorte histórico preciso, o que existe é uma coexistência de muitas coisas: a produção de um modernista como Drummond, a de uma geração 45 como Lêdo Ivo; existe ainda a coexistência dos concretos — o Augusto acabou de publicar "Pós-tudo", que nada mais é do que dar continuidade à experiência do concreto. Não quero dizer, por exemplo, que o concretismo morreu, mas eu ficaria muito triste se um jovem de dezoito anos começasse a fazer, hoje, poesia imitando os concretos. Eu acho que existe essa coexistência, ela está aí. Nesse sentido, o legado do tropicalismo, para retomar, são muitas coisas. Acho que, inclusive, é essa nota de alegria a que tenho me referido, é essa necessidade da afirmação e de não cair no desejo de autoaniquilação, no desejo do sofrimento, da dor. Lembrando a primeira música de Caetano, no momento mesmo da repressão, em lugar de você interiorizar a violência, em lugar de interiorizar a dor, você solta um grito dizendo: Alegria! Alegria! Isso, a meu ver, é extremamente positivo dentro do tropicalismo. Já acho menos positivo todo o seu lado parodístico, por exemplo, quando Glauber Rocha tentava fazer paródias seja de filmes americanos seja de chanchadas brasileiras, ou ainda quando Caetano Veloso cantava "O ébrio" com guitarras elétricas.

[1985]

Sobre plataformas e testamentos

I.

Em abril de 1943, ao retornar de uma curta viagem aos Estados Unidos e reassumir a crítica de livros, Sérgio Milliet percebe com acuidade uma significativa mudança no panorama cultural brasileiro. No dia 2 daquele mês, assinala no seu *Diário Crítico* que a literatura nacional está "às vésperas da eclosão de uma nova estética", defendida pelos "moços de 25 a trinta anos". E detecta que a ruptura histórica se alicerça na rejeição aos intelectuais modernistas, já que "entre os valores que estão sendo submetidos à revisão [pelos moços] figuram os homens de 1922, os revolucionários anarquistas da Semana de Arte Moderna". Nos difíceis anos 40, a emergência de uma nova geração traz como consequência o balanço impiedoso dos feitos da velha geração. Os novos, defendendo um ideário estético engajado, cutucam para poder aparecer e dar o seu recado; os velhos reagem positivamente a esse ideário a fim de não serem varridos do mapa e excluídos sumariamente da história.

O ideário da nova geração se faz presente nas entrevistas feitas para *O Estado de S. Paulo* por Mário Neme durante esse mesmo ano de 43, reunidas posteriormente no livro *Plataforma da nova geração*. "As histerias totalitárias", anota Milliet, caracterizando o clima geral em que transcorrem as entrevistas concedidas a Mário Neme, "exigem da mocidade pensante de agora precauções de enfermeiros de hospício". Por outro lado, os próprios modernistas adiantam-se à tarefa demolidora empreendida pelos jovens, introjetam os novos valores e fazem autojulgamentos que beiram o masoquismo, como é o caso de Mário de Andrade.

No dia 30 de abril de 1942, Mário exercita a mais impiedosa e ousada exigência crítica em conferência sobre o modernismo paulista, conferência esta que lhe foi solicitada pelo Departamento Cultural da Casa do Estudante do Brasil. Em certo momento, a plateia reunida no salão de conferências do Palácio do Itamaraty escuta atônita: "E é melancólico chegar assim no crepúsculo, sem contar com a solidariedade de si mesmo. Eu não posso estar satisfeito de mim. O meu passado não é mais meu companheiro. Eu desconfio do meu passado". Desalentado face às novas e difíceis provas a que é submetido e ao ímpeto demolidor da nova geração, Mário conclui: "Mudar? Acrescentar? Mas como esquecer que estou na rampa dos cinquenta anos e que os meus gestos agora já são todos... memórias musculares?". Dois anos mais tarde, em 44, a maioria dos escritores modernistas (Mário ausente, Oswald de Andrade presente) relembrará, em depoimentos prestados a Edgard Cavalheiro, a velha *plataforma* de 22 e as conquistas artísticas que se seguiram. Os depoimentos foram reunidos posteriormente sob o título de *Testamento de uma geração*.

O desencontro geracional, detectado na atmosfera excitada de 1943 e já expresso e autenticado, no ano seguinte, por "plataformas" e "testamentos" alardeados em livros de sucesso, volta a ser objeto de um comentário lapidar e bem--humorado de Sérgio Milliet no diário crítico: "A geração de 22 falou francês e leu os poetas. A de 44 lê inglês e faz sociologia".

Ao fazer jus aos direitos civis e às prerrogativas proporcionados pela maioridade, a Semana de Arte Moderna não consegue se valer deles. Paradoxalmente perplexa e desorientada diante do espelho crítico que os jovens empunham, tira foto três por quatro e a cola numa carteira de identidade que serve como salvo--conduto para atravessar sem maiores atropelos os anos 40. Para obtê-la, requer e exige dos intelectuais que levaram a bom termo o credo modernista que sejam os seus primeiros e insuspeitos historiadores, conduzindo-os a uma revisão prematura, a polêmicas ruidosas, a exageradas retratações públicas e a inevitáveis detrações dos velhos e novos inimigos. Milliet alerta: "A discussão está sendo mal orientada", e acrescenta no suave bom senso da madureza: "Ignorar a existência da Semana de Arte Moderna é tão infantil quanto absurdo dar-lhe importância excessiva. Esquecê-la é tão grave quanto tê-la sem cessar diante dos olhos".

Ainda em 1943, começam a descer a ribanceira tanto o regime nazifascista liderado por Adolf Hitler quanto a ditadura de Getúlio Vargas. Crescem os movimentos subterrâneos de resistência armada na França, na Itália e em vários outros países ocupados, todos ganhando forças com a vitória russa em Stalingrado. Anima-se a campanha a favor dos aliados no Brasil com a intensa propaganda democrática liderada por Oswaldo Aranha a partir da presença crescente dos Estados Unidos no país. Convocados, os pracinhas brasileiros são, primeiro, postos em contato com instrutores gringos para o preparo militar e, depois, transportados a terras europeias para a guerra. A política da boa vizinhança reúne uma comissão composta por Manuel Bandeira, Álvaro Lins e Prudente de Morais Neto para selecionar e indicar os dois melhores romances publicados no ano. Os escolhidos são *Marco zero*, de Oswald de Andrade, e *Terras do sem-fim*, de Jorge Amado. Em artigo da época sobre o escritor amigo, Oswald anota o seu júbilo: "Confesso e deixo público que, se alguma coisa pode constituir honra para mim, é essa de ter sido colocado por um júri capaz, ao lado de Jorge Amado, e ver o primeiro volume de *Marco zero* ter sido indicado com *Terras do sem-fim* para representar o Brasil num certame literário estrangeiro". Tio Sam não favorece nem a um nem ao outro.

Lutas lá fora, lutas aqui dentro — todos os homens de boa vontade se irmanam na guerra em favor da liberdade. Apesar das fortes divergências estéticas e políticas, o momento no entanto é de união de jovens e velhos na luta contra todas as formas de ação e pensamento reacionário. Sérgio Milliet é o conciliador, ou, para usar a expressão metafórica do jovem Antonio Candido em resposta a Mário Neme: "[...] uma ponte entre eles [os de 22] e nós". É o conciliador quem anota no seu diário: "Se os ângulos de visão variam de uma geração para outra os problemas a se resolverem conservam eternamente os mesmos rótulos". Antonio Candido, encurralado pelo sentimento drummondiano de "medo"[1] que a todos impregna, faz eco às palavras de conciliação entre as gerações em conflito, também pregando a solidariedade na luta contra o inimigo comum: "Mas, se [você, Mário Neme] me perguntar qual poderia ser [...] um rumo a seguir pela mocidade intelectual no terreno das ideias, eu lhe responderei, sem hesitar, que a nossa tarefa máxima deveria ser o combate a todas as formas de pensamento reacionário".

Dentro desse quadro rapidamente esquematizado é que Oswald de Andrade, como nenhum outro intelectual modernista, insiste nas ruidosas intervenções polêmicas. Em 1943 publica vários artigos em três jornais paulistas, comentando a vida político-cultural da época, e em 1943-44 escreve três conferências. Entre estas, destaca-se a que leva por título "O caminho percorrido", em que discorre sobre o percurso feito pelos modernistas paulistas entre 22 e 44. A escolha da data de 1944 para fazer a *história* do movimento paulista talvez não seja um mero produto do acaso. Em lugar de soprar as vinte velas do modernismo em 1942, como o fez Mário de Andrade ao fixar a Semana de Arte Moderna como marco zero do espírito novo, Oswald prefere esperar dois anos e soprar as 22 velas do bolo modernista, comemorando e reavivando a *guinada* nacionalista no volante do vanguardismo futurista tropical. Estamos nos referindo à comemoração da viagem do grupo paulista às cidades históricas de Minas Gerais em 1924, acompanhando o poeta Blaise Cendrars que então nos visitava.

Dito de outra forma: em 1944, Oswald prefere soprar outras vinte velas, as do próprio *Pau-Brasil* (refiro-me tanto ao manifesto quanto ao livro de poemas). Na conferência já mencionada, Mário de Andrade coloca como padrão de aferição o ideal não alcançado pelos participantes da Semana de Arte Moderna e, por isso, o tom geral do balanço — como vimos pelas citações — traz as cores negras do mais profundo pessimismo. Já Oswald, colocando como parâmetro exemplos do atraso da cultura brasileira varridos pela luta e pelo empenho modernistas, sai sorridente e feliz da festa de aniversário e das suas reminiscências históricas.

É esse material em grande parte jornalístico, heterogêneo e complexo, escrito nos anos de 1943 e 1944, que se encontra colecionado pelo próprio Oswald de Andrade no livro *Ponta de lança*, entregue ao público pela primeira vez em 45.

Não é pois de estranhar que os primeiros artigos da coletânea convoquem para a arena da polêmica literária três antigos desafetos: Monteiro Lobato, Leo Vaz e CR [Cassiano Ricardo].[2] Os dois primeiros são conhecidos detratores da Semana de Arte Moderna como um todo, e o terceiro fez opção pela direita política no momento em que o grupo modernista originário se encaminhava para a esquerda. Da parte de Oswald, nota-se o desejo de atualizar as antigas conversas (ou melhor: brigas) no ringue da polêmica jornalística, procurando soltar violentos e destemidos *golpes de esquerda* no rosto do adversário. Não se estranhe tampouco que o quarto artigo, intitulado "Carta a uma torcida", convoque dois inimigos surgidos como consequência da reviravolta provocada pelos "nordestinos" no programa de 22: José Lins do Rego e o seu amigo e defensor, o crítico austríaco Otto Maria Carpeaux, recém-desembarcado em nossas terras.

Este assina em 1943 o prefácio ao romance *Fogo morto*, onde voam farpas para os defensores do romance proletário (caso de Oswald de Andrade, em particular nos dois volumes de *Marco zero*). Carpeaux, aqui exilado em fuga do nazismo (ou, como quer Oswald, um "colaborador" disfarçado), é impiedosamente caricaturado pela gagueira e pelo sotaque germânico e só consegue dizer no ensaio de *Ponta de lança*: "o-o-o-o-o-o-wold!".

Dos cinco adversários acima mencionados, Monteiro Lobato é quem sai menos machucado do ringue. Os tempos atuais — lá fora a reestruturação do sistema de poder mundial com o desenrolar da guerra sangrenta contra o nazifascismo, aqui dentro o desafio das forças democráticas ao autoritarismo que representa o Estado Novo — trazem de volta para a discussão político-cultural brasileira o elemento predominante nos anos 20 e recalcado nos anos 30 pela denúncia social das misérias nas diferentes regiões do país: *o cosmopolitismo*. A questão nacional, além de ser o forte dos anos 30, não deixa de ser prato feito para esse outro regionalista que foi Monteiro Lobato, isso desde a criação, ainda na segunda década do século, do personagem Jeca Tatu.

A questão nacional retorna agora, primeiro, como consequência da necessidade de afirmação autêntica (e não mais de fachada) do Brasil no concerto das nações ditas aliadas e, em seguida, como instrumento tanto na luta contra a ditadura Vargas quanto na exigência de liberdade de pensamento e de expressão a ser conquistada por um futuro regime democrático no país. Oswald relembra ao antigo e xenófobo Lobato os velhos tempos em que o criticava por não estar atento à oposição entre o Jeca Tatu e o avião, oposição que, se aceita, marcaria a admissão do Brasil no mundo moderno e a entrada no país da estética futurista. Retomando nos anos 40 o credo modernista, Oswald julga que o par nacionalismo/cosmopolitismo e a sua interação dialética precisam ser atualizados, e Lobato — apesar de parcialmente correto na defesa dos interesses nacionais — continua fora da sua época. Atrasara o passo em 1918, ao caracterizar a pintura europeizada de Anita Malfatti como paranoica ou mistificadora; atrasa o passo em 1943, ao querer ressuscitar o Jeca em época de super-heróis nas páginas dos gibis, nas telas do cinema e, principalmente, nos campos de batalha.

Da atualização de Monteiro Lobato se incumbe Oswald no longo artigo que abre *Ponta de lança*, trazendo à baila não mais os valores da antiga vanguarda europeia, mas o que de novo traz o cosmopolitismo dos anos 40: a ambiguidade dos Estados Unidos. A nós, brasileiros, aquele país se apresenta através de uma "ala simpática" (o caubói Franklin Delano Roosevelt e o camarada Henry Wallace, respectivamente presidente e vice-presidente) e de outra antipática ("o capitalismo de vistas curtas e unhas longas, tão longas que um dia podem alcançar a carne rochosa das nossas costas"). Lobato continua parcialmente correto: "[...] querem liquidar com o Jeca Tatu!", e isso é mau porque "dão-lhe armas mas negam-lhe os mananciais do sangue que movimenta as máquinas, ergue os aviões e equipa as cavalarias mecanizadas". Em outras palavras, o Jeca Tatu é convocado e física e moralmente preparado pelas superpotências da época para a guerra na Europa contra o nazifascismo, mas nada é feito para realmente *modernizar o país enquanto nação que se quer do século* xx. *Nos anos 40, Oswald percebe com rara acuidade a futura e apressada marcha dos pracinhas para o cemitério de Pistoia e do Brasil para o Terceiro Mundo.*

Oswald de Andrade já então era um homem "de partido", um homem partido, como se lê no jogo de palavras do poema "Nosso tempo", de Carlos Drummond de Andrade. Para ele, então, a vanguarda estética cosmopolita se alicerça numa vanguarda do proletariado e por ela se deixa direcionar. Por detrás do conflito da Segunda Grande Guerra, delineiam-se programas e soluções socialistas para uma economia mundial em decomposição, delineia-se uma futura e inevitável luta de classes.

A ala simpática dos Estados Unidos o é porque permite que se beba, *à la russe*, à saúde de Franklin Delano Roosevelt. O elogio da fotomontagem surrealista nas obras de arte que traduzem a simultaneidade dos acontecimentos nos tempos modernos (tudo "se mistura, interpenetra, é metade de uma coisa, metade de outra") vai servir de pano de fundo para explicar a justaposição, em terras brasileiras, do vigor industrial estalinista e do domínio norte-americano da técnica. A ala antipática dos Estados Unidos o é porque se irmana às forças injustas do capitalismo mundial. Ao viajar por terras africanas, relembra Oswald,

> senti, mesmo antes de ser politizado na direção do meu socialismo consciente, que era viável a ligação de todos os explorados da terra, a fim de se acabar com essa condenação de trabalharmos nos sete mares e nos cinco continentes e de ser racionado o leite nas casas das populações ativas do mundo, para New York e Chicago exibirem afrontosamente os seus castelos de aço erguidos pelo suor aflito e continuado do proletário internacional.

Voltando a Lobato, é preciso e contundente o achado que Oswald encontra para sintetizar o dilema atual do criador do Jeca Tatu: "Trava-se uma luta entre Tarzan e a Emília", e continua: "A aparição histórica de Hitler fez todos os sucedâneos do homem primitivo saírem da caverna, tomarem corpo blindado e lutarem". O menino de 1944 lê histórias em quadrinhos e vê, projetada na tela do cinema, a série *Império Submarino*. Não adiantam as boas intenções nacionalistas de Lobato ao idealizar o bucólico Sítio do Pica-Pau Amarelo. Diante do assalto da cultura de massa norte-americana, nem o super-homem de Nietzsche pode com o super-homem do gibi, ironiza Oswald em uniforme de combate.

De tudo isso, fica uma certeza para o autor de *Marco zero*, certeza esta que vai profeticamente iluminar o percurso dos jovens estudantes brasileiros nas décadas seguintes. A partir dos anos 50 e da Guerra Fria, mais tarde, a partir da virada cubana e da ditadura militar, vai incentivar as sucessivas campanhas contra o imperialismo ianque e a luta pela liberação política e econômica dos países do Terceiro Mundo através da tática de guerrilha. Qual um revolucionário saído dos acontecimentos de maio de 68, Oswald anota no artigo sobre Monteiro Lobato: "[...] se a tecnização [do Brasil] não for possível no aparelhamento de uma siderurgia imediata, refaça-se o milagre da resistência d'*Os sertões* que Euclides apontou como penhor e flecha da independência viril do nosso povo". Refluir, sim, para "o coração da mata", mas "lá resistir e de lá voltar para os Guararapes de amanhã".

De uma forma ou de outra, o recado de Oswald para Lobato é claro: ontem como hoje não há lugar para o verminado e molambento Jeca Tatu enquanto símbolo do nosso povo sofrido. Há lugar, isso sim, para a força rebelde que move Lobato a afirmar que "o petróleo é nosso". Busquem-se os valores cosmopolitas de vanguarda; negue-se valor à ajuda econômica dos países ricos apenas nos momentos de guerra mundial, já que ela só aponta para a subserviência econômica e política da nação nos anos futuros.

Fica óbvia, em *Ponta de lança*, a razão para o enorme sucesso das obras e pensamento de Oswald de Andrade vinte anos depois. O emergente e anárquico grupo dos tropicalistas e grupos artísticos subsequentes permanecem todos momentaneamente siderados pela dureza e pela ternura desse Comandante Che Guevara do modernismo brasileiro: de José Celso Martinez a Caetano Veloso, de Glauber Rocha a Hélio Oiticica, de Chacal a Joaquim Pedro de Andrade, de Cacaso ao *Galvez Imperador do Acre*, romance de estreia de Márcio Souza. O desencontro geracional dos anos 40, marcado pela solidariedade, repetia-se nos anos 60: uma nova geração se solidariza aos intelectuais e artistas já bem lançados publicamente através de uma figura de proa. Nas águas de Oswald também vão beber os *velhos* com nítida preocupação formalista (os irmãos Campos e Décio Pignatari, da Poesia Concreta, Mário Chamie, de Práxis, e Affonso Ávila, de Tendência).

Pelo meio da coletânea de ensaios, a posição de Oswald torna-se menos alusiva do que na conversa com Lobato:

> [...] não nos devemos esquecer que a essa luta pela liberdade que prende toda a terra num compromisso de destruição das três faces malditas do fascismo está preso um outro programa — o de fazermos nós mesmos a nossa liberdade econômica, a fim de se produzir, definitiva e segura, a nossa independência política.

Oswald transporta para o aqui e agora as palavras de advertência que o vice-presidente dos Estados Unidos, Henry Wallace, simpatizante do bloco soviético, pronuncia lá no norte das Américas: "Há poderosos grupos que esperam tirar partido da concentração de poderes no esforço de guerra para destruir tudo quanto Roosevelt tem feito nos últimos anos".

Discutida a questão nacional sem o entrave jeca-tatu, trata-se agora de liberá-la de outra armadilha, razão de ser para o "Bilhete aberto" endereçado a Cassiano Ricardo, antigo companheiro de escola literária e, depois, inimigo político e, mais recentemente, pseudoamigo. No final dos anos 20, por ocasião do racha ideológico do modernismo, Cassiano ficou do lado de Plínio Salgado, do integralismo. O nacionalismo, para eles, era e é xenofobia. É um retorno a uma espécie de paraíso tupiniquim em que coabitam o Saci, o Anhanguera, o Curupira e d. Pedro II, e em que as lutas políticas do presente são rechaçadas pela *doce cordialidade* do homem brasileiro. Oswald desmascara o ufanismo defendido por Cassiano Ricardo: "Querer que a nossa evolução se processe sem a latitude dos países que avançam é a triste xenofobia que acabou numa macumba para turistas". Não se confunda a xenofobia "de resistência", miserável e sofrida, de que é exemplo histórico Canudos, com a xenofobia de um intelectual cooptado pelo Estado Novo, pois esta acaba por criar órgãos como o Departamento de Imprensa e Propaganda (DIP) e a Polícia Especial (PE). Ambos impõem a censura e a repressão como regra única no jogo político. Negam direito à liberdade de expressão, com a desculpa de procurar evitar que o "espectro comunista" entre Brasil adentro, influenciando perniciosamente a mocidade idealista e o povo analfabeto. Oswald é taxativo: sob a *proteção* do DIP e dos Cassianos, faz-se culturalmente o que se pode fazer — "macumba para turistas".

Diante dos romancistas do Nordeste, Oswald faz a escolha que a sua postura política e o seu faro de buldogue modernista condicionam. Relega a segundo plano Lins do Rego, acusando-o de participante do movimento integralista e de acobertar, na busca de prestígio literário, um intelectual fascista exilado em terras brasileiras, Otto Maria Carpeaux. Não poupa elogios ao camarada Jorge Amado, que se exercita na atual e perigosa arte do romance proletário. Tanto na análise de um romancista quanto na do outro, a tônica é a relação que o intelectual mantém com o povo no cotidiano e na ficção. Enquanto Lins do Rego, apaixonado torcedor do Flamengo e cartola, se esconde por detrás do futebol e faz dele um "condão de catarse circense com que os velhos sabidos de Roma lambuzavam o pão triste das massas", Jorge Amado escreve uma "ilíada negra", em que torna verdadeiros heróis os lutadores anônimos e negros do Brasil miserável e oprimido. Oswald esculhamba não só o romancista Lins do Rego, mas também o crítico Carpeaux, responsável pelo prefácio elogioso de *Fogo morto*: "Não há prefácio, concurso de Miss Literatura ou banquete que possa reacender o fogo morto de sua [de Lins do Rego] obra de ficção".

Não eram do agrado do Oswald de *Marco zero* e de Jorge Amado as ideias sofisticadas e paradoxais do austríaco Carpeaux, como, por exemplo, esta que avança no citado prefácio de *Fogo morto*, quando defende a qualidade "popular" da obra do romancista paraibano e, por ricochete, o distanciamento do povo que estaria patente no romance de Jorge Amado. Escreve Carpeaux:

> Há um mal-entendido em torno do conceito de "literatura popular". Os romances que tratam dos pobres, dos míseros, dos humildes, do povo são a literatura dos ricos, dos cultos, dos literatos. O próprio povo não gosta da "literatura popular"; prefere a outra que lhe parece "literatura culta" e que lhe conta histórias de banqueiros-ladrões e datilógrafas-princesas; prefere o Carlos Magno e os heróis do cinema.

Uma atualização empobrecida (desculpem o trocadilho) do paradoxo de Carpeaux foi incorporada ao volumoso dicionário das frases feitas da cultura brasileira pelo carnavalesco Joãozinho Trinta. Ele justificou o *luxo* como o gosto típico dos *pobres* moradores da Baixada Fluminense, muitos deles miseráveis, quando desfilam pela passarela do Sambódromo defendendo as cores da Escola Beija-Flor. Outros retomaram a frase do carnavalesco não só para explicar o alto índice de audiência, nas favelas, das telenovelas com personagens da classe alta, como até para fazer teoria psicanalítica.

2.

Pelo viés das "ilíadas negras" escritas por Jorge Amado é que o leitor de *Ponta de lança* toma contato com um elemento que é, ao mesmo tempo, figura de *destaque*, de *contradição* e de *atualidade* (daí a sua complexidade) no pensamento político de Oswald de Andrade — a situação do negro nas Américas durante o esforço de guerra.

Na época, em virtude do poderio econômico germânico e da propaganda nazista, grande parte da Europa já está tomada pelo ideal de pureza racial e pela ideia de superioridade da raça ariana. Os judeus, até então apenas perseguidos e expulsos de alguns países, passam a ser encurralados em campos de concentração na Alemanha e exterminados de maneira bárbara. Nas Américas, a questão do negro, combatente e cidadão de segunda categoria, é uma pedra no sapato da democracia norte-americana e das forças aliadas. A escravidão negra tinha deixado feridas profundas e incuráveis na maioria das nações do Novo Mundo e, em particular, nos Estados Unidos e no Brasil. Lá, na democracia americana, o negro ainda é um *cidadão* diferente, pois carece de muitos dos seus direitos; aqui, é a expressão mais miserável do *lúmpen*. O racismo era e é basicamente negro nos Estados Unidos e no Brasil. Lá, com intolerantes grupos de extermínio como a Ku Klux Klan. Entre nós, estudos recentes, como os hoje clássicos de Gilberto Freyre, defendem a possibilidade de existir nos trópicos não um preconceito racial, mas social, já que somos todos *mulatos*. A antropóloga Margaret Mead ecoa as ideias de Gilberto Freyre, afirmando que todos nas Américas são "terceira geração". A tese do *melting pot* (cadinho de raças) americano torna-se dominante nos círculos intelectualizados, e é ela que é avançada pelos segmentos políticos avançados norte-americanos contra a intolerância étnica pregada pelos defensores da pureza racial, tanto lá na Europa quanto cá nos países do Novo Mundo.

Nos seus ensaios jornalísticos dos anos 40, Oswald dá enorme destaque estratégico à preocupação com a questão do negro, deixando de lado as antigas preocupações com a questão do índio que sociólogos do porte de Sílvio Romero e escritores do quilate de Machado de Assis já tinham classificado como tipicamente românticas no século XIX (estamos nos referindo, é claro, ao interesse de Oswald pelo matriarcado de Pindorama e, mais decisivamente, pela antropofagia nos anos 20). Nos seus ensaios jornalísticos, Oswald adentra-se pelo ideário naturalista dos Oitocentos, enriquecendo-o pela contribuição da antropologia cultural norte-americana e revendo-o pelo desafio nazifascista.

Diga-se que a insensibilidade dos modernistas paulistas ao que a cultura negra representava no Brasil tinha sido relativamente neutralizada, ainda na década de 20, pelas ideias sobre arte primitiva defendidas por Blaise Cendrars. No "Manifesto da Poesia Pau-Brasil" pode-se ler, em português contaminado pelo tratamento pronominal francês, este extraordinário conselho aforístico, antropofagicamente deglutido: "Uma sugestão de Blaise Cendrars: — Tendes as locomotivas cheias, ides partir. Um negro gira a manivela do desvio rotativo em que estais. O menor descuido vos fará partir na direção oposta ao vosso destino". Caso queiramos levar adiante a discussão sobre a questão do negro, dois textos de *Ponta de lança* tornam-se leitura obrigatória: "Aqui foi o Sul que venceu" e "Sol da meia-noite".

O ponto de partida de Oswald de Andrade retoma o que era corrente nos estudos sociais dos anos 30-40: a discussão contrastiva da escravidão negra nos Estados Unidos e no Brasil. Lá, a vitória dos nortistas sobre os sulistas e a consequente libertação dos escravos significaram antes de mais nada a vitória, no país como um todo, da civilização urbano-industrial sobre a civilização agrária e feudal. Nesse sentido, à escravidão negra não se segue a liberdade plena do escravo, mas o preconceito, enraizado em todas as camadas da população norte-americana, e responsável por grandes restrições legais no campo dos direitos civis. O negro, vítima do estigma que pesa sobre o grupo étnico, não é cidadão, ou o é, mas de "segunda classe". Com o seu costumeiro discurso florido e contundente, Oswald responde à própria pergunta que faz sobre o que fez a industrialização americana depois de ter abolido a escravidão: "Não deixa o negro entrar em restaurante, nem andar de bonde, fecha-o no campo de concentração de Harlem e inventa uma forma inédita de se exercerem os direitos do homem branco — a linchocracia". Os negros de Tio Sam, observa ainda Oswald, vêm sofrendo a "interferência deformadora dos grandes *parvenus* da era da máquina", e é por isso, ao que lhe consta, que nenhum deles "tenha sido admitido nas elites aliadas que encabeça a águia americana". Em outras palavras: na guerra, os negros só servem de bucha para canhão.

Aqui, a vitória dos antiescravocratas se dá de maneira diferente: é o "Sul" (entendamos bem a que se refere Oswald: a civilização agrária e feudal) que vence. Atraso civilizacional da nação por um lado, mas avanço no campo propriamente dito das inter-relações étnicas dos brasileiros. Argumenta Oswald, contrastivamente: "Aqui o negro labuta, ama e produz irmanado pelo suor que o branco de qualquer extremo da terra vem trazer à construção de uma pátria nova que sempre quis ser livre". Formaríamos todos uma comunidade de imigrantes (da qual fariam parte tanto brancos quanto negros) e trabalhadores. Da fraternidade-no-suor — a expressão não foi escrita, mas se impõe — brotariam as lutas pela liberdade. Tudo indica que as teses de Margaret Mead estão por detrás dos argumentos de Oswald. O conflito fratricida entre o Norte e o Sul, que põe fim ao trabalho escravo nos Estados Unidos e no Brasil, e a consequente vitória de um lado (o Norte lá) ou do outro (o Sul aqui) beiram, no raciocínio político-cultural de Oswald de Andrade, as teses da democracia racial brasileira, em geral defendidas pelos temerosos e elitizantes propugnadores da ideologia da cordialidade. Com a fraternidade-no-suor se mascaram o atraso industrial brasileiro e a compreensão das relações de trabalho no Brasil moderno.

Esticadas para um determinado lado, as ideias de Oswald de Andrade sobre a questão negra nas Américas podem ser jogadas de volta contra ele e de encontro ao ardoroso e combativo marxismo de que se faz defensor nos sucessivos ensaios que reúne em livro no ano de 1945. E então se desenha uma *contradição* evidente no pensamento político de Oswald de Andrade: as noções de liberdade e de igualdade operária (somos *todos* trabalhadores que lutamos pela liberdade) que levanta a todo momento e a todo preço nas páginas de *Ponta de lança* são destituídas de solo histórico e são, por isso, moeda *com lastro* quando servem para justificar de maneira inquestionável um programa de lutas socialistas depois da vitória aliada sobre o nazifascismo, mas são moedas *de conveniência* quando não conseguem impulsionar a consciência política nacional para um programa de lutas contra as consequências desumanas da escravidão negra, tão logo tivesse ruído o pomposo edifício do Estado Novo.

Esticadas para um determinado lado, as ideias de Oswald indicariam que a vitória do Norte (civilização urbano-industrial) fez do ex-escravo negro norte-americano um operário vítima de hediondo preconceito e sem direitos civis;

a vitória do Sul (civilização agrário-feudal) fez do ex-escravo brasileiro um pária com possibilidade de ascensão social. Se lá o preconceito leva o negro a ser um "homem invisível" no competitivo mercado de trabalho capitalista, aqui a fraternidade abre a possibilidade de uma incorporação sem os entraves da cor num futuro mercado de trabalho.

Nesse sentido e levadas até o extremo, as ideias políticas de Oswald de Andrade repetem o que é evidente no otimismo revolucionário tematizado à exaustão nos primeiros romances de Jorge Amado: no Brasil queima-se, como que por milagre estético, uma etapa na evolução histórico-econômica da humanidade. Em outras palavras, passaríamos de uma sociedade agrária e feudal a uma sociedade socialista. Tal fenômeno inédito e extraordinário se torna mais fácil de ser comprovado quando o leitor se adentra pela estética do romance operário. A heroificação superficial do negro ("as figuras [negras] homéricas de Jorge Amado dispensam o aprofundamento interior") e a caricaturização das elites latifundiárias tornam a luta de classes iminente e determinam a priori os vencedores, embora o desenrolar futuro dos acontecimentos históricos acabe por impor a versão oposta. Conclui Oswald, referindo-se à ficção de Jorge Amado: "Toda essa gente [negra e trabalhadora] realiza, no Brasil do cacau, o primeiro avanço da civilização e da economia".

Chegado a esse ponto na análise da *confusão* que reina no romance proletário entre *rebeldia primitiva* e *revolução socialista*, é sempre bom lembrar as palavras iluminadas de Eric Hobsbawm no seu estudo clássico sobre os rebeldes primitivos: "Os homens e as mulheres citados neste livro [cangaceiros e fanáticos religiosos, no caso brasileiro] diferem dos ingleses porque não nasceram dentro de um mundo capitalista como um engenheiro de Tyneside, que nasceu com quatro gerações de sindicalismo nas costas". O mundo capitalista, continua Hobsbawm, penetrou no universo social que gerou os rebeldes primitivos, "vindo de fora, insidiosamente, pela atuação de forças econômicas que eles não compreendiam e que não podiam controlar". Não é fácil transitar da rebeldia primitiva à revolução socialista.

Dentro dessa perspectiva, é inegável que a complexidade econômica dos anos 80 no mundo, aliada à liberação nos costumes pregada pelos revolucionários oriundos de maio de 68, trouxe para o Brasil dos anos 90 a *contrafação urbana do rebelde primitivo rural*. O cangaceiro dos anos 30 torna-se um leão de chácara, como nos contos de João Antônio, ou um Robin Hood do narcotráfico, habitante das favelas. Na metrópole brasileira dos nossos dias, a violência vulgariza-se pela sua disseminação indiscriminada e criminosa. O poder institucionalizado perde campo. A *luta de classes*, na boca de oportunistas, faz de conta que ganha novos e insuspeitos adeptos vindos dos grupos marginalizados e enriquecidos rapidamente pelo tráfico de drogas dolarizado. Estes se dizem dispostos a fazer justiça social pelas próprias mãos, mas apenas reacendem a chama da simpatia para o próprio egoísmo num universo desprovido de valores igualitários e justos. A rebeldia primitiva, rural, interpretada milagrosa e anacronicamente pelo stalinismo no romance proletário brasileiro dos anos 30 e 40, felizmente não encontra contrapartida nos romances urbanos escritos hoje em dia. Nos anos 40, Oswald suspeitaria do que poderia acontecer com as suas ideias se esticadas para um determinado lado?

No entanto, as ideias políticas de Oswald de Andrade no que se refere à mulatização do Brasil, se esticadas para outro lado, guardam ainda grande *atualidade* em virtude do quadro *cosmopolita* em que as inscreve nos artigos jornalísticos. Citemos uma passagem relativamente longa de *Ponta de lança* em que melhor se define o pensamento universalizante de Oswald de Andrade sobre a mulatização:

> Perguntava-me a revista *Diretrizes* [...] que se devia fazer da Alemanha depois da guerra? Esfolar inteira? Comunizar? Entregar todinha aos noruegueses, aos gregos e aos russos? aos filhos dos fuzilados, dos enforcados e dos bombardeados do mundo inteiro? Dá-la aos judeus? — Não! É preciso alfabetizar esse monstrengo. Há dentro dela um raio esquivo de luz. É o do seu Humanismo. É o que vem de Goethe e através de Heine produz Thomas Mann. A Alemanha racista, purista e recordista, precisa ser educada pelo nosso mulato, pelo chinês, pelo índio mais atrasado do Peru ou do México, pelo africano do Sudão. E precisa ser misturada de uma vez para sempre. Precisa ser desfeita no *melting pot* do futuro. Precisa mulatizar-se.

Os Estados Unidos, ao assumirem o controle mundial da economia depois de 1945, e os países ricos da Europa, ao retomarem o fluxo de modernização interrompido pelas perdas e desgastes da Segunda Grande Guerra, foram levados a se valer, para o trabalho sujo e barato, de cidadãos de outras nações, muitas vezes de outras etnias e certamente de outros credos religiosos. Para dar alguns e poucos significativos exemplos: nos Estados Unidos, é o caso do hispano (os grupos de mexicanos e porto-riquenhos são hoje aumentados por levas de sul-americanos); na Alemanha, é o caso do turco e do português; na França e também em outros países europeus, é o caso do árabe e do negro africano. Provisões legais de migração e de cidadania foram instituídas para que esses novos *imigrantes* não o fossem, gerando uma situação econômica e social precisa em que esses *operários* se transformaram em cidadãos de terceira categoria, ou seja, em situação pior que a do negro norte-americano antes do Civil Rights Act, promulgado em 1964, durante o governo Johnson.

Com as várias crises econômicas dos anos 70 e o consequente desaquecimento da economia ocidental, com a robotização da indústria pesada e de ponta e a consequente exigência de conhecimento sofisticado por parte dos operários no manejo das novas máquinas, esses "trabalhadores visitantes" (para usar o eufemismo germânico) — em geral semialfabetizados e sem fluência na língua do país que os convocou para o trabalho — passaram a ser indesejáveis, verdadeiros *trabalhadores ladrões* dos postos que deviam estar nas mãos dos cidadãos de primeira categoria de cada uma das respectivas nações.

Somam-se a esse escandaloso quadro socioeconômico três outros e emergentes fatores que, por via transversa, botam água no monjolo do conservadorismo político dos países mais poderosos: a crise mundial do petróleo, a consciência de tomada de poder por parte daqueles países do Terceiro Mundo que têm o combustível em abundância e a islamização dos países árabes, acompanhada do retorno do problema palestino. Pelo viés do ouro negro, do revanchismo político, do credo religioso e, atualmente [1991], pelos preparativos para a comemoração da *descoberta* da América, retorna aos países do Primeiro Mundo a discussão polêmica sobre a etnia diferente e os processos violentos de colonização do *outro*. O preconceito racial xenófobo veste com nova roupagem os velhos e batidos argumentos. O neonazismo volta a esticar os braços para cima na Alemanha unificada. O sucesso do programa político de Le Pen, na França, é atestado pelo alto índice de votos nas eleições. O uso por parte dos países aliados de armas imaginadas para a guerra das estrelas encontra forte apoio da população norte-americana, informada minuto a minuto pelo canal de televisão CNN.

Nos anos 90 existe um fato novo no duro e impiedoso jogo econômico internacional: o controle das matérias-primas de primeira necessidade não está mais apenas nas mãos do Ocidente. Este, por sua vez, passa a não ter apenas um adversário ideológico, o bloco soviético. A um processo de descentralização polimorfa da economia está se concretizando um processo de descentramento cultural e religioso real, já anunciado teórica e libertariamente pelas vanguardas desse século.

Na época do Manifesto da Poesia Pau-Brasil (1924), a luta a favor das manifestações culturais do índio visava a atualizar o nosso produto estético sem desprezar a contribuição milionária e anônima do negro brasileiro, contribuição esta que nos fazia encontrar mais rapidamente a riqueza que a arte europeia vivia ao adentrar-se por padrões estéticos diferentes dos estabelecidos pela tradição renascentista. Veja-se o caso exemplar da pintura de Picasso. Na antropofagia oswaldiana, o negro não era o índio, era o *outro* europeu que, no entanto, já era nosso apesar de escravo. Tanto melhor, tanto pior. Já éramos ricos de tradicional, moderna e hedionda experiência sem o sabermos conscientemente. Na época de *Ponta de lança*, o combate ao preconceito racial é uma forma de unificar diferentes etnias em países sem um retrato étnico uniforme, como era o caso do Brasil e dos Estados Unidos, e a concorrência dos diversos grupos raciais no jogo nacional serviria não só ao propósito de organização coerente do contingente militar aliado, mas também ao de combater os argumentos de pureza racial e superioridade da raça ariana, difundidos por Hitler. O país líder dos aliados tinha, contraditoriamente, roupa suja para ser lavada em casa: o negro norte-americano não tinha os seus direitos civis reconhecidos pela lei. Escritores e artistas conclamavam havia anos por esse trabalho e Hollywood esboçou os primeiros passos nessa direção (filmes como *Pinky*, *Crisscross* e tantos outros), até encontrar as perseguições levadas a cabo pelo senador McCarthy.

Retomemos parte da longa citação de Oswald feita atrás: "A Alemanha racista [...] precisa ser educada pelo nosso mulato, pelo chinês, pelo índio mais atrasado do Peru ou do México, pelo africano do Sudão". A mulatização não tem como quadro sociopolítico apenas a vitória do "Sul" no Brasil. Pelo contrário. A mulatização é fenômeno que envolve um complexo processo histórico e educacional, sem movimentos autoritários de hierarquização ou xenófobos de saliência, que torna cada grupo étnico responsável um agente positivo na construção de um mundo melhor, sem ainda a possibilidade de uma liderança única, a não ser a que é proposta pela igualdade social de todos.

A mulatização universal corresponde, primeiro, a um indispensável questionamento da civilização ocidental pela pluralidade e pelo relativismo e, em seguida, ao descentramento econômico, social e cultural na construção do avanço da humanidade. Não é fácil para os que percebem um "sentido único" na evolução histórica do homem admitir que o *sentido* pode e deve frequentar vários caminhos que se bifurcam, já que deve passar por civilizações diferentes sem as subjugar ou as massacrar pelas intervenções brancas da Razão.

No momento, pois, em que o racismo levanta multidões nos países mais poderosos do mundo, a lição do pensamento político de Oswald estica uma linha até os nossos dias para nos fazer o *elogio da tolerância étnica*, para nos salvar de catástrofes ainda maiores que a recente Guerra do Golfo, catástrofes que estão por vir caso se teime em não discernir *em casa* e *na casa do outro* o que precisa ser educado. Sem discernimento, interpreta-se o *outro* pela linguagem do medo e esta, fóbica por natureza, só e sempre falará da ameaça mortal que ele representa.

[1991]

Oswald de Andrade, ou Elogio da tolerância racial

Para Jorge Schwartz, em lembrança duma viagem a Cuba

> E em vez de admitir que o caldeamento de raças realizado em uma escala sem exemplo pode significar enriquecimento de potencialidades, manancial de onde nascerá, talvez, uma nova cultura, procuramos enganar-nos com a opinião fácil de que o tempo apagará bem cedo e sem deixar vestígios toda a influência africana na formação nacional. É difícil convencer que não existe pessimismo ou ceticismo em não aceitar essa opinião, em renunciar a fabricar para uso externo e interno um Brasil mais europeu, menos africano.
> Sérgio Buarque de Holanda (1940-41)

*P*au-Brasil, primeira coleção de poemas de Oswald de Andrade, serve para espicaçar os historiadores que são servos obedientes da cronologia e os que são defensores de princípios históricos normativos. Como um endiabrado "menino experimental", para se valer da expressão de Murilo Mendes, o poeta arrebata o bastão de revezamento da poesia brasileira no vácuo de um conflito: tanto faz parte de uma cultura nacional, onde praticamente inexistem valores tradicionais passíveis de serem acatados, quanto quer inscrever o seu projeto poético dentro do espírito das vanguardas europeias. Para dramatizar a situação lacunar, resolve bagunçar o coreto do Tempo e da História ocidental. Faz ele questão de assinalar, desde o pórtico do livro, que aqueles poemas escritos entre 1924 e 1925 o foram "por ocasião da descoberta do Brasil".[1]

Essa frase inicial do livro, espécie de boutade no melhor estilo vanguardista da época, permite muitas interpretações. Dentre elas, a primeira e a mais rica já vinha assinalada no próprio prefácio, escrito pelo amigo Paulo Prado. Ali, o futuro autor de *Retrato do Brasil* retoma o tom de pilhéria da frase, atrelando-a ao "ovo de colombo" que a poesia oswaldiana monta, para depois com argúcia acrescentar: "Oswald de Andrade, numa viagem a Paris, do alto de um atelier da Place Clichy — umbigo do mundo — descobriu, deslumbrado, a sua própria terra". Esse tópos — o de que você precisa deixar a pátria para depois, tendo se aprimorado intelectualmente em países desenvolvidos, redescobri-la nas suas contradições e misérias — se tornará mais tarde um tópos comum na "educação sentimental" da maioria dos nossos pensadores. O contato com a Europa subversiva é, aliás, o cenário para as inúmeras paródias modernistas da "Canção do exílio", de Gonçalves Dias.[2]

Mas naquele momento a frase marca antes de mais nada o descompromisso da poesia pau-brasil com ufanismos e xenofobias vigentes em país jovem e paradoxalmente tradicionalista, em país jovem que deseja acertar o passo com as revoluções culturais do progresso ocidental. *Pau-Brasil* vive como que espremido entre duas fortes correntes de xenofobia, vale dizer, entre duas grandes guerras mundiais. Antes, estão os ensinamentos de Afonso Celso em *Porque me ufano do meu país*.[3] Esse livro, como cartilha de bê-a-bá, serviria para amamentar, com os seios da terra ubérrima, os primeiros desejos de saber do jovem brasileiro. Depois, as reações fascistas à possível entrada no Brasil, através da cultura de vanguarda, da doutrina bolchevista, reações que se traduziriam mais tarde pela eleição do "curupira" ou da "anta"[4] como símbolos da nacionalidade ameaçada pelas ideias alienígenas.

O tópos é tão importante e definitivo para Oswald de Andrade, que a ele retorna, por exemplo, vinte anos depois em conferências e artigos jornalísticos, reunidos posteriormente no livro *Ponta de lança*. Esse material crítico precisa ser melhor estudado para se compreender a reação de Oswald de Andrade a um texto alheio e contemporâneo — a insuperável conferência de Mário de Andrade, proferida em 1942 na Casa do Estudante do Brasil.[5] Assim é que, na década de 40, em "Bilhete aberto" ao poeta Cassiano Ricardo, então próximo de Getúlio

Vargas e do Estado Novo, Oswald golpeia violento o antigo desafeto: "Porque a sua literatura, rotulada de nativismo, não passa de macumba para turistas".[6] E em famosa conferência feita em Belo Horizonte, ao contrastar o espírito revolucionário que existe tanto na Conjuração Mineira quanto no movimento modernista, volta ao assunto: "Em 22, o mesmo contato subversivo com a Europa se estabeleceu para dar força e direção aos anseios subjetivos nacionais, autorizados agora pela primeira indústria, como o outro [a Conjuração Mineira] o fora pela primeira mineração". E conclui de maneira reiterativa: "Querer que a nossa cultura se processe sem a latitude dos países que avançam é a triste xenofobia que acabou numa macumba para turistas, particularmente tolerada pela Polícia Especial, e que nos quis infligir um dos grupos modernistas, o Verde-Amarelo, chefiado pelo sr. Cassiano Ricardo".[7]

Conclui-se que a cultura brasileira não reside na exteriorização (dramática ou poética) dos valores autóctones da nossa nacionalidade. Essa exteriorização do nosso interior (o nativismo) nada mais é do que a farsa ridícula do paraíso tropical, montada para conseguir simpatia e dinheiro dos maus viajantes europeus (os turistas). Para o Brasil poder se exteriorizar com dignidade, é preciso que acate antes o *exterior* em toda a sua concretude. A consciência nacional estará menos no conhecimento do seu interior e mais no complexo processo de interiorização do que lhe é exterior, isto é, do que lhe é estrangeiro. Aí estão dois tópicos clássicos do modernismo e do nosso poeta: a necessidade de atualização pelo contato com os países desenvolvidos, condição sine qua non para a possível criação de bons produtos culturais exportáveis. Aí também está outro tópico, menos estudado e divulgado, mas sempre bem-vindo e de enorme importância quando tomam conta da cena mundial regimes totalitários: o elogio da tolerância. A esse terceiro tópico voltaremos.

Quando uma coleção de poemas publicada em 1925 diz descobrir o Brasil, em aparente a-historicismo, ela está dando a ler a tentativa de outra concepção de processo e evolução históricos, diferente da concepção então vigente entre historiadores e sobretudo muito diferente da que foi dominante entre os nossos historiadores oficiais, atuantes por ocasião do Centenário da Independência. Dois anos depois da comemoração da grande data nacional, o poeta quis — como ele próprio afirma — "tirar o meridiano exato da nossa hora histórica".[8] A descoberta do Brasil em 1924, não há dúvida, marca o compromisso do poeta com a atualidade e o progresso ocidental nos seus aspectos mais pragmáticos.

Marca o desejo de fazer o país atrasado e periférico entrar para o concerto das nações modernas e desenvolvidas. Na caravela do país quatrocentão, o poeta deixa que a sua bússola vá indicando os valores positivos da atualidade desenvolvida. De maneira esquemática eis a forma como o modernismo brasileiro se insere no amplo movimento da modernidade ocidental.

Paradoxalmente, ao reafirmar o ritmo histórico da nacionalidade, descomprometido da cronologia e dos princípios históricos normativos, o que *Pau-Brasil* faz é acentuar uma segunda e outra forma de colonização, dessa vez não por imposição do estrangeiro (os portugueses, no caso), mas por livre autocrítica e espontâneo desejo dos antigos colonos. A constituição de uma nação chamada Brasil, produto da inserção de terras e povos "bárbaros" no movimento de ocidentalização do mundo, foi equivocada e injustamente feita a ferro e fogo a partir de 1500, ou seja, feita pela violência da conquista. A inserção do Brasil no Ocidente deve vir antes da vontade livre dos cidadãos, inspirados por uma razão não só universalizante, mas também reveladora do atraso do país e da possibilidade de progresso material e espiritual. Isso só estava sendo possível a partir de 1924.

Para Oswald de Andrade, essa reinserção, antes de ser política ou econômica, deve ser cultural. Se a Independência do Brasil se encontra na espada erguida de Pedro I às margens do Ipiranga, a Declaração da Autonomia do Cidadão Brasileiro se escreve pelo livro de poemas. Estava ali a primeira manifestação da vontade intelectual em abdicar da minoridade socioeconômica e política a que tinham sido obrigados os brasileiros pela colonização (a primeira) europeia.

Com *Pau-Brasil* a nação entrava para uma nova fase, a da "colonização do futuro", para retomar uma expressão de Octavio Paz,[9] talvez em contexto um pouco diferente.

Se esse é o lado de 22 que os nossos melhores historiadores e críticos sempre "iluminam" (com e sem trocadilho), existe outro lado que cada vez mais sofre desprestígio daqueles senhores. Trata-se da forma como Oswald de Andrade e outros recuperam o que injustamente tem sido classificado de passado colonial brasileiro numa visão reducionista do que é na verdade a possível contribuição cultural das raças indígenas no diálogo com a modernidade ocidental. Esse reducionismo acaba por valorizar uma razão moderna etnocêntrica, intolerante, incapaz de manter diálogo com o seu *outro* (as culturas ameríndias e africanas), pois sempre o coloca em situação hierarquicamente desfavorável e como responsável pelas piores "contaminações" que a "pureza" ocidental pode sofrer. Esse reducionismo, em geral, rechaça o saber antropológico, pois desqualifica como equívoco ufanista qualquer contribuição que possa advir daquele conhecimento, negando a ele a condição de parceiro num frutífero diálogo seu com a história. A defesa quase caricatural da "cegueira" iluminista se encontra no recente livro de Alain Finkielkraut, *A derrota do pensamento*, em particular o capítulo intitulado "A traição generosa".[10]

É claro que é preciso distinguir com cuidado, na objetivação das culturas indígenas e africanas, o que é referência positiva aos valores do passado colonial, e por isso manifestação travestida do tradicionalismo colonial e escravocrata, do que é referência ao *outro* da razão ocidental, e por isso mesmo lugar por excelência para exercer uma crítica radical aos desmandos totalitários e totalizantes dela.

Blaise Cendrars, conforme diz o "Manifesto da Poesia Pau-Brasil", foi o primeiro a chamar a atenção de Oswald de Andrade para a dupla questão: "Tendes as locomotivas cheias, ides partir. Um negro gira a manivela do desvio rotativo em que estais. O menor descuido vos fará partir na direção oposta ao vosso destino".[11] A imagem é contundente: intrépidos maquinistas, cuidado com o negro no *desvio* rotativo. Na viagem da modernização brasileira segundo os padrões da modernidade ocidental não há como não passar por ele. Seja para retroceder, seja para ir adiante. Reduzi-lo à condição de passageiro converso é gesto tão equivocado quanto o de condecorá-lo com o posto de único maquinista.

A visão reducionista está correta quando percebe o grande perigo de incorporar à modernidade, pelo traço do primitivismo, as atrocidades cometidas pela tradição colonial e escravocrata brasileira. Nesse sentido, são corretas as análises reducionistas que indiciam ser tal incorporação (a) uma forma de retomada da concepção de história dos românticos (europeus e brasileiros) em que a rejeição do passado pelo espírito moderno foi confundida com a rejeição da tradição greco-romana e a adoção em seu lugar de outro e recalcado passado, no caso os períodos pré-renascentistas ou o anterior ao descobrimento da América, e (b) uma forma ingênua e por isso nociva de nacionalismo. A visão reducionista está incorreta quando não percebe que nada mais faz do que reafirmar o *centramento* da verdade histórica na razão europeia, transformando a célebre pergunta aberta por Max Weber (por que fora da Europa nem a evolução científica, nem a artística, nem a estatal, nem a econômica foram conduzidas pelos caminhos da racionalização que são próprios ao Ocidente) numa resposta fechada e esta num dogma.[12]

A linha reducionista tem um ilustre predecessor, nosso primeiro crítico do romantismo, Machado de Assis. É por demais conhecido o artigo escrito pelo romancista em 1872 (será por coincidência que se comemoravam então os cinquenta anos da Independência?) em que critica, de maneira pouco discreta, as veleidades nativistas dos nossos românticos. Exagera quando afirma: "É certo que a civilização brasileira não está ligada ao elemento indiano, nem dele recebeu influxo algum; e isto basta para não ir buscar entre as tribos vencidas os títulos da nossa personalidade literária".[13] A linha reducionista tem ainda um contemporâneo de Oswald de Andrade, certamente bem menos ilustre do que Machado. Trata-se de Graça Aranha. Este, ao tomar ao pé da letra a ideia de marco zero comum à maioria dos movimentos de vanguarda, acaba por reencontrar a tábula rasa dos jesuítas em pleno século XX, e rejubila-se porque aqui a modernidade — como antes a catequese cristã — entraria como rolo compressor. Praticamente no mesmo ano da "descoberta do Brasil" por *Pau-Brasil* (1925), escreve ele: "O nosso privilégio de não termos o passado de civilizações aborígenes facilitará a liberdade criadora. [...] O Brasil não recebeu nenhuma herança estética dos seus primitivos habitantes, míseros selvagens rudimentares".[14]

Mas a linha reducionista tem outro brilhante contemporâneo de Oswald de Andrade, o historiador Caio Prado Jr. Teria ele de sofrer uma análise mais longa porque a sua obra, *Formação do Brasil contemporâneo*,[15] vem munida de sofisticado material de análise. Com Caio Prado e seu livro, estamos de novo no ano de 1942, ano em que o modernismo soprava vinte velas, ano também em que as tropas aliadas combatiam o nazifascismo na Europa. Naquela época, a uma pergunta da revista *Diretrizes* sobre o que fazer com a Alemanha depois da guerra, Oswald de Andrade responde:

> Esfolar inteira? Comunizar? Entregar todinha aos noruegueses, aos gregos e aos russos? Aos filhos dos fuzilados, dos enforcados e dos bombardeados do mundo inteiro? Dá-la aos judeus? — Não! é preciso alfabetizar esse monstrengo. Há dentro dela um raio esquivo de luz. E o do seu Humanismo. E o que vem de Goethe e através de Heine produz Thomas Mann. A Alemanha racista, purista e recordista precisa ser educada pelo nosso mulato, pelo chinês, pelo índio mais atrasado do Peru ou do México, pelo africano do Sudão. E precisa ser misturada de uma vez para sempre. Precisa ser desfeita no *melting pot* do futuro. Precisa mulatizar-se.[16]

Naquele ano de 42, Caio Prado, ao buscar o "sentido da colonização" no Brasil, isto é, ao querer traçar "uma linha mestra e ininterrupta de acontecimentos que se sucedem em ordem rigorosa, e dirigida sempre numa determinada orientação", acaba por incorrer em evolucionismo teleológico, corretamente moldurado por uma razão histórica totalizante e totalitária, que se traduz, em última instância, por uma visão economicista do devir humano. Para Caio Prado as partículas que são os fatos e acontecimentos "não são senão partes, por si só incompletas, de um todo que deve ser sempre o objetivo último do historiador".

Como será que caem nas malhas da sua letra as culturas indígena e africana, elementos constitutivos da nossa formação e que, por definição, escapam ao devir da razão histórica marxista?

Ao estudar a organização social do Brasil ou, mais precisamente, o caráter duplamente desfavorável da escravidão no Brasil, Caio Prado não escapa ao eurocentrismo comum aos pensadores radicais do Iluminismo que se fecham com relação ao *outro*, para hierarquizarem e poderem mais convincentemente se colocar no centro e desqualificar o que é diferente deles. Caio Prado coloca, primeiro, em destaque "certos indígenas americanos como os do México e do altiplano andino", para depois afirmar que os elementos que a escravidão americana teve para se alimentar foram "os indígenas da América e o negro africano, povos de nível cultural ínfimo, comparado ao de seus dominadores". Sem querer "subestimar" (a palavra é dele) o cabedal cultural dos indígenas e negros, mas subestimando-o (a palavra é minha), acrescenta corretamente que a escravidão foi a responsável por um processo de deturpação dos valores daqueles grupos étnicos, para depois concluir de maneira discutível que a contribuição cultural indígena e negra "age mais como fermento corruptor da outra cultura, a do senhor branco que se lhe sobrepõe".

Em nota ao pé da página concretiza a dubiedade da sua "estima" à raça negra ao caracterizar o caso do sincretismo religioso entre nós. Diz ele: "[...] religião neoafricana, mais que qualquer outra coisa, e que, se perdeu a grandeza e elevação do cristianismo, também não conservou a espontaneidade e riqueza do colorido das crenças negras em seu estado nativo". Nem a grandeza e elevação, nem a espontaneidade e riqueza. A catálise é feita por um "fermento corruptor".

A linha reducionista tem um quarto e último representante na pessoa de um ilustre teórico alemão, Jürgen Habermas. Estamos nos referindo à conferência que proferiu sobre a pós-modernidade ao receber o Prêmio Adorno.[17] Nesta, ao mesmo tempo que acata a tese de Octavio Paz que diz estarem as vanguardas passando hoje pelo seu "ocaso", guarda distância dos defensores da pós-modernidade e alerta para a possível confusão entre uma coisa e a outra. Faz isso com o intuito de, ao mesmo tempo, poder dar por encerrado o ciclo produtivo e vital das vanguardas e afirmar estar ainda inconcluso o projeto da modernidade. Deixemos de lado a grande tese da conferência e detenhamo-nos em curta e elucidativa passagem.

Habermas começa por afirmar que a estética da modernidade caracteriza-se por atitudes centradas numa consciência diferente do tempo, que é traduzida pela metáfora da vanguarda. Sempre sai esta em busca de um futuro ainda não conquistado. Mas esses tateios adiante dos vanguardistas, antecipação de um futuro indefinido sugerido pelo culto do novo pelo novo, acabam por significar paradoxalmente a exaltação do presente. Conclui: "O novo valor conferido ao transitório, ao fugaz e ao efêmero, a própria celebração do dinamismo, manifestam o anseio [*longing* em inglês] por um presente íntegro, imaculado e estável". Habermas joga com dois sentidos para a palavra "presente". Por um lado, configura-se como manifestação do transitório e do efêmero. Por outro lado, configura-se como a possibilidade de tornar o amanhã hoje, daí o seu caráter íntegro e estável, imaculado mesmo.

A atitude habermasiana é, pelo menos, precavida, já que em tempos pós-modernos se defende de dois imponentes avanços críticos contra o pensamento utópico. Tanto as críticas de inspiração nietzschiana que veem o ressentimento como fundamento do bem-estar futuro quanto as críticas de inspiração freudiana que assinalam o caráter neurótico da esperança. (A um terceiro avanço crítico, nitidamente capitalista, configurado pelos defensores do Welfare State, dá uma brilhante resposta em "A nova intransparência", publicado em *Novos Estudos*.)[18]

O interesse radical das vanguardas pelo presente, nas suas duas formas assinaladas, torna pobre o conhecimento do passado que elas passam ao seu estudioso. Relegam o passado à condição de possível abstração e, com isso, apagam a possibilidade de análise dos possíveis componentes que distinguem uma época de outra. Conclui Habermas, caracterizando a proposta "histórica" da produção de vanguarda: "Substitui-se a memória histórica pela afinidade heroica do presente com os extremos da história...". Paramos de propósito a frase de Habermas no seu meio. Dela se depreende, por exemplo, que a leitura correta do "matriarcado de Pindorama" na poesia pau-brasil, elemento do passado pátrio e, ao mesmo tempo, alheio a ele, melhor compreendido seria se analisado como gesto de "afinidade heroica do presente com os extremos da história". Como salienta Habermas, com essa atitude iconoclasta, a vanguarda rompe o contínuo da história, ao mesmo tempo que "se revolta contra as funções normalizadoras da tradição", já que a modernidade "vive da experiência de se revoltar contra tudo o que é normativo". E arremata de forma lapidar: "[...] a consciência do tempo articulada na arte de vanguarda não é simplesmente a-histórica: volta-se contra o que poderia ser chamado de uma falsa normatividade da história".

Retomemos a frase de Habermas, agora no seu todo, para podermos assinalar onde está a marca eurocêntrica e a intolerância da razão histórica pelo seu *outro*: "Substitui-se a memória histórica pela afinidade heroica do presente com os extremos da história: um sentido do tempo no qual a decadência se reconhece de imediato no bárbaro, no selvagem e no primitivo". Para ele, o bárbaro (ou o selvagem e o primitivo), enquanto lugar de descontentamento da pesquisa estética entre os vanguardistas, nada mais seria do que uma espécie de metáfora que indicia ter a decadência presente encontrado o seu afim nas civilizações não ocidentais. Com uma só tacada: etnocentrismo e intolerância. Por esse viés, apesar da análise mais complexa da "historicidade" do poema vanguardista, Habermas reencontra os reducionistas brasileiros, pois para todos não há propriamente uma contribuição positiva do não europeu à causa da Europa ou ao sentido da história moderna.

Na análise do passado colonial brasileiro se misturam duas questões: (a) a multiplicidade racial de que é composto e a consequente possibilidade de interação de grupos étnicos diferentes, e (b) a instituição da escravidão, atraso e violência, tornando subumanos os membros dos grupos étnicos diferentes do grupo étnico europeu. A falácia do raciocínio está: (a) na confusão das duas questões numa única (reducionismo), (b) na heroificação do indígena como símbolo nacional (romantismo) e (c) no gesto de recalcar a escravidão para salientar o equilíbrio na multiplicidade racial (cordialidade brasileira). Se no primeiro caso se incorre em eurocentrismo, no segundo em nacionalismo-ufanista, no terceiro se incorrerá na já famosa defesa da democracia racial brasileira.

É preciso distinguir uma questão da outra, para poder afirmar em que momento formas pouco veladas de racismo retornam à análise da *qualidade* cultural dos povos não ocidentais. *Só através do reconhecimento da qualidade no que lhe é exterior é que será possível para a razão iluminista propor um roteiro progressista para as sociedades humanas*. Oswald de Andrade certamente terá exagerado ao afirmar: "Sem nós a Europa não teria sequer a sua pobre declaração dos direitos do homem",[19] mas não estava de todo incorreto.

Mário de Andrade, no mesmo ano de 1924, em carta a Carlos Drummond de Andrade, exagerava no tom nacionalista, mas era sensível à abertura de canais de comunicação entre as diferentes etnias. Dentro do seu universo de musicólogo, as várias raças seriam diferentes acordes que buscariam se harmonizar, e concluía em infalível exagero acertado: "Porque também esse universalismo que quer acabar com as pátrias, com as guerras, com as raças etc., é sentimentalismo de alemão. Não é pra já. Está longíssimo. Eu creio que nunca virá. A República Humana, redondinha e terrestre, é uma utopia de choramingas e nada mais".[20] Em seguida, desfere a tacada certeira: "Os tupis nas suas tabas eram mais civilizados que nós nas nossas casas de Belo Horizonte e S. Paulo. Por uma simples razão: não há Civilização. Há civilizações".

[1992]

Ora (direis) puxar conversa!

> *A hermenêutica é o que nos sobra quando deixamos de ser epistemológicos. [...] A hermenêutica vê as relações entre vários discursos como cabos dentro de uma possível conversa, conversa que não pressupõe matriz alguma disciplinar que una os falantes, mas em que nunca se perde a esperança de se chegar a um acordo enquanto a conversa dure. Não se trata da esperança em descobrir um terreno comum e anterior, mas simplesmente da esperança de se chegar a um acordo, ou, pelo menos, a um desacordo interessante e frutífero.*
>
> Richard Rorty

1.

Começarei por um tema edificante. A confraternização e o projeto didático. E começarei por uma frase de Mário de Andrade: "Não me atrai a volúpia de ser só". Para Mário, a vida, ou, de maneira mais restrita, a chamada vida literária de um país, era uma conversa interminável. No caso dos companheiros de letras, ele aproveita as tardes mortas da burocracia ou as madrugadas da solidão caseira para prolongar a conversa pela folha de papel em branco em que escreve cartas que seguem pelo correio na manhã seguinte. É difícil saber se Mário conversou mais ao vivo, ou por escrito, com os companheiros de letras e os amigos; se sentia mais prazer em falar-escutar ou em escrever-ler.

Aliás, no tocante à *conversa*, o problema da amizade e da literatura, no sentido que hoje se empresta a esses dois conceitos, é secundário. A Amizade e a Literatura estão aquém do contrato que institui e legitima a conversa andradina. As formas da conversa (a falada, a escrita e a gestual, esta também em homem tão expansivo) são formas de um mesmo e interminável exercício e servem a uma única necessidade intelectual: a de dialogar com todo e qualquer ser humano, numa indistinção fraterna que, se por um lado beira o amor à humanidade, por outro demonstra o poder social do uso público do raciocínio. A conversa, para Mário, frutifica — através de edificante e pedagógica, incontrolável e abstrata confraternização universal — uma sociedade melhor.

Sem dúvida, o desejo da conversa — que em muitos momentos se confunde com a vontade da conversão que existe tanto no proselitismo cristão quanto na maiêutica socrática — é legítima demonstração desmascarada do cristianismo e do socialismo indisfarçáveis de Mário. A respeito deste, diz o poema: "E me sinto maior, igualando-me aos homens iguais!...". Por outro lado, o cristianismo transparece de maneira precoce num fato concreto que antecede o magnífico estouro da solidão-em-família que foi a escrita de um jato só do livro *Pauliceia desvairada* em 1921. Confessa Mário que a escrita automática do livro de poemas foi consequência de ter sido ele ridicularizado pelos familiares ao comprar, a duras penas, a escultura de Brecheret *Cabeça de Cristo*. Essa cabeça, escreve, representava o filho de Deus "sensualissimamente feliz". Ou seja: semelhante a ele próprio. Parafraseando Mário, a conversa acompanha o corpo na sua transformação e a alma na sua finalidade.

Mário de Andrade deixa-nos, por escrito, muitas palavras esclarecedoras da fraternidade socializante, indiferenciada e feliz, que ele busca como: (a) necessidade interior, (b) exercício sociopolítico e (c) vontade do saber. Escolhamos primeiro estas, dirigidas em carta ao jovem Carlos Drummond: "E então parar e puxar conversa com gente chamada baixa e ignorante! Como é gostoso! Fique sabendo duma coisa, se não sabe ainda: é com essa gente que se aprende a sentir e não com a inteligência e a erudição". Anos mais tarde repete o bom conselho ao amigo e poeta mineiro: "Você aí, procure se dar com toda gente, procure se igualar com todos, nunca mostre superioridade principalmente com os mais humildes e mais pobres de espírito. Viva de preferência com gente baixa que com delegados e médicos. Com a gente baixa você tem muito que aprender...".

Estas palavras a seguir, tomadas de empréstimo a uma carta, se complementadas pelas palavras que estão nas duas citações anteriores, servem para eludir artificialmente o peso e a presença do passar-do-tempo como elemento de maturação nas relações humanas: "Eu tenho uma vaidade: a deste dom de envelhecer depressa as camaradagens. Pois, camarada velho, sente-se aí e vamos conversar". Depositado no velho tonel da fraternidade, o vinho novo miraculosamente ganha o buquê do velho. Novos amigos, velhos amigos.

As três últimas citações recobrem a questão da *aprendizagem* nos anos 20, processo que, segundo os modernistas, tem de se dar fora dos limites empobrecedores da formação educacional em vigor na época e dentro da noção transgressiva de *erro*. A pedagogia de então, tanto a posta em prática pela família burguesa quanto a exercida na escola,[1] não conduz o jovem à "instrução", mas antes embota a sensibilidade, a imaginação e a inteligência numa camisa de força que impede a autenticidade. O aprendizado começa, então, por um processo de "desinstrução", ou seja, tem-se de desaprender o que se tinha aprendido. Mas isso deve ser feito — Mário se posiciona — sem cair na "pândega de superfície" de Oswald de Andrade que considera o "erro" uma "contribuição milionária". Pensando assim, Oswald apenas se exercita numa espécie de teologia às avessas: o que é considerado e dado como erro é o certo, e vice-versa. O poeta pau-brasil, ao nomear apenas a alegria da ignorância que descobre, recalca a alegria da *sabença* que descobre, é o que observa Mário em texto de 1925, que por anos permaneceu inédito.

Nesse sentido, a pintora Tarsila do Amaral é de todos os primeiros modernistas a mais completa *professora*. Comenta Mário, indicando a busca da perfeição por parte do artista que deve, antes de tudo, saber saber: "[Tarsila] não repete nem imita todos os erros da pintura popular, escolhe com inteligência os fecundos, *os que não são erros* [grifo do autor] e se serve deles".

Por que Mário gosta tanto de conversar? À primeira vista, podemos aventurar uma hipótese nada elegante: Mário não gosta de se encontrar consigo mesmo, desdobrado, no solilóquio dos que cultivam o ensimesmamento e a distância dos demais seres humanos como forma suprema da vida intelectual. Mário é o contrário de um eremita. Ele é um sensual. Está mais próximo (se houver necessidade de insistir na clave da fraternidade absoluta) de um são Julião, o

Hospitaleiro. Nos derradeiros dias da atormentada aventura humana que experimentou, são Julião demonstra a alegria e o desespero de viver-em-companhia ao se congraçar mortalmente com o leproso, congraçamento este que o leva à redenção e salvação.

Mário não silencia a conversa gratuitamente; só silencia a conversa nos momentos que ele julga "raros" e que são os do cansaço, das preocupações familiares e/ou financeiras e das dores físicas demasiadamente fortes. Hipocondríaco contumaz, conforme observa com agudeza Carlos Drummond, Mário não tem o prazer, ou a volúpia, de existir em si mesmo e solitariamente no cotidiano da vida, porque esse momento é o do corpo a corpo com a doença, pura negatividade. No momento em que existe em si mesmo, é porque o seu corpo — cabeça, emoções e sensações — é tomado de algo tão equívoco e daninho (cansaço, preocupação ou dor) que apenas traz inibição ao fantástico ofício de viver, de viver no outro.

À guisa de explicação para o silêncio, escreve ele de maneira telegráfica: "Depois doença. Quinze dias mudo". Não se trata de evitar, como mortíferos, os momentos daninhos do cansaço e da dor física; trata-se antes de suplantá-los por um transbordamento da sensibilidade, da sensualidade em direção ao outro. Nesse transbordamento, num gestual em que muitas vezes é o próprio corpo que se arrisca, Mário começa a se enxergar a si mesmo no modo profundo de como gostaria de existir e continuar existindo. Daí o refrão encontrado em inúmeras cartas dirigidas aos amigos e que, por sua vez, se repete em inumeráveis versos de diferentes poemas: "A própria dor é uma felicidade".

Ao contrário de Dom Casmurro, personagem de Machado de Assis, Mário não tinha por que conhecer as pessoas apenas de vista e de chapéu, no ritual público em que a máscara do rosto se expressa cordial e anódina. Ao contrário de Carlos Drummond, um legítimo taciturno na tradição dos modernistas mineiros, o gesto de solidariedade não era o partidariamente correto de dar as mãos ao semelhante, como compensação por ter escolhido a ambígua ilha, lugar onde o poeta pode se entregar a uma fuga relativa e, ao mesmo tempo, a uma não muito estouvada confraternização. Ao contrário, ainda e finalmente, de Murilo Mendes, Mário rejeita o assistencialismo cristão que se manifesta no culto a Ozanam e no elogio dos asilos e orfanatos vicentinos e que transparece ainda nos versos onde os pobres nus e famintos apenas conseguem chegar às "grades dos olhos" do poeta. O assistencialismo cristão agasalha e alimenta, mas exclui o outro da conversa, colocando-o na periferia do que poderíamos chamar da comunidade educacional de Mário.

Desses três contrastes negativos (Machado de Assis, Carlos Drummond e Murilo Mendes) é que resulta para nós o interesse e a importância em complementar o quadro da vida-em-conversa de Mário, com cenas de salão dos anos 20 para reconhecer outro aspecto da sua personalidade e o sentido da conversa que é também caminho de conversão *estética*. Ele próprio, na famosa conferência comemorativa dos vinte anos da Semana de Arte Moderna, enumera e descreve os vários salões paulistanos que frequentou com assiduidade na década de 20, para em seguida constatar que foi da "proteção" deles "que se alastrou pelo Brasil o espírito destruidor do movimento modernista".

Dos salões paulistas, necessariamente seletos e aristocratizantes, é que deveriam se espalhar os elementos estéticos instigantes da conversa socializante. Estamos falando de conversa e não de cartilha.

Ao descrever o conturbado e barulhento cotidiano dos salões, Mário descreve metaforicamente as intermináveis conversas eruditas: "As discussões alcançavam transes agudos, o calor era tamanho que um ou outro sentava nas janelas (não havia assento para todos) e assim mais elevado dominava pela altura, já que não dominava pela voz nem o argumento". Para Mário, ao outro se chega, não pela altura, ou seja, pela hierarquia social e a estratificação financeira, mas pela linguagem e pelo convencimento, se se entender *convencimento* não como ato disciplinar de enquadramento e ditatorial de sujeição, mas como convite ao embate ofertado pela réplica e pela tréplica, em suma, pela interminável conversa.

Mário tem verdadeiro pavor do que chama pejorativamente de "a política", na medida em que esta se confunde com a liderança sobre muitos pelo carisma de um eleito. Para ele, um defeito seu — o de ser incapaz de improviso diante de um grande público — acaba por ser qualidade. Por medo é que perde a voz, mas complementa ele: "Medo de ser multiplicado em multidão". Entre quatro paredes ou sentado à mesa de um bar, Manuel Bandeira recorda: "[Mário] pedia-me opinião e crítica. Eu dava-as. Ele redargüia. Discutíamos".

O contrato linguístico estabelecido pela conversa, antes de ser apenas fator de comunicação social, é fala comprometida com a vida em sociedade, com a própria construção de uma sociedade melhor onde os homens, pela "mineração do outro", se entenderiam melhor. O aperfeiçoamento no trato com o outro pelo desvio da linguagem é uma forma de ordenar sensível e inteligivelmente o mundo, semelhante ao aperfeiçoamento do homem e da sociedade, do saber em suma, buscados pelo diálogo socrático.

"Puxar conversa", expressão do próprio Mário, é o modo de se aproximar agressiva e despudoradamente, sensual e fraternalmente, do outro, para que o outro, ao passar de objeto a sujeito, transforme o sujeito que puxa a conversa em objeto. "Meu coração estrala./ Esse lugar-comum inesperado: Amor", lemos na abertura de *Losango cáqui*. O cotidiano é uma peça feita de encontros onde o coração estrala e a palavra amorosa puxa a palavra amorosa, aperfeiçoando raciocínio e conhecimento. Continua o poema:

> *Amo todos os amores de S. Paulo... do Brasil.*
> *Eu sou a Fama de cem bocas*
> *Pra beijar todas as mulheres do mundo!*

Pelo que vem sendo exposto, Mário tem de exigir *resposta* às suas cartas, como um juiz que, ao mostrar o cartão amarelo, exige obediência imediata por parte do jogador, ou então ordena a sua expulsão de campo. Mário assinala a falta do correspondente: "Renato, não sei que há, não me escreve. Não me responde a carta de resposta. Creio, perdoa, sou muito sensível, que essa gente do Rio desconfia de mim". Volta a assinalá-la em outra circunstância:

> Ora, eu já escrevi duas [cartas ao Martins de Almeida] e da segunda não veio resposta.
> Não sabe se ele a recebeu? Se não, fico seriamente triste porque era longa, não era pensada, não, mas era tão minha, dada de coração e eu me horrorizo de me pensarem ingrato ou indiferente. Ele que me escreva qualquer coisa.

Qualquer resposta é melhor do que nenhuma resposta.

A falta de resposta é grave. Sobre ela exerce o juízo severo do severo Mário ao companheiro de letras. Quem são hoje Renato e Martins de Almeida? — Mário mostrou-lhes a tempo o cartão amarelo, depois o vermelho e, hoje, décadas passadas, nos damos conta de que são dois escritores (?) que deixaram de o ser porque não deram prosseguimento à conversa. Foram expulsos do campo da literatura por vontade própria.

O antepenúltimo poema da *Lira paulistana*, objeto de uma extraordinária carta para Carlos Drummond de Andrade, datada de 15 de outubro de 1944, acaba por falar de maneira definitiva do que estamos tentando elaborar de maneira canhestra e do que já foi salientado, com interpretação diversa da nossa, por Antonio Candido em *O observador literário*.² Leiamos as duas primeiras estrofes do poema:

> Nunca estará sozinho.
> A estação cinquentenária
> Abre a paisagem ferroviária,
> Graciano vem comigo.

> Nunca estará sozinho.
> É tanta luz formosa,
> Tanto verde, tanto cor-de-rosa,
> Anita vem comigo.

Mário puxa conversa com os pintores Clóvis Graciano e Anita Malfatti, tem a coragem de convocá-los para a praça da conversa e da confraternização no momento da solidão, e é por isso que sabe que nunca estará sozinho e desprovido do diálogo. A contradição entre o primeiro e o quarto verso das duas estrofes e das estrofes subsequentes (sozinho/vem comigo) é apontada pelo poeta na citada carta como elemento fundamental do poema e da sua sabedoria de vida e traduz bem a "angustiosa impossibilidade de solidão, mesmo quando est[á] sozinho". Sozinho não está sozinho.

Mário tem deleites em se mostrar, e por isso gosta de se ver ao ser visto; Mário fala pelos cotovelos e por isso gosta de se escutar ao ser escutado; Mário escreve madrugada afora, sem se cansar, e por isso gosta de se ler ao ser lido. O espelho de Narciso não é o seu forte, a não ser num momento específico de que falaremos daqui a pouco. Prefere se mostrar ante os olhos do interlocutor (muitas vezes um passante anônimo, interpelado na rua) ou do correspondente; mostrar-se ante a objetiva de uma câmara, ante os olhos do pintor que o retrata. Esse é o detalhe fascinante da sua personalidade de solitário que busca sempre um destinatário para compreender o seu estar-no-mundo e as suas palavras, já que ele, no destinatário, está servindo de atento e autêntico conteúdo do outro, numa solidariedade amorosa.

O destinatário (das palavras ao vivo, das cartas) o veste, reveste e desveste, é ele o continente-conteúdo de que Mário se serve para transpor as limitações do conhecimento de si pela solidão. Ao descrever o trabalho do pintor Flávio de Carvalho, retratando-o, anota a ambígua "sensação de que era [ele, Mário] que estava pintando o quadro". Do destinatário das palavras e das cartas, qualquer que seja ele, é que retorna essa imagem segunda de Mário de Andrade, que é a que lhe dá mais prazer. Anota Bandeira: "[...] comigo ele se abria em toda a confiança, de sorte que estas cartas [que me enviou] valem por um retrato de corpo inteiro, absolutamente fiel". Ao publicar as cartas de Mário a ele dirigidas, Bandeira oferecia-nos um retrato fiel do conversador paulista. Todos os pintores julgaram ter feito retratos "fiéis" de Mário. Flora Süssekind e Eneida Maria de Souza estudam com perfeição a carta de Mário a Henriqueta Lisboa, onde ele se revela através da análise dos múltiplos retratos que famosos pintores fazem dele.[3] É tudo isso que o incita a dar continuidade a esse diálogo interminável com o outro que são as suas conversas que se prolongam de todas as maneiras possíveis de ser elaboradas pela nossa imaginação, sendo que a conversa na rua com um passante desconhecido, a carta a amigos e escritores ou a entrevista jornalística são apenas três dentre as possíveis formas do diálogo.

Porque elide o tempo no processo de maturação do pensamento e das relações humanas, porque é indiferente à qualidade da expressão no diálogo e indiferente ao registro intelectualmente baixo ou alto do interlocutor, porque deixa que a fala do coração transborde numa linguagem de afeto e de rancores e afunde a fala intelectualizada e consciente para o poço do escrito propriamente poético, por todas essas razões Mário de Andrade não pode deixar de, equivocadamente, considerar como verde e transitório o *valor* da conversa a que se dedica de maneira sensual e inteligente. Observa Manuel Bandeira, caindo na arapuca que estamos querendo desarmar: "[...] as opiniões sustentadas por Mário decorriam frequentemente não de convicção, mas de pragmatismo ocasional". Telê Porto Ancona Lopez nos alerta: ao ler a obra completa de Mário de Andrade, não confundir ramais e caminho. Sem dúvida, ao ser extremamente exigente com a vida e a linguagem fraternas, sabe Mário, está deixando de ser exigente com a qualidade do texto propriamente artístico. Por isso confessa uma vez mais equivocadamente: "Minhas forças, meu valor, meu destino, estou convencido disso, é ser transitório. Isso não me entristece nem me orgulha". Confessa equivocadamente outra vez:

> Toda a minha obra é transitória e caduca, eu sei. E quero que ela seja transitória. Com a inteligência não pequena que Deus me deu e com os meus estudos, tenho

a certeza de que poderia fazer uma obra mais ou menos duradoura. Mas que me importa a eternidade entre os homens da Terra e a celebridade? Mando-as à merda.

Por tudo isso é que, nos anos 30, Mário retrospectivamente considera os anos 20 como a década em que pela primeira vez se suicida (o verbo é de sua responsabilidade) o artista que existe nele. Suicida-se o artista ao querer fazer uma "arte de ação", ou seja, ao divulgar e disseminar por cartas, em prejuízo da arte pessoal sua, a palavra da modernidade pelos quatro cantos do país. O tempo (e tudo o mais de que estamos falando) é o dom que entrega aos jovens ao incentivá-los a abraçarem a causa do modernismo. O segundo suicídio do artista Mário de Andrade virá em meados da década de 30, quando lhe oferecem o cargo de diretor do Departamento Municipal de Cultura. "Seria um suicídio satisfatório e me suicidei", escreve ele no momento em que aceita o posto burocrático. Uma vez mais ele "tirava o escritor de foco", agora "botando o foco no funcionário que surgia". Escreve para a amiga Oneyda: "Desde uns dois dias do 5 de junho [de 1935] em que tomei posse nada, mas absolutamente nada mais fiz do que trabalhar, sonhar, respirar, conversar, viver Departamento [Municipal de Cultura]".

Mal poderia ter ele imaginado que, com o Estado Novo e a nomeação de um interventor para São Paulo, com o exílio dos amigos paulistas, políticos e influentes, iria descobrir desesperadores momentos de solidão. Combate-os escrevendo cartas a Rodrigo Melo Franco de Andrade. Numa delas, datada de 23 de maio de 1938, fala da sua nova rotina num Departamento de Cultura que pouco a pouco vai sendo desfigurado pela intervenção do Estado Novo: "Me sinto bastante alquebrado, quero reagir, minto a mim mesmo, e depois o desânimo volta. Não sei o que será, mas o que consigo fazer é só arrumar e desarrumar gavetas, rasgar papéis velhos, mudar um quadro de posição, coisas assim". Mas a raiva dos poderosos do tempo não tem limites. Este outro trecho de carta, agora do dia 14 de junho do mesmo ano, diz tudo: "Quero escuridão, não quero me vingar de ninguém. Qualquer coisa serve, quero partir, agora que já ficou provado que não roubei nada nem pratiquei desfalques. Só isso me interessava saber e está provado pela devassa que fizeram".

Transitória e caduca, suicida, teria sido a obra de Mário não fosse ele trezentos, trezentos e cinquenta, como se autodefine em poema clássico.

2.

Continuarei falando de um tema pouco edificante. O projeto estético de Mário de Andrade e dos contemporâneos. A solidão do poeta, agora mestre e discípulo ao mesmo tempo. E continuarei por uma frase de Mário de Andrade, em evidente contradição com o exposto até este momento: "Não pretendo obrigar ninguém a seguir-me. Costumo andar sozinho". Mário de Andrade, leitor dos seus próprios textos, leitor dos textos alheios. Ou, em outras palavras: autocrítico e crítico. As posições não são fixas e têm de ser compreendidas na sua intercambialidade. Mário pode ser mestre de discípulos, ou discípulo de mestres. Pode também ser discípulo de discípulos. Dissolve-se a diferença entre os diferentes indivíduos envolvidos na conversa por um enredo onde ele enreda as subjetividades em conflito, radicalizando a posição de cada um, como forma de preservar a originalidade não só do seu próprio projeto estético, como também a riqueza do projeto do outro.

Tomemos, como primeiro exemplo, um já clássico. O poema de abertura de *Pauliceia desvairada*, escrito sintomaticamente na forma dialogada de uma carta-dedicatória. Nessa página, o mestre Mário dedica a si mesmo o livro, ao discípulo Mário, julgando que o alter ego mais sabido é "Guia", "Mestre" e "Senhor". Diz o poema: "Permiti-me que ora vos oferte este livro que/ de vós me veio".

Quem dedica o livro de poemas ao mestre assina também Mário de Andrade, alter ego agora na condição de "único discípulo". O jogo aberto pela cisão entre o mestre e o discípulo, o diálogo entre Mário e Mário, retoma a questão da linguagem, agora tingindo-a de outros matizes que a distanciam da necessária e desinibida conversa com o outro. Deixa de ser a linguagem condição essencial para o contrato a selar igualdade e fraternidade entre os seres humanos, por mais diferentes que sejam social e intelectualmente, para ser o lugar onde se dá um sentido mais puro às palavras da tribo, para retomar o verso de Mallarmé. O afoito discípulo Mário ousa submeter versos ao mestre Mário e, ao submetê-los, este pede perdão àquele, se grande for a distância mediada entre os poemas e as altíssimas lições do mestre. A questão da linguagem deixa de ser a forma concreta de transbordamento sensual do solitário em direção ao outro. Agora, marca ela desdobramento atormentado do ser no exercício pleno da liberdade individual, numa clivagem que exclui do convívio o resto da sociedade no momento em que o indivíduo se entrega a um diálogo íntimo e desassossegado consigo. Diz o poema:

Na solidão solitude
Na solidão entrei.
Na solidão perdi-me,
Nunca me alegrarei.

O percurso da escrita propriamente poética de Mário de Andrade é circular, egoísta e vicioso, e não configura uma conversa. Escreve ele no "Prefácio interessantíssimo": "Não há pai que, sendo pai, abandone o filho corcunda que se afoga, para salvar o lindo herdeiro do vizinho". O poema é uma carta assinada pelo poeta cujo único destinatário nomeado é o próprio poeta. Por isso é o poema — na circularidade da sua fatura artística — um diálogo entre alter egos, sendo que, se um deles recalca a realidade da conversa, o outro joga a conversa para o campo do delírio de onde só deve sair pelo gesto transgressor do leitor.

"É só tirar a cortina/ Que entra luz nesta escurez", ordena o poema "Lundu do escritor difícil". O leitor é aquele que ousa transpor os umbrais da "figuração da intimidade" (ver o livro de igual título de João Luís Lafetá). E o poema continua:

Eu sou um escritor difícil,
Porém culpa de quem é!...
Todo difícil é fácil,
Abasta a gente saber.

O jogo entre mestre e discípulo se esclarece num dos fragmentos do "Prefácio interessantíssimo": "Quando sinto a impulsão lírica escrevo sem pensar tudo o que meu inconsciente me grita. Penso depois: não só para corrigir, como para justificar o que escrevi". Uma curta história, contada em tom de pilhéria, enuncia bem a estética andradina dos anos 20, onde o jogo entre lirismo e inteligência se reveste do vocabulário da psicanálise:

> Dom Lirismo, ao desembarcar do Eldorado do Inconsciente no cais da terra do Consciente, é inspeccionado pela visita médica, a Inteligência, que o alimpa dos macaquinhos e de toda e qualquer doença que possa espalhar confusão, obscuridade na terrinha progressista. Dom Lirismo sofre mais uma visita alfandegária, descoberta por Freud, que a denominou Censura. Sou contrabandista! E contrário à lei da vacina obrigatória.

Rebelde e tumultuado, o lirismo é verdadeira caixa sonora do inconsciente; disciplinadora e ordeira é a arte. Nessa fenda, aberta no jogo entre o contrabandista (lirismo) e o médico sanitarista (arte), em tudo semelhante à cisão aberta entre o mestre e o discípulo, se dá o poema de Mário que fala do lento processo de *recalque* por que tem de passar antes de atingir o público.

Em especial na "Advertência" que abre o livro *Losango cáqui*, Mário de Andrade estabelece e sustenta uma distinção entre lirismo ("poesia de circunstância", "anotações líricas de momentos de vida e movimentos subconscientes") e texto onde há a "intenção de poema". Mário está atravessando o momento histórico em que começa a se desengajar de postura por demais futurista ou pau-brasil, típica do espírito de 22, percebendo naquele, o lirismo, excessos que levam finalmente ao beco sem saída do poema-piada, ao mesmo tempo que vê na poesia, enquanto elaboração de uma pesquisa formal, o potencial de uma verdadeira revolução literária no Brasil.

Isso, é claro, é motivo de conversa. É motivo para que o diálogo autorreferenciável do poema sirva de *suplemento* à carta dirigida a amigo. Mário submete ao teste de uma conversa com os companheiros de letras não só as suas novas ideias, mas também e sobretudo os novos poemas. Como ainda não temos as cartas recebidas por Mário, guardadas que estão até este ano [1993] no Instituto de Estudos Brasileiros da USP, tratemos do tópico lirismo-poesia apenas do ponto de vista do destinatário Manuel Bandeira.

A distinção acima referida entre lirismo e poesia aparece numa conversa entre Mário e Manuel Bandeira, datada de 1924, quando este lhe submete o poema "Comentário musical" (hoje em *Libertinagem*). Escreve Mário, chamando a atenção para o possível defeito do poema de Manuel:

> Aquele último verso ["Minha vizinha de baixo comprou um saguim"] dito indiferentemente, olhando pro lado, ou coçando a perna, é estupendo de naturalidade. Mas vem a dar *naquela minha discussão comigo mesmo* [grifo meu] que expus no prefácio de *Losango cáqui*. É lirismo puro. A poesia se ressente porque falta a intenção-de-poema, isto é, a intenção de fazer um poema, que é uma peça de arte, peça inteira, fechada, com princípio, meio e fim.

E arremata: "O teu poema não acaba. E pra ser poema precisa acabar. Carece não confundir lirismo e poesia". Eis a leitura, eis o conselho.

Não há aqui exagero exegético da nossa parte. Seis anos depois da conversa por carta, ou seja, em 1930, quando Manuel Bandeira finalmente reúne os inúmeros poemas escritos após a Semana de Arte Moderna, por que o autor de *Libertinagem* teria feito anteceder o extraordinário poema "Poética" ao já citado "Comentário musical", mantendo neste o verso final que Mário tanto deplora? Uma leitura, ainda que rápida, de alguns versos da "Poética" pode definir com clareza quem é o interlocutor de Bandeira no verso não suprimido e a quem está dirigida a lição dos versos do poema que ele lhe envia na mesma carta. Bandeira sussurra nos ouvidos de Mário: Guardei o verso que você mandou suprimir, eis os conselhos que lhe dou de volta:

> Estou farto do lirismo comedido
> Do lirismo bem comportado
> Do lirismo funcionário público com livro de ponto expediente
>   [protocolo e manifestações de apreço ao sr. diretor
> [...]
> Quero antes o lirismo dos loucos
> O lirismo dos bêbados
> O lirismo difícil e pungente dos bêbados
> O lirismo dos clowns de Shakespeare
> — Não quero saber mais do lirismo que não é libertação.

Não se deve ler na *composição global* do livro *Libertinagem* um traço de impertinência, ressentimento, despeito ou vingança por parte do grande amigo e poeta Manuel Bandeira. Este, na sua autobiografia, *Itinerário de Pasárgada*, publicada em 1957, não teme confessar a forte experiência que sentiu ao escutar, no Rio de Janeiro em 1921, Mário de Andrade ler os poemas inéditos de *Pauliceia desvairada*. Afirma: "Não sei que impressão teria recebido da *Pauliceia*, se a houvesse lido em vez de a ouvir da boca do poeta. Mário dizia admiravelmente os seus poemas, como que indiretamente os explicava, em suma convencia". Com dois livros de poemas publicados e já se encaminhando para o terceiro, poeta admirado pelos contemporâneos e pelos novíssimos, Manuel Bandeira reconhece o poder exercido sobre ele pela poesia andradina em 1921: "Apesar de certas rebarbas que sempre me feriram na sua poesia, senti de pronto a força do poeta e em muita coisa que escrevi depois reconhecia a marca deixada por ele no meu modo de sentir e exprimir a poesia". E não titubeia em afirmar: "[Mário] Foi, me parece, a última grande influência que recebi: o que vi e li depois disso já me encontrou calcificado em minha maneira definitiva".

Não existe testemunho mais rico de ressonâncias do que esse para que prossigamos a interminável conversa instigada por Mário de Andrade. Mas a hora nos aconselha a colocar um ponto, em nada final, nesta nossa fala.

[1997]

Suas cartas, nossas cartas

Para Jacques do Prado Brandão

> ¿Qué mejor modelo de autobiografía se puede concebir que el conjunto de cartas que uno ha escrito y enviado a destinatarios diversos, mujeres, parientes, viejos amigos, en situaciones y estados de ánimo distintos?
>
> Ricardo Piglia, *Respiración artificial*

Estamos acostumados a comentar e interpretar Carlos Drummond de Andrade e Mário de Andrade através da leitura dos textos que, por decisão soberana de cada um, são públicos. Desde sempre estavam ao alcance de todo e qualquer leitor que, por curiosidade intelectual, se adentrasse pelas páginas do jornal, da revista ou do livro. São textos onde a *estilização* literária, ou seja, o *fingimento*, recobre, surrupia, esconde, escamoteia e dramatiza a experiência pessoal, intransferível e íntima, para que a letra perca o diapasão empírico, que a conforma no dia a dia, e se alce à condição de literatura, e a palavra, à condição de universal.

Acreditamos que podemos reconhecer, mesmo de olhos vendados, o estilo de Carlos e de Mário; que temos noções bem precisas dos temas que costumam abordar nos seus escritos e que, por sua vez, sinalizam traços obsessivos de um e do outro; que somos capazes de desenhar, na densidade cronológica do século XX, as duas trajetórias paralelas, às vezes cúmplices, e muitas vezes divergentes e conflitantes; que podemos configurar a personalidade literária de cada um, reafirmando o peso e valor dos dois dentro da monumentalidade da cultura modernista brasileira e da literatura moderna; que temos até o direito de tomar da palavra ou da pena para discorrer sobre esse ou aquele poema, conto, crônica ou romance, passando julgamento que reputamos circunstanciado e definitivo.

As palavras da obra publicada em letra de imprensa são tão minhas quanto as palavras que, depois da leitura, penso em silêncio, falo ou escrevo. *Os direitos de autor não são uma questão artística; pertencem antes ao contencioso legal das artes modernas.* Textos literários são legados a nós, leitores, para que deles tomemos posse. Podemos acrescentar a palavra alheia ao nosso vocabulário, assumir a frase lida e memorizada, incorporar a vivência do outro à nossa experiência. Ao ler, deixamos que a obra inscreva sua marca na nossa memória, ao mesmo tempo que fincamos o marco no território que foi de um e passou a ser de todos. Ao fincá-lo, abolimos para todo o sempre o pertencimento exclusivo da obra ao seu autor e à sua época.

Bons leitores são autores desprovidos de autenticidade e providos de imaginação. A lei do leitor é a de usucapião. Bons críticos agem por conta própria: são como os que conseguem fazer tábula rasa da instituição jurídica. Sem terem sido convocados para julgar determinado réu, por conta própria elegem qualquer um como culpado, ao mesmo tempo que se autodefinem e são reconhecidos pelos pares como juízes no tribunal das letras. A lei do crítico é a mesma que rege o universo kafkiano. O acusado tem direito ao protesto, mas o recurso, mesmo usado com maestria, de nada vale.

Daqui a pouco iremos ler cartas que não nos foram endereçadas. De um lado, Carlos Drummond de Andrade, do outro um jovem doutor em letras, Alexandre Graça Faria, debruçaram-se sobre uma série de manuscritos ou datiloscritos, transcreveram-nos para serem impressos, lidos e comentados, e aqui estão reproduzidos fielmente. Graças à gentileza, permissão e *altruísmo* (na sua acepção etimológica) dos herdeiros, estão tornados definitivamente públicos pela Editora Bem-Te-Vi, em edição coordenada por Lélia Coelho Frota e revista por Diva Maria Dias Graciosa. Tão públicos quanto os textos literários que por ordem expressa e soberana dos dois escritores foram e continuam a ser publicados por editora e comercializados por livraria.

Passaremos por experiência única: a de penetrar na intimidade de dois entre os gigantes do movimento modernista brasileiro. Para o acesso à letra de cada carta deles, temos de *simular* um ritual estorvado e vergonhoso. Interceptemos o carteiro na sua caminhada matinal. Furtivamente, retiremos da sua bolsa uma carta, que não nos é endereçada. Escrita por Carlos e enviada a Mário; escrita por Mário e enviada a Carlos. Violemos o lacre feito de goma-arábica e, como voyeurs, entremos na intimidade dos dois correspondentes e amigos. Pé cá, Carlos; pé lá, Mário. Percorreremos um longo período de vida dos dois, que vai da Semana Santa de 24, quando se conhecem em Belo Horizonte, até fevereiro de 45, quando Mário falece prematuramente em São Paulo. Seremos gratificados com confidências sobre profundas sensações, irrequietas emoções e a alta tensão no dramático confronto de ideias. Estaremos próximos das *grafias de vida* de Carlos e de Mário, que durante anos ficaram segredadas por pastas e arquivos nos respectivos espólios.

Ao, por assim dizer, violar a correspondência alheia, estamos possuídos de audácia que pode enrijecer os sentimentos dos mais sensíveis aos atos transgressores. E até petrificar os mais tímidos ao único pensamento de culpa e remorso. Os que decidimos entrar na intimidade dos correspondentes estamos tomados do fervor religioso, que alicerça nosso respeito e admiração pela obra literária que um e outro nos legaram.

Ao invadir a intimidade da letra epistolar, estamos sendo, antes de tudo, transgressores. Contemplado por convenção jurídica, o limite entre o privado e o público, no tocante à socialidade proporcionada pelo serviço dos correios & telégrafos, é lei clara na cultura do Ocidente. A correspondência é inviolável. Às vezes, a linha de demarcação pode ser abolida pelo gesto estabanado de um terceiro. Em 9 de maio de 1939, quando Mário era funcionário do Ministério da Educação e Saúde e Carlos seu superior hierárquico, este abre sem querer o envelope da carta que *não* lhe é dirigida. Mais envergonhado fica o chefe de gabinete do ministro Capanema por não conseguir recuperar o envelope original, peça do *crime de lesa-majestade*. Ao remeter a carta ao legítimo destinatário, o transgressor confessa: "Estou encabulado com o fato de ter aberto essa carta, entre os papéis que me mandam para o Ministério — e ainda por não ter encontrado o envelope. Você me desculpe e atribua o fato à vida de papelório em que se debate o seu Carlos". Às vezes, é o correspondente cauto quem reitera o limite entre o público e o privado. Lembro-me de Paul Valéry, precavido diante da língua de trapo de André Gide. No final da carta, sente necessidade de aclarar ao correspondente que ela fora escrita *"pour toi"*, e não *"pour tous"*.

A publicação póstuma da correspondência de Carlos Drummond de Andrade e Mário de Andrade põe abaixo o "para ti". Por várias razões. Nomeemos três. Primeira, em virtude da eminência atingida pela obra dos dois Andrades no campo da estética literária. Segunda, em virtude da importância social e política de Carlos e Mário no seu tempo. Terceira, em virtude da curiosidade intelectual das novas gerações, que saem em busca da verdade nas respectivas obras literárias, mesmo sabendo que, se ela pode se entremostrar na leitura, permanece no entanto escondida e absoluta em cada texto por mais diverso, frio ou incandescente que seja ele.

As cartas de grandes escritores também devem ser públicas por um quarto e não tão evidente motivo, já que sua enunciação se passa no campo especializado da teoria literária. Talvez a maior riqueza que se depreende do exame das cartas de escritores advenha do fato de os teóricos da literatura poderem colocar em questão, desconstruir os métodos analíticos e interpretativos que fizeram a glória dos estudos literários no século XX. Ao analisar as relações entre autor e obra literária, os estudiosos negaram aquele e isolaram a esta, cercaram-na de arame farpado, fetichizaram-na, para dela fazerem seu único e exclusivo objeto de estudo. Só o texto literário conta. Estou me referindo a sucessivas metodologias de leitura: a "literariedade" dos formalistas russos, a *close reading* da nova crítica norte-americana, a leitura estilística dos espanhóis e germânicos, a análise estrutural francesa etc. Não se trata de pregar o retorno ao *biografismo*, apanágio como se sabe dos historiadores positivistas do século XIX, como Gustave Lanson, que liam os textos sem, na verdade, os ler. Ensinava-se a biografia do escritor; não se lia a obra literária.

A leitura de cartas escritas aos companheiros de letras e familiares, bem como a de diários íntimos e entrevistas, tem pelo menos dois objetivos no campo duma nova teoria literária.

Visa a enriquecer, pelo estabelecimento de jogos intertextuais, a compreensão da obra artística (poema, conto, romance...), ajudando a melhor decodificar certos temas que ali estão dramatizados, ou expostos de maneira relativamente hermética (como a questão da *felicidade*, em Mário de Andrade, ou a questão do nacionalismo, no primeiro Carlos Drummond). Visa a aprofundar o conhecimento que temos da história do modernismo, em particular do período consecutivo à Semana de Arte Moderna (por exemplo: a reviravolta nacionalista que representa a viagem dos paulistas a Minas Gerais, a expulsão das ideias de Graça Aranha do ideário modernista, as relações entre o intelectual e o Estado na década de 30).

Para retomar as expressões de Paul Valéry, letra e dados contidos nas cartas trocadas por Carlos e Mário passam a ser *de* e *para* todos.

A altitude alcançada pelo artista e pela obra é que assegura aos contemporâneos e pósteros a certeza de que estão agindo corretamente ao violar, postumamente, o lacre de todo e qualquer documento que traga as assinaturas privilegiadas, seja ele de caráter profissional, pessoal, familiar ou íntimo. *Ao almejar a imortalidade, o artista habita uma casa de vidro*. Num certo nível de compreensão da atividade do escritor, a superfície do comportamento cotidiano tem tanto peso quanto a profundidade da obra de arte, em especial para os vanguardistas da primeira metade do século, para quem Vida & Arte se entrelaçam. Escreve Mário a Carlos: "Eu sempre gostei muito de viver, de maneira que nenhuma manifestação da vida me é indiferente. [...] ponho tanto entusiasmo e carinho no escrever um dístico que vai figurar nas paredes dum bailarico e morrer no lixo depois como um romance a que darei a impassível eternidade da impressão".

Desde Charles Baudelaire, para citar apenas o ícone da modernidade, o comportamento privado e público do grande artista sempre foi corajosamente imitado pelos jovens, hipocritamente lastimado pelos bem-pensantes, injustamente condenado pela comunidade e até pela Justiça, devidamente resgatado pela História. Não pode haver segredo na vida profissional, pessoal, familiar ou íntima do artista. Ou, se há, o leitor pode se aproximar das cartas e diários íntimos para, com o apoio dos versos de Charles Baudelaire em "La Vie antérieure", apreciar o trabalho desse escravo da personalidade humana — o segredo —, no exato instante em que aflora no espírito do escritor e torna mais agudos os momentos privilegiados de languidez.

Sem expressar na maioria dos casos um momento epifânico, a carta traz em si o desejo de traduzir um tête-à-tête sombrio e límpido em que o espelho tanto é a caligrafia (ou "a sensibilidade datilográfica", como a qualifica Mário[1]) na folha de papel em branco, quanto é o correspondente. Ao se entregar ao amigo, o missivista nunca se distancia de si mesmo. O texto da carta é semelhante ao alter ego do escritor em busca de diálogo consigo e com o outro. Exercício de introspecção? sim. Desde que se defina *introspecção* como aconselha Michel Foucault — antes de ser uma decifração do sujeito por ele próprio, a introspecção é uma *abertura* que o sujeito oferece ao outro sobre si mesmo. Essa abertura tem procedência e nome: a amizade. Em carta ao poeta Manuel Bandeira, datada de 22 de maio de 1923, escreve Mário: "Deixa-me que te diga com toda a abundância de coração que tu és hoje para mim um dos meus maiores *amigos*, isto é, um homem junto do qual *eu sou eu, ser aberto que se abandona*" (grifos meus).

A amizade é o norte que possibilita que caligrafia e sensibilidade datilográfica permaneçam as mesmas na folha de papel em branco. O nome do correspondente varia e gera um complexo sistema de dissolução do sujeito (Como quero ser visto por fulano e sicrano?). Informações podem ser fornecidas, comentários podem ser feitos, críticas podem ser enunciadas, mas são fornecidos, feitos e enunciados de maneira distinta para cada correspondente. Em cartas dirigidas a Carlos ou a Manuel Bandeira ou a Murilo Miranda, só a caligrafia de Mário, ou seja, a amizade, é a mesma. O resto é produto de pequenas, centrífugas e fascinantes traições. Basta cotejar as várias versões de uma informação, comentário ou crítica para detectar, aqui e ali, a derrapagem da pena, a perda de controle da sensibilidade datilográfica. A grafia de uma vida (a de Carlos e a de Mário) está tanto na repetição do dado quanto na derrapagem da pena no percurso do parágrafo ou no descontrole dos dedos no teclado da máquina de escrever. As múltiplas e variadas notas às cartas podem fornecer farto material *elucidativo*. Aliás, as notas apensas às cartas não pretendem ser nem explicativas nem interpretativas. De posse do material elucidativo, qualquer leitor pode se entregar, com conhecimento de causa, aos jogos de explicação e interpretação de toda e qualquer carta.

A escrita da carta puxa a responsabilidade para o sujeito empírico. É a forma mais desinibida e sublime da "écriture de soi", para retomar o conceito de Michel Foucault.[2] Na prosa de ficção, o narrador e/ou os personagens recebem de presente do autor as palavras fingidas (de que fala Fernando Pessoa em "Autopsicografia"). São elas que tomam conta do palco do livro e roubam as luzes do espetáculo. No poema, o sujeito lírico ou dramático arrebata a fala do sujeito empírico e é mestre dos sentimentos enunciados em confidência. Na carta, é a caligrafia do escritor que monta a ele próprio na folha de papel, no preciso momento em que se encaminha em direção ao outro. Ao querer instigar e provocar o outro, à espera de reação, de preferência uma resposta, o missivista retroage primeiro sobre si mesmo, porque o chute inicial da correspondência pressupõe o exercício de certo *egoísmo abnegado*, se me for permitido o paradoxo. Antes de tudo, o missivista procura um correspondente que possa causar efeito benéfico. A carta-resposta tem a aparência de tônico, calmante ou vermífugo.

No universo da literatura, a carta existe para que o discípulo se dirija ao mestre. O discípulo precisa ser reconhecido enquanto tal. (Assim como nós, leitores, queremos ser reconhecidos como dignos da interlocução com os mestres Carlos e Mário. Somos *voyeurs* e também *aprendizes* na leitura que faremos dessa correspondência.)

Ao iniciar a correspondência em 1924, Carlos sai em busca do reconhecimento de Mário: "Procure-me nas suas memórias de Belo Horizonte: um rapaz magro, que esteve consigo no Grande Hotel, e que muito o estima. Ora, eu desejo prolongar aquela fugitiva hora de convívio com seu claro espírito". Ao montar o sujeito para o outro, a carta o *abandona* (para usar o verbo de Mário na carta a Manuel). O missivista insiste: "Quero continuar a me *abrir* para o seu olhar, Mário, até que eu seja definitivamente reconhecido por você". Para tal, é facultado ao missivista o uso de todos os recursos, até o "indecente". Carlos faz acompanhar a primeira carta dum recorte de artigo sobre Anatole France, que acaba de publicar. Como não é mais possível que expresse ideias em *viva voce*, vale-se duplamente dos correios — o envelope oculta carta e anexo. Violado o lacre, os dois prolongariam, em São Paulo, o agradável convívio intelectual acontecido no bar do Grande Hotel, em Belo Horizonte. Reconstituiriam em permanência um cara a cara absoluto e fugaz.

No chute inicial, o missivista usa de recurso indecente e logo depois se torna ele próprio tão voyeur e aprendiz quanto nós, seus leitores de hoje: Carlos escreve a Mário porque antes *violara* carta de Mário endereçada ao amigo comum Martins de Almeida. Na leitura furtiva detectara as qualidades andradinas: verdade nas ideias e força desabusada. Deseja-as também para si. Elege. Mário é o *mestre* que o conduzirá pelo caminho intelectual que intui: "Estou convencido que a questão da literatura no Brasil é uma questão de coragem intelectual". Por outro lado e finalmente, o missivista não mostra desinteresse pelo outro. Carlos solicita cópia do poema "Noturno de Belo Horizonte", elogiado por Manuel Bandeira, em carta dirigida a ele. Bandeira já o distingue, por que Mário não o distinguirá?

Na carta de abertura, Carlos esgota o estoque de armas de que dispõe e, abandonado, fica à espera da carta-resposta. Esta pode tudo: mimá-lo e até esquartejá-lo. Responde-lhe Mário, reconhecendo o discípulo no desespero que lhe é próprio: "Já começava a desesperar da minha resposta? Meu Deus! comecei esta carta com pretensão... Em todo caso de mim não desespere nunca. Eu respondo sempre aos amigos. Às vezes demoro um pouco, mas nunca por desleixo ou esquecimento". Depois de ter montado o solilóquio, Carlos vai passar pela experiência do dilaceramento da personalidade, que é fundamento do diálogo exigente com Mário.

A partir da carta-resposta, o processo duplo da "écriture de soi" se inverte. Ao constituir a si como sujeito da escrita (não mais objeto da escrita de Carlos), Mário se abre e se abandona a Carlos. Poderia ter ele adotado forma diferente do "gigantismo epistolar"? Não creio. Mário não é um passadista, um "anatólio". Não fala por alusões, símbolos ou metáforas. É direto e certeiro. Às vezes angustiante. Em nada se assemelha aos jovens simbolistas e penumbristas que encontrou em Belo Horizonte. É homem da vanguarda. Mário tem um único estilo: na carta excessiva, ele se automodela pelo excesso.[3] Tudo que nele sobra falta ao jovem mineiro. Tudo que nele sobra pode ser sacrificado em favor do(s) jovem(ns). Quem desperdiça está predestinado ao dom. Mário é um doador. Comunica-se com o interlocutor pelo desperdício do que lhe sobra. (Só no final é que proporá o escambo: a troca de cartas.) No corpo da carta o dom escapole por todas as aberturas e as dilata — é impositivo e orienta. Pode ser autoritário — ordena. O correspondente se abre ao jovem Carlos tanto como mestre (capaz do ensino) quanto como modelo (pronto ao sacrifício).

Carlos, penetre nessa abertura que o corpo da carta lhe oferece, para que você conquiste a "coragem intelectual" que busca e se torne o que deseja ser. Para que todos vocês, mineiros, sejam corajosos e se transformem no que desejam ser. A carta de Mário é alimento espiritual, conclama à metamorfose e à comunhão. No final da carta, Mário será explícito: "Jovens mineiros, ajuntem-se a nós, Oswald, Tarsila, Graça Aranha e Ronald de Carvalho, e serão semelhantes a nós". Esclarece: "[...] não se trata de formar escola com um mestrão na frente. Trata-se de ser. E vocês por enquanto ainda não são. Carlos, depois de penetrar o corpo dessa carta-resposta, e gozá-lo, não se contente com a inércia que o dom pode gerar: Responda, discuta, aceite ou não aceite, responda".

Como *modelo*, Mário se apresenta dividido e imprevisto. Enumera, por um lado, as suas múltiplas e variadíssimas atividades intelectuais, que vão das aulas ministradas pelo sério professor de música, passam pelo verso estrambótico que escreve e terminam pela roupa extravagante que escolhe. Por outro lado, reclama para si a capacidade que tem de manter acesa a chama do espírito religioso. Ao desenhar o elenco das suas atividades — em nada convencionais para alguém que se apresenta nacionalmente como escritor de destaque —, o propósito do mestre não é o de se expor nem como CDF das artes nem como o novo Mallarmé das letras nacionais. O mestre é o *não modelo*. A não ser pelas aulas que ministra no Conservatório de Música, suas atividades são decepcionantes a olhos menos avisados. Se o mestre é o não modelo, é porque a *instrução* do aprendiz de poeta tem de se pautar pela negatividade. O discípulo terá de passar antes por um processo de "desinstrução", para usar o conceito de que se vale na época o imoralista André Gide. Encaradas do ponto de vista passadista e pequeno-burguês, as atividades de Mário são aparentemente fúteis, poderão ser consideradas, acrescenta ele, "desprezíveis para qualquer idiota antiquado, aguado e simbolista". Como você, Carlos — subentende-se.

Entenda-se: Carlos, não seja um bem-pensante; seja moleque, ingênuo, bobo. Não seja homem de gabinete. Estudar é bom, mas depois do gozo do livro deve vir o "gozo da ação corporal". Despreze os seus atuais modelos importados (Anatole France em particular e a cultura francesa em geral). São pretensamente elegantes; na verdade, são falsos e postiços. Mário crava o punhal: "no seu artigo sobre Anatole France percebi que *ressalta* o que lhe *falta* — o *espírito de mocidade brasileira*". Sobra em Mário o que falta ao artigo e a Carlos. É a preencher a falta que ressalta nos moços que o correspondente contumaz dedica grande parte do seu tempo. Ao escrever cartas, Mário sacrifica tempo e energia. Poderia estar dispensando-os à sua arte. Se sua obra literária está sendo transitória (o adjetivo é dele), seu ensinamento será perene. É prematura a constatação que orientará toda a sua vida: opta cedo pela "arte de ação pela arte". A ação exercida pelas cartas junto aos mais jovens e carentes de orientação educacional (é preciso não temer a palavra) acaba por ser o produto dum triplo sacrifício: da produção propriamente artística, como estamos vendo, da cultura cosmopolita, a que se afeiçoara pela sofisticação intelectual, e dos valores de classe, a que tinha direito por nascimento e formação.

A cultura livresca e cosmopolita precisa ser substituída pela reflexão crítica que leve em conta a condição miserável em que vive o grosso dos brasileiros. Não é preciso chegar ao exagero pau-brasil de Oswald de Andrade. Este nega a erudição e a civilização ocidental, embora esteja correto ao dar nome ao bandido das letras nacionais e fazer o diagnóstico em bombástico artigo de junho de 1924: "Graça Aranha é um dos mais perigosos fenômenos de cultura que uma nação analfabeta pode desejar". No meio social em que vive o artista brasileiro, predomina o analfabetismo e daí a necessidade de conhecer os conterrâneos e contemporâneos desprovidos de escrita e de conhecimento livresco, mas não desprovidos de fala e saber. Providos de fala, saber e sensualidade.

Sentir é tão importante quanto pensar. Observar é tão importante quanto ler. Conversar é tão importante quanto refletir. Entre um livro e outro, aconselha Mário ao colaborador da revista *Para Todos*, é preciso parar e "puxar conversa com gente chamada baixa e ignorante! Como é gostoso! Fique sabendo duma coisa, se não sabe ainda: é com essa gente que se aprende a sentir e não com a inteligência e a erudição livresca".[4] O espírito religioso, a que se referia Mário, não se encontra na leitura sofisticada, embora também lá possa estar; está principalmente na atividade e no gozo corporal dos despossuídos. O literato 24 horas de plantão cede o lugar ao etnólogo amador: o coração do homem não bate lá na biblioteca, bate cá no espetáculo das ruas. "Puxar conversa" não é diferente de trocar cartas. Puxar conversa na rua é o modo de se aproximar agressiva e despudoradamente, sensual e fraternalmente, do outro, para que o outro, ao passar de objeto a sujeito, transforme o sujeito que puxara a conversa em objeto.

Mário aclara sua arte poética ao descrever a gênese do poema "Carnaval carioca". O poeta tinha se deixado contaminar pelo espetáculo do folião negro carioca; neste se combinam arte e espírito religioso (ou seja: vida, felicidade). Mário não é niilista. O não modelo só pode se propor como modelo se for capaz de dar a conhecer ao discípulo o comportamento dum terceiro, que afinal é o *verdadeiro modelo*. Este é a negação do que Mário é na realidade. Mestre e discípulo, na negatividade, passam pelo mesmo processo de desinstrução. Este, no entanto, só é positivo ao adquirir as formas autênticas de instrução.

O verdadeiro modelo e verdadeiro mestre de Mário (e de Carlos) é a negra moça que dança em plena avenida Rio Branco:[5] "Dançava com religião. Não olhava pra lado nenhum. Vivia a dança. E era sublime. [...] Aquela negra me ensinou o que milhões, milhões é exagero, muitos livros não me ensinaram. Ela me ensinou a felicidade". O verdadeiro modelo é uma tríade de que fazem parte o não modelo, o discípulo e o verdadeiro modelo. A santíssima trindade, a unidade tripartida compõe o eu múltiplo e performático (*performing self*), que se autentica na leitura das cartas. Para Mário, sacrifício não é somente razão para a dor, é também alimento para a felicidade. Não esqueçamos que Mário é autor do verso, repetido a toda hora na sua obra: "A própria dor é uma felicidade".⁶

O congraçamento do escritor com a gente sofrida e alegre do povo — perpassado pelo dom ao discípulo e imantado pelo sacrifício do mestre — visa a um destino mais amplo: "Nós temos que dar ao Brasil o que ele não tem e que por isso até agora não viveu, nós temos que dar uma alma ao Brasil e para isso todo sacrifício é grandioso, é sublime. E nos dá felicidade".

Delineados os dois sujeitos na arena da correspondência, resta bosquejar o cenário em que estão situados. Até a viagem a Minas Gerais, Mário é consequência notável duma *semana de Carnaval*. A de 1922, desenrolada nas escadarias do Teatro Municipal de São Paulo, ocasião em que, ao lado de companheiros, proclamara aos quatro ventos o credo da arte moderna no Brasil. Carlos desabrocha inesperadamente numa *Semana Santa*. A de 1924, no bar do Grande Hotel, em Belo Horizonte, ocasião em que, ao lado de companheiros, acolhe os turistas paulistas que vinham dum circuito pelas cidades históricas mineiras. Compete a Mário passar ensinamento definitivo ao jovem. Carlos está totalmente tomado pelas ideias passadistas dos escritores finisseculares franceses, de que é exemplo Anatole France, e dos poetas penumbristas cariocas, de que é exemplo o seu primeiro mestre, Álvaro Moreira. Eis o ensinamento que lhe passa Mário: as nossas profecias sobre a pujança da futura nação brasileira estão tanto onde estão, na futura megalópole latino-americana, maior exportadora de café, quanto onde parece que não estão mais, nessa região interiorana das Gerais, que há mais de século vem sendo marcada negativamente pela evolução em ciclos da nossa economia exportadora.

Da varanda da fazenda opulenta de café, os paulistas voltam os olhos para os veios exauridos de ouro. Onde há riqueza material falta riqueza artística. O ciclo do ouro ganha nova dimensão histórica, ao emprestar peso e sentido às profecias sustentadas pelo otimismo ditado pela economia do café. Minas Gerais religiosa, interiorana e profunda vira, na década de 20, símbolo para os modernistas. Símbolo da nova produção artística — que nada mais deve ser do que outra variedade da cultura europeia implantada nos trópicos nos Setecentos, de que é exemplo Aleijadinho. Símbolo para a imitação vanguardista, que tem de ser recoberta por um indispensável sentimento patriótico de independência, de que é exemplo Tiradentes, mártir e herói. A cafeeira São Paulo, invadida por levas e levas de imigrantes europeus, sai proustianamente em busca do passado perdido. Enxerga-o encravado nas montanhas perdidas da serra da Mantiqueira, onde tinha sido enterrado pelos bandeirantes. Ao mesmo tempo, o Rio de Janeiro, centro do poder político nacional, combalido e fortalecido pela rebeldia tenentista, busca reenquadrar na modernidade ocidental o Brasil rural da Primeira República.

As novas ideias sobre a brasilidade ganham peso e sentido histórico em tripés: metrópole (São Paulo), monumento (cidade histórica) e revolução (tenentismo); festa pagã (Carnaval), solenidade religiosa (Semana Santa) e manifestações públicas (comícios e rebeldias). Vanguarda europeia, tradição nacional e novos programas políticos; futurismo, modernismo e tenentismo; arrogância, humildade e armas; cosmopolitismo, nacionalismo e regionalismo.

É no *entrelugar* instaurado pelos vários tripés que Carlos e Mário ajudam a colocar a pedra fundamental do edifício, que é perpetuado pela obra literária de um e do outro e sustentado pelas cartas que leremos. O sólido e multifacetado edifício do ideário modernista no século xx brasileiro. Dois versos sustentam essas nossas palavras:

... *Minas Gerais, fruta paulista...* — de Mário de Andrade;
(*Tarsila, Oswald e Mário revelando Minas aos mineiros de Anatole.*) — de Carlos Drummond.

Mil novecentos e vinte e quatro complementa e contradiz 1922. São Paulo já estava em Minas, como a Minas árcade e iluminista já estava no Brasil. Não são duas regiões do país que buscam ganhar autonomia e ostentar o título de líderes. Nem São Paulo nem Minas Gerais — é o Brasil que está sendo configurado como nação pelos escritores modernistas. Na busca audaciosa do mais atual no concerto das nações, eles reencontram o passado e a tradição brasileiros e se defrontam com novas propostas políticas para a nação. O império da letra modernista tem o sentido da construção nacional. Não há que ter complexo de inferioridade diante do europeu, ou que se envergonhar diante das faceirices artísticas do autodidata e mulato Aleijadinho. Somos híbridos e criativos. Não haverá novo transplante europeu nos trópicos sem se passar pelas lentes da tradição brasileira — eis o paradoxo de que nos fala por vez primeira Brito Broca, em 1952:

Antes de tudo, o que merece reparo, nessa viagem [a Minas], é a atitude paradoxal dos viajantes. São todos modernistas, homens do futuro. E a um poeta de vanguarda que nos visita, escandalizando os espíritos conformistas, o que vão eles mostrar? As velhas cidades de Minas, com suas igrejas do século XVIII, onde tudo é evocação do passado e, em última análise, tudo sugere ruínas, pareceria um contrassenso apenas aparente. Havia uma *lógica interior* no caso. O divórcio em que a maior parte dos nossos escritores sempre viveu da realidade brasileira fazia com que a paisagem de Minas barroca surgisse aos olhos dos modernistas como qualquer coisa de novo e original, dentro, portanto, do quadro de novidade e originalidade que eles procuravam. [grifo meu]

Os subterrâneos dessa "lógica interior" podem ser palmilhados nas cartas que leremos. A situação ambígua do modernismo fica evidente ao se observar os inteligentíssimos rapazes de Minas. Vivem em Belo Horizonte e têm corpos e espíritos voltados para Paris, frequentadores contumazes que são da Livraria Alves, na rua da Bahia. Durante o horário comercial lá são encontrados os notívagos rapazes do Café Estrela. Lá estão eles, como diz Carlos Drummond em crônica,

> à cata de novidades francesas, porque francês era o meridiano da época, e tinham o privilégio de assistir à abertura de certos caixotes de novidades, de onde as edições Calmann-Lévy, Plon, Grasset e NRF saltavam ainda recendendo a esse cheiro misto de papel novo e tinta de impressão, que todo escritor conserva no fundo da memória sensorial.

Na segunda carta de Carlos, veremos como seu espírito cosmopolita e tristonho se encontra conformado, de um lado, pelo cinismo finissecular de Anatole France e, do outro, pela tristeza e pelo pessimismo de Joaquim Nabuco. Escreve Carlos: "Como todos os rapazes da minha geração, devo imenso a Anatole France, que me ensinou a duvidar, a sorrir e a não ser exigente com a vida". Continua, noutro trecho: "Sou hereditariamente europeu, ou antes: francês. Amo a França como um ambiente propício etc.". E suspira: "Agora como acho indecente continuar a ser francês no Brasil, tenho que renunciar à única tradição verdadeiramente respeitável para mim, a tradição francesa. Tenho que resignar-me a ser indígena entre os indígenas sem ilusões. Enorme sacrifício; ainda bem que você reconhece!".

Toda correspondência começa por uma conversa entre surdos. No caso, entre o desinibido ateu mineiro e o dramático cristão paulista. Há pelo menos dois conceitos de significados excludentes que se digladiam no terreno das cartas trocadas: *tradição* e *sacrifício*. Mário resgata a tradição brasileira no contexto universal; Carlos reafirma a tradição europeia no Brasil e lastima o *nada* que país e governantes ofertam aos espíritos fortes. O sacrifício para Mário, já o vimos, é múltiplo — rizoma que procura doar à árvore Brasil uma alma, que ela ainda não tem. O sacrifício para Carlos será a amputação do que julga ser o melhor em si mesmo, suas leituras francesas. É marca de empobrecimento da personalidade — resignação. Resignar-se ao nada. O contraponto drummondiano aponta para a diferença de classes na sociedade brasileira, de onde emerge certo tom autoritário.[7] "O nacionalismo convém às massas, o universalismo convém às elites", declara Carlos, e continua: "[...] estou quase a afirmar que uma certa classe de espíritos, de formação e educação nitidamente universalistas, tem solene direito de sobrepor as suas conveniências mentais às dessa mesma confusa e anônima cambada de bestas".

Esboça-se um segundo cenário para as primeiras cartas. Nele se desenrola a "tragédia de Nabuco", para retomar a expressão de Carlos. Ei-lo: "Pessoalmente, acho lastimável essa história de nascer entre paisagens incultas e sob céus pouco civilizados". A constatação melancólica é tradução da filosofia de vida e de história que se depreende do capítulo 3 de *Minha formação* (1900), de Joaquim Nabuco, de onde extraímos esta curta passagem:

> As paisagens todas do Novo Mundo, a floresta amazônica ou os pampas argentinos, não valem para mim um trecho da Via Appia, uma volta da estrada de Salerno a Amalfi, um pedaço do cais do Sena à sombra do velho Louvre. No meio do luxo dos teatros, da moda, da política, somos sempre *squatters*, como se estivéssemos ainda derribando a mata virgem.

Carlos não titubeia diante do patriótico Mário: "Acho o Brasil infecto. Perdoe o desabafo, que a você, inteligência clara, não causará escândalo". De novo, Carlos ecoa Joaquim Nabuco: "De um lado do mar sente-se a ausência do mundo; do outro, a ausência do país. O sentimento em nós é brasileiro, a imaginação europeia".

Mário não perdoa a influência de Anatole e de Nabuco sobre o espírito do jovem poeta mineiro. No seu aguerrido nacionalismo, julga-a nociva. Ao examiná-la, vai encontrar material para enriquecer suas reflexões políticas e alimentar seus petardos certeiros e irônicos, muitas vezes debochados e desbocados.

Investe contra o primeiro:

> Anatole ainda ensinou outra coisa de que você se esqueceu: ensinou a gente a ter vergonha das atitudes francas, práticas, vitais. [...] Tem tudo que é decadência nele. Perfeição formal. Pessimismo diletante. Bondade fingida porque é desprezo, desdém ou indiferença. Dúvida passiva porque não é aquela dúvida que engendra a curiosidade e a pesquisa, mas a que pergunta: será? ironiza e cruza os braços. E o que não é menos pior: é literato puro. [...] escangalhou os pobres moços fazendo deles uns gastos, uns frouxos, sem atitudes, sem coragem, duvidando se vale a pena qualquer coisa, duvidando da felicidade, duvidando do amor, duvidando da fé, duvidando da esperança, sem esperança nenhuma, amargos, inadaptados, horrorosos. Isso é que esse filho da puta fez.

Investe contra o segundo. Perde o tom grosseiro e ganha o irônico. Inventa um trocadilho e, ao mesmo tempo, embute outras cartas na carta que escreve. A dita "tragédia de Nabuco" é apenas uma doença tropical, transmitida aos jovens pelo bacilo das ninfas europeias. Escreve Mário:

> Você fala na "tragédia de Nabuco", que todos sofremos. Engraçado! Eu há dias escrevia numa carta justamente isso, só que de maneira mais engraçada de quem não sofre com isso. Dizia mais ou menos: "o doutor Chagas descobriu que grassava no país uma doença que foi chamada moléstia de Chagas. Eu descobri outra doença, mais grave, de que todos estamos infeccionados: a moléstia de Nabuco". É preciso começar esse trabalho de abrasileiramento do Brasil...

Em texto do mesmo ano, Mário vai definir o que entende pela expressão que cunha:

> Moléstia de Nabuco é isso de vocês [brasileiros] andarem sentindo saudade do cais do Sena em plena Quinta de Boa Vista e é isso de você falar dum jeito e escrever covardemente colocando o pronome carolinamichaelismente. Estilize a sua fala, sinta a Quinta de Boa Vista pelo que é e foi e estará curado da moléstia de Nabuco.

Abrasileirar o Brasil, referir ao presente o passado nacional, significa, em primeiro lugar, entrar em terreno minado, onde o inimigo é o eurocentrismo machadiano, na sua forma veladamente racista, que é a defendida com unhas e dentes por Graça Aranha[8] nos anos 20. Significa, em seguida, voltar à lição recebida da vanguarda europeia, buscando agora não mais a modernidade técnica dos futuristas, mas um ponto de apoio no questionamento dos padrões eurocêntricos de arte, que dadaístas e surrealistas colocam em prática. Apoiada na desconstrução do eurocentrismo, a indagação sobre o passado nacional significa aqui o "desrecalque localista" pelo cosmopolitismo vanguardista, tarefa efetivamente realizada pelos modernistas brasileiros.

Esse ponto de passagem entre a Europa e as culturas não europeias, entre a tradição europeia no Brasil e a tradição popular brasileira é o *primitivismo*. Antonio Candido, embora tímido no tocante à desconstrução do eurocentrismo, observa com acuidade a troca de referências proposta pelos modernistas: "[...] no Brasil as culturas primitivas se misturam à vida cotidiana ou são reminiscências ainda vivas de um passado recente. As terríveis ousadias de um Picasso, um Brancusi, um Max Jacob, um Tristan Tzara, eram, no fundo, mais coerentes com a nossa herança cultural do que com a deles". Os modernistas brasileiros reencontram "a influência europeia por um mergulho no detalhe brasileiro". Continua Candido: "O mulato e o negro são definitivamente incorporados como temas de estudo, inspiração, exemplo. O primitivismo é agora fonte de beleza e não mais empecilho à elaboração da cultura".

Mário é firme na crítica ao eurocentrismo:

> Porque também esse universalismo que quer acabar com as pátrias, com as guerras, com as raças etc. é sentimentalismo de alemão. Não é pra já. Está longíssimo. Eu creio que nunca virá. [...] Os tupis nas suas tabas eram mais civilizados que nós nas nossas casas de Belo Horizonte e S. Paulo. Por uma simples razão: não há Civilização. Há civilizações.

O golpe mortal em Graça Aranha é desferido no intervalo que separa as duas partes da citação: "Avanço mesmo que, enquanto o brasileiro não se abrasileirar, é um selvagem".

No mesmo movimento em que o sujeito se abre ao outro para que este o conheça, ele também se dá a conhecer a si por si mesmo. A carta tem algo do diário íntimo e tem algo da prosa de ficção. Como escreve Carlos Drummond em "Mineração do outro" (*Lição de coisas*): "Onde avanço, me dou, e o que é sugado/ ao mim de mim, em ecos se desmembra". Cada carta tem duas direções: Mário suga Carlos, onde este se abre a ele; Carlos suga Mário, onde este se lhe abre. Se cada carta, isoladamente, tem duas direções, a correspondência trocada tem pelo menos quatro. Carlos não conhece a si apenas pela janela que oferece a Mário; vai também se conhecer pela janela que Mário lhe abre sobre si mesmo. Do mesmo modo, Mário não conhece a si apenas pela janela que abre para Carlos, vai também se conhecer pela janela que Carlos lhe abre sobre si mesmo. Assim como o *discípulo* Carlos se deixou contaminar pelo *mestre* Mário, também este acabará sendo contaminado pelo responsivo e responsável discípulo. Pouco a pouco as categorias mestre e discípulo vão abandonando o palco das cartas,[9] para ali dominar a maestria invulgar dos dois correspondentes. Não se trocam apenas cartas e ideias; trocam-se também poemas de altíssimo nível. O espírito espicaçante de Carlos se exerce sobre os de Mário; o espírito admoestatório de Mário se exerce sobre os de Carlos. Nesse complexo jogo de espelhos, nessa *mineração do outro*, a figura retórica dominante será a de ecos que se desmembram, para retomar o poema de Carlos. Ecos de ecos de ecos — que acabam por chegar-nos pelas ondas hertzianas do livro, que ora a Editora Bem-Te-Vi lhe entrega, caro leitor.

Se cada carta tem algo do diário íntimo e da prosa de ficção, a correspondência trocada tem algo do disparate. Como tal, a correspondência publicada se abre a você, leitor, como um fascinante quebra-cabeça, em que se requer a paciência e a habilidade do jogador, para não falar da sua imaginação e curiosidade pelo outro. Cabe a cada um de nós, leitores, apreender e tentar domar esses jogos de linguagem — espontâneos e controlados, também disparatados — da expressão humana, que a correspondência de Carlos e Mário nos oferece. Não cumpre a cada um de nós buscar um fio condutor, pois não há, e, se houvesse, seria o resumo de vários fios contraditórios da vida cotidiana com seus imprevistos, incertezas, choques, reviravoltas, arrufos, alegrias, temores, arrependimentos, desconfianças, invejas, padecimentos... Todas as gamas dos sentimentos humanos ali estão expostas — como nervo e não como cadáver — à visitação pública.

A carta, por exemplo, tem algo a ver com a solidão.[10] Solidão é palavra de amor. Sua leitura também. (Nossa solidão de leitor.) Solidão é meio de conhecimento para Carlos e Mário. Portanto, tem também algo a ver com o desejo de comunicação. (O discípulo tanto precisa do mestre quanto o mestre do discípulo, pois aquele sem este não o é.) Carlos é um náufrago no mar da vida, que emite pedidos de socorro, não a todo e qualquer, mas àquele que merece amizade e seja capaz de prestar auxílio. "Não me arrependo", escreve Carlos na sua segunda carta, "de lhe haver mandado o meu artigo sobre o finado Anatole France. Ele promoveu uma aproximação intelectual que me é muito preciosa." A carta-resposta aproxima, *muito obrigado* — e distancia, *precisamos continuar a conversa*. Há precisões a serem feitas, equívocos a serem desfeitos. O mar da vida de Carlos não é como Mário imagina. Carlos precisa: "[...] vivo num meio 'cretiníssimo'; se tudo o que disse lhe parece estranho é porque", acrescenta, "você vive bem longe desse lugarejo chamado Belo Horizonte". Onde Carlos vive: "Um homem vai devagar./ Um cachorro vai devagar./ Um burro vai devagar". Mário está equivocado. Quer que Carlos seja outro, diga asneiras, maldades, coisas de moço. Carlos não pode ser moço, como outro qualquer. No meio em que vive, cretiníssimo, só e sem interlocutores de peso, resta-lhe o livro-mestre, resta-lhe Anatole France. Os livros de Anatole e sua morte no ano em que se inicia a correspondência. Não é isso que lemos no poema "Fuga"? O poema fala do escritor provinciano, da pura cocaína, que são os livros de Anatole, e do luto do leitor:

> *Estou de luto por Anatole*
> *France, o de* Thaïs, *joia soberba.*
> *Não há cocaína, não há morfina*
> *igual a essa divina*
> *papa-fina.* [Alguma poesia]

Ao novo mestre, que do moço reclama mocidade, a lição do velho mestre, Anatole — o que reclama sapiência da juventude, como se lhe aplicasse cocaína. Esclarece Carlos a Mário: Anatole "me ensinou a duvidar, a sorrir e a não ser exigente com a vida".

A carta tem algo a ver com a solidão no exílio. O ar que o missivista respira onde vive não é bom para a vida mental. A província sufoca. Duas vezes náufrago. O missivista sonha com a pátria perdida, ou com a pátria que inventa. Nada perdeu, tudo almeja. Dilata as narinas. Graças à leitura, o meio em que Carlos vive se amplia. O horizonte determinado pela cadeia de montanhas, que coloca

Belo Horizonte num vale, se distende: "Uma rua começa em Itabira, que vai dar em qualquer ponto da terra" ("América", *A rosa do povo*). Continua a esclarecer a Mário: "[...] tenho uma estima bem medíocre pelo panorama brasileiro". Confessa-lhe ser "mau cidadão". A pátria de Carlos não é a perdida, nem é a que está metonimicamente no pedaço do Brasil que é o Rio de Janeiro ou São Paulo. Carlos ainda não é "suficientemente brasileiro" para encontrar a solução na mudança de região. Em vão o jornalista Chateaubriand lhe oferece emprego em São Paulo.

A pátria de Carlos é a almejada: a que pode proporcionar-lhe em sonhos (vale dizer, nas leituras francesas que faz, graças aos livros da Livraria Alves) tudo o que ele não tem no exílio belo-horizontino. Na certidão de nascimento do poeta Carlos, há quiproquó no quesito origem. "É que nasci em Minas, quando devera nascer [...] em Paris." E conclui: "O meio em que vivo me é estranho: sou um exilado". E toca a conjugar o verbo "ser do exílio": "Eu sou um exilado, tu és um exilado, ele é um exilado". Assim como Anatole foi feito para Paris, Carlos não foi feito para Minas. Vai, Carlos, ser gauche na vida...

Na literatura brasileira, essas cartas talvez sejam a descrição mais precisa, ingrata e satisfatória do "desenraizamento" e do "despaisamento", de que fala Maurice Barrès pelo lado nacionalista, e Carlos pelo lado cosmopolita. Desenraizamento e despaisamento são altamente positivos, julga Carlos, se o jovem vive atolado na pasmaceira da província. Carlos se abre para Mário e para si ao reconhecer suas *raízes* autóctones como falsas. Em fuga, busca as verdadeiras raízes nos livros franceses, como o viciado, a cocaína ou a morfina.

Mário se abre para Carlos e para si ao reiterar que as raízes francesas do mineiro é que são na verdade falsas, desde que encaradas por outro viés — o da brasilidade. No fundo, Mário está mais próximo da ideologia de Maurice Barrès do que Carlos. O "mau cidadão", Carlos retruca: "há mil maneiras de ser. A pior é ser nacionalista". O diálogo continua, agora em outro contexto, o da poesia, onde Carlos se mostra mestre desde a primeira hora. Ao pé da letra, responde Carlos a Mário no poema "Europa, França e Bahia":

Meus olhos brasileiros se fecham saudosos.
Minha boca procura a "Canção do Exílio".
Como era mesmo a "Canção do Exílio"?
Eu tão esquecido da minha terra...

*Ai terra que tem palmeiras
onde canta o sabiá!*

A ele também *responde* pela riqueza semântica do paradoxo poético:

*O Brasil não nos quer! Está farto de nós!
Nosso Brasil é no outro mundo. Este não é o Brasil
Nenhum Brasil existe. E acaso existirão os brasileiros?*

Nas primeiras cartas que escreve para Mário, Carlos se desenha para a literatura como incansável genealogista, que busca as verdadeiras raízes em papel diferente do da certidão de nascimento. Na certidão elas não estão consignadas, mas, por efeito de bumerangue, um dia estarão na poesia de Carlos Drummond — em Itabira do Mato Dentro (ver a série de livros *Boitempo*, em particular o poema "Raiz"). "Amar, depois de perder", reza o poema sobre o pai. Desde a conversão modernista, Carlos também se desenha a si para a literatura como etnólogo,[11] se tomamos ao pé da letra a definição que da disciplina nos dá Claude Lévi-Strauss: "[...] a etnologia poderia se definir como uma técnica do despaisamento" (*Antropologia estrutural*). O genealogista e o etnólogo se casam na personalidade poética de Carlos. O etnólogo (despaisamento) supre o genealogista (desenraizamento).

Para o primeiro Carlos, as verdadeiras raízes não estão no Brasil, estão lá: em "países imaginários, fáceis de habitar". Se estão lá, é preciso que o poeta abandone o que o enraíza aqui. O jogo de troca-troca ("Troque. Vá trocando. Passe a perna,/ se possível") é marca registrada da poesia drummondiana. Exemplos: "E a gente viajando na pátria sente saudades da pátria" — "No elevador penso na roça,/ na roça penso no elevador". O poema de onde foram extraídos esses versos se chama "Explicação" (*Alguma poesia*). Outro exemplo: "João amava Teresa que amava Raimundo/ que amava Maria que amava Joaquim que amava Lili/ que não amava ninguém". Os versos são do poema "Quadrilha". Os versos drummondianos se prolongam no discípulo João Cabral de Melo Neto, que tudo entende. Leiamos trecho de "Os três mal-amados", que traz epígrafe tomada de empréstimo a "Quadrilha":

Joaquim:
O amor comeu meu nome, minha identidade, meu retrato. O amor comeu minha certidão de idade, minha genealogia, meu endereço. O amor comeu meus cartões de visita. O amor veio e comeu todos os papéis onde eu escrevera meu nome.

Da capo: "Uma letra procura/ o calor do alfabeto./ [...] Mas o alfabeto existe/ fora de qualquer letra,/ em si, por si, na graça/ de existir, na miséria/ de não ser decifrado,/ mesmo que seja amado". Eis o drama do náufrago-em-linguagem. A letra bastarda está à procura da sociabilidade do dicionário em língua portuguesa. Não há lugar previsto para ela. Foi expulsa do dicionário, como o "y" de Álvaro Moreyra. A letra não é castiça. Em outras terras, outras línguas nacionais, a letra rejeitada tem o seu lugar bem definido. Ajuda a compor sílabas, palavras vernáculas. A letra é parte integrante da língua nacional. Aqui, não. Como pertencer a um alfabeto sem pertencer a uma língua nacional? O Brasil no Ocidente seria apenas um Acidente de percurso? Assim como os seus selvagens? Assim como o jovem mineiro?

O poema de onde extraímos os versos acima se chama obviamente "K.", como poderia se chamar Kafka, Robinson Crusoé, ou "Os excêntricos" (*Boitempo*). Prova? ei-la: "Diz: 'Vou para o Japão' e tranca-se no quarto, só abrindo para que lhe levem alimento e bacia de banho, e retirem os excretos. No fim de seis meses, regressa da viagem". Continuemos: "Data suas cartas de certo lugar: 'Meio do mundo, encontro das tropas, idas e vindas'".

As cartas trocadas por Carlos e Mário possibilitam que se apalpe a carne viva da matriz que enobrece a poesia de Carlos Drummond de Andrade como um todo — o desajuste. Ele é motor na máquina do poema drummondiano e razão maior para a teatralização do drama poético que na vida se desenrola. A matriz recobre a microestrutura (indivíduo) e a macro (mundo) e percorre todos os estágios intercalados. Ela conclama o discurso poético a se debruçar sobre os *laços hierárquicos*, que fundaram a ordem no passado e tendem a desaparecer, e a se debruçar também sobre os laços que, se ainda permanecem, são desprezíveis e injustos. "— Ó vida futura! nós te criaremos."

O desajuste se expressa por paradoxos e fala a linguagem da justiça e dos novos e futuros contratos sociais. O poeta escreve certo por linhas tortas. Sem que se definam os laços sociais, as peças que compõem o indivíduo no mundo ficam isoladas, soltas e disparatadas, em estado de caos. Como em *Hamlet*, o fantasma do desajuste pode sussurrar-lhe no ouvido: *"The time is out of joint: Oh cursed spight,/ That ever I was borne to set it right"* [O mundo está fora dos eixos. Oh! maldita sorte.../ Por que nasci para colocá-lo em ordem!].

Compete ao poeta encaixar as peças umas às outras, perfazendo um todo orgânico e não uma mera sobrecapa de idiossincrasias.

Ao encaixar as peças disparatadas, ao buscar para a letra "k" o aconchego redentor do alfabeto, o poeta perfaz um mundo igualitário, fraterno e justo. Os laços hierárquicos precisam ser *inventados* pelo poeta. Ele desdenha o que se lhe oferece gratuitamente pela tradição: "[...] baixei os olhos, incurioso, lasso,/ desdenhando colher a coisa oferta/ que se abre gratuita a meu engenho" ("A máquina do mundo", *Claro enigma*). O poeta terá de inaugurar[12] os laços hierárquicos, antes que o mundo desapareça pelo efeito da bomba atômica. "O homem/ (tenho esperança) liquidará a bomba." Tarefa urgente e gigantesca a ser encetada. O indivíduo em relação à família nuclear, aos estudos, à profissão etc. A família nuclear em relação ao clã, ao partido político, à cidade, à região etc. A região em relação à política e à economia nacionais, à nação etc. A nação *no* concerto do mundo.

Entre o micro e o macro, pesa sobre a poesia de Carlos Drummond de Andrade a poesia renascentista portuguesa, de Sá de Miranda a Camões, que será recuperada explicitamente em *Claro enigma*, com o poema "A máquina do mundo", óbvia reescritura do tópos que se encontra no canto ix de *Os lusíadas*. Naquele canto é oferecido como prêmio a Vasco da Gama pelos seus feitos o conhecimento divino do mundo. Na década de 20, a matriz da poesia drummondiana ainda era trabalhada pelo *avesso* da máquina do mundo — o *desconcerto do mundo*, tema da famosa oitava de mesmo nome. Aliás, é o desconcerto do mundo que sempre trabalha qualquer resquício de utopia gratuita na poesia de Carlos Drummond. Ensina-nos António José Saraiva, lendo a lírica de Camões:

> O que é na realidade a hierarquia social? Um "regimento confuso", resultando de "um antigo abuso", que dá o mundo àqueles que o utilizam para praticar injustiças. Que são os reis? Sua ambição "é fartar esta sede cobiçosa/ de querer dominar e mandar tudo/ com fama larga e pompa suntuosa". Mas o vulgo não vale mais; em vez de se guiar pela razão, guia-se "por uma opinião e usança antiga". Persuadin-

do-se de que o mundo está ordenado de maneira a favorecer os maus, diz Camões que resolveu fazer-se mau como os outros. Mas nem esta lei geral se mostrou verdadeira, porque foi castigado.

O pessimismo camoniano, sempre sublinhado na leitura de Rodrigues Lapa da oitava "O desconcerto do mundo", não encontra total abrigo na lei drummondiana do mundo a ser concertado. Contrabalança-o uma nota de esperança. A esperança é efeito do humor? Talvez. Relembremos o verso do "Poema de sete faces": "[...] se eu me chamasse Raimundo/ seria uma rima, não seria uma solução". É efeito do gosto pela dúvida que desconstrói a religião? Leiamos "Romaria": "Os romeiros pedem com os olhos,/ pedem com a boca, pedem com as mãos./ Jesus já cansado de tanto pedido/ dorme sonhando com outra humanidade". É efeito do nacionalismo, compartilhado com os pares modernistas, força centrífuga que ousa fazer tábula rasa e inventar a nação brasileira a partir de zero? Leiamos "Hino Nacional" através de alguns versos soltos: "Precisamos descobrir o Brasil!", "Precisamos colonizar o Brasil", "Precisamos educar o Brasil", "Precisamos louvar o Brasil", "Precisamos adorar o Brasil!". Versos soltos que, no final do poema, passam pela matriz do desajuste e se recolhem à insignificância: "Precisamos, precisamos esquecer o Brasil!".

Na poesia de Carlos o desconcerto do mundo se manifesta de maneira mais evidente através de um inventário das perdas, cujo melhor exemplo é a carta 58, onde fala da morte prematuríssima do filho em 1927:

> Meu filhinho viveu apenas meia hora. Nasceu às 4 e 15 da tarde e morreu às 4 e 45. O médico disse que era hepatite luética congênita. Mas parece que ele morreu de asfixia. Fiquei tão alegre vendo-o nascer e sabendo que era homem que nem reparei no que se estava passando e foi o seguinte: o menino nasceu roxo, ansiado, e sem chorar, gemendo apenas. Logo o puseram numa bacia de banho e ali a parteira o batizou, na minha frente, sem que eu visse. Depois de vestido, fechou os olhos, eu pensei que estivesse dormindo, Dolores disse que estava com um pressentimento que ele tinha morrido.

As palavras que melhor podem recobrir essa perda, em 1927, e, no ano anterior, o retorno malfadado[13] de Carlos a Itabira para tocar a fazenda herdada, talvez sejam versos do outro grande poeta em língua portuguesa, Fernando Pessoa:

Onde pus a esperança, as rosas
Murcharam logo.
Na casa, onde fui habitar,
O jardim, que eu amei por ser
Ali o melhor lugar,
E por quem essa casa amei —
Deserto o achei,
E, quando o tive, sem razão p'ra o ter.
Onde pus a afeição, secou
A fonte logo.
Da floresta, que fui buscar
Por essa fonte ali tecer
Seu canto de rezar —
Quando na sombra penetrei,
Só o lugar achei
Da fonte seca, inútil de se ter.
P'ra quê, pois, afeição, 'sperança,
Se perco logo
Que as uso, a causa p'ra as usar,
Se tê-las sabe a não as ter?
Crer ou amar —
Até à raiz, do peito onde alberguei
Tais sonhos e os gozei,
O vento arranque e leve onde quiser
E eu os não possa achar!

Em Carlos e Mário não há o *desígnio* da participação político-partidária. À vista do sistema político-partidário medíocre, que caracteriza a história social brasileira, à vista da transitoriedade dos programas revolucionários de caráter planetário, optam pela solidariedade universal e pela solidão do poeta (entenda--se: de cada indivíduo na maioridade). De Carlos, leia-se pelo menos o poema "Mãos dadas", em *Sentimento do mundo*; de Mário leia-se pelo menos o poema "Nunca estará sozinho", em *Lira paulistana*.[14] Optam pela revolta que visa à camaradagem, cujos contornos foram definidos por Albert Camus no romance *A peste* e, em particular, no ensaio *O homem revoltado*, onde faz a crítica desconstrutora do individualismo ferrenho contido no cogito cartesiano: *"Je me révolte donc nous sommes"* [Eu me revolto, logo nós somos].

No romance citado de Camus, Mário poderia ser identificado ao personagem do padre (preocupado com a salvação da *alma*), e Carlos, ao personagem do médico (preocupado com a saúde do *corpo*). Ao se suicidar, o padre deixou incompleto um manuscrito cujo título é esclarecedor das posições em confronto: será que um padre, em tempos de peste, pode consultar um médico? Se fosse dado ao médico o direito de consultar, em crise, um cristão e de receber ensinamento, Mário seria o eleito, como o foi. Escreve-lhe Carlos:

> Vou fazer pra você uma confissão geral que não fiz ao padre porque, embora seja católico, acho que este senhor não tem nada com minha vida. E sua carta é que provoca esta confissão. Li com os olhos molhados o que você me mandou dizer. E como foi bom para mim! Agora estou mais consolado. Você me tirou um grande peso do coração.

Carlos & Mário: corpo & alma, saúde & salvação. A paixão medida & a devoção cristã. Carlos Drummond: "E sem alma, corpo, és suave" (*Claro enigma*).

No plano propriamente político-partidário, os dois optam pela revolta e não pela ação ou pelo discurso de teor panfletário, populista ou doutrinário. Seremos todos cidadãos, ou *não somos*. Optam pela ação com vistas a um amplo e libertário projeto cultural para o Brasil, revestido necessariamente pela luta revolucionária na área da educação pública. No plano municipal, estadual ou federal, cultura e educação são os fundamentos da transformação social, e não a política afinada pela ação partidária. Será que acreditavam na *neutralidade* da arte e da educação? da educação pela arte? da arte pela educação? Oswald de Andrade sussurra-nos o credo modernista: "A massa ainda comerá do biscoito fino que fabrico".

Apesar de serem descrentes de partido político, ficam próximos dos estadistas e dos pequenos políticos pelos azares do dia a dia. Pesa-lhes a crença difusa na necessidade de modernizar e robustecer (entenda-se: democratizar) a administração dos negócios do Estado e as instituições públicas. Repugna-lhes, ao mesmo tempo, qualquer pensamento ou atividade que seja circunscrita por uma ideologia nacionalista vociferante. É vasta a bibliografia sobre o "nacionalismo pragmático", defendido por Mário, e indiretamente por Carlos.

No poema "Cidade prevista", Carlos Drummond delineia o contorno da utopia: "Um mundo enfim ordenado,/ uma pátria sem fronteiras,/ sem leis e regulamentos,/ uma terra sem bandeiras,/ sem igrejas nem quartéis,/ sem dor, sem febre, sem ouro,/ um jeito só de viver,/ mas nesse jeito a variedade,/ a multiplicidade toda/ que há dentro de cada um". Lutam ambos pelas regalias que a liberdade individual pode conceder a todo e qualquer ser humano. Como Carlitos, acreditam que não nascemos para viver em rebanho. Passageiramente podem se engajar num projeto comunista, mas dele se distanciam quando descobrem as falácias autoritárias do socialismo *à la russe*, ou quando o coração solfeja o acorde do solitário. Trabalham as prerrogativas do *não*: não à injustiça, à miséria, ao analfabetismo, aos desmandos de classe, ao preconceito, à dor. O pessimista é apenas *menos* otimista do que os companheiros de geração.

Preferem não sujar as mãos — para retomar a expressão sartriana — pela filiação pura e simples a determinado partido político; no entanto do sistema no poder se *aproximam* por dois vieses complementares e desajustados. Ambos acreditam que, no Brasil, ou seja, nas nações em vias de desenvolvimento, o Estado é o principal fator de modernização. Alimentam e reformam as palavras de Getúlio Vargas, como alimentariam e reformariam as palavras de Juan Perón e de Lázaro Cárdenas. Aprimorar a máquina do Estado significa melhorar qualitativamente a condição de vida do cidadão brasileiro. Duas consequências. Por um lado, em virtude da profissão escolhida, *muito* se aproximam do partido político que está no poder. Os dois são servidores públicos. Por outro lado, *pouco* se aproximam dos partidos em luta na arena política, em virtude de julgarem a política através dos óculos da ética.

As lentes dos óculos da ética são bifocais e calibradas pela noção de *cumprimento do dever*. Daí as críticas que servidor público e artista, cada um por seu turno e lado, merecem. A contradição entre servidor e artista e o descompasso entre Estado nacional e partido político têm de ser trabalhados tanto pela figura da contradição (próximo/distante) quanto pela figura da gradação (muito/pouco). Entre os valores de sobrevivência, ditados pelo cidadão no plano individual, e os valores políticos, ditados pela ética no plano coletivo, Carlos e Mário não se definem com clareza, pois esses dois grupos de valores constituem um reservatório — contraditório e ambíguo, é claro, em nada original tampouco — de experiência e reflexão que não responde à vontade férrea dos *imediatistas*, mas que serve de suco suculento aos que procuram se robustecer face à brutalidade do real e à urgência dos chamamentos.

Mais complexo se torna o descompasso entre servidor público exemplar e artista comprometido, face ao Estado modernizador e ditatorial, quando se atenta para o fato de que o fundamento da construção da personalidade pública de Carlos e de Mário é a *literatura*. (Note-se, nas cartas de Carlos, a insistência em grifar o verbo "ser".) As peças literárias que produzem comportam uma nítida e indiscutível opção pela melhoria da condição cultural, social, política e econômica das classes populares, daqui e de qualquer região do globo. Esse outro descompasso — entre as ideias revolucionárias, expressas na obra literária, e as atitudes conservadoras, assumidas no cotidiano pelo servidor — é visto como vergonhoso pelos radicais de plantão, tanto os de direita quanto os de esquerda, para retomar a dicotomia da época. Segundo os primeiros, o funcionário público exemplar tem de renegar em público a sua produção literária para continuar a fazer parte do grupo político alçado ao poder no estado ou na nação. Segundo os outros, o grande poeta tem de abdicar da sua função no serviço público, sempre circunscrita pelas contingências dos grupos políticos no poder, e assumir a superfície da palavra poética que produz e divulga. No interstício entre os dois planos é que brotam e se espraiam as polêmicas (muitas delas intestinas e raríssimas vezes públicas), as ameaças e as represálias, que assediaram a carreira profissional e literária de Carlos e Mário. Ao inventário das perdas no plano privado se soma o catálogo das derrotas no plano público.

Carlos e Mário não conseguem levar vantagem em tudo. No caso de Mário, cite-se a expulsão (a palavra não é forte) do cargo de diretor do Departamento de Cultura do Estado de São Paulo, ao meio de extraordinário trabalho em execução.

Leia-se a carta que o destituído escreve, em 1938, a Rodrigo Melo Franco de Andrade, então integrante do ministério Capanema: "Quero escuridão, não quero me vingar de ninguém, quero escuridão. Qualquer coisa serve, quero partir, agora que já ficou provado que não roubei nada nem pratiquei desfalques. Só isso me interessava saber e está provado pela devassa que fizeram". No caso de Carlos, cite-se o pedido de demissão do Ministério da Educação e Saúde, ao apagar das luzes do Estado Novo, e o desemprego em época de crise. Na época, Carlos aceita passageiramente posto na direção da *Tribuna Popular*, órgão do Partido Comunista Brasileiro. Situações passageiras e embaraçosas, que encontram seu fim no retorno de Carlos e Mário ao serviço público. Na década de 30, Mário sai do plano estadual e passa à esfera federal; na década de 40, Carlos volta ao ministério de que se demitira, trocando de andar.

Rodrigo Melo Franco de Andrade tira a um e ao outro do desemprego. Curioso ou notável? Peçamos emprestado a Antonio Candido o julgamento sobre Rodrigo, válido para os demais companheiros:

> A sua dedicação era total, chegando à renúncia das próprias veleidades. Ele procurava inclusive apagar-se atrás da tarefa, desprezando qualquer brilho ou vantagem, como se quisesse dissolver-se no cumprimento do dever, concebido com o mais exigente rigor e apresentado, no entanto, como se fosse mera obrigação corriqueira.

As cartas são excelente documento de análise dos percalços da vida pública dos dois grandes poetas. Nelas se detecta menos o gosto narcisista pelo palanque e pelo holofote, mais o gosto pela explicação e pela justificativa por estarem onde estão. Menos o gosto pelas benesses que enriquecem, mais a dedicação ao trabalho público que enobrece.

Assim como a vida literária, a vida pública de Carlos e Mário se coloca sob o signo da amizade. Em 1929, quando a *Revista de Antropofagia* (leia-se: Oswald de Andrade) denigre Mário, Carlos compra briga com Oswald e socorre o amigo, desligando-se da revista e hipotecando solidariedade: "Para mim toda a literatura não vale uma boa amizade", consigna em carta aberta. Assim sendo, quando Carlos e Mário conversam um com o outro, não há a necessidade de acertar constantemente os ponteiros para evitar os mal-entendidos.

São raros os momentos de desentendimento, o mais enigmático é o sucedido em 1942.[15] Já o mesmo não ocorre na correspondência entre Mário, senhor feito, e o jovem Murilo Miranda.

A nova geração exige, cobra, coteja, coloca contra a parede os *velhos*. Colocado contra a parede por Murilo Miranda, Mário historia — com cuidado pouco comum em intelectuais brasileiros — o percurso da sua vida de artista/servidor público. Em primeiro lugar, define o emprego público como "suicídio" passageiro do artista. ("O Departamento é meu túmulo. Não sei quanto tempo durará esse túmulo.") Em seguida, considera que a atividade do artista, na qualidade de servidor público, não deve traduzir ação político-partidária, mas antes deve recobrir-se pelos princípios da "arte de ação pela arte". ("O Departamento vinha me tirar do impasse asfixiante, ao mesmo tempo em que dava ao escritor suicidado uma continuidade objetiva à sua 'arte de ação' pela arte.")

* * *

Não há o *desígnio* de participação político-partidária em Carlos e Mário. Se ela acontece — e aconteceu muitas vezes no decorrer de décadas —, duas figuras sobressaem na explicação que nos é dada, tanto por Carlos quanto por Mário. Nomeemos as duas figuras: o *sorteado* e o *eleito*. Sorteado pelo acaso. Eleito pela competência. Sorteado ou eleito, o artista acaba por aceitar cargo público e por se filiar (indiretamente, se não me engano) a partido político que despreza, ou em que não acredita totalmente. A filiação (indireta, repetimos) se dá sempre através de um canal específico — o jornal. O jornalismo, jornalismo cultural, realiza o rito de passagem.

Desde 1921, Carlos colabora no *Diário de Minas*, órgão do Partido Republicano Mineiro, e, em 26, fará parte da redação. Desde 1927, Mário colabora no *Diário Nacional*, órgão do Partido Democrático, criado em oposição ao Partido Republicano Paulista. Carlos estará associado aos tenentistas mineiros e será conduzido às trincheiras da Revolução de 30, conforme atesta o poema "Outubro 1930" (incluído tardiamente em *Alguma poesia*, como a querer provar o passado de militância tenentista do poeta). Mário estará associado aos constitucionalistas e será conduzido às trincheiras do movimento paulista de 32. O primeiro acaba por se envolver, depois da bem-sucedida experiência estadual, com o projeto nacional da educação. O segundo acaba por se envolver, depois do malogro da experiência regional, com o projeto nacional da cultura. Ambos, como estamos salientando, desenvolvem atividades no plano público em que se busca integrar o estadual ao nacional e a cultura à educação.

Um tenentista pode ser amigo de um constitucionalista? um constitucionalista pode ser amigo de um tenentista? A resposta às duas perguntas traz à baila dois momentos delicados na amizade de Carlos e Mário.

Carlos está em Barbacena em outubro de 1930. Faz parte das tropas revolucionárias mineiras.[16] Washington Luís, presidente da República, tinha sido deposto no Rio de Janeiro. Seu primeiro pensamento foi telefonar do quartel-general da tropa mineira para Mário, que estava do lado dos perdedores. Não temos documento da fala de Carlos, datado da época. A sua fala, o diálogo entre os dois está transcrito na carta em que Mário agradece o telefonema do amigo, datada de 24 de setembro de 1930. O telefonema acaricia os dias tristes por que passa a família de Mário, já que seu irmão, Carlos de Morais Andrade, está preso, e os familiares são seguidos na rua por *secretas*. Mário reage com dignidade ao carinho fraterno que justifica o telefonema: "Quanto ao bem moral que você me fez, isso não se conta nem paga. Afinal sempre é triste a gente constatar o avacalhamento moral a que os paulistas tinham atingido. Toda a riqueza bonita de tradição e feitos nossos, convertidos no que fomos nesta Revolução [a de 30], é triste".

A situação não se repete em novembro de 1932. Mário está em São Paulo. De novo, está do lado dos perdedores. No dia 6 de novembro daquele ano, endereça carta a Carlos, cujas palavras seriam consideradas inconvenientes e até grosseiras, não tivessem sido ditadas pela paixão desmedida e pela cegueira momentânea:

> Você, Carlos, perdoe um ser descalibrado. Este é o castigo de viver sempre apaixonadamente a toda hora e em qualquer minuto, que é o sentido da minha vida. No momento, eu faria tudo, daria tudo pra São Paulo se separar do Brasil. [...] Jamais me faltou o instinto de solidariedade. Agora falta, abatido por uma solidariedade mais precária. Porém mais imediata: a solidariedade paulista, que compensa tudo, me desfaz numa unanimidade vermelha e inventa a raça. [...] é um egoísmo fulgurante. [...] Você, nacionalmente falando, é um inimigo meu agora. Você talvez não sinta isso, eu sinto. [...] pros amigos perfeitos ainda considero uma ignomínia eu me enfeitar. Estou nu.

No caso de Carlos, tracemos rapidamente o percurso que trilha até a Revolução de 30. Sorteado pelo *acaso*. No caso de Mário, também rapidamente recuperemos as suas andanças depois da adesão apaixonada ao movimento constitucionalista. Eleito pela *competência*.

Até 1926, Carlos era um rapaz dependente da mesada paterna. Confessa a Mário no dia 1º de abril de 1926: "Até hoje não ganhei um vintém com a minha mão, a não ser aquele cobre da *Noite* [pagamento dos artigos escritos para a seção "Mês Modernista"] e um outro menor ainda em Belo Horizonte. ATÉ HOJE VIVO À CUSTA DE MEU PAI". A confissão é dolorosa para um homem de 23 anos, recém-casado e formado em farmácia, pouco disposto no entanto a exercer a profissão. Carlos tenta se compreender na sua *dolce vita*: "[...] não sei por que essa minha incapacidade de trabalhar. Talvez devido à criação cheia de mimo, às doçuras amolecentes de minha mãe e à condescendência, disfarçada em secura, de meu pai... O certo é que me acho zonzo diante da vida, e à mercê dos acontecimentos". Zonzo e à mercê dos acontecimentos, partira para Itabira, disposto a tocar com o irmão a fazenda que tinha herdado. Fracassa. O irmão lhe arranja um lugar de professor de geografia no colégio local. Tem de levar às pressas a esposa a Belo Horizonte, em virtude do estado de saúde delicado, grávida que está do primeiro filho. Regressa sozinho a Itabira: "Deixei minha mulher em Belo Horizonte, a conselho médico, e vim cavar a vida. De novo no buraco, Mário! E de cabeça pra baixo".

Nessa encruzilhada da vida, zonzo e à mercê dos acontecimentos, é sorteado pelo acaso em outubro do mesmo ano: "Um amigo camarada me arranjou um lugar de redator no *Diário de Minas*, jornalzinho do PRM, de sorte que larguei a geografia pra pegar no oficialismo". O amigo camarada é Alberto Campos, irmão de Francisco Campos, então secretário do Interior no governo mineiro e futuro todo-poderoso ministro da Educação e Saúde e da Justiça, também autor da Carta do Estado Novo. O partido não é do agrado e da eleição de Carlos. São constantes e numerosíssimas as críticas que faz em poema, crônica e entrevista ao conservadorismo rastaquera do PRM. O emprego é do seu agrado. Em entrevista radiofônica, confessa a importância do jornalzinho que fez na juventude. Justifica: é como que a "antecipação da única coisa na vida que eu faria com certo prazer: o jornalismo profissional. E que não pude fazer como desejava, pois a burocracia tomou conta de mim, fiquei sendo jornalista bissexto". Do jornal do PRM a membro do quadro burocrático do PRM, um pulo. Aparentemente sem nexo com a política partidária mineira, o pulo intrinsecamente o liga a ela, o ata para todo o sempre.

Contrariando as expectativas, Mário passa de perdedor na *débâcle* constitucionalista a vencedor na política paulista. Constituiu fortes laços de amizade e fraternidade com ilustres políticos, para não mencionar o irmão Carlos, que era militante de primeira hora. Em 1935 será por eles eleito pela *competência*. Paulo Duarte apresenta Mário ao prefeito de São Paulo, Fábio Prado, no momento em que este organiza o seu gabinete. Não sem grandes empecilhos, Mário é nomeado logo em seguida diretor do Departamento de Cultura. O fato é narrado em carta a Carlos, datada de 19 de setembro de 1935:

> O Fábio Prado confiou em mim, pôs mesmo em mim uma confiança admirável de generosidade. Eu fui muito combatido quando ele falou o meu nome, e ele fincou o pé contra toda argumentação poderosíssima da política. O Fábio me dava um lugar primordial na Municipalidade, lidando com centenas de indivíduos, e eu nem pertencia ao partido![17]

CARLOS E MÁRIO: SUAS CARTAS. NOSSAS CARTAS

Esta introdução à leitura delas não deve ser tomada ao pé da letra. Eu as fiz estrategicamente minhas, para que você, leitor, não se amedrontasse ao querer fazê-las suas. Pela edição em livro todos temos direito sobre elas. Cumpre a você julgar esta introdução como um passo firme e oscilante, precário, de alguém que teve a sorte de ser o primeiro *estranho* a aventurar-se pela caverna da correspondência privada. Pode no máximo servir como ferramenta de trabalho — uma lanterna. Nisso é semelhante às notas, que se encontram no final de cada carta. Não se intimide diante da introdução e das notas abundantes. Elas não têm valor explicativo ou interpretativo, inibidor da inteligência e da imaginação do leitor. Podem ser dispensáveis. Mas, caso sejam necessárias, introdução e notas aqui estão para *elucidar* esse ou aquele ponto impreciso. Leia as cartas uma depois da outra. Só pare para consultar as notas ou relembrar passagem desta introdução quando achar que o controle semântico do texto está sendo prejudicado por falta de referência que pode alumiar pontos obscuros do caminho que está sendo trilhado.

[2002]

Aleijadinho, Bretas e os poetas modernistas (1927-30)

> *O Aleijadinho não teve estrangeiro que... lhe desse gênio e as vozes brasileiras não fazem milagres em nossa casa.*
>
> Mário de Andrade, "Aleijadinho", 30 maio 1930

I.

No auge da fase nacionalista pragmática, Mário de Andrade escreve de um jato só o livro *Macunaíma*, posteriormente revisto. Em carta ao poeta e amigo Carlos Drummond de Andrade, datada de 18 ou 19 de janeiro de 1927, comunica que o romance já está escrito inteirinho e em segunda redação. Vai deixar o manuscrito na gaveta por seis meses. Esclarece o motivo por detrás da precaução: "daí pego nele e torno a passar a limpo definitivamente e com mais alguma ideia se aparecer". Mário aproveita a deixa e resume a trama de *Macunaíma* e enumera os principais personagens. Justifica em seguida a composição rapsódica do romance: "Não tem senão dois capítulos meus no livro, o resto são lendas aproveitadas com deformação ou sem ela". Pelo verbo "aproveitar", no sentido de "tirar proveito ou vantagem", refere-se ele às "práticas intertextuais" usadas na composição da rapsódia ficcional, para retomar as palavras de que se vale Eneida Maria de Sousa para analisar as passagens do livro pilhadas dos discursos já escritos da cultura brasileira, entre eles o famoso texto da *Carta de Pero Vaz de Caminha*. A angústia do criador vem finalmente sob a forma de pergunta ao confrade: "Não está apetitoso?".

Essa carta a Carlos é seguida de postscriptum interessantíssimo:

> Tenho um favor pra pedir pra você. Você vai fazer o impossível pra ver se me arranja aí um livro ou folheto sobre o "Aleijadinho" dum fulano chamado Rodrigo José Ferreira Bretas, aparecido talvez por 1858. Primeiro vá aí na Biblioteca Pública ver o que é. Não tem pressa mas tem importância. Com paciência talvez você descubra algum exemplar. Pergunte pra todos os conhecidos. Papel de fuinha. E mande dizer o preço que mandarei o arame. Ciao.

O fato de Mário não saber se escreve a carta no dia 18 ou 19 de janeiro é indicativo da alegria decorrente do pós-parto de *Macunaíma*. No entanto, se o leitor acentuar o contraste entre o corpo propriamente dito da carta (*Macunaíma* já em segunda redação e a ser revisto) e o suplemento posterior à assinatura (a súbita curiosidade por uma biografia de Aleijadinho), energizará um traço menos óbvio na troca de cartas, que me leva a levantar duas hipóteses.

Antes de levantá-las, enumero três dados que as justificam. *Macunaíma* não é tido como acabado pelo escritor. Vai hibernar na gaveta. Sua composição ainda está em aberto, é musical (isto é, não respeita a cronologia de uma vida, ao contrário do romance tradicional) e tem como modelo a rapsódia. Em lugar de buscar na biografia suporte para a composição da trama ou para o desenvolvimento dos personagens, *Macunaíma* cita e recita no decorrer dos capítulos a longa construção da cultura brasileira nas suas fontes mais concretas e legítimas. Provérbios, frases feitas, lendas e documentos do período colonial e pós-colonial, todo o já dito e o já escrito alimentam a imaginação do escritor e são apropriados por ele. A prática textual que incorpora o já dito pela sabedoria das nações e o já escrito pelo outro levou Eneida a ousar dizer que a escrita de *Macunaíma* "inscreve-se sob a marca perversa e inocente do roubo e se despe de todas as insígnias de propriedade". Elaboro, agora, as duas hipóteses.

Primeira: depois de se despedir de Carlos e assinar a carta, por que o missivista pede ao amigo mineiro um favor que — aparentemente — nada tem a ver com a trama e os personagens detalhados à exaustão no corpo da carta? Tanto mais interessante é o desconexo postscriptum porque Mário, no final da década de 10 e em meados da década de 20, manuseou a bibliografia sobre as cidades históricas mineiras e sobre o Aleijadinho e não há muito sentido para que sua curiosidade intelectual volte de modo tão canhestro ao tema em 1927. Dado o reconhecido e elogiado apetite intelectual de Mário, como poderia ter ignorado durante os oito anos que precedem 1927 a única biografia existente de Aleijadinho, a ponto de se equivocar quanto à forma de edição (seria livro ou será folheto?), não estar seguro quanto à data de sua publicação (talvez 1858) e tratar o nome do prestigiado e notável autor (professor, promotor e deputado provincial) como um mero "fulano".

Eis a segunda hipótese: com o manuscrito de *Macunaíma* a caminho da gaveta e à espera da terceira redação, seu autor não estaria à cata de novas leituras sobre figuras históricas importantes e ausentes da rapsódia? Ao ter guardado na gaveta a segunda redação de *Macunaíma* e depois de descrevê-lo amorosa e criticamente ao amigo itabirano, será que o autor pressentiu algum buraco mulato/mineiro/macunaímico na trama abrangente e nacional e quis preenchê-lo com a ajuda de algum importante texto de época? Viria daí o pedido ao "fuinha" de um favor quase impossível? Da leitura tardia do até então desconhecido Rodrigo Bretas poderia ele extrair novo e precioso *personagem* para a rapsódia, novo *roubo* para enriquecer a trama ainda não de todo fechada? Lembre-se que Mário afirma na carta ser ainda possível incorporar ao manuscrito "alguma ideia se aparecer".

Se há que dar bola preta para a louvada erudição de Mário de Andrade, tem-se, no entanto, de reconhecer que foi ele pioneiro e precursor das viagens de reconhecimento de Ouro Preto e de Mariana pelos modernistas. Em 1919, bem antes da eclosão da Semana de Arte Moderna, bateu-lhe o desejo cristão de visitar e homenagear o poeta simbolista Alphonsus de Guimaraens, que vivia então "retirado no seu solitário refúgio da velha e episcopal Mariana, a Católica". Na revista *A Cigarra* (1º ago. 1919), de onde extraímos a citação anterior e a próxima, Mário relata o encontro dos dois em estilo passadista que se casa, no entanto, com o estilo sublime do poeta simbolista mineiro: "Alphonsus de Guimaraens escutava-me em silêncio; e naquele sacrário de religiosa estesia, na mudez do passado que nos rodeava, pudemos ambos ouvir a voz da minha alma cantar, num epinício, à arte magnífica do mestre...".

Já as reflexões sobre a viagem pioneira a Minas se somarão a outras de caráter histórico e teórico e passarão a ser tema de conferências sobre a arte religiosa no Brasil colonial. Posteriormente, as conferências serão transformadas em quatro artigos, publicados na *Revista do Brasil* entre janeiro e junho de 1920.[1] Por seu turno, o amigo Drummond narrará em 1980 o encontro memorável de Mário e Alphonsus em Mariana no belo e extenso poema "A visita", hoje incluído em *A paixão medida*.

Como explicar o descompasso ocorrido entre o sólido conhecimento da arte colonial brasileira, ostentado por Mário desde 1919, e a desconcertante brecha bibliográfica posta a nu em carta de 1927?

Mário de Andrade tem sua compreensão primitiva da arquitetura e da arte colonial brasileira fundada nas ideias e livros de Ricardo Severo (Lisboa, 1869 – São Paulo, 1940), arquiteto português que, por ser defensor do ideal republicano, se exila no Brasil e se casa com a irmã do inventor Santos Dumont. Na década de 10, Severo filia-se ao Instituto Histórico e Geográfico de São Paulo[2] e é convidado pela família Mesquita a participar da criação da *Revista do Brasil*. Como chefe de escola, Severo defende a retomada da tradição luso-brasileira em arquitetura, e combate tanto o ecletismo do Velho e do Novo Mundo quanto o futurismo lecorbusiano a chegar a São Paulo na prancheta do ucraniano Gregori I. Warchavchik. Em cartas e artigos de Mário datados do início dos anos 20 há referências concretas — inspiradas por Severo e sustentadas também pelo jovem Lúcio Costa em textos e desenhos —[3] ao chamado "movimento neocolonial" em arquitetura, calcado na retomada dos riscos das nossas cidades históricas, idealizadas a partir do modelo metropolitano.

Tendo navegado em outras e diferentes águas institucionais e teóricas, é desconcertante e natural que Mário desconheça em 1927 a contribuição de Rodrigo Bretas.

Bola preta também para o jovem Carlos Drummond que, apesar de ter nascido e crescido nas Gerais, desconhecia Rodrigo Bretas e sua biografia pioneira. Na resposta à carta de Mário, também datada de 1927, fica claro que o futuro poeta maior não possuía informação alguma sobre a biografia que está na base do mito por excelência das artes no seu estado natal — o de Aleijadinho. Drummond nada sabe sobre o título do livro ou do folheto e não encontra o nome do autor no fichário da Biblioteca Municipal. De modo depreciativo, Drummond substitui "livro/folheto" por "simples artigo" e o "fulano" andradino por "esse sujeito".

No mato sem cachorro, Drummond vale-se de terceiro. Consulta o ouro-pretano Mário de Lima, então diretor do Arquivo Mineiro, que lhe passa a informação básica. Trata-se de artigo que se encontra no jornal oficial do estado de Minas Gerais, publicado em Ouro Preto, o qual será posteriormente transcrito nas *Efemérides mineiras*. Consulta, ainda, Melo Viana, ex-presidente da província e atual vice-presidente da República, sobre a possibilidade de se obter um exemplar das *Efemérides*. Edição esgotada.

Como bom e fiel amigo, Drummond irá então esbanjar camaradagem e boa vontade. Na Biblioteca Municipal de Belo Horizonte, onde está arquivado o jornal oficial, faz finalmente o *homework* de Mário. À maneira de monge beneditino, presta o favor impossível. No tempo em que não havia reprodução técnica disponível em biblioteca pública, copia o longo artigo/biografia de Bretas à mão e a lápis. Eis trecho da carta-resposta de Carlos Drummond, datada de 7 de fevereiro do mesmo ano:

> Fui direitinho à Biblioteca Municipal cavar o tal livro ou folheto de Rodrigo Bretas sobre o Aleijadinho, mas não achei nada pelo motivo muito simples de não ter livro nem folheto desse sujeito sobre o assunto. Perguntando ao doutor Mário de Lima, ex-diretor do Arquivo, e sabedor de coisas sobre Aleijadinho, fiquei sabendo que o trabalho do Bretas é um simples artigo publicado num jornal de Ouro Preto, em 1858 e transcrito nas *Efemérides mineiras*, de Xavier da Veiga. Estas *Efemérides* estão esgotadas. O Melo Viana diz que mandou tirar nova edição, o certo é que ela até agora não apareceu, quando aparecer mandarei para você, não custa nada. Mas pra que você não ficasse esperando, resolvi copiar o tal artigo na Biblioteca, e a cópia vai aí. É a lápis porque não tive tempo de passar a limpo, me desculpe e vá lendo assim mesmo. Procurei respeitar ortografia e sintaxe do autor, inclusive crases sem cabimento, palavras escritas de dois modos etc. E que sirva pra qualquer coisa, é o que desejo.

Qual a serventia imediata da cópia manuscrita, a lápis, da biografia do Aleijadinho escrita por Bretas? Tudo indica que não há em *Macunaíma* alusão ao escultor mulato e sua vasta obra, ou pedidos de empréstimo aos *Traços biográficos relativos ao finado Antônio Francisco Lisboa*, de Rodrigo José Ferreira Bretas. Mas, a partir de 1927, o arquiteto e artista mineiro e seu biógrafo passam a frequentar com insistência — como se verá no transcorrer deste trabalho — a imaginação crítica de Mário de Andrade e dos demais companheiros de geração.

Outras leituras dos escritores modernistas levam-me a supor que o nome do primeiro biógrafo de Aleijadinho tenha sido soprado ao ouvido musical de Mário por terceiro, o poeta Manuel Bandeira, e ali tenha ficado ressoando. Sabemos que o mestre paulista não gosta de dar o braço a torcer. Prefere pedir socorro ao discípulo mineiro, caindo no infindável desfiladeiro dos dados imprecisos. Pede-lhe um favor impossível, já que a sugestão de leitura não lhe veio das Gerais e conta apenas com dados bibliográficos vagos.

2.

Levante-se nova hipótese: a *cola* oferecida por Bandeira a Mário talvez denuncie o descontentamento do poeta recifense com os estragos causados pelo arquiteto lusitano e mentor Ricardo Severo na avaliação por parte de Mário da arte colonial brasileira. E talvez anuncie (ou denuncie) a crescente presença do mineiro Rodrigo Melo Franco de Andrade — descendente direto de Rodrigo Bretas, como se lerá — na liderança do movimento em favor do tombamento/ restauração da arquitetura e da arte barroca brasileira.

Aliás, o exercício conjugado de "tombar e restaurar" o patrimônio público colonial sugere que, desde o final da década de 20, a ideia está na ordem do dia entre os principais intelectuais modernistas. O binômio repercute e percorre as crônicas de Manuel Bandeira, hoje reunidas em *Crônicas da província do Brasil*. Em "Um purista do estilo colonial", Bandeira desanca um "usineiro [pernambucano] que teria botado abaixo a velha casa para não entregá-la ao patrimônio público". Na crônica "Velhas igrejas", observa primeiro que as autoridades locais "tinham transformado a velha capela barroca num detestável gótico de fancaria!", para afirmar no final da crônica: "As ruínas apenas entristecem. Uma restauração inepta revolta, amargura, ofende".

Em julho de 1928, Manuel Bandeira já bota banca na capital federal e dá as cartas. Publica na revista *Ilustração Brasileira* a crônica "O Aleijadinho" (texto revisto em 1930 e incluído hoje na coleção *Crônicas da província do Brasil*). Nela não só demonstra bom conhecimento do artigo jornalístico, ou seja, da biografia de Aleijadinho publicada nos anos de 1858 em Ouro Preto, como também expõe a amizade que mantém com o jovem bisneto de Rodrigo José Ferreira Bretas, o belo-horizontino Rodrigo Melo Franco de Andrade.

Nessa crônica — e, indiretamente, nos vários documentos que estamos levantando — percebe-se como, ainda no final da década de 20, a biografia de Bretas irrompe — de maneira auspiciosa, embora não programada — no circuito setecentista barroco que vinha sendo revigorado desde a Semana Santa de 1924, ocasião em que Blaise Cendrars e os paulistas viajam às cidades históricas de Minas Gerais e passam por Belo Horizonte, onde conhecem os jovens escritores da terra. *Traços biográficos relativos ao finado Antônio Francisco Lisboa* irrompe no circuito, estimula-o e o reforça, jogando o português Ricardo Severo para fora de campo. Quando a década de 20 se fecha, o circuito setecentista barroco já tinha transposto as respectivas e estreitas fronteiras estaduais. Está dando os primeiros passos com vistas a ganhar guarida nas várias instâncias do poder decisório federal, que serão aperfeiçoadas durante o governo Getúlio Vargas.

Em meados da década de 30, os esforços dos vários poetas modernistas — envolvidos com as aventuras rocambolescas inspiradas na caça ao "artigo" de Rodrigo Bretas, na sua leitura e divulgação — serão somados aos de historiadores e arquitetos. O todo será empacotado, codificado em estatuto e oferecido ao correligionário Gustavo Capanema, então ministro da Educação e Saúde (volta Carlos Drummond, agora como chefe de gabinete do ministério), e culminará, como se sabe, com o decreto presidencial que cria em 1937 o Serviço do Patrimônio Histórico e Artístico Nacional (SPHAN, posteriormente IPHAN). Organizador e primeiro diretor da instituição, o bisneto de Rodrigo Bretas, Rodrigo Melo Franco de Andrade, permanecerá durante trinta anos no cargo. Segundo publicação da Fundação Getulio Vargas/CPDOC, "ao longo das décadas em que Rodrigo Melo Franco de Andrade e seu grupo estiveram à frente do SPHAN, os tombamentos incidiram majoritariamente sobre a arte e a arquitetura barrocas concentradas em Minas Gerais, principalmente nos monumentos religiosos católicos". Relembre-se, finalmente, que em julho de 1933 a antiga Vila Rica tinha se transformado por decreto em "monumento nacional".

Já então o estilo neocolonial em arquitetura estava sendo execrado, em especial por Lúcio Costa, que tanto tinha admirado a cidade de Diamantina. Por ocasião da escolha do projeto arquitetônico para o Ministério da Educação e Saúde, em 1936, dá-se a vitória definitiva do estilo moderno, lecorbusiano. Em primeira instância, será eleito o projeto estilo "marajoara", de responsabilidade do arquiteto Arquimedes Memória. No entanto, o ministro Capanema anula a concorrência pública. Arquimedes não se faz de rogado. Dirige-se em carta ao presidente da República, denunciando a trinca ministro/chefe de gabinete/arquiteto, dados como agitadores comunistas:

> Não ignora o sr. ministro da Educação as atividades do arquiteto Lúcio Costa, pois, pessoalmente já o mencionamos a S. Excia. entre vários nomes dos filiados ostensivos à corrente modernista que tem como centro o Clube de Arte Moderna, célula comunista cujos principais objetivos são a agitação no meio artístico e anulação de valores reais que não comunguem no seu credo. Esses elementos deletérios se desenvolvem justamente à sombra do Ministério da Educação, onde têm como patrono e intransigente defensor o sr. Carlos Drummond de Andrade, chefe de gabinete do ministro.

Para detalhes, recomenda-se o livro *Colunas da educação: A construção do Ministério da Educação e Saúde, 1935-1945*, publicado em 1996.

3.

Observe-se que, desde a primeira hora, o poeta Oswald de Andrade está ausente do círculo interestadual de amigos a favor do binômio "tombamento e restauração". Mais se torna compacto e eficiente o grupo que participará da criação do futuro SPHAN, menos circula o nome do autor do "Manifesto Antropófago". A causa da ausência talvez se enraíze no seu repúdio ao estilo neocolonialista em arquitetura, teorizado e imposto por Severo e assumido inicialmente por Mário de Andrade e Lúcio Costa, e na sua precoce e decidida opção pelo estilo moderno internacional (ou futurista), visivelmente influenciado por Le Corbusier e lançado em São Paulo pelo ucraniano Gregori I. Warchavchik, autor do artigo-manifesto "Acerca da arquitetura moderna", publicado no jornal *Correio da Manhã* no ano de 1925. Warchavchik será responsável pela primeira casa modernista do país, localizada no bairro da Vila Mariana, na capital paulista, e concluída em 1928.

Em entrevista concedida em setembro de 1926 à revista *terra roxa e outras terras*, Warchavchik aborda a atualidade da arquitetura e da decoração em São Paulo, a fim de explorar a contradição gritante e irreconciliável — e fazê-la explodir — entre o estilo neocolonialista defendido por Ricardo Severo, Mário de Andrade e Lúcio Costa, e o estilo futurista lançado por ele e defendido entre outros por Oswald de Andrade. Lá se encontra ainda o elogio tanto da casa como "máquina de morar", tomado ao mestre Le Corbusier,[4] quanto do cimento armado em edifícios públicos.

Às vezes, compreendemos melhor o tema dominante numa narrativa histórica se o enxergamos pelas costas.

No decorrer da entrevista de 1926, o arquiteto ucraniano radicado em São Paulo lembra o caso de amigo culto que mandou construir sua casa com os últimos aperfeiçoamentos técnicos conhecidos. Como era pessoa de posses, tinha muitos objetos antigos. Observa Gregori num evidente juízo de valor estético: "Sem as antiguidades aquela casa nova, formava com os móveis igualmente novos, um conjunto reconfortante, claro, sadio, a tresandar alegria". O desacordo entre os móveis e objetos antigos e a residência moderna escandaliza quando o amigo tenta harmonizar o tocheiro d. João v com a poltrona cujos acolchoados são idênticos aos do mais cômodo automóvel. Caberia ao proprietário encontrar a forma correta de congraçar o velho com o novo. Pipoca a sugestão. Ele poderia ter liberado o interior da casa nova com a construção no jardim de um pavilhão isolado [sic]. Ali, em descontinuidade, as antiguidades seriam preservadas. Conclui o arquiteto ucraniano: pelos seus aperfeiçoamentos técnicos modernos, a habitação é uma máquina completa e simples, "avessa à indumentária de outras épocas em que estes não existiam". Lê-se ainda na entrevista o óbvio elogio da fábrica e do estádio desportivo, onde o cimento armado encontrará a sua maior utilidade, e a também óbvia depreciação do templo e do palácio, onde a tradição e o ornamento são de rigor:

> a maior expressão do gênio inventivo do arquiteto não está mais no templo, porém na fábrica, nem tampouco no palácio mas no estádio para esportes. Neste ele pode atirar à imensa distância um lance de cimento armado, que irá resguardar do sol e intempéries os milhares de espectadores de um torneio esportivo sem lhes molestar a vista com colunas.

4.

Voltemos à biografia escrita por Bretas e à crônica de Bandeira sobre Aleijadinho, datada de 1928 e já citada. Escreve ele:

Depois de Saint-Hilaire, só uma pessoa, ao que me consta, ocupou-se de tão extraordinário artista [o Aleijadinho], dando-se ao trabalho de indagações e pesquisas de primeira mão sobre a sua vida e obra. Foi o publicista mineiro Rodrigo José Ferreira Bretas, bisavô do meu querido amigo Rodrigo Melo Franco de Andrade.

Além de dar a informação até então mantida em caráter sigiloso (Bretas não é o "fulano", ou o "sujeito", na verdade é o bisavô do querido amigo de todos, Rodrigo Melo Franco de Andrade), Bandeira transmite ao leitor de jornal os dados essenciais contidos na biografia pioneira de Aleijadinho. Digno de nota é o fato de que o poeta recifense amplia para o plano da ignorância coletiva e nacional a simples desinformação bibliográfica (de Mário e de Drummond) no tocante ao artista e arquiteto mineiro e seus trabalhos geniais. A ignorância sobre o Aleijadinho grassa entre todos os brasileiros e principalmente entre os que, especialistas em história e arte, deveriam ter dedicado tempo, pesquisa e estudo a ele. Bandeira constata em 1928 e afirma: "Daí para cá não se tem feito senão repetir o que escreveu Bretas. Estudo propriamente não existe nenhum sobre o homem [Aleijadinho] que foi, inegavelmente, o maior arquiteto e estatuário que já tivemos. Na Europa um artista como o Aleijadinho teria dado motivo a toda uma biblioteca".

No desenrolar da crônica, Bandeira segue passo a passo os *Traços biográficos relativos ao finado Antônio Francisco Lisboa*. Julgo que seja um dos resumos mais bem-feitos do artigo jornalístico de Bretas, a ser complementado hoje com a leitura do ensaio de Rodrigo Melo Franco de Andrade, "A respeito de Aleijadinho" (datado de 1947 e hoje na coletânea *Rodrigo e seus tempos*). Neste se tecem importantes informações e considerações sobre a fonte mais fidedigna de Bretas, o texto escrito, no ano de 1790, por Joaquim José da Silva, vereador de Mariana. A outra fonte de Bretas, menos confiável, segundo Rodrigo, é o depoimento que lhe concede Joana, casada com o filho natural do Aleijadinho.

Saliente-se, enfim, o detalhe que marca a originalidade da postura crítica de Bandeira: decide manifestar a grande admiração pelo arquiteto e escultor Antônio Francisco Lisboa invocando o diminutivo — aleijadinho — que serve de apodo. Antes de ser estigma, o diminutivo — afirma Bandeira —[5] dignifica e exalta a saúde física e a força moral do homem e do artista. Vale a pena transcrever esta passagem da crônica:

O homem a que o diminutivo se aplicou nada tinha de fraco nem pequeno. Era, em sua disformidade, formidável. Nem no físico, nem no moral, nem na arte, nenhum vestígio de tibieza sentimental. Toda a sua obra de arquiteto e de escultor é de uma saúde, de uma robustez, de uma dignidade a que não atingiu nunca nenhum outro artista plástico entre nós.

O autor do clássico poema "Pneumotórax" escreve seu juízo crítico nas entrelinhas do perfil biográfico nitidamente calcado em Rodrigo Bretas. À semelhança do Euclides da Cunha de *Os sertões* (ver, em particular, o capítulo "Antônio Conselheiro, documento vivo de atavismo"), Bandeira se vale do recurso ao oximoro para avaliar o quilate que regula a ambiguidade das figuras populares e marcantes da nossa nacionalidade. Por outro lado, repare-se que, no trecho citado, a combinação de dois advérbios ("não", "nunca") com pronome indefinido ("nenhum") — todos na forma negativa — é também sinal de vigor da língua portuguesa falada no Brasil, tema caro ao poeta de "Evocação do Recife".

Já de posse do manuscrito escrito a lápis e enviado por Carlos Drummond, Mário de Andrade pode dar-se ao luxo de comentar e criticar — *as a matter of fact* — a importante crônica de Bandeira sobre o Aleijadinho. Comenta-a e a critica em carta ao próprio autor, datada de 29 de agosto de 1928:

> [...] li o artigo de você sobre o Aleijadinho. Só foi pena você não encompridar mais os pormenores de crítica que você pode fazer e de certo tem em si, sobre a arte do grandão.[6] O artigo está interessantíssimo, destrói uma porrada de críticas levianas (mesmo as minhas) sobre o homem, está bem informado, está justo e tem vistas novas. Gostei mesmo francamente e meus parabéns. Porque gostei quis contar pra você que gostei [...].

Atento, Bandeira comenta as observações elogiosas de Mário em carta datada de 2 de dezembro daquele ano. Escreve ao paulista: "gostei bem que você tivesse gostado do artigo sobre o Aleijadinho". Em seguida, transforma em autocrítica a crítica enunciada pelo amigo, insistindo na dívida que tinha contraído com Bretas: "Eu não podia encompridar a parte crítica: vi tudo aquilo às carreiras sem poder me informar suficientemente. Mas ainda assim certas coisas que vi e informações do Bretas me impressionaram logo à primeira vista e sobre esses aspectos é que falei".

Levantada no início deste prefácio, a associação de *Macunaíma* com o passado colonial mineiro representado por Aleijadinho está também em carta de Bandeira dirigida a Mário de Andrade no dia 5 de abril de 1928. Nela o poeta se diz maravilhado com a viagem que acaba de fazer a Ouro Preto e São João del-Rei e, às avessas do postscriptum interessantíssimo, incentiva a imediata publicação de *Macunaíma*. Opto por transcrever apenas o trecho abaixo, remetendo o leitor ao notável juízo estético de Bandeira sobre Ouro Preto, estampado na carta:

> E ponha fora [da gaveta] o *Macunaíma* enquanto os bestalhões que andam fazendo brasilidades não acabam de desgastar a gente do Brasil, do modernismo, da literatura, de tudo! É preciso fechar o ciclo, urgentemente, com obra do pesado. Eu ando tão aporrinhado que fiz um soneto sobre Ouro Preto, sim senhor! Soneto alexandrino, com *enjambements* e chave de ouro do Tripuí.

Bem mais tarde, em 1938, o soneto parnasiano a que se refere servirá de epígrafe ao *Guia de Ouro Preto*, que Bandeira escreverá a pedido do Ministério da Educação e Saúde, e, dois anos depois, o mesmo soneto abrirá a coleção de poemas intitulada *Lira dos cinquent'anos*. Leiamos o terceto final do poema escrito em 1928:

> *E avulta apenas, quando a noite de mansinho*
> *Vem, na pedra-sabão, lavrada como renda,*
> *— Sombra descomunal, a mão de Aleijadinho!*

Um ano depois de ter trocado carta com Mário sobre Bretas, Carlos Drummond demonstra ter copiado, lido e apreciado os *Traços biográficos do finado Antônio Francisco Lisboa* como também a crônica de Bandeira sobre o Aleijadinho. Vale-se de problemática desenvolvida naquela crônica — a lamentação referente à ignorância dos brasileiros em torno do Aleijadinho e das cidades históricas mineiras — para robustecer o longo artigo "Viagem de Sabará" que, em 1928, escreve para o número especial de *O Jornal*, dedicado a Minas Gerais, artigo incluído posteriormente na coletânea *Confissões de Minas* (1944). Por uma mirada de turista aprendiz é que Drummond retoma e alarga o tema da ignorância coletiva do brasileiro vis-à-vis da arte colonial mineira, exposto e desenvolvido por Manuel Bandeira. Leiamos Drummond, em paráfrase minha.

Quando o turista ou o visitante chega à cidade histórica de Minas Gerais, quais são os três tipos populares que se colocam à disposição para as informações indispensáveis? O menino, o velho e o sacristão — anota Drummond. Nosso conhecimento dos edifícios, dos templos religiosos e dos monumentos e nossa apreciação de seus artistas — deduz o leitor da ironia drummondiana — estiveram circunscritos à rudeza de três tipos provincianos, simples de espírito. O menino que conduz o visitante por Sabará ignora quase tudo, inclusive o nome de batismo do Aleijadinho. Presume-se que o velho seja mais bem informado, mas tem memória fraca e pernas trôpegas. De idade neutra, triste e vago, o sacristão deseja mostrar os livros da irmandade ao intelectual curioso, mas as chaves da sacristia nunca estão em seu poder.

Diante do descalabro espiritual reinante na cidade histórica das Gerais, o poeta de *Menino antigo* decide privilegiar a figura do garoto. Ao puxar conversa com ele, recebe apenas informações baralhadas sobre o aspecto físico do Aleijadinho, mas é ele quem não desmente o cerne da biografia escrita por Rodrigo Bretas. Enquanto degusta um pé de moleque, certamente oferecido pelo turista, o menino informa-lhe que o escultor "era um homem sem braços, sem pernas, tronco só, que fez todas essas igrejas que o senhor está vendo aí". Ao retomar o tema da ignorância coletiva desenvolvido por Bandeira, Drummond conclui em 1928: "Antônio Francisco Lisboa continua assim à mercê da inventiva popular, que lhe atribui feitos improváveis e obras de duvidosa autenticidade". Relembre-se, em contraponto, Bandeira: "Na Europa um artista como o Aleijadinho teria dado motivo a toda uma biblioteca". Ou, ainda, o Mário que nos acompanha desde a epígrafe: "O Aleijadinho não teve estrangeiro que... lhe desse gênio e as vozes brasileiras não fazem milagres em nossa casa".

É pelo aspecto físico do Aleijadinho que o cronista Drummond retoma a fala do menino para se inspirar, à semelhança de Manuel, na já então famosa biografia de Rodrigo Bretas. No ano seguinte àquele em que copia à mão e para o amigo o artigo biográfico de Bretas, escreve Drummond na crônica "Viagem de Sabará": "[...] porque Lisboa não nasceu aleijado, e Rodrigo Bretas, *seu único e veraz biógrafo* [grifo meu], nos afirma que só em 1777 começaram a roê-lo as muitas mazelas, que acumulou numa vida de farras franciscanas". E o cronista continua: "Antes disso, porém, já havia produzido muito, e é claro como água que suas obras mais perfeitas são anteriores à 'zamparina', ou à complicação do 'humor gálico com o escorbútico'".

De todos os modernistas daquela época, apenas Drummond — e Mário de Andrade, nos artigos de 1920, e posteriormente em 1928 — divide a obra do Aleijadinho em duas fases, dando a doença degenerativa como marco divisório. A separação em fases não é gratuita, já que conduz o poeta dublê de crítico de arte ao severo julgamento estético sobre as obras feitas no final da vida, quando o homem estava completamente deformado. Ao bater de frente com os oximoros idealistas inventados por Bandeira a partir do diminutivo que serve de apodo, o poeta mineiro não arrefece o ânimo e perde o sentido da misericórdia. Não titubeia: "Artista irregular, a doença repelente tornou-o mais irregular ainda, rasgando uma diferença maior entre as figuras que saíram de suas mãos outrora íntegras e hoje mutiladas".

Apesar de considerar Aleijadinho genial, o Mário de Andrade de 1920, motivado pela teoria neocolonialista defendida pelo letrado Ricardo Severo, de origem metropolitana, via no mulato mineiro

> [...] um mesquinho, que atravessou toda uma vida insulado na dor de ser feio e repelente, buscando dia a dia na sua bíblia a consoladora recompensa de se ver amado por um Deus, procurando na afeição do seu escravo Maurício, como um Camões da escultura, um eco das amizades que lhe recusara o mundo, sem meios para uma viagem de estudos ao Rio ou à Bahia somente, na sujeição constante das formas que vencia tirando da pedra ou da madeira os seus santos ou os seus anjos, esse mesquinho considero-o eu um mesquinho genial.

Não é fácil explicar o sentido do adjetivo/substantivo "mesquinho". Talvez signifique "estreito de espírito e de visão", como informa o dicionário. Outra afirmativa de Mário talvez explique melhor o adjetivo: "A alma criadora do gênio vivia nele, faltava-lhe a instrução". Em 1920, sobram Severo e os excessos técnicos do estilo neocolonialista, fazem falta Bretas e a biografia. Não é por acaso que, na carta já citada a Bandeira, Mário reconhece ter sido capaz de "críticas levianas" ao Aleijadinho.

O poeta que convive com o cronista leva Drummond a também mudar de opinião crítica a respeito das obras de Aleijadinho. Ao fechar a década, no mês de janeiro de 1930, ele publica no jornal *Correio da Manhã* o poema "O voo sobre as igrejas" (hoje em *Brejo das almas*, 1934). Nele, reiteradas vezes chama o artista de "mulato de gênio". Sem adversativas, rs. A mudança de opinião talvez seja a responsável pelo retorno ao texto propriamente literário da figura retórica do oximoro, desprezada na crônica "Viagem de Sabará", como assinalamos.

A associação de opostos é reapropriada por Drummond e se encontra visível no jogo entre o título do poema, que apresenta a obra do artista lá de cima (voo *sobre* as igrejas), e o poema propriamente dito, comandado pelo modelo de "elevação", tão caro à poesia espiritualista de Charles Baudelaire e de Alphonsus de Guimaraens. O movimento de cima para baixo do título, descensional, contrasta com o movimento de baixo para cima, ascensional, que circunscreve a viagem do poeta por Ouro Preto ("vamos subindo nessa viagem") e recobre de pura religiosidade e misticismo a apreciação dos trabalhos do artista barroco.

Leiam-se estes versos ascensionais do poema em contraste com a visão *à vol d'oiseau* do poeta, sugerida pelo título:

Vamos subindo, vamos deixando a terra lá embaixo.
Nesta subida só serafins, só querubins fogem conosco,
De róseas faces, de nádegas róseas e rechonchudas,
Empunham coroas, entoam cantos, riscam ornatos no azul autêntico.

O espírito elevado do poeta, que apreende a obra de Aleijadinho, compensa o antigo, pedestre e rude julgamento, sedimentado na doença degenerativa. Ao desenvolvimento do clima de espiritualidade se soma a estrofe final de "O voo sobre as igrejas", que se deixa comandar pela ingenuidade infantil. Os versos são escritos à imitação da abertura clássica das histórias da carochinha. A ingenuidade do estilo poético visa a desmistificar os aleijões físicos e lembra a fala simples do menino encontrado ao acaso em Sabará:

Era uma vez um Aleijadinho,
Não tinha dedo, não tinha mão,
Era uma vez um Aleijadinho [...].

5.

A década de 20 fora fechada prematuramente por Mário de Andrade, autor de longo, circunstanciado e substantivo ensaio sobre o Aleijadinho — "O Aleijadinho e sua posição nacional" (1928, hoje em *Aspectos das artes plásticas no Brasil*). Nele não só cita por duas vezes a biografia de Rodrigo Bretas, como incorpora muitas das observações críticas que vimos relatando. Nele também toma posse de outras veredas críticas e as explora.

Enumero os destaques do ensaio, onde nas entrelinhas se percebem alguns motivos teóricos que irão inspirar futuros pesquisadores e professores da Universidade de São Paulo, como Caio Prado Jr., Antonio Candido, Gilda de Mello e Souza, Maria Sylvia de Carvalho Franco, Roberto Schwarz etc. Enumero-os apenas:

1) para a entidade nacional brasileira, o mal-estar dos anos 1750-1830 é semelhante ao mal-estar dos tempos de agora (década de 20); tanto lá quanto cá, guardadas as devidas proporções, a cultura brasileira é sempre o eco atrasado da grandeza econômica do país;

2) na sociedade colonial brasileira, o mulato — grupo racial a que o Aleijadinho, segundo Mário, pertence — é o homem livre na ordem escravocrata: "nem eram negros sob o bacalhau escravocrata, nem brancos mandões e donos. Livres, dotados duma liberdade muito vazia, que não tinha nenhuma espécie de educação, nem meios para se ocupar permanentemente. Não eram escravos mais, não chegavam a ser proletariado, nem nada";

3) na cultura brasileira, a "imposição do mulato", a "normalização do mestiço", é expressão original da coletividade colonial (e não do colonialismo em si) e principia na segunda metade do século XVIII; Aleijadinho e outros mulatos geniais da época brilham nas artes plásticas e musicais; através deles, a Colônia principia a exercer influência sobre a Metrópole;

4) o Aleijadinho reinventa em Vila Rica o ateliê de artista do Renascimento; não só os discípulos completam o trabalho do mestre, como este é arquiteto, escultor e entalhador ao mesmo tempo (Mário se vale do "conceito totalista do criador", que remonta à Grécia, passa por cima da Idade Média e retorna na Renascença);

5) o reconhecimento pelos poderosos do valor do escultor e do arquiteto Aleijadinho redunda em remuneração significativa; chega a ganhar meia oitava de ouro por dia (apud Rodrigo Bretas); o Aleijadinho possui três escravos e uma escrava;

6) a "deformação" do modelo lusitano como exercício de originalidade, as igrejas não são expressão do "belo", mas são "muito lindas"; a crítica (ou melhor:

a autocrítica) ao epíteto "primitivo" se aplicado a Aleijadinho; descaso dos viajantes estrangeiros pela sua obra, exceção para J. Friedrich von Weech, Richard F. Burton e Auguste de Saint-Hilaire; o problema da autoria das obras;

7) na vida profissional, a doença terrível determina as duas fases, a sadia e a enferma; a serenidade equilibrada e a clareza magistral da primeira fase contrastam com o sentimento mais gótico e expressionista da segunda; as duas fases são também explicadas a partir da escolha do material de trabalho, a pedra-sabão e a madeira; "na pedra foi um plástico intrínseco, na madeira um expressionista às vezes feroz";

8) conclusão: Aleijadinho "é um mestiço, mais que um nacional. Só é brasileiro porque meu Deus! aconteceu no Brasil. E só é o Aleijadinho na riqueza itinerante das suas idiossincrasias. E nisto em principal é que ele profetizava americanamente o Brasil".

CODA

Fechado e lacrado o testamento do biógrafo Rodrigo José Ferreira Bretas, zeradas pelos poetas modernistas brasileiros as colunas de débito e de crédito do Aleijadinho, aguardava-se a palavra crítica definitiva de um especialista estrangeiro. No dia 25 de julho de 1964, Rodrigo Melo Franco de Andrade, bisneto de Rodrigo Bretas, publica um miniensaio na revista *O Cruzeiro* cujo título não camufla o júbilo do autor: "Europa ganha olhos para ver o Aleijadinho":

> Em Paris, um grande livro acaba de ser publicado sobre Antônio Francisco Lisboa, o Aleijadinho. Com a assinatura do conservador-chefe do Museu do Louvre, o eminente escritor Germain Bazin, que dedicou mais de dez anos de estudos ao artista brasileiro, a obra revelará ao público europeu os traços físicos e morais, a vida atormentada e a vastíssima produção do artista genial que morreu na miséria e na obscuridade em 1814, na remota e fabulosa Vila Rica.

Em *Aleijadinho et la sculpture baroque au Brésil* (1963), súmula admirável, o santuário de Congonhas — acentua Rodrigo — é considerado "o mais perfeito que tenha realizado o Cristianismo". E continua a citar Bazin:

no momento em que a arte religiosa ia sucumbir [na Europa], o mestiço genial acrescentou uma última estrofe ao poema da Paixão, esse mistério do Homem-Deus que, durante séculos, tinha inspirado aos homens tantas obras-primas. Fica-se estupefato da verdade teológica daquelas estátuas de Cristo, que revelam uma meditação profunda do drama da Paixão, apoiada não só na leitura do Evangelho, mas também no texto mais patético de Isaias.

[Rio de Janeiro, Dia de São Jorge]

Notas

O ENTRELUGAR DO DISCURSO LATINO-AMERICANO [pp. 23-37]

1 Jacques Derrida, salientando a contribuição da etnologia de abalo da metafísica ocidental, comenta: "[...] a Etnologia só teve condições para nascer como ciência no momento em que se operou um descentramento: no momento em que a cultura europeia [...] foi *deslocada*, expulsa do *seu* lugar, deixando então de ser considerada como a cultura de referência". E acrescenta: "Este momento não é apenas um momento do discurso filosófico [...]; é também um momento político, econômico, técnico etc.". *A escritura e a diferença* (São Paulo: Perspectiva, 1972), p. 234.

2 *Tristes Tropiques* (Paris: Plon, 1955), p. 82.

3 Consultar meu artigo "A palavra de Deus", na revista *Barroco*, n. 3, 1971.

4 *De la Grammatologie* (Paris: Minuit, 1967), p. 25. Tradução brasileira: *Gramatologia* (São Paulo: Perspectiva, 1973).

5 Em artigo de significativo título, "Sol da meia-noite", publicado em 1945, Oswald de Andrade detectava por detrás da Alemanha nazista os valores de *unidade* e *pureza*, e em seu estilo típico comentava com rara felicidade: "A Alemanha racista, purista e recordista precisa ser educada pelo nosso mulato, pelo chinês, pelo índio mais atrasado do Peru ou do México, pelo africano do Sudão. É preciso ser misturada de uma vez para sempre. Precisa ser desfeita no *melting pot* do futuro. Precisa mulatizar-se". *Ponta de lança* (Rio de Janeiro: Civilização Brasileira, 1972), p. 62.

6 Seguimos de perto os ensinamentos de Derrida com relação ao problema da tradução dentro dos pressupostos gramatológicos: "Nos limites em que ela é possível ou pelo menos PARECE possível, a tradução pratica a diferença entre significado e significante. Mas, se essa diferença nunca é pura, a tradução não o é menos, e será preciso substituir a noção de tradução pela noção de TRANSFORMAÇÃO, transformação regulada de uma língua por outra, de um texto por outro". *Positions* (Paris, 1972), p. 31.

APESAR DE DEPENDENTE, UNIVERSAL [pp. 38-48]

1 Agradecemos ao CNPq uma bolsa de complementação de salário com duração de dois anos, que tornou possível parte da pesquisa que realizamos. Ver também o ensaio "Uma ferroada no peito do pé: Dupla leitura de *Triste fim de Policarpo Quaresma*".

"ATRAÇÃO DO MUNDO": POLÍTICAS DE GLOBALIZAÇÃO E DE IDENTIDADE NA MODERNA CULTURA BRASILEIRA [pp. 49-77]

1 De leitura obrigatória sobre a questão é o opúsculo de Joaquim Nabuco, *O abolicionismo*, de 1883. Para uma leitura circunstanciada da importância das ideias de Nabuco sobre a escravidão negra, consulte-se a introdução ao texto escrita por Marco Aurélio Nogueira (Petrópolis: Vozes, 1988).

2 Cf. no mesmo capítulo: "O autor e o ator desaparecem; o espectador, esse, porém, sente a sua ansiedade crescer e tornar-se angustiosa".

3 Em lugar de o discurso medíocre, egoísta e retórico dos políticos brasileiros alimentar — nos diz Flora Süssekind — os comentários ou as descrições no texto, ele é constitutivo da própria voz narrativa. Conclui a ensaísta que o narrador "não é alguém que, de fora, observa e critica o comportamento político".

4 Durante o Estado Novo, o martírio e o culto à pátria são identificados por Plínio Salgado ao crescimento e afirmação do fascismo caboclo: "Nas horas das grandes manifestações coletivas dos cultos patrióticos, eram os integralistas que realizavam as apoteoses máximas da Pátria e que aclamavam as autoridades constituídas. No dia em que tivéssemos uma perseguição federal, o nosso crescimento seria espantoso, porquanto é da própria índole e natureza do nosso movimento crescer pela mística do martírio".

5 Na "Advertência", inserida ao final do romance, Alencar critica severamente os missionários e os aventureiros europeus que nos forneceram as informações que temos sobre o indígena, já que todos "se achavam de acordo [...] de figurarem os selvagens como feras humanas". Era "indispensável escoimar o fato dos comentos de que vem acompanhado, para fazer uma ideia exata dos costumes e índole dos selvagens". Dentro dessa linha de raciocínio, Alencar chega a criar uma metáfora extremamente audaciosa para explicar o valor sagrado da antropofagia: "Os restos dos inimigos tornavam-se pois como uma *hóstia sagrada* que fortalecia os guerreiros [...] Não era a vingança; mas uma espécie de *comunhão da carne*; pela qual se operava a transfusão do heroísmo" (grifos meus).

6 Cf. no mesmo artigo: "Há um prurido de escrever muito e depressa; tira-se disso glória, e não posso negar que é caminho de aplausos. Há intenção de igualar as criações do espírito com as da matéria, como se elas não fossem neste caso inconciliáveis. Faça muito embora um homem a volta do mundo em oitenta dias; para uma obra-prima do espírito são precisos alguns mais".

7 Em "El escritor argentino y la tradición", de 1951, Jorge Luis Borges legitima o cânone machadiano ao escrever: "Gibbon observa que no livro árabe por excelência, no Alcorão, não há camelos; eu acredito que se tivesse alguma dúvida sobre a autenticidade do Alcorão, bastaria esta ausência de camelos para provar que é árabe. [...] um falsário, um turista, um nacionalista árabe,

a primeira coisa que teria feito é prodigar camelos, caravanas de camelos em cada página; mas Maomé, enquanto árabe, estava tranquilo: sabia que poderia ser árabe sem camelos. Acho que nós, os argentinos, podemos nos parecer a Maomé, podemos acreditar na possibilidade de sermos argentinos sem exagerar na cor local", *Obras completas* II (São Paulo: Globo, 1999).

8 A "descoberta do Brasil", dada anacronicamente por Oswald de Andrade como tendo sido em 1923, não se encaminha de modo diferente para o papel. Em prefácio ao livro de poemas *Pau-Brasil*, afirma Paulo Prado: "Oswald de Andrade, numa viagem a Paris, do alto de um atelier da Place Clichy — umbigo do mundo — descobriu, deslumbrado, a sua própria terra. A volta à pátria confirmou [...] a revelação surpreendente que o Brasil existia". Como diz o poema de Carlos Drummond, da mesma época: "E a gente viajando na pátria sente saudades da pátria". A ambiguidade da perda e da saudade está nestes dois versos do mesmo poema: "No elevador penso na roça / na roça penso no elevador".

9 Cf.: *"La hermenéutica ve las relaciones entre varios discursos como los cabos dentro de una posible conversación, conversación que no presupone ninguna matriz disciplinaria que una a los hablantes, pero donde nunca se pierde la esperanza de llegar a un acuerdo mientras dure la conversación. No es la esperanza en el descubrimiento de un terreno común existente con anterioridad, sino simplemente la esperanza de llegar a un acuerdo, o, cuando menos, a un desacuerdo interesante y fructífero", La filosofía y el espejo de la naturaleza* (Madri: Ediciones Cátedra, 1989), p. 289.

10 Manuel Bandeira, mais velho e sensato, escreveu a Mário na época: "Me parece que estamos ainda *observando* o Brasil, ainda não estamos *vivendo* o Brasil".

11 Cf.: "O nosso privilégio de não termos o passado de civilizações aborígenes facilitará a liberdade criadora. Não precisamos, como o México e o Peru, remontar aos antepassados Maias, Astecas ou Incas, para buscar nos indígenas a espiritualidade nacional. O Brasil não recebeu nenhuma herança estética dos seus primitivos habitantes, míseros selvagens rudimentares. Toda a cultura nos veio dos fundadores europeus", "O espírito moderno", 1924, in: Gilberto Mendonça Telles, *Vanguarda europeia e modernismo brasileiro* (Petrópolis: Vozes, 1972).

12 Obviamente Roberto Schwarz não pertence à mesma geração de Caio Prado Jr., mas dele sofreu considerável influência. Em artigo recente, "Um seminário de Marx", Schwarz narra as aventuras intelectuais do grupo de professores da USP (de que fazia parte ao lado, entre outros, de Fernando Henrique Cardoso) que, a partir de 1958, se reunia informalmente para ler *O capital*. No artigo citado, afirma que até aquela data a bitola estalinista, o populismo revolucionário e as perseguições policiais correspondentes tinham contribuído para confinar o marxismo "num universo intelectual precário, afastado da normalidade dos estudos e desprovido de relações aprofundadas com a cultura do país". E acrescenta: "O caso de exceção foi Caio Prado Jr., em cuja pessoa inesperada o prisma marxista se articulou criticamente à acumulação intelectual de uma grande família do café e da política, produzindo *uma obra superior* [grifo meu], alheia ao primarismo e assentada no conhecimento sóbrio das realidades locais", *Sequências brasileiras* (São Paulo: Companhia das Letras, 1999).

13 Roberto Schwarz não perdoa esse deslize final na argumentação de Antonio Candido. Observa ele: "A transformação de um modo de ser de classe em modo de ser nacional é a operação de base da ideologia. Com a particularidade, no caso, de que não se trata de generalizar a ideologia da classe dominante, como é hábito, mas a da classe oprimida".

A VIAGEM DE LÉVI-STRAUSS AOS TRÓPICOS [pp. 95-130]

1 Nota do autor para esta edição (2019): Minha intenção era a de escrever dois ensaios sobre a viagem — a de Antonin Artaud ao México e a de Claude Lévi-Strauss ao Brasil. O segundo foi escrito. O primeiro logo se transformou no romance *Viagem ao México* (Rio de Janeiro: Rocco, 1995).

2 A figura do *acaso* como modelo gerador da descontinuidade no processo de evolução é constante nos textos de Lévi-Strauss. Ler, por exemplo, a tese sobre o nascimento da linguagem fonética na "Introdução à obra de Mauss": "Quaisquer que tenham sido o momento e as circunstâncias da sua aparição na escala da vida animal, a linguagem só pode ter nascido de repente. As coisas não podem ter começado a significar progressivamente". Sobre o "tema do acaso", ver também Jacques Derrida, *A escritura e a diferença* (São Paulo: Perspectiva, 1971), pp. 247-8, e *Da gramatologia* (São Paulo: Perspectiva, 1973), p. 176, n. 19.

3 Claude Lévi-Strauss, *Tristes trópicos* (São Paulo: Companhia das Letras, 1999), p. 27. Entre parênteses virá o número da página correspondente à citação.

4 "Prefácio", in: Paulo Duarte, *Mário de Andrade por ele mesmo* (São Paulo: Hucitec, 1985), p. xiv. Para um quadro geral sobre a universidade no Brasil, ver Antônio Paim, *A UDF e a ideia de Universidade* (Rio de Janeiro: Tempo Brasileiro, 1981).

5 Ver o verbete "1933, February — Negrophilia", escrito por James Clifford em Denis Hollier (ed.), *A New History of French Literature* (Cambridge: Harvard University Press, 1994). Para a reveladora e sintomática *ausência* das culturas ameríndias no universo artístico francês de final da década de 20 e princípios da seguinte, tome-se outro exemplo do mesmo autor: "Sobre o surrealismo etnográfico", em *A experiência etnográfica* (Rio de Janeiro: Editora da UFRJ, 1998). É surpreendente o pouco peso dado, não a Alfred Métraux, discípulo de Marcel Mauss e membro do grupo do Trocadéro, mas ao seu livro clássico *La Religion des Tupinamba et ses rapports avec celle des autres tribus Tupi-Guarani*, cuja primeira edição data de 1928.

6 Estamos nos valendo de conceito definido por Roman Jakobson para configurar o significado de uma unidade linguística. "Para Jakobson, a interpretação de qualquer unidade linguística coloca em ação, a cada instante, dois mecanismos intelectuais independentes: comparação com as unidades semelhantes (= que poderiam, portanto, substituí-la, que pertencem ao mesmo paradigma), estabelecimento da relação com as unidades coexistentes (= que pertencem ao mesmo sintagma). Assim, o sentido de uma palavra é determinado, simultaneamente, pela influência das que a rodeiam no discurso, e pela evocação das que teriam podido tomar o seu lugar", Oswald Ducrot e Tzvetan Todorov, *Dicionário das ciências da linguagem* (Lisboa: Publicações Dom Quixote, 1973), p. 140.

7 Apud Clifford Geertz, *The Interpretation of Cultures* (Londres: Fontana Press, 1993), p. 346.

8 Octavio Paz, *Claude Lévi-Strauss o El nuevo festín de Esopo* (México: Joaquin Mortiz, 1967), p. 34.

9 Essa observação de Paz é e será bastante pertinente para a nossa argumentação: "O poeta, diz o centauro Quíron a Fausto, *não está preso ao tempo: fora do tempo Aquiles encontrou Helena* [grifo do autor]. Fora do tempo? Melhor dito, no tempo original...", ibidem, p. 57.

10 Apesar de o poeta referir-se à "natureza" e não à cultura, não nos parece despropositada a citação desta estrofe de "Correspondências", poema de Charles Baudelaire: "Como ecos lentos que à distância se matizam/ Numa vertiginosa e lúgubre unidade,/ Tão vasta quanto a noite e quanto a claridade,/ Os sons, as cores e os perfumes se harmonizam" (trad. de Ivan Junqueira).

11 *Mr. Slang e o Brasil* (São Paulo: Brasiliense, 1956), p. 11. Para uma análise mais equilibrada da questão geral que Lobato levanta, ver a reflexão de Sérgio Buarque de Holanda sobre a persistência da lavoura de tipo predatório na América Latina, *Raízes do Brasil* (Rio de Janeiro: José Olympio, 1976), pp. 36-40.

12 *Cidades mortas* (São Paulo: Brasiliense, 1956).

13 *Mr. Slang e o Brasil*, op. cit., pp. 27, 48, 69, 89.

14 Jean Baudrillard, *A sociedade de consumo* (Lisboa: Edições 70, 1975), respectivamente p. 56 e p. 16.

15 Georges Charbonnier, *Entretiens avec Lévi-Strauss* (Paris: Le Monde, 1961, Coleção 10/18), p. 48.

16 *A condição pós-moderna* (Rio de Janeiro: José Olympio, 1999). Ver posfácio de minha autoria, que acompanha a quinta edição do livro.

17 Para um estudo sobre as relações entre o intelectual e o Estado, naquela década, ver o terceiro capítulo do livro de Sérgio Miceli, *Intelectuais e classe dirigente no Brasil (1920-1945)* (São Paulo: Difel, 1979).

18 Ver o capítulo 9, "Spencer e o progresso", de *Grã-Bretanha e o início da modernização no Brasil (1850-1914)*, de Richard Graham (São Paulo: Brasiliense, 1973), respectivamente p. 249 e p. 241.

19 *Os donos do poder* (Porto Alegre: Globo, 1975), v. I, pp. 63-4.

20 Em 1879, comentando a produção dos novos, Machado escreve: "A atual geração, quaisquer que sejam os seus talentos, não pode esquivar-se às condições do meio; afirmar-se-á pela inspiração pessoal, pela caracterização do produto, *mas o influxo externo é que determina a direção do movimento; não há por ora no nosso ambiente a força necessária à invenção de doutrinas novas*" [grifo meu], *Obras completas* (Rio de Janeiro: Aguilar, 1973), v. III, p. 813.

21 Maria Sylvia de Carvalho Franco, "As ideias estão no lugar", *Cadernos de Debate* (São Paulo: Brasiliense, 1976), n. 1, pp. 61-2.

22 Roberto Schwarz, *O pai de família e outros ensaios* (São Paulo: Paz e Terra, 1978), pp. 116-7.

23 Leitura bem semelhante do perfil intelectual do brasileiro foi feita, na época, por Sérgio Buarque de Holanda, no clássico *Raízes do Brasil* (1936). Em especial no capítulo "Novos tempos". Aos dois se pode contrapor a atitude de Oswald de Andrade, expressa nos dois manifestos de vanguarda publicados na década de 20, em particular no "Antropófago" (ver ainda nota 5, Alfred Métraux): "Só me interessa o que não é meu". Ainda na mesma década, uma terceira via, a favor da invenção nos trópicos e contra o pessimismo letrado e erudito importado da Europa, se encontra nas teorias sobre primitivismo estético, desenvolvidas em particular por Mário de Andrade na sua correspondência com outros escritores contemporâneos. Pondera ele: "[...] se primitivismo não se opõe à cultura pode se opor a uma determinada cultura [a europeia]".

24 Poder-se-ia ver o dedo de Georges Dumas na rede metafórica de que se vale Lévi-Strauss para descrever aspectos do Novo Mundo? Nela predomina o pedido de empréstimo ao vocabulário da costura e da moda, como nessa citação e na própria definição dos trópicos. Veja-se esta passagem do livro: "[...] acabávamos de ser avisados por Georges Dumas de que devíamos nos preparar para levar a vida de novos mestres: quer dizer, frequentar o Automóvel Clube, os cassinos e os hipódromos", ou esta outra: "'Sobretudo', dissera-nos Dumas, 'vocês terão de estar bem-vestidos'" (p. 19).

25 Apud Roselis Oliveira de Napoli, *Lanterna Verde* (São Paulo: IEB, 1970), p. 91. Em 1936, na mesma revista, o poeta e líder católico Murilo Mendes escreverá a respeito dos jovens: "É uma

mocidade que se orienta para o comunismo ou para o catolicismo, mas que não quer saber do liberalismo", p. 83.

26 Mário de Andrade, *Entrevistas e depoimentos* (São Paulo: T. A. Queiroz, 1983), p. 45.

27 Para um estudo da questão, ver "Fechado para balanço" e "O intelectual modernista revisitado", de minha autoria, em *Nas malhas da letra* (São Paulo: Companhia das Letras, 1991).

28 Mário de Andrade, *A lição do amigo* (Rio de Janeiro: José Olympio, 1982), p. 180.

29 "A perpétua corrida de Aquiles e da tartaruga", in: Jorge Luis Borges, *Discussão* [1932]. *Obras completas* (São Paulo: Globo, 1999), v. I, pp. 261-2.

30 *Os filósofos pré-socráticos* (São Paulo: Cultrix, 1972), p. 63.

31 *Claude Lévi-Strauss o El nuevo festín de Esopo*, op. cit., respectivamente, p. 122 e p. 127. Em outra passagem, Paz observa: "[...] não há povos marginais e a pluralidade de culturas é ilusória porque é uma pluralidade de metáforas que dizem o mesmo" (p. 44).

32 *Discussão*, op. cit., "Avatares da tartaruga", p. 274.

33 *Entretiens avec Lévi-Strauss*, op. cit., p. 149.

34 Tanto a desconsideração pela realidade empírica (a redução a paradoxos teóricos das teses empíricas sobre movimento e multiplicidade, sobre o progresso material) quanto a rejeição dos postulados da fenomenologia (que jogam com a *continuidade* entre o vivido e o real) podem ser detectadas, segundo o etnógrafo, na dívida contraída por ele para com Marx. Leia-se esta passagem esclarecedora de *Tristes trópicos*: "Seguindo-se a Rousseau, e de forma que me parece decisiva, Marx ensinou que a ciência social constrói-se tão pouco no plano dos acontecimentos quanto a física a partir dos dados da sensibilidade: a meta é construir um modelo, estudar suas propriedades e suas diferentes formas de reação no laboratório, para em seguida aplicar essas observações à interpretação do que ocorre empiricamente e que pode estar muito distante das previsões" (p. 55). O filósofo Jacques Derrida é bastante crítico dos pressupostos epistemológicos do etnógrafo. Assevera em *Da gramatologia*, op. cit.: "Conciliar em si Rousseau, Marx e Freud é uma tarefa difícil. Conciliá-los entre si, no rigor sistemático do conceito, é possível?" (p. 146, ver ainda p. 148 e p. 162).

35 O Conselho de Pesquisa em Ciências Sociais dos Estados Unidos nomeia, em 1936, um comitê composto por Robert Redfield, Ralph Linton e Melville Herskovits para estudar a questão. Produzem o documento *Memorando para o estudo da aculturação*, de onde se extrai esta primeira definição: "A aculturação é o conjunto dos fenômenos que resultam de um contato contínuo e direto entre os grupos de indivíduos de culturas diferentes e que acarretam transformações dos *patterns* culturais iniciais de um ou dos dois grupos". Como a curiosidade intelectual dos americanos pela aculturação foi despertada na época que é descrita em *Tristes trópicos*, haveria aí uma rejeição óbvia do nosso etnógrafo aos caminhos da antropologia cultural? Como se sabe, entre os franceses que ajudaram a desprovincializar a Universidade de São Paulo, é Roger Bastide quem faz a opção pelos estudos sobre aculturação, interessando-se primordialmente pela cultura africana no Brasil. O "princípio de corte", configurado por ele ao analisar o universo religioso afro-brasileiro, institui a *viagem* entre dois mundos sociais e culturais como índice da não marginalidade. O negro pode ser, ao mesmo tempo e serenamente, adepto fervoroso do candomblé e agente econômico perfeitamente adaptado à racionalidade moderna. Ver "Le Principe de coupure et le comportement afro-brésilien" [1954].

36 *A escritura e a diferença* (São Paulo: Perspectiva, 1971), p. 235.

37 *L'Écriture et la différence* (Paris: Seuil, 1967), p. 120. A edição brasileira desse livro curiosamente saltou o longo ensaio sobre Levinas. Por se tratar de editora com claras raízes judaicas, tanto mais curioso torna-se o fato.

38 *Deconstruction from Phenomenology to Ethics* (Cambridge: Polity Press, 1999), p. 124.

39 *Le Temps et l'autre* (Paris: PUF, 1979), p. 20.

40 Claude Lévi-Strauss, *L'Identité*, Seminário dirigido por Claude Lévi-Strauss (Paris: Grasset, 1977), p. 10.

41 *A escritura e a diferença*, op. cit., p. 13.

42 O princípio econômico, estabelecido por Fernand Braudel, diz: "Toda vez que ocorre uma descentragem, opera-se uma recentragem, como se uma economia-mundo não pudesse viver sem um centro de gravidade, sem um polo". Em outra passagem, informa: "Uma economia-mundo aceita sempre um polo, ou *centro*, representado por uma cidade dominante, outrora uma cidade-Estado, hoje uma capital, entenda-se uma capital econômica (nos Estados Unidos, Nova York e não Washington)". No final do livro, entrega-se a uma "confidência" [sic] de historiador, que termina por estas palavras, onde o vocábulo "América" guarda uma estranha polissemia: "Haverá sempre, para os historiadores e para todas as outras ciências do homem, e para todas as ciências objetivas, uma América a descobrir", *A dinâmica do capitalismo* (Rio de Janeiro: Rocco, 1987), respectivamente, p. 72, p. 69 e p. 94.

43 *Entretiens avec Lévi-Strauss*, op. cit., p. 170.

44 *Malaise dans la culture* [*The Predicament of Culture*, 1988] (Paris: Beaux-Arts, 1996), p. 237.

45 Sobre o surrealismo etnográfico, idem, ibidem, p. 137.

46 Tendo Lévi-Strauss observado um índio com uma caneta Parker na biblioteca onde trabalhava, Clifford observa, por sua vez, o etnógrafo e pergunta: "O índio com a caneta Parker dava a impressão de 'voltar ao passado' ou prefigurava ele um futuro diferente?".

47 *Malaise dans la culture*, op. cit., p. 149.

48 Para uma definição tradicional de arte popular pelo etnógrafo, ver Georges Charbonnier, *Entretiens avec Lévi-Strauss*, op. cit., p. 130.

49 *Da gramatologia*, op. cit., pp. 170-1.

50 Desde 1962, em ensaio intitulado "Rediscovery and Integration", M. Herskovits chamava a atenção para o fato de que os valores maiores da cultura africana que seriam importantes na formação das novas nações daquele continente estavam no campo das relações humanas e das artes. Conclui ele: "Num certo sentido, isso implica uma recusa em definir 'progresso' só como resultado de habilidades tecnológicas e de recursos econômicos", *Cultural Relativism* (Nova York: Vintage Books, 1973), p. 269.

51 Michel de Certeau, *L'invention du quotidien* (Paris, 1980, Coleção 10/18).

52 *Da gramatologia*, op. cit., p. 127.

53 Não deixa de ser importante notar que Lévi-Strauss conhece e estuda os nambiquaras durante o período nômade da tribo. Estão em viagem pela mata. Os dois grupos estão em viagem. O combate se dá, por assim dizer, no alto-mar da selva amazônica.

54 *Da gramatologia*, op. cit., p. 132.

55 *Claude Lévi-Strauss o El nuevo festín de Esopo*, op. cit., pp. 98-9.

56 Na entrevista a Charbonnier, comenta: "[...] se o etnólogo ousasse passar por reformador [...] preconizaria sem dúvida uma descentralização [de qualquer sociedade] em todos os planos,

de tal forma que o maior número de atividades sociais e econômicas se realizasse nesses níveis de autenticidade, em que os grupos são constituídos de homens que têm um conhecimento concreto uns dos outros", *Entretiens avec Lévi-Strauss*, op. cit., p. 63.

57 Emmanuel Levinas, *Éthique et infini* (Paris: Fayard, 1982), nos servirá como guia para as reflexões que faremos a seguir.

58 *Da gramatologia*, op. cit., pp. 130-1.

59 John Freccero, *Dante: The Poetics of Conversion* (Cambridge: Harvard University Press, 1986), p. 148. Esta e as demais citações foram extraídas do capítulo 8, "Dante's Ulysses: From Epic to Novel".

PARA UMA POÉTICA DA ENCENAÇÃO [pp. 131-45]

1 Adriana Varejão, "Entrevista com Hélène Kelmachter", in: *Chambre d'Échos* (Paris: Fondation Cartier pour l'Art Contemporain; Actes Sud, 2005).

2 O levantamento exaustivo e pioneiro das representações americanas de responsabilidade dos artistas europeus foi feito pelo Museu de Arte de Cleveland em 1975, com curadoria de William S. Talbot e Irene Bizot. Consulte-se: Hugh Honour, *The European Vision of America* (Cleveland: The Cleveland Museum of Arts, 1975).

3 No campo do motivo floral em azulejaria pintada, há que destacar a decoração do banco à entrada do pavilhão de Adriana em Inhotim (Brumadinho, MG). Nos azulejos se representam as várias plantas alucinógenas.

4 "Rios sem discurso", *A educação pela pedra*, in: *Poesias completas* (Rio de Janeiro: José Olympio, 1975). Cito trecho: "Em situação de poço, a água equivale/ a uma palavra em situação dicionária;/ isolada, estanque no poço dela mesma/ [...] porque assim estancada, muda,/ e muda, porque com nenhuma comunica,/ porque cortou-se a sintaxe desse rio,/ o fio de água por que ele discorria".

5 Volto ao poeta João Cabral para tomar posse de outros versos: "Saio de meu poema/ como quem lava as mãos.// Algumas conchas tornaram-se,/ que *o sol da atenção*/ cristalizou; alguma palavra/ que desabrochei, como a um pássaro" ("Psicologia da composição").

6 Ver nota 1.

7 Nesse sentido e entre outros, o livro acima citado de representações europeias da América (*The European Vision of America*) pode ser fonte inesgotável de novos sentidos da obra de Adriana Varejão comprometida com a imagética dos tempos coloniais.

8 Walter Benjamin, "Sobre o conceito da história", in: *Magia e técnica, arte e política*, sel. e trad. de Sérgio Paulo Rouanet (São Paulo: Brasiliense, 1985).

9 Como exemplo familiar, veja-se o *Atlas Miller*, conjunto de mapas atribuído a Lopo Homem, cartógrafo oficial do Reino Português. Dentre os mapas, observe-se aquele que nos toca mais de perto — o portulano *Terra Brasilis* (*c.* 1519), desenhado à mão sobre pergaminho.

COSMOLOGICAL EMBROIDERY (BORDADO COSMOLÓGICO) [pp. 146-52]

1 Em atitude conservadora, o crítico e curador Jean Clair, em *Considérations sur l'état des Beaux--Arts* (1983), pleiteia e advoga o retorno da *indivisibilidade* do museu de arte.

2 Em 2013, esse museu se transfere para Marselha. Ganha novo nome e maior amplitude geográfica, Musée des Civilisations de l'Europe et de la Méditerranée (Mucem). Perde o caráter estritamente nacional. A propósito do tema geral deste trabalho, consulte-se — desde já — a notável coleção de bordados que ele abriga: <http://www.mucem.org/page-search?term=broderie&type=collection>.

3 Para a leitura contemporânea da parceria, consulte-se: Ellen Spielmann, *Das Verschwinden Dina Lévi-Strauss' und der Transvestismus Mário de Andrades: Genealogische Rätsel in der Geschichte der Sozial und Humanwissenschaften im modernen Brasilien* (Berlim: Wissenschaftlicher Verlag, 2003).

4 Entrevista concedida a Glaucia Villas Bôas e Nina Galanternick em 29 jul. 2005 em Hamburgo. Acervo do Nusc — Núcleo de Pesquisa em Sociologia da Cultura.

5 Lygia Pape inclui as visitas ao Ateliê na história do neoconcretismo: "não seriam sem sentido, por exemplo, as romarias dominicais realizadas por um pequeno grupo ao Hospital Psiquiátrico do Engenho de Dentro, onde um jovem monitor-pintor colocava na mão de um paciente esquizofrênico um pincel carregado de tinta. E, mão sobre mão, iniciava os primeiros gestos de riscar uma tela em branco — a primeira tela. Eram eles: o pintor Almir Mavignier e Emygdio, o futuro-criador-poderoso". Lygia Pape, *Catiti catiti, na terra dos Brasis* (dissertação de mestrado, Rio de Janeiro: Instituto de Filosofia e Ciências Sociais, Departamento de Filosofia, UFRJ, 1980).

6 *Arthur Bispo do Rosário: O senhor do labirinto* (Rio de Janeiro: Rocco, 2011).

7 A exceção tardia seria Olívio Fidélis (n. 1930) que fotografa escritas suas feitas com prego no muro do hospital.

8 Movimento artístico surgido em fins da década de 50, no Rio de Janeiro. Reage ao *concretismo* ortodoxo, originado em São Paulo. Para eles, a obra de arte não se confunde com a feitura de objeto. Requer a sensibilidade, a expressividade e a subjetividade do artista. A proposta estética vai além do mero geometrismo.

9 Assimiladas por Lygia Clark e Hélio Oiticica, entre outros, o fim do quadro e a morte da pintura, propostas originais de Arthur Bispo do Rosário, encontrarão sua contrapartida negativa e tardia na pop art. Em *The First Pop Age* (2012), Hal Foster afirma: *"Thus, at a time when painting seemed to be overturned not only in mass culture but also in avant-garde art (already in Happenings, Fluxus, and Nouveau Réalisme, and soon in Minimalism, Conceptual art, and Arte Povera), painting returned, in the most impressive examples of Pop, almost as meta-art, able to assimilate some media effects and to reflect on others precisely because of its relative distance from them"*.

DESTINOS DE UMA CARTA [pp. 155-67]

1 Edições escolares de *Os lusíadas* (1578) tinham por hábito suprimir a descrição do corpo de Vênus, no canto II, e das ninfas que povoam a Ilha dos Amores, no canto IX do poema épico.

2 A *Enciclopédia Mirador Internacional*, no verbete "Caminha, Pero Vaz de", faz o seguinte comentário: "Referem-se tais trechos omitidos particular e sistematicamente às descrições da nudez das indígenas da terra recém-descoberta, pormenores, aliás, em que Pero Vaz de Caminha se mostrou bastante pródigo". Consultar o mesmo verbete para uma listagem das edições posteriores da Carta.

3 *Pero Vaz de Caminha e a primeira narrativa do descobrimento do Brasil* (Lisboa, 1902).

4 *Vocabulário da Carta de Pero Vaz de Caminha* (Rio de Janeiro: Ministério da Educação e Cultura, 1964).

5 *A Carta de Pero Vaz Caminha* (Rio de Janeiro: Livraria Agir Editora, 1965, Coleção Nossos Clássicos). Atualizamos a grafia do português.

6 Em 1493, o papa Alexandre VI, em nova bula *Inter Coetera*, volta a discriminar "a zona oceânica, que a Cristandade por ele representada galardoava a Espanha e Portugal de cada lado de meridianos por eles mesmos delineados", informa J. F. de Almeida Prado no prefácio à edição acima citada da *Carta*. Continua ele: "[...] efetuou-se a divisão sob protesto do Rei de França Francisco I, o qual costumava dizer não ter visto o testamento do pai Adão em que a dádiva estaria estipulada. Entretanto, passou o tratado a vigorar a despeito de oposição em pouco expressa pela temorosa atividade de corsários franceses" (p. 9).

7 In: Therezinha de Castro (Org.), *História documental do Brasil* (Rio de Janeiro; São Paulo: Distribuidora Record, s. d.), pp. 31-3.

8 "O regimento de Tomé de Sousa", in ibidem, pp. 50-2.

9 Nas duas primeiras estrofes do poema, Camões anuncia que vai cantar os guerreiros portugueses e seus grandes feitos, "E também as memórias gloriosas/ Daqueles Reis que foram dilatando/ a Fé, o Império...". Utilizaremos a edição organizada por António José Saraiva (Porto; Rio de Janeiro, Padrão — Livraria Editora Ltda., 1979).

10 "Bula *Inter Coetera*", in: Therezinha de Castro (Org.), *História documental do Brasil*, op. cit., pp. 13-5.

11 Outro autor que poderia ser lembrado neste contexto é Joseph Conrad. No conhecido romance *O coração das trevas*, em determinado momento opõe o homem do mar, o marinheiro, ao homem errante, para afirmar que o primeiro não é um errante. Escreve ele: "Era um homem do mar, mas era também um errante, enquanto a maioria dos homens do mar leva, se assim se pode dizer, uma vida sedentária. Têm o espírito na ordem de ficar em casa, e suas casas estão sempre consigo — o navio, e também o seu país — o mar. Um navio é em geral igual a outro, e o mar é sempre o mesmo" (trad. de Marcos Santarrita).

12 Cf. "Nosso pai não voltou. Ele não tinha ido a nenhuma parte. Só executava a invenção de se permanecer naqueles espaços do rio, de meio a meio, sempre dentro da canoa, para dela não saltar nunca mais", *Primeiras estórias* (Rio de Janeiro: José Olympio, 1974).

13 Pai e filho eram fervorosos defensores da causa dos Reis Católicos contra o marquês de Vilhena. O pai morre em combate, ao lado do filho, na investida das tropas contra a fortaleza de Uclés (1476).

14 Cf. meu ensaio "A palavra de Deus", *Barroco*, Belo Horizonte, n. 3, 1971. Em inglês: "The Word of God", *Latin American Literature: The Space in Between* (Buffalo: Council on International Studies), *Special Studies*, n. 48, 1973.

15 *Donner le Temps*. 1. *La Fausse Monnaie* (Paris: Galilée, 1991), p. 26.

16 Sobre o tópos, consultar Eugênio Asensio, *Revista de Filología Española*, XLIII, 1960. Escreve ele: "Lecturas posteriores me fueron revelando que el concepto [la lengua compañera del Imperio] derivaba de las *Elegantiae*, del humanista italiano Lorenzo Valla; había sido resumido en frase muy parecida por el jurista aragonés Gonzalo García de Santa María antes de hallar hospedaje en las páginas de Nebrija para definir las ambiciones culturales de la expansión española; y que, cargado ya con el nuevo sentido que le daban los descubrimientos y conquistas, había sido acogido por los gramáticos portugueses Oliveira y Barros,

que, a su significado político y nacional, habían ido añadiendo los matices afines de asimilación colonial y de misión cristiana" (p. 399).

17 *Marvelous Possessions: The Wonder of the New World* (Chicago: The University of Chicago, 1991), p. 83. Em tradução: "foram batizados numa notável cerimônia, com Fernando, Isabel e o Infante, que atuam como padrinhos. Ao mais inteligente dos selvagens, o mais serviçal em relação aos espanhóis, foi dado o próprio sobrenome de Colombo e o nome cristão do seu primogênito: d. Diego Colombo".

18 *Iracema: Lenda do Ceará* (22. ed. São Paulo: Edições Melhoramentos, s. d.), p. 144. Ver, nesta coletânea, meu ensaio "Alegoria e palavra em *Iracema*".

ALEGORIA E PALAVRA EM *IRACEMA* [pp. 168-81]

1 *Território lírico* (Rio de Janeiro: O Cruzeiro, 1958).
2 Cf. "São poesias de um peregrino", "Lede", prefácio a *Suspiros poéticos e saudades*, Nossos Clássicos (Rio de Janeiro: Agir, 1961), p. 88.
3 *Les Fleurs du mal* (Paris: José Corti, 1950), p. 97.
4 *Crítica literária* (Rio de Janeiro: Jackson, 1942), p. 149.
5 *Reinterpretando José de Alencar* (Rio de Janeiro: Ministério da Educação e Cultura, 1955), p. 15.
6 *O livro de Cesário Verde* (Lisboa: Ática, 1945), pp. 64-5, onde se começa a ler: "Subitamente, — que visão de artista! —/ Se eu transformasse os simples vegetais,/ À luz do sol, o intenso colorista,/ Num ser humano que se mova e exista/ Cheio de belas proporções carnais?!" etc.
7 "Jupira", in: *História e tradições da província de Minas Gerais* (Rio de Janeiro: Garnier, s. d.), p. 201.
8 Op. cit., p. 22.
9 "Manifesto Antropófago", *Revista do Livro* (Rio de Janeiro: Ministério da Educação e Cultura, dez. 1959), p. 193 e p. 194, respectivamente.
10 *Formação da literatura brasileira* (São Paulo: Martins, 1959, 2 v.), v. I, p. 18.
11 "Alencar e a língua brasileira", in: *Obras completas de José de Alencar* (Rio de Janeiro: José Olympio, 1951), v. X, pp. 11-88.
12 *Pour un Nouveau Roman* (Paris: Gallimard, 1963), p. 12.
13 "Introdução geral", in: *Obra completa de José de Alencar* (Rio de Janeiro: Aguilar, 1959), v. I, pp. 19-20.
14 *José de Alencar* (Rio de Janeiro: Fauchon, 1894), p. 13.
15 Ibidem, p. 15.
16 *História da literatura brasileira* (Rio de Janeiro: José Olympio, 1943), v. V, p. 74.
17 "José de Alencar", *Revue de l'Amerique Latine*, t. XIX, p. 216, mar. 1930.
18 Op. cit., p. 8.
19 *La Création chez Stendhal* (Paris: Mercure de France, 1951), p. 145.
20 Op. cit., pp. 56-7.
21 Op. cit., p. 14.
22 Op. cit., p. 19.
23 *The Rise of the Novel* (Berkeley: University of California Press, 1962), p. 18.

24 *ABC of Reading* (Nova York: New Directions, 1960), p. 36.
25 Op. cit., p. 11.
26 Ibidem.
27 Ibidem, pp. 19-20.
28 *Noções de história da literatura brasileira* (Rio de Janeiro: Francisco Alves, 1931), p. 163.
29 Para maiores detalhes, recomendamos o sugestivo livro de Sérgio Buarque de Holanda, *Visão do Paraíso* (Rio de Janeiro: José Olympio, 1959).
30 "Silva à Ilha de Maré", estrofe I, in: *Música do Parnaso* (Rio de Janeiro: Academia Brasileira de Letras, 1939).
31 Ibidem, estrofe III.
32 Esse cuidado e mais a preocupação simbólica já transpareciam em *O guarani* (São Paulo: Melhoramentos, s. d.), onde Peri altera o nome de Cecília para Cecy (pp. 165-6), pois este último, informa-nos Alencar, "é um verbo da língua guarani que significa 'magoar', 'doer'" (p. 258). Eis um trecho do diálogo:
"— Mas, então, disse a menina com alguma curiosidade, se tu sabes o meu nome, por que não o dizes sempre?
— Porque Cecy é o nome que Peri tem dentro da alma.
— Ah! é um nome de tua língua?
— Sim.
— O que quer dizer?
— O que Peri sente."
33 *Os lusíadas*, X, 63-67, em especial 67.
34 Ibidem, I, 5.
35 Ibidem, I, 36-41.
36 Processo de abrasileiramento também existe no romance de Aluísio Azevedo, *O cortiço* (Rio de Janeiro: Briguet, 1945), não pela religião católica, mas influenciado pelos hábitos, costumes e sensualismo do mulato. Não mais contato entre português e índio, mas entre português e negro (ou mulato). O personagem-chave é Jerônimo, que logo no capítulo VI é enfeitiçado pela música e dança brasileiras da mulata Rita. E, acompanhando a aceitação da nossa pátria e da mulher, vem a exigência da cozinha brasileira, ao mesmo tempo que se distancia da esposa portuguesa (cap. IX). Por Rita, brigará com Firmo (cap. X), e o matará (cap. XV). Com ela, passa a viver, abandonando o antigo lar. No final, é um criminoso e adúltero. Azevedo mostra-se mais impiedoso para com os abrasileirados. E mesmo para com os portugueses que se recusam (como Piedade, que termina no álcool). Vício de escola.
37 Op. cit., p. 194.
38 Op. cit., p. 163.
39 Op. cit., pp. 74-86.
40 Não se trata de julgar se falsa ou verdadeira tal tese. Problema bastante complexo que levou os nossos literatos aos mais desencontrados julgamentos. Machado de Assis: "É certo que a civilização brasileira não está ligada ao elemento indiano, nem dele recebeu influxo algum; e isso basta para não ir buscar entre as tribos vencidas os títulos da nossa personalidade literária" (ibidem, p. 136). Na década 1920-30, encontramos duas atitudes opostas: a de Oswald, Mário e outros, defendendo o passado índio da civilização brasileira, e a de Graça Aranha, machadiana, em declarações

como esta: "O nosso privilégio de não termos o passado de civilizações aborígenes facilitará a liberdade criadora. [...] O Brasil não recebeu nenhuma herança estética dos seus primitivos habitantes, míseros selvagens rudimentares" (*Espírito moderno* [São Paulo: Monteiro Lobato, 1925], p. 36).

41 *Prosa de ficção* (Rio de Janeiro: José Olympio, 1950), p. 72.

42 *Conferências no Prata* (Rio de Janeiro: Casa do Estudante do Brasil, 1946), pp. 34-5.

CAMÕES E DRUMMOND: A MÁQUINA DO MUNDO [pp. 182-94]

1 "O enterrado vivo", Carlos Drummond de Andrade.
2 "No exemplar de um velho livro", Carlos Drummond de Andrade.
3 *Páginas de doutrina estética* (Lisboa: Editorial Inquérito Limitada, 1946), p. 275.
4 "A astronomia dos *Lusíadas*", *Revista da Universidade* (Coimbra, 1913) II, p. 305.
5 Ibidem, p. 306.
6 *Para a história da cultura em Portugal* (Lisboa: Centro Bibliográfico, 1946), p. 94.
7 Ibidem, p. 95.
8 *Obra poética* (Rio de Janeiro: Aguilar, 1960), p. 21.
9 *Duas águas* (Rio de Janeiro: José Olympio, 1956), p. 46.

RETÓRICA DA VEROSSIMILHANÇA: *DOM CASMURRO* [pp. 195-211]

1 Prefácio a *Memórias póstumas de Brás Cubas* (São Paulo: Melhoramentos, s. d.), p. 17.

2 Poder-se-ia, sem dúvida, estudar em *Dom Casmurro* a relação isomórfica entre casa e *romance*, na medida em que uma reconstrução se sucede à outra. Proporíamos, como início de raciocínio, no primeiro caso um retorno à origem (mãe) e, no segundo, a negação do retorno à origem (casamento). Por outro lado, não se deve esquecer que existe uma simetria dentro do romance, visto que a casa de Matacavalos e a do Engenho de Dentro são semelhantes (mas não iguais), sendo apenas diferente a da Glória, onde reinou Capitu como dona de casa. Mas coincidência feliz é o fato de que a segunda casa, apesar de ser a de Capitu, é sempre referida no texto como a da Glória (nome da mãe de Bentinho).

3 Cf.: "Compte rendu: *Estruturas*, de Rui Mourão", Suplemento Literário do *Minas Gerais*, 2 ago. 1969.

4 Em recente artigo sobre a poesia de Affonso Ávila, "Ahs! e silêncio", procuramos mostrar como seu poema se constrói por sucessivas transgressões/traições a uma frase feita, ou chavão, desajuste este que vem a ser o responsável pelo salto semântico e participante, anticódigo e revolucionário.

5 Sem dúvida a metáfora flor/fruto entra em evidente choque com a proposta por Dom Casmurro: fruta/casca. Uma análise microscópica das duas metáforas indicaria por certo a coerência que existe tanto em José Dias quanto em Dom Casmurro, na medida em que na primeira há um processo de transformação, ao passo que na segunda o que sucede é apenas um amadurecimento *interno*. É claro que o problema da coerência é totalmente estranho ao teor de nosso trabalho.

6 *Encyclopaedia of Religion and Ethics*, ed. por James Hastings (Edimburgo: T & T Clark, 1918), v. x, p. 349. ("Uma opinião provável é a que se recomenda ao espírito por razões ponderáveis como sendo muito possivelmente verdadeira.")

7 Nota do autor para esta edição (2019): A leitura de *Ressurreição*, datada da década de 60, se encontra reproduzida hoje no volume *Jano, janeiro*, publicado pela Editora UFMG em 2012.

8 *A vida de Machado de Assis* (São Paulo: Martins, 1965), p. 189.

UMA FERROADA NO PEITO DO PÉ: DUPLA LEITURA DE *TRISTE FIM DE POLICARPO QUARESMA* [pp. 228-43]

1 Retiramos o conceito de "gancho" da retórica jornalística para aplicá-lo ao estudo das narrativas seriadas e populares, conservando, no entanto, o seu sentido original. Assim o *Dicionário da comunicação* (Rio de Janeiro: Codecri, 1978) define o termo: "Início de uma matéria jornalística, escrito de maneira a prender a atenção do leitor e interessá-lo pelo restante do texto. O lide é a técnica de gancho mais usada na redação de notícias". O importante a assinalar, por enquanto, do ponto de vista retórico, é que com o "gancho" o produtor espera "ganhar" de antemão o leitor pouco curioso, pouco atento, despertando-o para o resto, que é visto como pouco estimulante.

2 Com isso estamos querendo dizer que não existe a priori uma catalogação do indivíduo — qualquer que seja ele — como leitor comum. É leitor comum aquele que o quer ser. Até mesmo o chamado leitor erudito pode — se quiser — ocupar essa posição.

3 Referência a "Análise estrutural da narrativa", primeiramente publicado na revista *Communications*, em 1964.

4 Falo da parte introdutória de *S/Z*, publicado pelas Éditions du Seuil em 1970.

5 A lista dos livros que compõem a brasiliana de Policarpo se encontra na página 24. Aí também se lê: "[...] o que o patriotismo o fez pensar, foi um conhecimento inteiro do Brasil, levando-o a meditações sobre os seus recursos, para depois então apontar os remédios, as medidas progressivas, com pleno conhecimento de causa".

6 Segundo poema da coleção *Les Fleurs du mal*. Encontra-se na parte que se intitula "Spleen et Idéal". A ave é uma metáfora para a condição do poeta, metáfora esta que se aclara, redundantemente, na última estrofe do poema: *"Le Poète est semblable au prince des nuées/ Qui hante la tempête et se rit de l'archer;/ Exilé sur le sol au milieu des huées,/ Ses ailes de géante l'empêchent de marcher"*.

7 Artigo escrito em 1931, e hoje recolhido em *Aspectos da literatura brasileira*.

8 Carlos Nelson Coutinho interpreta a condição de Policarpo como "bizarra" e, com a ajuda do jovem Lukács, vê nele o representante entre nós do "herói problemático" — "aquele que busca valores autênticos num mundo degradado". A diferença básica do nosso raciocínio é que Carlos Nelson apenas discute a necessidade de uma participação popular no projeto nacional no nível da fabulação do romance (o tema da bizarrice, devidamente respaldado pelo "intimismo à sombra do poder"), enquanto estamos salientando que o próprio ato de leitura para Lima Barreto era abrangente e nada elitista. Por isso é difícil para nós dar sequência a uma distinção inicial que Carlos Nelson estabelece na fortuna crítica de Lima Barreto. Uma "visão da função crítico-social" da literatura pode e deve incorporar valores que advêm de uma "visão formalista de arte". A rejeição da

retórica do "gancho" é a maneira como Lima Barreto põe a nu o mascaramento da estética popular pela má-fé elitista, pensamos nós. (Ver "O significado de Lima Barreto na literatura brasileira", in: *Realismo & anti-realismo na literatura brasileira*, Rio de Janeiro: Paz e Terra, 1974.)

9 *Visão do Paraíso* (São Paulo: Companhia Editora Nacional, 1969).

10 *Vocabulário da Carta de Pero Vaz de Caminha* (Rio de Janeiro: INL, 1964), verbete "lançar", sentido 7.

11 *Porque me ufano do meu país* (Rio de Janeiro: F. Briguiet & Cia., 1943).

12 *Vocabulário da Carta de Pero Vaz de Caminha*, op. cit., verbete "lançar", sentido 2.

13 São Paulo: Presença; Edusp, 1973.

A AMEAÇA DO LOBISOMEM: HOMENAGEM A BORGES [pp. 244-60]

1 No rastro arqueológico de Foucault estaria a figura extraordinária de Victor Segalen, tal como aparece conceitualmente no *Essai sur l'exotisme*. Como diz Gilles Manceron, *"il ne s'agit, pour Segalen, d'intégrer à une vision du monde bien européenne des éléments de décor venus d'outre-mer, mais de considérer d'autres civilisations en elles-mêmes, sans les évaluer à la toise des critères occidentaux"*. Pertinente para a nossa discussão é o encontro na China de Segalen com Claudel em 1909. Segalen criticava o poeta, dizendo que ele tinha vivido treze anos na China e não sabia uma só palavra de chinês; dizia ainda que nunca fizera abstração da sua cultura e religião. Em carta à esposa, escreve Segalen: *"Claudel me parle ensuite forte à la légère de l'hindouisme, qu'il me semble ne connaître qu'à travers Michelet"*. Mais pertinente ainda seria o estudo contrastivo da presença do citado Claudel e do compositor Darius Milhaud no Brasil, nos anos de 1917-18.

2 Essas duas metáforas, sabemos, se encontram nos textos jesuítas do século XVI e servem para descrever a "inocência" do selvagem brasileiro face ao futuro trabalho da colonização e da catequese. Diz a *Carta* de Pero Vaz de Caminha: "E imprimir-se-á facilmente neles [selvagens] qualquer cunho que lhe quiserem dar...". "Cunho", informa o dicionário, "ferro com gravura, para marcar moedas, medalhas, etc.; a marca impressa por esse ferro; uma das faces de certas moedas, na qual se representavam as armas reais".

3 Caberia transcrever aqui uma instrutiva anedota narrada por Cláudia Matos no final do seu livro *Acertei no milhar: Samba e malandragem no tempo de Getúlio* (Rio de Janeiro: Paz e Terra, 1982):

"Na conversa que tive com Moreira da Silva, pedi-lhe um esclarecimento sobre algo que me deixara intrigada num samba que ele havia gravado. Tratava-se de um verso improvisado no breque final, que dizia: 'Oi já me disseram até que eu virava lobisomem'. Como a ligação do tal lobisomem com o resto do samba era obscura, embora perceptível, perguntei-lhe:

"— Mas afinal, Moreira, o que você quis dizer com essa história de lobisomem?

"Nada, ora. É pra rimar, compreende? (cantando:) 'Até mudei meu nome... Oi já me disseram até que eu virava lobisomem...' Rima, e cabe bem no tamanho da frase.

"— Mas, Moreira, se você pôs essa palavra e não uma outra qualquer, é porque tem alguma coisa a ver. Tem uma ligação com o resto, nem que você não perceba, que seja inconsciente.

"E o velho Morengueira, com um risinho de gozação:

"— Bom, ligação lá isso deve ter mesmo. Mas isto... é o seu trabalho! Ou não é?"

4 O Webster's registra no verbete "parallel": *"extending in the same direction and at the same distance apart at every point so as never to meet, as lines, planes, etc.: in modern non-Euclidian geometry. Such lines and planes are considered to meet at infinity"*.

5 Não se pode esquecer que o verbo "virar", no mundo fortemente sexualizado de Lins do Rego, comporta um quarto e sugestivo sentido quando se diz do ser masculino que ele está *virando*.

6 Ver, nesse sentido, o capítulo "O armário do dr. Jekyll", no livro *Anarquia sexual: Sexo e cultura no fin de siècle*, de Elaine Showalter (Rio de Janeiro: Rocco, 1993), p. 151. Tentaremos, neste trabalho, discordar da sua leitura da "imagem organizadora" da novela. Baseada na interpretação de Stephen Heath, que diz que "a imagem organizadora dessa narrativa está em arrombar portas, em aprender o segredo que se esconde atrás delas", Showalter acrescenta: "Os narradores do segredo de Jekyll tentam esclarecer o mistério de um outro homem, não com a compreensão nem com a sua disposição de compartilhar um segredo, mas pela força". A nossa interpretação, ao privilegiar a brincadeira infantil que está no trocadilho, se encaminha para *uma leitura menos comprometida com o estabelecimento de papéis sexuais nítidos para os personagens*, sem o desejo, portanto, de arrombar a "verdadeira porta da identidade". Prefere, antes, insistir no caráter brincalhão, competitivo e voyeurístico do éthos homossexual.

7 Jenni Calder, estudiosa de Stevenson, observa: *"It is interesting and significant that all the characters in the story are in a sense isolated. They have no wives, no families, no close friendships. They have servants and they have acquaintances, but that is all"*.

BESTIÁRIO [pp. 261-88]

1 A carta que estamos comentando se encontra reproduzida em Mário Carelli, *Corcel de fogo: Vida e obra de Lúcio Cardoso (1912-1968)* (Rio de Janeiro: Guanabara, 1988), pp. 43-4.

2 Lembre-se, ainda, o início de "Vestida de preto" (*Contos novos* (São Paulo: Martins, 1956), p. 7), do mesmo autor: "Tanto andam agora preocupados em definir o conto que não sei se o que eu vou contar é conto ou não, sei que é verdade".

3 Estamos traduzindo por "automodelagem" o termo "self-fashioning", criado por Stephen Greenblat (*Renaissance Self-Fashioning: From More to Shakespeare*) e apresentado a nós por Beatriz Jaguaribe. Já "modelagem" terá o sentido de imagem do sujeito de responsabilidade do olhar alheio.

4 Leia-se ainda esta passagem do mesmo romance: "Que diz ele [o filósofo Pascal]? Diz que o homem tem 'uma grande vantagem sobre o resto do universo: sabe que morre, ao passo que o universo ignora-o absolutamente'. Vês? Logo, o homem que disputa o osso a um cão tem sobre este a grande vantagem de saber que tem fome..." (CXLII, "O pedido secreto").

5 "Lúcio, estou com saudades de você, corcel de fogo que você era, sem limite para o seu galope", *Jornal do Brasil*, 11 jan. 1969 (hoje na coletânea *A descoberta do mundo*, Rio de Janeiro: Nova Fronteira, 1984).

6 Na coletânea de crônicas e anotações intitulada *A descoberta do mundo*, op. cit., lemos "Bichos": "Quanto a cavalos, já escrevi muito sobre cavalos soltos no morro do pasto (*A cidade sitiada*), onde de noite o cavalo branco, rei da natureza, lança para o ar o seu longo relincho de glória. E já tive relações perfeitas com eles. Lembro-me de mim adolescente, de pé, com a mesma altivez

do cavalo, passando a mão pelo seu pelo aveludado, pela sua crina agreste. Eu me sentia assim: 'a moça e o cavalo'".

7 Ver Apêndice, no final deste ensaio.

8 Segundo o dicionário, "armação" é (1) o conjunto de peças que formam a estrutura ou arcabouço de alguma coisa e (2) aquilo que se planeja ou encena com a finalidade de lograr alguém, de obter alguma compensação ilícita etc.

9 Cf.: "O futuro da tecnologia ameaça destruir tudo o que é *humano no homem*, mas a tecnologia não atinge a loucura; e nela então o *humano do homem* se refugia" (grifos meus), Clarice Lispector, "Tempestade de almas", in: *Onde estivestes de noite* (Rio de Janeiro: Artenova, 1974), p. 129.

10 Notar que Clarice, na sua relação com o pensamento de *origem*, manejado pelos nossos principais intelectuais pós-coloniais, rechaça o vocábulo "saudade", luso e ocidentalizante, e adota o neutro "nostalgia". Joaquim Nabuco, em capítulo de *Minha formação*, nos dá o melhor exemplo do pensamento de origem, cujo epicentro é a Europa ou o Ocidente. Afirma: "De um lado do mar, sente-se a ausência do mundo; do outro, a ausência do país". Contraste-se a *nostalgia* da origem das espécies, experimentada por Clarice.

11 No episódio, Ulisses diz que nada, absolutamente nada, "em mim pudera vencer o fervor/ que me impelia a conhecer o mundo,/ e dos homens os vícios e o valor" (*"vincer potero dentro a me l'ardore/ ch'i'ebbi a divenir del mondo esperto/ e de li vizi umani e del valore"*) (trad. de Ítalo Eugênio Mauro).

12 Em atitude despudorada, sugiro a leitura das páginas iniciais do meu romance *Viagem ao México* (Rio de Janeiro: Rocco, 1995).

13 Nosso especialista em Hobbes, Renato Janine Ribeiro, esclarece em nota do livro *Ao leitor sem medo: Hobbes escrevendo contra seu tempo* (Belo Horizonte: Editora UFMG, 1999), p. 254: "A frase que Barthes atribui a Hobbes [...] é quase certamente apócrifa. Não está nas obras inglesas de Hobbes, nem em seus manuscritos da British Library...". Segundo o estudioso paulista, tudo faz crer que se trata de reelaboração pela memória do crítico francês da célebre frase da autobiografia do filósofo: "[...] minha mãe pariu gêmeos, eu e o medo".

14 Para que se entenda, por contraste, o peso e a força do individualismo de Clarice, razão deste ensaio, leia-se esta passagem de óbvio sentido metafórico, retirada do diário de André Gide. Nela, o escritor francês explica por que se retém, se detém, em favor dos menos hábeis ou mais fracos: "É o caso dessas escaladas de montanha, em que o jovem Gérard surpreendia-se com o meu desejo de que [minha esposa] me acompanhasse. — Você iria tão mais longe, se aceitasse ir sozinho, dizia-me ele, na frente dela. — É claro, sei muito bem disso; mas o que me interessa não é eu próprio ir longe, mas levar alguém até lá", *Journal* (Paris: Gallimard, Éditions de la Pléiade), v. 1, p. 679.

15 Segundo Clarice, a expressão "perigo de viver", usada por ela no conto "Amor", marca a "alegria de encontro" com Guimarães Rosa: "Minha vaidade é que Guimarães Rosa, com o seu célebre 'viver é perigoso', tenha tido a mesma sensação que eu", "Viver é perigoso", in: *Visão do esplendor* (Rio de Janeiro: Francisco Alves, 1975), p. 38.

16 Cf. *Grande sertão: veredas*: "Todos os que malmontam no sertão só alcançam de reger em rédea por uns trechos; que sorrateiro o sertão vai virando tigre debaixo da sela" (1ª ed. Rio de Janeiro: José Olympio, 1966), p. 370.

17 Borges nos fala da moça que, ao querer vingar a morte do pai e fazer justiça com as próprias mãos, põe o pretenso culpado contra a parede, acusando-o de estupro. Na realidade, se entregara

propositadamente a um marinheiro escandinavo, e a perda da virgindade era álibi para justificar o futuro assassinato e fazer a polícia crer na sua inocência. Até aí o engenho ficcional irônico de Borges funciona a pleno vapor. Leitores mais recentes do conto, como Beatriz Sarlo, têm insistido na força dos sedimentos trágicos na trama borgiana. Levam-nos a atentar para uma frase aparentemente insignificante do conto e altamente reveladora. Ao se entregar ao marinheiro, Emma "pensou (não podia deixar de pensar) que seu pai tinha feito a sua mãe a coisa horrível que lhe faziam agora". Comenta Beatriz Sarlo: "Emma Zunz, para vingar a morte do pai, inventa um plano que a submete a uma violência equivalente à que seu pai, vinte anos atrás, exercera sobre sua mãe. Admite, tacitamente, que ela é filha dessa violência e, apesar disso (ou por isso mesmo), segue os passos da vingança".

18 Em conversa com os alunos dum curso de criação literária da PUC-RJ, nos anos 70, Clarice insistiu em dizer que seu maior prazer era o de trabalhar o barro com as mãos, à semelhança de um oleiro. Na época, adepto da estética de João Cabral de Melo Neto, tomei as palavras como o elogio do trabalho, por assim dizer, braçal e diuturno da escrita. Agora, releio algumas anotações da Bíblia Sagrada e deparo com esta passagem: "A imagem de Deus como oleiro, que molda o homem do barro, é reforçada pelo nome dado ao ser humano (*Adam*) que vem da terra (*Adamah*)".

19 Reparem a diferença: se se afirmar que Deus é Negro ou que Deus é Índio, não se trata de teologia às avessas, já que o princípio masculino continua dominante. Nos dois casos, temos apenas um processo de desconstrução do etnocentrismo.

20 "A rebelião escrava na moral começa quando o próprio ressentimento se torna criador e gera valores: o ressentimento dos seres aos quais é negada a verdadeira reação, a dos atos, e que apenas por uma vingança imaginária obtém reparação. Enquanto toda moral nobre nasce de um triunfante Sim a si mesma, já de início a moral escrava diz Não a um 'fora', um 'outro', um 'não eu' — e este Não é seu ato criador. Essa inversão do olhar que estabelece valores — este *necessário* dirigir-se para fora, em vez de voltar-se para si — é algo próprio do ressentimento: a moral escrava requer, para nascer, um mundo oposto e exterior, para poder agir em absoluto — sua ação é no fundo reação", *Genealogia da moral*, Dissertação, I, § 10 (trad. de Paulo César de Souza, São Paulo: Companhia das Letras, 1998). De maneira simplificada, acrescentemos que a rebelião fêmea na moral começa quando o próprio medo se torna criador de vida e gera valores, quando o silêncio vela e revela o segredo da morte, minimizando o império do sofrimento.

21 Da perspectiva do Homem, ou seja, do filósofo Nietzsche, o duplo Sim à vida se encontra na experiência da mulher grávida, ao dar à luz o filho. Ler *O crepúsculo dos deuses* (trad. de Maria do Carmo Ravara Cary, Lisboa: Editorial Presença, 1971), p. 146, em especial o capítulo intitulado "O que eu devo aos antigos": "Na ciência dos mistérios, a *dor é* sagrada: e era o 'trabalho do parto' que a tornava sagrada — todo o devir, todo o crescimento, tudo aquilo que nos garante um futuro *exige* que haja dor... As 'dores do parto' são indispensáveis à alegria eterna da criação, à eterna afirmação da vontade de vida..." (grifos do autor). Aproxime-se da citação o conhecido verso de Mário de Andrade: "A própria dor é uma felicidade".

22 A fim de evitar uma leitura cristã do amor, leia-se esta passagem do conto que analisaremos no final deste ensaio: "O mundo de primavera, o mundo das bestas que na primavera se *cristianizam* [grifo meu] em patas que arranham mas não dói... oh não mais esse mundo! Não mais esse perfume, não esse arfar cansado, não mais esse perdão em que tudo o que um dia vai morrer como se fora para dar-se".

23 A propósito, ver Roberto Schwarz, "A carroça, o bonde e o poeta modernista", in: *Que horas são?* (São Paulo: Companhia das Letras, 1987), pp. 11-28.

24 Espero que a estratégia de leitura de "Bestiário" tenha ficado clara. Tínhamos de abri-lo com um documento de ordem pessoal (carta a Lúcio Cardoso) e terminá-lo por um de caráter ficcional ("O búfalo"); tínhamos de não diferenciar conto, crônica e anotação, e adotar a classificação de texto curto para todos eles.

A BOLHA E A FOLHA: ESTRUTURA E INVENTÁRIO [pp. 289-301]

1 A imagem da *frincha*, que está no conto anterior, a da *greta*, que está no conto "Herbarium" (*Seminário dos ratos*. Rio de Janeiro: José Olympio, 1977), e a da *fresta* e do *vão*, importantes num conto como "Verde lagarto amarelo" (*Antes do baile verde*. Rio de Janeiro: José Olympio, 1983), ratificam pela repetição o andamento da nossa análise. Eis um primeiro exemplo extraído desse conto: "Mas a fresta era estreita demais e ela mal conseguiu esconder a cabeça, ah, o mesmo humano desespero na procura de um abrigo". Eis um segundo exemplo: "Às vezes me escondia no porão, corria para o quintal, subia na figueira, ficava imóvel, um lagarto no vão do muro, pronto, agora não vai me achar".

2 Anota Nogueira Moutinho: "Impressionou-se a crítica francesa com a capacidade da autora de *changer de peau*, mudar de pele com uma naturalidade fascinante: agora é uma adolescente da preconceituosa burguesia em plena Segunda Guerra Mundial. Passa em seguida para a pele do homem de sobretudo e chapéu, a conduzir...".

3 Lygia esclarece em depoimento: "Quero que meu leitor seja parceiro-cúmplice nessa ambiguidade que é o ato criador. Ato que é desespero e apaziguamento. Ousadia e insegurança. Ansiedade e celebração".

4 Numa leitura propriamente política dos contos de Lygia, a figura do híbrido vai permear uma oscilação entre personagens com perfil nitidamente conservador e preconceituoso e outros com perfil nitidamente revolucionário e tolerante. O jogo entre denúncia social e frivolidade mundana está bem exposto no conto "Senhor Diretor" (*Seminário dos ratos*, op. cit.), onde notícias--dinamite sobre a realidade brasileira se chocam com o fluir das ideias ridículas de Maria Emília, desejosa de escrever uma carta à redação do jornal, ao senhor diretor. Ver, ainda, os contos "A medalha" (*A estrutura da bolha de sabão*. Rio de Janeiro: Nova Fronteira, 1991) e "Helga" (*Antes do baile verde*, op. cit.).

5 Lygia distingue dois leitores. O leitor da sua obra ficcional e o leitor curioso sobre os processos da sua criação, em geral estudante de letras. Sobre o primeiro dirá: "A constante vontade de seduzir esse leitor que gosta do devaneio. Do sonho". E traça o paralelo entre os dois: "Quero provocar [no primeiro leitor] sua fantasia, mas agora ele [segundo leitor] está pedindo lucidez, quer esclarecimentos".

6 Em depoimento, afirma a contista: "Levanto a pele das personagens que é a pele das palavras, quero o mais íntimo, o mais secreto, e nessa busca me encontro".

7 À diferença do poema épico e do romance que formam um todo que se confunde com o formato livro, o poema lírico e o conto sobrevivem em livro sob a forma, anárquica ou não, de coletânea.

8 Não é de todo improvável que por detrás da caracterização de Miguel (e por detrás de conhecido relato autobiográfico da contista sobre bolhas de sabão — consulte-se o já mencionado depoimento feito na Sorbonne) estejam os versos de Victor Hugo citados na epígrafe deste ensaio ou traços da personalidade híbrida do poeta inglês Shelley, na famosa biografia-romance escrita por André Maurois, *Ariel, ou La Vie de Shelley* (Paris: Rombaldi, 1972). No capítulo "Bolha de sabão", Maurois relata as experiências políticas frustradas do jovem poeta na Irlanda protestante. Para lá fora a fim de lutar contra a intolerância e a favor da emancipação dos católicos. Escreve Maurois: "[...] *sa récréation favorite était de faire des bulles de savon. Assis devant sa porte, muni d'un chalumeau, il soufflait avec* une adresse de jeune fille [grifo meu] *les sphères parfaites et fragiles. Dans leurs élastiques pellicules brillaient des teintes violettes, vertes et dorées qu'il regardait changer, se fondre et disparaître.* [...] *il éprouvait une sorte d'obscur besoin de fixer par le rythme et les mots l'insaisissable grâce de ces jeux de couleurs*" ([...] sua diversão preferida era a de soprar bolhas de sabão. Sentado à porta da casa, com um canudo, soprava as esferas perfeitas e frágeis *com habilidade de moça*. Nas películas elásticas brilhavam matizes violeta, verdes e dourados que ele olhava mudar, desfazer e desaparecer. [...] sentia uma espécie de necessidade obscura de fixar a inapreensível graça desses jogos de cor pelo ritmo e pelas palavras). A respeito dos versos de Victor Hugo, comentam Jean Chevalier e Alain Gheerbrant, no *Dicionário de símbolos* (Rio de Janeiro: José Olympio, 1988): "A bolha de ar ou de sabão — essa *bolha de azul-celeste que meu sopro aumenta*, escreve Victor Hugo — simboliza a *criação leve*, efêmera e gratuita, que estoura subitamente sem deixar vestígio: nada além da delimitação arbitrária e transitória de um pouco de ar".

9 *Timeu*, in: Platão, *Diálogos*, v. XI (trad. de Carlos Alberto Nunes, Belém: Universidade Federal do Pará, 1977), 33b.

10 Para Lygia, a libertação da mulher "se faz através do trabalho remunerado". Ao mesmo tempo, o narcisismo do escritor-mulher, autor de contos de feitio monologal, intimistas, se explica pelo que ela chama gostosamente da tradição brasileira da "mulher-goiabada". Explica ela: "Um pouco que [a mulher-goiabada] se distraísse e o doce pegava no fundo. Trancada a sete chaves, sem uma fresta sequer para se expressar".

ELIZABETH BISHOP: O POEMA DESCRITIVO [pp. 302-11]

1 Palavra tipicamente baudelairiana. Ver o soneto de mesmo nome "Recueillement": "*Sois sage, ô ma Douleur, et tiens-toi plus tranquille...*". Sobre o conhecimento que Bishop tinha da poesia de Baudelaire, leiam-se os comentários extraordinários e sutis que faz às traduções do amigo Robert Lowell (ver carta de 1º de março de 1961: "É claro que as únicas traduções que tenho condições de julgar são as do francês...").

2 "*Patience, patience, / Patience dans l'azur! / Chaque atome de silence / Est la chance d'un fruit mûr!*" Comenta o filósofo Alain: "*Patience, patience — tel est le maître mot. On admire ces longs silences du poète; je ne m'en étonne point. Si Hugo avait refusé les vers trop faciles, quels silences!*".

3 Estamos tomando o conceito de labor de maneira aproximada ao tomado por Marcia Tucker, diretora do New Museum of Contemporary Art e responsável, juntamente com Isabel Venero, pela exposição The Labour of Love, realizada em 1996 na cidade de Nova York.

4 Lembro-me de uma cena do filme *Nick's Movie*, em que o cineasta alemão Wim Wenders relata os últimos dias de vida do diretor Nicholas Ray. Em determinado momento, reproduz-se na

tela um velho western de Ray em que o ator Robert Mitchum, já velho, volta ao rancho onde foi criado. Escorrega por debaixo da casa em palafitas e descobre, escondidos, alguns gibis. Comenta Ray: "Toda a minha obra foi sobre a ideia do lar".

5 As distinções binárias (vida/morte, certo/errado...) não eram do gosto de Bishop. Deviam diluir-se em "deslumbrante dialética" (ver "Santarém").

ORLANDO, UMA BIOGRAFIA: ENTRE A FLEXIBILIDADE E O RIGOR [pp. 312-28]

1 No mesmo ano, 1928, é publicado na Inglaterra o romance lésbico *O poço da solidão*, de Radclyffe Hall, que conhece grande sucesso na tradução ao português publicada pela Editora Globo (Porto Alegre).

2 *In a Queer Time and Place: Transgender Bodies, Subcultural Lives* (Nova York: New York University Press, 2005). Agradeço as indicações de leitura feitas por Denilson Lopes.

3 Cf. Ian Watt, *A ascensão do romance: Estudos sobre Defoe, Richardson e Fielding* (São Paulo: Companhia das Letras, 2010): "[...] Defoe iniciou na ficção uma nova e importante tendência. Proposta por ele, a subordinação total da trama ao padrão da narrativa autobiográfica é afirmação tão desafiadora sobre a primazia da experiência individual no romance quanto o cogito, ergo sum de Descartes o foi na filosofia". Lembre-se que, em 1927, Virginia escreve no seu *Diário* que planeja escrever "uma narrativa no gênero de Defoe para se divertir". *Orlando* era então apenas um desejo.

4 "Feliz a mãe que gera a vida de alguém assim; mais feliz ainda o biógrafo que a registra! Ela nunca precisará se atormentar; ele nunca sentirá a necessidade de invocar a ajuda de romancista ou poeta" (p. 12).

5 Cite-se ainda: "Mas o biógrafo, cujos interesses são, como dissemos, altamente restritos, deve se limitar a uma simples afirmação: quando um homem atinge a idade de trinta anos, como é o caso de Orlando agora, o tempo, quando ele está pensando, torna-se excessivamente longo; quando está agindo, excessivamente curto" (p. 66).

6 Cf.: "A verdade é que Orlando vinha sendo afligido pelo mal [de escrever] havia muitos anos. Nunca nenhum menino implorou tanto por maçãs quanto Orlando implorava por papel; nem por doces quanto ele por tinta" (p. 52).

7 O Narrador tem sua teoria sobre Orlando e o fracasso da escrita. Está expressa desde as páginas iniciais do romance. Diz ele: "O verde na natureza é uma coisa, o verde na literatura, outra. A natureza e as letras parecem nutrir uma mútua e instintiva antipatia; junte-as e uma destruirá a outra. O matiz de verde que Orlando via agora estragava-lhe a rima e quebrava-lhe o metro" (p. 13). Não é gratuito que o poema de Orlando seja sobre o carvalho, que domina a paisagem britânica, como o buriti a das Gerais de Guimarães Rosa.

8 Em 1925, Virginia escreve, no diário, palavras sobre sua relação com Vita que se tornaram clássicas: "Qual é o efeito de tudo isso em mim? Muito variado. Há a maturidade dela, seus seios fartos, o fato de enfrentar as marés com as velas enfunadas enquanto eu trafego lentamente junto à costa; sua capacidade de tomar a palavra em qualquer ambiente, de representar seu país, de visitar Chatsworth [palácio rural, propriedade dos duques de Devonshire], de controlar a prataria, os criados, os cachorros; o fato de ser mãe (embora algo fria e impaciente com os meninos), de ser realmente (o que nunca fui) uma mulher de verdade".

9 Naquele capítulo, Virginia diverte-se com documentos esburacados, como já vimos, e com a avó de Vita. Ler o episódio do casamento de Orlando, Cavalheiro da Ordem da Jarreteira, com "Rosina Pepita, dançarina, pai desconhecido, mas tido como cigano" (p. 89).

10 Assinale-se que Vita publica em 1922 a saga familiar: *Knole and the Sackvilles* (Nova York: George H. Doran). No prefácio, datado de maio-julho de 1922, ela declara: "Os seguintes esboços de Knole e de seus proprietários não pretendem ser exaustivos nem detalhados. Não sou nenhuma erudita; tudo o que tenho é conhecimento pessoal". A história da família em livro pode ser lida na internet: <http://goo.gl/g7YVhK>.

11 Ambas as citações foram retiradas do livro já citado de Judith Halberstam. Observar que a segunda citação precede uma reflexão da autora sobre *Mrs. Dalloway* e sua reescrita por Michael Cunningham, o romance *As horas*.

12 Especialistas em Breton dão a fotografia "Seus olhos de avenca..." como retratando os de Léona. No século XXI, a crítica tem também aproximado *Nadja* — e acrescentemos, neste posfácio, *Orlando* — dos livros-com-fotos de W. G. Sebald, em particular *Austerlitz* (2001). Este, por sua vez, será citado por Patti Smith como tendo lhe inspirado o uso das fotos de Robert Mapplethorpe em *Só garotos* (2010). Contra todos esses inovadores há que lembrar as palavras de Alain Robbe-Grillet, romancista da *école du regard*, que desanca Breton e o uso de fotos. Seus livros, em particular o mais original deles, *O ciúme*, centram a análise psicológica da protagonista e dos personagens na descrição minuciosamente fotográfica do ambiente (ver *Pour un Nouveau Roman*, 1963).

13 Cf. "A mudança de sexo, embora lhe alterasse o futuro, em nada contribuiu para lhe alterar a identidade. O rosto, como provam seus retratos, continuava praticamente o mesmo" (p. 93). A identidade não se altera com a mudança de gênero. Não se redefine, pois, por meras "fantasias". Redefine-se ao açambarcar o além das restrições impostas por distinções radicais. Traz em si a capacidade de desmanchar ou de apagar fronteiras comportamentais estreitas. A divertida passagem em que o duque se traveste de duquesa Harriet para se aproximar apaixonadamente de Orlando e se revelar homem (p. 76) é bom exemplo do que Orlando não é. Os meios justificam o fim: "para atingir seus objetivos, [o duque] se vestira de mulher" (p. 120).

14 *Times Binds: Queer Temporalities, Queer Histories* (Durham; Londres: Duke, 2010), p. 107. O menos desculpável dos defeitos do filme de Sally Potter baseado em *Orlando* é o de ter substituído a narrativa-do-corpo do protagonista por uma leitura psicológica da vida humana. O filme vem dividido em partes semiautônomas (morte, sexo, amor etc.) e transporta a trama original de Virginia para o espaço do romance francês precioso, que se inspira na famosa *Carte du Tendre*, mapa no qual os sentimentos humanos são representados de maneira cartográfica e alegórica.

15 Nova York; Londres: New York University Press, 1999.

16 Evidentemente, o Narrador discorda do comportamento permissivo de Orlando. À semelhança do movimento de gentrificação que transforma Times Square em local de entretenimento para a família sadia, ele intervém no romance e conforma o transgressor Orlando ao statu quo, invocando como positivos os valores da pureza elisabetana: "é preciso lembrar que o crime e a pobreza não tinham, para os elisabetanos, nada da atração que têm para nós" (p. 22).

1 Consultem-se os prefácios dos seus romances tal como codificados em duas artes poéticas hoje clássicas, *The Craft of Fiction* (1921), de Percy Lubbock (*A técnica da ficção*, trad. de Octavio Mendes Cajado, São Paulo: Cultrix; Edusp, 1976), e *The Rhetoric of Fiction* (1961), de Wayne Booth (*A retórica da ficção*, trad. de Maria Teresa Guerreiro, Lisboa: Arcádia, 1980).

2 William J. Maxwell, *James Baldwin: The FBI File* (Nova York: Arcade Publishing, 2017).

3 James Campbell, *Talking at the Gates: A Life of James Baldwin* (Berkeley: University of California Press, 2002). Hoje, a bibliografia é bem mais rica. O pesquisador William J. Maxwell, depois de publicar *FBI Eyes: How J. Edgar Hoover's Ghostreaders Framed African American Literature* (Princeton: Princeton University Press, 2015), transcreve todo o arquivo relativo ao nosso romancista em *James Baldwin: The FBI File*, op. cit.

4 Em LeRoi Jones a homofobia se associa ao antissemitismo, questão a não ser desprezada em se falando do ativismo negro no Harlem dos anos 60. Em "Confessions of a Former Anti-Semite", artigo publicado em 1980 no jornal *Village Voice*, Amiri Baraka (ex-LeRoi Jones) repudiará as antigas posturas. De Baldwin, ler a conferência que deu na Universidade de Massachusetts Amherst, em 1983, hoje na coletânea *The Cross of Redemption: Uncollected Writings* (Nova York: Vintage, 2011).

5 Eldridge Cleaver, *Soul on Ice* (1968) (Nova York: Delta, 1999), p. 124.

6 Salta aos olhos a importância crescente nos campi universitários do filósofo Herbert Marcuse, pertencente à Escola de Frankfurt, e de sua discípula Angela Davis. A Students for a Democratic Society (SDS) é criada em 1964 na Universidade de Berkeley, nos Estados Unidos; maio de 68 se anuncia na Place de la Sorbonne, em Paris.

7 Carlos Drummond de Andrade, *A rosa do povo* (São Paulo: Companhia das Letras, 2012), p. 14.

8 Nesse sentido, o da composição desprovida da linha de fuga da perspectiva, composição fragmentária, indica-se a leitura do extraordinário ensaio *Joan Miró* (1950), que João Cabral de Melo Neto escreveu sobre o pintor. A genialidade do artista catalão está na composição do quadro que não mais se constrói pela perspectiva. Peças soltas se encontram amigável ou ferozmente no espaço da tela e compõem o quadro.

GRAFIAS DE VIDA: A MORTE [pp. 339-56]

1 Não me refiro apenas à controversa Wikipédia, mas ao fato de mesmo a reputada *Encyclopaedia Britannica*, por exemplo, se encontrar há alguns anos em formatos digitais.

2 Jean-Paul Sartre, *A náusea*, trad. de Rita Braga (Rio de Janeiro: Nova Fronteira; São Paulo: Saraiva, 2011), p. 46.

3 Ibidem, p. 48.

4 Michel Foucault, *As palavras e as coisas*, trad. Salma Tannus Muchail (São Paulo: Martins Fontes, 2000).

5 Coeditores: Alberto Passos Guimarães, Antônio Geraldo da Cunha, Francisco de Assis Barbosa, Otto Maria Carpeaux, Carlos Francisco de Freitas Casanovas. Coordenador editorial: Paulo Geiger.

6 Nosso interesse aqui é o de acentuar o pioneirismo do projeto *Mirador* no Brasil e pensar as características da biografia moderna a partir dele. Hoje, a remissão — explicitações do subtexto

dum verbete — é um procedimento informático comum e, no caso da Wikipédia, capaz de ser forjada democraticamente (?) por seus colaboradores (?) anônimos. As interrogações estão explicadas no noticiário político de agosto de 2014. Basta consultar os jornais da época.

7 Se me permitirem comentário malicioso, direi que a moda da biografia no Brasil trouxe para a presente cena cultural figuras públicas cujos nomes nunca seriam escritos em negrito por Antônio Houaiss & companhia.

8 Se o romance for escrito na terceira pessoa, tem como suporte a biografia (*Madame Bovary*). Escrito na primeira pessoa, a autobiografia (*Dom Casmurro*).

9 Existem, mas são raros, os casos de figuras públicas que são ficcionalizadas na grande literatura. Dois exemplos: Napoleão em Stendhal e o marechal Floriano Peixoto em Lima Barreto.

10 Traduzido por Leonardo Fróes em português, o ensaio se encontra na antologia *O valor do riso* (São Paulo: Cosac Naify, 2014). Onze anos antes da publicação do ensaio, em 1928, Virginia lançara o notável romance *Orlando: Uma biografia*.

11 Virginia Woolf, "A arte da biografia", in: *O valor do riso*, op. cit., p. 389.

12 Ibidem.

13 Ibidem, p. 400.

14 Ibidem, pp. 390-1.

15 Ibidem, p. 394.

16 Ibidem, pp. 394-5.

17 Ibidem, p. 395.

18 Ibidem, p. 396.

19 Ibidem, p. 399.

20 Ezra Pound, *Abc da literatura*, trad. de Augusto de Campos e José Paulo Paes (São Paulo: Cultrix, 2006), p. 64.

21 Em romance tipicamente *à clef*, como *Os moedeiros falsos*, de André Gide, os jogos de palavra dominam a nomeação dos personagens e os indiciam. O pai carola é Profitendieu, enquanto o traquinas Jean Cocteau vira Passavant.

22 Em *La Création chez Stendhal: Essai sur le métier d'écrire et la psychologie de l'écrivain* (1942), Jean Prévost considera Stendhal o "iniciador" da coleta de recortes de jornal como recurso inicial para a criação romanesca.

23 Como exemplo delas, lista Virginia Woolf, seguindo as pegadas de Flaubert/Pound: "Onde e quando viveu o homem real; que aparência tinha; se ele usava botas com cadarços ou com elástico nos lados; quem eram suas tias, seus amigos; como ele assoava o nariz; a quem amou, e como; e, quando veio a morrer, morreu ele em sua cama, como cristão, ou...". "A arte da biografia", in: *O valor do riso*, op. cit., p. 401.

24 Ian Watt, *A ascensão do romance*, trad. de Hildegard Feist (São Paulo: Companhia das Letras, 2010), p. 64.

25 Esclareça-se que, segundo Frye, "elevado" e "baixo" não têm conotações de valor comparativo, mas são puramente diagramáticos. Significam apenas que a ficção europeia vem "descendo constantemente seu centro de gravidade" e, nos últimos cem anos, "tendeu a ser crescentemente do modo irônico", já que o herói passa a ser "inferior em poder ou inteligência a nós mesmos".

26 Northrop Frye, *Anatomia da crítica*, trad. de Marcus de Martini (São Paulo: É Realizações, 2014), p. 146.

27 Macunaíma representaria o modo menos elevado de representação do protagonista, em que, segundo as palavras do crítico, temos "a impressão de olhar para baixo, para uma cena de sujeição, frustração ou absurdo".
28 Northrop Frye, *Anatomia da crítica*, op. cit., p. 147.
29 Ian Watt, *A ascensão do romance*, op. cit., p. 14.
30 Jean-Jacques Rousseau, *Emílio ou Da educação*, trad. de Sérgio Milliet (Rio de Janeiro: Bertrand Brasil, 2005), p. 200.
31 Karl Marx, *Grundrisse* (São Paulo: Boitempo; Rio de Janeiro: Editora da UFRJ, 2011), pp. 55-6.
32 Em *A paixão segundo G.H.*: "A ideia que eu fazia de pessoa vinha de minha terceira perna, daquela que me plantava no chão".
33 Para dar continuidade à história do meu argumento, indico o meu pequeno livro *Carlos Drummond de Andrade* (Petrópolis: Vozes, 1976).

OS ABUTRES [pp. 359-74]

1 Ver "Uma lição de escrita", capítulo de *Tristes tropiques*. A crítica a esse capítulo, do ponto de vista "pós-estruturalista", foi feita por Jacques Derrida em *Da gramatologia*, no capítulo "A violência da letra: De Lévi-Strauss a Rousseau".

O NARRADOR PÓS-MODERNO [pp. 409-22]

1 *Enigma e comentário* (São Paulo: Companhia das Letras, 1987).
2 *Lembranças de velhos* (São Paulo: T. A. Queirós, 1979), em particular pp. 42-9.

A DEMOCRATIZAÇÃO NO BRASIL (1979-81): CULTURA VERSUS ARTE [pp. 423-38]

1 Menos por modéstia e mais por decoro, não cito textos meus que poderiam fazer parte deste debate.
2 A noção do "vazio" que toma conta do país durante a ditadura foi estabelecida e consagrada pela esquerda cultural na época. Ver "A crise da cultura brasileira", *Visão*, 5 jul. 1971. Ali se pergunta: "Quais são os fatores que estariam criando no Brasil o chamado 'vazio cultural'?". Ver, ainda, na mesma revista, 11 mar. 1974, o balanço dos dez anos da "revolução".
3 "Bandeiras da imaginação antropológica", *Jornal do Brasil*. Trata-se duma resenha do livro do antropólogo Carlos Alberto Messeder Pereira, *Retrato de época: Poesia marginal — Anos 70* (Rio de Janeiro: Funarte, 1981). O artigo é aberto por quatro perguntas: "A que vem esse antropólogo, pretendendo mexer com a curiosa tribo dos poetas? Como a pesquisa antropológica vai lidar com o fenômeno literário enquanto objeto empírico? O que significaria, para nós, literatos natos, pensar a literatura relativizada em seu caráter literário? Será que os poetas marginais se tornarão perigosos desviantes?".
4 São Paulo: Brasiliense, 1980. As entrevistas foram feitas por Heloisa Buarque de Hollanda e Carlos Alberto Messeder Pereira. Segundo Pola Vartuck, responsável pela primeira entrevista com

Cacá Diegues, o cineasta tratava de salvaguardar o espaço democrático "da liberdade de criação artística, contra todos os intelectuais que, em nome de partidarismos ideológicos, tenta[va]m impor um tipo de censura". No prefácio ao livro se lê que "o discurso mais tradicional da esquerda começa[va] a voltar à tona e aquelas velhas discussões do papel social da arte, da arte engajada, começa[va]m a pintar de novo, inclusive a nível de cobrança...".

5 Rio de Janeiro: Codecri, 1979.

6 Alusão ao livro *The Culture of Narcissism: American Life in an Age of Diminishing Expectations* (Nova York: Warner Books, 1979).

7 Estas noções foram tomadas de empréstimo a Lionel Trilling, via Stanley Aronowitz: *"However, despite relatively little institutional power, the movements of multiculturalism, cultural studies as well as the older gender, race and ethnic studies are perceived by their critics as the true 'enemy within'"*. *Roll over Beethoven* (Hanover: Wesleyan University Press, 1993), p. 27. Ver também p. 22.

8 Pelas razões a serem expostas, o texto do debate permanecerá inédito durante vinte anos. O citado jornal só publicará o debate nas edições de 23 e 24 de fevereiro de 1997. Segundo José Mário Pereira, em artigo publicado na *Tribuna da Imprensa*, 10 mar. 1997, o citado debate será publicado na revista *IstoÉ* de 25 de janeiro de 1978. Nesta primeira transcrição suprimiram-se todas as palavras de Glauber.

9 A partir do final dos anos 60, as diversas metodologias de leitura do texto poético eram oriundas do formalismo russo, cujo conceito básico era o de *literaturnost* (literariedade), aportado no Brasil pelas mãos do seu criador, Roman Jakobson, na época às voltas com o estruturalismo francês e as seis funções da linguagem. Cf. Victor Erlich, *Russian Formalism* (Haia: Mouton, 1965), p. 172, e Roman Jakobson, *Linguística e comunicação* (São Paulo: Cultrix, 1969).

10 Para o estabelecimento da noção do poema e da entrevista como mediadores culturais, estamos usando o conceito de "mediador externo" no "triângulo mimético" que, segundo René Girard, inaugura os jogos da subjetividade romanesca moderna. A transformação do Eu no Objeto do seu desejo, quando mediatizada pelo livro, confere ao sujeito uma força de identificação e de conflito com o modelo privilegiado. Ver *Mensonge romantique et vérité romanesque* (Paris: Grasset, 1961). Para um apanhado geral das ideias do crítico, ler a entrevista concedida por ele a Pierpaolo Antonello e João Cezar de Castro Rocha, "L'ultimo dei porcospini", *Iride*, n. 19, set.-dez. 1996.

11 Nesse período e no contexto desta discussão, o trabalho mais instigante no campo da sociologia é o de Sergio Miceli, *Intelectuais e classe dirigente no Brasil (1920-1945)* (São Paulo: Difel, 1979). Segundo o autor, o livro "não deixa de ser uma resposta positiva às análises de Gramsci sobre a Itália, de Bourdieu sobre a França contemporânea, de Williams sobre os escritores ingleses, de Ringer sobre o mandarinato alemão". O capítulo "Os intelectuais e o Estado", abordando o período do Estado Novo, pode ser lido como uma espécie de reflexão metafórica sobre o recente processo de "co-optação" (uso propositadamente o conceito de Miceli) dos intelectuais brasileiros pelo regime militar imposto em 1964. Deve-se citar, ainda, o livro de Roberto da Matta, *Carnavais, malandros e heróis: Para uma sociologia do dilema brasileiro* (Rio de Janeiro: Zahar, 1979).

12 Cf.: *"What I am calling the Great Divide is the kind of discourse which insists on the categorical distinction between high art and mass culture. [...] The belief in the Great Divide, with its aesthetic, moral and political implications is still dominant in the academy today (witness the almost total institutional separation of literary studies, including the new literary theory, from mass culture research..."*. É bom lembrar que a primeira edição de *After the Great Divide: Modernism, Mass Culture, Postmodernism*

(Bloomington; Indianapolis: Indiana University Press) data de 1986. O texto de José Miguel Wisnik a ser comentado está datado de outubro-novembro de 1979.

13 Rio de Janeiro: Europa Emp. Gráf. e Edit. Ltda., 1979-80, 7 v., v. 1, pp. 7-23. Para uma excelente e ampla apreciação da variada produção crítica brasileira sobre música popular, bem como para um mapeamento da questão hoje, ler o recente artigo de David Treece, "Melody, Text and Luiz Tatit's *O Cancioneiro*: New Directions in Brazilian Popular Music Studies", *Latin American Cultural Studies*, v. 5, n. 2, nov. 1996.

14 As ideias veiculadas por José Miguel nesse artigo se inserem na atualidade de longo e forte debate no mundo anglo-saxônico, sem no entanto dele (querer) fazer parte, ou tomar partido. Trata-se do debate sobre o pós-modernismo. Faremos uma rápida recapitulação do debate, valendo-nos dos argumentos levantados por Huyssen, na obra já citada. Segundo ele, o pós-modernismo estaria mais próximo da "vanguarda histórica" do que do "modernismo". Mas, antes de dar prosseguimento, é bom configurar o que ele entende por um e outro termo, já que se diferenciam da nossa definição. O "modernismo" (não no sentido brasileiro, insistimos, mas como manifestação erudita da arte) se constituiu através duma estratégia consciente de exclusão da cultura de massa, espécie de ansiedade de contaminação pelo seu outro. A oposição excludente estaria evidente tanto nos movimentos de arte pela arte da virada do século quanto no período posterior ao fim da Segunda Guerra Mundial. Segundo ainda Huyssen, o mais efetivo ataque às noções de autossuficiência da cultura erudita neste século veio do confronto da autonomia estética do primeiro "modernismo" com a política vanguardista e revolucionária de origem russa e germânica, logo depois da Primeira Guerra Mundial, e com a modernização rápida e acelerada da vida nas grandes metrópoles. Esse confronto seria de total responsabilidade da "vanguarda histórica", para usar o conceito de Peter Burger em *The Theory of Avant-Garde*. A ideia desenvolvida por Huyssen, com a ajuda de Burger, é a de que a "vanguarda histórica" visava a desenvolver uma relação alternativa entre arte erudita e cultura de massa e, dessa forma, deveria ser distinguida do "modernismo", que de maneira geral insistia na tecla da hostilidade entre o erudito e o popular.

15 No já citado livro de Huyssen, as limitações (ou a "cegueira") de Adorno na análise da cultura de massa são explicadas por razões históricas. Foi-lhe dado viver numa época em que sua teoria tinha mais sentido. Associando Adorno ao crítico de arte Clement Greenberg, Huyssen afirma que os dois *"had good reason at the time to insist on the categorical separation of high art and mass culture. The political impulse behind their work was to save the dignity and autonomy of the art work from the totalitarian pressures of fascist mass spectacles, socialist realism, and an ever more degraded commercial mass culture in the West"*. Ou: *"Adorno's blindness have to be interpreted as simultaneously theoretical and historical ones. Indeed, his theory may appear to us today as a ruin of history, mutilated and damaged by the very conditions of its articulation and genesis: defeat of the German working class, triumph and subsequent exile of modernism from Central Europe, fascism, Stalinism and the Cold War"*.

16 Cf.: "Mas há várias maneiras de encarar e de estudar a literatura. Suponhamos que, para se configurar plenamente como sistema articulado, ela dependa da existência do triângulo 'autor-obra-público', em interação dinâmica, e de uma certa continuidade da tradição. Sendo assim, a brasileira não nasce, é claro, mas se configura no decorrer do século XVIII...", Antonio Candido, *Formação da literatura brasileira* (São Paulo: Martins, 1959, 2 v.).

17 Na mesma época em que José Miguel escrevia seu texto, Caetano Veloso dizia em *Patrulhas ideológicas* (26 out. 1979): "O caso do Brasil, com música popular, é especial; é muito forte o mer-

cado de música popular, é muito grande o interesse pelo que se faz... inclusive o status intelectual e político da criação de música popular no Brasil. É aberrante esta importância: todo mundo intui uma força cultural, política, intelectual e filosófica na música popular brasileira. E isso existe porque a música popular é muito forte, vem muito de dentro, expressa e atua muito sobre o país. Talvez não do modo como em geral se pensa, mas acho que não poderia haver tudo isso se não houvesse de fato uma 'força estranha' na música popular no Brasil...".

18 Como lembra Huyssen no capítulo "Cultura de massa como mulher: O outro do modernismo", esse paradigma de rebaixamento do feminino pelo masculino, associando aquele à cultura de massa e este à erudita, foi estabelecido no século XIX: "[...] *woman (Madame Bovary) is positioned as reader of inferior literature — subjective, emotional and passive — while man (Flaubert) emerges as writer of genuine, authentic literature — objective, ironic, and in control of its aesthetic means*".

19 Em Cláudia Matos, *Acertei no milhar* (Rio de Janeiro: Paz e Terra, 1982), é estudada, em particular, a produção dos sambistas negros Geraldo (Teodoro) Pereira (1918-55) e Wilson Batista (1913-68). A autora não pretende "fazer um estudo propriamente autoral da obra" deles, mas considerá-la "uma amostragem de certos aspectos do imaginário das classes populares cariocas em sua época".

20 Em nota de pé de página, a autora justifica a escolha do termo "classes populares" na falta de outro mais apropriado: dentre os que existem, "proletariado" parece-lhe "um conceito demasiadamente adstrito à perspectiva econômica e tende a deixar de lado os setores clandestinos e marginalizados", e "classes baixas" "poderia conduzir a lamentáveis equívocos".

21 A esse respeito, ler o livro de Hermano Vianna, *O mistério do samba* (Rio de Janeiro: Jorge Zahar; Editora da UFRJ, 1995). Cf.: "Penso especificamente na transformação do samba em ritmo nacional brasileiro, em elemento central para a definição da identidade nacional, da 'brasilidade'" (p. 28). Ou: "Este livro pode ser visto como um estudo das relações entre cultura popular (incluindo a definição do que é popular no Brasil) e construção da identidade nacional" (p. 33). Consultar, ainda, pp. 151-2.

22 Cf. ainda: "A insistência da síncopa que se acentuava no samba do Estácio revelava a incursão do ritmo negro no sistema musical branco. Paralelamente, era toda uma cultura negra que entrava pela avenida dos brancos, pelo consumo dos brancos. Ismael Silva foi bem claro: aquele samba novo era feito para o bloco poder andar. E quando o bloco andou, foi para levar sua bandeira negra, seu ritmo e sua voz própria".

23 Ver, por exemplo, o célebre artigo de Michel Foucault "O que é um autor?", ou ainda a aula inaugural que pronunciou no Collège de France, *L'Ordre du discours*. Ver, também, a teoria de Mikhail Bakhtin, aliás amplamente utilizada pela autora.

24 Para uma leitura histórico-sociológica do ambiente carioca onde nasceu o samba, consulte-se Roberto Moura, *Tia Ciata e a pequena África no Rio de Janeiro* (Rio de Janeiro: Funarte, 1983).

25 Já a falta de memória dos narradores brasileiros pode ser representada, emblematicamente, pelo Dom Casmurro de Machado de Assis: "Não, não, a minha memória não é boa... Como eu invejo os que não esqueceram a cor das primeiras calças que vestiram! Eu não atino com a das que enfiei ontem. Juro que não eram amarelas porque execro essa cor; mas isso mesmo pode ser olvido e confusão".

É PROIBIDO PROIBIR [pp. 439-43]

1 Para um relato distanciado e frio, datado de junho de 1972, do quiproquó e da canção que dele derivou, ver Caetano Veloso, *Alegria, alegria* (Rio de Janeiro: Pedra Q Ronca, s. d.), pp. 88-9. Bandeirosamente, como se verá a seguir, Caetano usa indiscriminadamente as palavras "tropicália" e "tropicalismo". A milenar crítica literária sempre nos disse que nem sempre o autor é o melhor intérprete das suas palavras.

2 Em Caetano Veloso, o correspondente ao "subterrâneo" é o "por debaixo", o "debaixo", como está na canção "enquanto seu lobo não vem": "[...] vamos passear nos estados unidos/ do brasil/ vamos passear escondidos/ vamos desfilar pela rua onde mangueira passou/ vamos por debaixo das ruas// debaixo das pompas das bandeiras/ debaixo das botas...".

3 *Information* (ed. de Kynaston L. McShine, Nova York: The Museum of Modern Art, verão 1970), p. 103.

4 J. L. Austin estabeleceu a oposição entre enunciados verificativos e performativos. Os verificativos só tendem a descrever um acontecimento. "Os performativos têm [...] a propriedade de o seu sentido intrínseco não se perceber independentemente de uma certa ação que permitem realizar", Oswald Ducrot; Tzvetan Todorov, *Dicionário das ciências da linguagem* (Lisboa: Dom Quixote, 1973), p. 401.

SOBRE PLATAFORMAS E TESTAMENTOS [pp. 486-502]

1 Para melhor compreender o clima de medo que define a época, ler os poemas "Congresso Internacional do Medo", em *Sentimento do mundo*, e "O medo", em *A rosa do povo*, de Carlos Drummond de Andrade (*Poesia completa*, Rio de Janeiro: Nova Aguilar, 2002).

2 Refiro-me, respectivamente, aos artigos "Carta a Monteiro Lobato", "Correspondência" e "Bilhete aberto".

OSWALD DE ANDRADE, OU ELOGIO DA TOLERÂNCIA RACIAL [pp. 503-12]

1 Na edição original, a frase era parte da dedicatória a Blaise Cendrars. Apagar no papel a simpatia por uma pessoa é atitude comum em Oswald, vejam-se os comentários de Renato Gomes Cordeiro, em análise dos manuscritos de *O santeiro do mangue: Plural de vozes na festa (?) do mangue*, cap. "Escapulário" (Rio de Janeiro: PUC, 1985, tese de mestrado).

2 Entre outras: os capítulos "Canto de regresso à pátria" e "Indiferença", do romance *Memórias sentimentais de João Miramar*, de Oswald de Andrade; os poemas "Canção do exílio", de Murilo Mendes; "Europa, França e Bahia" e "Hino Nacional", de Carlos Drummond de Andrade.

3 Cf.: "Que a vossa geração exceda a minha e as precedentes, se não em semelhante amor [pelo Brasil], ao menos nas ocasiões de o comprovar. Quando disserdes — 'Somos brasileiros!' levantai a cabeça, transbordantes de nobre ufania. Convencei-vos de que deveis agradecer quotidianamente a Deus o haver Ele vos outorgado por berço o Brasil", *Porque me ufano do meu país* (12. ed. Rio de Janeiro: F. Briguiet & Cia., 1943), p. 11.

4 Ver o texto "Antologia" (1927), divulgado por Haroldo de Campos, que o considera "um dos mais felizes e vigorosos textos da nossa prosa modernista". Diz o poeta concreto: *"Antologia é o panfleto anti-Anta*, no qual OA satiriza seus opositores 'verdeamarelistas' da *Escola da Anta*. O texto, num estilo paródico arcaizante, é todo construído na base de trocadilhos em torno da palavra 'Anta', que é incrustada no bojo de outros vocábulos, permitindo associações bufas...", *Oswald de Andrade* (Rio de Janeiro: Livraria Agir, 1967), pp. 103-7. Para uma compreensão desse outro modernismo, consultar Antonio Arnoni Prado, *1922 — Itinerário de uma falsa vanguarda: Os dissidentes, a Semana e o integralismo* (São Paulo: Brasiliense, 1983).

5 Oswald de Andrade, "O movimento modernista", in: *Aspectos da literatura brasileira* (São Paulo: Martins, s. d.).

6 Idem, *Ponta de lança* (São Paulo: Globo, 1991), p. 42.

7 Ibidem, p. 110.

8 Ibidem, p. 109.

9 *"En otros casos la historia se identificó con el desarrollo de la ciencia y técnica o con el dominio del hombre sobre la naturaleza o con la universalización de la cultura. Todas estas ideas tienen algo en común: el destino del hombre es la colonización del futuro"*, *Los hijos del limo* (Barcelona; Caracas; México: Editorial Seix Barral, 1984), p. 213.

10 *"Dans le procès intenté à la barbarie, les Lumières siègent désormais au banc des accusés, et non plus à la place que leur réservaient tout naturellement Léon Blum ou Clément Attlee: celle du procureur. L'objectif demeure le même: détruire le préjugé, mais pour l'atteindre, il ne s'agit pas d'ouvrir les autres à la raison, il faut s'ouvrir soi-même à la raison des autres"*, *La Défaite de la pensée* (Paris: Gallimard, 1987), p. 72.

11 Apud Gilberto Mendonça Teles, *Vanguarda europeia e modernismo brasileiro* (6. ed. Rio de Janeiro: Vozes, 1982).

12 Cf. *"Tous ceux qui, élevés dans la civilisation européenne d'aujourd'hui, étudient les problèmes de l'histoire universelle, sont tôt ou tard amenés à se poser, et avec raison, la question suivante: à quel enchaînement de circonstances doit-on imputer l'apparition, dans la civilisation occidentale et uniquement dans celle-ci, de phénomènes culturels qui — du moins nous aimons à le penser — ont revêtu une signification et une valeur universelles?"*.

13 *Obra completa* (Rio de Janeiro: Aguilar, 1973), v. III, p. 802.

14 Graça Aranha, *Espírito moderno* (São Paulo: Gráfica-Editora Monteiro Lobato, 1925), p. 36.

15 Caio Prado Jr., *Formação do Brasil contemporâneo* (15. ed. São Paulo: Brasiliense, 1977). As citações foram extraídas dos capítulos "Sentido da colonização" e "Organização social".

16 Op. cit., pp. 83-4.

17 "Modernity: An Incomplete Project", in: *The Anti-Aesthetic* (Washington: Bay Press, 1983), pp. 5-6.

18 *Novos Estudos*, n. 18, set. 1987.

19 Oswald de Andrade, "Manifesto Antropófago", datado de 1928. Ver Gilberto Mendonça Teles, *Vanguarda europeia e modernismo brasileiro*, op. cit.

20 Mário de Andrade, *A lição do amigo* (Rio de Janeiro: José Olympio, 1982), p. 15.

ORA (DIREIS) PUXAR CONVERSA! [pp. 513-26]

1 Ler também o poema "Iniciação literária", de Carlos Drummond de Andrade, em *Menino antigo* (*Poesia completa*, Rio de Janeiro: Nova Aguilar, 2002, Edição do Centenário).

2 Escreve Candido, em artigo de 1946: "Para ele [Mário], escrever cartas era tarefa de tanta responsabilidade moral e literária quanto escrever poemas ou estudos. Esse madrugador que dormia pouquíssimo tinha a religião da correspondência, aplicando nela a correção escrupulosa dum guarda-livros. É provável que nunca tenha deixado sem resposta um simples bilhete, e Deus sabe quantos receberia. Possuindo da inteligência uma concepção ao mesmo tempo alta e simples, via nela um instrumento de revelar beleza e servir ao próximo, condicionado, entretanto, por técnicas pacientes e habilidosas, hábitos meticulosos e regulares".

3 Ler a carta escrita a Henriqueta por Mário, datada do dia 11 de julho de 1941, incluída em *Querida Henriqueta* (Rio de Janeiro: José Olympio, 1990).

SUAS CARTAS, NOSSAS CARTAS [pp. 527-58]

1 Ver nota à carta 104, onde Mário distingue o escrever à mão do bater à máquina.

2 Leia-se: "Não se pode adquirir uma técnica, ou habilidade profissional, sem exercício; não se pode tampouco aprender a arte de viver, a *technè tou biou*, sem uma áskesis, que é preciso entender como um treinamento de si por si mesmo...", "L'Écriture de soi", in: *Corps écrit* (Paris: PUF, fev. 1983).

3 O pano de fundo da nossa análise, no tocante a *excesso*, *sobra* e *sacrifício*, foi esboçado primeiro por Georges Bataille em *A noção de despesa* (Rio de Janeiro: Imago, 1975), livro que se inspira, por sua vez, no *Ensaio sobre a dádiva: Forma e razão da troca nas sociedades arcaicas*, do antropólogo Marcel Mauss.

4 Mário pressentia certo *aristocratismo* em Carlos. Em 1926, no momento em que, formado em farmácia, Carlos decide ir ganhar a vida em Itabira, volta a aconselhá-lo: "Você aí procure se dar com toda gente, procure se igualar com todos, nunca mostre nenhuma superioridade principalmente com os mais humildes e mais pobres de espírito. Viva de preferência com colonos e gente baixa que com delegados e médicos".

5 Anos mais tarde, Drummond atualizará o tópos da observação do subalterno pelo intelectual modernista, personalizando-o e politizando-o. Ler "O operário no mar", em *Sentimento do mundo*, in: *Poesia completa* (Rio de Janeiro: Nova Aguilar, 2002, Edição do Centenário).

6 Para uma configuração pormenorizada do verso e do sentimento, ler a carta que escreve a Carlos em 27 de maio de 1925.

7 Para não montar outra conversa entre surdos, definamos o que estamos entendendo por *autoritarismo* em terra de golpes militares. Apoiamo-nos em Raymundo Faoro, no prefácio a *Prestes: Lutas e autocríticas*: "Autoritarismo, na verdade, não tradicional, desligado e hostil às oligarquias e ao coronelismo, mas ancorado no pressuposto da imaturidade, da incapacidade e do aprisionamento do povo brasileiro, inapto para deliberar e decidir acerca de seu próprio destino".

8 Ler do autor, em *O espírito moderno* (1924): "O nosso privilégio de não termos o passado de civilizações aborígenes facilitará a liberdade criadora. Não precisamos, como o México e o Peru,

remontar aos antepassados Maias, Astecas ou Incas, para buscar nos indígenas a espiritualidade nacional. O Brasil não recebeu nenhuma herança estética dos seus primitivos habitantes, míseros selvagens rudimentares. Toda a cultura nos veio dos fundadores europeus", apud Gilberto Mendonça Teles, *Vanguarda europeia e modernismo brasileiro* (6. ed. Rio de Janeiro: Vozes, 1982).

9 Na certa Carlos subscreveria estas palavras de Manuel Bandeira sobre Mário: "Foi, me parece, a última grande influência que recebi: o que vi e li depois disso já me encontrou calcificado em minha maneira definitiva", *Itinerário de Pasárgada* (Rio de Janeiro: Livraria São José, 1957).

10 Para entender corretamente o sentido da palavra, ler o poema "América", em *A rosa do povo*, in: *Poesia completa* (Rio de Janeiro: Nova Aguilar, 2002, Edição do Centenário). "Portanto, é possível distribuir minha solidão, torná-la meio de conhecimento./ Portanto, solidão é palavra de amor."

11 Carlos e Mário são *etnólogos*. Oswald de Andrade, basta uma leitura de *Memórias sentimentais de João Miramar*, é o *viajante*. Ele descobre o Brasil na Place de Clichy, em Paris, no "umbigo do mundo", como a qualificou acertadamente Paulo Prado.

12 Como exemplo do que estamos entendendo por *inventar*, sob o império do paradoxo, leiam-se estes versos de "Como um presente": "É talvez um erro amarmos assim nossos parentes./ A identidade do sangue age como cadeia,/ fora melhor rompê-la. Procurar meus parentes na Ásia,/ [...] Por que ficar neste município, neste sobrenome?/ [...] Quisera abrir um buraco, varar o túnel, largar minha terra,/ passando por baixo de seus problemas e lavouras, de eterna agência de correio,/ *inaugurar* [grifo meu] novos antepassados em uma nova cidade", *A rosa do povo*, op. cit., p. 187.

13 Contraste-se o luto com este trecho da carta 43, enviada a Mário de Itabira. Nele descreve a casa que Dolores e ele dividem: "Moro numa casinha branca, a única do beco, entre laranjeiras, jabuticabeira e uma casuarina toda trançada de erva-de-passarinho que mesmo assim assobia de fazer gosto. Minha vida ficou simples de repente, sem sustos, sem especulações, sem inquietação. Tudo influência do cenário novo sobre a sensibilidade sequiosa de novas formas repousantes".

14 Ler também a carta de Mário datada de 15 de outubro de 1944.

15 Carlos nega o desentendimento, ler parágrafo na apresentação de *A lição do amigo* (Rio de Janeiro: José Olympio, 1982), p. viii.

16 Para o relato pormenorizado das circunstâncias, ver entrevista concedida por CDA a Lia Cavalcanti, em *Tempo vida poesia: Confissões no rádio* (Rio de Janeiro: Record, 1986), cap. 20: "Doce revolução em Barbacena".

17 Para o comentário de Carlos sobre essa passagem da carta e o relato de Paulo Duarte sobre as circunstâncias que envolvem a indicação e o convite, ler a nota 7/1925, em *Carlos & Mário*, op. cit.

ALEIJADINHO, BRETAS E OS POETAS MODERNISTAS (1927-30) [pp. 559-76]

1 Para uma leitura aplicada dos textos sobre a viagem e do contexto, ler *Expressão plástica e consciência nacional na crítica de Mário de Andrade*, de José Augusto Avancini.

2 Num primeiro exercício de contraste, lembre-se que o biógrafo Rodrigo Bretas manteve relações estreitas com o Instituto Histórico e Geográfico Brasileiro, localizado no Rio de Janeiro.

3 A propósito de Lúcio Costa e a arquitetura colonial mineira nos anos 20, consultem-se ensaios reunidos por Wander Melo Miranda em *Anos JK: Margens da modernidade* (Belo Horizonte: Editora UFMG, 2005).

4 João Cabral de Melo Neto será também sensível às metáforas mecânicas de Le Corbusier. *O engenheiro*, reunião dos poemas escritos entre 1942 e 1945, traz como epígrafe: "... *machine à emouvoir*...", também tomada ao arquiteto suíço. O livro, por sua vez, está dedicado ao amigo Carlos Drummond.

5 No elogio ao diminutivo, Bandeira anuncia preciosas observações filológicas de Sérgio Buarque de Holanda em *Raízes do Brasil* (1936). A seu favor, Sérgio invoca e subscreve a autoridade de Amado Alonso (1897-1952), crítico literário e filólogo espanhol, naturalizado argentino na década de 30: "A profusão dessas formas [diminutivas] denuncia um caráter cultural, uma forma socialmente plasmada nas relações coloquiais, que é a reiterada manifestação do tom amistoso em quem fala e sua petição de reciprocidade. *Os ambientes rurais e dialetais que criaram e cultivam essas maneiras sociais costumam ser avessos aos tipos de relações interpessoais mais disciplinadas das cidades ou das classes cultas* [grifo meu], porque os julgam mais convencionais e mais insinceros e inexpressivos do que os seus".

6 Informe-se que "grandão" é vocábulo comum no léxico de Mário e é a tradução ao português do vocábulo tupi, grafado ora "açu" ora "guaçu". Neste capítulo, onde é sensível o gosto do crítico pela genealogia, não há como não citar a dedicatória de Roberto Schwarz a Antonio Candido em *O pai de família e outros estudos*: "ao meu mestre-açu Acê".

Créditos das imagens

p. 132: António Bracons.

p. 133 (acima à esq.): *Figura de convite III*, óleo sobre tela de Adriana Varejão, 2005. 200 × 200 cm. Reprodução de Eduardo Ortega.

p. 133 (acima à dir.): *Figura de convite*, óleo sobre tela de Adriana Varejão, 1997. 200 × 200 cm. Reprodução de Eduardo Ortega.

p. 138: *Filho bastardo*, óleo sobre madeira de Adriana Varejão, 1992. 110 × 140 × 10 cm. Reprodução de Dirk Pauwels.

p. 144: *Mapa de Lopo Homem II*, óleo sobre madeira e linha de sutura de Adriana Varejão, 1992--2004. 110 × 140 × 10 cm. Reprodução de Eduardo Ortega.

p. 152: *Manto de apresentação*, de Arthur Bispo do Rosário. Tecido, metal, papel e linha. 219 × 130 cm. Coleção Museu Bispo do Rosário Arte Contemporânea/ Prefeitura da Cidade do Rio de Janeiro. Reprodução de Rodrigo Lopes.

Índice dos textos e publicações originais

O ENTRELUGAR DO DISCURSO LATINO-AMERICANO [1971]. Publicado originariamente em Silviano Santiago, *Latin American Literature: The Space in Between*. Trad. ao inglês do original francês por Judith Mayne e Steve Moscov. Buffalo: Latin American Studies Program/ State University of New York at Buffalo, 1973. Tradução ao português pelo autor publicada em *Uma literatura nos trópicos: Ensaios sobre dependência cultural*. São Paulo: Perspectiva, 1978 (2. ed. Rio de Janeiro: Rocco, 2000).

APESAR DE DEPENDENTE, UNIVERSAL [1980]. Prefácio a Heloisa Toller Gomes, *O poder rural na ficção*. São Paulo: Ática, 1981. In: *Vale quanto pesa: Ensaios sobre questões político-culturais*. Rio de Janeiro: Paz e Terra, 1982. (Coleção Literatura e Teoria Literária, v. 44).

"ATRAÇÃO DO MUNDO": POLÍTICAS DE GLOBALIZAÇÃO E DE IDENTIDADE NA MODERNA CULTURA BRASILEIRA [1995]. Conferência proferida em inglês na Universidade da Califórnia, em Berkeley, na qualidade de "Una's Lecturer" do semestre, inverno 1995. Tradução ao português pelo autor. In: *O cosmopolitismo do pobre: Crítica literária e crítica cultural*. Belo Horizonte: Editora UFMG, 2004.

O COSMOPOLITISMO DO POBRE [2002]. Publicado originariamente em *Margens/Márgenes — Revista de Cultura*. Belo Horizonte; Buenos Aires; Mar del Plata; Salvador, n. 2, dez. 2002, pp. 4-13. In: *O cosmopolitismo do pobre*.

A VIAGEM DE LÉVI-STRAUSS AOS TRÓPICOS [2001]. Trata-se da primeira parte do ensaio "A viagem: O etnógrafo e o poeta". A segunda parte seria sobre a viagem de Antonin Artaud ao Novo Mundo e se transformou no romance *Viagem ao México* (Rio de Janeiro, Rocco, 1996). Uma versão reduzida deste ensaio foi publicada em espanhol sob o título "Un viaje a los trópicos de Lévi-Strauss" em

Hispamérica, Estados Unidos, ano XXX, n. 89, 2001, pp. 3-14. Edição especial do ensaio: Brasília, Instituto Rio Branco/ Fundação Alexandre Gusmão, 2005. In: *Ora (direis) puxar conversa!: Ensaios literários*. Belo Horizonte: Editora UFMG, 2006.

PARA UMA POÉTICA DA ENCENAÇÃO [2009]. Publicado originariamente em Adriana Varejão, *Entre carnes e mares/ Between Flesh and Oceans*. Rio de Janeiro: Cobogó/ Pactual, 2009. Inédito em livro do autor.

COSMOLOGICAL EMBROIDERY (BORDADO COSMOLÓGICO) [2016]. Escrito para o catálogo da exposição A Tale of Two Worlds (1940-1980), realizada de 23 de novembro de 2017 a 2 abril de 2018 pelo Museum für Modern Kunst, Frankfurt, e pelo Museo de Arte Moderno de Buenos Aires. Inédito em livro do autor.

DESTINOS DE UMA CARTA (2000). Publicado originariamente sob o título "Navegar é preciso, viver" em *Tempo e história*. Org. de Adauto Novaes. São Paulo: Companhia das Letras, 1994. A presente versão corresponde à tradução de "Destinations of a letter, predestination of a country", publicado na revista *Interventions*, v. 2, n. 2, 2000. In: *Ora (direis) puxar conversa!*

ALEGORIA E PALAVRA EM *IRACEMA* [1965]. Publicado originariamente em *Luso-Brazilian Review*, v. 2, n. 2, inverno 1965. Inédito em livro do autor.

CAMÕES E DRUMMOND: A MÁQUINA DO MUNDO [1965]. Publicado originariamente em *Hispania*, v. 49, n. 3, set. 1966, pp. 389-94. Inédito em livro do autor.

RETÓRICA DA VEROSSIMILHANÇA: *DOM CASMURRO* [1969]. Parte deste trabalho foi lida na conferência anual da Modern Language Association, em dezembro de 1968. Prolonga ideias desenvolvidas em ensaios anteriores, hoje reunidos no volume *Jano, Janeiro* (Belo Horizonte: Editora UFMG, 2012). As citações de Machado foram extraídas da *Obra completa*, publicada pela Editora Aguilar. In: *Uma literatura nos trópicos*.

EÇA, AUTOR DE *MADAME BOVARY* [1970]. Conferência escrita originariamente em inglês e lida no simpósio Geração de 1870, realizada no Spanish and Portuguese Department da Universidade de Indiana, no ano de 1970. Tradução ao português pelo autor. In: *Uma literatura nos trópicos*.

UMA FERROADA NO PEITO DO PÉ: DUPLA LEITURA DE *TRISTE FIM DE POLICARPO QUARESMA* [1981]. Publicado originariamente em *Revista iberoamericana*, Estados Unidos, n. 126, jan.-mar. 1984, pp. 31-46. In: *Vale quanto pesa*.

A AMEAÇA DO LOBISOMEM: HOMENAGEM A BORGES [1996]. Publicado originariamente em *Revista Brasileira de Literatura Comparada*. Publicação anual da Associação Brasileira de Literatura Comparada, n. 4, 1998, pp. 31-44. In: *Ora (direis) puxar conversa!*

BESTIÁRIO [2004]. Publicado originariamente em *Cadernos de Literatura Brasileira*, publicação semestral do Instituto Moreira Salles. Número dedicado a Clarice Lispector. São Paulo, nov. 2004. In: *Ora (direis) puxar conversa!*

A BOLHA E A FOLHA: ESTRUTURA E INVENTÁRIO [1998]. Publicado originariamente em *Cadernos de Literatura Brasileira*, publicação semestral do Instituto Moreira Salles. Número dedicado a Lygia Fagundes Telles. São Paulo, mar. 1998. In: *Ora (direis) puxar conversa!*

ELIZABETH BISHOP: O POEMA DESCRITIVO [2002]. Traduzido ao inglês, o artigo consta da antologia *The Art of Elizabeth Bishop*. Org. de Sandra Regina Goulart Almeida, Gláucia Renate Gonçalves e Eliana Lourenço de Lima Reis. Belo Horizonte: Editora UFMG, 2002. In: *Ora (direis) puxar conversa!*

ORLANDO, UMA BIOGRAFIA: ENTRE A FLEXIBILIDADE E O RIGOR [2015]. Posfácio a Virginia Woolf, *Orlando: Uma biografia*. Trad. de Tomaz Tadeu. Belo Horizonte: Autêntica, 2015. Inédito em livro do autor.

RASTEJANDO POR BAIXO DAS MIMOSAS COMO UMA PANTERA E SALTANDO NO AR [2018]. Posfácio a James Baldwin, *Terra estranha*. Trad. de Rogério Galindo. São Paulo: Companhia das Letras, 2008. Inédito em livro do autor.

GRAFIAS DE VIDA: A MORTE [2015]. Publicado originariamente na revista *Serrote*, n. 19, mar. 2015. Inédito em livro do autor.

OS ABUTRES [1972]. Publicado originariamente sob o título "Os abutres: A literatura do lixo" na *Revista Vozes*, jan., 1973. In: *Uma literatura nos trópicos*.

O ASSASSINATO DE MALLARMÉ [1975]. Publicado originariamente sob o título "Poesia jovem brasileira: Roteiros de velhas vanguardas à tropicália, ao marginal mimeografado" no *Jornal do Brasil*, Rio de Janeiro, 20 dez. 1975. In: *Uma literatura nos trópicos*.

REPRESSÃO E CENSURA NO CAMPO DAS ARTES NA DÉCADA DE 70 [1979]. Trabalho lido e debatido na reunião anual da SBPC, em 1978. Publicado originariamente na revista *Encontros com a Civilização Brasileira*, n. 17, pp. 187-94. Republicado em *Cadernos de Opinião*, n. 14, 1979. In: *Vale quanto pesa*.

A COR DA PELE [1981]. Prefácio a Adão Ventura, *A cor da pele*. Belo Horizonte: Edição do Autor, 1980. In: *Vale quanto pesa*.

SINGULAR E ANÔNIMO [1985]. Publicado originariamente no suplemento Folhetim, da *Folha de S. Paulo*, 1985. In: *Nas malhas da letra: Ensaios*. São Paulo: Companhia das Letras, 1989 (2. ed. Rio de Janeiro: Rocco, 2002).

O NARRADOR PÓS-MODERNO [1986]. Publicado originariamente na *Revista do Brasil*, Rio de Janeiro, v. I, n. 1, 1984, pp. 46-53. In: *Nas malhas da letra*.

A DEMOCRATIZAÇÃO NO BRASIL (1979-81): CULTURA VERSUS ARTE [1998]. Publicado originariamente em *Declínio da arte, ascensão da cultura*. Org. de Raúl Antelo, Maria Lúcia de Barros Camargo, Ana Luiza Andrade e Tereza Virgínia de Almeida. Florianópolis: Letras Contemporâneas, 1998, pp. 11--23. In: *O cosmopolitismo do pobre*.

É PROIBIDO PROIBIR [2005]. Palestra feita no Departamento de Filosofia da PUC-RJ, em 2005. In: *Ora (direis) puxar conversa!*

HÉLIO OITICICA EM MANHATTAN [1980, revisto posteriormente]. Uma primeira versão foi escrita no dia da morte de Hélio Oiticica e publicada no dia seguinte no jornal *O Estado de Minas*, 23 mar. 1980. Inédito em livro do autor.

A PERMANÊNCIA DO DISCURSO DA TRADIÇÃO NO MODERNISMO [1985]. Trabalho feito para o curso Tradição/Contradição, patrocinado pela Funarte e transcrito em livro de igual título. Rio de Janeiro, Jorge Zahar/ Funarte, 1987, pp. 111-45. In: *Nas malhas da letra*.

SOBRE PLATAFORMAS E TESTAMENTOS [1991]. Prefácio a Oswald de Andrade, *Ponta de lança*. São Paulo: Globo, 1991. In: *Ora (direis) puxar conversa!*

OSWALD DE ANDRADE, OU ELOGIO DA TOLERÂNCIA RACIAL [1992]. Publicado originariamente na *Revista de Crítica de Ciências Sociais*, Portugal, n. 35, jun. 1992, pp. 165-76. In: *Ora (direis) puxar conversa!*

ORA (DIREIS) PUXAR CONVERSA! [1997]. Publicado originalmente em *Múltiplo Mário*, orgs. Maria Ignez Novais Ayala e Eduardo de Assis Duarte. João Pessoa; Natal: UFPB-Editora Universitária; UFRN--Editora Universitária, 1997. In: *Ora (direis) puxar conversa!*.

SUAS CARTAS, NOSSAS CARTAS [2002]. Prefácio a *Carlos & Mário*. Rio de Janeiro: Editora Bem-Te-Vi, 2002. In: *Ora (direis) puxar conversa!*

ALEIJADINHO, BRETAS E OS POETAS MODERNISTAS (1927-30) [2013, Dia de São Jorge]. Prefácio a Rodrigo José Ferreira Bretas, *Traços biográficos do finado Antônio Francisco Lisboa, distinto escultor mineiro, mais conhecido pelo apelido de Aleijadinho*. Belo Horizonte: Editora UFMG, 2013. Inédito em livro do autor.

Índice onomástico

26 poetas hoje (org. Hollanda), 15
62 Modelo para armar (Cortázar), 34

À Elvire (Lamartine), 171
À la Recherche du Temps Perdu (Proust), 202, 346
"A lugar algum" (Coutinho), 415, 422
"A respeito de Aleijadinho" (Melo Franco de Andrade), 568
A teus pés (Cesar), 401
Abc da literatura (Pound), 349
Abolicionismo, O (Nabuco), 578n
"Abutres, Os" (Santiago), 15, 359, 368
"Acerca da arquitetura moderna" (Warchavchik), 566
Acertei no milhar: Samba e malandragem no tempo de Getúlio (Matos), 434, 591n, 604n
"Adeus de Tereza, O" (Castro Alves), 214
Adorno, Theodor W., 430-1, 509, 603n
"Advertência" (Mário de Andrade), 524
África, 11, 86, 91-2, 97, 143, 158, 200, 329, 396-7, 429
África do Sul, 92
Agostinho Neto, 91

"Ahs! e silêncio" (Santiago), 589n
Aïnouz, Karim, 345
Aires de Casal, Manuel, 155-6, 162-3
Albatênio, 188
"Albatros, L'" (Baudelaire), 235
Albright-Knox Art Gallery, 452
Albuquerque (Novo México), 182
Alcorão, 578n
"Aldeia, Uma" (Bishop), 305
"Alegoria e palavra em *Iracema*" (Santiago), 13, 168
Aleijadinho (Antônio Francisco Lisboa), 62, 537-8, 559-64, 567-75
"Aleijadinho e sua posição nacional, O" (Mário de Andrade), 573-4
Aleijadinho et la sculpture baroque au Brésil (Bazin), 575
"Aleijadinho, O" (Bandeira), 564
Alemanha, 86, 431, 495, 499-501, 508, 577n
Alencar, Carlos Peixoto de, 176
Alencar, José de, 53-4, 72, 87, 167, 169-81, 233, 242, 371, 578n, 588n
Alencar, Mário de, 206

Aleph, O (Borges), 279
Alexandre VI, papa, 160, 586n
Algarves, 158
Alguma poesia (Drummond), 236, 376, 544, 546, 555
"Alguns floreios" (Santiago), 183-4
Almeida Prado, J. F. de, 586n
Almeida, Manuel Antônio de, 71
Almeida, Martins de, 518, 533
Alonso, Amado, 609n
Althusser, Louis, 37
Alves, Castro, 213-4
Alvim, Francisco, 377
Amado, Gilberto, 80
Amado, Jorge, 87, 105, 412, 488, 494-5, 498
Amaral Jr., Rubem, 406
Amaral, Tarsila do, 66, 466-8, 515, 534, 538
América Latina, 11, 24, 27, 29, 31, 37, 43, 67, 92, 96, 102, 104, 109, 147, 168, 245-6, 249, 335, 345, 381, 423, 425
"América" (Drummond), 545, 608
"Amor" (Bishop), 304
"Amor" (Lispector), 593n
"Análise estrutural do *récit*, A" (Barthes), 215
Anarquia sexual: Sexo e cultura no fin de siècle (Showalter), 592n
Anatomia da crítica (Frye), 352
Anchieta, José de, padre, 39, 170, 371
Anderson, Benedict, 88
Andrade, Carlos de Morais, 555
Andrade, Joaquim Pedro de, 376, 492
Andrade, Mário de, 19, 46, 59-66, 71-2, 105-6, 139, 147-8, 236, 241, 263, 352, 370, 376, 412, 431, 466-8, 487, 489, 504, 512-27, 529-38, 540-1, 543-7, 550-66, 568-74, 579n, 581n, 588n, 594n, 607-9n
Andrade, Oswald de, 9, 46, 58, 66, 72, 132, 139, 170, 179, 245, 263, 286, 314, 362, 365, 367, 369-70, 374-7, 395, 455, 459, 463, 466-71, 477, 480-3, 487-99, 501-8, 512, 515, 534-5, 538, 551, 554, 566-7, 577n, 579n, 581n, 588n, 605n, 608n

Andrade, Rodrigo Melo Franco de, 521, 553-4, 564-5, 568, 575
Angelus Novus (Klee), 141, 412
Anghiera, de Pedro Mártir de, 133
Angola, 92
Angústia (Ramos), 288
Ano passado em Marienbad, O (filme), 286
Anos 70 (Wisnik), 430
Antes do baile verde (Telles), 595n
Anticristo, O (Nietzsche), 280
Antigo Testamento, 373
"Antologia" (Oswald de Andrade), 606n
"Antônio Conselheiro, documento vivo de atavismo" (Cunha), 569
Antropologia estrutural (Lévi-Strauss), 546
Ao ensaio "Camões e Drummond: A máquina do mundo" (Garcia), 184
Ao leitor sem medo: Hobbes escrevendo contra seu tempo (Ribeiro), 593n
Ao vencedor as batatas (Schwarz), 450
"Apenas um saxofone" (Telles), 299-300
"Apesar de dependente, universal" (Santiago), 11, 38
Appiah, K. Anthony, 84
"Aqui foi o Sul que venceu" (Oswald de Andrade), 496
Arábia, 158
Araçá azul (disco), 376
Aranha, Graça, 62, 70, 508, 531, 534, 536, 542, 588n
Aranha, Oswaldo, 488
Araripe Júnior, Tristão de Alencar, 173-6, 180
Araújo, Guilherme, 439
Arbousse-Bastide, Paul, 149
Arc, L' (revista), 337
Argentina, 373, 436
Ária de estação (Secchin), 377
Ariel, ou La Vie de Shelley (Maurois), 596n
Aristóteles, 107, 188, 359, 469
"Armário do dr. Jekyll, O" (Showalter), 592n
Arqueologia do saber, A (Foucault), 23
Arrigucci Jr., Davi, 393, 412
Artaud, Antonin, 16, 475, 580n

"Arte da biografia, A" (Woolf), 347, 351
Arte Povera (movimento italiano), 151
Ascensão do romance, A (Watt), 352, 597n
Ásia, 86, 143, 246
"Assassinato de Mallarmé, O" (Santiago), 15, 375
Assis, Machado de, 11, 19, 54-6, 70, 103, 169, 176, 180, 186-7, 195-7, 199-200, 202-3, 205-6, 210-1, 221, 223, 231, 261, 264, 317, 330, 346, 362, 496, 508, 516-7, 581n, 588n, 604n
"Astronomia dos *Lusíadas*, A" (Silva), 187, 193
Ateliê de Engenho de Dentro (RJ), 149-50
Atlantic Monthly (revista), 347
"Atração do mundo" (Nabuco), 49-50
Aumonyme, L' (Desnos), 214, 216
Austerlitz (Sebald), 598n
Austin, J. L., 443, 605n
Auto do possesso (Haroldo de Campos), 378
Autobiografia de Alice B. Toklas, A (Stein), 321
"Autopsicografia" (Pessoa), 532
Ávila, Affonso, 493, 589n
"Azeitona e vinho" (Coutinho), 414-6, 421
Azevedo, Aluísio, 87, 588n
Azevedo, Álvares de, 366
Azevedo, Fernando de, 210

Babilônia, 369, 374, 379
Bach, Johann Sebastian, 64
Bahia, 159, 376, 428, 545, 572
Bahia, Juarez, 59
Bakhtin, Mikhail, 604n
Baldwin, James, 329-34, 336-8
Balzac, Honoré de, 32, 230, 336
Bandeira, Manuel, 183, 213, 367, 376, 481, 488, 517, 520, 524-5, 532-3, 564, 567-72, 579n, 608n, 609n
Baraka, Amiri (LeRoi Jones), 333, 599n
Barbacena (MG), 555
Barcelona, 382
Barker, Kit e Ilse, 304, 307
Barrès, Maurice, 545
Barreto, Lima, 228, 230-1, 235-9, 241, 243, 590n, 600n
Barroco (revista), 13

Barros, Emygdio de, 150, 585n
Barthes, Roland, 9, 32, 139, 195, 212, 215, 230, 274-6, 400, 593n
Bartleby, o Escrivão (Melville), 144
Bastide, Roger, 104, 148
Bataille, Georges, 607n
"Bateau ivre" (Rimbaud), 34
Batista, Wilson, 604n
Baudelaire, Charles, 169, 172, 205, 214, 219, 223, 227, 235, 400, 475, 531, 573, 580n, 596n
Baudrillard, Jean, 101
Baumann, Anny, 309
Bazin, Germain, 575
Beauvoir, Simone de, 421
Beck, Julian, 447
Beckett, Samuel, 166
Beethoven, Ludwig van, 108
Belo Horizonte, 12, 61, 63, 91, 262, 466, 505, 512, 529, 533-4, 537, 539, 542, 544-5, 556, 563, 565
Benda, Julien, 105
Bengala Oriental, 112
Benjamin, Walter, 138, 141, 334, 393, 410-2, 417, 419-20
Berlim, 73, 220, 472
Berry, Cicely, 94
Bíblia Sagrada, 333, 594
"Biblioteca de Babel, La" (Borges), 202, 248-9
Bichos (Clark), 328
"Bichos" (Lispector), 261, 264, 287, 592n
"Bilhete aberto" (Oswald de Andrade), 493, 504
Bishop, Elizabeth, 302-10, 596n
Bispo do Rosário, Arthur, 149-2, 585n
Bita, 381
Bivar, Antônio, 360, 369
Blough, Fani, 308
Boetti, Alighiero, 151
Boitempo (Drummond), 262, 546-7
"Boitempo" (Drummond), 262
Bolívia, 91
Bondinho (revista), 364-5, 367
Bonwit Teller (loja), 446
Bopp, Raul, 376, 395

Borges, Jorge Luis, 35-7, 47, 107-8, 202, 212, 214, 216, 218, 220, 244-57, 267, 279, 342-3, 379, 578n, 593-4n
Bosi, Alfredo, 73
Bosi, Ecléa, 412
Bougainville, Louis Antoine de, 118-9
Bourdieu, Pierre, 602n
Bouvard et Pécuchet (Flaubert), 32, 221
Brancusi, Constantin, 63, 248, 542
Brandão, Jacques do Prado, 527
Brasil, 8-9, 11, 13, 18, 24, 27, 41-3, 50-2, 54-5, 57-8, 60-1, 63-4, 68-72, 74-6, 80, 83, 86-8, 90-3, 95-7, 99-100, 102-3, 105, 117-9, 122, 127, 131, 147-8, 157, 159-60, 167-71, 176-7, 180, 216, 220, 232-4, 237-9, 241, 243, 245, 263, 307, 329, 342, 344-5, 360, 373, 375, 382-3, 389, 391, 394, 396-9, 418, 423, 425-6, 428-9, 431-2, 434-6, 440, 443-4, 456, 463, 466, 468-70, 477, 483-4, 488-92, 494-9, 501, 503-6, 508-9, 517-8, 524, 537-42, 545-7, 549, 551-2, 556, 562, 569-70, 574-5, 579-80n
Brasil mestiço (disco), 92
Braudel, Fernand, 583
Brazilian Othello of Machado de Assis, The (Caldwell), 196
Brecheret, Victor, 514
Brejo das almas (Drummond), 572
Bressane, Júlio, 360
Bretas, Rodrigo José Ferreira, 559-65, 567-72, 574-5, 608
Breton, André, 117, 321, 367, 598n
British Museum (Londres), 147
Brito, Antônio Carlos de, 380
Brito, Mário da Silva, 378
Brito Broca, José, 60, 458, 466, 538
Bruges, 158
Buarque, Chico, 14, 92, 388-9
"Búfalo, O" (Lispector), 278, 284-5, 595n
Burger, Peter, 603n
"Burglar of Babylon, The" (Bishop), 307
Burton, Richard F., 575
Butor, Michel, 34

Cabeça de Cristo (Brecheret), 514
Cabeça de papel (Francis), 394
Cabral de Melo Neto, João, 137, 183, 190, 304, 307, 365, 377, 382, 443, 458, 465, 481, 485, 546, 584n, 594, 599n, 609n
Cabral, Amílcar, 91
Cabral, Pedro Álvares, 155, 483
Cabrera Infante, Guillermo, 480-1
"Caçada, A" (Telles), 292
Cacaso (poeta), 401-3, 492
Cadiuéu (índios), 126
Cage, John, 448
Calder, Jenni, 592n
Caldwell, Helen, 196, 201
Calisto III, papa, 158, 160
Callado, Antonio, 23, 365, 388, 393
Calmon, Antônio, 425
Caminha, Pero Vaz de, 13, 26, 156-67, 238-42, 483, 560, 585n, 591n
Caminhando (Clark), 151
"Caminho percorrido, O" (Oswald de Andrade), 489
"Camões e Drummond: A máquina do mundo" (Santiago), 13, 182, 184, 193
Camões, Luís de, 13, 41, 123, 159-60, 162, 177, 179, 182, 187, 192-3, 273-4, 277, 298-9, 307, 367, 465, 548-9, 572, 586n
Campbell, James, 332
Campbell, Roy, 218
Campos, Alberto, 557
Campos, Augusto de, 183, 365, 376, 380, 485, 493
Campos, Francisco, 557
Campos, Haroldo de, 183, 375-6, 378-80, 445, 480, 493, 606n
Camus, Albert, 200, 550-1
Canadá, 84
"Canção do exílio" (Gonçalves Dias), 168, 504
"Canção do exílio" (Mendes), 605n
Candide (Voltaire), 127, 173
Candido, Antonio, 8, 11, 17, 44, 50, 55-6, 63, 67, 71-3, 80, 96, 171, 248, 288, 366, 431, 465, 488, 519, 542, 554, 574, 579n, 603n, 607n, 609n

Cândido, João, 91
Cannes, Festival de, 94
"Canto ao homem do povo Charlie Chaplin" (Drummond), 192
Cantora careca, A (Ionesco), 126
Cão siamês, O (Bivar), 369
Capanema, Gustavo, 529, 553, 565
Capela do Sangue de Cristo (Bruges), 158
Capinam, 360
Capital, O (Marx), 579n
Capote (filme), 345
Capote, Truman, 330, 334, 345, 446
Cárdenas, Lázaro, 552
Cardim, Fernão, padre, 27, 174
Cardin, Pierre, 450
Cardoso, Fernando Henrique, 11, 76, 579n
Cardoso, Ivan, 360
Cardoso, Lúcio, 262, 265, 269, 391, 592n, 595n
Carlos & Mário (correspondência completa), 19
Carlos Drummond de Andrade (Santiago), 18
Carnavais, malandros e heróis: Para uma sociologia do dilema brasileiro (Da Matta), 602n
"Carnaval carioca" (Mário de Andrade), 536
Carpeaux, Otto Maria, 489-90, 494
"Carrego comigo" (Drummond), 186
Carroll, Lewis, 108
Carrossel (Pignatari), 379
Carta a el-rei d. Manuel (Caminha), 156-60, 163-4, 166, 239-42, 483, 560, 585-6n, 591n
"Carta a uma torcida" (Oswald de Andrade), 489
"Carta ao dr. Jaguaribe" (Alencar), 172
Carvalho, Flávio de, 520
Carvalho Franco, Maria Sylvia de, 103, 574
Casa-grande & senzala (Freyre), 86
Caso Dreyfus, 105
Castilho, Antonio Feliciano de, 220
Castro, Fidel, 427
Castro, Isabel de, 85
Cavalheiro, Edgard, 487
"Ceia, A" (Telles), 295
Celestino, Vicente, 369
Céline, Louis-Ferdinand, 350

Celso, Afonso, 241, 504
"Cemitério de bolso" (Drummond), 339
Cendrars, Blaise, 60, 458, 466, 489, 496, 507, 565, 605n
Centre Georges Pompidou (Paris), 250
Centro Psiquiátrico Nacional (RJ), 148-9
Cervantes, Miguel de, 35-6, 213, 215, 367
Cesar, Ana Cristina, 15, 401-3, 405, 408
Chacal (poeta), 376, 378-80, 383, 492
Chagall, Marc, 329
Chagas, Carlos, 61, 541
Chamie, Mário, 376, 493
Chaplin, Charlie, 192, 299, 552
Charbonnier, Georges, 108, 117, 583
Charles II, rei da Inglaterra, 313, 320
Chateaubriand, René de, 34, 168, 170, 545
Chaucer, Geoffrey, 353
"Chave, A" (Telles), 294-5
Chemins actuels de la critique, Les (Poulet), 214
Chicago, 100, 106, 331, 491
China, 244-6, 331, 342, 591n
Chklóvski, Viktor, 362
Chute, La (Camus), 200
Cidade de Deus (filme), 94
"Cidade prevista" (Drummond), 552
Cidade sitiada, A (Lispector), 278, 285-6, 592n
Cigarra, A (revista), 561
"Cimetière marin, Le" (Valéry), 35, 173, 214
Cinematógrafo de letras (Süssekind), 59
Cioran, E. M., 465
Ciúme, O (Robbe-Grillet), 598n
Civil Rights Act (EUA, 1964), 500
Clair, Jean, 584n
Clark, Lygia, 151, 328, 585n
Claro enigma (Drummond), 182, 186, 190, 192-3, 299, 465, 548, 551
Clastres, Pierre, 11, 470, 482-3
Claudel, Paul, 591n
Cleaver, Eldridge, 333
Clifford, James, 95, 117-8, 121, 580n, 583
Clube de Poesia paulistano, 379
Cobra Norato (Bopp), 376
Cocteau, Jean, 224, 600n

ÍNDICE ONOMÁSTICO 619

Código (revista), 376
Coelho, Nicolau, 164-5
"Coleção da cultura, A" (Clifford), 117
Colégio Pedro II (RJ), 447
Collor de Mello, Fernando, 437
Colombo, Cristóvão, 70, 159, 166
Colônia Juliano Moreira (RJ), 149-50, 152
Colonialismo e evangelho (Höffner), 242
Colunas da educação: A construção do Ministério da Educação e Saúde, 1935-1945 (Lissovsky e Sá), 566
Comédia humana, A (Balzac), 336
"Comentário musical" (Bandeira), 524-5
Communication (revista), 215
"Como 2 e 2" (canção), 433
Companhia das Letras, 330
Comte, Auguste, 102
Concreto (grupo), 382
Confederação dos Tamoios, A (Magalhães), 168
Conferências do Cassino Lisbonense (1871), 220
"Confidência do Itabirano" (Drummond), 304
Congo, 92
Congo, Manuel, 91
Congonhas do Campo (MG), 575
"Congresso Internacional do Medo" (Drummond), 605n
Conrad, Joseph, 142, 586n
Conselho de Pesquisa em Ciências Sociais (EUA), 86
Considérations sur l'état des Beaux-Arts (Clair), 584n
Contre Sainte-Beuve (Proust), 203
Cony, Carlos Heitor, 365
Copérnico, Nicolau, 103, 350
Coplas por la muerte de su padre (Manrique), 161
Cor da pele, A (Ventura), 15, 395-7
"Cor da pele, A" (Santiago), 15, 395
Coração das trevas, O (Conrad), 586n
"Coração materno" (canção), 369
Coração simples, Um (Flaubert), 350
Corbusier, Le, 566-7, 609n
Cordeiro, Renato Gomes, 605n
Corografia brasílica (Aires de Casal), 155

Correio da Manhã (jornal), 566, 572
Correspondência completa (César), 403
"Correspondências" (Baudelaire), 580n
Cortázar, Julio, 33-4, 363, 392
Cortiço, O (Azevedo), 87, 588n
"Corvo, O" (Poe), 379
Cosmococa (Oiticica), 439, 446, 451
Costa, Cláudio Manuel da, 168-9
Costa, Gal, 365
Costa, Lúcio, 562, 565-6, 608
Coutinho, Afrânio, 73, 465
Coutinho, Carlos Nelson, 590n
Coutinho, Edilberto, 409-10, 412-6, 419, 421-2
Couto e Silva, Golbery do, 424, 427
"Crazy Little Thing Called Love" (canção), 335
Crepúsculo dos deuses, O (Nietzsche), 594
Crime do padre Amaro, O (Eça de Queirós), 216
"Crise, mon amour" (Martinez Corrêa), 364
Cristo *ver* Jesus Cristo
Croce, Benedetto, 157
Crônicas da província do Brasil (Bandeira), 564
"Crusoe in England" (Bishop), 307
Cruz e Silva, António da, 171
Cruz e Sousa, João da, 395
Cruzeiro, O (revista), 575
Cuba, 335, 460, 464, 503
Cummings, E. E., 482
Cunha, Euclides da, 492, 569
Curtius, Ernst Robert, 122

D'Abbeville, Claude, 170
D'Almeida, Neville, 360, 380
D'Évreux, Yves, 170
Da gramatologia (Derrida), 582n, 601n
Da Matta, Roberto, 602n
Daca (Bengala Oriental), 112
Dacar-Djibuti (missão cultural), 97, 146
Dante Alighieri, 127-8, 189, 273, 277, 367
Darwin, Charles, 282, 350
Davis, Angela, 599n
De Bry, Theodor, 133-6, 139
De Certeau, Michel, 121-2

"De l'Amitié comme mode de vie" (Foucault), 324
De Orbe Novo (Anghiera), 133
Debord, Guy, 422
Debret, Jean-Baptiste, 134
Defoe, Daniel, 321, 346, 350, 352-3, 597n
Delany, Samuel R., 326
Delcourt, Léona, 321, 598n
Deleuze, Gilles, 144, 337
Demoiselles d'Avignon, Les (Picasso), 146, 246
"Dentaduras duplas" (Drummond), 294
Derrida, Jacques, 9, 27, 64, 87, 111-3, 115, 121-5, 127, 140, 165, 309, 361, 479, 577n, 582n, 601n
Derrota do pensamento, A (Finkielkraut), 507
Descartes, René, 103, 551
Descoberta do mundo, A (Lispector), 261, 279, 287, 592n
"Desconcerto do mundo, O" (Camões), 549
Desnos, Robert, 36, 214, 216
"Destinos de uma carta" (Santiago), 13, 155
Deuce, The (série de TV), 335
"Devaneio e embriaguez duma rapariga" (Lispector), 267
Dia, O (jornal), 373, 380, 384
Diálogos sobre a religião natural (Hume), 289
Diamantina (MG), 565
Diário (Woolf), 312, 319, 597n
Diário Carioca (jornal), 105
Diário Crítico (Milliet), 486
Diário de Minas (jornal), 555, 557
Diário Nacional (jornal), 555
Diários de motocicleta (filme), 345
Dias, Gonçalves, 168-9, 180, 455, 477, 504
Dicionário de símbolos (Chevalier e Gheerbrant), 596n
Dickens, Charles, 304
Diegues, Cacá, 424, 602n
Diretrizes (revista), 499, 508
Divina comédia, A (Dante Alighieri), 127-8, 273
Documents (revista), 121
"Dois aspectos da linguagem e dois tipos de afasia" (Jakobson), 215

Dom Casmurro (Machado de Assis), 14, 195-7, 200-8, 210, 221, 261, 516, 589n, 600n, 604n
Dom Quixote (Cervantes), 35, 214, 217
Donner le Temps (Derrida), 165
Doors, The (banda), 334, 444
Dostoiévski, Fiódor, 126
Dourado, Autran, 350, 365
Downton Abbey (série de TV), 319
Drummond de Andrade, Carlos, 11, 13, 18-9, 61, 64, 106, 182-3, 186-8, 190-3, 236-7, 262, 268, 278, 294, 299, 304-5, 335, 339, 355, 363, 365, 376, 400, 405, 458, 460, 465-6, 472-3, 481, 484-5, 491, 512, 514, 516-8, 527-40, 543-60, 562-3, 565-6, 568-73, 579n, 605n, 607-9n
Duarte, d. (rei de Portugal), 57
Duarte, Paulo, 106, 557
Duarte, Rogério, 380
Duchamp, Marcel, 484
Dumas, Georges, 95-7, 581n
Dumont, Santos, 562

East Village (Nova York), 366, 444-6, 449
"Ébrio, O" (canção), 485
"Eça, autor de Madame Bovary" (Santiago), 47, 212, 266
Ecce homo (Nietzsche), 95
Écriture et la différence, L' (Derrida), 111
Édipo, mito de, 372
Educação pela pedra, A (Cabral de Melo Neto), 584n
Edwardians, The (Sackville-West), 319
Efemérides mineiras (Veiga), 563
"Elefante, O" (Drummond), 268
"Eleitorado ou" (Coutinho), 413
Eliot, T.S., 172, 223, 266, 284, 330, 400, 456-8, 462-4, 470-1, 475, 479, 481
Elizabeth I, rainha da Inglaterra, 313, 323, 348
Em liberdade (Santiago), 16, 18, 478
"Emma Zunz" (Borges), 279
Enciclopédia Mirador Internacional, 342-3, 345, 585n, 599n
Engenheiro, O (Cabral de Melo Neto), 609n

ÍNDICE ONOMÁSTICO   621

Enigma de Capitu, O (Gomes), 197
"Enigma, O" (Drummond), 186
Ensaio sobre a dádiva: Forma e razão da troca nas sociedades arcaicas (Mauss), 607n
Ensaio sobre o dom (Mauss), 165
Ensaios (Montaigne), 23-4
"Entrelugar do discurso latino-americano, O" (Santiago), 11, 13, 23, 266
Ernst, Max, 117
Escócia, 218, 307
Escola de Frankfurt, 430, 599n
Escola livre de Sociologia e Política (SP), 96
"Escritor argentino y la tradición, El" (Borges), 578n
Esfinge clara: Palavra puxa palavra em Carlos Drummond de Andrad (Garcia), 184
Espanha, 44, 79, 81, 84, 159, 166-7, 412-3, 586n
Espírito moderno, O (Graça Aranha), 607n
Essai sur l'exotisme (Segalen), 591n
Estado de S. Paulo, O (jornal), 96, 198, 486
Estados Unidos, 11, 13, 59, 75, 84, 86, 88, 92, 100, 115, 332, 334, 449, 475, 486, 488, 490-1, 493, 495-7, 499, 501, 583
"Estilos de época" (Brito), 380
Étiemble, René, 108
Etiópia, 144, 158
Europa, 11, 24, 28, 39-41, 50-2, 57-9, 61-2, 68, 70-1, 75, 86, 96, 99-100, 104-5, 112, 116, 129, 143, 165-6, 168-70, 200, 219-20, 239, 247, 249, 330, 334, 445-6, 463, 469-71, 474, 491, 495, 499, 504-5, 507-8, 511-2, 542, 545, 568, 571, 575-6, 593n
"Europa, França e Bahia" (Drummond), 605n
"Evocação do Recife" (Bandeira), 367, 569
"Explicação" (Drummond), 546
Ezequiel, profeta, 373

"Faça sol ou faça tempestade" (Ventura), 398
Faculdade de Filosofia, Ciências e Letras (USP), 96
Fanon, Frantz, 73
Faoro, Raymundo, 8, 56, 68, 103, 607n
Farewell (Drummond), 294

Faria, Alexandre Graça, 528
Faux-Monnayeurs, Les (Gide), 201, 226, 318, 600n
FBI (Federal Bureau of Investigation), 332, 335, 450
Fedro (Platão), 206-8
Feira das vaidades, A (Thackeray), 352
Fenollosa, Francisco, 380
Fernandes, Marçal Maria, 220
Fernandes, Millôr, 361
Fernandes, Valentim, 158, 162
Fernández Retamar, Roberto, 73
Ferreira, Ascenso, 377
Feuilles d'automne, Les (Hugo), 289
Ficção e confissão (Candido), 288
Ficciones (Borges), 212, 215, 218, 255
Fidélis, Olívio, 585n
Figura de convite II (Varejão), 131-2, 134, 136
Figura de convite III (Varejão), 131, 134, 136
Figuração da intimidade (Lafetá), 523
Filho bastardo I e II (Varejão), 134, 144
Fillmore East (antigo The Village Theater, NY), 444-6
Finkielkraut, Alain, 507
Finnegans Wake (Joyce), 365
First Pop Age, The (Foster), 585n
Física (Aristóteles), 107
Fitzgerald, F. Scott, 333
Flaubert, Gustave, 32, 47, 135, 172-3, 212, 217, 221-3, 226-7, 314, 336, 346, 349-51, 379, 391, 411, 418, 433, 600n, 604n
"Flecha, A" (Mendes), 471
Fliess, William, 309
Flor do Mal (revista), 360
"Flor e a náusea, A" (Drummond), 335
Flores do mal, As (Baudelaire), 400, 590n
Flos Sanctorum (hagiografia), 27
Fogo morto (Lins do Rego), 254-5, 490, 494
Folkways (Sumner), 86
Fome de amor (filme), 367
Fonda, Peter, 336
Fonseca, Rubem, 365, 388
"For Elizabeth Bishop 4" (Lowell), 303
"Força estranha" (canção), 433

Ford, Henry, 100
Formação da literatura brasileira (Candido), 8, 11, 44, 73, 366, 603n
Formação do Brasil contemporâneo (Prado Jr.), 103, 508
Forster, E. M., 333
Foster, Hal, 585n
Foucault, Michel, 9, 23, 32, 120, 147, 221, 244-8, 287, 315, 324-5, 337, 342, 464, 531-2, 591n, 604n
Fraga, Guti, 94
França, 13, 44, 57, 79-81, 86, 104, 147, 219, 246, 321, 329-30, 460, 464, 466, 469, 488, 500, 539, 545, 586n, 602n
France, Anatole, 61, 64, 533, 535, 537, 539, 544
Francis, Paulo, 393-4
Franco, James, 335
Frank, Gunder, 11
Franklin, Aretha, 335
Freccero, John, 128-9
Free Speech Movement (Berkeley), 417
Freeman, Elizabeth, 322
Freud, Sigmund, 106, 265, 309, 350, 451, 523, 582n
Freyre, Gilberto, 8, 86-7, 169-70, 175, 178, 495
Fróes, Leomar, 381
Frota, Lélia Coelho, 528
Frye, Northrop, 349, 351-3, 600n
"Fuga" (Drummond), 544
Funarte, 182, 456
Fundações de Amparo à Pesquisa (Fapes), 93
"Funes, o memorioso" (Borges), 248-9, 257
Furtado, Celso, 8

Gabeira, Fernando, 236, 418, 425, 478
Gabriela, cravo e canela (Amado), 87
Gai Pied (revista), 324-5
Galileu Galilei, 103
Galleria degli Uffizi (Florença), 147
"Galo Galo" (Gullar), 306
Galvez Imperador do Acre (Souza), 492
Gama, Vasco da, 162, 188-9, 192-3, 273, 298, 458, 548

Garcia, Othon Moacir, 184
García Márquez, Gabriel, 392
Gaultier, Jules de, 226
Gaynor, Janet, 321
Geertz, Clifford, 95
Geisel, Ernesto, 13
Genealogia da ferocidade (Santiago), 12
Genealogia da moral (Nietzsche), 280, 594
Geração AI-5, 391
Gerchman, Rubens, 450
Gide, André, 13, 171-2, 201, 223, 225, 288, 310, 318, 331, 530, 535, 593n, 600n
Gide, Madeleine, 288
Gil, Gilberto, 359, 367, 369, 484-5
Giotto, 62
Girard, René, 217, 226, 602n
Glissant, Édouard, 73
Globo (TV), 76, 439
Go Tell It on the Mountain (Baldwin), 330, 333
Goethe, Johann Wolfgang von, 203, 499, 508
Gomes, Eugênio, 197
Gonzaga, Luiz, 369
Gonzalez, Lélia, 428-30
Górgias (Platão), 206
Governador Valadares (MG), 84
Grã-Bretanha e o início da modernização no Brasil (1850-1914) (Graham), 102
Graciano, Clóvis, 519
Graciosa, Diva Maria Dias, 528
Graham, Richard, 102
Gramsci, Antonio, 428, 602n
Grande sertão: veredas (Guimarães Rosa), 253, 277, 367
Grécia, 24, 207, 574
Green, Julien, 391
Greenberg, Clement, 603n
Greenblatt, Stephen, 166
Griaule, Marcel, 121
Grundrisse (Marx), 353
Grupo escolar (Brito), 380
Grupo Oficina, 364
Guarani, O (Alencar), 54, 588n
Guerrero, Margarita, 250, 253, 255

ÍNDICE ONOMÁSTICO 623

Guesa, O (Sousândrade), 366, 372
Guevara, Che, 246, 345, 492
Guia de Ouro Preto (Bandeira), 570
Guiana Francesa, 92
Guimaraens, Alphonsus de, 561, 573
Guimarães, Bernardo, 170
Guiné, 144, 158
Gullar, Ferreira, 150, 306, 425

Habermas, Jürgen, 509-10
Haddad, Jamil Almansur, 379
Hakluyt, Richard, 133, 135, 139
Halberstam, Judith, 315, 326
Hall, Radclyffe, 597n
Hamlet (Shakespeare), 55, 213, 226, 548
Harlem (Nova York), 329-31, 334-5, 445-6, 449, 496
Havel, Václav, 90
Heath, Stephen, 592n
Heidegger, Martin, 111
Heine, Heinrich, 499, 508
Hemingway, Ernest, 333, 350, 412-4, 416
Hendrix, Jimi, 448
Hepburn, Audrey, 446
"Herbarium" (Telles), 292, 300, 595n
Herodes, o Grande, 134
Herskovits, Melville, 87, 121, 582n, 583
Hidalgo, Luciana, 150
Hijos del limo, Los (Paz), 458-9, 465, 474
"Hino Nacional" (Drummond), 549, 605n
Hispania (revista), 182
História concisa da literatura brasileira (Bosi), 73
História da loucura (Foucault), 120
História do Brasil (Mendes), 470
Hitler, Adolf, 473, 488, 492, 501
Hobbes, Thomas, 274-5, 353, 593n
Höffner, Joseph, 242
Hogarth Press (editora de Woolf), 320
Holanda, Aurélio Buarque de, 168
Holanda, Sérgio Buarque de, 8-9, 80, 178, 239, 503, 581n, 588n, 609n
Hollanda, Heloisa Buarque de, 15, 402, 424, 426-7, 430, 601n

Homem revoltado, O (Camus), 551
Homem, Lopo, 142-4, 584n, 610
Homens livres na ordem escravocrata (Carvalho Franco), 103
Homero, 380, 463, 480
Hoover, J. Edgar, 332
Hopper, Dennis, 336
Hospital Nacional dos Alienados (RJ), 149
Hospital Psiquiátrico do Engenho de Dentro (RJ), 585n
Houaiss, Antônio, 342, 600n
Howells, Christina, 112
Hugo, Victor, 214, 289, 596n
Hume, David, 289
Husserl, Edmund, 111
Huyssen, Andreas, 430, 433, 603-4n
"I Have a Dream" (Luther King), 331

Ijexá, 428
I-Juca Pirama (Gonçalves Dias), 180
Ilha de Vera Cruz (Brasil), 157-8, 162, 166
Ilustração Brasileira (revista), 564
Índia, 112, 158, 177
"Infância" (Drummond), 355-6
Inglaterra, 86, 275, 313, 333, 346, 597n
"Iniciação literária" (Drummond), 607n
"Inocentes do Leblon, Os" (Drummond), 278
"Instinto de nacionalidade" (Machado de Assis), 11, 54
Instituto Socioambiental, 91
Intelectuais e classe dirigente no Brasil (1920-1945) (Miceli), 581n, 602n
"Intelectual e o poder, O" (Deleuze e Foucault), 337
Inter Coetera (bula papal), 158, 160, 586n
Interpretation of Cultures, The (Geertz), 95
"Introdução à obra de Mauss" (Lévi-Strauss), 580n
Invenção (revista), 183, 185
Ionesco, Eugène, 126, 210
Iracema (Alencar), 13, 54, 87, 167-80, 242, 371
"Irreparável, O" (Baudelaire), 205
Isaías, profeta, 373, 576

Ishtar (divindade babilônica), 378-9
"Isso é aquilo" (Drummond), 376, 481
IstoÉ (revista), 389, 602n
Itabira (MG), 304, 545-6, 549, 557, 607n
Itália, 24, 44, 333, 488, 602n
Itinerário de Pasárgada (Bandeira), 525, 608
Iugoslávia, 90
Ivanhoé (Scott), 218
Ivo, Lêdo, 458, 465, 485

Jacob, Max, 63, 248, 542
Jakobson, Roman, 215, 400, 580n, 602n
Jalousie, La (Robbe-Grillet), 217, 286
James, Henry, 172, 330-1, 471
Jameson, Fredric, 17, 462, 476
Japão, 11, 75, 547
Jeca Tatu (personagem), 490-2
Jefferson Airplane (banda), 444
Jeremias, profeta, 373-4
Jesus (filho de Sirach), 209
Jesus Cristo, 26, 152, 213, 459, 549, 576
"Jeune Parque, La" (Valéry), 173
Jeux sont faits, Les (Oiticica), 446
Joan Miró (Cabral de Melo Neto), 599n
Joana d'Arc, 279
João Batista, São, 135
João III, d. (rei de Portugal), 159
Joãozinho Trinta, 494
"Jogo de troca-troca, O" (Drummond), 546
Johnson, Lyndon B., 500
Jones, LeRoi (Amiri Baraka), 333, 599n
Joplin, Janis, 444
Jornal do Brasil, 59, 387, 425, 601n
Jornal do Comércio, 228
Jornal, O, 570
José (revista), 15
"José" (Drummond), 192
Joyce, James, 175, 265-6, 365, 480-1
Julião, o Hospitaleiro, São, 515-6
Júlio César (Shakespeare), 55
Jung, Carl, 148, 150
"Jupira" (Guimarães), 170

"K." (Drummond), 547
Kafka, Franz, 372, 391, 547
Kawara, On, 151
King, Martin Luther, 91, 331
Kipling, Rudyard, 79
Kizombas (encontros internacionais de arte negra), 92
Klee, Paul, 141-2
Knole House (casa de Sackville-West), 319-20, 326
"Kosovo e o fim do Estado-nação" (Havel), 90

Labor of Love, A (exposição, NY), 149
Lacan, Jacques, 270, 284, 309
Laços de família (Lispector), 284
Lafetá, João Luís, 523
Lamartine, Alphonse de, 171
"Lance de dados, Um" (Mallarmé), 446
Land, The (Sackville-West), 319
Lanson, Gustave, 530
Lanterna Verde (revista), 105
Lapa, Rodrigues, 549
Laplanche, Jean, 309
Lasch, Christopher, 425
Lautréamont, Conde de, 368
Lawrence, D. H., 268
Le Gentil, Georges, 173
Le Pen, Jean-Marie, 500
Leal conselheiro (D. Duarte), 57
Lemos, Gaspar de, 157
Léry, Jean de, 118-9, 170
Léskov, Nikolai, 410
Levinas, Emmanuel, 111-4, 125-6
Lévi-Strauss, Claude, 11, 25-6, 28-9, 93, 95-9, 134, 148, 361, 372, 546, 580-1n, 583
Lévi-Strauss, Dina, 93, 148
Libération (jornal), 335
Libertinagem (Bandeira), 524-5
Líbia, 144
Libro del cielo y del infierno (Borges), 252
Lição de coisas (Drummond), 543
"Lição de escrita" (Lévi-Strauss), 122, 124, 126
Life of the Theatre, The (Beck), 447

Lima, Jorge de, 395
Lima, Mário de, 563
Linda da Lapa (Varejão), 141
Linhas tortas (Ramos), 390
Lins do Rego, José, 58, 180, 254, 257, 412, 489, 494
Lins, Álvaro, 488
Linton, Ralph, 87, 582n
Lira dos cinquent'anos (Bandeira), 570
Lira paulistana (Mário de Andrade), 518, 550
Lisboa, 79, 155, 157, 220
Lisboa, Henriqueta, 520
Lispector, Clarice, 261-88, 304-5, 354, 365, 592-3n, 594
Literatura e sociedade (Candido), 63
Literatura no Brasil, A (org. Coutinho), 73
Literatura nos trópicos, Uma (Santiago), 13-5, 18, 43
Lobato, Monteiro, 100, 117, 489-93
Locke, John, 353
Lógica do sentido (Deleuze), 337
Londres, 84, 115, 220, 360
Long Revolution, The (Williams), 428
Lope de Vega, Félix, 213
Lopez, Telê Porto Ancona, 520
Losango cáqui (Mário de Andrade), 518, 524
Louzeiro, José, 392-3
Lowell, Robert, 303, 306, 310, 596n
Lucien Leuwen (Stendhal), 288
Lukács, G., 590n
"Lundu do escritor difícil" (Mário de Andrade), 523
Lusíadas, Os (Camões), 41, 123, 156, 160, 162, 177, 182, 187-8, 192-3, 273, 298, 458, 548, 585n
Luta Democrática (jornal), 384
Lynch, David, 78
Lyotard, Jean-François, 17

Macalé, Jards, 427
Macedo, Joaquim Manuel de, 51
Machado (Santiago), 16, 19
Machado, Lourival Gomes, 148

Machel, Samora Moisés, 91
Maciel, Luiz Carlos, 360
Macpherson, C. B., 353
Macunaíma (Mário de Andrade), 46, 71-2, 139, 241, 352, 370, 559-61, 563, 570, 601n
Madame Bovary (Flaubert), 47, 197, 212, 216-7, 221, 226-7, 266, 336, 411, 433, 600n, 604n
Madame Satã (filme), 345
Magalhães, Basílio de, 159
Magalhães, Gonçalves de, 57, 168-9
Magic Barrel, The (Malamud), 446
Mailer, Norman, 448
Maiolino, Anna Maria, 450
Malamud, Bernard, 446
Malasartes (revista), 381, 383
Malfatti, Anita, 490, 519
Malina, Judith, 447
Mallarmé, Stéphane, 15, 172, 175, 232, 304, 362, 379, 385, 446, 455, 522, 535
Malraux, André, 99
Manceron, Gilles, 591n
Manchete (revista), 360
Manco Capac (imperador inca), 448
"Manco Capac" (Oiticica), 450
Mandela, Winnie, 91
"Manifesto Antropófago" (Oswald de Andrade), 170, 566
"Manifesto Concreto" (1958), 481
"Manifesto da cidade, O" (Lispector), 267
"Manifesto da Poesia Pau-Brasil" (Oswald de Andrade), 496, 501, 507
"Manifesto Futurista" (Marinetti), 466-7
Mann, Thomas, 499, 508
Manrique, Don Rodrigo, 161
Manrique, Jorge, 161, 406
Mantiqueira, serra da (SP), 100, 538
Manual de zoología fantástica (Borges), 250, 256, 267
Manuel II, d. (rei de Portugal), 165
Manuel, Antonio, 380
Manuel, d. (rei de Portugal), 156-8
"Manuelzinho" (Bishop), 308
Maomé, profeta, 579n

"Mãos dadas" (Drummond), 550
Mapa de Lopo Homem (Varejão), 143
Mapplethorpe, Robert, 598n
"Máquina do mundo, A" (Drummond), 190, 465, 548
Máquina do tempo, A (Wells), 313
Marco zero (Oswald de Andrade), 488, 490, 492, 494
Marcos, Plínio, 386, 388, 391-2
Marcuse, Herbert, 599n
Mariana (MG), 561-2, 568
Marinetti, Filippo Tommaso, 467
Marselha, 585n
Martinez Corrêa, José Celso, 364, 492
Martinho da Vila, 91-2
Martins, Luciano, 391
Marx, Karl, 37, 106, 353-4, 428, 579n, 582n
Masson, André, 117
Mastroianni, Marcello, 79
Matos, Cláudia, 434-5, 591n, 604n
Matos, Gramiro de, 15, 361-74
Matos, Gregório de, 171, 364-6, 377
Matta, Roberto, 117
Maupassant, Guy de, 349-50
Maurice (Forster), 333
Maurício (escravo), 572
Maurício, São, 39
Maurois, André, 596n
Mauss, Marcel, 165, 580n, 607n
Mavignier, Almir, 149-50, 585n
Mazzaro, Jerome, 302
McCullers, Carson, 334
Me segura qu'eu vou dar um troço (Salomão), 364-6, 370, 372, 374
Mead, Margaret, 87, 495, 497
Médici, Emílio Garrastazu, 387
Médico e o monstro, O ver *Strange Case of Dr. Jekyll and Mr. Hyde, The* (Stevenson)
"Medo, O" (Drummond), 605n
Meireles, Cecília, 190
Meirelles, Fernando, 94
Mello e Souza, Gilda de, 46, 574
Mello, Thiago de, 460

Melo, Gladstone Chaves de, 171
Melville, Herman, 144
Memorando para o estudo da aculturação (Redfield et al.), 582n
Memória, Arquimedes, 565
Memórias de um sargento de milícias (Almeida), 71-2
Memórias do cárcere (Ramos), 389, 478
Memórias póstumas de Brás Cubas (Machado de Assis), 187, 264, 340
Memórias sentimentais de João Miramar (Oswald de Andrade), 370, 480, 605n, 608
Mendes, Murilo, 252, 332, 376, 459, 463, 470, 472-3, 479, 481, 485, 503, 516-7, 581n, 605n
Mendonça, Salvador de, 87
Menino antigo (Drummond), 571, 607n
Menino de engenho (Lins do Rego), 58
Mensonge romantique et vérité romanesque (Girard), 217
Mercury, Freddie, 335
Merquior, José Guilherme, 38
Mesquita, família, 96, 562
Metaesquemas (Oiticica), 450
"Metamorfoses, As" (Cruz e Silva), 171
Métraux, Alfred, 580-1n
Metropolitan Museum of Art (NY), 147
México, 69, 84, 483, 499, 501, 508-9, 579-80n, 607n
Meyer, Augusto, 195
Miceli, Sergio, 581n, 602n
Michaëlis de Vasconcelos, Carolina, 62, 165, 541
Mil rosas roubadas (Santiago), 16
Milhaud, Darius, 591n
Mille fiumi più lunghi del mondo, I (Boetti), 151
Miller, Bennett, 345
Miller, Henry, 448
Milliet, Sérgio, 486-8
Milton, John, 353
Minas Gerais, 17, 60, 84, 183, 190, 262, 299, 466, 489, 531, 537-9, 563, 565, 570-1, 597n
Minas Gerais (jornal), 183
"Mineração do outro" (Drummond), 543

ÍNDICE ONOMÁSTICO 627

Minha formação (Nabuco), 49-50, 540, 593*n*
"Minha terra tem palmeiras" (Gonçalves Dias), 455, 477, 479
"Minuto de comercial" (Salomão), 365
"Minuto e o milênio ou Por favor, professor, uma década de cada vez, O" (Wisnik), 430
Miranda, Carmen, 91
Miranda, Murilo, 106, 532, 554
Miranda, Sá de, 548
Mistério do samba, O (Vianna), 604*n*
Mitchum, Robert, 597*n*
Möbius, fita de, 151
Moçambique, 92
Mocidade no Rio e primeira viagem à Europa (Amado), 80
Moedeiros falsos, Os ver *Faux-Monnayeurs, Les* (Gide)
Mona Lisa (Leonardo da Vinci), 484
Monroe, Marilyn, 448
Montaigne, Michel de, 11, 23-4, 28, 170, 423, 469
"Montanha pulverizada, A" (Drummond), 305
Monteverdi, Claudio, 62
"Moose, The" (Bishop), 307
Moraes, Vinicius de, 465
Morais Neto, Prudente de, 488
More, Thomas, 338
Moreau, Gustave, 134-5, 139
Moreira, Álvaro, 537, 547
"Morena de Angola" (canção), 92
Morfologia do conto (Propp), 230
"Morte de uma baleia" (Lispector), 278-82
Motor (Pádua & Bita), 381
Moura, Roberto, 604*n*
Movimento dos Trabalhadores Rurais Sem Terra (MST), 83
"Muito romântico" (canção), 433
"Mulher na jogada" (Coutinho), 413
"Mulher vestida de homem" (Drummond), 268
Musée des Arts et Traditions Populaires (Paris), 147
Museu Bispo do Rosário (RJ), 149
Museu de Arte Moderna (NY), 441

Museu de Arte Moderna (SP), 146, 148
Museu de Imagens do Inconsciente (RJ), 149
Museu do Homem (Paris), 117, 146
Museu do Louvre (Paris), 53, 147, 540, 575
Mussolini, Benito, 473
"My dear" (César), 403

Nabuco, Carolina, 57
Nabuco, Joaquim, 8, 49-64, 67, 75, 206, 539-41, 578*n*, 593*n*
Nadja (Breton), 321
Nambiquara (índios), 126
Napoleão Bonaparte, 600*n*
Napoleão III (presidente francês), 110
Narciso, mito de, 372
"Narrador pós-moderno, O" (Santiago), 17, 409
Nas malhas da letra (Santiago), 182
Nascimento, Milton, 360
Native Son (Wright), 330
Náusea, A (Sartre), 341, 350
Navilouca (almanaque), 365, 376, 451
"Negro forro" (Ventura), 396-7
"Negro-escravo (Uma versão para o século XX), O" (Ventura), 397
Nejar, Carlos, 377
Neme, Mário, 486-8
Neolítico, Período, 110, 124
Nery, Ismael, 470
New Brunswick (Nova Jersey), 182
New Museum of Contemporary Art (NY), 149
"New York post- et préfiguratif" (Lévi-Strauss), 117
New York Times, The (jornal), 335, 445
Newsweek (revista), 41
Nick's Movie (filme), 596*n*
Nicolson, Harold, 319-20
Nicolson, Nigel, 319-20
Nietzsche, Friedrich, 95, 261, 280, 282-3, 359, 362, 451, 475, 492, 594
Nigéria, 92
"No meio do caminho" (Drummond), 186
Noção de despesa, A (Bataille), 607*n*
Nogueira, Marco Aurélio, 578*n*

Noigandres, 366
Noite, A (jornal), 61, 556
Noll, João Gilberto, 262
North & South (Bishop), 302
Nós do Morro (grupo de teatro), 93-4
"Nossas vidas são os rios" (Manrique), 406
Notas de Manfredo Rangel, repórter (Sant'Anna), 14
Notations (Cage), 448
Notícias Populares (jornal), 373
"Noturno de Belo Horizonte" (Mário de Andrade), 466, 533
"Nova intransparência, A" (Habermas), 510
Nova York, 13, 84, 100, 106, 115-7, 146, 149, 151, 169, 265, 308, 326, 329-31, 334, 336-7, 366, 441, 444, 446-7, 583
Novo Testamento, 473
Novos Baianos, 359
Novos Estudos (revista), 510
"Num bairro moderno" (Cesário Verde), 169
"Nunca estará sozinho" (Mário de Andrade), 550
Nunes, Cassiano, 183
Nunes, Clara, 91-2
Nunes, Sebastião, 383

O que é isso, companheiro? (Gabeira), 418, 425
"O que eu devo aos antigos" (Nietzsche), 594
"Objetos" (Telles), 296-7, 300
Observador literário, O (Candido), 519
"Ocorrência na ponte" (Coutinho), 421
Odisseia (Homero), 480
Oiticica, Hélio, 13, 366, 380, 439-52, 492, 585n
Oiticica, José, 447
Oliveira, Armando de Sales, 96
Oliveira, Botelho de, 177
Oliveira, Manoel de, 78-9, 84
Onde estivestes de noite (Lispector), 266, 285
Ordem de Cristo, 158, 160, 165
Ordem de São Jerônimo, 25
Orientalismo (Said), 143
Orlando (Woolf), 19, 312-28, 597-8n
Ortigão, Ramalho, 219

Otelo (Shakespeare), 55
Ouro Preto (MG), 53, 447, 462, 467, 479, 561, 563-4, 570, 573
Outros olhares, outras vozes (filme), 94
"Outubro 1930" (Drummond), 555
Oxford (Inglaterra), 112
Ozanam, Antoine Frédéric, 516

Paço dos Patriarcas (Santo Antão do Tojal), 132-3, 136
"Padre-Nosso" (Desnos), 214
Pádua, João Carlos, 381
Pai de família e outros estudos, O (Schwarz), 609n
Paixão segundo G.H., A (Lispector), 601n
"Palavra de Deus, A" (Santiago), 13
Palavras e as coisas, As (Foucault), 244-5, 342, 464
Palestina, 500
"Palmes" (Valéry), 304
Panteras Negras, 332-3, 335
Pape, Lygia, 150, 585n
Para não esquecer (Lispector), 276
Para Todos (revista), 536
"Para uma poética da encenação" (Santiago), 12
Paris, 34, 52, 57, 84, 96, 99, 106, 117, 133, 146, 218-20, 250, 291, 334-6, 342, 413, 417, 439, 467-8, 504, 539, 545, 575, 579n
Parmênides (Platão), 113
"Partida do trem, A" (Lispector), 264, 266
Pascal, Blaise, 186, 206-7, 209-10, 264
Pasquim (jornal), 360
Passatempo (Alvim), 377
Patrulhas ideológicas (Pereira e Hollanda), 424, 427, 429, 603n
Pauliceia desvairada (Mário de Andrade), 514, 522, 525
Paz, Octavio, 9, 98, 107, 124, 418-9, 455, 457-61, 464-5, 474-6, 478, 481, 484, 506, 510, 580n
Pedro I, d., 506
Pedrosa, Mário, 149-50, 425
Peixoto, Afrânio, 176, 179
Peixoto, Floriano, 232, 234-5, 600n

"Pelo telefone" (canção), 435
Pensées détachées et souvenirs (Nabuco), 57
Pereira, Carlos Alberto Messeder, 401-2, 426, 601*n*
Pereira, Geraldo, 604*n*
Pereira, José Mário, 602*n*
Pereira, Lúcia Miguel, 180
Pereira, Sílvio Batista, 156, 164
Perón, Juan, 552
Pérsia, 158
Perto do coração selvagem (Lispector), 265-7
Pertuis, Carlos, 150
Peru, 91, 499, 501, 508, 579*n*, 607*n*
Pessoa, Fernando, 187, 189, 532, 549
Peste, A (Camus), 551
Petrópolis, 307, 309
Picasso, Pablo, 63, 146, 246, 248, 329, 501, 542
"Pierre Menard, autor del *Quijote*" (Borges), 35-6, 212-6, 218, 220, 249
Piglia, Ricardo, 527
Pignatari, Décio, 371, 376, 379-80, 493
Pina, Mariano, 219
Pires, Paulo Roberto, 291
Pirro, rei de Éfeso, 24-5
Pizarro, Francisco, 448
Plataforma da nova geração (Neme), 486
Platão, 113, 206, 251, 253
Playbill (revista), 331
"Pneumotórax" (Bandeira), 569
"Pobre alimária" (Oswald de Andrade), 286
Poço da solidão, O (Hall), 597*n*
Poe, Edgar Allan, 379
"Poema de sete faces" (Drummond), 545, 549
Poesia liberdade (Mendes), 472
Poesia Pau-Brasil (Oswald de Andrade), 139, 286, 375, 508, 579*n*
"Poética" (Bandeira), 525
Polem (revista), 376, 380, 451
Ponta de lança (Oswald de Andrade), 489-90, 492, 495-7, 499, 501, 504, 577*n*
Pontalis, Jean-Bertrand, 309
Porque me ufano do meu país (Afonso Celso), 504
Porte étroite, La (Gide), 288

Porto Rico, 26
Portrait of a Marriage (Nicolson), 319
Portugal, 26, 44, 47, 57, 78-9, 81-2, 84, 103, 132, 155, 157-8, 160, 165, 167, 170, 180, 216, 218-20, 224, 227, 586*n*
"Pós-tudo" (Augusto de Campos), 485
Potter, Sally, 598*n*
Poulet, Georges, 214
Pound, Ezra, 46, 175, 304, 349, 351, 365, 380, 385, 455-6, 482, 600*n*
Prado Jr., Caio, 8, 50, 68-70, 103, 508-9, 574, 579*n*
Prado, Fábio, 557
Prado, Paulo, 504, 579*n*, 608
Prazer do texto, O (Barthes), 274
Preço da passagem (Chacal), 376, 378
"Prefácio de Cromwell" (Hugo), 214
"Prefácio interessantíssimo" (Mário de Andrade), 523
Presença (revista), 360
Presley, Elvis, 335
Prévert, Jacques, 329
Prévost, Jean, 173
Primeiras estórias (Guimarães Rosa), 161, 272
"Primeiras letras" (Bishop), 305
Primo Basílio, O (Eça de Queirós), 47, 197, 205, 212, 216-26
Principal Navigations, Voyages and Discoveries of the English Nation, The (Hakluyt), 133
"Procura de uma dignidade, A" (Lispector), 267
Proença, Cavalcanti, 172-4, 371
Prometeu, mito de, 372
Propp, Vladimir, 230
Proust, Marcel, 80, 202-3, 346
Provinciales, Les (Pascal), 206-7
PT (Partido dos Trabalhadores), 426
Ptolomeu, Cláudio, 187
"Purista do estilo colonial, Um" (Bandeira), 564

Qorpo Santo, 365
"Quadrilha" (Drummond), 546-7
Quadros, Jânio, 91
Quarto de Giovanni, O (Baldwin), 330

Quarup (Callado), 23
"Queer Temporality and Postmodern Geographies" (Halberstam), 315
Queirós, Eça de, 14, 47, 212, 216-27, 266
Quental, Antero de, 220
Quesnay, François, 37
"Questions of Travel" (Bishop), 306
Quieto animal da esquina, O (Noll), 262
Quincas Borba (Machado de Assis), 264, 270
"Quinto Império, O" (Pessoa), 189

"Raiz" (Drummond), 546
Raízes do Brasil (Holanda), 80, 581n, 609n
Raízes e o labirinto da América Latina, As (Santiago), 9
Ramos, Graciliano, 16, 18, 84, 288, 389-90, 478
Ramos, Péricles Eugênio da Silva, 378
Raphael (artista brasileiro), 150
Ray, Nicholas, 596n
Recife, 267
Redfield, Robert, 87, 582n
"Rediscovery and Integration" (Herskovits), 583
Reino Unido, 75
Reis, João José, 339
Religion des Tupinamba et ses rapports avec celle des autres tribus Tupi-Guarani, La (Métraux), 580n
Renan, Ernest, 232-3, 235, 238
"Repressão e censura" (Santiago), 15
Resnais, Alain, 286
Respiración artificial (Piglia), 527
Ressurreição (Machado de Assis), 54, 196, 198-9, 204-5
Retrato de época: Poesia marginal — Anos 70 (Pereira), 401, 426, 601n
Retrato do artista quando jovem (Joyce), 265
Retrato do Brasil (Prado), 504
Revista de Antropofagia, 376, 383, 554
Revista do Brasil, 562
Ribeiro, Darcy, 425
Ribeiro, Renato Janine, 275, 593n
Ricardo, Cassiano, 379, 395, 489, 493, 504-5
Ricardo, David, 37

Richardson, Samuel, 353
Rimbaud, Arthur, 34, 187, 269, 446, 448
Rio de Janeiro, 17, 27, 57, 59, 71, 94, 110, 267, 373, 376, 428, 434, 447, 463, 525, 538, 545, 555, 572, 585n
Rio Grande do Sul, 77
Rio, O (Cabral de Melo Neto), 377
Riviera Francesa, 329-30
Rivière, George Henri, 147
Robbe-Grillet, Alain, 172, 217, 286, 598n
Roberto Carlos, 430, 432-3
Robinson Crusoé (Defoe), 321, 350, 352-3, 355-6, 547
Rocha, Glauber, 425, 429, 485, 492, 602n
Roda viva (Chico Buarque), 364
Rodrigues, Nelson, 291, 335, 373
Rolling Stone (revista), 360, 363, 439
Roma, 24, 84, 471, 494
"Romaria" (Drummond), 549
Romero, Sílvio, 173, 180, 496
Romeu e Julieta (Shakespeare), 55
Roosevelt, Franklin Delano, 491, 493
Rorty, Richard, 60, 513
Rosa do povo, A (Drummond), 405, 545, 605n, 608
Rosa, Guimarães, 57, 122, 161, 175, 194, 253, 263, 272, 277, 365, 367, 406, 412, 421, 445, 593n, 597n
Rosenberg, Harold, 455
Rouge et le noir, Le (Stendhal), 288
Rousseau, Jean-Jacques, 126-7, 170, 353, 469, 582n
Royal Shakespeare Company, 94
Rubião, Murilo, 183, 391
Rússia, 460, 464

S/Z (Barthes), 32, 212
Sabará (MG), 571, 573
Sackville-West, Victoria Mary (Vita), 319-21, 326, 597-8n
Said, Edward, 143
Saint-Hilaire, Auguste de, 568, 575

Saint-Paul-de-Vence (França), 329
Salammbô (Flaubert), 135, 379
Sales Gomes, Paulo Emílio, 38, 42
Salgado, Plínio, 493, 578*n*
Salles, Walter, 345
Salomão, Waly, 15, 364-74, 445
Salomé (neta de Herodes), 134
Salto (Santiago), 183
Sangue frio, A (Capote), 345
"Sangue na praça" (Coutinho), 412
Sant'Anna, Affonso Romano de, 385
Sant'Anna, Sérgio, 14
"Santarém" (Bishop), 303, 309
Santos, Eudoro, 381-2
Santos, Nelson Pereira dos, 367
Santos, Theotônio dos, 11
São João del-Rei (MG), 467-8, 570
São Paulo (SP), 17, 84, 93, 96-102, 105-6, 147-8, 173, 287, 344, 360, 382, 428, 443, 458, 468, 521, 529, 533, 537-8, 542, 545, 553, 556-7, 566-7, 585*n*
Saraiva, António José, 189, 548
Sarduy, Severo, 139
Sarlo, Beatriz, 594
Sarrasine (Balzac), 32, 230
Sarraute, Nathalie, 419
Sartre, Jean-Paul, 33, 195, 206, 329, 341, 446
Sassen, Saskia, 84, 89
Saunas (Varejão), 136
Saussure, Ferdinand de, 270
Schmidt, Augusto Frederico, 190
Schopenhauer, Arthur, 251, 253
Schwartz, Jorge, 503
Schwarz, Roberto, 70-1, 74, 103-4, 450, 574, 579*n*, 609*n*
Scott, Walter, 218
Sebald, W. G., 598*n*
Sebastião, São, 27
Secchin, Antonio Carlos, 377-9
"Seco estudo de cavalos" (Lispector), 268-71, 285-7
"Security Index" (FBI), 332

Segalen, Victor, 591*n*
Semana de Arte Moderna (1922), 59, 376, 456, 486-9, 517, 525, 531, 561
"Seminário de Marx, Um" (Schwarz), 579*n*
Seminário dos ratos (Telles), 595*n*
"Senhor Diretor" (Telles), 595*n*
Senna (guia turístico), 467
Sentimento do mundo (Drummond), 194, 550, 605*n*, 607*n*
Serafim Ponte Grande (Oswald de Andrade), 72, 480
Sérgio, António, 103
"Sermão da Sexagésima" (Vieira), 242
Serpa, Ivan, 450
Sertões, Os (Cunha), 492, 569
Severo, Ricardo, 562, 564-6, 572
Sganzerla, Rogério, 359, 380
Shakespeare, William, 55, 353, 367, 480, 525
Shelley, Percy Bysshe, 596*n*
Showalter, Elaine, 256, 258, 592*n*
"Silva à Ilha de Maré" (Oliveira), 177
Silva, Domingos Carvalho da, 379
Silva, Ismael, 604*n*
Silva, Joaquim José da, 568
Silva, Luciano Pereira da, 187, 193
Silva, Moreira da, 434, 591*n*
Silveira, Nise da, 148-9
Silveira, Tasso da, 477
"Singular e anônimo" (Santiago), 15, 400
Sinhô (sambista), 435
Sirach, 209
Sítio do Pica-Pau Amarelo (Lobato), 492
Smith, Adam, 37
Smith, Patti, 598*n*
Só garotos (Smith), 598*n*
Soares, Lota Macedo, 307-8
Sobre verdade e mentira no sentido extramoral (Nietzsche), 261
Sociedade Brasileira para o Progresso da Ciência (SBPC), 14-5
Sociedade de consumo, A (Baudrillard), 101
Sociedade de Etnografia e Folclore (SP), 148
Sócrates, 206-9, 307, 420, 514, 518

"Sol da meia-noite" (Oswald de Andrade), 496, 577n
Soul on Ice (Cleaver), 333
Sousa, Martim Afonso de, 177
Sousa, Tomé de, 159
Sousa Dantas, Rodolfo Epifânio de, 59
Sousândrade, 365-6, 369, 372
Souza, Eneida Maria de, 520
Souza, Márcio, 492
Spencer, Herbert, 102-3
Spenser, Edmund, 353
"Spleen et Idéal" (Baudelaire), 590n
St. Mawr (Lawrence), 268
Staden, Hans, 119, 170, 483
Stálin,Ióssif, 491, 499
Stein, Gertrude, 321, 413
Steinbeck, John, 333
Stella Manhattan (Santiago), 16
Stendhal, 173, 288, 314, 600n
Stevenson, Robert Louis, 252, 255-6, 258-9, 592n
Strachey, Lytton, 348
Strange Case of Dr. Jekyll and Mr. Hyde, The (Stevenson), 255-60, 592n
Studio 54 (cabaré), 444
"Subterrânea" (Oiticica), 441
Subterrania (Oiticica), 380
Sudão, 499, 501, 508
Sumner, William G., 86
Suspiros poéticos e saudades (Magalhães), 57
Süssekind, Flora, 51, 59, 520, 578n
Symonds, A. J., 258

Talking at the Gates: A Life of James Baldwin (Campbell), 332
Tanguy, Yves, 117
Tarahumaras, Les (Artaud), 475
Taveirós, Paio Soares de, 155
Tchetchelnik (Ucrânia), 275
Telles, Lygia Fagundes, 151, 289-300, 595-6n
"Tempestade de almas" (Lispector), 593n
Tempo redescoberto, O (Proust), 346
"Terceira margem do rio, A" (Guimarães Rosa), 161, 272, 406

Terra estranha (Baldwin), 329-30, 332, 334-6
terra roxa e outras terras (revista), 566
Terras do sem-fim (Amado), 488
Testamento de uma geração (Cavalheiro), 487
Thackeray, William Makepeace, 352
Theory of Avant-Garde, The (Burger), 603n
Thévet, André, 118-9, 170
Tia Ciata e a pequena África no Rio de Janeiro (Moura), 604n
Time (revista), 41
Times Square (Nova York), 326, 335-6
Times Square Red, Times Square Blue (Delany), 326
Tiradentes (Joaquim José da Silva Xavier), 53, 538
"Tlön, Uqbar, Orbis Tertius" (Borges), 218
Today (Kawara), 151
Todorov, Tzvetan, 362
Toklas, Alice B., 321
Torquato Neto, 360, 376
Traços biográficos relativos ao finado Antônio Francisco Lisboa (Bretas), 563, 565, 568, 570
"Tradição e talento individual" (Eliot), 457, 462
Trahison des clercs, La (Benda), 105
Três tristes tigres (Cabrera Infante), 480
Tribuna da Imprensa (jornal), 602n
Tribuna Popular (jornal), 553
Triste fim de Policarpo Quaresma (Lima Barreto), 228, 231-4, 236, 238-9, 242-3, 470, 590n
Tristes trópicos (Lévi-Strauss), 26, 93, 95, 101, 104, 106, 108-9, 112-7, 120-4, 126-7, 129, 134, 582n, 601n
Tropicália, 369, 375, 380, 439-43, 605n
Tsé-tung, Mao, 246
Tucker, Marcia, 149
Tupi e o alaúde, O (Mello e Souza), 46
Tupi-Cavaíba (tribo indígena), 119
Tutameia (Guimarães Rosa), 122, 367
Tzara, Tristan, 63, 248, 542

Über Coca (Freud), 451
Ubirajara (Alencar), 54
Ucrânia, 275

Ulisses (Joyce), 266, 480
União Europeia, 84, 86
União Soviética, 67-8, 73, 493, 500
Universidade Columbia, 334, 445
Universidade de São Paulo, 17, 96, 103, 112, 148, 430, 524, 574
Universidade do Novo México, 182
Universidade Rutgers, 182
Universidade Sorbonne, 291, 450
Urubu-Rei (Matos), 364-6, 370-1, 374

Valéry, Paul, 31, 35-6, 172-3, 214, 304, 310, 400, 406, 529, 531
Van Steen, Edla, 291
"Vapor barato" (canção), 365
Varejão, Adriana, 12, 131-45, 584n
Vargas, Getúlio, 53, 106, 344, 472-3, 488, 504-5, 552, 565
Vartuck, Pola, 601n
Vaz, Leo, 489
Veiga, J. J., 392
Veiga, Xavier da, 563
Veja (revista), 360, 364
Velázquez, Diego, 226
"Velhas igrejas" (Bandeira), 564
Velho e o mar, O (Hemingway), 350
Veloso, Caetano, 14, 359, 363-4, 367-9, 375, 427-8, 432-3, 439, 484-5, 492, 603n, 605n
Ventura, Adão, 15, 395, 397, 399
Verbo (revista), 360
"Verde lagarto amarelo" (Telles), 300, 595n
Verde, Cesário, 169, 219
Veríssimo, José, 196, 206
Viagem ao começo do mundo (filme), 78-9, 82, 84-5
Viagem ao México (Santiago), 12, 16, 19, 580n, 593n
Viagem ao redor do mundo (Bougainville), 118
"Viagem de Sabará" (Drummond), 570-1, 573
Viana Filho, Luís, 206
Viana, Melo, 563
Vianna, Hermano, 604n
Vicente, Gil, 182, 465
Vicente, José, 359-60, 363, 367-8, 372

Vida alheia, A (Santos), 381
Vida como ela é, A (Rodrigues), 365
Vida em segredo, Uma (Dourado), 350
Vidal, Gore, 330
Vidas secas (Ramos), 84
Vidigal, favela do (RJ), 93
"Vie antérieure, La" (Baudelaire), 531
Vieira, Antônio, padre, 242
Vietnã, Guerra do, 334
Vila Mariana (São Paulo), 566
Vila Rica (MG), 565, 574-5
Village Voice (jornal), 335, 445
Visão do esplendor (Lispector), 271, 278-9
Visão do Paraíso (Holanda), 239, 588n
"Visita, A" (Drummond), 562
Viterbo, Francisco Marques de Sousa, 156
Vitória, rainha da Inglaterra, 348
"Viuvez de sarong, A" (Rodrigues), 335
Voltaire, 127, 173
Von Weech, J. Friedrich, 575
"Voo sobre as igrejas, O" (Drummond), 572-3

Wager, Walter, 331
Wagner, Richard, 156
Wallace, Henry, 491, 493
Wanderley, Jorge, 406
Warchavchik, Gregori I., 562, 566
Warhol, Andy, 445-6, 451
Washington Luís, 555
Waste Land, The (Eliot), 266, 284, 304, 400
Watt, Ian, 175, 352-3
Weber, Max, 70, 474, 507
Wells, H. G., 193, 313
Wenders, Wim, 596n
Western and Brazilian Telegraph Company, 59
Whitechapel (galeria), 446
Wikipédia, 600n
Williams, Raymond, 428
Wisnik, José Miguel, 430-3, 603n
Woolf, Leonard, 320
Woolf, Virginia, 19, 312-20, 327, 347-8, 597n, 600n
Wright, Richard, 330

X, Malcolm, 91
Xangai, 331

Zappa, Frank, 444

Zay, Jean, 147
Zenão de Eleia, 107
Zola, Émile, 216, 314, 336
Zumbi dos Palmares, 91

Sobre o autor e o organizador

SILVIANO SANTIAGO nasce em Formiga-MG, em 1936, e começa sua futura carreira em letras como crítico de cinema. Filia-se ao Centro de Estudos Cinematográficos, de Belo Horizonte, e escreve resenhas de filmes para os principais jornais da cidade. Colabora também na *Revista de Cinema* (1954-64).

Graduado em letras, faz curso de especialização em literatura francesa como bolsista no Rio de Janeiro. Diplomado, ganha bolsa de estudos do governo francês para fazer o doutorado na Université de Paris (Sorbonne). Matricula-se em 1961 com o projeto *La Genèse des Faux-Monnayeurs d'André Gide*.

Em 1962, presta concurso para professor das literaturas brasileira e portuguesa na University of New Mexico (1962-4). Leciona na Rutgers University (*lecturer*, 1964-1967), na Toronto University (professor assistente, 1968-9) e, finalmente, na State University of New York em Buffalo (professor associado, com *tenure*, em literatura francesa). Posteriormente, será professor visitante nas universidades Stanford (1967), University of Texas (1975), Indiana University (1979), Paris Sorbonne-Nouvelle (1982-4), Yale (1996) e Princeton (2011).

A partir de 1962, publica seus primeiros ensaios acadêmicos em revistas norte-americanas, que serão reunidos em *Uma literatura nos trópicos* (1978). Demite-se do posto em Buffalo, reinicia a carreira docente na PUC-Rio e a encerra na Universidade Federal Fluminense, onde é hoje professor emérito aposentado. Seus três primeiros projetos cariocas serão o longo ensaio *Carlos Drummond de Andrade*, publicado em 1975 pela Editora Vozes, o trabalho coletivo *Glossário de Derrida* (1976) e uma antologia comentada de Ariano Suassuna (1975). Desde então, orienta perto de cinquenta dissertações e teses na universidade e passa a contribuir com regularidade em revistas acadêmicas nacionais e estrangeiras e nos principais jornais e revistas brasileiros.

Ensaios literários e culturais, de teor mais político, são reunidos e publicados no volume *Vale quanto pesa* (1982). Sua próxima coleção de ensaios terá por título *Nas malhas da letra* (1989), seguida da edição em três volumes da antologia *Intérpretes do Brasil* (2000). Dedica-se a comentar a correspondência trocada entre Carlos Drummond de Andrade e Mário de Andrade, que será publicada pela Bem-Te-Vi em 2002.

No novo milênio, lança duas novas coleções de ensaios, *O cosmopolitismo do pobre* (2004) e *Ora (direis) puxar conversa!* (2006), e três longos ensaios, *As raízes e o labirinto da América Latina* (2006), uma leitura contrastiva de Sérgio Buarque de Holanda e Octavio Paz; *A vida como literatura* (2006), leitura do romance *O amanuense Belmiro*, de Cyro dos Anjos; e *Genealogia da ferocidade* (2017), análise de *Grande sertão: veredas*, de Guimarães Rosa. Algumas entrevistas que concedeu e suas contribuições quinzenais para o suplemento Sabático de *O Estado de S. Paulo* são reunidas por Frederico Coelho em, respectivamente, *Entrevistas* (2011) e *Aos sábados pela manhã* (2013).

Para visão ampla sobre a obra, consultar: Wander Melo Miranda, *Corpos escritos: Graciliano Ramos e Silviano Santiago*, São Paulo, Edusp/Editora UFMG, 1992; *Navegar é preciso, viver: Escritos para Silviano Santiago*, org. de Eneida Maria de Souza e Wander Melo Miranda, Belo Horizonte; Niterói; Salvador, Editora UFMG; EDUFBA; EDUFF, 1997; *Leituras críticas sobre Silviano Santiago*, org. de Eneida Leal Cunha, Editora UFMG/ Fundação Perseu Abramo, 2008; e *Crítica e valor: Uma homenagem a Silviano Santiago*, org. de Celia Pedrosa, Tania Dias e Flora Süssekind, Rio de Janeiro, Fundação Casa de Rui Barbosa, 2014. Em formato de livro, número especial da *Revista Iberoamericana*, organizado por Lucia Costigan e Denilson Lopes, é dedicado à sua obra em 2015.

ITALO MORICONI é professor associado da Universidade do Estado do Rio de Janeiro (UERJ). Graduado em sociologia pela Universidade de Brasília (UnB) e doutor em letras pela PUC-Rio, tem pós-doutorado em comunicação pela Universidade Federal do Rio de Janeiro (UFRJ). É autor de *Ana C.: O sangue de uma poeta* (2ª edição, e-galáxia, 2016) e organizador das *Cartas de Caio Fernando Abreu* (e-galáxia, 2002). Organizou também antologias de poesia, como *Os cem melhores contos brasileiros do século* (Objetiva, 2001). Em 2017, lançou a coletânea *Torquato Neto essencial* (Autêntica).

1ª EDIÇÃO [2019] 2 reimpressões

ESTA OBRA FOI COMPOSTA POR ACOMTE EM DANTE E IMPRESSA PELA
GRÁFICA BARTIRA EM OFSETE SOBRE PAPEL PÓLEN SOFT DA SUZANO S.A.
PARA A EDITORA SCHWARCZ EM JANEIRO DE 2023

A marca FSC® é a garantia de que a madeira utilizada na fabricação do papel deste livro provém de florestas que foram gerenciadas de maneira ambientalmente correta, socialmente justa e economicamente viável, além de outras fontes de origem controlada.